SV

Der Spanische Bürgerkrieg

Eine Bestandsaufnahme

von
Manuel Tuñón de Lara
Julio Aróstegui
Ángel Viñas
Gabriel Cardona
Josep M. Bricall

Suhrkamp Verlag

Titel der Originalausgabe:
La guerra civil española. 50 años después
Die Übersetzung wurde gefördert aus Mitteln des spanischen Kulturministeriums.
Die Übersetzungen der Beiträge von Manuel Tuñón de Lara wurden von Bernard Lechner redaktionell bearbeitet.

Satz: Hümmer, Waldbüttelbrunn
Druck: Nomos Verlagsgesellschaft, Baden-Baden
Printed in Germany

Inhalt

Manuel Tuñón de Lara
Strukturelle Ursachen und unmittelbare Anlässe

Der Spanische Bürgerkrieg –
Ein halbes Jahrhundert danach

Ein halbes Jahrhundert ist vergangen. Für drei Generationen, die inzwischen herangewachsen sind und ihre Rolle in der Gesellschaft übernommen haben, existiert jener radikale Einschnitt im Zusammenleben der Spanier, der Völker, Kulturen und Familien Spaniens – ein Bruch auch für die spanische Geschichtsschreibung, da er die unterschiedlichsten Interpretationen zur Folge hatte – nur noch in der Schilderung all der Schrecken, Leiden und Heldentaten, wie man sie von den Älteren hören kann; oder er lebt noch in der Erinnerung an eine aufdringliche, rachsüchtige Propaganda fort, wie sie fast vier Jahrzehnte lang unter dem diktatorischen Regime, das aus jener Auseinandersetzung hervorging, an der Tagesordnung war. Manche verbinden damit eigene Kindheitserinnerungen, beeinflußt allerdings durch die Sichtweise, mit der die ältere Generation und ihre Umgebung diese dramatischen Ereignisse erlebt haben.

All das scheint längst vergangen. Trotzdem, wer könnte schon behaupten, daß ihn der Gedanke an jenes Spanien nicht betroffen macht: ein zweigeteiltes Land, von Schützengräben und Stacheldraht durchzogen, gespalten – wie Antonio Machado schreibt – in

> Kriegsgebiete, Festungswälle,
> zwischen Pappelhügeln und Gebirgshöhen?

Und nicht nur gespalten, zerbrochen vielmehr, in seiner historischen Entwicklung gelähmt, von Haß und Leidenschaften erfüllt, die über die Jahre fortdauern, da vergossenes Blut und schweres Leid nicht so leicht zu vergessen sind.

Aufgabe der Geschichtsschreibung ist es – wenn sie wirklich eine Wissenschaft sein will, die die Vergangenheit einzelner Gesellschaften zu verstehen und zu erklären sucht –, dem Vergessen entgegenzuwirken. Vielmehr muß sie sich dem Verständnis und der Erklärung dessen, was unmöglich ignoriert werden kann, mit der größten methodischen Strenge und möglichst geringer ideolo-

gischer Voreingenommenheit annähern. Es muß ihr darum gehen, rationale Kategorien für einen geschichtlichen Prozeß zu erschließen, der durch Leidenschaften, Emotionen und Irrationalität geprägt ist. Wie konnte es mitten im 20. Jahrhundert zu dieser Spaltung der spanischen Gesellschaft kommen, zu dieser Teilung in Sieger und Besiegte, in »Gute« und »Böse«, in Patrioten und Vaterlandslose, die aufgrund einer inneren Logik – die auch dem Irrationalen nicht fremd ist – erst zu Ketzern, schließlich zu Verrätern wurden? Ziel des vorliegenden Bandes ist es, die Auswirkungen des Bürgerkrieges auf den verschiedensten Ebenen dieses Strukturgefüges, das wir die sozio-historische Realität Spaniens im 20. Jahrhundert nennen, zu untersuchen und zu beschreiben, was wir davon ein halbes Jahrhundert später noch erkennen können – vielleicht ein allzu ehrgeiziges Vorhaben der Autoren, die es jedoch in völliger Übereinstimmung in Angriff genommen und dieses Buch in enger Zusammenarbeit geschrieben haben.
Nicht umsonst weisen wir darauf hin, daß es sich bei diesem Band um Interpretationen auf der Grundlage geschichtlicher Daten handelt, nicht etwa um eine Wiedergabe von Ereignissen. Wir wollen den Spanischen Bürgerkrieg nicht noch einmal schildern, sondern darlegen, reflektieren und analysieren, was er vor dem Hintergrund seiner Ursachen und seiner Folgen wirklich bedeutete. Es wäre für uns ein Erfolg, wenn es uns gelänge, zur unumgänglichen Einordnung dieses Themas als einem festen Bestandteil der Geschichte Spaniens beizutragen; es könnte dann nicht mehr als untaugliches Argumentationsfeld in den Diskussionen der jungen spanischen Generationen dienen, wenn es um die ganz anderen und ebenso komplexen Probleme geht, die sich am nicht mehr fernen Horizont des Jahres 2000 abzeichnen.
Zweifellos stößt man, wie bei jedem Versuch, eine historische Entwicklung auf der Grundlage vieler Einzelfakten zu verstehen, auch hier auf verschiedene Ursachenkomplexe: zum einen die grundlegenden, langfristig wirksamen Ursachen (die man heute allgemein »strukturelle« nennt), zum andern die unmittelbaren, d.h. die aktuellen Ursachen. Strenggenommen müßten wir uns etwas präzisere methodische Überlegungen ins Gedächtnis rufen, wie die Oskar Langes, für den sich die Ursachen der sich verändernden gesellschaftlichen Gegebenheiten nicht aus vereinzelten Elementen zusammensetzen, sondern Matrizen des Wandels sind, die aus einer Reihe sich gegenseitig bedingender Vektoren (be-

stimmter Länge, Richtung und Bedeutung) gebildet werden. Die Ursachen historischer Veränderungen sind demnach komplexe Transformationsmatrizen, oder einfacher gesagt: zunächst wurde von einer langen Kette sich wechselseitig bedingender Phänomene eine bestimmte Situation mit einem immer größer werdenden Konfliktpotential hervorgebracht, so daß schließlich ein oder mehrere »Zünder« (auch »auslösende Faktoren« genannt) ausreichten, um es im Sommer 1936 explodieren zu lassen.

Spanien war damals eine Gesellschaft, die seit langem an einer offenkundigen Verzögerung dessen litt, was wir als ihren »Modernisierungsprozeß« bezeichnen können. Diese Verzögerung trat unter anderem in beträchtlichen Verschiebungen zwischen den *tempi* oder Rhythmen der verschiedenen gesellschaftlichen Ebenen zutage: der politischen, ökonomischen, demographischen, technologischen, kulturellen Ebene usw. Die Ungleichzeitigkeiten trugen dazu bei, eine *geschichtliche Zeit* zu begründen, die sich zwischen zwei Gesellschaftsmodellen situieren läßt: dem sogenannten Ancien Régime (feudale oder höfische Gesellschaft – ohne uns auf diese Diskussion einzulassen, die nicht zu unserem Thema gehört) und dem – vor allem in ihrem industriellen Entwicklungsstadium – besonders widersprüchlichen Modell einer »bürgerlichen« Gesellschaft. Die grundlegenden Gegensätze im sozio-historischen Gefüge Spaniens, das zwischen diesen beiden Modellen angesiedelt war, waren sehr deutlich; zudem erlebte Spanien eine sehr instabile *geschichtliche Zeit* mit sich gegenseitig bedingenden Fehlentwicklungen und sehr konfliktreichen einzelnen Phasen.

Gibt es vielleicht eine Beziehung zwischen unserem Untersuchungsgegenstand und dem berühmten Schlagwort von den »zwei Spanien«, das so häufig und nicht immer in wohlmeinender Absicht von verschiedenen Seiten angeführt wird? Ich bin nicht unbedingt davon überzeugt; mehr als einmal habe ich dargelegt, daß ich weniger an die Existenz »zweier Spanien« als vielmehr an die »vieler Spanien« glaube, an dieses Völkergebilde, das – trotz aller Heterogenität – eine geschichtliche Homogenität aufweist. Es gab also eine spanische oder aus den Volksgruppen Spaniens bestehende Gesellschaft, die wie jedes soziale Gebilde in verschiedene gesellschaftliche Schichten unterteilt war – und ist –, von denen sich einige antagonistisch gegenüberstanden (ein objektives strukturelles Phänomen, das vom Willen der Menschen unabhängig ist) und die Konfliktpotentiale enthielten, die manchmal mit der Gewalt eines Vulkans an die Oberfläche drangen. Jede soziale Gruppierung wollte, daß ihre Wertvorstellungen und ihre Auffassung vom »Gemeinwesen« von den anderen als maßgebend für die gesamte Gesellschaft akzeptiert würden. Jedes der »zwei Spanien« bildete eine Fraktion, die jeweils versuchte, denjenigen Teil, der durch ihre eigenen Interessen und deren Ideologisierung geprägt war, für das Ganze zu halten, als für die Gesamtheit der spanischen Gesellschaft gültig zu erklären. Und so wurde aus einem gesellschaftlichen Widerspruch ein ideologischer Streit, der unter bestimmten Umständen zu einer gewaltigen Konfrontation führte.

Es gibt einen historischen Prozeß der strukturellen Krisen in der spanischen Gesellschaft, den man leicht erklären kann, wenn man die Risse aufzeigt, die im vorherrschenden Begriffs- und Wertesystem nach dem Verlust der letzten Kolonialgebiete im Jahr 1898 sichtbar werden. Dieser Prozeß kann mittels einiger »historischer Indikatoren« bis 1936 verfolgt werden. Damit nähern wir uns den sogenannten »vitalen Konstanten« eines Landes, die uns auch seine Veränderungen und die Krisen verdeutlichen können, denen es ausgesetzt ist.

Diese Indikatoren geben sowohl Auskunft über die demographischen Gegebenheiten als auch über die Strukturen der Warenproduktion und -zirkulation, der Einkommensverteilung und – auf einer komplexeren Ebene – über die soziale Struktur und ihre Veränderungen; ferner über das politische System, die Staatsgewalt auf der einen, die politischen Parteien und Organisationen auf der anderen Seite. Zu den Instanzen, die die Ideen und Denkmuster hervorbringen, gehören auch die Systeme der Hegemonie (bzw. der Machtsicherung), wie die Kirche, die Universität, die Presse etc., deren Botschaften sich zu Überzeugungen und Einstellungen kristallisieren.

Auf einer anderen Ebene gelangt man von der Ideenerzeugung und -verbreitung zur Kultur, die einerseits an den Bereich der Ideologien, andererseits an den von Wissenschaft und Technik heranreicht. Zwischen beiden Bereichen berührt sie Gebiete, die nicht immer genau zu bestimmen sind.

Diese »historischen Indikatoren« hatten in der spanischen Geschichte unterschiedliche Verläufe und unterlagen leicht feststellbaren Schwankungen, aus denen, ganz allgemein gesprochen, eine

Verflechtung von *archaischen* Zügen mit solchen einer *modernen Krise* entstand. Kurz: der gesellschaftliche Block, der die Macht innehatte, sah sich immer weniger in der Lage, seine Ideen und Wertvorstellungen zu »sozialisieren« und selbst die Funktionsfähigkeit des Staatsapparates zu gewährleisten. So kam es zu einer stufenweisen Krise: zunächst in den Jahren bis zum Ausbruch des Ersten Weltkriegs, dann in der Zeit von 1917 bis 1923 und schließlich während der Diktatur Primo de Riveras als dem fehlgeschlagenen Versuch, ein neues Gleichgewicht innerhalb des Machtblocks herzustellen und die Hegemonie zurückzuerlangen.

Die Krise, die damals bereits eine Staatskrise war, führte zum politischen und institutionellen Wechsel von 1931. Mit der Republik begann die entscheidende Phase. Die Lösung der grundlegenden Krise blieb jedoch aus, denn es wurde immer schwieriger, das politische und soziale Gleichgewicht aufrechtzuerhalten, da diejenigen Gruppen, die nach dem Verlust der politischen Macht nach wie vor die ökonomische innehatten, den neuen gesellschaftlichen Kräften die *auctoritas* streitig machten. Andererseits beherrschten emotional geprägte Vorgehensweisen die Mehrzahl der Handlungsmuster im gesamten politischen Spektrum, und schließlich gelang es dem irrationalen Flügel der »soziologischen Rechten«, seine politische Strategie durchzusetzen: nämlich sämtliche Machtinstanzen mit Gewalt zurückzuerobern, indem man sich den Verteidigungsapparat des Staates selbst weitgehend zunutze machte und die Kommunikationssysteme monopolisierte, um auf diese Weise die Krise zu »lösen« und die ökonomische und moralische »Ordnung« wiederherzustellen. Die gesamte, als illegal betrachtete Opposition sollte ausgeschaltet werden.

Erste Krisensymptome: 1898–1914

Die während der Restaurationsphase (1875–1898) hergestellte ideologische Homogenität des Herrschaftsapparates zeigte nach der militärischen Niederlage von 1898 und dem Pariser Vertrag, der am 10. Dezember desselben Jahres zwischen Spanien und den Vereinigten Staaten unterzeichnet wurde, starke Krisensymptome. Danach verlor Spanien Kuba, Puerto Rico, die Philippinen, die Karolinen, die Marianen und die Palau-Inseln, d. h. die letzten Reste seines einst riesigen Kolonialreichs.

In der spanischen Geschichtsschreibung ist es üblich geworden, von der »Katastrophe« des Jahres 1898 zu sprechen; wenn es tatsächlich eine Katastrophe gab und man von einer Krise sprechen kann, dann vor allem deshalb, weil die Wertmaßstäbe, an denen sich die Herrschenden im 19. Jahrhundert orientierten, zusammenbrachen. Die eigentliche Krise betraf die Hegemonie dieses Machtblocks. Sein Bezugssystem, die geistigen und weltanschaulichen Triebkräfte, die das ideologische Rüstzeug dieser Agrar- und Handelsbourgeoisie bildeten, um die sich der größte Teil der ländlichen und städtischen Mittelschicht und des Kleinbürgertums scharte, hatte seine Gültigkeit verloren. Der geschlossene ideologische »Überbau«, der von den Wertvorstellungen und Denkschemata des Ancien Régime geprägt war, ging in die Brüche.
Im Gegensatz dazu gilt es heute als gesichert, daß man in dieser Phase nicht von einer Wirtschaftskrise sprechen kann. Ausnahmen bildeten die katalanische Textilindustrie und der kastilische Getreidebau, zwei Produktionszweige, deren Schwierigkeiten mit der Krise der Landwirtschaft um die Jahrhundertwende oder, in ökonomischen Begriffen, mit der Verdoppelung der Staatsschulden infolge des Krieges und der Abwertung der Pesete zusammenhingen. Diese Auswirkungen wurden zum größten Teil nach 1900 durch die Deflationspolitik Fernández Villaverdes abgeschwächt. Der Norden des Landes verzeichnete dagegen einen wirtschaftlichen Aufschwung im Bergbau, in der Eisenhüttenindustrie, im Schiffbau, in der Papierindustrie etc., der mit einem starken Rückfluß an Kapital und anderen Investitionsmitteln verbunden war. Die unmittelbare Folge davon war die Entstehung einer Vielzahl von Aktiengesellschaften und Banken. Es ist sogar eine Zeit, in der sich die »neue Landwirtschaft« (Orangen, Zuckerrüben ...) entfaltete. Es scheint daher eher angebracht, von ersten Krisensymptomen in der Zeit zwischen 1900 und 1914 zu sprechen, und zwar aufgrund folgender Anzeichen:
Erstens: Wandlungen demographischer, sozioökonomischer und technischer Art (neue Formen der Eisenverhüttung, der Einsatz der Elektrizität, der Gebrauch chemischer Produkte oder des Verbrennungsmotors) begründeten eine zweite industrielle Revolution und standen in scharfem Gegensatz zur Inflexibilität der traditionellen Landwirtschaft, die noch immer 65% der erwerbstätigen Bevölkerung beschäftigte. Die Schwerindustrie entwik-

kelte sich langsam, aber mit beträchtlichen Gewinnen, denn sie profitierte (ebenso wie die Getreideerzeugung) von den höchsten Schutzzöllen Europas (1906), die die mangelnde Nachfrage eines infolge der geringen Kaufkraft großer Bevölkerungsteile unterentwickelten Marktes ausglichen. Die von den Banken kontrollierte Großindustrie tendierte zur Oligopolisierung (Eisenhüttenindustrie mit eigener Verkaufsorganisation, Elektrizitätswerke in eigener Regie) und sicherte sich staatliche Aufträge (Straßenbau, Flotte, Militär).

Die Bevölkerungszahl betrug zu dieser Zeit bereits mehr als 20 Millionen, in städtischen Ballungsgebieten wohnten mehr als 600 000 Menschen (Madrid und Barcelona). Die größte Konzentration von Industriearbeitern verzeichneten Barcelona-Stadt und Provinz, Bilbao mit seinem Einzugsgebiet sowie die Bergbau- und Eisenhüttenindustrie Asturiens.

Die Mehrheit der Bevölkerung, die im Primärsektor arbeitete, lebte dagegen in kleinen Dörfern verstreut auf dem Land. Ein industrieller Aufschwung, der die Umsiedlung ländlicher Arbeitskräfte in die Städte erlaubt hätte, blieb aus. Die Nachfrage auf dem Binnenmarkt war gering. Und auf den Auslandsmärkten konnte sich die spanische Industrie, die sich erst spät entwickelt hatte und auf ausländische und zum Teil rückständige Technologie angewiesen war, nicht durchsetzen. Spanien exportierte Erze, Obst, Öl, Wein (weniger als zuvor), Kork und vor allem Arbeitslose. Diese verließen seit den achtziger Jahren das Land und bildeten einen Auswandererstrom, der nur für kurze Zeit vom Ersten Weltkrieg unterbrochen wurde. Spanien importierte Technologie, Baumwolle für die Textilindustrie, Stockfisch zur Verbesserung der Ernährungslage der Arbeiterschaft und bisweilen Kapital für wichtige Investitionen.

Zweitens: Der mangelnde ideologische Zusammenhalt des Machtblocks trat seit Beginn des 20. Jahrhunderts in einer Reihe von Auflösungserscheinungen zutage, die in der Folge unweigerlich zum Bruch führen sollten. Die wichtigsten seien genannt, denn aus ihnen entwickelten sich die Ursachen jener Konflikte, die die Tragödie von 1936 zur Folge hatten:

– Die Existenz einer gewichtigen Bourgeoisie, deren Einstellungen und gesellschaftspolitische Auffassungen jedoch zweifellos von den Entwicklungen überholt waren, die die bereits erwähnte zweite industrielle Revolution nach sich zog. Das ökonomische *tempo* unterschied sich beträchtlich von dem auf ideologischem Gebiet; das eine war das *tempo* der Ökonomie und Technologie des 20. Jahrhunderts, das andere das der feudalen Wertmaßstäbe und Gesellschaftsvorstellungen des Ancien Régime. Außerdem bestand innerhalb des ökonomischen *tempos* eine deutliche Verschiebung zwischen der Industrialisierung und ihren Erfordernissen auf der einen und der Inflexibilität der Landwirtschaft auf der anderen Seite.

Der Widerspruch zwischen den alten Vorstellungen und dem ökonomischen Fortschritt hatte wahrscheinlich seine Wurzeln im Kompromißcharakter der bürgerlichen Revolution (grob gesagt, paktierte das Bürgertum mit dem Adel, der sich in eine Agrarbourgeoisie verwandelte, allerdings mit einem feudalherrschaftlichen ideologischen »Überbau«). Zu den daraus resultierenden Ungereimtheiten gehörte, daß die Kirche mit ihren Einrichtungen die zentrale Institution zur Vermittlung und Verbreitung von Wertvorstellungen blieb und nicht, wie in anderen bürgerlichen Gesellschaften, von einer säkularisierten Schule ersetzt wurde.

Die bereits erwähnten Phänomene, der Fortbestand des Kazikentums und die immer mehr abnehmende Repräsentativität der jeweils herrschenden Parteien (die sich seit Anfang des Jahrhunderts überdies noch in Einzelgruppen aufsplitterten), waren Anlaß für die kritische Haltung der Intellektuellen gegenüber dem Staat. Diese war seit der Niederlage von 1898 offenkundig und traf mit einer gleichfalls kritischen Einstellung des städtischen Kleinbürgertums und sogar bedeutender Teile der Großbourgeoisie zusammen, die nicht zum oligarchischen Machtblock gehörten. Auch wenn die sogenannte Erneuerungsbewegung *(el regeneracionismo)* sehr unterschiedliche Zielsetzungen und Vorgehensweisen einschloß, wurde die kritische Sicht der herrschenden Verhältnisse vor allem durch Joaquín Costa repräsentiert, der bereits anhand soziologischer Fragestellungen die durch Kaziken und Oligarchien geprägte Gesellschaft untersuchte, jedoch noch keine Lösungen anbieten konnte. Die Haltung der Generation von 1914 ist trotz ihrer pluralistischen Einstellungen der Beweis dafür, daß die Hegemonie des Machtblocks in eine Krise geraten war. Zeugnisse dieser Krise sind die Gründung der *Liga de Educación Política* (Liga für Politische Erziehung) durch Ortega y Gasset, Azaña und andere sowie der *Escuela Nueva* (Neue Schule) durch Nuñez de Arenas, die sozialistischem Gedankengut verpflichtet war und von

Jaime Vera, Araquistain, Besteiro etc. gefördert wurde. Wenig später, 1915, bestätigte das Erscheinen der Zeitschrift *España,* die zunächst von Ortega y Gasset und ab 1916 von Araquistain (der den Konfrontationskurs verschärfte) geleitet wurde, die Tragweite der intellektuellen Kritik am bestehenden System.
In diesem zweiten Jahrzehnt unseres Jahrhunderts gab es sicherlich auch innerhalb des herrschenden Blocks eine »revisionistische« Tendenz; gemeint ist die Reformistische Partei von Melquiades Álvarez, der das System teilweise neu strukturieren und den Parteienmechanismus verändern wollte (was auch Maura versuchte, allerdings auf der Rechten); seine Absicht war es, die Intellektuellen »zurückzugewinnen« oder »umzuwandeln« und den modernsten, dem Regime abgewandten Teil des Bürgertums zu integrieren. An dem Versuch beteiligten sich Manuel Azaña und José Ortega y Gasset, um nur zwei der herausragendsten Intellektuellen zu nennen, die bei dieser Gelegenheit zusammenwirkten. Die Verschärfung der Widersprüche und Konflikte während des Ersten Weltkriegs führte jedoch zum Scheitern der reformistischen Bewegung und zur Radikalisierung eines großen Teils ihrer Intellektuellen.
– Ein weiterer Anhaltspunkt für diese Auflösungserscheinungen des Machtblocks war, allerdings unter anderen ideologischen Vorzeichen, der *Militarismus*; die Demütigung, die die Niederlage von 1898 für die Armee bedeutet hatte, blieb nicht ohne Folgen für das Weltbild und die Wertvorstellungen eines Großteils der Militärs; ihre Überempfindlichkeit trieb sie dazu, über ihr eigentliches Aufgabengebiet hinaus in die gesellschaftlichen Entwicklungen eingreifen zu wollen. Diese Bestrebungen, die zudem von der Staatsspitze ermutigt wurden, führten zu einer Reihe innerer Konflikte. Beispielhaft dafür seien die Angriffe auf katalanische Zeitungen und die Verabschiedung eines Gesetzes erwähnt, das, nachdem seine politische Durchsetzung geschickt vorbereitet worden war, eine privilegierte Militärrechtsprechung einführte (1906). Durch dieses Gesetz war die Armee gleichzeitig Richter und Ankläger, wenn sie sich bedroht oder angegriffen glaubte.
Ebenfalls seit Beginn des Jahrhunderts suchte die spanische Außenpolitik in Nordafrika den einfachsten Weg, um sich für die Niederlage von 1898 zu entschädigen, die kolonialen Sehnsüchte zu befriedigen und die Rolle der Armee aufzuwerten. (1908 zählte man rund 18 000 Offiziere und Befehlshaber für 80 000 Soldaten,

darunter 14 000 mit Kommandofunktionen.) Im Zuge dieser Politik intervenierte Spanien immer häufiger militärisch in Marokko. De facto geriet man auf diese Weise verstärkt in einen verdeckten Krieg, der im Juli 1909 bei Melilla mit blutigen Kämpfen begann und 2253 Tote (unter ihnen waren General Pinto und zwei Oberstleutnants) forderte. Schließlich trat Frankreich im November 1912 einen Teil des Protektorats Marokko, das es Monate zuvor vom Sultan erhalten hatte, an Spanien ab; es handelte sich um einen Landstrich im Norden und den Beginn der Atlantikküste. Dieses spanische Protektorat in Marokko belastete zwar den Staatshaushalt sehr, lenkte aber die Bestrebungen und Erwartungen der Armee in feste Bahnen. 1913 standen dort 65 000 Mann unter Waffen. Was als ein friedliches Eindringen geplant war, verwandelte sich in einen langen schwelenden Krieg, der jedoch, mit Ausnahme seiner virulenten Phase zwischen 1920 und 1927, nie als solcher bezeichnet wurde. Dieser Kolonialkrieg führte zu einer kolonialistischen Deformierung der Einstellung von Befehlshabern und Offizieren und vergrößerte ihre Distanz zur Gesellschaft. Der Militarismus (das heißt der Wille der Militärs, auf nicht verfassungsgemäßem Weg in das politische Leben einzugreifen mit der Absicht, entgegen ihrer eigentlichen Funktion als ausführendes Organ wichtige Entscheidungszentren zu besetzen) zeigte sich in zwei verschiedenen Ausprägungen: auf der Halbinsel in Form der 1917 ins Leben gerufenen *Juntas de Defensa* (eine Art geheime Offiziersgewerkschaft innerhalb der Armee, die bis zum Ausbruch des Bürgerkriegs existierte), während die »afrikanische« Variante nachhaltige Auswirkungen haben sollte, die mit dem Hauptthema unserer Untersuchung zusammenhängen.

Die angeführten Phänomene, aufgrund derer Spanien eine rückständige und widersprüchliche Gesellschaft war, die bereits in sich gefährliche Konfliktherde einschloß, verbanden sich im Laufe des 20. Jahrhunderts mit zwei grundlegenden Konfliktfeldern, die schließlich die weitere historische Entwicklung prägten. Eines war im letzten Drittel des 19. Jahrhunderts von der herrschenden Klasse gemeinhin als die »soziale Frage« bezeichnet worden: Im Grunde handelte es sich um nichts anderes als um das bekannte Problem, wie in einer bürgerlichen Gesellschaft der Überschuß bei der Produktion und Reproduktion der Güter verteilt werden sollte. Zu einem bestimmten Zeitpunkt jedoch erlangten die Arbeiterklasse und generell alle lohnabhängigen Arbeiter ein (mehr oder weniger klares und theoretisch fundiertes) Bewußtsein, daß nämlich die Verteilung dieses Überschusses (das Lohneinkommen in der einen oder anderen Form) in keiner Weise ihrem Anteil am Produktionsprozeß entsprach. Diese Bewußtseinsbildung griff auf immer mehr Gruppen über; die Tendenz, sich zu organisieren, gemeinsam Forderungen zu entwickeln und Proteste vorzubringen, provozierte entsprechende Reaktionen der Arbeitgeber und in den meisten Fällen auch solche des Staatsapparates, der nicht nur die Produktionsverhältnisse insgesamt, sondern auch viele Einzelaspekte (Löhne, Arbeitszeit, Arbeitsbedingungen etc.) für unantastbar hielt. So schlug die soziale Frage immer stärker in politische Konfrontationen um und brachte neue Klassenbündnisse hervor, womit schlicht und einfach die *Machtfrage* gestellt war.

Der rapide Aufstieg der sozialistischen Gewerkschaft UGT (*Unión General de Trabajadores,* Allgemeiner Arbeiterbund) sowie des PSOE (*Partido Socialista Obrero Español,* Sozialistische Arbeiterpartei Spaniens) nach 1910, die Gründung der anarchosyndikalistischen Gewerkschaft CNT (*Confederación Nacional del Trabajo,* Nationalbund der Arbeit) 1911, die Reaktion von seiten der Unternehmer durch die Bildung »harter« Arbeitgeberverbände zwischen 1911 und 1914, die Generalstreiks von 1910 und in weit größerem Ausmaß der von 1911 in Vizcaya, der Streik der Eisenbahner 1912 (an dem 72 000 Arbeiter beteiligt waren) und der der 15 000 Bergarbeiter von Río Tinto 1913: in all diesen Ereignissen spiegelt sich die zunehmende Tragweite der »sozialen Frage« wider.

Das zweite, ebenfalls systemimmanente Konfliktfeld entstand bereits gegen Ende des 19. Jahrhunderts, wurde jedoch erst im 20. Jahrhundert voll sichtbar: nämlich der Anspruch auf Autonomie und Selbstverwaltung einiger historisch und kulturell exakt definierbarer Gruppen, der sogenannten »historischen Nationalitäten«. Sowohl in Katalonien als auch im Baskenland brachte dieses Problem ein anderes, internes mit sich, nämlich die Frage, welcher sozialen Klasse jeweils die Hegemonie in der entsprechenden Nationalität zukam. Die zentralistische Tradition des liberalen Staates der Agrarbourgeoisie des 19. Jahrhunderts und seines militärischen Apparates, die der Anerkennung einer offenkundigen, historisch gewachsenen Heterogenität entgegenstand, trug entscheidend zur Verschärfung der Lage bei.

Die Krise spitzt sich zu: 1915–1923

Der Erste Weltkrieg hatte unmittelbare Auswirkungen auf die spanische Gesellschaft und verschärfte die bestehenden Ungleichgewichte. Dies mag paradox erscheinen, da Spanien nicht an den Kämpfen teilgenommen hat. Aber gerade deshalb verursachte die ungewöhnliche Lage auf dem Weltmarkt, auf dem die Industriestaaten sich von Exporteuren zu Kunden und Bittstellern neutraler Länder wie Spanien entwickelten, einen schwindelerregenden Anstieg der Nachfrage nach Rohstoffen und Industrieprodukten und ebnete generell den Unternehmern den Weg zur Erzielung überhöhter Gewinne. In erster Linie betraf dies jedoch den Bergbau, die Eisen- und Stahlindustrie, den Schiffbau, die Textilindustrie (bis 1917, als die Lieferung nordamerikanischer Baumwolle aussetzte), aber auch die Nahrungsmittelerzeugung, ganz zu schweigen von den Spekulations- und Schwarzmarktgeschäften.

Diese noch bis 1920 anhaltende konjunkturelle Lage begünstigte übermäßig diejenigen, die die Gewinne aus Produktion und Verkauf dieser Waren einstrichen, gegenüber denen, die von festen Einkommen lebten, vor allem die Lohn- und Gehaltsempfänger. Die Anhäufung der Gewinne, die Veränderungen in der Bevölkerungs- und Beschäftigungsstruktur (ein Teil der Landbevölkerung wanderte in die Industrie und den Dienstleistungssektor ab), vor allem aber die Tatsache, daß im Jahr 1917 die Löhne einen Index von 117 Punkten im Vergleich zu den Lebenshaltungskosten mit 140 Punkten und den Gewinnen der großen Unternehmen mit 400 Punkten erreicht hatten: diese Entwicklungen schufen eine explosive Situation in einem Land wie Spanien, in dem die soziale Ungleichheit extrem groß war und die ideologische Krise bereits seit fast zwei Jahrzehnten andauerte. Der Vertrauensverlust der jeweils regierenden, in sich zersplitterten Parteien, die skandalöse Praxis des Kazikentums, beides Ursachen für die wachsende Stimmenthaltung bei Wahlen, die Schwierigkeiten des Staates, seine eigenen Organe zu kontrollieren, ob im Rif-Krieg oder im »weißen« Bandentum der *pistoleros* (von Unternehmern aufgestellte bewaffnete Banden) in Barcelona – all diese Entwicklungen deuteten darauf hin, daß die Hegemoniekrise ein verhängnisvolles Auseinanderdriften der gesellschaftlichen Kräfte zur Folge hatte und sich eine Staatskrise ankündigte.

1920 hatte Spanien bereits über 21 Millionen Einwohner; von den

acht Millionen Beschäftigten waren zwei Millionen als Landarbeiter und 1,5 Millionen als Arbeiter in Industrie, Bergbau und Transportwesen tätig. Im Bergbau und im Hüttenwesen hatte sich die Zahl der Beschäftigten verdoppelt, anteilmäßig lagen jedoch nach wie vor die Textilindustrie und der Bausektor an der Spitze. Wenn wir anhand der von García Delgado ermittelten Daten für das Jahr 1913 einen Index von 100 annehmen, so standen die Preise im Jahr 1920 bei 227,6, die Löhne bei 179,3 und die Gewinne bei 214,0 Punkten. Das sind selbstverständlich Durchschnittswerte, die nichts über die phantastischen Gewinne der großen Familien aussagen, die den wichtigsten Teil des Bergbaus und der Eisenhüttenindustrie, der Reedereien, des Außenhandels etc. in ihrem Besitz hatten. Diese Zahlen machen auch nicht deutlich, daß es Arbeitern, wie jenen in Asturien und Vizcaya (nach harten Streiks und in Bereichen, in denen die Gewinne der Unternehmer noch größer waren), gelang, ihre Realeinkommen zu halten oder sogar geringfügig zu verbessern. Die Lage der Landarbeiter hingegen wurde immer schlechter, bis es zwischen 1918 und 1920 zu den großen Streiks auf dem Land kam.
Weitere Daten, die diese Entwicklung veranschaulichen: allein zwischen 1916 und 1920 wurden 3486 Aktiengesellschaften mit einem Kapital von 4427 Millionen Peseten gebildet; aus dieser Zeit stammen die Gründung des *Banco Central*, des *Banco Urquijo*, der *Compañía General de Carbones*, der *Babcock and Wilcox AG*, der *Compañía Auxiliar de Ferrocarriles*, der *Compañía Transmediterránea de Navegación* (Juan-March-Gruppe), der *Sociedad Ibérica de Construcciónes Eléctricas* oder der Bergbau-AG *Los Guindos*, die in deutschem Kapitalbesitz war und von José Luis Oriol geleitet wurde. Ähnliches galt für den 1920 gegründeten multinationalen CHADE-Konzern *(Compañía Hispano-Americana de Electricidad)*, dem der Marquis de Comillas vorstand, wobei er von Francesc Cambó tatkräftig unterstützt wurde.
Das Gefälle zwischen den Löhnen und den Gewinnen begünstigte ohne Zweifel das Anwachsen und die Konsolidierung der Arbeiterorganisationen. Die Mitgliederzahl der UGT stieg von weniger als 100 000 auf 240 000, die der Sozialistischen Partei von 15 000 auf mehr als 50 000; die CNT erreichte in drei Jahren einen schwindelerregenden Zuwachs auf mehr als 650 000 Mitglieder. Insgesamt war etwa ein Viertel der Arbeiter gewerkschaftlich organisiert, in Barcelona waren es sogar 50% und in Madrid mehr als 30%.

Der Generalstreik im August 1917 (der erste, der auch politischen Charakter hatte) wurde zwar von der Regierung Dato-Sánchez Guerra unter Einsatz aller Zwangsmittel niedergeschlagen. Das Streikkomitee wurde verhaftet, aber einige Monate später bei den Wahlen im Februar 1918 quasi durch Wählerentscheid aus dem Gefängnis befreit, indem einige der Mitglieder (Besteiro, Largo Caballero, Anguiano, Saborit) ins Parlament gewählt wurden. Die Gewerkschaftsorganisationen festigten sich; die Solidaritätsstreiks und jene Streiks, mit denen bestimmte Forderungen verbunden waren, nahmen ständig zu. (Einige entwickelten sich zu Auseinandersetzungen von großer Tragweite, wie der sogenannte *Canadiense*-Streik von 1919 in Barcelona [die *Canadiense* war eine Transport-, Licht- und Elektrizitätsgesellschaft].) Die Organisierung der andalusischen Landarbeiter verstärkte sich, und es kam zu harten und folgenschweren Konflikten vor allem jeweils kurz vor der Oliven- und Getreideernte. Die Nachrichten über die Russische Revolution wurden von der Basis der Arbeiterschaft voller Bewunderung aufgenommen und lösten allgemeine Begeisterung aus. (Man stelle sich vor, daß sogar die CNT, ohne den Anarchismus preiszugeben, sich 1919 im Überschwang der Gefühle der Dritten Internationale anschloß; die Sozialistische Partei wurde drei Jahre lang von einer internen Krise beherrscht, als es um die Entscheidung zwischen der Zweiten und der Dritten Internationale ging, bis es im April 1921 zur endgültigen Spaltung zwischen PSOE und PCE [*Partido Comunista Español,* Kommunistische Partei Spaniens] kam.) Diese Faktoren vertieften nicht nur die Hegemoniekrise, sondern führten zur Destabilisierung des politischen Systems und schließlich zur Infragestellung der staatlichen Institutionen.

Als Antwort auf die Entscheidung der Arbeiterschaft, sich als Klasse zu begreifen, versuchte man von seiten der Kirche und der Arbeitgeberschaft eine katholische Gewerkschaftsbewegung ins Leben zu rufen, die eine Zusammenarbeit der verschiedenen sozialen Schichten zum Ziel hatte. Sie war jedoch nicht sehr mitgliederstark und zudem von internen Kämpfen beherrscht. Aus Anlaß des *Congreso Nacional de Obreros Católicos* (Kongreß der Nationalen Vereinigung Katholischer Arbeiter), der 1919 stattfand, bezifferte man die Mitgliederzahl auf 65 000. Der vom Marquis de Comillas und dem Jesuitenorden beeinflußte Flügel pflegte intensive Beziehungen zum Arbeitgeberverband und den von ihm

beherrschten Organisationen, wie dem *Centro de Defensa Social* (Zentrum für Soziale Verteidigung), das in den Jahren 1918 und 1919 eine regelrechte Parallelpolizei unterhielt.
Um die Gewaltmechanismen, die Spanien immer mehr prägten, richtig zu verstehen, muß man auch berücksichtigen, daß gerade in dieser Zeit die verschiedensten Arbeitgeberorganisationen entstanden. Ihre Methoden wurden immer radikaler (Aussperrungen in Barcelona, der Einsatz von *pistoleros* durch den sogenannten *sindicato libre* [unternehmerfreundliche Gewerkschaft] in Barcelona, die den anarchistischen Terror doppelt vergalten), und ihre Forderungen nach einem Eingreifen von Militär und Sicherheitskräften zur Unterstützung bei ihren Auseinandersetzungen mit den Arbeitern wurden immer nachdrücklicher.
Die Amtskirche wurde durch die Verschärfung der Konflikte an ihr soziales Gewissen erinnert, und so startete die von ihr ins Leben gerufene *Junta de Acción Católica* (Junta der Katholischen Aktion) eine »Kampagne zur Aufrechterhaltung der gesellschaftlichen Ordnung und der staatlichen Autorität«. In dieser kritischen Lage gelang es dem Staat immer weniger, seine Institutionen zu kontrollieren, die sich zu »verselbständigen« begannen. Dies wird am Beispiel des Militärs deutlich, das eine führende Rolle bei der Unterdrückung der Unruhen in Katalonien und Andalusien spielte, aber auch in den *Juntas de Defensa* Interessengruppen unterhielt, die den Sturz zweier Regierungen (García Prieto und Dato) herbeiführten. Aber es kam auch zum erstenmal (1918) zu einer bedeutenden Auseinandersetzung zwischen unteren Beamten (der Post- und Telegrafengesellschaft) und dem Staat. Seit diesem Zeitpunkt und mit Beginn der sogenannten »nationalen Sammlung« unter dem Vorsitz Mauras war das etablierte Parteiensystem praktisch lahmgelegt. Es gab nur noch Raum für die Parteien der »nationalen Sammlung« oder eindeutig konservative Parteien. Das Ansehen der parlamentarischen Pseudodemokratie sank stetig. Der Autoritätsverlust des Staates zeigte sich auch darin, daß er die verbrecherische Anwendung der *Ley de fugas* (Fluchtgesetz) durch den Zivilgouverneur von Barcelona, Martínez Anido, ab Januar 1921 nicht verhindern konnte. (Die Polizei war aufgrund der *Ley de fugas* ermächtigt, Regimegegner zu erschießen, von denen sie behauptete, sie wollten sich der Festnahme durch Flucht entziehen.) Die Reaktion darauf bestand in der Ermordung von Ministerpräsident Dato zwei Monate später,

nachdem Besteiro in einer Parlamentsdebatte der Regierung die volle Verantwortung an den Ereignissen gegeben hatte.

Die Auseinandersetzungen der Jahre zwischen 1917 und 1920 mußten also in einem Land, das sich noch im Frühstadium seiner Modernisierung befand und dessen politische Eliten immer mehr an Ansehen verloren, unweigerlich dazu führen, daß das ganze herrschende System in Frage gestellt wurde. Innerhalb weniger Jahre wurde aus der Hegemoniekrise eine Staatskrise. Ein Umstand beschleunigte diese Entwicklung und führte schließlich zu einem Bruch der verfassungsmäßigen Ordnung: Die Militärpolitik jener Regierung erlitt einen schweren Mißerfolg, als die Niederlage von Igueriben und Annual im Juli 1921 die Armee 14 000 Gefallene kostete und in wenigen Tagen den Zusammenbruch des östlichen Teils des Protektorats Marokko nach sich zog. So wurden der Leichtsinn und die strategische Unfähigkeit der Befehlshaber offenkundig. Seit 1898 waren noch keine 25 Jahre vergangen, und schon erschütterte eine weitere koloniale »Katastrophe« zutiefst die öffentliche Meinung. Aber die Zeiten hatten sich geändert. Das politische System, das Cánovas 1876 installiert hatte, erwies sich aufgrund der Wandlungen, die diese Gesellschaft seit einem halben Jahrhundert erfahren hatte, als überholt. Das Verfahren, das eröffnet wurde, um die Verantwortlichen für jene Niederlage zu ermitteln (in erster Linie die Untersuchung, die General Picasso einleitete), und die Hindernisse, die man ihm in den Weg legte, erregten großes Unbehagen. Forderungen nach einer Bestrafung der Schuldigen wurden immer lauter.

Wieso hatte selbst diese Zuspitzung der Krisenlage, die 1917 einsetzte, keine Veränderung der politischen oder institutionellen Strukturen zur Folge? Ohne eine erschöpfende Antwort geben zu können, müssen wir doch auf die verschiedenen *tempi* der einzelnen Krisensymptome hinweisen, die eine Reihe von Ungleichzeitigkeiten hervorriefen. Am wichtigsten ist vielleicht die zeitliche Differenz von zwei Jahren zwischen dem Beginn der Auseinandersetzungen der Industriearbeiter und denen der Landarbeiter. Eine andere Verschiebung innerhalb des sozialen Konfliktfeldes ergab sich durch die Verlagerung seines Schwerpunkts aus dem Raum Asturien – Vizcaya – Madrid, wie er 1917 bestand, hin zur Achse Barcelona – Andalusien im Jahr 1919. Unterdessen lähmte die Frage der Einstellung zur Dritten Internationale großenteils die Aktionen des PSOE und der UGT, obwohl ihre Mitgliederzahlen wuchsen. Eine weitere Ungleichzeitigkeit bestand in dem militärischen Mißerfolg zu einem Zeitpunkt, als die sozialen Konflikte abnahmen, der Sozialismus gespalten und der Anarchosyndikalismus durch die Unterdrückung weitgehend zerschlagen war. Zudem hatte eine Aktionseinheit zwischen UGT und CNT im Jahr 1920 nur wenige Monate Bestand und zerbrach angesichts der differierenden Auffassungen über einen möglichen Solidaritätsstreik gegen die Unterdrückung in Katalonien. Es mangelte der Arbeiterschaft an organischer wie ideologischer Einheit, und die Verbindungen zum bürgerlichen Mittelstand, der gegenüber einem derartigen Bündnispartner immer argwöhnischer wurde, lockerten sich zusehends. In Katalonien zum Beispiel rückte die *Lliga Regionalista* (Regionalistischer Bund; gemäßigte katalanistische Partei) unter dem Eindruck der heftigen sozialen Konflikte 1919 von ihren Aktionen zur Durchsetzung des Autonomiestatuts ab, und ihre Führer wie Cambó, Ventosa und Bertrán y Musitu traten den Zentralregierungen bei. In Vizcaya stellte der PNV (*Partido Nacionalista Vasco*, Baskisch-Nationalistische Partei) mit Sota den Präsidenten der »Diputation« (eine Art Kreistag), sah sich aber mit dem PSOE konfrontiert, wodurch der Zusammenhalt der Partei ernsthaft gefährdet wurde.

Zusammenfassend können wir sagen, daß in dieser lange anhaltenden Krise, die die gesamte spanische Gesellschaft verunsicherte, zwei grundlegende Bedingungen für eine strukturelle Veränderung fehlten: Erstens hatte die Führung der Arbeiterorganisationen keine rechte Vorstellung von der Aufgabe, die die Arbeiter in einer demokratischen Revolution im 20. Jahrhundert zu erfüllen hätten; zweitens gab es keine zusammenhängende Aktion aller sozialen Klassen und Schichten außerhalb des Machtblocks. Der Hegemoniekrise und der sich andeutenden Staatskrise stand keine kohärente Alternative gegenüber. Damit ist zunächst die Situation insgesamt charakterisiert. Gleichzeitig führte diese Krise jedoch zur kritischen Überprüfung der Positionen und zur schöpferischen Suche nach Lösungen. Vielleicht liegen hier die Gründe für das, was man gelegentlich das »silberne Zeitalter« der spanischen Kultur genannt hat. Der Widerspruch zwischen der politischen Dekadenz und der kulturellen Entwicklung bestand nur scheinbar. Die tiefe Kluft zwischen der Staatsmacht und immer größer werdenden Teilen der Gesellschaft hatte zur Folge, daß der Staat sich verstärkt auf seine Zwangsmechanismen zurückzog, während die kritische Einstellung zahlreicher Intellektueller diese veranlaßte, sich vom herrschenden System loszusagen und sich bisweilen Kräften anzuschließen, die möglicherweise den Kern eines zukünftigen Machtblocks mit anderen sozialen Vorzeichen bilden würden. Auf diese Weise kam es zu den ideologischen Polarisierungen innerhalb der gesellschaftlichen Führungsschichten, die die Geschichte unserer zeitgenössischen Kultur durchziehen. Das »silberne Zeitalter« (das bis 1936 dauerte) ist kultureller und ideologischer Ausdruck des Konflikts, der in der Gesellschaft Spaniens schwelte. Da einerseits die angedeutete politische Alternative noch zu vage war, andererseits die politischen Parteien des Machtblocks ihr Ansehen verloren hatten und der militärische Apparat bei sozialen Konflikten eingesetzt wurde, verlagerte sich die Macht immer mehr von den formalen Instanzen auf die faktischen Entscheidungszentren. Das Militär bot sich dem herrschenden Block geradezu zur Krisenbewältigung an. Seine »Sensibilisierung« nach der Niederlage von Annual bestätigte, daß es tatsächlich eine Staatskrise gab, was Ortega y Gasset mit einer Terminologie *sui generis* Spaniens »Verlust der Wirbelsäule« nannte; er hatte durchaus recht, wenn er feststellte, daß dies die Krise einer Minderheit sei: einer Minderheit, die hätte regieren sollen, aber gescheitert war.

Der fehlgeschlagene Versuch der Diktatur Primo de Riveras

Der Wechsel der politischen Institutionen ließ die Krone unberührt: Primo de Rivera übte seine Diktatur zunächst mit einem militärischen »Direktorium« aus, später dann, ab Dezember 1925, mit einer sogenannten »zivilen« Regierung.
Ohne der Gefahr der Schematisierung zu erliegen, können diese Veränderungen mit ziemlicher Sicherheit auf zwei Ursachen zurückgeführt werden. Da waren zum einen die Auseinandersetzungen um die Schuldzuweisungen für die Niederlagen von Annual, woraus sehr leicht ein Verfahren gegen den in eine Krise geratenen Staat selbst werden konnte. Dieser Vorgang war von großer aktueller Bedeutung, aber er reichte noch weiter: er zerbrach die ein halbes Jahrhundert zuvor entstandenen Mechanismen und die legitimierende Hegemonie (oder wenn man so will, die »gesell-

schaftliche Verankerung« von Ideen) des herrschenden Blocks. Das alles sind, wie man sieht, politische Gründe.

Die zweite Ursache lag hauptsächlich in der Unfähigkeit der parlamentarischen Regierungen, der Gewalt und den plötzlich aufbrechenden sozialen Konflikten zu begegnen und – wie García Delgado (10, S. 207) bemerkt hat – »den Fortbestand und die Ausweisung der Mechanismen der Kapitalakkumulation, die sich Anfang der zwanziger Jahre verschlechtert hatten«, zu gewährleisten.

Zu den sozioökonomischen Ursachen muß wahrscheinlich auch der Versuch gerechnet werden, das Kräftegleichgewicht innerhalb des herrschenden Blocks wiederherzustellen. Dabei waren das Fortschreiten der kapitalistischen Industrialisierung sowie die Notwendigkeit zu berücksichtigen, zugunsten des Privatkapitals eine interventionistische Wirtschaftspolitik von seiten des Staates einzuleiten.

Die Geschichte der Militärdiktatur wird üblicherweise in zwei Perioden eingeteilt. Die erste reicht bis Dezember 1925. In dieser Zeit zeichnete sich eine Lösung ab, nachdem die schwierigste Phase überwunden schien: Primo de Rivera hatte zunächst den Forderungen der in Afrika stationierten Militärs nachgegeben und ein Bündnis mit Frankreich geschlossen, um die Entstehung eines marokkanischen Staates unter Abd-el-Krim zu verhindern. Es war eine Zeit relativer wirtschaftlicher Stabilität, in der ausländisches Kapital ins Land floß und die ersten staatlichen Interventionsmaßnahmen eingeleitet wurden. Aber schon damals kam es zu ernsthaften Auseinandersetzungen des Regimes mit dem katalanischen Nationalismus, den Akademikern und Intellektuellen. Das Exil Unamunos, Jiménez de Asúas und anderer belegen dies.

Die Einteilung der Diktatur in zwei Phasen ist allerdings viel zu formal; de facto handelte es sich um eine fortlaufende Entwicklung. So war etwa der Marokko-Krieg erst 1927 zu Ende. Er schuf auf der Grundlage von Söldnern eine Kolonialarmee mit entschlossenen und energischen Offizieren, die dazu neigten, die militärische Lebensweise und Organisation mit der des zivilen Lebens und seiner Institutionen zu vermengen. Von dieser Form des Zusammenlebens waren sie jedoch als Befehlshaber einer Armee in einem besetzten Gebiet weit entfernt. Der militärische Sieg schuf keinen inneren Zusammenhalt in der Armee. Eine Minderheit konspirierte bereits im Juli 1926 (die sogenannte *Sanjuanada*, die »Verschwörung in der Johannisnacht«). Gleichzeitig vermehrten sich die Auseinandersetzungen zwischen dem Artilleriekorps und dem Diktator, bis er es 1929 auflöste.

Man kann durchaus behaupten, daß die Entwicklung der Diktatur ab Ende 1927 negative Vorzeichen annahm. Innerhalb des Regimes selbst breitete sich Unzufriedenheit aus. Die 1924 als eine Art Einheitspartei gegründete *Unión Patriótica* (Vaterländische Union) erwies sich als wirkungslos; sie hatte keinen Konsens erreicht, obwohl zu ihr alte Anhänger Mauras, Kaziken und Propagandisten der *Acción Católica* gehörten. Die *Asamblea Nacional Consultativa* (beratende Nationalversammlung), die selbst von Sánchez Guerra verurteilt wurde, war von Anfang an zum Scheitern bestimmt. Die stillschweigende Zustimmung, auf die Primo de Rivera in den ersten beiden Jahren noch zählen konnte, war gewichen, und schon bald wurde deutlich, daß die Hegemoniekrise keineswegs beigelegt war, sondern sich weiter verschärfte. Die Auseinandersetzung mit den Akademikern war bereits zu einem offenen Konflikt geworden. Die 1926 gegründete *Alianza Republicana* (Republikanisches Bündnis) vereinigte so bedeutende Persönlichkeiten des kulturellen Lebens wie Miguel de Unamuno, Antonio Machado, Gregorio Marañón, Juan Negrín, Teófilo Hernando. Mit ihnen arbeitete die *Acción Republicana* (Republikanische Aktion) Manuel Azañas und José Girals zusammen. Die Kluft zwischen der Diktatur und den Intellektuellen bestätigte nicht nur die ideologische Krise, sondern verstärkte sie noch. Durch das öffentliche Ansehen dieser Männer wurde die soziale Basis, die die Diktatur im Kleinbürgertum hatte, untergraben.

1927 zeigten die Streiks in Vizcaya und Asturien, daß die Arbeiterklasse nicht mehr durchweg zu einer stillschweigenden Mißbilligung bereit war und auch offene Auseinandersetzungen keineswegs länger scheute. Der Streik der Arbeiter bei der Weltausstellung in Sevilla 1928 war ein ähnliches Symptom. Die vom Nationalkomitee der PSOE im August beschlossene Ablehnung, Vertreter in die *Asamblea Consultativa* zu schicken, bestätigte die mißbilligende Haltung. 1928 verschlechterte sich die Lage der Staatsfinanzen und der Währung. Die Finanzpolitik Calvo Sotelos zusammen mit der Politik des Ministers für Öffentliche Arbeiten, Guadalhorce, hatte zur Folge, daß die spektakulären Investitionen in den Ausbau der Infrastruktur mit einer gewaltigen Vergrößerung der Staatsschulden und einer unaufhaltsamen Abwertung der Pesete bezahlt werden mußten. Das ausländische Kapital, das während der Zeit relativer Stabilität ins Land geflossen war, wurde unkontrolliert wieder abgezogen, als sich auf dem Geldmarkt wegen des Kurssturzes der spanischen Währung Panik ausbreitete.

Mitte 1929 wurde der Bruch der Diktatur Primo de Riveras (die die Monarchie Alfonso XIII. immer tiefer in ihr Scheitern verwikkelte) mit den Universitäten (den Professoren und den Studenten), mit den katalanischen und baskischen Nationalisten, mit wichtigen Teilen der Armee und generell mit den Kulturträgern sowie mit den Arbeitern immer deutlicher. Die Projekte, von deren Verwirklichung es abgehangen hätte, daß der alte Machtblock, gestützt auf allgemeinen Konsens, seine Vorherrschaft zurückerlangt hätte, waren gescheitert: Die *Unión Patriótica* erlahmte und zerfiel. Die *Asamblea Nacional Consultativa* war erfolglos. Ihre Konsensgrundlage schwand, ohne daß das Verfassungsprojekt zur Einsetzung eines Ständeparlaments, an dem man anderthalb Jahre gearbeitet hatte, hätte zu Ende geführt werden können. Der *Somatén*, eine bewaffnete Bürgerwehr des Regimes, für die Primo de Rivera seit der Machtergreifung eine besondere Vorliebe zeigte, scheiterte. Die *Organización Corporativa del Trabajo* (Berufsständische Organisation) versagte, da sie nie Wirklichkeit wurde und ihre paritätisch besetzten Komitees nur als Verhandlungsorgane zwischen Arbeitern und Unternehmern fungierten (mit der Besonderheit, daß bei der Wahl der Arbeitervertretung die Vielfalt der Gewerkschaftsorganisationen anerkannt werden sollte).

Nur die *Acción Católica* (deren Kongreß 1929 unter der Ägide des vom König sehr geschätzten Primas, Kardinal Pedro Segura, stattfand) unterstützte die Diktatur weiterhin mit ihren »Kadern« der ACNP (*Asociación Católica Nacional de Propagandistas*, Katholisch-nationaler Propaganda-Verband) und ihrer mächtigen *Confederación Nacional Católico-Agraria* (Katholisch-agrarischer Nationalbund).

Als die entscheidenden Gruppen des herrschenden Blocks – die sich am stärksten mit der Oligarchie identifizierten – die Unfähigkeit der Diktatur sahen, ihre Wertvorstellungen an der gesellschaftlichen Basis durchzusetzen, und als der Niedergang der spanischen Währung an den europäischen Börsen bereits unwiderruflich war, begriffen sie, daß es dringend notwendig war, den Mann zu ersetzen, der ihnen 1923 so nützlich gewesen war. Sie fürchteten auch, daß sich die immer breiter werdende Opposition womöglich nicht darauf beschränken würde, den Diktator zu stürzen, sondern mit ihm auch die Institutionen, auf die er sich stützte. Seit Herbst 1929 übte man Druck auf den Diktator aus und legte ihm den Rücktritt nahe. Aber er widersetzte sich mit der Zähigkeit, mit der (von wenigen Ausnahmen abgesehen) Machthaber an der einmal erlangten Macht festhalten. Schließlich ließen ihn auch seine angesehensten Minister, der Conde de los Andes und José Calvo Sotelo, im Stich. Nachdem er sich unüberlegt in die Angelegenheiten der Militärführung eingemischt hatte, verlor er sogar deren Unterstützung.

Die Phase der Diktatur ging damit unwiderruflich zu Ende. Primo de Rivera mußte am 30. Januar 1930 abtreten. Nach einem vergeblichen Versuch, seinen alten Freund General Barrera zur Rebellion anzustiften, ging er ins Exil, wo er zwei Monate später starb.

Der Irrtum Berenguer

Auf einer Versammlung bedeutender Persönlichkeiten des herrschenden Blocks im Liria-Palast wurde beschlossen, zur verfassungsmäßigen Ordnung von 1923 zurückzukehren – so, als hätte es die Jahre der Diktatur nicht gegeben – und die Regierungsbildung General Dámaso Berenguer zu übertragen. Berenguer war wegen seiner Verantwortung an der Niederlage von Annual verurteilt, später amnestiert und dann zum Chef der Hofverwaltung für militärische Angelegenheiten Alfonso XIII. ernannt worden. Ortega y Gasset nannte Berenguers Ernennung zum Ministerpräsidenten einige Monate später den »Irrtum Berenguer«. Er schrieb am 14. November 1930 in einem Artikel in *El Sol*: »Berenguer ist nicht das Subjekt des Irrtums, sondern das Objekt.«

In der Tat zeigte diese Regierung, die – mit Ausnahme des Duque de Alba – aus zweitklassigen Konservativen bestand, daß man außer acht ließ, daß die bis 1923 politisch einflußreichen Männer und Parteien in der öffentlichen Meinung ihr Ansehen verloren hatten. Die Strategie der Krone und des herrschenden Blocks hätte nicht irriger sein können. 1923 war das abgewirtschaftete politische System widerstandslos zusammengebrochen, weil es der politischen und soziologischen Wirklichkeit der Zeit nicht mehr gerecht wurde. Noch weniger aber entsprach es den Realitäten von

1930. Zu diesem Zeitpunkt bildete die erwerbstätige Bevölkerung mit 45,51% nicht mehr die Mehrheit. 26,51% der Erwerbstätigen arbeiteten in der Industrie und 27,98% im Dienstleistungsgewerbe (nicht nur aufgrund der Modernisierung, sondern weil es weiterhin »archaische Dienstleistungen« gab, wie den Hausdiener, die Geistlichen etc.). Ohne vollständig »modernisiert« zu sein, stand die spanische Gesellschaft doch bereits an der Schwelle zur Modernität, mit zwei Millionen Arbeitern in der Industrie, im Bergbau und Transportwesen, mit einem Wachstum in den wichtigsten Industriebereichen, aber auch mit einem Ballast von immer noch 1900000 Landarbeitern und der daraus folgenden strukturellen Arbeitslosigkeit auf dem Land.
Zu den Widersprüchen und Problemen Spaniens gehörten 33% Analphabeten (zu Anfang des 20. Jahrhunderts waren es noch 58% gewesen) und Städte, deren Einwohnerzahl die Millionengrenze erreichte. Die Eisenbahn wurde dreimal häufiger benutzt als zu Beginn des Jahrhunderts, und auch das Straßennetz wurde in den Personen- und Güterverkehr einbezogen. Das Auto, elektrisches Licht, Radio, Kino und Sport hatten das städtische, jedoch nicht das ländliche Spanien grundlegend verändert. Inmitten dieses Wandels waren der Staatsapparat und Institutionen wie die Kirche, aber auch die Mechanismen der Vermögensverteilung und der Aneignung der Überschüsse völlig unflexibel geblieben. In diesem immer widersprüchlicheren und deshalb immer konfliktträchtigeren Spanien glich diese Politik, die so tat, als ob nichts geschehen sei, einem politischen Selbstmord. Die Krone, die wegen der Unterstützung der Diktatur viel von ihrem Ansehen verloren hatte, befand sich in einer heiklen Situation. Die Staatskrise war fast perfekt. Sämtliche staatlichen Einrichtungen waren in ihren Funktionen beeinträchtigt oder unwirksam geworden. Der Staat hatte keinerlei Autorität mehr. Mehrfach schon habe ich das eindrucksvolle Zeugnis zitiert, das Berenguer selbst in seinen Erinnerungen gibt:

> »Die öffentliche Meinung stand nicht mehr hinter uns, die unerläßliche moralische Autorität, die unsere größte Stütze hätte sein müssen, stand zur Diskussion. Wir waren nicht länger Herren der notwendigen Zwangsmittel; das Vertrauen in die Regierung war schwach, und die Mehrheit der Einrichtungen, die ihr hätten dienen sollen, waren vom Zweifel an ihrem Überleben befallen...« (3, S. 133)

Die Erinnerungen Molas (17) wie die Berenguers (3) oder des Marqués de Hoyos (14) sind beeindruckende Zeugnisse der Staatskrise. Die Organisationen der Arbeiterbewegung wuchsen in schwindelerregendem Maß, sowohl die UGT, die stets ihren legalen Status behalten hatte, als auch die CNT, die im April 1930 wieder legalisiert wurde. Die republikanischen Parteien erfuhren einen starken Zustrom; selbst Angehörige des Besitzbürgertums und aus dem Umkreis der Krisenregierung schlossen sich ihnen an (darunter so bekannte Persönlichkeiten wie Niceto Alcalá Zamora und Miguel Maura). Diese Parteien gingen mit gleichgesinnten katalanischen Parteien in San Sebastián im August 1930 ein Bündnis ein und gründeten ein Komitee zur Etablierung der Republik. Etwas später schlossen sich die Sozialistische Partei sowie die CNT an. Die Lage der Regierung hätte nicht schwieriger sein können. Als im Dezember 1930 eine Bewegung von Militärs, republikanischen Organisationen und Arbeiterorganisationen scheiterte, konsolidierte sich die Lage nicht. Im Gegenteil: die in Jaca hingerichteten Hauptleute Galán und García Hernández wurden zu nationalen Helden hochstilisiert, und die in Madrid inhaftierten Mitglieder des »Revolutionären Komitees«, Alcalá Zamora, Largo Caballero, Maura, Fernando de los Ríos und andere genossen eine Popularität wie nie zuvor.
Der Regierung Berenguer, die auf der Durchführung von Parlamentswahlen bestand, wurde selbst von so bedeutenden Persönlichkeiten wie dem Conde de Romanones, Francesc Cambó oder dem Exminister Santiago Alba jegliche Autorität abgesprochen. Am 14. Februar ersetzte der König die Regierung Berenguer durch eine neue unter der Führung von Admiral Aznar (de facto bestimmte jedoch Romanones den Kurs). In dieser Regierung war die gesamte politische und ökonomische Oligarchie vertreten, die das Land seit dem Ende des 19. Jahrhunderts beherrscht hatte. Aber dadurch wurde die Krise nicht behoben. Die Lage spitzte sich derart zu, daß Alcalá Zamora und seine acht Gefährten des »Revolutionären Komitees« vom *Consejo Supremo de Guerra y Marina* (Oberster Kriegs- und Marinerat) praktisch freigelassen wurden (die formale Lösung bestand darin, sie zu sechs Monaten und einem Tag Gefängnis zu verurteilen) und unter dem Jubel der Massen am 23. März 1931 das Gefängnis verließen. Zwei Tage später fand zwischen Studenten und Polizei eine regelrechte Schlacht statt, die unter dem Namen »Belagerung von San Carlos«

bekannt wurde. Der damalige Innenminister, Marqués de Hoyos, gesteht in seinen Erinnerungen: »Die Macht der Universitäten zusammen mit der der Revolutionäre war stärker als die der Regierung.« (14, S. 95)
Unter diesen Umständen war es offensichtlich, daß die Gemeindewahlen, die die Regierung Aznar für den 12. April 1931 angesetzt hatte, zu einem Volksentscheid über die Staatsform werden sollten. Und so war es: Das Wahlergebnis fiel in 41 der 50 Provinzhauptstädte und in allen wichtigen städtischen Ballungsgebieten zugunsten der republikanisch-sozialistischen Koalition aus. Die Regierung und ihre Kontrollsysteme brachen zusammen.

Staatskrise: Politischer und institutioneller Wechsel Verschärfung der strukturellen Widersprüche und der Hegemoniekrise

Am 14. April 1931 übernahm eine provisorische republikanische Regierung (unter der Führung von Alcalá Zamora und drei sozialistischen Ministern) die Entscheidungszentren des Staates. Alfonso XIII. verließ das Land. Als erstes setzte sich diese provisorische Regierung (die mehrheitlich aus Intellektuellen kleinbürgerlicher Herkunft bestand) selbst Grenzen, indem sie sich juristisch verbindlich verpflichtete, eine Verfassunggebende Versammlung einzuberufen. Die Wahl fand am 28. Juni mit hoher Beteiligung statt und brachte den Republikanern der Linken und der Mitte sowie den Sozialisten eine große Mehrheit.
Abgesehen von diesem juristisch-politischen Vorgang stellt sich die Frage nach der Bedeutung dieses politischen und institutionellen Wechsels für den Durchschnittsspanier, für die verschiedenen sozialen Schichten, Nationalitäten und Regionen, die sehr geschlossenen Berufsgruppen oder andererseits für die Jugendlichen, die Frauen etc.
Soziologisch gesehen war folgendes geschehen: Die Entscheidungszentren der politischen Macht waren dem gesellschaftlichen Block, der sie seit langem besetzt gehalten hatte, aus den Händen geglitten; gleichzeitig jedoch hatte dieser Block – entgegen seinen Befürchtungen – die ökonomische Macht nicht verloren. Unter sozialpsychologischer Perspektive weckte die Republik nach einer langen Krise, die fast schon zu einer Krise der ganzen Gesellschaft

geworden war, bei den verschiedensten Gruppen eine Reihe von zum Teil widersprüchlichen Illusionen – bei den Bürgern und Militärs, die schlicht und einfach unzufrieden mit der alten Herrschaftsform waren, bis hin zu den teilweise sehr radikalisierten Arbeitern, den Studenten der Mittelschichten und den Männern der *Institución Libre de Enseñanza* (Unabhängige Lehranstalt). Der Wechsel hatte jedoch nicht die Machtübernahme durch einen schon existierenden, in sich zusammenhängenden alternativen Block zur Folge, der zur Ausübung einer ideologischen Hegemonie fähig gewesen wäre. Es handelte sich vielmehr um eine kurzfristig gebildete Koalition aus Intellektuellen, die dem städtischen Kleinbürgertum und anderen Mittelschichten entstammten, sowie aus drei Vertretern der Arbeiterklasse oder, besser gesagt, der Partei und der Gewerkschaftsorganisation, die etwa die Hälfte der Arbeiterschaft hinter sich hatten. Die gewerkschaftliche Organisierung betrug zu dieser Zeit etwa 50%, der höchste Wert übrigens in der spanischen Geschichte und einer der höchsten in Europa. Ebensowenig gab es Veränderungen in den Entscheidungszentren der Wirtschaft, die einen bestimmenden Einfluß im Bereich der Investitionen, der Kapitalakkumulation, der Einkommensverteilung und der Marktstrategien ausübten.

Die Republik stand vor einer Reihe wichtiger Probleme, die nichts weiter waren als die durch eine lange Krise aufgeschobenen und verschärften Widersprüche der spanischen Gesellschaft, vor allem der zentrale Widerspruch zwischen der mangelnden Anpassungsfähigkeit des Staats und der fortschreitenden wirtschaftlichen und technischen Entwicklung oder den neuen politischen Fragestellungen im europäischen Kontext. Wir können und müssen unterscheiden zwischen den strukturell oder längerfristig bedingten und den unmittelbar verursachten Problemen. Eigentlich handelt es sich dabei um eine rein didaktische Unterscheidung, denn die aktuellen Anlässe sind ohne die strukturellen Ursachen nicht denkbar: für den Historiker sind sie der Augenblick, in dem alle Gegensätze und Widersprüche, die latent in dem strukturellen Gefüge angelegt sind, offen zutage treten. Deshalb ist die Phase, die am 14. April 1931 (oder vielleicht schon Mitte 1930) einsetzte, eine historische Situation, in der keine der beteiligten Kräfte fähig war, die sich immer mehr verschärfende Hegemoniekrise auf friedlichem Weg zu lösen.

Wir wollen jedoch unsere didaktischen Ausführungen weiterver-

folgen und dabei versuchen, einen möglichst vollständigen Überblick zu geben. Das wesentliche strukturelle Problem war ökonomischer Art: ein rückständiger Agrarsektor, extreme Ungleichheit in den Besitzverhältnissen, Bevölkerungsüberschuß auf dem Land, Kapitalabwanderung und geringe Produktivität, geringe Nachfrage auf dem Binnenmarkt und ein Exportsektor, der sich hauptsächlich auf Obst, Speiseöl, Wein und Erze beschränkte; technologischer Rückstand, von den Großbanken kontrollierte Monopole und, an der Spitze des Systems, die »großen Familien« der Agrar-, Finanz-, Industrie- und Handelsbourgeoisie, die alle eng miteinander verflochten waren.
Der archaische Charakter des Staates und seiner Einrichtungen (die noch an den durch Überdeterminierung gekennzeichneten Leitbildern des Ancien Régime orientiert waren) brachte weitere strukturelle Probleme mit sich: eine mit Befehlshabern überfrachtete, aber mit völlig veraltetem Material ausgestattete Armee; eine Kirche, die es gewohnt war, »soziale Ordnung und Religion« gleichzusetzen und privilegierte Beziehungen zum Staat zu unterhalten; sich selbst reproduzierende Verwaltungsapparate; die Spannung zwischen den historisch gewachsenen Nationalitäten und der zentralistischen Praxis während der letzten zwei Jahrhunderte. Das veraltete Bildungswesen und die Mängel im Schulbereich (33% der Bevölkerung über zehn Jahre waren Analphabeten) sowie die äußerst spärliche Förderung wissenschaftlicher Forschung waren weitere Probleme im Zusammenhang mit der strukturellen Rückständigkeit.
Aus diesen strukturellen Problemen entstanden die unmittelbaren, von denen wir besonders auf die folgenden hinweisen wollen: Kontinuität oder Erneuerung in den Institutionen des Staats; soziale Reformgesetzgebung und Widerstand auf seiten der Unternehmer (ein Konflikt, der in der Landwirtschaft besonders hart und gewalttätig war); ökonomische Aspekte der Auslandsbeziehungen (Rückgang der Exporte, Einwanderung, zunehmende Arbeitslosigkeit etc.) sowie deren politische Aspekte (Hitlers Machtergreifung, die politische Offensive der Achse Berlin–Rom in Europa und die ungleiche Gegenoffensive der Linken); Autonomiepolitik und systematischer Widerstand der Rechten unter dem Schlagwort der »nationalen Einheit«; Entwicklung und Konsolidierung der Parteien der unteren Klassen, die der politischen Macht immer näher kamen, und im Gegenzug der Wiederaufbau

der Parteien der herrschenden Gesellschaftsschichten, die neue Strategien entwickelten, um die politische Macht zurückzuerobern und die ökonomische zu bewahren; Anstrengungen zur Verbesserung des Bildungswesens auf allen Ebenen, vor allem aber im Hinblick auf die Grundschule, die Erwachsenenbildung und die technische Ausbildung.

Während der ersten Monate verkündete die Regierung einige Dringlichkeitsdekrete, die von den Cortes Gesetzesform erhielten. Es ging dabei vor allem um die Lage der Landarbeiter (paritätisch geregelte Arbeitervertretung, Acht-Stunden-Tag, Zwangskultivierung brachliegender Ländereien, vorrangige Einstellung ortsansässiger Arbeiter gegenüber fremden etc.), außerdem um eine Verbesserung der Grundschulausbildung (6750 neue Schulen wurden geschaffen und 7000 Lehrstellen eingerichtet, wobei zugleich die Bezüge der Lehrer zwischen 20 und 40% angehoben wurden) und der pädagogischen Betreuung ländlicher Gebiete; und schließlich, in den umstrittenen Erlassen des Kriegsministers Azaña, um die Modernisierung des Heers und die Reduzierung des Offizierkorps, dessen zahlenmäßige Stärke der Größe der Truppe völlig unangemessen war. Azaña bot sogar den Militärs, die der neuen Regierung keine Treue geloben wollten, die Pensionierung bei voller Besoldung an.

Maßnahmen jedoch, wie die Abschaffung der Generalkapitanate, die Aufhebung der unter der Diktatur Primo de Riveras praktizierten Beförderung für »Verdienste im Krieg«, die Abschaffung des Gesetzes über die Militärrechtsprechung sowie die Schließung der *Academia General Militar* (Militärakademie, die während der Diktatur wieder eingerichtet worden war und deren Leiter der junge General Francisco Franco war) lösten Unbehagen in vielen Militärkreisen aus. Diese waren aufgrund ihrer Ausbildung und Einstellungen ein Nährboden für oppositionelle Regungen. Weitaus beunruhigter über die aktuelle Entwicklung waren die Landbesitzer, da die Landarbeiter während des gesamten Sommers Streiks organisierten, um die gerade erlangten Rechte zu verteidigen oder um den »Kampf gegen die Arbeitslosigkeit« zu unterstützen. Die Präsenz der *Guardia Civil* (Landpolizei) reichte nicht, um die Befürchtungen der Eigentümer zu zerstreuen. Dieses Problem hatte zwei Aspekte: einerseits das der mittleren Landbesitzer, deren Produktionskosten gestiegen waren, ohne daß die Preise angeglichen wurden. Dieses Phänomen, das sich auch bei den kleinen städtischen Unternehmern zeigte, war typisch für eine Gesellschaft, deren kleine und mittlere Landwirtschaft fast gänzlich ohne jedes Kapital und ohne Rücklagen arbeitete. In diesem Bereich, der angesichts der Lohnpolitik der Arbeitervertretungen und der gesetzlichen Verpflichtungen der Zwangskultivierung seine Gewinne nicht stabilisieren konnte, stellte sich ein Grad von Verbitterung ein, der nur mit dem der Tagelöhner vergleichbar war, deren Arbeitskraft schon seit Jahrhunderten sehr schlecht bezahlt wurde. In Kreisen der Großgrundbesitzer fürchtete man vor allem ein Gesetz zur Durchführung einer tiefgreifenden Agrarreform. Noch bevor es dazu kam, wurde die *Asociación Nacional de Proprietarios de Fincas Rústicas* (Nationalverband der Landgutbesitzer) gegründet. Ihr primäres Ziel bestand darin, die Durchsetzung eines derartigen Gesetzes zu verhindern. Es wurde von den Arbeitgebern aller Wirtschaftsbereiche als gefährlichster Angriff auf die bestehende Gesellschaftsordnung und ihre Produktionsverhältnisse angesehen.

Die erwähnten Erlasse spiegeln einen großen Teil der Probleme des Landes wider. Hinzu kamen zum einen noch die Spannungen mit den kirchlichen Institutionen, die traditionell eine Legitimationsfunktion der öffentlichen Gewalt innehatten oder sogar in sie eingriffen, und zum anderen die Autonomiefrage, zu deren Lösung in Katalonien bereits die ersten institutionellen Schritte eingeleitet wurden.

Der Konflikt zwischen Kirche und Staat barg ein politisches Problem von großer Tragweite. Erst in unseren Tagen sind die Dokumente bekanntgeworden (27,I, S. 27f.), in denen der Vatikan über seinen Staatssekretär Kardinal Pacelli Anweisungen »zur Verteidigung von Religion und Gesellschaftsordnung« gab. Sie trafen zeitlich mit den Versammlungen der *Acción Católica* unter der Leitung Angel Herreras zusammen und mündeten am 29. April 1931 in die Bildung der *Acción Nacional* (Nationale Aktion), »einer Vereinigung, deren Ziel es ist, Propaganda und politische Aktion unter der Devise von Religion, Familie, Ordnung, Arbeit und Eigentum zu betreiben«.[1] Zudem verschärfte sich die Spannung durch den am 2. Mai in seiner Diözese veröffentlichten Hirtenbrief des Kardinals Pedro Segura, der offene Feindschaft gegenüber der neuen Regierung bekundete. Segura traf Maßnahmen, um den Besitz der Kirche mit Hilfe einer Reihe von Scheintransaktionen ins Ausland zu retten (27,I, S. 41 D.17), was die Regierung erst am 15. August bemerkte. Auf der anderen Seite führten der im Volk verbreitete Antiklerikalismus und vielleicht – bisher nicht hinreichend geklärte – Provokationen dazu, daß am 11. und 12. Mai zahlreiche Klöster in Madrid, Andalusien und Valencia in Brand gesteckt wurden. Die Spannungen zwischen Kirche und Regierung ließen nicht mehr nach. Segura begab sich nach Rom; bei seiner Rückkehr wurde er von Innenminister Miguel Maura ausgewiesen. Die Entdeckung des Plans, Kirchenbesitz außer Landes zu schaffen, führte dazu, daß Segura Ende September auf Drängen des Vatikans sein Amt niederlegte. Aber die Entscheidungen waren bereits getroffen. Die Verabschiedung des Artikels 26 der Verfassung (der eher von antiklerikalem als von laizistischem Geist geprägt war) riß Gräben auf, die von keiner der beiden Parteien wieder überbrückt wurden. Die »soziologische Rechte« versuchte allerdings, aus der Bedrohung der Einheit von Religion und »gesellschaftlicher Ordnung« Kapital zu schlagen.

Ein anderes Phänomen verschärfte die Schwierigkeiten wenige Wochen nach Ausrufung der Republik. Man kann es die »psychische Krise der Besitzenden« nennen (als »Vertrauenskrise« bezeichnete sie der Jahresbericht des *Banco Español de Crédito* und schrieb sie den »bekannten Ereignissen« des ersten Halbjahres 1931 zu), die sich in Symptomen wie Kapitalflucht und -anhäufung äußerte. Es ist einleuchtend, daß tiefverwurzelte Einstellungen und Wertmaßstäbe sich nicht in wenigen Wochen ändern konnten. Diese Krise griff in den fünf Jahren zwischen 1931 und 1936 vom ideologischen über den politischen sogar auf den wirtschaftlichen Bereich über. Sie ermöglichte dem früheren politischen und wirtschaftlich immer noch dominierenden Machtblock, viele einfache Leute davon zu überzeugen, daß die kleinste soziale Reform »Sozialismus« bedeute oder daß der Katholizismus und die nationale Einheit in Gefahr seien. Auf diese Weise fand die traditionelle Rechte ihre wichtigste Massenbasis in Altkastilien, in Teilen Neukastiliens und in Aragonien – im allgemeinen also in der Meseta – sowie in Navarra, einer jahrhundertealten Bastion des Traditionalismus.

Diese ideologische Krisensituation, die mit ökonomischen Aspekten zusammenfällt (und die mir charakteristisch für die da maligen Verhältnisse zu sein scheint), trat vor dem Hintergrund der großen Weltwirtschaftskrise in Erscheinung, die Spanien ab 1932 schwer traf: die Exporte sanken, die Emigranten kehrten in

Massen zurück, die Auftragslage der wichtigsten Industriezweige verschlechterte sich. Dies hatte einen generellen Anstieg der Arbeitslosigkeit zur Folge, die durch die Angst des Kleinbürgertums auf dem Land und in der Stadt sowie durch Schwierigkeiten, die anfallenden Kosten zu tragen, noch verstärkt wurde. Es wird immer ein Problem sein, die Gründe für diese Krise zu unterscheiden: Was waren tatsächlich wirtschaftliche Gründe und was ideologische Verwirrung, Unsicherheitsgefühle und Angst vor dem »grobschlächtigen Proletariat« – Beweggründe, die zumindest von den oberen Schichten der Gesellschaft in manipulierender Absicht vorgebracht wurden.

Die konstituierenden Cortes erarbeiteten eine Verfassung, die am 9. Dezember 1931 verabschiedet wurde und die erklärte, daß alle Macht vom Volk ausgehe: »Spanien ist eine demokratische Republik von Arbeitern jeglicher Art, die sich eine Ordnung auf der Grundlage von Freiheit und Gerechtigkeit gibt.« Die Verfassung enthielt eine umfassende Erklärung von Rechten, so etwa gleiches Wahlrecht für beide Geschlechter, das Ehescheidungsrecht und die Möglichkeit der Enteignung und Sozialisierung von Gütern gegen Entschädigung. Die strittigsten Artikel der neuen Verfassung bezogen sich auf die Möglichkeit regionaler Autonomie und auf das Unterrichtsverbot für Orden. Der Jesuitenorden, der allerdings nicht namentlich genannt wurde, sollte aufgelöst werden. Einen Tag später wurde Niceto Alcala Zamora zum Präsidenten der Republik gewählt.

Die politische Rechte akzeptierte den Verfassungstext nie und forderte seine Revision, die Kirchenführung »mißbilligte« die Verfassung, empfahl aber »Achtung und Gehorsam gegenüber der verfassungsmäßigen Macht«. Vom ersten Augenblick an kämpfte die Rechte an zwei Fronten oder mit zwei Strategien: die eine bestand im frontalen Angriff (eine Verschwörung, die zur Erhebung Sanjurjos und anderer Militärs am 10. August 1932 führte; Aufmärsche von *Requetés*, der militärischen Organisation der Karlisten, und von falangistischen Kampfgruppen; Militärverschwörungen: all das gipfelte schließlich im Aufstand von 1936). Die andere Strategie, die auf eine friedliche Durchdringung des republikanischen Systems setzte, wurde vor allem von der CEDA (*Confederación Española de Derechas Autónomas,* Spanischer Bund der Autonomen Rechten) verkörpert. Ein Teil des höheren Klerus entschied sich für diese Linie, die Mehrheit jedoch, mit

dem neuen Primas Kardinal Gomá an der Spitze, wählte ab 1934 den konservativ-traditionalistischen Weg, der jegliche Koexistenz mit der republikanischen Demokratie verwarf.
Die Regierung, die aus den linken republikanischen Parteien unter Mitarbeit der Sozialisten (sie stellten drei Minister) mit Manuel Azaña als Regierungschef gebildet wurde, legte dem Parlament zwei grundlegende Gesetzesentwürfe vor: das »Gesetz über das Autonomiestatut für Katalonien« und das »Grundlagengesetz zur Agrarreform«. Beide Entwürfe waren Gegenstand einer ebenso langen wie erbitterten Kampagne, in der sie sowohl von den parlamentarischen Gruppen der Rechten als auch von außerhalb der Cortes stehenden Interessenverbänden bekämpft wurden. In erster Linie zählten dazu die bereits erwähnte *Asociación de Propietarios de Fincas Rústicas* sowie generell die verschiedenen Unternehmerverbände, die sich in der *Unión Económica* (Wirtschaftsvereinigung) zusammenschlossen. Diese Aktionen führten im Frühling 1933 zur Gründung der *Confederación Patronal Agraria* (Verband der Agrarunternehmer). Die *Unión Económica* (in der sich die Spitzen des Industriekapitals und der Finanzwelt versammelten) erklärte: »Das Fundament allen nationalen Reichtums bildet die Land-, Forst- und Viehwirtschaft.« Von ihrem Fortschritt hänge der der industriellen Entwicklung ab. Diese ökonomisch durchaus strittige These verdeutlicht sozialhistorisch die Tatsache, daß der herrschende Block den Agrarsektor als jenen Zweig betrachtete, der in der Lage war, die bürgerlichen Produktionsverhältnisse entscheidend zu verändern. Auch läßt sich leicht zeigen, daß die politische Rechte bei den Parzellen- und Pachtbauern eine organisierte soziale Basis hatte, die ihr bei den städtischen Lohnarbeitern fehlte.
Die Agrarreform und das Autonomiestatut für Katalonien wurden trotzdem am 9. September 1932 verabschiedet. Dies war ein Erfolg der Regierung, die die allgemeine Empörung nach dem Putschversuch Sanjurjos auszunutzen wußte. Am 20. September 1932 fanden die ersten Wahlen zum katalanischen Parlament statt, die die Vorherrschaft der ERC (*Esquerra Republicana de Catalunya*, Republikanische Linke Kataloniens) und die Präsidentschaft Francesc Macià bestätigten. Die Agrarreform hingegen war schwieriger in Angriff zu nehmen. Die Lage der Landarbeiter in einigen Regionen veranlaßte die Regierung, im November 1932 den Erlaß zur Intensivierung des Ackerbaus zu verkünden, der zunächst in

Badajoz und später in acht weiteren Provinzen angewandt wurde. Er gestattete landlosen Bauern, brachliegendes Ackerland in einem zweijährigen Zyklus zu bebauen. In vielen Fällen führte der Widerstand der Besitzer und in anderen ungesetzliche Rodung des Bodens in jenem Winter zu zahlreichen Auseinandersetzungen. Trotzdem erhielten bis zum Frühjahr mehr als 32 000 *yunteros* Landanteile (sie wurden so genannt, weil sie zwar eine *yunta* – ein Maultiergespann –, aber kein Land besaßen).

Die sozialen Auseinandersetzungen nahmen jedoch kein Ende. Die radikalsten Anarchisten initiierten im Januar 1933 eine bewaffnete Revolte, die, außer in der Provinz Cádiz, ohne besondere Bedeutung war. Das brutale Eingreifen der *Guardia de Asalto* (Bereitschaftspolizei; von der Republik geschaffenes Polizeikorps) unter der Leitung des Hauptmanns Rojas in dem kleinen Dorf Casas Viejas führte nach Bekanntwerden zu landesweiten Protesten (der Leiter der Sicherheitsabteilung und Hauptmann Rojas wurden vor Gericht gestellt; Rojas wurde verurteilt). Die Proteste kamen nicht nur von der extremen Linken, sondern auch von der Rechten. Casas Viejas, die Konflikte, die das Gesetz über die religiösen Gemeinschaften zur Folge hatte, die Krise und die steigende Arbeitslosigkeit, die Gewaltaktionen der ersten Gruppen der JONS (*Juntas de Ofensiva Nacional-Sindicalista*; Nationalsyndikalistische Angriffsgruppen, radikale rechte Organisation mit Hitler und Mussolini als Vorbilder), die Aufstachelung der Bauern gegen die Regierung und die Schwierigkeiten der an der Regierung beteiligten Radikal-Sozialistischen Partei stellten weitere Verschleißerscheinungen dar. Schließlich entschied Alcalá Zamora, die Cortes aufzulösen und eine Regierung unter Führung Martínez Barrios von der Radikalen Partei mit der Durchführung von Neuwahlen zu beauftragen. Die Wahlen fanden Ende November 1933 statt. Nach dem ersten Wahlgang verteilten sich die Wählerstimmen folgendermaßen auf die verschiedenen Parteien: Die Rechte – aus CEDA, Traditionalisten und *Renovación Española* (Spanische Erneuerung, monarchistische Partei) – erhielt 3 365 700 Stimmen, die Parteien der Mitte (in der die Radikale Partei am stärksten war) 2 051 500 und die Linke 3 118 000 Stimmen (etwa 1 700 000 Stimmen fielen auf die Sozialisten und 450 000 auf die ERC). Aufgrund des Wahlgesetzes, der Uneinigkeit der Linken und der Koalitionen der Rechten und des Zentrums ergab sich daraus folgende Abgeordnetenverteilung: 204 Sitze für die

Parteien der CEDA, Agrarier, Traditionalisten, *Renovación Española* und 17 weitere Abgeordnete, die keiner dieser Gruppen angehörten; die Rechte kam sogar auf 228 Sitze, wenn man ihr noch die der *Lliga Regionalista de Catalunya* hinzurechnet. Auf Parteien der Mitte entfielen 144 Abgeordnete, von denen 102 der Radikalen Partei angehörten (einige schlossen sich wenige Monate später zusammen mit Martínez Barrio der Linken an). Die Linke stellte nur 94 Abgeordnete, von denen 64 Sozialisten waren.

Nachdem ein erneuter anarchistischer Aufstand in einigen Regionen des Landes unter Kontrolle gebracht worden war, bildete sich im Dezember 1933 mit Unterstützung der CEDA die Regierung Lerroux. Es handelte sich zwar um eine Regierung der Mitte, doch die Rechte setzte sie neun Monate lang unter Druck, um die zwischen 1931 und 1933 erlassenen Gesetze rückgängig zu machen oder zumindest ihre Anwendung zu unterbinden. Auf dem Land konnten die Besitzer erneut »nach Herzenslust« schalten und walten. Sie diskriminierten die gewerkschaftlich in der UGT oder der CNT organisierten Landarbeiter, indem sie ihnen keine Arbeit gaben. Sie senkten die Tagelöhne und setzten bei Auseinandersetzungen die Polizei ein. So steigerten sie aber auch immer mehr die Wut derer, die dies alles schon seit Jahrhunderten erlebt hatten.

In den Städten streikten die Arbeiter sowohl zur Verbesserung ihrer wirtschaftlichen Lage als auch als Reaktion auf die Massenaufmärsche der Rechten (El Escorial, Covadonga).

Die *Falange* wurde im Oktober 1933 nach faschistischem Vorbild gegründet. Vereint mit den JONS, ging sie sehr bald zu Gewaltaktionen über, gemäß den Leitsätzen ihres Führers José Antonio Primo de Rivera (ein Sohn des früheren Diktators), die auf der »Dialektik der Faust und der Waffe« beruhten. Er war der Auffassung, es sei »das beste Schicksal einer Wahlurne, zerschlagen zu werden«. In jenem Sommer schloß die *Falange* ein Bündnis mit der *Renovación Española*, das ihr monatliche Zuwendungen sicherte. Fast gleichzeitig unterzeichneten die Vertreter der extremen Rechten (Traditionalisten und *Renovación*) einen Pakt mit Italo Balbo (einem der führenden Mitstreiter Mussolinis) und Oberst Longo. Aufgrund dieses Paktes versprach die faschistische Regierung Italiens, sie beim Sturz der Republik mit Waffen und Geld zu unterstützen und Jugendliche, als »peruanische Offiziere auf Studienreise« getarnt, in Italien militärisch auszubilden.

Die Spannungen in Europa nahmen zu. In Österreich schoß Bundeskanzler Dollfuß im Namen eines katholischen Populismus, der Ähnlichkeiten zur CEDA aufwies, auf Sozialisten und brachte sie damit zum Schweigen. In Deutschland hatte Hitler nach dem Röhmputsch vom 30. Juni 1934 seine Alleinherrschaft gefestigt. In Frankreich hatten die Sozialisten und Kommunisten die Versuche der Ultrarechten, im Februar das Parlament zu stürmen, mit einem Aktionsbündnis beantwortet – ein einzigartiges Ereignis seit der Spaltung 1920. So entstand überall ein Klima der Konfrontation zwischen einem Faschismus (gleichgültig ob er sich so nannte oder nicht) auf irrationaler Grundlage, der Gewalt und Antiparlamentarismus im Namen der »nationalen Rettung« und im Kampf gegen das von ihm selbst ins Leben gerufene Gespenst der »roten Revolution« predigte, und auf der anderen Seite einem breiten Spektrum von den Liberalen bis zu den sozial fortschrittlichsten Kräften: Demokraten, Sozialisten, Kommunisten, Anarchisten.

In Spanien reagierte die Sozialistische Partei nach ihrer Entmachtung und der wiederholten Verfolgung ihrer Organisationen mit einer Radikalisierung, die auf die UGT übergriff (an deren Spitze Besteiro durch Largo Caballero ersetzt wurde) und sie immer mehr zu einer Strategie des offenen Kampfes trieb. Schon deshalb war es ihrer Führung im Juni 1934 unmöglich, den Generalstreik der Landarbeiter zu stoppen (der Streik wurde von der *Federación de Trabajadores de la Tierra*, dem Landarbeiterverband, geleitet, der 47% der UGT-Mitglieder stellte). Wieder einmal hatten die faktischen Gegebenheiten den Hauptakteuren die Initiative entrissen. Man zählte während mehrerer Wochen 200 000 Streikende in über 700 Orten: der Preis dieser Mobilisierung waren 7000 Verhaftungen und die Zerschlagung der Sozialistischen Partei in allen ländlichen Gebieten, in denen sie dominiert hatte.

In jenem konfliktreichen Jahr 1934 kam es auch zur Konfrontation zwischen der Zentralregierung und der autonomen Landesregierung Kataloniens, der *Generalitat*, deren Präsident nach dem Tod Macià s jetzt Companys war. Das vom katalanischen Parlament verabschiedete Agrarreformgesetz *(Llei de Contractes de Conreu)* wurde von der Zentralregierung (mit Unterstützung der katalanischen Rechten, der *Lliga Regionalista de Catalunya*) vor den Verfassungsgerichtshof gebracht, der es mit Stimmenmehrheit ablehnte. Die Katalanen gaben nicht nach, und im Lauf des Sommers wurde ein Kompromiß ausgehandelt. Im Baskenland jedoch riefen die Verfügungen des Finanzministers der Radikalen Partei

Marracos, durch die man die traditionellen baskischen Steuervorrechte verletzt glaubte, eine heftige Reaktion hervor, die zum erstenmal Nationalisten und Sozialisten zusammenbrachte.
Anfang Oktober 1934 gab Alcalá Zamora den Forderungen Gil Robles' nach und veranlaßte eine Regierungsumbildung: der neuen Regierung Lerroux gehörten auch drei Minister der CEDA an. Damit wurde offensichtlich, daß der alte Block bereits im Begriff war, die politische Macht erneut in seine Gewalt zu bringen. Dieser Regierungswechsel war jedoch sozusagen das erwartete Signal für die Sozialistische Partei (sie konnte dabei mit der Unterstützung der Kommunisten und in Asturien mit der der CNT rechnen), eine revolutionäre Bewegung zu entfesseln – eine Möglichkeit, die Prieto bereits in einer hitzigen Parlamentsdebatte Ende 1933 angedeutet hatte. Der bewaffnete Aufstand, der von einem Generalstreik unterstützt wurde, war nur in Asturien erfolgreich. Dort hatten die Arbeiter im Oktober zwei Wochen lang die Macht inne, bis sie von Truppen der Fremdenlegion und der Afrikaarmee unter Führung General Francos, dem die Regierung unumschränkte Machtbefugnisse einräumte, besiegt wurde. Zur gleichen Zeit, jedoch ohne direkten Zusammenhang mit den Ereignissen in Asturien, erhob sich die katalanische Regierung unter Lluís Companys. Der Aufstand wurde innerhalb von zwei Tagen auf Befehl der Zentralregierung durch die Armee niedergeschlagen. Entscheidend dabei war sicher, daß ihm die CNT, die in den städtischen Ballungsgebieten die Mehrheit der Arbeiter hinter sich hatte, die Unterstützung versagte.
Die asturische Revolution forderte 1335 Tote (78% auf seiten der Revolutionäre) und fast 3000 Verletzte. Die Revolutionäre exekutierten hier 70 Personen. Das Militär dagegen und die staatlichen Ordnungskräfte begannen bereits in der Kaserne von Pelayo mit illegalen Erschießungen. Später töteten sie mehr als 200 Arbeiter, folterten an den verschiedensten Orten und verhafteten in ganz Spanien mehr als 30000 Menschen. Tausende verloren ihre Arbeitsplätze, weil sie an dem Streik teilgenommen hatten, der in fast allen Großstädten in einen Generalstreik übergegangen war. Überall breitete sich Haß aus. Nur das entschiedene Eingreifen Alcalá Zamoras und die breiten öffentlichen Proteste verhinderten, daß González Peña, 30 Bergarbeiter aus Turón, die Hauptleute Pérez Farrás und Escofet in Barcelona etc. erschossen wurden (von den verhängten Todesstrafen wurden nur zwei voll-

zogen). Die Kriegsgerichte arbeiteten jedoch auch während der folgenden 15 Monate weiter. Die Mitte-Rechts-Regierung, der im Mai 1935 Gil Robles als Kriegsminister beitrat, verbot die sozialistische Presse wie auch Publikationen anderer Arbeiterorganisationen, behielt die Zensur bei, setzte das Gesetz zur Agrarreform außer Kraft und verabschiedete im August 1935 ein Gegenreform-Gesetz, wodurch die *yunteros* von ihrem Land vertrieben wurden; sie hob das Autonomiestatut Kataloniens auf und legte das Autonomieprojekt für das Baskenland auf Eis; sie verlängerte die Arbeitszeit der Metallarbeiter... General Franco wurde zum Generalstabschef ernannt, und sämtliche führenden militärischen Ämter wurden mit Männern der politischen Rechten besetzt, von denen die Mehrzahl in den gescheiterten Putsch von 1932 verwikkelt gewesen war. Sanjurjo, der inzwischen amnestiert worden war, ließ sich in Portugal nieder, und Calvo Sotelo, ebenfalls begnadigt, kehrte nach Spanien zurück und bildete mit Goicoechea die Führung des sogenannten »Nationalen Blocks«.

Die politischen Umstände wirkten sich jedoch für diese Regierungen, die sich eine »Kurskorrektur« der Republik zur Aufgabe machten, zum Nachteil aus: Erschießungen, Folterungen, Verhaftungen und Entlassungen führten dazu, daß die Front der Linken 1935 wesentlich breiter war als 1934. Es entstand ein »volksfrontähnliches« gesellschaftspolitisches Bündnis (wenn man unter Volksfront ein Verteidigungsbündnis versteht, das Parteien der Arbeiterklasse und der Mittelschichten gegen die faschistische Bedrohung eingehen), in dem die emotionale Ablehnung der Unterdrückung von vorrangiger Bedeutung war. Umgekehrt darf man nicht vergessen, daß sich in den Provinzhauptstädten und auf dem Land ein Kern von jungen Leuten aus der gehobenen Mittelschicht und dem Großbürgertum herausbildete, die gegenüber der Propaganda Hitlers und Mussolinis aufgeschlossen waren. Die immer offensichtlicher werdende Konfliktsituation führte sie den Reihen der traditionalistischen, ultrakonservativen Rechten oder dem kirchlichen Populismus zu, der der faschistischen Versuchung erlag. Dies traf auch für weite Teile der CEDA zu.

Schließlich führte ein Bestechungsskandal, in den die Spitzen der Radikalen Partei verwickelt waren, das Ende der parlamentarischen Mehrheit herbei. Im Herbst 1935 erreichte die Stimmung zugunsten einer Einheit der Linken einen Höhepunkt: Azaña konnte in einem Madrider Vorort Hunderttausende Menschen

versammeln, Largo Caballero verließ als freier Mann das Gefängnis. Die Möglichkeit einer Volksfront in Frankreich deutete sich bereits an, während die Propagierung der Volksfrontstrategie durch Dimitrov (der durch seine Haltung im Leipziger Prozeß zu einem Anti-Hitler-Symbol geworden war) auf dem VII. Kongreß der Komintern noch nachwirkte. In Spanien herrschte ein Klima der kollektiven Begeisterung zugunsten der Einheit der Linken. Diese erfaßte sowohl diejenigen, die vor allem eine Amnestierung der politischen Gefangenen erreichen wollten, wie auch jene, die von einer Weiterführung der Reformen der ersten beiden Republikjahre träumten. Nicht wenige sahen auch bereits die Verwirklichung sozialer Utopien am Horizont heraufdämmern. Es waren Empfindungen, die aus einer Niederlage erwuchsen (im Gegensatz zur französischen Volksfront), aus jüngst erlittenem Leid, das sich dem jahrhundertealten hinzufügte. Demgegenüber dachten die alten Machthaber, die erneut den größten Teil des Staatsapparats beherrschten, nicht daran nachzugeben. Gil Robles wollte die ganze Macht, und Calvo Sotelo verstärkte seine Drohgebärden.
Als im Dezember 1935 die Regierung Portela Valladares gebildet wurde und Gil Robles das Amt des Kriegsministers niederlegte, verbrachte er eine schlaflose Nacht. Er wartete auf die Antwort der Generäle Fanjul, Goded und Varela, die ihn über den Beginn des Militärputsches informieren sollten, dem der CEDA-Chef bereits im voraus seine Zustimmung gegeben hatte. Er hoffte, damit die Auflösung des Parlaments und die Ausschreibung von Neuwahlen durch Alcalá Zamora zu verhindern (13, S. 364, S. 367).
Alcalá Zamora machte zum zweiten Mal während seiner Amtszeit von seinem Vorrecht Gebrauch, die Cortes aufzulösen und Neuwahlen für den 16. Februar 1936 anzusetzen. Sie fanden unter der Führung von Portela Valladares, einem Mann seines Vertrauens, statt. Unter diesen Umständen und trotz gewisser Schwierigkeiten, die die Republikaner bereiteten, wurde am 15. Januar 1936 ein Volksfrontbündnis unterzeichnet, dessen Programm sich auf folgende Punkte beschränkte: Amnestie für die politischen Gefangenen, Wiedereinstellung der im Zuge der Repressionen Entlassenen, erneute Anwendung der von der Mitte-Rechts-Regierung rückgängig gemachten republikanischen Gesetze (Autonomieregelungen, Agrarreform etc.), Wiederanhebung der gesenkten Landarbeiterlöhne, Aufhebung des Pachtgesetzes und einige weitere, wenig präzise Reformvorschläge. In Katalonien bildete sich

eine ähnliche Koalition, die »Linksfront«, mit einem ähnlichen Programm, das ebenfalls das Wiederinkrafttreten des Agrarreformgesetzes forderte.
Die Rechte präsentierte ihrerseits einen Block: Die CEDA, die Monarchisten der *Renovación Española* und die Traditionalisten schlossen ein Bündnis »gegen die Revolution und ihre Anhänger«. Mit der *Lliga*, den Radikalen und anderen Parteien der Mitte wurden einige Teilvereinbarungen getroffen. Die Verhandlungen mit der *Falange* scheiterten jedoch, weil man der Meinung war, daß diese Organisation die Aufstellung zu vieler eigener Kandidaten verlangte. Der *Partido Nacionalista Vasco* kandidierte unabhängig, obwohl der Vatikan ihn aufforderte, sich der Rechten anzuschließen, »weil diese Wahl der Kampf zwischen Christus und Lenin ist«. Weiterhin kandidierten einige konservative Republikaner und andere kleine Gruppen der Mitte. Insgesamt bewarben sich 977 Kandidaten um 473 Sitze. In 31 Wahlbezirken standen sich nur Kandidaten der Linken und Rechten gegenüber.
Diese Polarisierung, die die Leidenschaftlichkeit und den Mangel an politischen Nuancen widerspiegelt, zeigte sich darin, daß von mehr als 9,8 Millionen Wählern sich acht Millionen für den Block der Linken oder der Rechten entschieden und die Differenz zwischen beiden nicht mehr als 200 000 Stimmen betrug. Aber man muß auch, angesichts des tragischen Dilemmas, das sich ankündigte, die 125 000 Stimmen für die baskischen Nationalisten und mehrere Hunderttausend für die republikanischen Parteien der Mitte in Rechnung stellen, die allesamt weder einen Militärputsch noch ein totalitäres Regime noch einen Bürgerkrieg wollten. Entgegen landläufiger Meinung gingen viele Anarchisten nicht zur Wahl. Dies trifft vor allem für Andalusien zu, was durch die prozentual hohe Stimmenthaltung in den Provinzen Cádiz, Málaga und Sevilla bestätigt wird. Auf keinen Fall aber wird irgendein Historiker ein halbes Jahrhundert später behaupten, die Wahlergebnisse vom Februar 1936 könnten den Militärputsch einige Monate später, und sei es auch nur »moralisch«, legitimieren.
Aufgrund des Wahlgesetzes, das Mehrheiten begünstigte, saßen im Abgeordnetenhaus 278 Vertreter der Volksfront, 131 der Rechten und 40 der Mitte (die zehn Abgeordneten des PNV dazugerechnet). Die Sozialistische Partei verfügte über 99 Sitze, die Kommunisten erhielten 17. Die CEDA entsandte 88 Abgeordnete und der »Nationale Block« Calvo Sotelos mit den Karlisten 20.

Mit dem Wahlsieg der Volksfront schlugen die Stimmungen um: an der politischen Spitze ebenso wie bei den einfachsten Bürgern. Franco, Gil Robles und Calvo Sotelo drängten massiv auf die Ausrufung des Kriegszustandes, konnten sich aber nicht durchsetzen, vor allem dank der Standhaftigkeit General Pozas', des Chefs der *Guardia Civil*, und General Moleros, des Kriegsministers. Portela, bar jeder Autorität, war der Lage kaum noch gewachsen. Der Präsident der Republik wandte sich an die Republikaner, und in wenigen Stunden wurde unter Führung Azañas eine Regierung gebildet, der nur republikanische Minister angehörten; Sozialisten und Kommunisten waren nicht an der Regierungsbildung beteiligt und beschränkten sich darauf, aus der parlamentarischen Mehrheit der Linken heraus die Regierung zu unterstützen.
Die Amnestie wurde innerhalb von 48 Stunden gewährt, ebenso wurden die entlassenen Arbeiter wieder eingestellt. Die inhaftierten Regierungsmitglieder der *Generalitat* verließen das Gefängnis von Puerto de Santa María, und eine Woche später wurde das katalanische Parlament wieder eröffnet. Sobald die Cortes zusammengetreten waren und Martínez Barrio zum Präsidenten gewählt hatten, wurde die Arbeit am Autonomiestatut für das Baskenland wieder aufgenommen. Die Verfahren zur Zwangsräumung des im Zuge der Agrarreform vergebenen Grund und Bodens wurden ausgesetzt, und durch einen Erlaß erhielten die *yunteros* das Nutznießrecht über jenes Ackerland zurück, das sie zuvor schon bebaut hatten. Am 20. März wurde durch einen weiteren Erlaß der *Instituto de Reforma Agraria* (Institut für die Agrarreform) ermächtigt, unverzüglich jedes Landgut vorläufig zu besetzen, wenn der *Nutzen für die Gesellschaft* dies erforderlich mache. Tatsächlich schuf der Sieg der Volksfront eine neue Situation auf dem Land. Die Arbeiter und ihre Organisationen wurden, oft unterstützt von den Gemeindeverwaltungen (niemals aber durch die Polizei), vielerorts zur herrschenden Kraft; nicht selten kehrte sich das Kräfteverhältnis vollkommen um.

Der blutige Vorabend: März–Juli 1936

Anläßlich seiner Regierungsbildung wandte sich Azaña mit folgenden Worten an das Land: »Die Regierung erwartet, daß die gesamte Nation ihre Absicht unterstützt, Gerechtigkeit und Frieden wiederherzustellen ... Unsere Devise lautet: Verteidigung der Republik, Erneuerung der Republik, und das heißt Freiheit, Glück und Gerechtigkeit in Spanien. Vereinen wir uns alle unter dieser Fahne, Republikaner und Nichtrepublikaner und jeder, der sein Vaterland liebt, in Disziplin und Achtung vor der verfassungsmäßigen Autorität.«

Die ernste Botschaft des liberalen und demokratischen Staatsmanns stand im Gegensatz zur stürmischen Begeisterung der Massen, die in vielen Städten sofort darangingen, alle politischen Gefangenen zu befreien. Die Ungeduld dieser Menschen, die wieder einmal das Schlimmste hatten ertragen müssen, war kaum zu zügeln. Azañas Botschaft kontrastierte aber noch stärker mit der offen geäußerten Forderung des »Nationalen Blocks«, *zur wirksamen Verteidigung der gesellschaftlichen Ordnung dringend die gegenrevolutionären Kräfte zu koordinieren.* Diese unmißverständliche Erklärung stimmte vollkommen mit dem Geist überein, der ein in der ersten Märzwoche stattfindendes Treffen beherrschte, an dem zahlreiche Generäle teilnahmen (darunter Mola, Varela, Villegas, Rodríguez del Barrio, Saliquet und Franco, den die Regierung auf die Kanarischen Inseln versetzt hatte). Man kam überein, daß ein Aufstand *die innere Ordnung und das internationale Ansehen Spaniens wiederherstellen müsse.*

Azaña und seine Männer standen vor der gewaltigen Aufgabe einer durchgreifenden *Modernisierung* des Landes. Dazu mußten sie eine gleichermaßen attraktive, zukunftsweisende und wirkungsvolle Alternative anbieten, um auch den Rest von blindem Optimismus auszuschalten, dem die liberale Demokratie in der beunruhigenden Zeit der ökonomischen Krise und faschistischer oder dem Autoritarismus zugeneigter Irrationalismen immer noch nachhing. Es ging letztlich um die Frage der Hegemonie, um nichts anderes als um die Aufgabe, einen neuen historischen Block zu gründen – aber mit sozialen Kräften und Tendenzen, die der Restauration entgegengesetzt waren.

Die Analysen des »Nationalen Blocks«, einer großen Anzahl höherer Militärs und der Agrarunternehmer (die die Unternehmerschaft majorisierten) schienen auf die Eroberung der ideologischen Vorherrschaft über die unteren Schichten verzichtet zu haben. Für sie war die Lage mehr als ernst und erforderte dringend den Einsatz von Zwangsmitteln.

Von März bis Juli richteten sich die Schlagworte und grundlegenden Forderungen der Rechten auf die Rettung der alten, jeglicher Anpassung feindlichen Gesellschaftsordnung und allgemein dessen, was gewöhnlich als »öffentliche« oder »moralische Ordnung« betrachtet wurde. Folglich wurden im Gegenzug die »bestehende öffentliche Unordnung« und das sich anbahnende Chaos angeprangert, ganz gleich, ob das nun Kommunismus, Anarchismus oder Sozialismus heiße. Dieses Chaos komme immer von außen. (Denn die Rechte betrachtete weiterhin einen Teil Spaniens – nämlich sich selbst – als das Ganze.) Es gehe stets darum, »das von ausländischen Kräften bedrohte Vaterland zu retten«. Aus dieser Perspektive wurde der »revolutionäre« Gegner zum *Feind* (Konsequenzen der schon klassischen Unterscheidung Carl Schmitts), der ausgeschaltet werden mußte. Dasselbe galt für jene Nationalitäten, die die Autonomie forderten: »Sie zerbrechen die Einheit der Nation.« Dieses ideologische Schema genügte jenen, die überzeugt waren, nach dem 16. Februar endgültig die Kontrolle über die Entscheidungszentren der politischen Macht verloren zu haben und sie nicht auf friedlichem Weg zurückerlangen zu können. Die Jugendorganisation der *Acción Popular* (Aktion des Volkes, katholische, nicht-karlistische Partei), die die Ideologie der großen Rechtspartei weniger euphemistisch vertrat als die CEDA selbst, hatte bereits erklärt: »Entweder wird die *Acción Popular* mit dem Marxismus fertig, oder der Marxismus erdrückt Spanien. Zerschlagen wir den Marxismus, das Freimaurertum und den Separatismus, damit Spanien seinen unsterblichen Weg fortsetzen kann. Es gibt keinen Dialog und kein Zusammenleben mit dem Gegen-Spanien. Wir und nicht sie.«[2]

Fast zur selben Zeit, im Juni 1935, sagte José Antonio Primo de Rivera vor dem in Gredos versammelten politischen Ausschuß seiner stark geschwächten Falange: »Unsere Pflicht ist es also, mit allen daraus resultierenden Konsequenzen, auf den Bürgerkrieg zuzugehen.« Wenig glaubwürdig klang demnach die Anweisung der *Falange*-Führung vom 21. Februar 1936, »niemand solle eine feindliche Haltung gegenüber der neuen Regierung einnehmen...«. Diese Beteuerung schien keinen anderen Zweck zu verfolgen als den, Zeit zu gewinnen. Wenige Wochen später schossen bewaffnete Falangisten auf Jiménez de Asúa und töteten den Polizisten Gisbert. Der Gang der Ereignisse war nicht mehr aufzuhalten. Sechs Tage später erklärte die Regierung die *Falange* für illegal und verhaftete ihren nationalen Führer. Am 4. Mai schrieb

dieser in seinem »Brief an das spanische Militär« aus dem Gefängnis: »Daß Spanien fortbesteht, hängt von Euch ab.«
Fal Conde, der Führer der Karlisten, hatte im Dezember bei einer Parade der traditionalistischen *Requetés* in Montserrat geäußert: »Wenn die Revolution uns in den Krieg führen will, wird es Krieg geben.« Und Calvo Sotelo sagte, man müsse wählen, um es nie wieder tun zu müssen. Einen Ständestaat oder ein autoritäres Regime könne man auch auf anderem Weg als über Wahlen errichten. Die Idee griff bereits um sich, im Falle eines Sieges der Rechten General Sanjurjo zum Präsidenten der Republik zu ernennen. Die Wochenzeitschrift *Estampa* (Mitte-Rechts-Orientierung) sandte einen ihrer Redakteure nach Estoril, um den General, der 1932 rebelliert hatte, zu fragen, was an diesem Gerücht wahr sei. Natürlich behauptete er, nichts zu wissen.
Der Parteiausschuß der CEDA, der am 4. März zusammentrat, versicherte hingegen, »man denke auch nicht im entferntesten an gewaltsame Lösungen«. Aber die CEDA war eine Koalition aus den verschiedenartigsten Gruppen. Die meisten ihrer wichtigsten Männer waren unmittelbar mit den Großgrundbesitzern verbunden. Die Mehrzahl ihrer führenden Persönlichkeiten bekleideten auch wichtige Ämter in den landwirtschaftlichen Unternehmerverbänden (*Asociación de Propietarios de Fincas Rústicas* etc.). Zweifellos gab es auch eine demokratische Gruppe unter der Führung von Manuel Giménez Fernández und Luis Lucia, die jedoch ausgeschaltet wurde, als die Auseinandersetzungen im März an Schärfe zunahmen. Der ultrarechte Flügel der CEDA beteiligte sich bereits an den Verschwörungsvorbereitungen und unterstützte die faschistischen Umtriebe, so z. B. Serrano Suñer, Finat Escrivá de Romaní, Fernández Ladreda ... Wenige Monate später stellte die *Acción Popular* General Mola, dem Führer der Verschwörung, 500 000 Peseten zur Verfügung, ohne daß dies jedoch eine direkte Beteiligung an der Verschwörung bedeutet hätte. Es trifft aber zu, daß die äußerste Rechte unter den Mitgliedern und Wählern der CEDA zu einem bestimmten Zeitpunkt glaubte, die einzige Lösung läge nur noch in der Anwendung von Gewalt. Dementsprechend wanderte im Laufe des Frühjahrs 1936 ein Teil der Anhängerschaft der CEDA zu Organisationen der extremen Rechten ab, die den gewaltsamen Bruch mit der Regierung befürwortete. Diese Tendenz breitete sich vor allem in der Mittelschicht aus, die sich immer ängstlicher gegenüber gesellschaftlichen Veränderungen zeigte.

Zweifellos versuchte die Regierung Azaña, verfassungsgemäße Normalität zu praktizieren. Aber im Laufe der Tage und Wochen überwog immer mehr jene kollektive Bewußtseinslage, die eine »ideologische Polarisierung« (und zwar in stärkerem Maße als eine strukturelle) schuf. Es ging um die Durchsetzung politischer Vorstellungen, in denen weder die Machtübergabe an den Gegner noch die Achtung seiner Rechte eine Rolle spielte.
Die Anarchosyndikalisten wandten sich sehr bald von Regierung und Parlament ab und fachten konfliktträchtige Streiks an, einige mit so maßlosen Forderungen wie der nach einer 36-Stunden-Woche, wodurch die Unruhe unter den Arbeitgebern nur verstärkt wurde. Auf ihrem Mai-Kongreß vereinigte sich die CNT wieder mit ihrem gemäßigten Flügel, den sogenannten *treintistas* (Gruppe der Dreißig), wobei aber die »Maximalisten« der FAI (*Federación Anarquista Ibérica;* Iberische Anarchistische Föderation, politische Organisation der Anarchisten) die Vorherrschaft behielten.
Aber auch der linke Flügel der Sozialistischen Partei (deren interne Spaltung sich in diesen Monaten verschärfte), der die Mehrheit sowohl in der Parlamentsfraktion als auch in der UGT-Führung besaß, vertrat die Position, ein erneutes Bündnis mit den »bürgerlichen Parteien« sei im Augenblick nicht opportun. Largo Caballero erklärte am 14. Juni 1936 noch einmal: »Für die Kapitalisten ist die Zeit zur Lösung von Problemen abgelaufen. Man muß geradewegs auf den Sozialismus zugehen.« Der Madrider Ortsverein der Sozialistischen Partei, die den Standpunkt des linken Parteiflügels zum Ausdruck brachte, äußerte sich noch deutlicher: »Die Wirtschaftskrise läßt nur zwei Möglichkeiten zu: die faschistische Diktatur oder die sozialistische Diktatur.« Dies hinderte einen so bedeutenden CNT-Führer wie Ascaso nicht, öffentlich zu erklären: »Das spanische Volk will keine Diktatur des Proletariats.« Beide Richtungen jedoch betrachteten die »bürgerliche Republik« als überwunden, auch wenn dieser Ausdruck aus dem Mund der Sozialisten um Largo Caballero sehr viel differenzierter klang. Sie verhinderten, wie wir sehen werden, eine Regierung aus Republikanern und Sozialisten unter Vorsitz Prietos. Wochen später aber sagte Largo Caballero, diese Frage »könne nur ein Parteikongreß entscheiden«. Der Kongreß mußte aber bis Oktober aufgeschoben werden.
Der gemäßigte Flügel der Sozialisten (aus dem Prieto, González Peña, De los Ríos, Negrín herausragten) war sehr viel vorsichtiger, denn dort fürchtete man sehr wohl – im Unterschied zu Largo

Caballero – einen Staatsstreich. Ähnliches vollzog sich bei den Kommunisten. Sie beharrten trotz einiger üblicher sprachlicher Exzesse weiterhin auf der Volksfront mit dem doppelten Ziel, einen Staatsstreich zu verhindern und ihren Einfluß auf die breiten Bevölkerungsschichten zu erweitern.

Azaña als Staatsoberhaupt

Als die Cortes am Freitag, dem 3. April 1936, zusammentraten, hatten die *yunteros* in Extremadura bereits das Land in Besitz genommen, das ihnen laut Gesetz zustand, aber vom *Instituto de Reforma Agraria* wegen der langwierigen Instanzenwege bislang noch nicht übergeben worden war. Es war kein Geheimnis mehr, daß einige Militärbefehlshaber eine Verschwörung anzettelten. Die Gewalt wuchs im Zuge der wechselseitigen Aggressionen. Auf dem Land ging sie meistens von den Menschen aus, die den Boden bearbeiteten, in den Städten von aufgebrachten falangistischen Kampfgruppen, nachdem sie für illegal erklärt worden waren. Im Gegensatz dazu wußten nur wenige außerhalb der politischen Kreise, daß die Spannung zwischen Alcalá Zamora und Azaña die Lage im Kabinett unerträglich machte. Viele (unter ihnen Azaña und Prieto) fürchteten, daß der Präsident versuchen würde, die Cortes aufzulösen (was eine verfassungswidrige Maßnahme gewesen wäre, da er das bereits zweimal getan hatte), und suchten ihrerseits einen Weg, sich seiner zu entledigen. Diese Haltung setzte sich durch, obwohl Minister wie Augusto Barcia und Marcelino Domingo und Männer wie Fernando de los Ríos eine solche Maßnahme für wenig opportun hielten. Alcalá Zamora wurde abgesetzt, freilich unter dem zwar legalen, aber doch paradoxen und absurden Vorwand, er habe bei der Auflösung der Cortes im Januar 1936 einen Verfahrensfehler begangen. Die juristische Rechtfertigung bot Artikel 81 der Verfassung; Indalecio Prieto schlug seine Anwendung vor. Dieses Vorgehen war bereits eine beschlossene Sache, als am 7. April 1936 im Parlament darüber abgestimmt wurde. Für die Absetzung stimmten 238 Abgeordnete (der Volksfront und des PNV), fünf dagegen. Die Fraktionen der Rechten waren nicht anwesend.

Die Absetzung Alcalá Zamoras war nicht dazu angetan, die Gemüter zu beruhigen. Ein halbes Jahrhundert später erscheint der

Irrtum noch größer. Er war das Ergebnis politischer Leidenschaft und sicher auch persönlicher Animositäten auf beiden Seiten. Er vertiefte die Kluft, die Spanien bereits trennte, verstärkte die gefährlichen ideologischen Polarisierungen, und vor allem schloß er von vornherein mögliche Bündnisse aus, die wegen der drohenden faschistischen Gefahr für die Zukunft ratsam gewesen wären. Zweifellos war Alcalá Zamora kein Freund der linken Regierung; aber immerhin hatte er Pérez Farrás, Escofet, González Peña etc. das Leben gerettet, als die CEDA-Führung und Lerroux sie erschießen lassen wollten. Außerdem hatte er alles in seiner Macht Stehende getan, um die extreme Rechte daran zu hindern, die entscheidenden Stellen in der Armee und bei den Sicherheitsdiensten zu erobern. Die Entlassung Alcalá Zamoras bedeutete einen weiteren Schritt in Richtung auf den Zerfall jeglichen Konsenses, auch wenn er zu jenem Zeitpunkt in politischen Kreisen mehr Feinde als Freunde hatte.

Der zweite Teil dieser Operation (die bereits geplant war, obwohl der sozialistische Flügel um Largo Caballero, der Albornoz als Kandidaten favorisierte, Widerstand leistete) bestand darin, Azaña für die Präsidentschaft vorzuschlagen. Bekannte Persönlichkeiten gemäßigt republikanischer Couleur, u. a. Sánchez Román, Miguel Maura und Agustín Viñuales, unterstützten diesen Plan. Viele einfache Leute jedoch, die bereits immer mehr angesichts der zunehmenden Gewalt (Ermordung des Richters Manuel Pedregal, der die Attentäter des von einem falangistischen Kommando getöteten Polizisten Gisbert verurteilt hatte, Kirchenbrände, Zerstörung von Parteibüros der *Acción Popular* in ländlichen Gebieten) zu verzagen begannen, standen unter dem Einfluß der rechten Propaganda, die Manuel Azaña jahrelang als Ausbund aller Laster, Schrecken und Todsünden dargestellt hatte. Selten hat es eine Rufmordkampagne von so großen Ausmaßen gegen einen derart bekannten, aus der spanischen Geschichte nicht wegzudenkenden Mann gegeben. All diese Leute überkam ein Schaudern, als sie von der Ablösung Alcalá Zamoras durch den »ruchlosen« Azaña erfuhren.

Ganz im Gegensatz dazu gab Manuel Azaña, während er darauf wartete, daß die verfassungsmäßigen Formalitäten für seine Wahl zum Staatsoberhaupt erfüllt würden, an der Spitze seiner Regierung am 15. April 1936 eine Erklärung ab, die zugleich ausgeglichen und energisch war. (Am Tag zuvor hatten die Rechten bei

der Militärparade anläßlich der Gedächtnisfeier zur Ausrufung der Republik Unruhen provoziert. Am folgenden Tag kam es zu Zusammenstößen zwischen falangistischen Demonstranten und der *Guardia de Asalto*, bei denen es Tote und Verletzte gab.)
Azaña erklärte:

> »Was sich heute in Spanien vollzieht, ist der Aufstieg neuer sozialer Klassen zur Macht; Klassen, die bislang von ihr ausgeschlossen waren ... Unsere Pflicht als Politiker und Regierende ist es, diesem Phänomen gerecht zu werden, mit der Absicht, die spanische Demokratie neu zu organisieren.«

Und nicht ohne eine Ahnung dessen, was sich bereits ankündigte, schloß er:

> »Wir sind nicht angetreten, um den Ausbruch eines Bürgerkriegs zu erleben, sondern um ihn zu verhindern; aber wenn ihn jemand provoziert und zu führen bereit ist, wenn ihn jemand in der Form unterstützen will, wie man heutzutage Bürgerkriege unterstützt, ist es unsere Pflicht, meine Herren Abgeordneten, ruhig und gelassen auf der Seite des republikanischen Staats zu stehen.«

Als sich am 10. Mai 1936 die Abgeordneten und zusätzlichen Wahlmänner im Glaspalast des Retiro-Parks in Madrid versammelten und fast einmütig für Azaña stimmten (der Rechtsblock enthielt sich), überstürzten sich die Ereignisse.
Eine Woche zuvor hatte in Frankreich die Volksfront gesiegt, und die SFIO (*Section Française de l'Internationale des Ouvriers*, Französische Sektion der Arbeiterinternationale) unter Führung von Léon Blum beanspruchte die Präsidentschaft. Unter entgegengesetzten Vorzeichen stand ein anderes Ereignis, zwei Tage später: die Truppen Mussolinis marschierten in der äthiopischen Hauptstadt Addis Abeba ein, nachdem der Völkerbund während des sechsmonatigen Kriegs seine völlige Ohnmacht unter Beweis gestellt hatte. Im März hatte Hitler das Rheinland besetzt, und die Spannungen an der deutsch-französischen Grenze nahmen großen Raum in den Kommentaren und Berichten der spanischen Presse ein. In Großbritannien versuchte die konservative Regierung Baldwin, Mussolini zu beschwichtigen – der gerade zu imperialistischen Höhenflügen anhob – mit der vergeblichen Absicht, ihn von der Unterstützung Hitlers abzubringen. Aber die britischen Konservativen waren gleichermaßen über den Sieg der Linken in Frankreich und Spanien beunruhigt.

In Europa lebte man wie auf einem Vulkan, als in Spanien der neue Präsident der Republik, Manuel Azaña, Indalecio Prieto mit der Regierungsbildung beauftragte, eine schwere Aufgabe, von deren Durchführbarkeit nicht einmal Azaña selbst überzeugt war. Prieto nahm an und legte dem Präsidium seiner Partei das Programm einer Regierung aus Republikanern und Sozialisten vor. Die Parlamentsfraktion lehnte jedoch – unter dem Einfluß Largo Caballeros und des linken Flügels – jede Regierungsbeteiligung ab. Einige Wochen später erklärte Largo Caballero öffentlich, man könne keine Regierungskoalition eingehen, ohne zuvor einen Parteitag abgehalten zu haben. Angesichts des negativen Votums von 47 sozialistischen Abgeordneten – 19 hatten für ihn gestimmt, 20 sich der Stimme enthalten – gab Prieto auf. Er glaubte, nicht ohne die Unterstützung seiner Partei regieren zu können, auch wenn so herausragende Männer wie Fernando de los Ríos, Gonzáles Peña, Juan Negrín, Jiménez de Asúa und Juan S. Vidarte hinter ihm standen. Azaña beauftragte daraufhin den Republikaner Santiago Casares Quiroga aus Galizien, der sein persönliches Vertrauen genoß, mit der Regierungsbildung. Seine Regierung unterschied sich kaum von der vorhergehenden. Die wesentlichste Änderung bestand vielleicht darin, daß Casares selbst das Kriegsministerium übernahm. Dieser Regierung wurde am 19. Mai vom Parlament das Vertrauen ausgesprochen. Casares Regierungserklärung war jedoch wenig geschickt. Seine Äußerung: »Die Regierung befindet sich im Krieg gegen den Faschismus« entsprach nicht nur nicht der Realität, sonden schürte die Unruhe der gemäßigten Kräfte. Eine andere Bemerkung: »Ich kann weder Streiks noch Gewalttaten zulassen, die nichts weiter als ein Hohn auf die Regierung sind oder eine unzulässige Erpressung«, entzweite ihn mit den Linken in den Gewerkschaften, ohne jedoch die Rechte zu besänftigen.

Die Spirale der Gewalt

Gerade in der zweiten Maihälfte waren mit der Zahl der Streiks die sozialen Spannungen gewachsen. In erster Linie entfesselte die CNT, angeregt von ihrem eben zu Ende gegangenen Kongreß, überall subversive Streikaktionen, wobei sie Forderungen unterstützte, die mitten in einer Wirtschaftskrise nicht durchsetzbar waren, zum Beispiel die bereits erwähnte 36-Stunden-Woche, den 15-Peseten-Tageslohn etc. Die UGT versuchte systematisch, dieser Methode, für jede Forderung zu streiken, Einhalt zu gebieten. Oft aber mußte die Führung noch weiter gehen, aus Furcht, die Basis könne sich im Sog der Ereignisse von ihr abwenden. Besonders erwähnenswert in diesem Zusammenhang sind der Bauarbeiterstreik in Madrid und der der Holzarbeiter; bei allen Urabstimmungen siegte die CNT vor der UGT, und sie überholte sie auch hinsichtlich der Mitgliederzahlen. Der Bauarbeiterstreik dauerte acht Wochen. Als die Schlichtungskommission den größten Teil der strittigen Fragen zugunsten der Arbeiter gelöst hatte, stimmte die Mehrheit für die Fortsetzung des Streiks, womit sie ihre Aussperrung provozierte. Der Holzarbeiterstreik in Madrid dauerte bei Kriegsausbruch noch an.

In Barcelona dagegen verursachte der Widerstand der Unternehmer gegen die Wiedereinführung der 44-Stunden-Woche für die Metallarbeiter (die von dem CEDA-Minister Anguera de Sojo nach dem Oktober 1934 aufgehoben worden war) einen langanhaltenden Streik. In anderen Städten wie Saragossa oder im asturischen Kohlenrevier etc. folgte ein Streik dem anderen. Viele waren – in der heutigen Terminologie – »wilde« Streiks, d. h., sie standen nicht unter Kontrolle der Gewerkschaftsführung. Diese mußte oft geradezu aufpassen, nicht völlig ausgebootet zu werden.

Auf dem Land war die Situation noch schwieriger: Einerseits beschleunigte man die Durchführung der Agrarreform und übergab den Bauern Ackerland, aber gleichzeitig häuften sich Streiks und Zwischenfälle, vor allem in Andalusien und der Mancha. Aufgrund der heute vorliegenden Daten kann man nicht behaupten, daß zum Beispiel in den Provinzen Jaén und Córdoba (landwirtschaftliche Gebiete mit sehr hohen Streikquoten) im Frühjahr 1936 mehr Streiks als etwa 1933 und 1934 stattgefunden haben. Ähnliches gilt für die Provinz Sevilla. Dagegen wurden mehr oder weniger organisierte Landbesetzungen durchgeführt, und bereits im Juni begannen die sogenannten »Überfall-Ernten«: Man mähte ein Feld ohne Erlaubnis des Besitzers und präsentierte ihm hinterher die Rechnung für die Löhne.

Unterschiedlich war auf dem Land auch die Form der wechselseitigen Gewaltanwendung. Der Zorn der Eigentümer ließ diese wiederholt zu den Waffen greifen. Zwischen März und Juli starben

z. B. in der Provinz Córdoba vier Menschen. In Palencia gab es bei einer Auseinandersetzung zwischen Arbeitern und der *Guardia Civil* am 12. Juni 1936 auf beiden Seiten je einen Toten. Auch an anderen Orten kam es zu Tragödien. In Carrión de los Condes erhängte man den Präsidenten des Volkshauses, und in Lebrija wurde bei einem Anschlag auf die Räume der *Acción Popular* ein Leutnant der *Guardia Civil* getötet.

Versuche, Kirchen in Brand zu stecken, sowie Prozessionsverbote verbitterten die Rechte. Die Gutsbesitzer verteidigten sich ihrerseits, so gut sie konnten, und zögerten nicht zu verkünden: »Lieber soll das Korn verbrennen oder verfaulen, als daß wir die geforderten Löhne bezahlen.« Einer der Führer der *Asociación de Propietarios* Cánovas del Castillo, Duque de Arión, sprach in einem Artikel in der Zeitschrift *Olivos* (Olivenbäume) die Drohung aus, die Steuerzahler auf dem Land könnten zum Streik übergehen und die Aussaat verweigern (was einer Aussperrung der Landarbeiter gleichgekommen wäre).

Die Tragödie von Yeste, die zwar wegen ihres Ausmaßes den Rahmen dieser Aufzählung sprengt, wirkte wie Öl im Feuer. Es handelte sich um eine Abfolge von Auseinandersetzungen zwischen Volk und *Guardia Civil*, über die an anderer Stelle berichtet werden soll. Die Bauern töteten schließlich ein Mitglied der *Guardia Civil*, die daraufhin ihrerseits eine Menschenjagd veranstaltete, bei der 17 Personen umgebracht wurden, darunter auch der stellvertretende Bürgermeister, der als Vermittler in Erscheinung getreten war. Diesmal handelten Regierung, Parlament und Gewerkschaften mit Mäßigung, um die Situation nicht noch zu verschärfen, aber die Lage war an jenem 29. Mai bereits schlimm genug. Am folgenden Tag fand angeblich zwischen Casares und Azaña eine – so meldeten die Zeitungen – anderthalbstündige Unterredung statt. Der Korrespondenz Azañas können wir jedoch entnehmen, daß sie sich seit zwei Wochen nicht mehr gesehen hatten. Der neue Präsident lebte zurückgezogen in der *Casita del Príncipe* von El Pardo und nahm an den Entscheidungen der Regierung während dieser Wochen wenig Anteil. Diese Haltung hat er sich offensichtlich Monate später selbst vorgeworfen. Denn die gewaltsamen Ausschreitungen nahmen ständig zu, gleichzeitig aber auch die Anzeichen für eine Verschwörung, die die Regierung zu ignorieren vorgab.

Diese Verschwörung hatte neuen Auftrieb erhalten, nachdem die

Regierung General Emilio Mola nach Pamplona versetzt hatte, in dem Glauben, dort sei er weniger gefährlich denn als Kommandant der Streitkräfte in Afrika. Tatsächlich aber wurde er an diesem strategischen Punkt, wo die Reaktion eine Massenbasis hatte, zum allseits anerkannten *director*. Bei ihm liefen die Fäden der Verschwörung zusammen, auch wenn im Falle eines Siegs General Sanjurjo für das höchste Amt vorgesehen war. Es kam der Augenblick, in dem die Verschwörung nicht mehr nur auf zahlreiche mittlere Dienstgrade zählen konnte, sondern auch auf Generäle, die das Vertrauen der Republik genossen hatten: Queipo de Llano, Chef der Grenzpolizei, Miguel Cabanellas, Befehlshaber der V. Division und der Garnision von Saragossa; López de Ochoa, dem wegen der Oktoberrepression der Prozeß gemacht worden war (was zwar nicht ungerecht, aber offensichtlich ein taktischer Fehler war)...; und auch Oberst Aranda, der noch den Oberbefehl in Oviedo innehatte. Die Intrigen der Karlisten und Falangisten nahmen zu, die Kontakte und Unterredungen zwischen Vertretern dieser Gruppen und dem »Nationalen Block« Calvo Sotelos intensivierten sich. Laut Sainz Rodríguez, einem der namhaftesten Verschwörer, wurde über den italienischen Agenten Ernesto Carpi, den der Conde de Gomazo eingeführt hatte, mit Italo Balbo und Mussolini ein neues Abkommen über die Gewährung militärischer Unterstützung ausgehandelt. Es wurde von Goicoechea, Calvo Sotelo und dem Conde de Rodezno unterzeichnet (20, S. 232f.). Einem im staatlichen Militärarchiv[3] befindlichen Bericht zufolge reisten Goicoechea und Sainz Rodríguez am 24. Juli 1936 nach Rom, um den Conte Galeazzo Ciano um Militärhilfe zu bitten, die sie auch erhielten. Der Bericht bezieht sich sowohl auf den Pakt vom 31. März 1934 als auch auf die Existenz eines Verbindungsmanns italienischer Nationalität, der von den »roten Behörden« in Barcelona (womit man die *Consellería de Seguritat*, d. h. die Sicherheitsabteilung, meinte) einige Tage vor dem Aufstand verhaftet worden war. Dieser Umstand verhinderte, daß Mussolini in den Aufstand des 18. Juli schon im voraus eingeweiht war.

Die Regierung und die oberste Sicherheitsbehörde erhielten regelmäßig Informationen, die alle Verdachtsmomente über eine Verschwörung eindeutig bestätigten.[4] Man kann unmöglich behaupten, Casares habe nichts davon gewußt. Vielleicht schätzte er die Tragweite falsch ein und glaubte mit notorischer Kurzsichtigkeit,

es handle sich um eine Neuauflage des Putsches vom 10. August 1932, der ebenso leicht niederzuschlagen sei.
Wir wollen den Ablauf der Ereignisse während der Wochen, die dem Kriegsausbruch vorausgingen, nicht rekonstruieren, weder die Vorbereitungen des militärischen Aufstands noch die Zerrüttung der öffentlichen Ordnung. In bezug auf die öffentliche Ordnung bleibt darauf hinzuweisen, daß die Taktik der Rechten in der rhetorischen Übertreibung des Chaos bestand, um die Schuld an dieser Entwicklung dann der Regierung und der Volksfront zuschreiben zu können. Diese waren jedoch vielmehr daran interessiert, die öffentliche Unruhe so gering wie möglich zu halten. So etwa rief *El Socialista* (Der Sozialist) am 4. Juli gegen die Massenaktionen der Gewerkschaften zur Ordnung auf, als gerade in den asturischen Bergwerken ein Generalstreik stattfand. Selbst *Solidaridad Obrera* (Arbeitersolidarität) schrieb am 23. Juni: »Streiks sind zweischneidige Waffen, die sich bisweilen gegen die richten, die sie anwenden. Es ist sehr gefährlich, die Auseinandersetzungen zu weit zu treiben.«
Diese konfliktreiche Situation nahm die Rechte während der Cortes-Sitzung vom 16. Juni zum Anlaß für eine Anfrage. Der CEDA-Vorsitzende José María Gil Robles beschrieb beredt und leidenschaftlich eine Lage, die er als Apokalypse ausmalte. Dabei verwandte er ziemlich willkürlich Daten und Informationen, in denen sich Wahres, Falsches und Widersprüchliches mischten: gewöhnliche Verbrechen, gewaltsame politische Zusammenstöße, Opfer der Falangisten, der *Guardia de Asalto*, der *Guardia Civil* oder der Bauern, soziale Konflikte, gemeiner Diebstahl, Aggressionen und Zwischenfälle jeglicher Art. Zweifellos waren in vielen ländlichen Gebieten die Landarbeiter in einer aggressiven Hochstimmung, während sich mittlere Landbesitzer in die Enge getrieben fühlten. Die niedrigen Preise für landwirtschaftliche Produkte gestatteten ihnen nicht, diese gewinnbringend zu vermarkten und die gestiegenen Produktionskosten auszugleichen. Eine derart konfliktträchtige Situation nutzten die Großgrundbesitzer sowie die Rechte für ihre Verunsicherungskampagne aus. Der Klassenhaß wuchs auf beiden Seiten und griff über die verschiedenen gesellschaftlichen Kanäle – über die »Landbesitzerklubs« der gutsituierten Bauern und die »Gesellschaftshäuser« der Gewerkschaften – auf die Provinzhauptstädte und die Entscheidungszentren der Politik über. Später hat Gil Robles selbst jene Zeit mit den

Worten kommentiert: »Die Panik war furchtbar.« Vor allem die boshafte Intervention Calvo Sotelos mit seinen Andeutungen an die Adresse des Militärs sowie seinen Beleidigungen des Ministerpräsidenten Casares (den er einen »alten Stutzer und Maulhelden der Calle Real in La Coruña« nannte, Schimpfwörter, die in den Sitzungsprotokollen allerdings fehlen) und die ebenfalls zornige Erwiderung von Casares verliehen der Debatte eine Stimmung, die den bevorstehenden Bürgerkrieg ahnen ließ. Der Hintergrund der Ereignisse ist klar: Die Rede von Gil Robles zeigte, daß die Rechte nicht gewillt war, auch nur die geringste Veränderung der sozialen Ordnung zu dulden. Das war die zentrale Frage, die zu einem gewaltsamen Bruch führen sollte.

Zehn Tage später legte der Landwirtschaftsminister Mariano Ruiz Funes dem Parlament einen Gesetzentwurf vor, der den Rückkauf bzw. die Rückführung von Gemeindeeigentum auf dem Land regeln sollte. Dies bedeutete, daß ausgedehnte Ländereien, die im Laufe des 19. Jahrhunderts in Privateigentum übergegangen waren, an die Gemeinden zurückfallen sollten. Wenn dieses Projekt durchgeführt worden wäre, hätte dies zusammen mit dem am 11. Juni wieder in Kraft gesetzten »Grundlagengesetz zur Agrarreform« in weiten Teilen des ländlichen Spanien eine zwar legale, aber doch revolutionäre Umwandlung der Produktionsverhältnisse zur Folge gehabt. Dieser Plan war mehr, als die in archaischen Strukturen erstarrte spanische Agrarbourgeoisie ertragen konnte. Die herrschenden Klassen der spanischen Gesellschaft, die kaum noch Hoffnung hatten, die politische Macht auf friedlichem Weg zurückzuerlangen, konnten eine Veränderung der Grundlagen des Agrarsystems nicht zulassen, ohne daß damit der erste Schritt zum Verlust ihrer ökonomischen Macht erfolgt wäre.

Die Sitzung der Cortes vom 1. Juli 1936 – die von der Geschichtsschreibung viel weniger hervorgehoben wird als die vom 16. Juni – war nicht nur dramatisch, sondern auch sehr eindeutig in bezug auf die radikal gegensätzlichen Positionen der beiden Lager. Diese Polarisierung stellte eine Art Sprengsatz dar, der über kurz oder lang den Bürgerkrieg auslösen konnte, wenn er sich zu einem bereits bestehenden Konflikt hinzugesellte: dem der militärischen Institutionen des Staates, die keine Umwandlung erfahren hatten – und die aufgrund ihrer Ideologie und ihrer Mentalität auch nicht zu verändern waren. Ihre Mehrheit akzeptierte die verfassungsmäßige Legitimität der Republik nicht.

In dieser Sitzung fiel die Grundsatzerklärung über »die anarchische Situation auf dem Land« dem ehemaligen Landwirtschaftsminister José María Cid zu. Sein Lagebericht vervollständigte zusammen mit den Ausführungen von Gil Robles vom 16. Juni die apokalyptische Vision, die Klagen und Befürchtungen der Rechten. Wieder einmal gebührte Calvo Sotelo die Rolle des politischen Scharfmachers, der, ohne gewaltsame Töne zu verhehlen, zusammenfassend behauptete, »der liberal-demokratische Staat könne Probleme dieser Art nicht lösen«. Dagegen setzte er die »faschistischen Revolutionen als instinktive Reaktion der Mittelschichten, die sich nicht damit abfinden wollten, proletarisiert zu werden, so, wie es sämtliche Einwohner Rußlands heute sind«. Die Tumulte und die gegenseitigen Schmähungen waren nicht weniger groß als am 16. Juni. Schließlich antwortete Ruiz Funes auf Cids Ausführungen:

> »Der staatliche Protektionismus liegt in der Auffassung begründet, daß es soziale Schichten gegeben hat, die wegen ihrer wirtschaftlichen Lage keine Mittel hatten, sich zu verteidigen, und wir müssen ihnen diese Mittel gewähren. Das hat nichts mit marxistischer Ökonomie und marxistischer Herrschaft zu tun. Wir wollen schlicht und einfach mehr Gerechtigkeit, die es bislang nicht gegeben hat. Und wer trägt die Schuld daran?«

Am 10. Juli kam der Artikel 1 des »Gesetzes über die Gemeindegüter« zur Abstimmung: 48 Stunden später wurden Oberst Castillo und der Abgeordnete Calvo Sotelo Opfer von Attentaten. Fast zur gleichen Zeit landeten in Las Palmas auf Gran Canaria der britische Pilot Bebb mit der *Dragon Rapid* von der *Olley Airways Co.* Die Maschine hatte der Journalist Luis Bolín mit finanzieller Unterstützung von Juan March gechartert.

Natürlich war der Ausbruch des Bürgerkriegs nicht das Ergebnis einer linearen Abfolge von Handlungen der letzten Stunde, sondern stand vielmehr am Ende einer langen Kette von Ursachen. Einige von ihnen sind strukturellen Charakters; wir müssen sie als eine Reihe von »Matrizen mit Richtungsvorgaben« definieren, die mit unterschiedlicher Intensität und Geschwindigkeit langfristig wirken. Andere Ursachen sind auf die aktuellen Verhältnisse zurückzuführen. In sie sind die konkreten Formen eingegangen, die in den dreißiger Jahren die alten Gegensätze und Probleme angenommen haben, welche seit jeher der spanischen Gesellschaft innewohnten. Die Abfolge der Ereignisse und Umstände der letzten Stunde schließlich (darunter auch die von beiden Seiten ausgeübte Gewalt, die immer weitere Kreise ziehende Verschwörung, das Wirken General Molas von Pamplona aus, die Bedrohung der europäischen Stabilität durch Hitler und die Bildung der Volksfrontregierung in Frankreich) fungierte als *Sprengsatz* für die hochexplosive Ladung, die sich angesammelt hatte. Alles war notwendig: strukturelle Gründe und Richtungsvorgaben; aktuelle Konflikte und schließlich der Auslöser, der durch seine Zündung den quantitativen Wandel hervorbrachte und den neuen Prozeß einleitete.

Chapaprieta schildert in seinen Erinnerungen (7, S. 321), wie im Herbst 1935 General Goded (Generalinspekteur der Armee und Staatssekretär für Luftfahrt) zu Alcalá Zamora sagte, die Armee könnte nicht akzeptieren, daß die Macht in die Hände der mehr oder weniger extremistischen Linken gelange.

Und dann kam der Februar 1936; die »soziologische Rechte«, das heißt der alte herrschende Block, glaubte seinen Einsatz von 1934/35 verloren: die Möglichkeit nämlich, auf friedlichem Weg die Entscheidungszentren der Macht zurückzuerlangen. Um die anhaltende Krise zu bewältigen, blieben ihr nur noch die gewaltsame Aufkündigung des Konsenses und der Bruch der etablierten rechtmäßigen Ordnung. In einer Situation, in der die ideologische Vergiftung, die der Faschismus in ganz Europa betrieb, mit der traditionellen Ideologie des alten Machtblocks und den rückwärtsgewandten Hoffnungen derer zusammentraf, die glaubten, durch den Aufstieg der Arbeiter eine alte Welt verloren zu haben – eine Welt, in der die wachsende Führungsrolle der Arbeiterschaft immer mehr ihr Recht forderte –, war die traumatische Reaktion der in ihrer Unbeweglichkeit erstarrten Gesellschaftsschichten das auslösende Moment, um das Land in die Tragödie zu stürzen.

(Aus dem Spanischen von Gerhard Poppenberg)

Anmerkungen

1 Die *Acción Nacional* wurde in *Acción Popular* umbenannt, als eine gesetzliche Verfügung die Verwendung der Bezeichnung »nacional« einschränkte. Diese *Acción Popular* grenzte sich unter der Führung José María Gil Robles von der äußersten Rechten Goicoechea's und Calvo Sotelos ab *(Renovación Española)* und wurde der Kern der *Confederación Española de Derechas Autónomas* (CEDA), der wichtigsten Partei der Rechten während der Zweiten Republik.

2 *JAP*, das nationale Presseorgan der *Juventudes de Acción Popular*, Nr. 21, Madrid, 8. Juni 1935.

3 *Servicio Histórico Militar* (Staatliches Militärarchiv). Archiv des Befreiungskriegs. Nationale Dokumentation. Aktenschrank 13, Faszikel 13, Mappe 5; der Text ist in der zweiten Auflage des Bandes von Ángel Viñas, *La Alemania nazi y el 18 de Julio*, Madrid 1977, S. 308 ff. abgedruckt.

4 Der Regierung fehlte es nicht an Hinweisen auf verschiedene Verschwörungen; Prieto, Vidarte, Dolores Ibárruri und viele andere haben dies bezeugt. Sehr präzise sind die Angaben des Bürgermeisters von Estella, Fortunato Aguirre, über das Treffen Molas und der anderen Verschwörer im Kloster von Irache. Die Berichte des Chefs der Luftwaffe, General Núñez del Prado, die des Gouverneurs von Granada, Ernesto Vega (den Casares am 24. Juni absetzte), Francos bekannter Brief vom 23. Juni an Casares, die Informationen des Sicherheitsdienstes der *Generalitat* sind nur die wichtigsten Hinweise. Der Verdacht des Sicherheitschefs Alonso Mallol wurde durch seine Reise nach Pamplona bestätigt (die Reise war umsonst, da der Polizist Martín Báguenas Mola warnen konnte); am Morgen des 16. Juli erklärte der Sicherheitschef Journalisten die Verhaftung einiger Falangisten mit dem Argument, »man erwarte eine subversive Bewegung«.

Literatur

1. Azaña, M.: *Obras completas,* Mexiko 1966–1968.
2. Ballbé, M.: *Orden público y militarismo en la España constitucional* (1812–1983), Madrid 1983.
3. Berenguer, D.: *De la Monarquía a la República,* Madrid 1975.
4. Cabrera, M.: *La Patronal ante la II República. Organizaciones y estrategia, 1931–1936,* Madrid 1983.
5. Cardona, G.: *El poder militar en la España contemporánea hasta la Guerra Civil,* Madrid 1983.
6. Castillo, J. J.: *Propietarios muy pobres. Sobre la subordinación política del pequeño campesino,* Madrid 1979.
7. Chapaprieta, J.: *La Paz fue posible. Memorias de un político,* Barcelona 1971.
8. Fernández Almagro, M.: *Historia del reinado de Alfonso XIII,* 1936.
9. Fernández Almagro, M./Duque de Maura (G. Maura Gamazo): *Por qué cayó Alfonso XIII,* Barcelona 1948.
10. García Delgado, J. L.: *Orígenes y desarrollo del capitalismo en España,* in: *Cuadernos para el Diálogo,* Madrid 1975.
11. García Delgado, J. L.: »La industrialización expañola en el primer tercio del siglo XX«, in: Menéndez Pidal, R. (Hg.): *Historia de España,* XXXVII, Madrid 1984.
12. García Delgado, J. L., S. Roldán, J. Muñoz: *La formación de la sociedad capitalista en España* (1914–1920), Madrid 1973.
13. Gil Robles, J.M.ª: *No fue posible la paz,* Barcelona 1968.
14. Hoyos, M. de: *Mi testimonio,* Madrid 1962.
15. Maura Gamazo, M.: *Así cayó Alfonso XIII,* Mexiko 1962.
16. Martínez Barrio, D.: *Memorias,* Barcelona 1983.
17. Mola, E.: *Obras completas,* Valladolid 1940.
18. Montero Gisbert, J. R.: *La Ceda. El capitalismo social y político de la II República,* Madrid 1973.
19. Payne, S. G.: *Los militares y la política en la España contemporánea,* Paris 1968.
20. Sainz Rodríguez, P.: *Testimonio y recuerdos,* Barcelona 1978.
21. Serrano Suñer, R.: *Entre el silencio y la propaganda, la Historia como fue. Memorias,* Barcelona 1977.
22. Sevilla-Guzmán, E.: *La evolución del campesinado en España,* Barcelona 1979.
23. Tuñón de Lara, M.: *Historia y realidad del Poder,* in: *Cuadernos para el Diálogo,* Madrid 1967.
24. Tuñón de Lara, M.: *La segunda república,* Madrid 1976.
25. Tuñón de Lara, M.: »Los comienzos del siglo XX. Transformaciones estructurales en el primer tercio del siglo XX«, in: Menéndez Pidal, R. (Hg.): *Historia de España,* Bd. XXXVII, Madrid 1984.

26. Tuñón de Lara, M. u. a.: *Historia de España*, Bde. VIII, IX, XII, Barcelona 1981–1985.
27. Vidal i Barraquer (Archiv): *Església i Estat durant la segona república espanyola*, Barcelona 1971–1977.
28. Vidarte, J. S.: *Las Cortes Constituyentes de 1931–1932*, Barcelona 1976.
29. Vidarte, J. S.: *El Bienio Negro y la insurrección de Asturias*, Barcelona 1978.
30. Viñas, Á.: *La Alemania nazi y el 18 de julio. Antecedentes de la intervención alemana en la guerra civil española*, Madrid 1977.

Periodika:

ABC
El Debate
La Libertad
El Sol

Julio Aróstegui
Soziale und politische Aspekte

Der paradoxe Ursprung: Die Konterrevolution provoziert die Revolution

Heute vertritt niemand mehr, der in intellektuellen oder wissenschaftlichen, universitären oder journalistischen Kreisen ein Minimum an Glaubwürdigkeit beansprucht, die These, der Ausbruch des Spanischen Bürgerkrieges sei eine Reaktion bestimmter, durch das Militär vertretener sozialer Gruppen auf einen aufständisch-revolutionären Plan gewesen, der von den politischen und gewerkschaftlichen Organisationen der – in der bestehenden sozialen Ordnung traditionell untergeordneten – Arbeiterklasse inspiriert und entwickelt worden sei.

Diese Ansicht wurde jedoch jahrzehntelang von der Geschichtsschreibung sowie in politischen, juristischen und kulturellen Kreisen behauptet, die dem aus dem Bürgerkrieg hervorgegangenen politischen Regime nahestanden. Auch in ihren weniger extremistischen Versionen – die nicht von einer »kommunistischen Verschwörung«, der Einsetzung eines »nationalen Sowjets« oder von der »Unterordnung unter die UdSSR« sprachen – hatten diese Interpretationen die Funktion, die militärische Erhebung als Aufstand gegen die Mißwirtschaft im Land zu legitimieren, zu der der Triumph der Volksfront angeblich geführt hatte. Es sollte also nachgewiesen werden, daß die Volksfront selbst die Bedingungen für den Putschversuch geschaffen hatte. Jedenfalls zeichnete sich die These, daß der Militärputsch nur der Vollendung eines bereits in Gang befindlichen revolutionären Prozesses zuvorgekommen sei, weniger durch ihre Brillanz als durch ihre Beständigkeit aus. In welcher Fassung auch immer – diese These ist heute hinreichend als falsch widerlegt (80, S. 167–181; 47, I, S. 17).

Im engeren Sinne bestand 1936 in Spanien kein Plan einer revolutionären Erhebung, weder des Proletariats noch der politisch der Linken angehörenden sozialen Gruppen. Es ist zwar unbestreitbar, daß in der spanischen Gesellschaft der dreißiger Jahre ein innerer Konflikt existierte, dessen Sprengkraft seine Entartung in eine bewaffnete Auseinandersetzung zwischen einzelnen Gruppen und Klassen im wissenschaftlichen Sinne zu erklären vermag.

Ein solcher Erklärungsversuch erfordert allerdings eine sorgfältige Analyse der zugrundeliegenden ideologischen Positionen. In diesem Sinne ist die durch Waffen erzwungene militärische Niederlage der spanischen Republik genauso unbezweifelbar wie die Tatsache, daß der Krieg mit einer militärischen Erhebung begann, die nicht provoziert war, sondern der Strategie der sogenannten »präventiven Konterrevolution« gehorchte (18, S. 31). Schließlich waren es der Aufstand und das Scheitern der von ihr unmittelbar verfolgten Ziele, die die historisch notwendigen und hinreichenden Bedingungen für die Auslösung eines *revolutionären Prozesses* im politischen, sozialen und ideologischen Bereich schufen, der in der neueren spanischen Geschichte keine Parallele aufweist. Die historische Analyse der Ursachen des Krieges führt zu einem ebenfalls einzigartigen Paradoxon: Die tatsächliche Revolution stellte die Antwort auf eine Konterrevolution dar, die ihrerseits als Reaktion auf eine vermutete Revolution begann. Und diese Behauptung ist nicht neu: Sie wurde bereits zu der Zeit, zu der die Ereignisse stattfanden, formuliert.

Bedeutende soziale Gruppen, teilweise politisch-gewerkschaftlich organisiert, teilweise auch unorganisiert, reagierten auf den gewaltsamen Umsturzversuch – dem übrigens auch eine umfassende historische Reichweite, etwa die eines »faschistischen« Aufstandes zugesprochen worden ist – mit einer Bewegung, die ein im weitesten Sinne antikapitalistisches Vorzeichen trug. Die Kräfte, die die Republik stützten, verhielten sich jedoch keineswegs einheitlich. Daher ist seit längerem die Identifizierung der antirepublikanischen Bewegung als faschistisch und die der Verteidiger der Republik als sozialistisch (im weiteren Sinne) Gegenstand wichtiger Revisionen gewesen; heute werden diese Bezeichnungen differenzierter und weniger kategorisch verwendet.

Es ist notwendig, die Frage nach der tatsächlichen Reichweite jenes entfesselten revolutionären Prozesses zum Zeitpunkt seines Entstehens aufzuwerfen sowie seine Errungenschaften aus der Sicht des späteren Mißerfolgs zu beurteilen. Auch auf der anderen Seite, dem Lager der Aufständischen, scheint die unmittelbare politische Situation, die sich aus dem vorläufigen Scheitern des *pronunciamiento* ergab, nicht besser als durch ihre Undefiniertheit charakterisierbar zu sein. Zwar besteht über die sozialen Ziele, denen die Erhebung diente, kein Zweifel, doch ist es gleichermaßen offensichtlich, daß der antirepublikanischen Verschwörung ein explizites und einhellig akzeptiertes alternatives Modell fehlte, das im Fall eines Erfolges des Staatsstreiches hätte angewandt werden können. Emilio Mola, Schlüsselfigur der Verschwörung, hatte sich in seinen Verhandlungen mit den Karlisten zu politischen Konkretisierungen gezwungen gesehen, die allerdings keinerlei klare Äußerungen darüber enthielten, wie ein stabiles Regime aussehen sollte (54, S. 104–139; 34, S. 321–336). Sanjurjo schien sich wenigstens über den Weg im klaren zu sein, auf dem man zu dem als logisch betrachteten Ende dieses Abenteuers gelangen wollte, nämlich zur Wiederherstellung der Monarchie (75, S. 251). Niemand kann aber behaupten, etwa das Denken von Franco oder Queipo zum Zeitpunkt der Erhebung gekannt zu haben.

Während sich im republikanischen Spanien in den ersten Kriegsmonaten tendenziell eine Hegemonie des radikalsten Teils der Arbeiterbewegung abzeichnete und der Vorkriegsstaat sich durch die Auflösung in autonome Gewalten bedroht sah, die als Folge des Aufstandes überall entstanden, scheint es im Spanien der Putschisten weder eine hegemoniale politische Kraft noch einen zivilen Staatsapparat – der ja gerade durch den Aufstand zerstört worden war – gegeben zu haben; es existierte nicht einmal ein einheitliches militärisches Oberkommando. Infolgedessen – sowie als Ergebnis der Tatsache, daß der Konflikt keine sofortige Lösung erfuhr – lief die Entwicklung auf die Konstituierung einer ausschließlich militärischen Gewalt hinaus. Von den an dem Aufstand beteiligten politischen Kräften – der eher opportunistischen Rechten, den Faschisten und ihrem Dunstkreis sowie den Monarchisten alfonsischer und karlistischer Prägung – besaßen nur letztere eine klare alternative Vorstellung.

Unter soziologischen Gesichtspunkten definierte die bewaffnete Auseinandersetzung zwar von Anfang an die sich gegenüberstehenden Interessen, sie eliminierte aber nicht sekundäre Konflikte, die innerhalb jedes Blockes sichtbar wurden. In dem republiktreuen Teil Spaniens (den demographisch am dichtesten besiedelten, ökonomisch modernsten und sozial diversifiziertesten Zonen) leitete der Krieg im Prinzip einen Prozeß der Marginalisierung der Interessen der bürgerlichen Mittelschichten, die politisch am schwächsten waren, ein, und zwar unter dem Ansturm einer kollektivistischen, interventionistischen Revolution mit rätedemokratischen Inhalten. Diese urbane bürgerliche Mittelschicht war aber im allgemeinen pro-republikanisch orientiert. Dieser Umstand sollte bald zu einer Korrektur des revolutionären Kurses beitragen.

Die Erhebung siegte nicht in den Regionen mit der archaischsten Agrarstruktur, sondern dort, wo eine vom Wertesystem der traditionellen agrarischen Lebenswelt stark geprägte Mentalität dominierte. Und dort zog sie das Proletariat, das zwar einer urbanen Beschäftigung nachging, aber einen geringen Organisationsgrad besaß und an das agrarische Milieu gebunden war, in ihren Bann (8, S. 92–96). Die Allianz dieser Kreise mit der Geschäftswelt fügte sich wieder zusammen. Und die katholische Kirche schloß sich als legitimierende Institution an.

So bestanden, zusammengefaßt, die wesentlichen Ereignisse in den ersten Wochen des Krieges in dem gewaltsamen Zusammenbruch, sei es durch Repression oder durch Auflösung, der Zentren der legalen politischen Gewalt; in einer tiefgreifenden Veränderung der Beziehungen zwischen den sozialen Kräften und ihrer Positionen im Herrschaftssystem; in einer Desintegration der Zwangsmechanismen des Rechtsstaates und im Ausufern repressiver Akte. In der Tat führte die militärische Erhebung zunächst zum Gegenteil dessen, was sie erreichen wollte – einerseits zu einem revolutionären Gegenschlag, andererseits zur Notwendigkeit, eine strikte militärische Kontrolle über die Bevölkerung ausüben zu müssen, wenn sie sich behaupten wollte. Die unaufhaltsame Entwicklung in Richtung Bürgerkrieg sollte diese Situation jedoch verändern.

Der Zusammenbruch der republikanischen Staatsgewalt

Die erste – wenn auch nicht die bedeutsamste – Auswirkung des Aufstandes auf die politischen Strukturen der Republik war der Sturz der Regierung Santiago Casares Quiroga. Das Hauptproblem bestand am 18. Juli 1936 zweifelsfrei in der Frage, *welcher Art* die Reaktion auf den Aufstand sein sollte, nachdem klar war, daß die militärische Verteidigung des Regimes und die Frage, mit welchen Einheiten man sie durchführen sollte, nur einen Teilaspekt des Problems darstellte. Die Erhebung fungierte als Zündstoff für den endgültigen Ausbruch weiter zurückreichender Konflikte, die in den internen Divergenzen der Volksfrontkoalition sowie in den Auseinandersetzungen zwischen dieser Koalition und den radikaleren Sektoren der Arbeiterbewegung wurzelten. In den spanischen Arbeiterorganisationen (und zwar in Parteien und Gewerkschaften) entstand im Sommer 1936 neben einer einhelligen Bewegung für die bewaffnete Verteidigung der Republik – symbolisiert und materialisiert in der Forderung nach »Waffen für das Volk« – eine weitere, nicht weniger starke, wenn auch weniger einheitliche Strömung, die mit ihrer Forderung nach der sozialen Revolution weit über die Verteidigung der republikanischen Ordnung hinausging. Dies war es, was der nichtproletarische Republikanismus seit langem schon gefürchtet hatte.

Diese Divergenzen waren in den ersten Stunden des Konfliktes fatal für die Republik. Casares Quiroga weigerte sich, Waffen an irgendeine zivile Organisation zu verteilen. Es gibt keinen besseren Beweis für das Ausmaß der internen Probleme der Republik in diesem Augenblick als die Kurzlebigkeit der von Diego Martínez Barrio geführten Regierung, die am 18. Juli mit dem dringenden Auftrag, der Erhebung ein Ende zu setzen, gebildet wurde. Es ist offensichtlich, daß die republikanischen Kräfte – hierauf haben seit langem Autoren verschiedenster Provenienz hingewiesen – in diesem Moment den Zusammenbruch der sozialen Ordnung durch eine Aktion der Massen ebenso fürchteten wie den gegen die Republik gerichteten Militärcoup. Die Mittel, mit denen Martínez Barrio den Staatsstreich abblocken wollte, ohne auf die bewaffnete Unterstützung von Gewerkschaften und Arbeiterparteien zu rekurrieren, sind niemals völlig klar gewesen; auch die Erinnerungen des Regierungschefs selbst tragen nicht allzusehr zu einer Klärung bei (58, S. 356ff.). Auf jeden Fall sind es zwei Strategien, die er in Erwägung zog: die Möglichkeit, die Aufrührer durch Verhandlungen doch noch zurückzuhalten, sowie die Notwendigkeit, die »Revolution« als Reaktion des Volkes auf die Erhebung zu unterbinden.

Um diese Ziele zu erreichen, umgab sich Martínez Barrio mit einem Ministerium, das sich wenig von dem seines Vorgängers Casares Quiroga unterschied, in dem aber einige Persönlichkeiten vertreten waren, die für diese Verhandlungsaufgabe geeignet erschienen, darunter als wichtigster Felipe Sánchez Román. Obwohl der Präsident der Republik, Manuel Azaña, daran interessiert war, lehnten die Sozialisten ihre aktive Teilnahme an diesem Unterfangen ab, verweigerten aber nicht ihre Unterstützung von außen. Martínez Barrio nahm telefonischen Kontakt mit hohen militärischen Amtsinhabern auf, zu denen einige der am Aufstand Beteiligten zählten – der bekannteste ist Emilio Mola, dem Martínez Barrio allerdings, entgegen anderslautenden Behauptungen, nach eigener Aussage kein Ministeramt anbot. Er weigerte sich, Notstandsmaßnahmen zu ergreifen, wie etwa die Verteilung von Waffen an zivile Organisationen. Martínez Barrios Vorgehen provozierte am Morgen des 19. Juli Bekundungen öffentlicher Mißbilligung, und die Verhandlung mit den Aufständischen wurde mit einem Mißerfolg beigelegt.

Sowohl Casares Quiroga als auch Martínez Barrio verharrten im Rahmen der ihrer Ansicht nach »legalen« Verteidigung der Republik. Dennoch müssen die tiefsten – und tragischsten – Wurzeln für die Haltung des republikanischen Bürgertums in diesen entscheidenden Stunden in Ereignissen gesucht werden, die zeitlich weiter zurückliegen und nicht ausschließlich politischer Natur sind. Andererseits erscheint es unbestreitbar, daß der Schlüssel zum Verständnis dieser Zusammenhänge in der Art der Perzeption der Probleme der Republik lag, wie sie auf archetypische Weise Manuel Azaña mit seinen Anschauungen repräsentierte.

Diese Anschauungen betrafen vor allem zwei wesentliche Punkte: erstens das Militär, das insbesondere im Anschluß an seine Reform und die Ereignisse vom August 1932 als unfähig angesehen wurde, einen Aufstand durchzuführen; zweitens das als revolutionäre Bedrohung betrachtete Proletariat. Als der erste Punkt auf spektakuläre Weise widerlegt und die Republik ihres wesentlichen Verteidigungsinstruments beraubt war, blieb Azaña, und mit ihm den namhaftesten Republikanern, nichts anderes übrig, als sich auf das Risiko einzulassen, die zweite Annahme zu überprüfen. Mühsame, aber rasch unternommene Schritte, bei denen bereits eine Reihe von sozialistischen Persönlichkeiten, wie Indalecio Prieto, eine bestimmende Rolle spielten, führten schließlich dazu, daß am späten Abend des 19. Juli der Mann gefunden wurde, der bereit war, eine neue Verantwortung für den Republikanismus zu übernehmen. Dieser Mann war José Giral Pereira, ein Universitätsprofessor, der wie Azaña der *Izquierda Republicana* (IR, Republikanische Linke) angehörte.

José Giral sollte eine neue republikanische Regierung mit geringen, jedoch wichtigen Veränderungen bilden. Das Innenministerium, von zentraler Bedeutung für die Aufrechterhaltung der öffentlichen Ordnung, übernahm ein loyaler Militär, Sebastián

Pozas Perea, verantwortlich für die *Guardia Civil*. Giral wurde Marineminister, während das Kriegsministerium General Luis Castelló anvertraut wurde. Innerhalb weniger Stunden hatten das Kriegsministerium drei Generäle innegehabt: Masquelet, Miaja und Castello. Die Republik wurde weiterhin von bürgerlichen Republikanern regiert; der in der Volksfront seit ihrem Wahlerfolg sechs Monate zuvor durchgesetzte Kurs wurde fortgeführt. Die republikanische Linke war damals zwar mit den Kräften der Arbeiterschaft ein Wahlbündnis eingegangen, hatte jedoch niemals aufgehört, die von einem Teil dieser Bewegung an den Tag gelegte revolutionäre Unberechenbarkeit zu fürchten. Sie befand sich nun in einem beängstigenden Dilemma mit nur sehr geringer Entscheidungsfreiheit. Sie hatte akzeptieren müssen, daß die bewaffnete Verteidigung der Republik den proletarischen Organisationen zufiel. Diese waren jedoch nicht in der Regierung. Stellte dies nicht einen Widerspruch dar?

Es war in der Tat ein Widerspruch, der jedoch gewichtigen und keineswegs neuen Gründen entsprang. Einerseits blieben Azaña und Giral, wenn man Largo Caballero Glauben schenken will, bei ihrer Meinung, daß die Republik den Republikanern gehören müsse (53, S. 158). Darüber hinaus bestand die Angst vor einem Ausbruch der sozialen Revolution weiter, die ohnehin in den Straßen vieler Städte Spaniens bereits um sich gegriffen hatte. Hinzu kam noch die Spaltung der Arbeiterbewegung und schließlich die überlebenswichtige Notwendigkeit, der internationalen öffentlichen Meinung das Bild einer sozial und politisch gemäßigten Republik zu zeigen, die fähig war, dem Aufstand zu begegnen, ohne die etablierte Ordnung zu verändern. Denn dies hätte das Hauptargument der Aufständischen entkräftet, das sie damals zu ihrer Rechtfertigung anführten.

Obwohl mit der Bewaffnung des Volkes begonnen wurde, suchte die Regierung Giral eine Reihe normalisierender Regelungen durchzusetzen, so daß die erforderlichen Notstandsmaßnahmen mit den für das äußere Bild einer bürgerlichen Republik geringsten sozialen und politischen Kosten durchgeführt werden konnten. Die tatsächliche Tragödie der Regierung Giral beruhte auf dieser Notwendigkeit, fortgesetzt in alle Richtungen ausufernde Ereignisse akzeptieren zu müssen, denen sie aber dennoch den Schein der »Legalität« verschaffen wollte.

Largo Caballero hat behauptet, daß Casares Quiroga den Arbeiterorganisationen die Übergabe bestimmter Waffen zugestand – »später erfuhr man, daß man beschlossen hatte, zweitausend Gewehre zu verteilen. Aber das Volk suchte sie sich woanders.« (52, S. 255)

Unter dem Zwang, ein neues militärisches Instrument zu schaffen, dekretierte Giral am 3. August die Gründung von *Freiwilligenbataillonen*, die dem alten Offizierskorps der Armee unterstanden; außerdem erließ er eine neue Verordnung über die *Freiwilligenmiliz* in der Absicht, die Praxis der Parteimilizen zu regulieren. Auch in allen weiteren Regierungsmaßnahmen spiegelt sich der Versuch wider, den revolutionären Prozeß durch den zweifelhaften Rückgriff auf seine Legalisierung zu bremsen, um eine weitere Verstärkung zu verhindern. Dies war der Fall etwa bei der Intervention und Beschlagnahme von Industriebetrieben (14. August), in der Landwirtschaftspolitik, als den Pächtern ihre Pachtzinsen erlassen wurden (7. und 16. August), bei der Schließung religiöser Einrichtungen als »präventiver Maßnahme« gegenüber dem Klerus, der die Aufständischen unterstützt oder mit ihnen kollaboriert hatte (11. August). Es wurden Volksgerichte institutionalisiert (23. August), nachdem unkontrollierte Repressionsakte in großem Ausmaß verübt worden waren.

Die Behauptungen von bestimmten Beobachtern und später von einzelnen Autoren, daß sich nämlich hinter der Regierung Giral in Wirklichkeit Indalecio Prieto verbarg oder daß die Intervention von Largo Caballero und der UGT in der Madrider Regierung erheblich gewesen sei, bringt einen realen und unvermeidbaren Sachverhalt zum Ausdruck: daß nämlich die Politik des »Republikanismus« in Anbetracht der ungeheuren Veränderungen, die der Aufstand verursacht hatte, nichts ausrichten konnte. Der Wandel verband verschiedene Veränderungsprozesse unlösbar miteinander, die hier nur aus Gründen der Darstellung getrennt werden können: so zum Beispiel die Zerstörung der Machtstrukturen aus der Vorkriegszeit, des konstitutionell-parlamentarischen Systems, die Veränderung der sozialen Beziehungen, des Eigentums und der hegemonialen ideologischen Apparate einer kapitalistischen Gesellschaft – etwa des Erziehungssystems, der Religion und der sozialen Kommunikation. Das historische Projekt des *Reformismus* und seine Träger waren an einer vorhersehbaren Klippe gescheitert: an der aufrührerischen Dissidenz der alten herrschenden Klassen. Diese aber mußte – einer sozialgeschichtlichen Logik folgend, die gewissermaßen unausweichlich war – das andere der beiden möglichen Probleme zum Tragen bringen: der Versuch der unterdrückten Schichten, eine endgültige revolutionäre und zugleich antikapitalistische Lösung zu finden. Und genau dies geschah.

Der Aufstand führte zum Zusammenbruch der verfassungsmäßigen politischen Institutionen, und zwar nicht nur – wie zu erwarten – dort, wo der Militärputsch erfolgreich war, sondern auch an zahlreichen Orten, wo die Republik sich verteidigen konnte. Da die Erhebung als in allen Garnisonen gleichzeitig stattfindender Putsch geplant war, mußten die Regional-, Provinz- und Kommunalbehörden direkt und unkoordiniert vorgehen. Entscheidender jedoch war der Zusammenbruch der Zentralgewalt, die sich weigerte, sofort militärische und vor allem politische Notstandsmaßnahmen zu ergreifen. Schließlich folgte die Auflösung der verfassungsmäßigen Gewalt der Republik in bestimmten Zonen in der Form, in der die sozialrevolutionären Kräfte durch ihr Eingreifen die Erhebung zurückschlugen.

Seit dem 19. Juli entstanden in den republiktreuen Gebieten autonome Gewalten, die an einigen Orten entschlossen waren, eine neue »revolutionäre Ordnung« und möglicherweise eine wirkliche soziale Revolution durchzusetzen. Kaum ein Zivilgouverneur reagierte, in Anbetracht der Erhebung der Garnison seiner Provinz, angemessen. Im übrigen beraubten sie Casares Quiroga, Martínez Barrio und Giral eines Großteils ihrer Reaktionsfähigkeit. In Katalonien, Valencia, Guipuzcoa, Vizcaya, Santander, Asturien, Malaga, Aragonien usw. und in verschiedenen städtischen Gebieten entstanden diese Gewalten, die sich angesichts der Zurückhaltung und des Schweigens von Madrid volle politische Kompetenzen herausnahmen. Es ist daher möglich, von *autonomen* Gewalten zu sprechen, die aber kaum alle als *revolutionäre* Gewalten eingestuft werden können.

Die nachweisbaren Fälle reichen vom Beispiel Kataloniens, wo das Vorhandensein einer autonomen Regierung den Geschehnissen einen besonderen Charakter verlieh, über das Beispiel von Zonen, in denen Komitees, Juntas oder Räte geschaffen wurden, bis zu den Gebieten, in denen das Volksfrontkomitee, unter oder ohne Rückgriff auf die vorherigen Herrschaftsstrukturen, selbst die Regierung übernahm. Die Ereignisse mit größter Resonanz waren zweifellos die in Barcelona, und damit die in ganz Katalonien. Die

Kämpfe vom 19. und 20. Juli endeten dort mit dem Sieg über die Aufständischen, und daraus ergab sich die unbestreitbare Vorherrschaft des Anarchosyndikalismus der *Confederación Nacional del Trabajo* (CNT, Nationalbund der Arbeit) und der *Federación Anarquista Ibérica* (FAI, Iberische Anarchistische Föderation). Die katalanischen Anarchosyndikalisten hätten im Anschluß daran dazu übergehen können, die soziale Revolution bis zu ihren letzten Konsequenzen voranzutreiben – was das erste Beispiel dieser Art in der Geschichte gewesen wäre –, aber sie haben es nicht getan. Die Zeugnisse von García Oliver, Abad de Santillán und anderen zeigen das Dilemma auf, in dem sich die Sieger befanden: Sie hatten zwischen einer »anarchistischen Diktatur« und der »Demokratie« zu wählen, wobei letztere ein Zusammenwirken mit allen anderen sozialen und politischen Kräften, vor allem mit der amtierenden *Generalitat*, der katalanischen Regionalregierung, voraussetzte. Offensichtlich wägten die Anarchosyndikalisten diese Alternativen gründlich ab (13, S. 358 ff.) und entschlossen sich schließlich, aufgrund schwerwiegender Überlegungen, dem Aufruf von Präsident Companys zu folgen. Es wurde sodann der *Comité Central de Milicias Antifascistas de Cataluña* (Zentralkomitee der antifaschistischen Milizen Kataloniens) geschaffen, in dem alle Kräfte, die sich dem Aufstand entgegenstellten, zusammenarbeiteten, ohne jedoch die *Generalitat* abzusetzen. Diese neue revolutionäre Situation dauerte zwei Monate an. Sie verhinderte nicht, daß in Katalonien der Prozeß der sozialen Transformation wie nirgendwo sonst voranschritt.
Bemerkenswerte Entwicklungen vollzogen sich ebenfalls in Valencia und Malaga, die in einem Punkt übereinstimmten: In beiden kam es zu einem Machtkampf zwischen den Vertretern der Zentralgewalt und jener aus den Massenaktionen (seien diese organisiert gewesen oder nicht) hervorgegangenen Gewalt. In Valencia wurde am 20. Juli ein *Comité Ejecutivo Popular* (Volks-Exekutivkomitee) gegründet – ein Ergebnis der Vereinbarungen zwischen Volksfront und CNT, welche den Generalstreik und die Bildung eines Streikkomitees vorangetrieben hatte. Gegenüber der unentschiedenen Garnison der Stadt hatte dieses valencianische Organ eine schwierige Mission, die mit der Ankunft von Diego Martínez Barrio und einigen Mitarbeitern aus Madrid noch schwieriger wurde. Diese hatten den Auftrag, eine *Junta Delegada* (Delegiertenkommission) der Madrider Regierung zu gründen, die jedoch

nach ihrem vergeblichen Versuch, den *Comité* aufzulösen und den Generalstreik zu beenden, schließlich keinerlei Macht ausübte. Auch hier kristallisierte sich die Dominanz des Anarchosyndikalismus heraus. Etwas Ähnliches geschah in Malaga, aber in weitaus dramatischeren Formen. Eine gleichermaßen unentschiedene Garnison begünstigte hier die eindrucksvolle Mobilisierung des Volkes. Es bildeten sich zahlreiche von verschiedenen Organisationen besetzte Entscheidungszentren, die zwar in vielen Punkten uneinig waren, jedoch darin übereinstimmten, die Autorität des Zivilgouverneurs, des Republikaners Fernández Vega, in keiner Weise zur Kenntnis zu nehmen. Am 26. Juli gab es einen Versuch, die Komitees und die improvisierten Gerichte zu einem Komitee für öffentliche Wohlfahrt zusammenzuschließen, dem der Anarchist Francisco Millán vorstand und in dem die FAI die führende Kraft bildete. Der Stadtrat wurde durch eine Exekutivkommission ersetzt. Fast das gleiche Schicksal widerfuhr dem neuen Gouverneur, dem Sozialisten Francisco Rodríguez, der – außer daß er mit seiner Unterschrift den Entscheidungen dieser Kommission Rechtskraft verlieh – ignoriert wurde.

An der kantabrischen Küste lassen sich von Guipúzcoa bis Asturien weitere Beispiele für die Ersetzung oder zumindest die »Verdoppelung« der Zentralgewalt durch autonome Notstandsgewalten finden. In San Sebastian war das Bild fast perfekt: Schwäche des Zivilgouverneurs Jesús Artola, Ohnmacht der kompromittierten militärischen Kader, Schnelligkeit und Entscheidungskraft der Führer der Volksfront, Geistesgegenwart der Arbeiterparteien in den ersten Augenblicken. Aber hinzu kam ein neues Phänomen: die Tatsache, daß sich die wichtigste politische Kraft, der *Partido Nacionalista Vasco* (PNV, Baskisch-Nationalistische Partei), der sozial einen konservativen Kurs ohne Zugeständnisse vertrat, auf die Seite der legitimen Gewalt schlug. Der Abgeordnete Manuel Irujo hat berichtet, wie »die extremistischen Organisationen, CNT und Kommunisten, sich unverzüglich zu Herren der Straße machten«. Aber selbst unter diesen Umständen zweifelte der PNV aus verschiedenen Gründen nicht an der politischen Rolle, die ihm zukam. Auf der Grundlage einer Reihe von Kommissariaten – für Krieg, Versorgung, Kommunikation usw. – bildete sich eine *Junta de Defensa de Guipúzcoa* (Verteidigungsjunta von Guipúzcoa), in den Worten von Irujo ein »Organ, das am Rande des Gesetzes entstand«. Unter dem Vorsitz von Amilibia übten Nationalisten

wie Irujo oder Monzón eine wichtige Rolle in der *Junta* aus (46, S. 35 ff.).

In Vizcaya und Santander verliefen die Ereignisse im Prinzip sehr ähnlich, abgesehen von einigen zweitrangigen Unterschieden. An beiden Orten war die militärische Erhebung schwach – in Vizcaya vermochte sie sich nicht durchzusetzen –, die Zivilgouverneure hielten an der politischen Macht fest; beide Gouverneure wurden unmittelbar durch die entsprechenden Volksfrontkomitees unterstützt. Während jedoch in Vizcaya das Gewicht des PNV entscheidend und die alte Ordnung praktisch nicht angetastet wurde, verhielt sich in Santander die prorepublikanische Bewegung aufgrund der Unentschiedenheit der Garnison radikaler; das entsprechende Komitee stand unter dem Vorsitz von Francisco Noreña, der den Zivilgouverneur ignorierte.

Anders war der Fall Asturiens gelagert, wobei es nicht schwerfällt, eine Reihe gewichtiger Unterschiede auszumachen: die asturische (Minen-)Arbeitertradition, die die Feuerprobe der Erhebung von 1934 hinter sich hatte, sowie das Verhalten des Militärbefehlshabers Aranda, der aufgrund seines betrügerischen Vorgehens zur Radikalisierung beitrug. In Oviedo führte die Zusammenarbeit zwischen dem Zivilgouverneur Liarte Lausín und den Gewerkschaften zur Bildung eines Provinzkomitees, das allerdings nicht verhindern konnte, daß als Folge des doppelten Spieles von Aranda die Hauptstadt unter die Kontrolle der Aufständischen geriet. Dies war die Ursache dafür, daß die Reaktion auf die – aufgrund des geheimen Einverständnisses von Aranda erleichterte – Erhebung der Garnison von Gijon weitaus radikaler war und zur Gründung eines Kriegskomitees führte, das von den Anarchisten kontrolliert wurde und unter der Leitung von Segundo Blanco, einem späteren Minister der Republik, stand. Das Provinzkomitee wurde von Sozialisten beherrscht – von González Peña, Belarmino Tomás, Amador Fernández. Beide Organe schlossen sich nach einiger Zeit zusammen; ihre Tätigkeit sollte Monate später überraschend Beispiele »autonomer« Macht zeitigen.

Eine große Anzahl Räteorganisationen breiteten sich im republikanischen Spanien als Resultat des Gegenschlags aus – Räte, die sich nicht so sehr aus Gewerkschaften und Parteien, sondern aus den unorganisierten Volksmassen rekrutierten. Gewiß fiel die führende Rolle dem Anarchosyndikalismus und seiner doktrinären Position hinsichtlich der Staatsgewalt zu. Die stark in der *Unión General de Trabajadores* (UGT, Allgemeiner Arbeiterbund) vertretene sozialistische Linke und der nicht-stalinistische Kommunismus des *Partido Obrero de Unificación Marxista* (POUM; Arbeiterpartei Marxistischer Vereinigung, trotzkistisch orientierte Organisation) schlossen sich der Bewegung an. Der Vorherrschaft der autonomen Kräfte stellten sich der gemäßigte Sozialismus, der stalinistisch orientierte Kommunismus und, natürlich, der Republikanismus entgegen, wenn auch aus im einzelnen sehr verschiedenen Gründen. Entscheidender als der Zusammenbruch des republikanischen Staates zu Beginn des Krieges ist die Tatsache, daß diese Kräfte an zahlreichen Orten sozialrevolutionäre Veränderungen in Angriff nahmen, die als unerläßliche Voraussetzung für die Niederwerfung der »faschistischen« Erhebung erschienen. Durchgeführt wurden Beschlagnahmungen und Kollektivierungen privaten Eigentums; die Gewerkschaften übten eine politische Kontrolle über die Produktion und die öffentlichen Dienstleistungen aus; es kam zu Eingriffen in finanzielle Angelegenheiten und zu einer summarischen Eliminierung der Feinde der Revolution, insbesondere der Kirche, des Klerus und seiner Besitzungen. Niemals zuvor hatte die spanische Geschichte die Entfesselung eines

Prozesses von derartigem Umfang erlebt. Aber entsprang ihm tatsächlich eine tiefgreifende, umfassende und bis zum Ende geführte gesellschaftliche Transformation?
Dies ist es, was wir uns heute fragen müssen, ohne maximalistische Ansprüche zu stellen, uns Polemiken auszuliefern oder vorgefaßte Werturteile zu übernehmen. Die soziale Revolution in der Republik war als Resultat des Militärputsches zwar eine unbestreitbare Tatsache, sie war jedoch ebenfalls von einer absoluten Unreife geprägt. Für diese Lage gibt es keine vergleichbaren historischen Vorläufer, und auch die Vorherrschaft des Anarchismus findet in der Geschichte keine Parallelen. Das Verhältnis von *Krieg und Revolution* mußte anhand der Ergebnisse selbst untersucht werden. Darüber hinaus konnte keine revolutionäre Entwicklung darauf verzichten, die internationalen Auswirkungen zu beachten, die sie ausgelöst hatte. Dessen waren sich *alle* revolutionären Kräfte bewußt, weswegen es um so verwegener erscheint, zu behaupten, eine von ihnen, der Kommunismus, habe diese Revolution zu *verschleiern* versucht (15, S. 163–182). Es ist demnach erforderlich, die Tiefe und Dauerhaftigkeit dieser revolutionären Transformation historisch zu bestimmen, denn dieses Ereignis war immerhin die wichtigste Determinante der sozialen und politischen Ereignisse in der spanischen Republik während des gesamten Bürgerkrieges. Von hier aus erhalten die späteren politischen Projekte eines Francisco Largo Caballero und eines Juan Negrín auch ihre wirkliche Dimension, nämlich im Licht einer rigorosen Analyse dieses revolutionären Prozesses zu Beginn des Krieges.

Die soziale Revolution

Eine umfangreiche Literatur hat sich seit damals dem Problem der spanischen Revolution gewidmet. Alles scheint darauf hinzuweisen, daß es ein plötzliches Ende der bürgerlichen Republik in Spanien gab, wie es die konterrevolutionären, traditionell dominierenden Klassen seit dem Sieg der Volksfront prophezeit hatten. Daß sich in Spanien im Sommer 1936 eine Revolution mitten in einem Bürgerkrieg abspielte, wurde in der Presse, bestimmten diplomatischen Kreisen, von Beobachtern verschiedener politischer Provenienz, in Wirtschaftskreisen usw. diskutiert. Eine fürchterliche Repression der politischen und der Klassenfeinde fand statt, so hieß es innerhalb des einen wie des anderen Lagers.

Es wurde enteignet und kollektiviert, die Staatsgewalt der Republik lag darnieder, die Kirche und ihre Gotteshäuser wurden zerstört. Und gleichzeitig wurde die tatsächliche politische Absicht der Aufständischen in Frage gestellt, allerdings nicht ihre »Ordnungs«-Vorstellungen. Eine erstaunlich genaue Kenntnis über die Vorgänge in Spanien hatten – als ein Beispiel unter vielen anderen – bedeutende Presseorgane wie die *Neue Zürcher Zeitung*, die als Repräsentantin keineswegs undurchsichtiger ökonomischer und sozialer Interessen betrachtet werden kann (39). In Spanien, war dort zu lesen, schwebe der unsichere Frieden Europas in großer Gefahr, und zwar mehr wegen der Revolution des Proletariats als wegen des Bürgerkriegs selbst. Und durch die Infragestellung der Wirtschaftsinteressen ...

Einer der scharfsichtigsten zeitgenössischen Beobachter, der Österreicher Franz Borkenau (er veröffentlichte seine Erfahrungen 1937), unterstrich allerdings die großen Unterschiede des Geschehens in Katalonien, der Levante oder Madrid. Borkenau gehört – neben vielen anderen ausländischen Beobachtern, wie Orwell, Kaminski, Berneri, Morrow, selbst Koestler – zu den wichtigsten Autoren, die damals darauf hinwiesen, daß sich im republikanischen Spanien eine große soziale Revolution abspielte. Gleichzeitig wurde eben diese Vorstellung einer großen sozialen Revolution von einer den Aufständischen gewogenen Propaganda sehr rasch verbreitet. Die offizielle Position der Republik bestand darin, die Bedeutung dieses Prozesses zu bestreiten und ihn der durch die militärische Erhebung ausgelösten Desorganisation zuzuschreiben. Das Thema der spanischen Revolution wurde von allen späteren Historikern, sowohl in politischen Abhandlungen über den Krieg als auch in eher »doktrinären« Analysen, fortgeführt – so z. B. von ausländischen Historikern wie Bolloten, Thomas, Broué, Jackson, Payne, Maidanik, Bernecker und vielen anderen; den anarchistischen wie Abad de Santillán, Peirats, Lorenzo; den trotzkistischen wie Alba, Gorkin, Munis. Sie alle waren der Ansicht, diese Revolution sei eine sozialistische Revolution des Proletariats und seiner verbündeten Klassen gewesen. Nur die der Komintern treuen Kommunisten behaupteten – aus Gründen, die noch vertieft werden müssen –, es handle sich um die »bürgerlich-demokratische« Revolution. In diesem Sinne äußerten sich Ibárruri, Díaz und selbst Togliatti. Wir wollen an dieser Stelle bereits das hellsichtige Urteil von Fernando Claudín

hinsichtlich der kommunistischen Position zitieren und voll unterstreichen: Sie konnte die These von der sozialistischen Revolution nicht akzeptieren, weil dies »der Anerkenntnis gleichbedeutend (gewesen wäre), daß die stalinistische Politik in Spanien im Zurückdrängen der Revolution bestand« (29, S. 180). Wir wollen hier die Analyse der Meinungen und der Historiographie des antirepublikanischen Sektors hintanstellen – angefangen bei der *Historia de la cruzada española* (Geschichte des spanischen Kreuzzugs) bis hin zu den jüngsten Werken. Für diese Literatur handelte es sich ohne größere Einschränkungen oder Vorbehalte um eine kommunistische Revolution.
Nur eine kleine Minderheit in dieser riesigen Gruppe von Diskutanten weiß, wovon sie spricht, wenn sie den Terminus *Revolution* gebraucht. Für die Mehrheit ist Revolution Terror, Unordnung, Mord... Das heißt, etwas oder auch viel mehr als der bekannte *(barullo)* »Wirrwarr«, von dem Azaña sprach. Die Frage ist keinesfalls anekdotischer oder akademischer Art. Wie die erdrückende Torheit so manches angeblichen Historikers oder glaubwürdigen Zeugen zeigt, die Revolution nicht nur mit »Anarchie« sondern, mehr noch, mit »Chaos« verwechseln, ist es notwendig, eine Reihe von elementaren Fragen neu zu stellen. Gab es im republikanischen Spanien während der ersten Kriegsmonate eine Revolution, d.h. eine schnelle und, in diesem Fall, gewaltsame Veränderung der sozialen Beziehungen, die dem kapitalistischen System eigen sind? Und wenn die Antwort, wie wir glauben, nuanciert positiv sein muß, dann erhebt sich die Frage nach Art und Reichweite dieser Revolution. Zum einen muß betont werden, daß, um von einer Revolution sprechen zu können, bestimmte Vorbedingungen in bezug auf die politischen Machtstrukturen erfüllt sein müssen. Die Zerstörung der früheren republikanischen Gewalt deutet auf die Realisierung der Revolution hin, was aber nicht immer und für alle Orte zutrifft. Es ist bis zum Überdruß belegt, daß im größeren Teil des republikanischen Territoriums *Komitees, Räte, Juntas* entstanden, die die frühere Gewalt ausschalteten oder neben sie traten. Handelte es sich hierbei aber tatsächlich um *revolutionäre* Organe? Ihr Ursprung war zweifellos revolutionär, da er sich über die etablierte Legalität hinwegsetzte. Aber nicht immer entstanden sie in der Absicht, diese Legalität zu zerstören. Der katalanische Anarchosyndikalismus z.B. entschied sich, die bestehende Legalität nicht vollständig abzuschaffen. Aber er nahm,

wie auch die Komitees von Gijon, Malaga und vieler andalusischer und levantinischer Ortschaften, die soziale Transformation unmittelbar in Angriff. An anderen Orten waren die Komitees nicht mehr als Kriegsregierungen, die die bestehende Ordnung verteidigten. Das Problem, das Wesen der revolutionären Gewalten und ihrer Wirkung zu bestimmen, bleibt trotz einiger ausgezeichneter Veröffentlichungen, die sich diesem Thema widmen, teilweise weiterhin bestehen.

In der sozialen Revolution flossen außerdem zumindest zwei Gruppen von Faktoren zusammen: diese beziehen sich zum einen auf den spontanen Prozeß des Wandels der sozialen Bedingungen, der im Kern von den seit jeher unterdrückten Gruppen ausging oder den von diesen provozierten Widerständen entsprang. Davon unterschieden werden muß die Haltung, die die etablierten politischen und gewerkschaftlichen Organisationen in dieser Lage einnahmen, sowie die Positionen der Führer, ihre Analysen und Strategien, die sie angesichts dieser »Volks«-Revolution entwikkelten. Die Haltung der Institutionen gegenüber der Revolution ließ unüberwindbare Spaltungen im republikanischen Lager entstehen. Für die einen, etwa die Anarchosyndikalisten, gehörte die soziale Revolution zu den unverzichtbaren Mitteln, den Aufstand niederzuschlagen. Für die anderen, etwa die Kommunisten, die gemäßigten Sozialisten und die Republikaner, war die soziale Revolution genau das Haupthindernis beim Versuch, die Aufständischen zu bezwingen.

Im katalanischen *Comité Central de Milicias Antifascistas* sollte der revolutionäre Prozeß sein größtes Ausmaß erreichen. Am 28. Juli 1936 gab die *Confederación Nacional del Trabajo* von Barcelona die Weisung, zur Arbeit zurückzukehren. Die Sozialisierung und die Beschlagnahme von Produktivgütern ging im Prinzip nicht von den Organisationen aus; »der konstruktive revolutionäre Impuls kam vielmehr«, wie José Peirats hervorgehoben hat, »vom Volke ...; die Requisitionen, Beschlagnahmungen und Kollektivierungen wurden zu einem *fait accompli*, das die Komitees akzeptieren mußten« (65, S. 1–163). Die öffentlichen Dienstleistungen (Wasserversorgung, Autobusse, Telefon) gingen in gewerkschaftliche Kontrolle über; dasselbe geschah mit der Eisenbahn und dem Bankwesen, an deren Kontrolle die UGT einen wichtigen Anteil hatte. In der Industrie entstanden Fabrikkomitees. Die Kollektivierung des landwirtschaftlichen Besitzes besaß allerdings die größte Reichweite, und zwar aufgrund ihres Ausmaßes und ihrer Auswirkungen; diese Bewegung verlief zeitlich in verschiedenen Phasen. Die große Problematik des Landbesitzes in einem Land, das noch überwiegend agrarisch strukturiert war, lieferte den Grund, daß dieser Aspekt große Aufmerksamkeit auf sich lenkte und zahlreiche Widersprüche hervorrief. Diesen müssen wir uns widmen, wenn wir die späteren Phasen des Krieges untersuchen.

Nach dem Bild, das der Großteil der Augenzeugen verschiedener Provenienz gab, spielte Katalonien eine Sonderrolle, die Borkenau mit folgenden Worten beschrieb: »..., und nach dem 19. Juli hatte es den Rest des Landes in seinem sozialrevolutionären Eifer weit hinter sich gelassen« (16, S. 231). Die CNT und die FAI waren die Organisationen, die diesen Prozeß initiierten, der anschließend weit über die regionalen Grenzen hinauswirkte. So bedeutsam erschienen die ökonomischen und sozialen Transformationen, die dort im ersten Monat des Krieges abliefen, daß »ein junger Intellektueller der POUM« – ein deutscher Flüchtling – kommentierte, daß »weder die *Generalitat* noch Madrid gewinnen will; ... Sie fürchten, daß die Revolution mit den militärischen Erfolgen wächst.« (16, S. 112). Zu diesem Zeitpunkt erzwangen die nur langsam vorrückenden katalanischen Milizen in Aragonien die Kollektivierung der landwirtschaftlichen Betriebe.

In der Levante, vor allem in Valencia, liefen die Dinge gewissermaßen parallel zu den Entwicklungen in Katalonien ab, aber sie besaßen auch ihre Besonderheiten. Das Volkskomitee übte kaum Autorität außerhalb der Hauptstadt selbst aus. Die Revolution auf dem Lande entwickelte sich problematischer als in Katalonien oder Aragonien, und die ökonomischen Veränderungen orientierten sich von Anfang an am gewerkschaftlichen Weg einer Kontrolle der Verteilungsnetze. Der Anarchosyndikalismus war hier ebenfalls die dominierende Kraft, aber auch die UGT-Linke und der Kommunismus machten ihren Einfluß geltend. Insgesamt erfolgten die Umwandlungen in der Levante weniger rasch und radikal als in Katalonien.

Das Bild der Revolution wandelte sich stark, je mehr man sich dem Zentrum des Landes näherte, der Umgebung von Madrid, der südlichen Meseta und der Extremadura, wo sie nicht hatte Fuß fassen können, sowie dem republikanischen Andalusien. In Madrid waren während des gesamten Krieges die geringere Bedeutung der CNT und anfangs außerdem die Gegenwart der Zentralregierung spürbar. Praktisch gab es hier keine wirklichen revolutionären Enteignungen, sondern nur Beschlagnahmungen, die von den Erfordernissen der Kriegsorganisation diktiert und auf gewerkschaftlichem oder regierungsamtlichem Wege durchgeführt wurden. Die gewerkschaftliche Kontrolle der großen öffentlichen Dienstleistungsunternehmen war für die allgemeine Situation kennzeichnend.

Im Süden und Westen richtete sich das primäre Ziel der Revolution auf den Landbesitz. Politisch bestanden die herkömmlichen Stadt- und Gemeinderegierungen neben den neuen Komitees, mit Ausnahme einiger bedeutenderer Bevölkerungszentren. Von Anfang an verloren viele große *fincas* (Landgüter) ihre alten Besitzer, in vielen Fällen durch Aufgabe und nicht durch Enteignung. In der Provinz Ciudad Real und in weiten Gebieten der Provinzen Cordoba und Jaen veränderten sich die Strukturen des Landbesitzes grundlegend. Dadurch wurden die bisherigen *braceros* (Tagelöhner) jedoch nicht zu Eigentümern, sondern es entwickelte sich ein System der gemeinschaftlichen Bearbeitung unter der Kontrolle der Gewerkschaften oder der Komitees. Auch wenn vielen dieser *fincas* sehr bald das Etikett »Kollektiv« angeheftet wurde (73, S. 137), so wurde die sozialökonomische Organisationsform des Kollektivismus doch erst später realisiert. Im Handel und in der Industrie wurden nur wenige Besitzer tatsächlich enteignet, aber es wurde in allen Bereichen eine Kontrolle dieser Betriebe durch die Arbeiter eingeführt. Was tatsächlich verändert wurde, war die Verteilung des Profits.

Insgesamt erlebte das republikanische Spanien während der ersten Kriegswochen einen ausgeprägten Prozeß der Umwandlung von Eigentumsstrukturen und der Umverteilung von Gütern in allen Produktionszweigen. Es wurden verschiedene Alternativen zum Privateigentum praktiziert. Im übrigen war diese revolutionäre Veränderung der Eigentumsstruktur in den meisten Fällen nicht einmal Reflex oder Produkt der alten, sozialistischen oder libertären emanzipatorischen Vorstellungen unter besonders geeigneten politischen Konstellationen. Viele Beobachter haben bezeugt, daß es sich vielmehr um eine »spontane« Bewegung eines Proletariats handelte, das auf diese Situation unterschiedlich vorbereitet war und dessen Organisationsgrad variierte. Es war ein hervorragendes historisches Beispiel einer *Revolution ohne Parolen*.

Dennoch gab es am Tage nach all diesen Aktionen nur wenige unter den Akteuren, die klare Ideen über die künftige Entwicklung ren der Produktionsverhältnisse und der Verteilung besaßen. Niemals zuvor gab es eine in stärkerem Maße improvisierte Revolution. In ihr wirkten zwei widersprüchliche Faktoren zusammen: Von ihrer Tiefe zeugte die Tatsache, daß der revolutionäre Aktivismus viel weiter ging als bis zur Demontage kapitalistischen Eigentums; andererseits jedoch waren auch die Grenzen dieser kollektiv-syndikalistischen Revolution von Anfang an offensichtlich.
Von der Tiefe der Revolution zeugt die Breite einer Strömung, die die Komplexität der Elemente erfaßte, die das alte Herrschaftssystem konstituierten; die Eigentumsformen waren nur eines, allerdings ein entscheidendes dieser Elemente. Die libertäre Revolution blieb nicht beim Kampf gegen die Herrschaftsinstrumente stehen, sondern richtete sich zu Beginn gegen die Herrschenden selbst. Sie wollte zusammen mit dem politischen den Klassenfeind beseitigen: Landeigentümer, Unternehmer, Funktionäre der alten Machtapparate ebenso wie Körperschaften und Institutionen, die sozial und funktional in den Machtblock integriert waren, den es zu zerstören galt. Dies trifft auf die katholische Kirche, die Zwangsapparate des Staates, in erster Linie das Militär, die *Guardia Civil* – Personifizierung des Herrschaftssystems auf dem Land – und andere staatliche Organe zu. Allerdings wurden einige dieser Körperschaften, Teile des Beamtenapparates, minoritäre (aber sehr einflußreiche) soziale Sektoren bereits durch die von der antirepublikanischen Bewegung bewirkte Erschütterung, die die Grundlage ihrer Funktion zerstörte, aufgelöst und mußten somit nicht mehr physisch eliminiert werden. Als Beweis genügt es, auf das Schicksal aufmerksam zu machen, das auf beiden Kriegsseiten die Justiz, Beamtenapparate wie die der Polizei, der Lehrkörper und Gruppen von Freiberuflern wie Notare und Anwälte erlitten.
Die schreckliche Gewalt, die in dieser sozialen Revolution zum Ausbruch gelangte, kennzeichnet sowohl ihre Tiefe als auch ihre Unreife. Der praktisch unbewaffnete, mit der Erhebung seines eigenen Zwangsapparates konfrontierte Staat war unfähig, diese Gewalt zu kontrollieren. Sie war zweifellos mit dem anomischen Ausbrechen bereits zuvor existierender sozialer Spannungen verbunden, hing aber auch mit dem Zusammenbruch jeder legalen Ordnung zusammen. Parteien, Gewerkschaften und weniger defi-

nierbare Organisationen schufen ihre eigenen Strafinstrumente: Nachhut-Milizen, Kontrollstreifen, revolutionäre Gerichte oder Justizkomitees. Auf der Ebene der einfachen Delikte schritt rasch dieselbe »revolutionäre Ordnung« ein, die sich allgemein durchzusetzen versuchte.

Die Revolution zerstörte im Prinzip die Erfolge und die Erwartungen eines wirksamen Bündnisses zwischen dem Proletariat und der Kleinbourgeoisie im Kampf gegen die Reaktion der traditionell herrschenden Gruppen. Das ist eine ihrer großen Schwächen. Sicherlich hatten einige der früh entwickelten revolutionären Impulse für die Dauer des Krieges Bestand und fanden erst mit dem Verlust der entsprechenden republikanischen Gebiete ein Ende. Dies traf auf die Arbeiterkontrolle in einer Reihe von Industriebetrieben, auf die Formen kollektiver Bodennutzung, auf die Zerstörung der Macht der Kirche oder auf den Wandel im Kulturleben zu. Dennoch werden die bereits angedeuteten Grenzen des revolutionären Prozesses und die Stockungen in einzelnen Bereichen sichtbar. Die Tendenz ging in Richtung auf eine Wiederherstellung des Staates und des Klassenbündnisses. Die Blockierung des revolutionären Prozesses, die mit der Machtübernahme durch Largo Caballero eingeleitet wurde und unter der Ministerpräsidentschaft von Juan Negrín ihren Höhepunkt erreichen sollte, erklärt sich nicht allein aus der konterrevolutionären Gesinnung bestimmter politischer und sozialer Gruppen. Sie läßt sich nicht weniger aus den objektiven Grenzen herleiten, auf die eine Revolution wie die spanische des Sommers 1936 in dem damaligen internationalen Kontext und mit Schwächen, die ihre eigenen Aktivisten rasch erkennen mußten, notwendigerweise stößt. Eine *anarchistische Revolution* war unmöglich, wie ein so anregender und wenig verdächtiger Autor wie César M. Lorenzo festgestellt hat (55, S. 235 ff.). Eine *kommunistische* Revolution dagegen war ebenso unwahrscheinlich wie unerwünscht, wie Cattell oder Claudín gezeigt haben (27; 29). Krieg – vor allem Bürgerkrieg – und Revolution schienen damals für weite Teile des städtischen und bäuerlichen Proletariats zwei komplementäre, mehr noch: zwei notwendigerweise simultane Realitäten zu sein. Die spanische Erfahrung hat jedoch gezeigt, daß sie sich eher ausschlossen. Nachdem der Krieg der auslösende Faktor für eine Reihe von revolutionären Entwicklungen gewesen war, war die Revolution unfähig, sich dem Krieg zu widersetzen.

Die Analyse der Beziehung zwischen diesen beiden Ereignissen, Krieg und Revolution, und die auf dieser Analyse basierende Taktik bildeten stets die Grundlage für die Frage der Aktionseinheit zur Verteidigung der Republik, und, was noch wichtiger ist, für die Frage nach der Zukunft der Republik. Heute drängt sich die Schlußfolgerung auf, daß die spanische Revolution der dreißiger Jahre und ihre durch den Krieg bestimmten Realisierungschancen vor allem durch die Unreife der Revolutionäre selbst geschwächt worden sind. Wir werden noch die Gründe untersuchen, auf die es zurückzuführen ist, daß die in der Revolution liegenden Chancen ungenützt blieben.

Ein Aufstand ohne politisches Konzept

Der Militäraufstand verfügte zum Zeitpunkt seiner Durchführung über keine konkreten politischen Vorstellungen, wie das republikanische System hätte ersetzt werden sollen.

Daher ist zuweilen behauptet worden, der Staatsstreich hätte sich gegen die Regierung der Volksfront und nicht gegen das System selbst gerichtet. Die Tatsachen stützen diese Interpretation zwar nicht, aber es stimmt, daß nicht alle höheren Militärbefehlshaber, die sich der Erhebung angeschlossen hatten, entschiedene Antirepublikaner waren. Der Ablauf der Verschwörung zeigt, daß eine eindeutige politische Festlegung der Bewegung gar nicht erwünscht war. Aber all dies ist Gegenstand von Spekulationen, die damals wie später die Absicht verfolgten, der Erhebung zu einer politisch-juristischen Rechtfertigung zu verhelfen.

Offensichtlich scheint vor dem Unfalltod von General José Sanjurjo, den die Aufständischen explizit oder implizit als Führer der Bewegung anerkannten, die Idee monarchischer Restauration mehr oder weniger vorherrschend gewesen zu sein. Uneinigkeit bestand in der Frage, auf welchem politischen Weg diese Restauration erfolgen sollte und welches die Inhalte dieses neuen monarchischen Regimes sein würden. Auf diese Differenzen weisen die Kontakte, Geheimabsprachen und direkten Vermittlungsbemühungen hin, die zwischen dem exilierten General und den Karlisten stattgefunden hatten. Dies gilt besonders für die Verhandlungen der Karlisten mit Mola (54; 5).

Mola jedoch, der Mann, der die Verschwörung lenkte, schien weniger ausgeprägte Vorstellungen und eine geringere Bereitschaft zu besitzen, irreversible Kompromisse mit jenen politischen Gruppen einzugehen, die bereit waren, aktiv an der Erhebung teilzunehmen. In seinen Gesprächen mit den Karlisten befürwortete Mola die Schaffung eines »Direktoriums« nach dem Staatsstreich, das aus einem Präsidenten und vier Militärs bestehen sollte. Zu einem späteren Zeitpunkt sollte jedoch ein *verfassunggebendes Parlament* eingesetzt werden; Mola verwendete auch den Ausdruck *republikanische Diktatur*. Auch wenn die Karlisten nicht die unmittelbare Restauration einer Monarchie unter den von ihnen verteidigten politischen Verhältnissen forderten, erschienen ihnen die Termini, in denen Mola seine politische Position formulierte, doch auf übertriebene Weise von den politischen Umständen abhängig. Die Vermittlung von Sanjurjo machte den Abschluß einer Vereinbarung möglich, in der die politischen Fragen beiseite gelassen wurden.

Unter den aufständischen Generälen war ein breites Spektrum verschiedener politischer Meinungen vertreten: ausgehend von denen, die gar keine Position einnahmen, über jene, die sich für eine einfache »Berichtigung« der fortgeschrittensten Gesetzgebung der Republik einsetzten, bis zu den Monarchisten konservativer Tendenz. Offensichtlich zweifelte jedoch niemand daran, daß auf den Aufstand – im Falle eines Erfolges – eine mehr oder weniger schnell vorübergehende Militärdiktatur folgen würde. Zweifellos schwebte allen die Erfahrung Primo de Riveras aus den zwanziger Jahren vor, den Mola selbst in der Sprache imitierte. Unter den politischen Gruppen, die die zivile Stütze der Verschwörung bildeten und die, obwohl sie immer im Hintergrund gehalten wurden, dennoch glaubten, in der kommenden Situation das ideologische Ferment bilden zu können, lassen sich äußerst verschiedene politische Haltungen ausfindig machen. Sie alle spielten jedoch in der schwierigen Situation der ersten Wochen nach der Erhebung eine sehr geringe – eigentlich gar keine – Rolle.

Die politischen Gruppen, mit denen die Verschwörer mehr oder weniger intensive und produktive Kontakte unterhielten, waren *Comunión Tradicionalista* (Traditionalistenpartei), *Falange Española de las JONS* (Spanische Phalanx der Nationalsyndikalistischen Angriffsgruppen), *Renovación Española* (Spanische Erneuerung) und *Confederación Española de Derechas Autonómas* (CEDA, Spanischer Bund der Autonomen Rechten). Für sie alle –

insbesondere für die ersten drei – sollte zur großen Offenbarung werden, daß das letztlich von Franco personifizierte Militär der Bewegung keinen politischen Inhalt verleihen wollte, der ausschließlich auf einer der von ihnen vertretenen oder auf irgendeiner anderen der in der Diskussion befindlichen politischen Ideologien beruhte. Daher erscheint für diesen Abschnitt der politischen Geschichte des Aufstandes die Charakterisierung als »Ära der Militärs« völlig zutreffend (68, S. 194).

Das Hauptproblem der Aufständischen in der ersten Phase des Krieges bestand nicht darin, definitive politische Vorstellungen zu entwickeln. Die militärische Erhebung entsprach vielmehr genau der Charakterisierung, die Arno E. Mayer auf gewalttätige Bewegungen extremer sozialer Reaktion im 20. Jahrhundert anwandte; er nennt sie »ein Bajonett auf der Suche nach einer Ideologie«. Es waren allerdings politische Motive, die ursprünglich zu den Aktivitäten führten, welche im September schließlich in die Ernennung eines Einheitskommandos – und das nicht nur auf militärischem Gebiet – mündeten. Für die Monarchisten stellte der Tod von Sanjurjo am 20. Juli 1936 die entscheidende Wende dar. Allerdings haben sowohl alfonsinische als auch karlistische Autoren die politischen Präferenzen des Generals für ihre eigenen Vorstellungen in Anspruch genommen. Obwohl uns über dessen Denken direktere Aussagen fehlen, ist anzunehmen, daß es überwiegend eklektisch und kaum definiert war.

Seit diesem Zeitpunkt war unter den aufständischen Generälen der wichtigste Befürworter einer sofortigen monarchischen Restauration Alfredo Kindelán. Die Chancen des Karlismus waren jedoch äußerst ungewiß. Es war kein hoher Militär bekannt, der offen für die Sache des Karlismus eingetreten wäre; nur Varela hatte als General Kontakte zu den Karlisten unterhalten. Obwohl im Heer Molas die wichtigste Einheit der karlistischen Miliz kämpfte, war von Mola – im Gegensatz zu manchen Behauptungen – doch niemals als »karlistischem General« die Rede (63, S. 323). Mit dem Tode von Don Alfonso Carlos de Borbón im September hatten die Karlisten zudem keinen Thronanwärter mehr, und die spätere Auseinandersetzung zwischen Franco und Manuel Fal Conde machte den Rückgang des direkten Einflusses des Karlismus auf die politischen Entscheidungen des antirepublikanischen Lagers deutlich.

Es ist sicherlich am interessantesten, den Beitrag der *Falange Espa-*

ñola zur politischen Orientierung des Aufstandes zu erklären. Das Anwachsen dieser Gruppe seit dem Sieg der Volksfront und – mehr noch – seit Beginn des Krieges machte die *Falange* zu einer wichtigen Kraft; sie stellte die größte Anzahl freiwilliger Kämpfer. Die Unterstützung des Aufstands durch die Falangisten wurde in internationalen Kreisen als politisch äußerst bedeutsam betrachtet. Doch die *Falange* war seit der Gefangennahme von Primo de Rivera praktisch führerlos. Niemand konnte in ihr jemals eine Führungsposition erlangen, die der ihres Gründers vergleichbar gewesen wäre. Andererseits bedeutete die frühe Hilfe an die Aufständischen durch die faschistischen Mächte, die gewissermaßen durch die Beteiligung der *Falange* begünstigt wurde, wiederum eine wichtige Unterstützung der *Falange*. Kein General – mit Ausnahme von Yagüe zu einem späteren Zeitpunkt – zeigte erkennbare Sympathien für Falangisten oder Faschisten.
Zweifellos hatte sich die *Falange* der militärischen Erhebung nicht ohne Bedenken und Reserven angeschlossen, wobei sie sich mehr als durch ihre Führer durch die erst in neuester Zeit zu ihr gestoßenen und ihr massenhaft zuströmenden Mitglieder hatte mitreißen lassen. Anfang September 1936 hatte sich die Partei eine provisorische Führungs-Junta unter dem Vorsitz von Manuel Hedilla zugelegt, der in diese Position aufgerückt war, weil keiner der anderen Parteiführer ihn sehr ernst nahm. Die *Falange* war jedenfalls in der Anfangsphase des Aufstandes die politische Gruppe mit dem größten Gewicht, aber sie wurde, wie alle anderen, im Prozeß der Zusammenfassung der militärischen und politischen Kommandos marginalisiert. Schließlich führten der politische Niedergang der CEDA, ihr bescheidener Beitrag an Kämpfern und die persönliche Stellung ihres Führers, José M. Gil Robles – der die Verschwörung eindeutig unterstützt hatte –, dazu, daß auch der Einfluß dieser Gruppe völlig unerheblich blieb.
Nach dem Ende der *pronunciamento*-Phase mit ihrem mehr als zweifelhaften Resultat verfielen die Militärs auf die Bildung eines Organs, das die Aufständischen repräsentieren sollte und zugleich eine militärrechtliche Fiktion errichtete. Dieses Organ nannte sich *Junta de Defensa Nacional* (Nationale Verteidigungsjunta). Es wurde in Burgos eingesetzt, dem Sitz der 6. Division, wo die Macht von Mola unumstritten war; in Übereinstimmung mit dem Dienstreglement übernahm allerdings der dienstälteste General, Miguel Cabanellas, den Vorsitz der *Junta*. Der Gründungsakt

fand am 24. Juli statt; das hierbei erlassene Dekret Nummer 1 bestimmte als Auftrag der *Junta*, »alle staatliche Gewalt zu übernehmen und das Land legal gegenüber ausländischen Mächten zu vertreten«. Ihr gehörten die Generäle Saliquet, Ponte, Mola, Dávila und die Obersten im Generalstab Montaner und Moreno an. Die Zusammensetzung konnte kaum deutlicher zum Ausdruck bringen, wie die Aufständischen anfangs vorgingen: In der *Junta* waren nur die Generäle des Nordens vertreten, im Hinblick auf die Außenwirkung weder Franco noch Queipo, während Mola die Rolle des Schiedsrichters ausübte. Darüber hinaus hatte die *Junta* keinen militärischen Auftrag, sondern lediglich Funktionen im Verwaltungs- und Rechtsbereich.
Mit Fortdauern der Kämpfe und mit den Erfolgen, die die Truppen des Südens erzielten, hatte sich die militärische Lage gewandelt. Im Hinblick auf den Charakter der *Junta* wurde die Vereinigung des Oberkommandos der Aufständischen aus militärischen, politischen und internationalen Gründen zur dringlichsten Notwendigkeit. Der Druck der Alliierten spielte dabei eine gewisse Rolle, nicht jedoch die Absicht, eine politische Bestimmung der Ziele des Aufstandes zu liefern. Nach der Veröffentlichung von General Alfredo Kindeláns Buch *Mis cuadernos de Guerra* (Meine Kriegsnotizbücher) im Jahr 1945, in dem er den Prozeß beschrieb, der im September die Wahl Francos als alleinigen Führer zur Folge hatte, ist dieser Interpretation der Ereignisse wenig oder nichts hinzugefügt worden, außer verschiedene Kleinigkeiten, zum Beispiel hinsichtlich der Unzufriedenheit, die Queipo die begangenen Unregelmäßigkeiten bereiteten, oder hinsichtlich bestimmter Details, die in der Veröffentlichung von Kindelán 1945 ausgelassen worden waren (75, S. 272; 48). Zwei Versammlungen in der Umgebung von Salamanca am 21. und 28. September – Daten, die Kindelán übrigens verwechselt – brachten die wichtigsten beteiligten Generäle zusammen. Auf der zweiten wurde der Entwurf des Dekretes diskutiert und verabschiedet, den Kindelán und Nicolás Franco verfaßt hatten; damit war die Angelegenheit beendet. Außer Cabanellas, der die Zweckmäßigkeit der Wahl nicht einsah und sich weigerte abzustimmen, waren alle übrigen Versammelten für Franco. Eine überzeugende und vollständige Erklärung für diese Wahlentscheidung der Anwesenden gibt es bis heute nicht. Wir wissen jedoch, daß das größte Problem darin bestand, daß Franco zusammen mit dem militärischen auch den politischen Oberbefehl

erhielt. Kindelán führte die Figur des »Staatschefs«, zusätzlich zu der des *Generalísimo*, ein. Aber die Führung des Staates wurde ihm nur »für die Dauer des Krieges« zugesprochen. Das endgültige Dekret vom 29. September entsprach weder in der Präambel noch im Text dem Entschluß, der auf der Versammlung vom 28. September gefaßt worden war. Der Franco verliehene politische Titel war der des »Chefs der Regierung des Staates« – eine differenziertere und überraschendere Formulierung als die vorhergehende –, der noch hinzugefügt wurde, daß Franco »alle Staatsgewalt übernehme«, wobei man die Einschränkung »für die Dauer des Krieges« ausließ. Kindelán hat niemals den Grund für diese Veränderung dargelegt. Die existierenden Versionen deuten, auch wenn sie nicht von Augenzeugen stammen, darauf hin, daß in der Zwischenzeit eine profranquistische Verschwörung am Werk war (63, S. 324). Dies erklärt Molas Position, der es für erforderlich hielt, daß all diese Entscheidungen »politisch überprüft (werden müssen), wenn der Krieg beendet ist« (75, S. 248). Die neue Situation brachte die Auflösung der *Junta de Defensa Nacional* und die Schaffung einer neuen *Junta Técnica del Estado* (Technische Staatsjunta) mit sich.

Die soziale »Restauration«

Der Prozeß, in dem der antirepublikanische Militäraufstand von 1936 ein bestimmtes politisches Regime definierte und institutionalisierte, stellt eine der faszinierendsten Episoden in der jüngeren Geschichte Spaniens dar. Dies trifft bereits auf die Dauer dieses Prozesses zu, von dem man – ohne ironisch sein zu wollen – sagen kann, daß er bis 1975 andauerte. Wenn man von der Interpretation der Erhebung als sozialer Bewegung ausgeht, stellt sich allerdings ein anderes Bild der Realität dar. Mit dem *pronunciamento* wurden die Absichten der Gruppen, die die Verteidigung ihrer Interessen und die Durchsetzung ihrer Ideologie in die Hände des Militärs gelegt hatten, unmittelbar deutlich.

In der Tat wußte diese Bewegung, die nicht zögerte, sich von Anfang an zur Vertretung des »wirklichen Spanien« zu erklären, sehr gut, welches soziale System sie verteidigen wollte, für oder gegen welche soziale Gruppen und Organisationen sie eintrat. Man könnte sagen, daß eine tiefgreifende soziale Konterrevolution das eindeutige Ziel der Erhebung war. Dies ist auch behauptet worden. Aber der Begriff *Konterrevolution* drückt nicht auf adäquate Weise den soziohistorischen Inhalt eines Ziels aus, dessen Ursprung nicht in der Bekämpfung einer wirklichen Revolution lag. Hiermit soll nicht bestritten werden, daß die »Bedrohung« durch eine Revolution eine begreifliche historische und irgendwie auch meßbare Wirkung hatte. Darauf haben einige Autoren hingewiesen (28, S. 688 ff.). Den Tatsaschen entspricht jedoch, daß der militärische Aufstand jedem potentiellen Prozeß einer sozialen Revolution zuvorkam.

Die soziale Ordnung, die die »Restauration« in Spanien in den 50 Jahren vor Ausrufung der Republik errichtet hatte, war von dieser nur in geringem Ausmaß verändert worden, nicht einmal in den Phasen ihres größten Reformeifers. Demgegenüber ist bemerkenswert, daß die Aufständischen mit ihren ersten Sozialmaßnahmen bereits darauf abzielten, die progressiven Elemente der republikanischen Gesetzgebung zu eliminieren. Und diese Fragen spielten in den Plänen der Verschwörer tatsächlich eine große Rolle. Es war nicht die Revolution als solche, sondern es waren die Auswirkungen des bürgerlich-republikanischen Reformismus, welche die Aufständischen beseitigen wollten. In diesem Sinne muß eher als von einer sozialen Konterrevolution von einer Restauration der gefährdet erscheinenden Sozialstrukturen die Rede sein, die für das oligarchische, agrarische Spanien charakteristisch waren. Damit verbunden war die Restauration der gesamten kulturellen Traditionen, der politischen Denkweisen, religiöser und moralischer Vorstellungen, einer bestimmten Interpretation der spanischen Geschichte... Es ging nicht um die Verteidigung gegen eine Revolution, sondern um die Beseitigung des Erbes der liberalen Tradition. Dies ist zusammengefaßt die soziale und ideologische Bedeutung des von den Aufständischen verfochtenen »wirklichen Spanien«.

Dem in der republikanischen Zone revolutionären Prozeß entspricht im Spanien des Militäraufstandes eine komplementäre Entwicklung, die die Kräfte der Vorkriegszeit beseitigte und im sozioökonomischen Bereich begann, die republikanische Gesetzgebung abzubauen. Dies heißt nicht, daß sich hierbei nicht auch ein gewisser Pragmatismus ausmachen ließe, der den Rückgriff auf altüberlieferte rhetorische Formen, ja sogar auf eine patriotische Demagogie besten militärischen Stils bestimmte und dem die offensichtliche Absicht entsprang, sich nicht der Masse der politisch wenig bedeutsamen Bevölkerung zu entfremden. So läßt sich beobachten, wie zum Beispiel die Notwendigkeit, finanzielle Ressourcen zu erschließen, sprachlich als Wiedergewinnung der »staatlichen Rechte« versüßt wurde. Die »mittleren« Bauern wurden problemlos mit Hilfe einer Agrargesetzgebung (z.B. bezüglich des Weizens) gewonnen, die sie deutlich begünstigte. Eine umfassende Säuberung der gesamten Beamtenschaft, insbesondere des Lehrkörpers, wurde in die Terminologie des öffentlichen Dienstes gekleidet und natürlich mit dem Dienst für die Interessen des Vaterlandes begründet.

Mit der Gründung der *Junta de Defensa Nacional* verfügten die Aufständischen über einen zentralisierten juristischen Apparat, der jede Art ökonomischer Aktivitäten, gesellschaftlicher Orientierungen sowie ideologischer Maßstäbe regulierte und verwaltete, die für die Wiederherstellung des Staatsapparates eine Rolle spielten. Zuvörderst aber regelte die *Junta* die Ausübung der Macht. Die Analyse der von der *Junta* in den etwas mehr als zwei Monaten ihrer Existenz erlassenen Gesetzgebung stellt zwar nicht die einzige, wohl aber eine in sich schlüssige Möglichkeit der Untersuchung dieser hier zur Diskussion stehenden »sozialen Restauration« dar.

Die »soziale Restauration« wurde vorangetrieben, ohne durch das Fehlen eines klaren politischen Bezugsrahmens beeinträchtigt zu werden. Die einzige juristische Basis war die Erklärung des Kriegszustandes, die die Junta am 28. Juli öffentlich bekanntgab. Im Grunde genommen faßte sie darin die Aktionen des Militäraufstandes selbst zusammen, denn man sprach von der »Ratifizierung des Kriegszustandes«. Durch nachfolgende Verfügungen wurde das demokratisch-parlamentarische System unaufhaltsam abgebaut; bereits am 27. Juli wurden alle früheren Zivilgouverneure ihrer Ämter enthoben. Das aufschlußreiche Dekret 108 vom 13. September erklärte »alle Parteien und politischen oder sozialen Gruppierungen, die seit der Einberufung der am 16. Februar des laufenden Jahres abgehaltenen Wahlen an der sogenannten Volksfront teilhatten«, als außerhalb des Gesetzes stehend (35). Der gesamte Beamtenapparat wurde einer politischen Säuberung unterzogen, für die allen Militärbehörden volle Handlungsfreiheit eingeräumt wurde. Dieser Vorgang wurde durch das Dekret 113 vom 25. September ergänzt. Artikel 1 verfügte:

»Für die Dauer der gegenwärtigen Verhältnisse werden alle politischen und gewerkschaftlichen Arbeiter- und Unternehmeraktionen politischen Charakters verboten, auch dann, wenn berufliche Zusammenschlüsse zugelassen werden, die ausschließlich den Anweisungen der *Junta de Defensa Nacional* und ihren Delegierten unterstellt sind.«

Diese Politik wurde mit Verfügungen hinsichtlich der Gemeinde- und Stadtverwaltungen vervollständigt, die »das parlamentaristische System meiden müssen«.

Unabhängig von den Maßnahmen zur Wirtschaftspolitik suchte die Sozialgesetzgebung die Hindernisse, die einer erneuten Vorherrschaft der alten Agraroligarchie im Wege standen, zu beseitigen. Schon früh wurden Verfügungen erlassen, die, soweit sie nicht die Kriegsführung behinderten, die Privatbanken, die Monopole sowie bestimmte Grundindustrien (wie die Agro-Industrien) begünstigten. Aber am bedeutendsten waren die Verfügungen, die sich auf die Landreform bezogen. Die erste Verordnung vom 20. August garantierte die »Zahlungen der Bodenzinsen, die den Eigentümern von Ländereien, die vom Institut für Agrarreform besetzt worden waren, zustehen«. Die Dekrete mit den Nummern 74, 128 und 133 schlossen diese Frage ab.

Das erste, noch relativ flexible Dekret vom 28. August untergliederte die vom Institut für Agrarreform besetzten Ländereien in drei Kategorien, entsprechend der von den Besetzern ausgeübten Aktivitäten. Nur für die Kategorie von *fincas*, »die keine neuen Nutznießer gehabt haben, auch wenn sie offiziell besetzt, formell als Gemeinschaften konstituiert und die Pläne über ihr künftiges Schicksal angewandt worden waren«, galt der Erlaß, daß »die für sie ergangenen Verfügungen suspendiert und die bereits durchgeführten amtlichen Maßnahmen aufgehoben würden und daß die Eigentümer und Pächter frei seien, über diese *fincas* zu verfügen und deren frühere Nutzung fortzusetzen«.

Viel wichtiger war das Dekret 128 vom 24. September, in dem es durch Artikel 2 das obige Dekret weiter spezifizierte, und zwar hinsichtlich der besetzten *fincas*, auf denen Bestellungsarbeiten bereits »teilweise ausgeführt« waren. Auch diese *fincas* kehrten in den Besitz ihrer früheren Eigentümer zurück:

»Die durch die Eingriffe des Instituts für Agrarreform bereits erfaßten und den Verfügungen von Artikel 2 des Dekrets Nr. 74 unterliegenden *fincas*, darunter insbesondere (vorbehaltlich zukünftiger Regelungen) alle jene nach dem 16. Februar 1936 vom

Institut den sogenannten Ansiedlern übergebenen *fincas*, werden zur Verfügung ihrer Eigentümer freigestellt, damit diese sie im folgenden landwirtschaftlichen Jahr auf gleiche Weise wie vor ihrer ersten Besetzung bestellen können.«

Dazu wiederholte das Dekret 133 vom 25. September 1936 mit Nachdruck, daß »die landwirtschaftlichen *fincas*, die von Bauern und Tagelöhnern nach dem 16. Februar 1936 besetzt wurden und deren Situation durch die Obrigkeit nicht legitimiert wurde, ihren Eigentümern zur vollen Verfügung zurückerstattet werden, wenn diese sie zum Zwecke der Bestellung zurückerhalten wollen«.

Damit blieb von den neuen Verhältnissen, die die republikanische Agrarreform geschaffen hatte, einzig und allein vorläufig jene Verfügung bestehen, die sich auf besetzte *fincas* bezog, »deren vom Institut für Agrarreform erlassenen Besetzungspläne vollständig ausgeführt worden waren und die voll funktionierten«. Diese Bestimmung war im übrigen sehr dazu angetan, gegen die Besetzer entschieden zu werden. Ohne Unterschied werden die *fincas* ihren Eigentümern, aber ebenso ihren früheren Pächtern oder Teilpächtern zurückerstattet. Ohne jeglichen Rechtsanspruch und mittels eines legalen und demütigenden Mechanismus wurden alle Ansiedler, Tagelöhner und Landarbeiter vertrieben, unabhängig davon, aufgrund welchen Verfahrens sie angesiedelt worden waren.

Die Restauration der alten Strukturen konnte nicht die Veränderungen außer acht lassen, die in der republikanischen Epoche den alten Herrschaftsapparat einer offensichtlichen gesellschaftlichen Modernisierung unterzogen hatten, und zwar unabhängig von der Zweckmäßigkeit und Funktionsfähigkeit dieser neuen Strukturen. So wirkte die restaurative Gesetzgebung massiv auf den Bereich der Kultur, der Erziehung, der Situation der Kirche und der Religion, der Justiz und des öffentlichen Dienstes im allgemeinen ein. De facto erfolgte die große Säuberung des Lehrkörpers später, aber der Anfang wurde bereits jetzt gemacht. Im August 1936 wurde das durch den Krieg unterbrochene schulische Leben geregelt, und man ging gegen die Lehrer vor, die ein »Zeichen von Schwäche und einer der gesunden patriotischen Haltung des Militärs und des spanischen Vokes entgegengesetzten Orientierung erzeugt hatten«. Damit zielte man darauf ab, »den Unterricht zu hispanisieren und eine unnötige Zerrüttung der Staatsfinanzen zu vermeiden«, mit dem doppelten Effekt einer ideologischen Kon-

trolle und einer maximalen Nutzung der Gelder für öffentliche Dienstleistungen (28. August).
Die Säuberung unter den Beamten und Freiberuflern jeglicher Orientierung war eine Maßnahme, die auf der Seite der Republik eine – wenn auch geringer ausgeprägte – Parallele besaß, allerdings ohne die für die Aufständischen charakteristische Irreversibilität. Sie stellte den wichtigsten Aspekt des neuen sozialen »Projekts« dar. Von den durchgeführten ersten Maßnahmen ausgehend, sollte sie in den folgenden Monaten verschärft werden. Wenn wir von kulturellen Aspekten und vom Erziehungssystem absehen, müssen die Säuberungen unter der Richterschaft und die Aufhebung der Gesetzgebung über Geschworenengerichte hervorgehoben werden (8. September). Aus politischen Gründen entschieden sich die Aufständischen für die »Suspendierung gerichtlicher Termine und Fristen«, bauten die Kompetenzen für die Kriegsrechtsprechung so sehr aus, daß sie bereits über eine reine Kriegsmaßnahme hinausging, und enthoben viele lokale Richter, Staatsanwälte sowie die Leiter der Grundbuchämter, denen »ein gegen die Nationale Bewegung gerichtetes Verhalten« vorgeworfen wurde, ihrer Ämter. Viele andere Handlungen der Militärgewalt in diesen ersten Wochen bedurften nicht einmal einer besonderen Gesetzgebung: Zeitungs- und Rundfunkzensur, Unterdrückung politischer Gegner, Ernennung neuer Amtsinhaber.
Mit derselben Gewalt, mit der auf republikanischem Gebiet der ideologische Klassenfeind ausgeschaltet wurde, war im Spanien der Aufständischen die systematische Zerstörung der kargen sozialen Errungenschaften der beherrschten und nichtbesitzenden Klassen begleitet von dem Verschwinden vieler Personen, die diese Errungenschaften unterstützt hatten oder ihre einfachen Nutznießer gewesen waren. Die großen Schwierigkeiten, historische Quellen über diese Repressionen zu erschließen (70, S. 99ff.), oder die Umkehrung der Anklagen in ihr Gegenteil können weder das Ausmaß dieser Repression in der Etappe mindern noch die Besonderheit aus der Welt schaffen, daß diese Maßnahmen von einer Position der »legalen Gewalt« ausgeübt wurden.

Die Abgrenzung der Gewalten

Die Periode zwischen September 1936 und Mai 1937 weist einige bedeutende Merkmale auf: Auf militärischer Ebene entstand ein neues Kräfteverhältnis, in beiden Zonen fanden aufgrund der unzweideutigen Klärung der auf dem Spiel stehenden sozialen Interessen politische Umwandlungsprozesse statt, und außerdem wurden die spanischen Ereignisse zu einem politischen Konflikt auf internationaler Ebene. Daher weckte diese Zeitspanne schon immer das größte Interesse und provozierte dazu, mehr und endgültigere Stellungnahmen abzugeben. In diesen neun Monaten des Kampfes fanden bedeutendere Veränderungen statt als in der Periode bis zum Ende des Krieges.

Als erstes brachte diese Periode sowohl im In- wie im Ausland die allgemeine Erkenntnis mit sich, daß der Konflikt keine kurzfristige militärische Lösung haben würde. In der Republik versuchte Francisco Largo Caballero vor allem, die politische und soziale Revolution in den Rahmen der vorangegangenen demokratisch-parlamentarischen Ordnung zurückzuführen. In dem Spanien, das bereits als nationalistisches bekanntzuwerden begann, schlossen sich, nach der Konsolidierung der unumschränkten Gewalt in den Händen des Militärs, diesen verschiedene Strömungen an, die die Schaffung eines anderen Staates und eines Regimes mit klar definiertem politischen Inhalt verfolgten. Unter ihnen sollte schließlich jene Kraft führend werden, die dem Modell der faschistischen Regime folgte und die wichtigste Stütze der Aufständischen darstellte.

Der Wandel des politisch-militärischen Umfeldes ist zwar von erheblicher Bedeutung, doch nicht das einzige Charakteristikum in dieser Periode. Die eindeutige Definition der in jeder Zone herrschenden sozialen Interessen bewirkte eine Identifikation dieser Interessen mit den für sie adäquaten politischen Konzeptionen – konkret, dem Programm der *Falange Española* einerseits sowie den sozialpolitischen Thesen der Kommunistischen Partei andererseits. Dies wiederum führte dazu, daß sich zunehmend zwei soziale Modelle herauskristallisierten, deren Antagonismus durch die Propaganda noch akzentuiert wurde. In der Republik setzte sich die Strömung durch, die für eine Ablehnung oder zumindest für eine Vertagung des revolutionären Weges zum Aufbau einer Gesellschaft ohne Privateigentum, mit Planwirtschaft

und der Diktatur des Proletariats eintrat. Die Kommunisten prägten den Slogan einer »parlamentarischen Demokratie neuen Typs«, während Largo Caballero sich bemühte, die republikanische Legitimität aufrechtzuerhalten.
Im anderen Lager wurde, nachdem die Gefahr eines grundlegenden Wandels des traditionellen Systems sozialer Herrschaft gebannt war, die Notwendigkeit offensichtlich, die legitimatorischen Überlegungen den neuen Gegebenheiten anzupassen. Der spanische Faschismus mit seinen Eigenheiten bot dafür das beste Instrument, solange es unter Kontrolle gehalten werden konnte. So bildete sich in der neuen, sich erst entfaltenden Machtorganisation die soziale und gesellschaftliche Strömung heraus.

Die politischen Vorstellungen Largo Caballeros

Am 4. September 1936 konstituierte sich eine neue republikanische Regierung unter dem Vorsitz von Francisco Largo Caballero. Die Sozialisten besetzten in ihr sechs Ministerämter, darunter die wichtigsten: das Amt des Kriegsministers, das Largo selbst bekleidete, sowie das Marine- und Luftfahrt-, das Finanz-, das Innen-, das Außen- sowie das Industrie- und Handelsministerium. Die Republikaner erhielten nur mehr zwei Ministerien, die *Esquerra Republicana de Catalunya* (ERC, Republikanische Linke Kataloniens) eines, während die Kommunistische Partei – die andere große Neuheit in dieser Regierungsmannschaft – zwei Ministerien übernahm. Largo Caballero führte schließlich eine weitere politische Dimension ein, indem er den kurz zuvor zurückgetretenen Giral und, nach Widerständen und Zusagen, auch ein Mitglied des PNV, Manuel de Irujo, zu Ministern ohne Portefeuille ernannte.
Der Aufstieg Largo Caballeros zur Macht, die Vorherrschaft der Sozialisten und die Beteiligung der Kommunisten gaben der neuen Regierungsmannschaft einen Volksfrontcharakter. Dies, ebenso wie der spätere Eintritt der Anarchisten in die Regierung und schließlich die Spannungen, die dieses Experiment hervorrief, kennzeichnen diese entscheidende Phase der politischen Geschichte der Republik während des Spanischen Bürgerkriegs. Ihr Ende kam mit der Zuspitzung einer internen Krise in den Beziehungen zwischen den politischen Kräften, die die Regierung unterstützten. Diese Krise führte zum Rücktritt von Largo Cabal-

lero und zur Bildung der ersten Regierung von Juan Negrín López im Mai 1937. Das Konzept Largo Caballeros, das zweifellos von dem schwierigen Gleichgewicht abhing, das jede Vorstellung einer »Sammlung« in sich trägt und dem es daher nicht an Zwiespältigkeiten fehlte, hatte seine Möglichkeiten, den Krieg effizient zu führen, ausgeschöpft. Zur gleichen Zeit begann sich die Vorherrschaft der Kommunistischen Partei abzuzeichnen, und andere Kräfte waren zunehmend an den Rand gedrückt worden.

Über die Entstehung der Regierung Largo Caballero gibt es verschiedene Versionen. Die von Largo Caballero selbst gegebene ist keineswegs übermäßig konkret (52, S. 258 ff.). Aber gewiß ist, daß spätestens seit Mitte August die Unfähigkeit der Regierung Giral zum Bestandteil der öffentlichen Meinung geworden war; diese Vorstellung wurde noch durch die militärischen Einbußen der Republikaner verschärft. Die Aufständischen konnten ihre Positionen im Süden konsolidieren. Am 5. August wurde die Luftbrücke etabliert, über die die ersten marokkanischen Truppen auf die Halbinsel transportiert wurden. Am 14. August besetzten die Aufständischen Badajoz, was die Vereinigung der Truppen Francos mit denen Molas ermöglichte. Die sozialistische und anarchistische Presse stellten dies in aufsehenerregender Weise dar, während die Kommunisten darüber Stillschweigen hielten. Indalecio Prieto, bedeutendes Mitglied jener Regierung, brachte mehr als nur Unzufriedenheit zum Ausdruck, während Largo Caballero und der ihn unterstützende sozialistische Flügel in ihrem Organ *Claridad* (Klarheit) zum direkten Angriff übergingen. Sehr aufschlußreich sind in diesem Zusammenhang zwei Interviews, die der Journalist und sowjetische Politagent Michail Kolzow mit Prieto und Largo Caballero am 26. und 27. August führte und in seinem Tagebuch vermerkte (49, S. 55). Der Parteivorstand des *Partido Socialista Obrero Español* (PSOE, Sozialistische Arbeiterpartei Spaniens) befaßte sich ebenfalls mit der Verschärfung der Situation (86, S. 474). Aber die unmittelbare Vorgeschichte, die dazu führte, daß Azaña eine von Largo Caballero geführte Regierung akzeptierte, ist ebenso wie der steinige Verhandlungsweg, der zu ihrer schließlichen Zusammensetzung führte, weitgehend unklar.

Auch wenn die ersten Pläne, die Regierung Giral abzulösen, sich nur auf ihre Umbildung und die Erweiterung ihrer politischen Basis richteten, strebten radikalere Positionen bereits die Übernahme der Macht durch die Arbeiterklasse unter dem Vorsitz von Largo Caballero an. Dieser jedoch mußte derartige Ambitionen aufgrund von Pressionen aus dem eigenen sozialistischen Lager sowie angesichts der Haltung von Azaña aufgeben. Wenn wir bestimmten Versionen Glauben schenken wollen (22, S. 143), mußte der gerade in Madrid eingetroffene sowjetische Botschafter zugunsten einer Volksfrontregierung intervenieren. Azaña notierte in seinem Tagebuch, daß sich dieser Wandel »gegen meinen Willen und durch einstimmige und öffentliche Entscheidung der Regierung Giral« vollzog (11, S. 592). Nachdem auch der anfängliche Widerstand der Kommunistischen Partei überwunden worden war, konnte in den Verhandlungen die endgültige Zusammensetzung der Regierung beschlossen werden. Alle kommunistischen Quellen betonen den Widerwillen der Partei, sich an der Regierung zu beteiligen. In einem anklagenden, als Pamphlet verfaßten Buch (das er geschrieben hat, nachdem er bereits nicht mehr dem *Partido Comunista de España* [PCE, Kommunistische Partei Spaniens] angehörte) vermerkte der kommunistische Minister Jesús Hernández, es habe einen direkten sowjetischen Befehl gegeben, daß die spanischen Kommunisten in die Regierung einträten (43, S. 84).

Wie Prieto in seinem Interview mit Kolzow betonte, war Largo Caballero – den Prieto mit keineswegs schmeichelhaften Attributen versah – der einzige Politiker, der imstande war, die unaufschiebbare Kurskorrektur der republikanischen Politik 50 Tage nach dem Militäraufstand vorzunehmen. In der Tat mußte diese Politik dem Fortschritt der Revolution und der des Aufstandes gleichermaßen entgegenwirken, aber solange erstere voranschritt, schien es aus vielerlei Gründen schwierig, sich gegen letzteren zu verteidigen. Wichtig in diesem Zusammenhang ist, daß Largo Caballero sich bewußt eine widersprüchlich erscheinende Aufgabe vorgenommen zu haben scheint: die Fortschritte der Revolution anzuerkennen, wenn auch nur, um sie aufzuhalten oder aufzuschieben, und gleichzeitig zu versuchen, die Macht des »legalen« Staates wiederherzustellen, indem er alles vollständig in den Dienst einer absolut vorrangigen Notwendigkeit stellte: die Rebellion mit den Waffen zu besiegen, ohne zugleich soziale Einschnitte vorzunehmen.

Bei einem derartigen Vorhaben konnten Schwankungen nicht ausbleiben, und auch Largo Caballero konnte sie nicht vermeiden.

Aber bereits in ihrer ersten Pressemitteilung betonte die neue Regierung, daß sie alle Kräfte, die sich gegen den Aufstand gerichtet hätten, an der Regierung beteiligen wolle. Es wurde der Wille zur Einheit und zur »Aufgabe jeder Parteipolitik« hervorgehoben, um alle Anstrengungen auf den Krieg zu konzentrieren. Hierzu sollte der Staatsapparat reorganisiert werden, und die zentralen Stellen – die Regierung und ihre Vertreter – versuchten allmählich wieder die Macht zurückzuerlangen. Ein breites Spektrum von Komitees verschwand zugunsten der konventionellen Amtsgewalt der Zivilgouverneure. Dennoch ließ das Dekret, das endgültig Junta, Verteidigungskomitees und Verwaltungskommissionen auflöste und statt dessen Provinzräte schuf, denen die Zivilgouverneure vorstanden und die sich aus Vertretern der Volksfront und der Gewerkschaften zusammensetzten, noch bis zum 16. Dezember 1936 auf sich warten.

In Katalonien fanden ähnliche Entwicklungen statt. Die CNT trat der *Generalitat* bei, und ein neuer Regierungsrat wurde am 26. September aus Mitgliedern der CNT, des *Partit Socialista Unificat de Catalunya* (PSUC, Vereinigte Sozialistische Partei Kataloniens) und des POUM unter dem Vorsitz von Josep Tarradellas gebildet. Das Zentralkomitee der Milizen wurde abgeschafft. Im Oktober erreichte der neu geschaffene Verteidigungsrat von Aragonien, der sich ausschließlich aus Anarchosyndikalisten zusammensetzte, die zumindest provisorische Anerkennung durch die Regierung. Doch nach dem Dezember-Dekret mußte der aragonesische Rat auch nichtanarchistische Ratsmitglieder zulassen. Außerdem wurden die *Consejos Interprovinciales* (Interprovinz-Räte) von Asturien-León und Santander-Burgos-Palencia geschaffen, deren Vorsitzende von der Exekutive frei bestimmt werden konnten. So hatte es die Regierung bis Ende 1936 geschafft, die Macht beträchtlich zu vereinheitlichen; zu jenem Zeitpunkt bestanden nur mehr zwei autonome Regierungen – die katalanische und die baskische –, der aragonesische Rat und eine besondere Institution, die *Junta de Defensa de Madrid* (Verteidigungsjunta von Madrid), der zu Beginn eben jenes Monats ihre politischen Befugnisse entzogen wurden.

Allerdings beschränkte sich die Reorganisation des Staates nicht auf die Stärkung der Exekutive. Das Problem der Aufrechterhaltung des Staates und des demokratisch-parlamentarischen Systems enthielt natürlich noch andere Dimensionen. Es stellte sich die Frage der »Legitimität« der Macht gerade zu einem Zeitpunkt, zu dem diese begann, der Revolution gegenüber Konzessionen zu machen. Largo Caballero strebte die Normalisierung der übrigen staatlichen Institutionen an. Die Cortes traten am 1. Oktober 1936 wieder zusammen und verabschiedeten in dieser ersten Sitzung das Autonomiestatut für das Baskenland. Im Dezember sollten sie sich erneut versammeln, und seither fanden die Sitzungen bis Kriegsende regelmäßig statt, wobei die Anwesenheit der Abgeordneten durch den Krieg natürlich beeinträchtigt war. Aber sie erfüllten ihre symbolische und legitimatorische Aufgabe vor der in- und ausländischen öffentlichen Meinung.

Die Restauration des Staates wurde von einer Tatsache begleitet, deren Resonanz damals wie später erheblich war: der Eintritt der Anarchosyndikalisten in die Regierung der Republik – in ein neues, am 5. November öffentlich vorgestelltes Kabinett. Vier Gewerkschafter, Juan López, Juan Peiró, Juan García Oliver und Federica Montseny, von denen die beiden letzteren zudem Mitglieder der FAI waren, übernahmen die Ministerien für Handel, Industrie, Justiz bzw. Gesundheit. Die Vorgeschichte dieser Entscheidung reicht etwas weiter zurück und verdient aufgrund ihrer Bedeutung einen Kommentar.

Nach Ausbruch des Bürgerkriegs erkannten die Anarchosyndikalisten bald die Notwendigkeit eines einheitlichen Organs zur militärischen und politischen Führung der Republik – und zwar für den Augenblick, zu dem man die »bürgerliche Macht« für endgültig besiegt hielt. Der Anarchosyndikalismus entwickelte schließlich mit seiner Idee des *Consejo Nacional de Defensa* (Nationaler Verteidigungsrat) eine Formel für ein solches Organ, das zum großen Teil eine Übertragung der Erfahrungen des katalanischen Komitees der Antifaschistischen Milizen darstellte. Dieses Konzept wurde bereits seit August durch das anarchosyndikalistische Zeitungsorgan in der Zentrumsregion *CNT* verbreitet. Federica Montseny erinnert sich, Largo Caballero persönlich kennengelernt zu haben, als sie in den ersten Septembertagen mit einer Kommission zum UGT-Vorsitzenden ging, um ihm vorzuschlagen, die Führung eines solchen Rates zu übernehmen (88, S. 71). Largo Caballero weigerte sich, diesen Vorschlag anzunehmen; aber er forderte seinerseits die Anarchisten auf, sich an der von ihm zu bildenden Regierung zu beteiligen. Dies wiederum akzeptierten die Anarchisten nicht. Seither rissen die Verhandlungen mit dem Ziel, den zahlenmäßig stärksten Sektor der organisierten Arbeiterbewegung in die Regierung zu integrieren, nicht mehr ab. Der schwierige Weg bis zu einer Beteiligung an einer »bürgerlichen« Regierung wurde nicht ohne Risse im anarchistischen Lager, ohne doktrinäre Rechtfertigungsbemühungen und aufeinanderprallende Strategieüberlegungen zurückgelegt. Horacio Martínez Prieto, damals Generalsekretär der CNT, spielte eine herausragende Rolle in diesem Prozeß, der im übrigen in dem ähnlich gelagerten Fall der *Generalitat* Kataloniens schon einen Vorläufer besaß. Dieses Abkommen begründete eine historisch noch nicht dagewesene, ja spektakuläre Situation – und zwar gegenüber dem Ausland wie der europäischen anarchistischen Bewegung, die diese Entscheidung kritisierte. Aber unter den Bedingungen des republikanischen Spanien von 1936, d.h. angesichts der fast einstimmigen Entscheidung der politischen Gruppen zur Wiederherstellung des bürgerlichen Staates und aufgrund des Beitrages der Anarchosyndikalisten zur Kriegführung der Republik war deren Beteiligung an der Regierung unvermeidlich. Theoretisch bedeutete dies das Ende des Revolutionsmodells, das der Anarchismus in die Praxis umzusetzen versucht hatte. Aber praktisch verfügte der Anarchismus aufgrund des Charakters und der Struktur seiner Organisation nicht über nur eine Stimme. Als die CNT bereits in die Regierung eingetreten war, wurde in vielen Bereichen von CNT und FAI auch weiterhin die Revolution gepredigt. Dies zeitigte Folgen, denen wir uns später widmen werden.

Mit der Eingliederung der Anarchisten schienen die Voraussetzungen für einen Erfolg des Konzeptes von Largo Caballero gegeben zu sein. Bis November ergriff die Regierung wichtige Maßnahmen: Der größte Teil der Komitees wurde, wie bereits erwähnt, aufgelöst; die Militärpolitik hatte die Phase der freiwilligen Milizen hinter sich gelassen und war dabei, ein wirkliches Heer aufzubauen; schließlich wurde das Kriegskommissariat gegründet. Ein Dekret vom 27. September sollte die Verwaltung reorganisieren und die Beamtenschaft säubern; auch wichtige ökonomische Maßnahmen wurden ergriffen. Die »antifaschistische Einheitsfront« schien zu einer Tatsache geworden zu sein.

Dennoch hatte sich die militärische Lage für die Republik weiterhin außerordentlich negativ entwickelt. Die Aufständischen erreichten in den ersten Novembertagen die Umgebung von Madrid und brachten den Bürgerkrieg damit in eine entscheidende Phase.

Unter diesen Bedingungen wurde der erste von der Regierung unter Beteiligung der Anarchisten gefaßte Entschluß getroffen, die Hauptstadt zu verlassen und sich fernab der Front, in Barcelona oder Valencia, einzurichten. Die Entscheidung fiel schließlich für Valencia. Die Genese dieses Entschlusses war außerordentlich mühsam und voller Zwischenfälle (9, S. 57). Es handelte sich um die ernsteste Entscheidung, die bis dahin von der Regierung Largo Caballero getroffen worden war. Obwohl sie schließlich einstimmig gefaßt wurde, stellte sie eine harte Bewährungsprobe für die Politik Largo Caballeros dar.
In der Tat zeigte die Schlacht um Madrid in ihrer ersten Phase im November 1936 – die zu einem ersten großen Defensiverfolg der Republik wurde – die Schwierigkeiten, im republikanischen Lager zu einer gemeinsamen Politik zu gelangen. Es muß unterstrichen werden, daß sich die Verfolgung dieses Zieles der Schaffung einer Einheitspolitik, d.h. der Festlegung einer republikanischen Kriegspolitik, seither um drei Achsen drehen sollte: die Person Francisco Largo Caballeros und den Kreis seiner nächsten zivilen und militärischen Berater; die Bestrebung der Kommunistischen Partei Spaniens und der ihr nahestehenden Organisationen, eine dominante Position unter den politischen Kräften der Republik zu erlangen; den Widerstand des Anarchosyndikalismus gegen diese kommunistische Politik und sein entscheidendes Ziel, sich von niemandem die Führungsrolle als revolutionäre Kraft streitig machen zu lassen. Die Beziehungen zwischen diesen drei Achsen waren äußerst komplex; sie spitzten sich während der sieben Monate, die diese Regierung Bestand hatte, ständig zu. Die wichtigste Bürgerkriegsliteratur pflegt dabei jedoch die wirkliche Rolle des Anarchosyndikalismus auszuklammern.
Mit Blick auf die erste dieser Achsen ist offensichtlich, daß Largo Caballero Kriegführung und Politik als seine persönliche Aufgabe verstand. Seine eigenen Aussagen sind in dieser Hinsicht recht deutlich. Er übernahm nicht nur selbst das Kriegsministerium, sondern bildete später auch im Schoß des Kabinetts einen Obersten Kriegsrat unter seiner Führung, dem die Minister Prieto, Álvarez del Vayo, García Oliver, Uribe und Irujo angehörten. Dieser Rat war praktisch unnütz, er tagte selten, und die endgültigen Entscheidungen waren immer Angelegenheit von Largo Caballero. Im Prinzip traute Largo Caballero dem Generalstab im Kriegsministerium nicht und erweiterte ihn daher auch um Zivil-

personen. Später machte er Oberst Asensio Torrado und General Martínez Cabrera zu seinen engsten Beratern. Eine Reihe weiterer Maßnahmen, darunter die Einsetzung von Räten für Ankäufe, für Produktion und für Bewaffung, sollten – in seinen Worten – zur »Vereinheitlichung der Kriegsführung« beitragen. Da es keinen obersten Militärbefehlshaber des republikanischen Heeres gab, bedeutete dies, daß die letzte Entscheidung immer in Händen des Regierungschefs lag, welche dieser ohne vorherige Beratung zu fällen pflegte.

Die Bemerkungen zu den Fragen Militär und Kriegsführung lassen sich auf alle anderen Regierungsbereiche übertragen. Aufgrund der Aussagen vieler Zeugen – Del Vayo, Prieto, Zugazagoitia, Kolzow u. a. – wissen wir über die Peinlichkeit Bescheid, mit der »der Alte« – ein Beiname, den ihm seine Anhänger gaben – alle Angelegenheiten prüfte. »La Pasionaria«, Mitglied der Parteiführung der Kommunistischen Partei, sagte später einmal, daß »er glaubte, das Land mit denselben Methoden regieren zu können, die er anwandte, um ein Gewerkschaftssekretariat zu leiten« (42, S. 5). Dieser Personalismus sowie seine Kriegspolitik, die er nie mit anderen beriet oder zur Diskussion stellte, sind die häufigsten von seinen Kritikern gegen seine Amtsführung vorgebrachten Anschuldigungen. Seine Kritiker kamen vor allem aus den Reihen der Kommunisten, denen sich aber auch ziemlich viele Sozialisten und Republikaner anschlossen. Als Beleg mögen Azañas Kommentare in seinen Tagebüchern genügen. Auf weniger förmliche Weise meldeten selbst die Anarchisten Kritik an.

Umgekehrt besteht kein Zweifel, daß Largo Caballero der republikanische Politiker war, der am frühesten die Gefahr erkannte, daß die – in jedem Fall entscheidende – diplomatische und logistische Hilfe der Sowjetunion die Republik schließlich an die internationalen Interessen dieser Großmacht binden würde; er versuchte daher dieser Entwicklung entgegenzuwirken. Im Laufe der Zeit sollte diese Erkenntnis in den Erklärungen und Schriften Largo Caballeros zu einem der großen Rechtfertigungsargumente für seine Politik werden. Die sowjetischen Hilfsleistungen waren Ende Oktober und im November 1936 bereits im vollen Gange. Kriegsmaterial, Spezialisten, Berater und Diplomaten machten das Gros dieser Unterstützung aus. Parallel dazu lief – dies war unvermeidlich – der Versuch der Komintern und ihrer spanischen Sektion, des PCE (ergänzt durch die katalanische Sektion, den

PSUC), die sowjetische Hilfe zur Speerspitze im Kampf der Kommunisten um die politische Vorherrschaft in der Republik werden zu lassen. Diese Tatsache sowie die wechselvolle Geschichte der früheren Beziehungen zwischen Largo Caballero und dem Kommunismus schufen eine immer gespanntere und gefährlichere Situation. Über die sowjetische Präsenz und die Politik der spanischen Kommunisten während des Bürgerkrieges gibt es eine reichhaltige, aus höchst verschiedenen politischen Perspektiven stammende Literatur, die den Anstoß zu einer breiten Kontroverse gab. Bei der Darlegung des Problems ist es unerläßlich, die – trotz offensichtlicher Fehler in Konzeption und Taktik – entschlossene Position von Largo Caballero zu betonen.
Die Kommunistische Partei gewann, parallel zum Anwachsen der sowjetischen Militärhilfe in Spanien, an Bedeutung. Es wäre jedoch falsch, zwischen diesen beiden Tatsachen eine allzu enge Beziehung herzustellen, ohne andere Faktoren zu berücksichtigen, die ebenso zur Zunahme des kommunistischen Einflusses beitrugen. Der Hauptfaktor liegt – im militärischen, politischen und sozioökonomischen Bereich – in der unbezweifelbaren Richtigkeit der Einschätzungen bezüglich der Verteidigung der Republik – Positionen, die die Kommunisten bis in die letzte Phase des Krieges hinein vertraten. Dieser Erfolg muß unabhängig vom Ursprung dieser Positionen selbst beurteilt werden, der in der Literatur fast einstimmig der Sowjetunion sowie der Komintern und ihren Gesandten in Spanien zugeschrieben wird.
Die wichtigsten kommunistischen Positionen wurden zuallererst von den Republikanern übernommen. Sie wurden auch von den gemäßigten Sozialisten akzeptiert, die von Prieto repräsentiert wurden, und sie flossen entscheidend in die Politik von Largo Caballero ein. Frontal zurückgewiesen wurden sie nur von den Anarchosyndikalisten und den antistalinistischen Kommunisten, d. h. vom POUM. Man muß betonen, daß nicht jede Anerkennung kommunistischer Thesen gleichbedeutend mit dem Eintritt in die Partei war. Im Gegenteil, bei derartigen Behauptungen handelt es sich um eine offensichtliche Verfälschung der Tatsachen. Auf diese Weise wurden drei Militärs zu Kommunisten gestempelt: Miaja, Rojo und Pozas; und in der Literatur über den Bürgerkrieg halten sich Falschbilder über Personen wie Álvarez del Vayo und, insbesondere, über Negrín (15, passim).
Die Anerkennung kommunistischer Thesen ging während des

Krieges allerdings bemerkenswerterweise zurück. Die Gründe hierfür hat vielleicht niemand besser als Palmiro Togliatti beschrieben, den die Komintern als Berater nach Spanien gesandt hatte (84, S. 136). Die Konfrontation mit Largo Caballero und dessen endgültige politische Ausschaltung wurden von den Kommunisten als Sieg interpretiert, eine Sichtweise, an der Togliatti ernsthaft zweifelte. Der Bruch begann sich abzuzeichnen, als die Regierung Madrid verließ. Die Durchführung dieser Maßnahme war zwar einhellig kritisiert worden – eine Tatsache, über die nur die sozialistische Presse schwieg –, wurde aber von allen als Notwendigkeit akzeptiert, wobei nur die Anarchisten verhalten argumentierten. Die politische Schlacht drehte sich nämlich hauptsächlich um die Verteidigung von Madrid und die Aktionen der *Junta de Defensa*. Der Dissens läßt sich an zwei Fronten ausmachen: innerhalb der *Junta* selbst und in ihren Beziehungen zu der nach Valencia ausgewichenen Regierung.

Es scheint offensichtlich, daß die eigentlichen Vorstellungen Largo Caballeros vom Ausgang des Kampfes um Madrid sehr von der tatsächlichen Entwicklung abwichen. Die *Junta* mit General Miaja an der Spitze wußte den Erfolg zu nutzen und traf politische und militärische Entscheidungen, die der Regierungschef als unannehmbare Kompetenzüberschreitungen ansah. Diese Situation führte Mitte November zu außergewöhnlichen Spannungen (9, S. 102). Der Erfolg in Madrid kam in gewisser Weise einer politischen Entwertung der Regierung Largo Caballero gleich. In der Öffentlichkeit wiesen vor allem – mit großem Abstand zu allen übrigen Kräften – anarchistische Kreise darauf hin. Largo Caballero jedoch war aus tieferliegenden Gründen – darunter mit Sicherheit aufgrund von Geheiminformationen über russische Einmischungen sowie aus persönlichen Gründen – der Ansicht, daß dies alles ein kommunistisches Manöver war, das sogar General Miaja eingefangen hatte. Mit Blick auf das kommunistische Vorgehen äußerte Largo Caballero: »Es mußte ein Mythos gegenüber der Regierung geschaffen werden, und sie schufen ihn.« (53, S. 180) De facto kam die schärfste Kritik von den Anarchisten (37, S. 295), aber die Kommunisten richteten sie weitaus stärker auf die Person des Regierungschefs.

Nachdem Madrid fürs erste gerettet war, nahmen die Auseinandersetzungen im Dezember ab. Largo Caballero entzog der Madrider *Junta* ihre wichtigsten Befugnisse. Auf die Ratschläge der Kremlführer antwortete er in Form einer politischen Korrespondenz mit Stalin, Woroschilow und Molotow (44, S. 101). Indessen veröffentlichte der PCE sein erstes großes Kriegsprogramm, das unter dem Titel »Die acht Bedingungen für den Sieg« (44, II, S. 208) bekannt wurde. Die Divergenzen verschärften sich jedoch nach dem Verlust von Málaga Anfang Februar erneut. Alle politischen Gruppierungen der Republik forderten damals eilige Maßnahmen: militärisches Einheitskommando, Säuberung des Militärs, Klärung von Verantwortlichkeiten und obligatorischen Militärdienst. Am 14. Februar fand in Valencia eine große Demonstration statt, die – zwar zur Unterstützung der Regierung initiiert – von Largo Caballero aber als neue, von den Kommunisten geförderte Mobilisierung verdächtigt wurde.

Unterdessen verstärkten die Gesandten der Komintern, der PCE, selbst der sowjetische Botschafter ihren Druck auf Largo Caballero, damit dieser bestimmte Maßnahmen – vor allem politische Säuberungen – durchführe und endgültig der Vereinigung von PSOE und PCE zustimme. Das Zusammentreffen all dieser Faktoren führte dazu, daß Largo Caballero eine lange und ziemlich kryptische Note veröffentlichte, die gegen die Kommunisten gerichtet zu sein schien und in der er undurchsichtige Manipulationen der »Agenten des Faschismus« denunzierte; er fügte hinzu, daß sich zwischen Volk und Regierung ein Komplott eingenistet habe, »ein ganzes Gewirr von Intrigen, die meiner Ansicht nach gegen unsere Sache gerichtet sind«. Im März 1937 brach schließlich die regelrechte Schlacht los.

Nach der PCE-Vollversammlung vom 5., 6. und 7. März formulierte Jesús Hernández die ersten öffentlichen Anschuldigungen der Kommunisten gegen die generelle Politik von Largo Caballero, insbesondere aber gegen seine Kriegspolitik. Largo Caballero reagierte, indem er gegen die Vorherrschaft der Kommunisten im Kriegskommissariat vorging. In dem nun folgenden Geplänkel sah sich Largo Caballero aufgrund des Drucks der Kommunisten gezwungen, sich von zwei Mitarbeitern zu trennen, von Asensio, der zwischenzeitlich General geworden war, und von Martínez Cabrera. Nach Largo Caballeros Interpretation war seine Weigerung, der Fusion beider Parteien zuzustimmen, die grundlegende Ursache für die gegen ihn gerichtete kommunistische Kampagne (53, S. 209). Jesús Hernández hat jedoch enthüllt, daß dabei bestimmte diplomatische Verhandlungen des Regierungschefs,

durch die dieser eine internationale Vermittlung erreichen wollte und die Konzessionen an die demokratischen und faschistischen Mächte auf Kosten der UdSSR vorsahen (43, S. 118), ebenso von Bedeutung waren.
Im April und in den ersten Maitagen, als die Krise in Barcelona ausbrach, nahmen die Schwierigkeiten Largo Caballeros zu und kulminierten gegen Mitte Mai im Rücktritt des Regierungschefs. Aber diesen letzten Schritt wird man niemals angemessen verstehen, wenn man nicht den dritten Protagonisten des Dramas einbezieht: den Anarchosyndikalismus. Die während des Bürgerkriegs von den Anarchisten ursprünglich vertretenen politischen Positionen wurden nie von irgend jemand übernommen; auch die Idee des *Consejo Nacional de Defensa* nahm niemand ernst. Von Largo Caballero selbst stammt dazu folgender Kommentar:

> »Die CNT forderte als Gegenleistung für ihren Eintritt in die Regierung eine Staatsstruktur auf der Grundlage von Organen, die von der Regierung unabhängig waren und diese sowie den Präsidenten der Republik und das Parlament, mit einem Wort, den republikanischen Staat zum Verschwinden gebracht hätten. Präsident dieses anarchosyndikalistischen Staates sollte der Regierungschef sein.« (52, S. 261)

Aber die Notwendigkeit einer Übernahme von Regierungsverantwortung durch die Anarchisten war ein wichtiger Punkt zu den Plänen von Largo Caballero. Langsam konnte sich diese vom Generalsekretär der CNT, Horacio M. Prieto, verfochtene Idee, daß die Organisation auf Ministerebene an der Regierungsverantwortung zu partizipieren habe, in der CNT durchsetzen (55, S. 227). Sie trat im November 1936 schließlich in die Regierung ein. Jedenfalls stammt von Largo Caballero – im Zusammenhang mit dem Plan, Madrid zu verlassen – die sibyllinische Idee, daß er die Anarchisten dort nicht zurücklassen könnte, ohne daß ihre Organisation Regierungsverantwortung übernommen hatte (52, S. 261).
Aber trotz der anarchosyndikalistischen Regierungsbeteiligung und ihrer Akzeptierung der Absichten von Largo Caballero, ihrer *gubernamentalización* also, die einige Autoren als »Verrat durch die Führer« bezeichnen (13, S. 433), gaben wichtige Teile ihrer Mitgliederbasis, ihrer Kader sowie ihrer Presse in keiner Weise die Vorstellung auf, daß Krieg und Revolution untrennbar seien. Dieser eklatante Widerspruch spielte in der Krise der Regierung Largo Caballero eine wichtige Rolle. Aber es gab noch einen anderen

Faktor: die Konfrontation zwischen Anarchisten und Kommunisten, die keinen Waffenstillstand kannte. Die frontale Opposition des Anarchosyndikalismus gegen die hegemonialen Absichten des PCE begünstigte keineswegs die Stellung von Largo Caballero, ganz im Gegenteil. Die Anarchisten unterstützten den Regierungschef in seinen Auseinandersetzungen mit den Kommunisten nicht explizit. Im Gegenteil, sie bestanden auf ihren eigenen Vorstellungen, und während des gesamten Frühjahrs 1937, als sie den Disput mit den Kommunisten über den »Krieg mit Revolution« fortsetzten, kritisierten sie gleichermaßen die Politik des Regierungschefs. Die Anarchisten verhielten sich in der Regierungskrise vom Mai 1937, als seien sie völlig unbeteiligt. Der einzige Punkt, in dem sie Largo Caballero zu folgen bereit waren, war die von diesem vor der Krise vorgetragene Idee einer Gewerkschaftsregierung. Die anarchistisch-kommunistische Konfrontation wurde in der ersten Phase des Bürgerkrieges hartnäckig fortgeführt. Sie umfaßte verschiedene Bereiche und betraf praktisch alle politischen und sozialen Positionen der einen wie der anderen Seite. In der *Generalitat* wie in der Verteidigungsjunta von Madrid wurde um Fragen gestritten, die die Militarisierung der Milizen und die Schaffung eines Heeres, die soziale und ökonomische Organisation der Produktion, die Kontrolle der öffentlichen Ordnung und die Unterdrückung der »fünften Kolonne«, die Kontrolle der Geheimdienste, die Versorgungspolitik – insbesondere in Katalonien – und die Verteilung von Waffen betrafen. Es ging ganz allgemein um die Kriegsziele. Die Anarchosyndikalisten predigten noch immer die Revolution, als ihre Feinde praktisch schon im Besitz der wichtigsten Machthebel waren und es sich erlauben konnten, eine Art »antianarchistischen Terror« zu praktizieren (27, S. 180). In Katalonien gewannen PSUC und UGT – letztere mit einem bedeutenden Anteil Kommunisten in ihren Reihen – gewerkschaftlich und politisch weiterhin an Terrain gegenüber der CNT-FAI. In den ersten Maitagen war die Konfrontation in Barcelona so weit gediehen, daß beide Seiten sich ihre Vorherrschaft mit Waffen streitig machten. Zu dieser Auseinandersetzung gesellte sich in Katalonien noch der POUM, eine dissidente kommunistische Bewegung mit einer weit zurückreichenden, damals teilweise bereits aufgegebenen Verbindung zum Trotzkismus. Der POUM teilte die revolutionären Prinzipien, nicht jedoch das Revolutionsmodell selbst mit der CNT (1, II).

Die Komintern und der PCE waren Todfeinde des »Trotzkismus«. Die CNT ihrerseits war unfähig, eine Allianz mit diesen »Marxisten« zu bilden.
Die katalanische Krise der ersten Maitage 1937 besaß somit einen gewichtigen Hintergrund. Sie brach aus, als die Politik Largo Caballeros praktisch gescheitert war. Die Maiereignisse waren zudem von Geschehnissen bestimmt, die bereits fünf Monate zurücklagen. Am 23. Dezember 1936 war das UGT-PCE-Mitglied Pablo Yague, Mitglied der *Junta*, durch einige CNT-Milizionäre schwer verletzt worden. Die Auseinandersetzung darüber fand bis Ende April kein Ende; und nach neuen schweren Zwischenfällen, die sich an der Politik des für öffentliche Ordnung zuständigen kommunistischen *Junta*-Mitglieds Cazorla entzündeten, den die Anarchisten auf dem Titelblatt ihres Organs *CNT* als Faschisten beschimpften, sah sich Largo Caballero schließlich gezwungen, die Junta aufzulösen. Republikaner, Sozialisten und Anarchisten unterstützten zu jenem Zeitpunkt keineswegs die kommunistische Politik, aber genausowenig unterstützten sie Largo Caballero, der immer mehr in die Isolierung geriet und schließlich nur noch auf einen ihm treuen UGT-Kreis vertrauen konnte.

Francisco Franco und die Personifizierung der militärischen Macht

Nach der Einrichtung eines einheitlichen militärischen Oberkommandos, dessen Inhaber, wie bereits erwähnt, »alle Staatsmacht« übertragen wurde, gingen die Anführer der Aufständischen dazu über, einen administrativ-institutionellen Apparat aufzubauen, der die bisherige *Junta de Defensa Nacional* ersetzen sollte. Es wurde die *Junta Técnica del Estado* geschaffen, in deren Gründungsdekret vom 1. Oktober 1936 keine genauere Charakterisierung erfolgte; sie sollte auf der Basis von Kommissionen funktionieren, die in der Praxis den herkömmlichen Ministerien entsprachen. Die *Junta Técnica del Estado* hatte einen Vorsitzenden, der nicht mit dem »Oberhaupt der Regierung des Staates« identisch war. Die Aufgabe des ebenfalls zur *Junta Técnica* gehörigen *Gobernador General del Estado* (Generalgouverneur des Staates) bestand darin, die im Hinblick auf die Organisation des städtischen Lebens, der Versorgung, der Arbeit und der Wohlfahrt besetzten Provinzen zu inspizieren. Dieser Aufgabenkatalog läßt die Hauptsorgen der Aufständischen und die Wichtigkeit deutlich werden, die sie der Kontrolle der Etappe beimaßen.

Weiterhin wurde ein »Sekretariat für Auswärtige Beziehungen« sowie ein »Generalsekretariat des Staatschefs« (sic) gegründet. Die Vorschriften, die die Arbeitsweise der *Junta* regelten, wurden allerdings erst am 19. November veröffentlicht. Offensichtlich war die *Junta Técnica del Estado* nicht als politische Strukturierung des aufständischen Spanien zu verstehen, sondern als eine aus der Eile geborene Wiederherstellung des alten bürokratischen Apparates, dessen Personal einer Säuberung unterzogen worden war; die *Junta* funktionierte ohne jegliche kollegiale Strukturen, da sämtliche politischen Befugnisse Franco vorbehalten waren, der allein Verfügungen im Rang von Gesetzen oder Dekreten erlassen konnte.

Militärische Fragen blieben völlig außerhalb der Befugnisse der *Junta Técnica del Estado*, vor allem, nachdem am 3. Oktober ein »Kriegssekretariat« gegründet worden war. Der Vorsitzende der *Junta* war General Fidel Dávila, der dem »bürokratischen« Flügel angehörte, bis er nach dem Tode Molas im Juni 1937 das Oberkommando über das Nordheer übernahm. General Gómez-Jordana wurde neuer Vorsitzender der *Junta*. Das Amt des Generalgouverneurs – der in Valladolid residieren sollte, während die restliche *Junta* in Burgos ihren Sitz hatte – fiel zunächst Francisco Fermoso zu, der schon bald durch General Luis Valdés Cabanilles ersetzt wurde.

Die geringe politische Bedeutung dieser Staatsjunta belegt schon die Auswahl der Kommissionsvorsitzenden: so z. B. José Maria Pemán, Monarchist und Mitarbeiter der *Acción Española*, dem die »Kommission für Kultur und Unterricht« unterstand und dem als Stellvertreter eine eigenartige Persönlichkeit zur Seite stand – Enrique Suñer, eine Mischung aus konservativ-traditionalistischem *integrismo* und inquisitorischem Enthusiasmus. Ein dem Karlismus nahestehender Mann, Joaquín Bau, war Vorsitzender der »Kommission für Industrie und Handel«. Die übrigen waren weit weniger bekannte Personen: Enrique Fernández Casas, Eufemio Olmedo, José Cortés, Alejandro Gallo und Mauro Serret. Das »Sekretariat für Auswärtige Beziehungen«, das praktisch keinerlei Aktivitäten an den Tag legte, wurde von Francisco Serrat geleitet, das »Kriegssekretariat« von General Gil Yuste. Der politische Sekretär des »Generalissimus« war im Grunde sein Bruder Nicolás, aber mit der Ankunft von Ramón Serrano Suñer in Salamanca sollte sich dies ändern. Auch Martínez Fusset führte für Franco besonders wichtige persönliche Aufträge aus.

Jedenfalls übte die *Junta Técnica del Estado* bis zu ihrer Auflösung eine wegen des Spektrums der von ihr behandelten Angelegenheiten breite und wegen der Fülle ihrer Verfügungen intensive Aktivität aus. Aber von größerer Bedeutung als die Darstellung ihrer administrativen Funktionen ist die Analyse der politischen Konzeptionen, die ihrer Entstehung und Tätigkeit zugrunde lagen und die zweifellos einer bestimmten Vorstellung von Machtausübung folgten. Die verwendete Terminologie, die Persönlichkeit der Amtsinhaber – in den eigentlichen Machtpositionen ausschließlich Militärs: Dávila, Valdés oder Gil Yuste –, die Art und Weise, wie sie ihre Arbeit verrichteten, regen sofort zu einem Vergleich mit dem »Direktorium« an, das Primo de Rivera einsetzte. Es ist bekannt, daß Franco ein Bewunderer dieses Diktators war, er war der Meinung, daß es »in Spanien nur sechs Jahre guter Regierung gegeben hat..., die sechs Jahre der Diktatur von Primo de Rivera« (75, S. 333).

Die Funktion der *Junta* war – technokratisch formuliert – ausschließlich administrativer und juristischer Natur, insofern sie »Richtlinien oder Ordnungsvorstellungen« erließ, während die »programmatischen Grundsätze, die eine Prinzipienerklärung ideologischen Charakters« beinhalten, einen völlig anderen Ursprung hatten (77, S. 652). Die tatsächliche Entfaltung der normativen Macht wurde durch eine Vorstellung von Legitimität bestimmt, die auf der Konzeption des Aufstands als »nationaler« Bewegung zur »Rettung« Spaniens basierte. Im Besitz dieser Legitimität war voll und ganz das Militär. Daher muß die These zurückgewiesen werden, daß die *Junta Técnica del Estado* die Keimzelle einer neuen staatlichen Struktur dargestellt hätte. Etliche Monate später noch hieß es im Gesetz vom 30. Januar 1938, das sich auf die Einsetzung einer Regierung im »nationalen« Spanien bezog, daß mit der *Junta* »keine definitive Staatsform präjudiziert« werden sollte.

Das wirkliche Machtzentrum war nicht in Burgos, sondern in Salamanca, wo Francos Hauptquartier lag und seine wichtigen Berater waren: Nicolás Franco, Martínez Fusset, Sangróniz. Es war der »Generalissimus«, der die wirklich wichtigen Angelegenheiten entschied und der sich mit den ersten Botschaftern traf – mit Faupel, Cantalupo und Pereira. Die anderen Generäle standen demgegenüber stets im zweiten Glied. Mola, der einzige unter den Aufständischen mit dem Format, sich der Macht Francos entgegenzusetzen, hatte bei seinem wichtigsten militärischen Unternehmen – Madrid schnell zu erobern – versagt; außerdem legte er kaum politische Aktivitäten an den Tag, und unter seinen Kollegen hatte er keinen starken Rückhalt. Er zeigte sich stets relativ unabhängig und gab öffentlich abweichende Erklärungen ab (45, S. 20), tastete aber niemals die Vorherrschaft Francos an. Ähnliches traf – wenn auch in anderer Form – auf Queipo de Llano zu, dem damals niemand sein andalusisches »Vizekönigtum« streitig machte (12, S. 63).

Viele Umstände trugen dazu bei, daß sich der von Francisco Franco im aufständischen Spanien ausgeübte militärische Oberbefehl und die politische Herrschaft unwidersprochen konsolidierten. Wenn sich dieses Phänomen auch teilweise aus Francos Persönlichkeit erklären läßt, so sind die entscheidenden Determinanten doch anderen Ursprungs. Die Wurzeln reichen zum Teil weit hinter diese Ereignisse zurück und hängen entscheidend mit den sozialen und politischen Quellen des Aufstandes zusammen. Die im Ausland in der ersten Zeit des Bürgerkrieges verbreitete Vorstellung eines aus Franco, Mola und Queipo bestehenden Führungstriumvirats verschwand bald wieder (5, S. 11). Die politischen Gruppen stellten den Primat des Militärs niemals in Frage, und innerhalb des Militärs gab es vorläufig keine Fraktionierung. Schon früh setzte der Personenkult um Franco ein, als die Massenmedien dazu verpflichtet wurden, den Slogan »Ein Vaterland, ein Staat, ein Führer« zu verbreiten. Dieser Personenkult und die Bezeichnung *Caudillo* für Franco lassen sich schon für Dezember 1936 nachweisen. Die Militärgewalt erfährt schließlich in Franco ihre Personifizierung, ohne daß dies besondere Spannungen hätte entstehen lassen. Im Gegenteil: Politik im engeren Sinne wurde zu einer Angelegenheit bestimmter Eliten, zu denen die Führer der den Aufstand unterstützenden Gruppen sowie die intellektuellen *pressure-groups* gehörten. Die zentrale Frage war, mit welchem substantiellen politischen Inhalt das antirepublikanische Spanien ausgestattet werden und wie das künftige Regime aussehen sollte. Die Erklärungen Francos an die in- und ausländische Presse waren zwar immer außerordentlich vorsichtig, doch auf seinem Territorium existierte gleichfalls ein – wenn auch innerhalb enger Grenzen – »politischer Kampf«. Wie es aufgrund des Bürgerkriegs und vor allem seines Ursprungs nicht anders möglich war, wiesen die Ziele des Kampfes, die Ebene, auf der er sich abspielte, und die Kreise, die ihn untereinander führten, ebenso wie seine Regeln einen ganz und gar eigentümlichen Charakter auf.

Zunächst war das Militär kaum an den eigentlich politischen Problemen interessiert. Niemand in seinen Reihen zweifelte daran, daß die Militärdiktatur im besten aller Fälle eine unvermeidliche, zeitlich jedoch begrenzte Lösung sein würde. Diese Auffassung war selbst unter den Militärs mit einem bestimmten politischen Engagement (das die Mehrheit nicht besaß) verbreitet. Die wichtige politische Rolle, die die Kirche zu spielen berufen war, war zu diesem Zeitpunkt noch nicht deutlich. Nachdem sie ihre unbedingte Unterstützung für den »Kreuzzug« (diese Bezeichnung für den Bürgerkrieg stammt übrigens von der Kirche) offen gezeigt hatte, haben der hohe Klerus und die Intellektuellen in seinen Reihen noch nicht gleich versucht, ihr großes doktrinäres Werk – auf der intellektuellen Grundlage der mittelalterlichen Scholastik Richtlinien für eine neue Struktur des Staates aufzustellen – in die Tat umzusetzen (57, S. 145; 74, S. 75 ff.). Apologetische Zieldefinitionen der Aufständischen, wie sie bereits so früh Kardinal Gomá entwickelte – in *El caso de España* (Der Fall Spanien) zum Beispiel (41) –, waren zu diesem Zeitpunkt noch Ausnahmen. Sie sollten mit Fortdauer und zunehmender Härte des Bürgerkriegs häufiger werden.

Als Mittelpunkt der politischen und sozialen öffentlichen Meinung etablierten sich daher die Interessengruppen, die Überbleibsel der früheren Parteien, die Theoretiker des korporativistischen und monarchistischen Konservativismus – wie z. B. von *Acción Española* – und natürlich die Gruppen, die durch ihre Bereitstellung von Menschenleben wesentlich zur Fortführung des Krieges beitrugen, da sie die Sympathieneigung des Volkes kanalisierten; gemeint sind all jene, die in der Sprache der damaligen Zeit allgemein Milizen genannt wurden. Dennoch zeigten sich alle Politiker, deren Äußerungen uns bekannt sind – von Gil Robles bis Hedilla, von Goicoechea bis Fal Conde –, bemüht, daß der Aufstand über seine rein negative Festlegung hinaus politisch nicht näher definiert wurde.

Auffällig sind das frühe Urteil von Gil Robles (das dann offen abgelehnt wurde) und seine Besorgnis – wie er es ausdrückte – um das »ideologische Umfeld« des Aufstandes. Gil Robles behauptet, er habe im Oktober »den monarchistischen Gruppen« das Modell eines »politischen Fundaments« für den »neuen Staat« vorgelegt, was jedoch »mit boshaftem Spott« aufgenommen worden sei (40, S. 770), weil der CEDA-Führer Vorstellungen vertrat, die auf der Zustimmung des Parlaments basierten ... Zweifellos stammten die vernünftigsten Bemerkungen zu diesem Problem von Serrano Suñer. Er ging von einer Pluralität der am Aufstand beteiligten Kräfte aus: »Militärs, Falangisten, Karlisten, vom Parlamentarismus enttäuschte Katholiken, Wirtschaftsbosse, Klerus«. Natürlich war ihm bewußt, daß die wirkliche Macht einzig und allein das Militär innehatte. Als Instrumente dieser Macht existierten keine anderen als die, die das Heer selbst geschaffen hatte (79, S. 196). Nach seiner Einschätzung war die Realisierung konkreter politischer Inhalte von der Tolerierung oder gar von der Unterstützung des Militärs abhängig. Serrano sprach sich, seinen Aussagen zufolge, für die Notwendigkeit, einen »Rechtsstaat« aufzubauen, aus.

Mit Milizen waren die *Falange Española de las JONS* und der *Requeté*, d. h. die *Comunión Tradicionalista* gemeint. Neben den von diesen beiden Gruppen geschaffenen Freiwilligeneinheiten gewannen andere Milizen, wie die der *Renovación Española* oder der *Juventudes de Acción Popular* (Jugendorganisation der Aktion des Volkes), keinerlei Bedeutung. *Falange* und *Requeté* waren somit die beiden Gruppierungen, die in der Politik des antirepublikanischen Spanien ein reales Gewicht besaßen und am stärksten daran interessiert waren, dem künftigen Regime konkrete Inhalte zu geben. Dabei waren die *Falange* bzw. die Karlisten Parteien, von denen die eine die spanische Version des Faschismus der dreißiger Jahre darstellte und die andere die traditionsreichste Geschichte der politischen Organisationen Spaniens hatte. Für sie war die Zeit zwischen Oktober 1936 und April 1937 eine entscheidende Phase. Der spanische Faschismus und der spanische Legitimismus durchliefen damals die letzte Phase ihrer »klassischen« und autonomen Geschichte. Beide fanden sich merkwürdigerweise gleichzeitig ihrer Führungsspitzen beraubt: José Antonio Primo de Rivera wurde am 20. November 1936 in Alicante hingerichtet, und Alfonso Carlos de Borbón y Austria-Este, der letzte direkte Abkömmling des karlistischen Flügels der spanischen Bourbonen, war in Wien im September jenes Jahres gestorben.

Die von vielen empfundene Notwendigkeit, der Macht der Militärs zu wirksamen politischen Grundlagen zu verhelfen, führte zu vielerlei Manövern, wie etwa dem in Salamanca durchgeführten Versuch, eine »franquistische Partei« zu gründen. In die Wege geleitet wurden derartige Bemühungen von Nicolás Franco und einer undurchsichtigen Person namens Mauricio Carlavilla, der später mehr oder weniger als Raubdruck wichtige Erinnerungen republikanischer Politiker herausgab (62, S. 123; 38, S. 307). In der Umgebung des Hauptquartiers in Salamanca trieb sich in jenen Monaten ein bunter Haufen von beschäftigungslosen Politikern herum, die teilweise ihre Zeit damit verbrachten, Intrigen zu schmieden; unter ihnen waren alfonsinische korporativistische Monarchisten, CEDA-Politiker, nicht Fal Conde treue Karlisten und Falangisten, die nur der besonderen Umstände wegen schnell zu solchen geworden waren. Zumindest bis sich die Ereignisse im März 1937 zu überschlagen begannen, erschienen die offiziellen Milizen politisch in einem besseren und »heldenhafteren« Licht als diese »zwielichtigen« Politiker.
Ab September 1936 wurde die *Falange* von einer siebenköpfigen provisorischen Junta geleitet, deren Führer der aus Santander stammende Falangist Manuel Hedilla war, ein Mann von geringem politischem Format. Das politische Gewicht der *Falange* wurde durch ihren Beitrag an der Front, durch die »modernen« Züge ihrer Doktrin und durch die Tatsache bestimmt, daß die ausländischen faschistischen Mächte die Hauptbündnispartner der Aufständischen waren. Aber die politische Vorherrschaft der *Falange* wurde entscheidend dadurch eingeschränkt, daß ihr in jenem historischen Augenblick sowohl eine hochkarätige Führung als auch eine konsolidierte Mitgliederbasis sowie Theoretiker, seien sie auch nur von geringem Format, fehlten. Das Militär bestand andererseits darauf, daß die Kämpfer der *Falange* oder anderer Milizen militärischen Vorgesetzten unterstanden. Sehr früh schon wurde außerdem »politische Propaganda« innerhalb des Militärs verboten. Damit trat der vom Gründer der *Falange*, José Antonio Primo de Rivera, in der Phase der Verschwörung vorhergesehene Fall ein, daß seine Bewegung von den wirklichen Anführern des Aufstands, d. h. den Militärs, aufgesogen würde (67, S. 935).
Die *Comunión Tradicionalista* der Karlisten wiederum – die üblicherweise als *Requeté* bezeichnet wird – hatte in dieser Schlußphase ihrer (historiographisch wenig erforschten) eigenartigen,

sich über ein Jahrhundert hinziehenden Geschichte quantitativ weit weniger als die *Falange* zu Bildung der Aufständischenmilizen beigetragen. Ihr Beitrag auf militärischem Gebiet war jedoch im allgemeinen selektiver und damit vielleicht sogar entscheidender. Die karlistischen Einheiten gaben im Heer von Mola den Ton an; sie setzten sich in viel geringerem Maße als die *Falange* aus Mitläufern zusammen. Die *Requetés* bildeten stets Sturmeinheiten, die im gesamten Norden, in Aragonien und Andalusien Bedeutung errangen. Ihre Einheiten umfaßten nur wenig mehr als 30000 Mann, während die Falangisten zur gleichen Zeit mehr als doppelt soviel Männer stellten. Ihr politisches Gewicht war daher zwar geringer, aber aufgrund ihres entscheidenden Eingreifens gleich zu Beginn des Aufstands und wegen der Ähnlichkeit ihrer politischen Prinzipien mit denen des faschisierten Konservatismus, der die Ideologie der Aufständischen grundlegend bestimmte, immer noch beträchtlich. Die *Comunión Tradicionalista* verfügte mit dem aus Sevilla stammenden Manuel Fal Conde durchaus über einen Führer mit starker Persönlichkeit, demgegenüber die Gruppe aus Navarra allerdings klare autonomistische Bestrebungen an den Tag legte.
Dem Karlismus fehlte der demagogische, populistische, auf die konventionellen Konservativen zuweilen beunruhigend wirkende Zug, den die *Falange* besaß. Beide Gruppen vertraten eine »soziale« Position und stellten ihre internen Strukturen in den Dienst der Kriegführung. Was bei den Falangisten die *Jefatura de Milicias* (Oberkommando der Milizen) war, nannte sich bei den Karlisten entsprechend *Delegación Nacional de Requetés* (Nationalvertretung der Requetés). Die organisatorischen Fähigkeiten von Fal Conde – auf die der Wiederaufschwung der Partei in der Republik zurückzuführen ist – bewährten sich jetzt erneut. Er löste die Organisationsstruktur der Vorkriegszeit auf und schuf im September eine *Junta Nacional Carlista de Guerra* (Nationale Karlistische Kriegsjunta) mit Sitz in Burgos, die von ihm selbst geführt wurde; ihr Sekretär war José Marla Lamamié de Clairac (14). Damit wollte Fal Conde, seinen eigenen Worten zufolge, dem nützen, »dem in jener Stunde die Sehnsucht und die Sorge galten: dem *Requeté*«. Die Junta gliederte sich in zwei große Sektionen – für militärische und allgemeine Angelegenheiten – und in zehn (später erweiterte) Kommissionen mit verschiedenen Funktionen; außerdem gab es einen »Nationalen *Requeté*-Inspektor«: Ricardo Rada. Der orga-

nisatorische Einfluß der *Falange* scheint deutlich zu sein, wenn auch der Karlismus eine eigene Tradition von Parteimilizen besaß. Navarra gründete mit einem partikularistischen Akzent seine eigene *Junta Central Carlista de Guerra de Navarra* (Zentrale Karlistische Kriegsjunta von Navarra), die später bei der Vereinigung beider Parteien eine Rolle spielen sollte (19, S. 551).

Am 21. November trat der III. Nationalrat der *Falange* in Salamanca zusammen, eine Tagung, die als »dramatisch« beschrieben worden ist (38, S. 255). Die Dramatik war darauf zurückzuführen, daß die Führungsmitglieder – nur sie? – die Nachricht von der Erschießung Primo de Riveras schon am Tag zuvor erhalten hatten. Sie entschlossen sich jedoch, diese Nachricht aus Angst vor unvorhersehbaren politischen Reaktionen nicht zu verbreiten. Der Nationalrat entschied sich, die guten Beziehungen zu Franco beizubehalten und, mit Blick auf die immer noch erhoffte schnelle Eroberung von Madrid, eine Außerordentliche Ratssitzung vorzubereiten, die für diesen Fall »gründlich die Art und Weise untersuchen sollte, wie die Grundprinzipien des Nationalsyndikalismus unter den gegenwärtigen Bedingungen im spanischen Leben verankert werden können« (38, S. 256). Diese Ratssitzung stellte einen wichtigen Schritt auf dem Weg der *Falange* nach oben dar.

Die Parallelität in der Entwicklung der beiden Parteien während des Bürgerkriegs macht verständlich, daß sich bereits im Dezember 1936 Tendenzen erkennen lassen, die auf eine zumindest vorübergehende Fusion beider Parteien abzielten. Die Unterschiede zwischen beiden Ideologien waren zwar beachtlich, doch der Bürgerkrieg und vor allem der »neue Staat«, der – wie man glaubte – unvermeidlich aus ihm hervorgehen würde, ließen ein derartiges Abkommen wünschenswert erscheinen. Das eigentliche Problem war nicht die Fusion beider Bewegungen, die vorgesehen und gewollt war, sondern zum einen die Art und Weise, in der sie sich ohne Zusammenstöße mit dem Militär verwirklichen ließ, und zum anderen das Verhältnis, in dem die neue Partei zur militärischen Macht stehen würde. Bevor die Vereinigung stattfand – in einer Form, die wir weiter unten untersuchen werden –, waren beide Parteien mit wichtigen politischen Entwicklungen konfrontiert.

Protagonist des frühesten Zwischenfalls zwischen Militärgewalt und Milizen war die *Comunión Tradicionalista*. Während die *Fa-*

November 1936

lange ihre Führung in Salamanca etablierte, behielten die etwas weniger im Vordergrund stehenden Karlisten ihren Sitz in Burgos bei, von wo aus sie mit Franco reibungslose und korrekte, aber etwas kühlere Beziehungen als die Falangisten unterhielten. Im Fall der Karlisten gab es nämlich ein besonderes Hindernis: der dynastische Inhalt des Karlismus als Partei, deren politische Rechtfertigung darin bestand, die spanische Krone für einen Zweig der Bourbonen zu reklamieren. Ihre Ansprüche vertrat damals mit dem Titel »Regent« Francisco Javier de Borbón-Parma. Die Dinge entwickelten sich ohne größere Schwierigkeiten, bis Fal Conde merkte, daß er sich in einem notorischen Irrtum befand: Franco nicht so gut zu kennen, wie er vermeinte. Dies gestand er selbst im nachhinein ein (56, S. 118).

In der Tat stellte Fal einen Anspruch, den die *Falange* – zwar mit einigen Schwierigkeiten, aber insgesamt geschickter – gegenüber dem Hauptquartier bereits durchgesetzt hatte: den Aufbau einiger bescheidener – übrigens wenig effizienter – Akademien für die Ausbildung von Unteroffizieren für ihre Milizen. Aufgrund des Mißtrauens der Militärs war das Thema heikel; außerdem hatte die Armee ihre eigenen Akademien für die Ausbildung »provisori-

scher Leutnants« geschaffen. Am 8. Dezember begründete Fal Conde als delegierter Führer der *Comunión Tradicionalista* in Toledo mit dem von ihm unterzeichneten Dekret die »Königliche Militärakademie der *Requetés*«. Sie sollte in Cáceres eingerichtet werden, um in ihr Offiziere für den *Requeté* auszubilden. Das Dokument – dessen Titel ganz im Stil einer dynastischen Partei abgefaßt war –, legte fest, daß die Urkunden der von der Akademie abgehenden Offiziere von »Seiner Königlichen Hoheit, dem Prinzregenten« unterzeichnet und die Absolventen den Offizieren des Heeres gleichgestellt werden sollten; außerdem wurden die Beförderungsmodalitäten und der Ausbildungsplan festgelegt. Fal Conde ließ das Dekret drucken, es erschien in der Presse, und am 11. Dezember wurden bereits Anweisungen gegeben, mit der Rekrutierung der Anwärter zu beginnen: Und all dies, ohne mit Franco zu rechnen!
Unverzüglich ließ der »Generalissimus« nicht nur alle Pressezensoren, die das Dekret hatten publizieren lassen, verhaften, sondern er rief außerdem den Conde de Rodezno, ein Mitglied der karlistischen Junta und entschiedener Franquist, sofort zu sich, um sich ihm gegenüber »mit großer Härte« über das Dekret auszulassen. Rodezno bat Franco, Fal anzuhören, der sich nicht in Salamanca aufhielt. Als dieser am 20. Dezember eintraf, wurde er jedoch nicht von Franco, sondern von Dávila empfangen, der das Ereignis als Staatsstreich bezeichnete und Fal Conde vor die Alternative – die er allerdings schriftlich festzulegen sich weigerte – stellte, entweder das Land zu verlassen oder sich einem Kriegsgericht zu stellen (6). Alle Erklärungsversuche nutzten nichts: Fal Conde emigrierte nach Portugal, von wo er erst im Sommer 1937 zurückkehrte. Die politische Karriere Fal Condes unter den Führern des »neuen Spanien« war damit beendet. Vielleicht war es genau dies, was Franco im Sinn hatte, als er auf eine offensichtliche politische Unvorsichtigkeit mit unverhältnismäßiger Härte reagierte.
Darüber hinaus nutzte Franco den Zwischenfall, um (durch das Dekret 112) umgehend die Militarisierung der Milizen anzuordnen. Artikel 1 dieses Dekretes legte fest: »Alle Milizen und mobilisierten Hilfstruppen unterliegen in jeglicher Hinsicht dem Militärrecht.« Die Militarisierung der Milizen war eine Maßnahme von großer politischer Bedeutung, die die Republik schon fast zwei Monate früher ergriffen hatte; sie verstärkte die militärische Kontrolle über das gesamte aufständische Spanien und die persön-

liche Macht Francos außerordentlich. Damit wurde zugleich der Prozeß der »Entpolitisierung« der Streitkräfte – ein seit jeher verfolgtes Ziel – vollendet und einem Instrument wie den Milizen, das sich in den Händen der Parteien befand und von ihnen geschaffen war, ein schwerer Schlag versetzt. Außerdem hatten die Karlisten keinen direkten Führer mehr – Javier de Borbón durfte nicht in Spanien residieren –, was wiederum die internen Differenzen verstärkte. Javier de Borbón hatte deutlich die Reichweite der Sanktion erkannt, als er bemerkte, daß sie »voll und direkt über die *Comunión* hereinbricht und uns alle betrifft« (6). Aber die Partei akzeptierte sie, wie immer und wie alle anderen Parteien auch, da »die Umstände, die Spanien durchlebte, es nicht erlaubten, denjenigen, die die Verantwortung für die Machtausübung und den Krieg haben, Schwierigkeiten zu bereiten«.
Die *Falange* sah sich internen Schwierigkeiten gegenüber. Die Diskussion polarisierte sich zwischen denen, die die Führung von Hedilla verteidigten, und jenen, die eher geneigt waren, sich dem Generalquartier unterzuordnen. Der politischen Problematik wurde zu Beginn des Jahres 1937 eine neue Dimension hinzugefügt. Diese entstand mit der Ankunft einer Persönlichkeit in Salamanca, die eine große Manövrierfähigkeit und klarere Ideen als viele andere besaß, darüber hinaus mit dem »Generalissimus« verschwägert war: Ramón Serrano Suñer, der aus dem feindlichen Territorium geflohen und im Februar 1937 in Salamanca eingetroffen war.

Die Doppelkrise von 1937 und ihre Folgen

Im Frühjahr 1937 setzten die Aufständischen ihren militärischen Vormarsch fort: Sie eroberten den Küstenstreifen von Málaga und standen kurz davor, den Nordfeldzug zu beenden. Zu diesem Zeitpunkt, konkret: in den Monaten April und Mai 1937 sahen sich die politischen Institutionen beider Bürgerkriegszonen einer Krise ausgesetzt. In beiden Fällen handelte es sich um Vorkommnisse, die sich bereits seit langem angebahnt hatten. Die einschlägige Literatur hat schon immer die Bedeutung dieser doppelten Krise betont und auf die Wendung hingewiesen, die der Bürgerkrieg in ihrer Folge nahm. In beiden Zonen stabilisierten sich nämlich von nun an die politischen Verhältnisse, die sich fortan nicht mehr wesentlich verändern sollten. Zu wenig ist jedoch die *formale Parallelität* zwischen den beiden Prozessen hervorgehoben worden, die im Hinblick auf einige wichtige soziopolitische Aspekte des Bürgerkrieges aufschlußreich ist; auch wenn diese Parallelität nicht mehr war als ein Produkt der sich auf beiden Seiten gleichermaßen stellenden Notwendigkeit, sich auf einen langen Krieg einzustellen und der internationalen öffentlichen Meinung eine Selbstdarstellung zu liefern.

Man könnte argumentieren, daß die Vorfälle auf republikanischer Seite lediglich einen Regierungswechsel herbeiführten, auch wenn dieser durch die wichtigsten Unruhen und Kämpfe in den ersten Maitagen in Barcelona eingeleitet wurde. Es bestand jedoch schon immer die Auffassung, daß die neue Regierung von Juan Negrín viel mehr bedeutete als nur einen einfachen Wechsel der Ministerriege. Im nationalistischen Spanien führte der Verlauf der Krise zur Konstituierung der *Einheitspartei*, die durch den als *Vereinigung* bekannt gewordenen politischen Akt begründet wurde – eine Vorgehensweise, die offensichtlich eine Imitation ausländischer totalitärer faschistischer Regime darstellte. Im Grunde genommen besiegelte dieser Akt nur – und verschleierte dies zugleich unter einer politischen Fassade – die Übertragung der tatsächlichen Macht an die Streitkräfte und die Verkörperung dieser Macht in General Franco. Dabei wurde bereits implizit erkennbar, daß er die Macht nie wieder preisgeben würde. Die Einheitspartei war niemals eine Organisation rein faschistischen Typs, sondern vielmehr eine Art von Sammelbecken, in dem sich Ideologien und soziale Interessen von Gruppen, die den Militäraufstand unterstützten, zusammenfanden und vermischten, während das Militär der eigentliche Hüter der neuen Ordnung blieb.

In der Republik dagegen bedeutete die Krise, die in der ersten Maihälfte ihren Höhepunkt erreichte, den Zusammenbruch des von Largo Caballero entworfenen, auf dem Volksfront-Programm aufbauenden und von Gewerkschaften unterstützten Einheitsprozesses. An die Stelle trat eine Politik, die die wesentlichen Thesen des stalinistischen Kommunismus und dessen Kriegsprogramm akzeptierte und im Prinzip auf die Unterstützung des nicht Caballero-treuen Sozialismus und des Republikanismus baute. Offensichtlich war dieses Vorgehen das genaue Gegenteil von dem, das Franco verfolgte: Auflösung hier gegenüber Vereinigung dort.

Aber dies charakterisiert bloß die Oberfläche des Phänomens. In der Republik entwickelte sich eine Machtkonzentration, die sich auf die Hegemonie einer Gruppe stützte. Die Politik wurde in einem Sinne »vereinheitlicht«, den die Kommunisten schon zuvor mit ihren Forderungen nach Fusion von PCE und PSOE verfolgt hatten, ohne dieses Ziel jedoch je zu erreichen. Die Regierung Negrín war homogener als die von Largo Caballero, da sie sich auf die Vorherrschaft eines Parteiprogramms und nicht auf ein prekäres Kräftegleichgewicht stützte.
Der im Frühjahr 1937 eingeleitete Prozeß fand fast ein Jahr später seinen Abschluß, wies aber in den beiden Zonen deutliche Unterschiede auf: im nationalistischen Spanien wurde nach neunmonatigem Bestehen der Einheitspartei ein weiterer Schritt in Richtung auf den Aufbau eines stabilen Regierungssystems unter der Führung Francos unternommen. Dieser bestimmte seine erste Regierungsmannschaft und bildete am 30. Januar 1938 per Gesetzesdekret eine Regierung. In der Republik endete die als Negrín-Prieto-Regierung bekannt gewordene Phase, in der zwischen Kommunismus und gemäßigtem Sozialismus Einigkeit bestand, im April 1938 in einer neuen Regierungskrise. Damals nahmen die republikanischen Kriegsziele eine wichtige Wendung: Negrín setzte die Politik des *Widerstandes* durch, während er gleichzeitig seine Suche nach internationaler Unterstützung verstärkt fortführte.

Die Vereinigung: Eine Einheitspartei per Dekret

Die Tendenz zum Zusammenschluß der beiden großen Parteien des nationalistischen Spanien wurde seit der Militarisierung der Milizen stärker. Am 8. Januar 1937 schloß sich der winzige *Partido Nacionalista Español* (Spanische Nationalistische Partei) mit den Karlisten zusammen (69, S. 388). Das Konzept einer »franquistischen Partei« war zwar gescheitert, aber die Bemühungen, Franco die alleinige politische Führung zu übertragen, wurden weiter verfolgt. Bei diesem Unternehmen spielten Vertreter und Mitarbeiter des Hauptquartiers eine wichtige Rolle, u. a. Lisardo Doval oder Manuel Groizard. Zumindest eine Reihe von Monarchisten glaubte, daß eine derartige Politik, mit einem einzigen Führer und einer bestimmten Form des Kompromisses zwischen den Parteien, gleichzeitig den Plan einer Restauration der Monarchie begünstigen müsse. Hedilla selbst erklärte im Januar, daß »die Tendenz zur Bildung einer einheitlichen Kraft unübersehbar ist« (10).

Falangisten und Karlisten wiesen ein hinreichend unterscheidbares Kräftepotential auf, so daß die *Falange* in jener Phase die Eingliederung der Karlisten erwog, wobei »jene Punkte des Traditionalismus übernommen werden sollten, die mit den Erfordernissen des Augenblickes vereinbar waren« (10). Im Februar fanden Unterredungen zwischen »offiziösen« Repräsentanten der *Falange* und Führern der Traditionalisten statt, die in Lissabon – dem Ort der Exilierung von Fal Conde – begannen und die Phase einleiteten, die man »freiwillige Vereinigung« nennen könnte. Das Auf und Ab dieser Treffen und Vorschläge der einen wie der anderen Seite sind teilweise bei Payne und García Venero dokumentiert (62; 38). Die von der *Falange* nach Lissabon entsandten offiziösen Vertreter waren Pedro Gamero del Castillo und José Luis Escario, denen sich, ohne besonderen Auftrag, Sancho Dávila anschloß. Die karlistischen Gesprächspartner waren Fal Conde und andere Mitglieder der karlistischen Junta.

Die Falangisten beharrten darauf, den Karlismus zu absorbieren; im Gegenzug waren sie bereit, »Instauration (Einsetzung) – nicht die Restauration (Wiedereinsetzung) – der (katholischen und traditionellen) Monarchie« hinzunehmen. Die Karlisten wiesen diese Lösung zurück und betonten, daß »jede (der beiden) Bewegung unterschiedliche Teile unseres Volkes sammelt und repräsentiert«; sie schlugen »eine Integration der Kräfte auf einer höheren, definitiven und nationalen Ebene vor« (6). Das karlistische Dokument nannte wesentliche Punkte für die Einigung und sah die Einsetzung eines regierenden Triumvirats, ein rasches Ende des Bürgerkrieges und die »Instauration« einer monarchischen Regentschaft vor. Der König müßte in Übereinstimmung mit den Erbfolgegesetzen designiert werden, wobei Javier de Borbón-Parma an der Ernennung mitwirken würde. Die *Comunión Tradicionalista* akzeptierte andererseits den Nationalsyndikalismus als »tiefgreifende Nationalisierung aller Gewerkschaften und Organisationsformen der Arbeitswelt«. Aber die falangistischen Unterhändler bestanden auf der Formel, daß sich »die *Comunión Tradicionalista* bedingungslos in die *Falange Española de las JONS* eingliedert«.

Gleichzeitig mit den Unterhandlungen fand zwischen dem 13. und

15. Februar in der portugiesischen Ortschaft Insúa eine wichtige Versammlung der höchsten Funktionsträger der Karlisten unter dem Vorsitz von Don Javier statt. Das Protokoll jener Versammlung läßt deutlich werden (6), daß über die Politik der *Comunión Tradicionalista* seit den Zeiten der Verschwörung mit Mola debattiert wurde. Mit Blick auf die Zukunft legten sie besonderen Nachdruck darauf, die »Identität« der Partei gegenüber der öffentlichen Gewalt zu behaupten. Am wichtigsten war in jedem Fall die Resolution über die monarchische Restauration auf der Grundlage einer vorläufigen Regentschaft. Dieser Beschluß wurde besonders vom Conde de Rodezno verteidigt. Über seine taktische Durchsetzbarkeit war man jedoch unterschiedlicher Meinung. Die Verhandlungen mit der *Falange* wurden nicht angesprochen.

Im März gingen – wenn auch keine entscheidenden Beschlüsse gefaßt wurden – die Intrigen um die Vereinigung weiter. Persönlichkeiten wie der Monarchist José M. de Areilza oder der Pseudofalangist Ladislao López Bassa wirkten – mit oder ohne Abstimmung mit dem Generalquartier – auf die Fusion hin. In Salamanca kam es zwischen Rodezno und Gamero zu neuen Kontakten, danach aber wurden die Unterredungen beendet. Die falangistischen Unterhändler setzten sich zweifellos für eine von Juan de Borbón, dem Sohn und Erben von Alfonso XIII., vertretene Monarchie ein. Die Karlisten ihrerseits konzentrierten in diesem Monat ihre Anstrengungen darauf, Franco zur Aufhebung der Verbannung Fal Condes zu bewegen. Don Javier de Borbón-Parma schrieb in diesem Sinne am 6. März einen Brief an Franco. Bezeichnenderweise erhielt er erst nach der Verkündigung des Vereinigungsdekrets eine Antwort. Aufgrund der Abwesenheit Fals verschärften sich die internen Gegensätze, die auf eine unterschiedliche Verhandlungsbereitschaft innerhalb der karlistischen Führungsgruppe und auf die Herausbildung verschiedener Flügel im Karlismus zurückzuführen waren. Die Spannungen erreichten ihren Höhepunkt, als die karlistische Junta dem »Regenten« ihren Rücktritt bekanntgab und infolgedessen in Burgos der sogenannte »Traditionsrat« zusammentrat (19, S. 764).

Zeigten sich schon bei den Karlisten Probleme des inneren Zusammenhalts, so war die Geschichte der *Falange* in den ersten Monaten des Jahres 1937 noch weitaus bewegter. Es liegen viele Zeugnisse einer tiefgreifenden Spaltung vor, die entscheidende Auswirkungen auf den Vereinigungsprozeß haben sollte. Die Unterscheidung dreier Gruppen unter den falangistischen Führern (62, S. 124) scheint die Realität genau zu treffen. Die erste bestand aus Anhängern von Hedilla, die zweite aus Gefolgsleuten José Antonio Primo de Riveras (den sog. *legitimistas joseantonianos*), die letzte aus »Neofalangisten« der Opportunisten, die im Gefolge des Aufschwungs der Bewegung seit Ausbruch des Bürgerkriegs in die *Falange* eingetreten waren. Erstere und letztere traten für irgendeine Form des Zusammenschlusses mit den Karlisten ein, allerdings aus unterschiedlichen Gründen und mit verschiedenen Vorstellungen zur Vorgehensweise.

Anfang April fand in Villarreal de Álava eine erneute Unterredung zwischen Hedilla und bestimmten karlistischen Führern statt. Währenddessen verfolgte Areilza seine Pläne weiter und erreichte eine Unterredung mit Javier de Borbón in Saint Jean de Luz. Zu diesem Zeitpunkt entschloß sich der Vorsitzende der Führungsjunta der *Falange*, die IV. Sitzung des Nationalrats seiner Partei für den 25. April einzuberufen, um das Thema der Vereinigung zu diskutieren. Aber zwischen dem 16. und dem 19. April kam es in der Führungsgruppe der *Falange* zu einer Reihe ernsthafter Auseinandersetzungen, die als *Ereignisse von Salamanca* bekannt geworden sind. Es handelt sich um eine dunkle und komplexe Episode, die die Initiative von Franco und seiner nächsten Berater (an deren Spitze Serrano Suñer stand), die beiden Parteien unter Zwang zu vereinigen, zwar keineswegs auslöste, wohl aber beschleunigte. Zeugnisse dieser Ereignisse gibt es relativ viele – von Hedilla, Dávila, Alcázar de Velasco, Garcerán etc. –, aber keines übertrifft an Bedeutung die Veröffentlichung von Vicente Cadenas, Beauftragtem für Presse und Propaganda der *Falange*, der im Jahre 1975 die Protokolle dieser letzten Vorstandssitzung der *Falange* publizierte (21). Wir können an dieser Stelle nicht alle diese Berichte kommentieren.

Am 16. April versuchten einige der Parteispitze angehörige Falangisten, Hedilla abzusetzen. Sie schlugen für die Führung ein Triumvirat – Moreno, Aznar, Dávila – mit Garcerán als Sekretär vor. Hedilla teilte diese Pläne dem Hauptquartier mit, wo sie wahrscheinlich bereits bekannt waren (38, S. 358; 21, S. 117). Außerdem verlegte er die Sitzung des Nationalrats auf Sonntag, den 18. April, vor. Am frühen Morgen des 16. kam es unter Falangisten zu einem Zwischenfall, bei dem Tote zu beklagen waren. Nun setzte für die *Falange* eine Entwicklungsphase ein, in der die

direkte Intervention Francos unvermeidlich wurde. Auf der Sitzung des Nationalrats erfuhren die Teilnehmer von Francos Absicht, die Parteien zu vereinigen. Sie erfuhren jedoch nicht, wann Franco diese Maßnahme in die Tat umsetzen wollte und ob er selbst die Führung übernehmen würde. Von nicht geringem Interesse sind in diesem Zusammenhang die Worte Hedillas, der meinte, daß es im Falle einer drastischen Entscheidung Francos absurd sei, »sich dem entgegenzustellen... Wenn wir uns dazu entscheiden, geschlossen zum ›Generalissimus‹ zu gehen, um ihm unsere Vorstellungen darzulegen (nämlich Ablehnung der dekretierten Fusion), dann hat die *Falange* keine Möglichkeit mehr, sich zu verteidigen. Er würde sie in zehn Minuten auseinandernehmen...« (21, S. 102)
Am Sonntag, dem 18. April hielt Franco nachmittags in Anwesenheit von Hedilla eine kurze Ansprache vom Balkon seiner Residenz aus, aber der Erlaß des Dekretes erfolgte erst in der Nacht zum 19. April. Kurz zuvor wurde Hedilla das Dekret und die bei seiner Verkündigung gehaltene Ansprache ausgehändigt. Franco hatte seinen Text mit Mola und Queipo de Llano abgestimmt, die ihre Einwilligung gaben. Er hatte sich auch auf karlistischer Seite abgesichert, so daß Hedilla behaupten konnte, die *Requetés* hätten sich »dem ›Generalissimus‹ bedingungslos angeboten« (21, S. 124). Sicher ist, daß Franco am 12. April Rodezno und andere der Navarra-Fraktion nahestehenden Führer zusammengerufen hatte, um ihnen seine Absichten mitzuteilen. Rodezno begab sich umgehend nach Navarra, wo er in einer Regionalversammlung diese Nachricht verkündete und zugleich bekanntgab, daß er persönlich sie unterstütze. Von den 100 Delegierten protestierte nur einer gegen diese Anerkennung (38, S. 355; 33, S. 24ff.). Don Javier de Borbón-Parma erhielt nur indirekte Informationen, und die karlistische Führungsgruppe stand abseits der Ereignisse. Es ist offensichtlich, daß Franco diese Situation bewußt herbeigeführt hatte. Schließlich hatte Fal Conde unverhohlen zum Ausdruck gebracht, daß *Falange* und Karlismus unvereinbar seien.
Das von Franco unterzeichnete Dekret Nummer 255 weist eine lange Präambel und einen kurzen Text auf. Am bemerkenswertesten in der Präambel ist die Definition der neuen Organisation als »Bewegung«, die »weder rigide noch statisch sein wird«. Im letzten Absatz heißt es, daß »wir uns für die Zukunft nicht die Möglichkeit verschließen wollen, in der Nation das jahrhundertealte Regime zu

instaurieren, das seine Einheit und historische Größe bewirkt hat«. In dem Text wird Franco zum Führer der »neuen politischen Institution« erklärt, die »vorläufig« die Bezeichnung *Falange Española Tradicionalista y de las JONS* erhielt; die Organisation war »zwischen Gesellschaft und Staat angesiedelt«. Namentlich erwähnt wurden in dem Dekret nur die beiden Parteien *Falange Española* und *Comunión Tradicionalista*; die anderen Parteien »werden aufgelöst«. Als Führungsorgane wurden der Staatschef, das Sekretariat (oder Politische Junta) und der Nationalrat eingerichtet. Ebenso war vom »neuen totalitären Staat« die Rede, der allmählich geschaffen werden sollte; es wurde festgehalten, daß an seinen Institutionen und Einrichtungen die Mitglieder von *FET de las JONS* beteiligt sein würden. Die Milizen wurden endgültig in der »Nationalen Miliz« vereinigt, deren oberster Führer der Staatschef war; ihr unmittelbarer Befehlshaber war Heeresgeneral Monasterio, der zwei Unterführer und zwei politische Berater hatte.

Die Schaffung der Einheitspartei erfolgte auf dem Höhepunkt einer Reihe von Problemen, die zu ihrer Lösung schon lange zuvor in diese Richtung gewiesen hatten. In diesem Zusammenhang müssen kurz zwei wichtige Punkte berücksichtigt werden. Der eine Aspekt bezieht sich auf die Rezeption dieser Fusion im nationalistischen Spanien, der andere auf die Frage, welche reale Bedeutung sie beim Aufbau des »neuen totalitären und nationalsyndikalistischen Staates« hatte, den der Zusammenschluß ankündigte. Es ist klar, daß das Dekret bei den Kämpfenden, den Militärs und in der Etappe keinerlei Überraschung auslöste; in der Masse der den Parteien fernen Bevölkerungsschichten bewirkte es auch keineswegs besonderen Enthusiasmus. Die Einheitspartei fügte der Machtstruktur wenig Neues hinzu. Einen anderen Aspekt bildete die internationale öffentliche Meinung, die auf die Nachricht sehr unterschiedlich reagierte.

Andererseits ist bekannt, daß Franco und die militärischen Befehlshaber energisch durchgreifen mußten, um die Vereinigung bei bestimmten Führungsgruppen der *Falange* durchzusetzen. Auch bei der Vereinigung der Milizen mußte mit großer Sorgfalt vorgegangen werden; sie erfolgte zwar sehr flexibel, ohne daß dabei jedoch die außerordentlich zahlreichen Reibereien zwischen den Kämpfenden und den Unterführern verhindert werden konnten. Unter den Karlisten waren die Kräfte, die sich der Vereinigung am meisten widersetzten, praktisch schon außer Gefecht

gesetzt; die wohlwollend Gesinnten unter ihnen wiederum wurden unmittelbar belohnt. Die größten Belohnungen erhielt allerdings die *Falange*. Die Personifizierung des Widerstandes gegen die Parteienfusion stellten Manuel Hedilla und Manuel Fal Conde dar. Im Schicksal dieser beiden Männer besteht eine gewisse Parallelität, wobei das von Hedilla zweifellos das tragischere war.
Hedilla akzeptierte die Vereinigung nie; schließlich verurteilte ihn ein Kriegsgericht wegen des berühmten »Telegrammes« zu Tode (38, S. 396; 81, S. 217). Seine Strafe wurde in lebenslange Haft umgewandelt, er mußte viele Jahre Gefängnishaft und Verbannung über sich ergehen lassen. Seine politische Karriere war damit automatisch beendet. Dasselbe läßt sich für Fal Conde sagen: Er wurde aufgefordert, sich in die neue Parteihierarchie einzugliedern, und man beabsichtigte sogar, ihn bei der Bildung einer neuen Regierung zu berücksichtigen. Fal wies jede Zusammenarbeit zurück mit der Folge, daß er weiterhin verbannt wurde. Er hat allerdings in der Nachkriegszeit noch viele Jahre lang seine politischen Ämter neben dem »Regenten« Don Javier ausgeübt. Der Karlismus verfügte nämlich im Spanien Francos über eine zwar nicht erlaubte, aber vom Regime doch geduldete Autonomie. Der größte Teil der Kader beider Parteien akzeptierte die Situation und paßte sich ihr an. Für den Karlismus zahlte sich die Fusion tatsächlich nur in Navarra aus. Seine ursprünglichen Führer haben aber auch nicht viel mehr angestrebt.
Bestimmte falangistische Dissidenten, die sich um Pilar Primo de Rivera, Aznar und Ridruejo gesammelt hatten, wurden mit Gefängnisstrafen und anderen kleineren Sanktionen gefügig gemacht und zum Schweigen gebracht. Die Spaltung innerhalb des Karlismus verlief aufgrund der unterschiedlichen Voraussetzungen anders. Zudem besaßen sie eine dynastische Führung, die Franco natürlich nicht bieten konnte. Herausragende Männer – Rodezno, Bilbao, Iturmendi, Arellano usw. – unternahmen einen schnellen Marsch zu den »Fleischtöpfen von Ägypten« (38, S. 314); Don Javier verhängte Sanktionen, und nach einigem Ringen, das hier nicht ausgeführt werden kann, setzte die Partei – ohne die Franco-Treuen – ihren autonomen Weg fort (19, S. 33). Sowohl die *Renovación Española* als auch die CEDA lösten sich selbst auf, nicht ohne daß über Gil Robles Gerüchte kursierten, die nach seinen Aussagen obskuren Ursprungs waren. Diese Gerüchte schrieben ihm eine Druckschrift oppositionellen Inhalts zu (40, S. 781).

Rasch wurde die Hälfte der Mitglieder der Politischen Junta vom Staatschef bestimmt; darunter befanden sich Falangisten, Karlisten und Militärs. Der Sekretär dieser Junta war ein Militär, Ladislao López Bassa, angeblich falangistischer Zugehörigkeit und von zweifelhaftem Werdegang. Die ersten Rundbriefe, die sein Sekretariat versandte, bezogen sich auf organisatorische Aspekte und waren ohne das geringste politische Interesse.
Am 4. August 1937 wurden die Statuten der neuen Partei verkündet. Sie beschrieben nicht nur ihre Organe, Mitglieder und Organisationsstruktur, ihre territoriale Ausbreitung und Einrichtungen – d. h. Kommissionen oder Delegationen für die Aktivitäten der Partei; der Text führte darüber hinaus die berühmt gewordene Erklärung ein, daß »der Führer sich vor Gott und der Geschichte zu verantworten« habe. Die Partei erklärte die Milizen zu einem ihrer Organe, und in Abschnitt VII war von der Syndikatsorganisation – die in einem normativen Text zum erstenmal erwähnt wurde – die Rede; es wurde festgelegt, daß die Syndikatsorganisation von Männern geführt werden müsse, die aus der Partei kamen, und daß sie »dem nationalen Interesse untergeordnet und von den Idealen des Staates geprägt sein müsse«.
Der Nationalrat wurde allerdings erst am 22. Oktober 1937 eingesetzt, am 2. Dezember legten die Räte ihren Amtseid ab. Die Mitglieder des Nationalrates gehörten unterschiedlichen Lagern an: Es gab unter ihnen Falangisten, Karlisten, alfonsinische Monarchisten, Korporativisten, selbst den falangistischen Pfarrer Fermín Yzurdiaga. Hatte sich bislang Hedilla zäh geweigert, das für ihn in der Politischen Junta vorgesehene Amt einzunehmen, so war es jetzt Fal Conde, der einen Posten als Nationalrat wiederholt zurückwies. Er sandte Franco seine Absage am 28. November und verbreitete sie darüber hinaus öffentlich. Als Antwort darauf sandte ihm Franco am 9. Dezember einen Brief von außerordentlicher Härte, in dem er u. a. schrieb: »Ich bin es, der in Verantwortung vor Gott und der Geschichte (sic) jedem den Posten zuweist, den er besetzen muß.« Außerdem beschuldigte er Fal Conde, den »Roten« ermöglicht zu haben, in ihrer Propaganda die Weigerung zu verbreiten, von der sie eher gewußt hätten als er selbst (6).
Ramon Serrano Suñer blieb zu jener Zeit der engste Berater des Staatschefs; später erklärte er selbst, daß »es politisch in jenen Monaten (im Anschluß an das Vereinigungsdekret) kaum voranging, abgesehen von der Veröffentlichung der Parteistatuten« (79,

S. 178). Nicht weniger enthüllend ist seine Formulierung, daß damals »die *Falange*« starb und der »Franquismus« geboren wurde. Bis 1938 wurden keine großen Fortschritte beim Aufbau des in Aussicht gestellten Staates erzielt. Die zentrale Aufgabe bestand darin, die praktischen Probleme beim Aufbau der Einheitspartei zu lösen, mit denen täglich die Inhaber höherer Ämter, die Milizionäre und die Militärs zu kämpfen hatten. Die Erklärung, daß alle Offiziere der neuen Partei beizutreten hätten, löste eine Welle von Anfragen und Gesuchen nach Interpretation der Anordnung aus. Es stellte sich im übrigen ein grundsätzliches Problem: Das im Entstehen begriffene Regime, der totalitäre Staat und die Einheitspartei, resultierten nicht aus der »Machtübernahme« durch eine Partei, sondern aus dem Aufbau der Partei von der faktischen Macht aus (68, S. 113). Dies geschah auf der Grundlage von Elementen – den künftigen »Familien« des Regimes –, die in ihren Programmen und unmittelbaren Bestrebungen so heterogen wie in ihren gesellschaftlichen Modellvorstellungen homogen waren. Außerdem betrachtete Franco, Inhaber der obersten Gewalt – hierauf hat wiederum Serrano hingewiesen –, die Partei lediglich als ein wirksames Mittel, um die Massen seiner Autorität zu unterwerfen (79, S. 172).

Das Ende des Projekts Largo Caballero
Die erste Regierung Negrín

Die Situation in Katalonien wurde von Dezember 1936 an zunehmend komplizierter. Mit der Reorganisation der *Generalitat* hatte Andreu Nin, der Führer des POUM, sein Amt als Justizminister niederlegen müssen. Von diesem Augenblick an bahnte sich der grundsätzliche Konflikt zwischen den Kräften des PSUC und der UGT auf der einen sowie der CNT und FAI auf der anderen Seite an. Der Winter 1936/1937 war voller Zwischenfälle, die die Versorgungspolitik ebenso betrafen wie die öffentliche Ordnung. Die am 17. April neu gebildete *Generalitat* ließ die Verteilung der Ämter unverändert.

Die politischen Auseinandersetzungen hatten Ende April den Charakter von Straßenkämpfen und organisierter Gewalt angenommen. Am 25. April fiel Roldán Cortada von der UGT einem Anschlag zum Opfer, ebenso wie eine Reihe von Anarchisten. Der Zwischenfall jedoch, der weitere blutige Vorfälle auslöste, war der

Versuch der Polizei der *Generalitat*, den Anarchisten die Kontrolle über die Telefonzentrale von Barcelona zu entreißen (61, S. 14). Obwohl der Ursprung des gesamten Konflikts abermals im Kampf zwischen Anarchisten und Kommunisten um die Vorherrschaft zu sehen ist, wurden alle anderen Kräfte auch unvermeidlich mit in die Auseinandersetzungen hineingerissen: die Katalanisten, der POUM, die UGT und schließlich, aufgrund der weitgehenden Zurückhaltung der *Generalitat* (30, S. 576), selbst die Zentralregierung der Republik, die verspätet reagierte, dann aber die autonomistischen Befugnisse Kataloniens beschnitt.
Die bewaffneten Zusammenstöße begannen am 2. Mai 1937. Nach der Umbildung der *Generalitat* – einer ihrer Minister, das kommunistische UGT-Mitglied Antonio Sesé, fiel am 6. Mai einem Anschlag zum Opfer – endete der Kampf am 7. Mai, nachdem die Regierung Truppen und Minister Prieto Kriegsschiffe entsandt hatte, ohne daß jedoch eine der beiden Parteien den Sieg davontrug. Die offizielle Bilanz sprach von 500 Toten. Es ist behauptet worden, daß »es offensichtlich einen Pakt zwischen der Regierung und den Aufständischen« gab, d.h. mit der CNT, der FAI und dem POUM (86, S. 658). Wahrscheinlicher ist allerdings, daß die Intervention der anarchosyndikalistischen Führer und Minister, Montseny und García Oliver, sowie des CNT-Sekretärs Mariano R. Vázquez beträchtlich zur Beendigung des Kampfes beitrug. Jeglicher ernsten Grundlage entbehrte demgegenüber die von den Kommunisten vertretene Version, derzufolge die Vorkommnisse durch franquistische Agenten provoziert und durch den POUM vermittelt gewesen sein sollen (44, III, S. 77). Noch weniger kann die These der Einmischung sowjetischer Agenten Glaubwürdigkeit beanspruchen (50, S. 160). So etwas kann es zwar auch gegeben haben; aber der Ursprung des Problems lag viel tiefer als nur in einer reinen Provokation.
Mit den Ereignissen von Barcelona ist zweifellos die Endkrise der Regierung Largo Caballero eng verbunden. Als sich im Anschluß an jenes Geschehen die Angriffe der Kommunisten auf die Politik des Regierungschefs bereits verschärft hatten, brach die Krise in der Ministerratssitzung vom 13. Mai offen aus. Vollständig korrekt scheint das Urteil, daß »der Sturz der Regierung Largo Caballero gewissermaßen nichts anderes als eine Phase im Kampf zwischen Anarchisten und Stalinisten darstellte« (55, S. 275). Das Problem besteht darin, daß über den Verlauf der Krise eine große

Anzahl von keineswegs übereinstimmenden Augenzeugenberichten kursiert. Hervorzuheben sind die Darstellungen zweier wichtiger Zeitgenossen: die von Largo Caballero und die von Azaña, die auch der folgenden Schilderung zugrunde liegen.
Diesen Darstellungen muß man entnehmen – hierauf weist auch Azaña hin –, daß Largo Caballero den Ereignissen von Barcelona nicht die ihnen gebührende Bedeutung einräumte (11, S. 588). Diese Einschätzung bestätigt Largo Caballero selbst durch seine Auffassung, die Vorfälle seien von den Kommunisten ausgeschlachtet worden, um die Krise auszulösen (53, S. 204). Nach Largo Caballero lag außerdem ein Grund für diese Krise in dem Versuch, seine militärischen Pläne zu verhindern, nämlich die vorgesehene Offensive in der Extremadura. Tatsache ist, daß bereits vor dem 13. Mai die Republikaner, die gemäßigten Sozialisten und Kommunisten in gemeinsamen Sitzungen ihre Meinungsverschiedenheiten im Hinblick auf die Politik Caballeros diskutiert hatten, wobei die Kommunisten zweifellos den Ton angaben. In der Ministerratssitzung vom 13. Mai griffen die Kommunisten die Militärpolitik und die Politik der öffentlichen Ordnung an. Sie konzentrierten ihre Kritik auf Minister Galarza und forderten die Auflösung des POUM. Largo Caballero weigerte sich entschieden, woraufhin die beiden kommunistischen Minister, Hernández und Uribe, die Sitzung verließen. Der Regierungschef erklärte Azaña seinen Rücktritt mit den Worten: »Es ist ein Verbrechen, in diesem Augenblick politische Fragen zur Diskussion zu stellen.« (52, S. 1179) Er brachte seine Überzeugung zum Ausdruck, daß die Kommunisten seine Pläne in der Extremadura durchkreuzen und sein Vorhaben einer Erhebung Marokkos gegen die Aufständischen torpedieren wollten.
Azaña reagierte ziemlich gelassen, ohne selbst direkte Verantwortung übernehmen zu wollen. In Übereinstimmung mit Prieto und Giral akzeptierte er den Rücktritt nicht (11, S. 596). Aber der Vorstand des PSOE war nicht bereit, Largo Caballero bedingungslos zu stützen. Daher mußte Azaña am 15. Mai Beratungen zur Lösung der Krise aufnehmen. In Anbetracht der Haltung der Kommunisten, die sich bereit erklärten, Largo Caballero als Regierungschef, aber keinesfalls als Kriegsminister zu akzeptieren, entschloß sich Azaña – nach eigener Aussage –, den kommunistischen Widerstand auf die Probe zu stellen. Er beauftragte Largo Caballero erneut mit der Regierungsbildung. Largo Caballero for-

derte – so lautet seine eigene Darstellung – Parteien und Gewerkschaften zur Mitarbeit auf, was im Prinzip keine von ihnen ablehnte. Die härteste Haltung legte die Kommunistische Partei an den Tag, die ihm für ihre Mitarbeit acht Bedingungen stellte. Dazu zählte u. a. die Ernennung eines Generalstabschefs, die Normalisierung des Obersten Kriegsrats, die Ernennung eines Kriegsministers, der nicht Largo Caballero hieß, den Rücktritt Galarzas als Innenminister und die Abfassung eines konkreten Regierungsprogramms (52, S. 1185). Diese Forderungen bedürfen kaum einer Interpretation, da sie die Haltung der Kommunisten in dieser Krise klar zum Ausdruck bringen. Der Vorstand des PSOE schlug vor, Prieto mit dem Amt des Verteidigungsministers zu betrauen.

Der Gegenvorschlag Largos konnte kaum eine der betroffenen Parteien befriedigen. Er lief auf die Bildung einer Regierungsmannschaft mit drei Ministern der UGT, zweien des PSOE, zweien des PCE, zweien des IR, einem der UR (*Unión Republicana*, Republikanische Union) und zweien der CNT hinaus. Katalanen und Basken sollten mit je einem Minister ohne Portefeuille vertreten sein. Largo Caballero verzichtete nicht auf das Kriegsministerium. Nur die UGT akzeptierte diesen Vorschlag. Die CNT vollzog den formalen Bruch mit Largo Caballero, als sie die Verringerung ihres Einflusses und damit die Gleichstellung mit dem PCE zurückwies. Azaña machte einen neuen Versuch und lud für den 17. Mai die Vertreter der Parteien zu einer Besprechung ein. Anschließend gesellte sich auch Largo Caballero hinzu, und als alle anwesend waren, forderte er sie auf, ihre Differenzen hintanzustellen. Nur der PCE-Sekretär José Díaz blieb unnachgiebig, und Largo Caballero machte in der Frage des Kriegsministeriums ebenfalls keine Zugeständnisse.

Wir verfügen über keine glaubwürdigen Quellen, die darüber Aufschluß geben, warum Juan Negrín López und nicht Indalecio Prieto, auf den die öffentliche Meinung setzte, zum neuen Regierungschef gewählt wurde. Azaña beschränkte sich auf die schlichte Bemerkung, daß Prieto der geeignete Mann für die Militärministerien war, »für die es außer ihm keinen Kandidaten gab«, während es andererseits empfehlenswert war, für das Amt des Regierungschefs »die ruhige Energie von Negrín« zu nutzen (11, S. 602). Am weitesten verbreitet war und ist die Auffassung, daß – da die Krise durch die Kommunisten provoziert worden war –

Juan Negrín der von den Kommunisten gewünschte Mann war, da er geeignet schien, ihre Politik zu fördern. Merkwürdig ist allerdings, daß Largo Caballero selbst Negrín als »totalen Zyniker« charakterisiert und den Präsidenten der Republik als »stets von Angst besessenen« Mann beschreibt. Aber nach seiner Aussage wurde Negrín nicht von den Kommunisten, sondern von Prieto vorgeschlagen (52, S. 1198). Die Diskussion der Augenzeugenberichte könnte einen breiten Raum einnehmen. Es soll aber die Feststellung genügen, daß keiner dieser Berichte eine definitive Antwort auf diese Fragen gibt und daß die Einschätzung Negríns als »Mann der Kommunisten« sich generell auf die Tatsache stützt, daß seine spätere Politik zu einer Förderung kommunistischer Positionen tendierte. Dieser Politik klagte ihn Prieto später nachhaltig an (32, S. 91).

Entgegen anderslautenden Behauptungen hatte der neue Regierungschef keineswegs vor, bei der Zusammenstellung seines Kabinetts auf die Gewerkschaften zu verzichten. UGT und CNT wurden aufgefordert, sich an der Regierungsbildung zu beteiligen, wenn ihnen auch weniger Ministerposten zugestanden wurden als zuvor. Sie lehnten allerdings ab. Infolgedessen blieben die Fraktion Largo Caballeros und die Anarchosyndikalisten – wenn auch die CNT 1938, in der Verfallphase der Organisation, erneut ein Ministerium innehatte – praktisch von der Regierung ausgeschlossen. Die neue Regierung reduzierte die Zahl der Ministerien drastisch; sie bestand aus drei sozialistischen Ministern – Prieto als Verteidigungsminister, Negrín behielt das Finanzministerium, Zugazagoitia war Innenminister –, zwei kommunistischen Ministern (es änderten sich weder die Ämter noch die Amtsinhaber) und je einem Minister der IR, UR, PNV und ERC, nämlich José Giral, Giner de los Rios, Irujo und Aiguadé in den Ministerien für Äußeres, Verkehr, Justiz bzw. Arbeit. Sieht man davon ab, daß Irujo (PNV) im Dezember 1937 als Justizminister durch Mariano Ansó ersetzt wurde, dann blieb diese Regierung bis April 1938 im Amt.

Die Regierung Negrín orientierte ihre Politik an drei Zielen: weitere Stärkung der staatlichen Macht; Beendigung des Aufbaus einer neuen Armee, die endgültig einem einheitlichen Oberbefehl unterstellt werden sollte; Fortsetzung der diplomatischen Bemühungen, bei den westlichen Mächten, insbesondere bei Frankreich, Unterstützung zu finden. Zur Erfüllung dieser Aufgaben

trug ganz besonders Indalecio Prieto bei, bevor seine Beziehungen zu Negrín sich zunehmend verschlechterten. Prieto und seine Anhänger, die den PSOE-Vorstand dominierten, integrierten auf diese Weise den gemäßigten Sozialismus in eine Politik, die endgültig jeden Versuch sozialer Veränderung beendete. Zurückzuführen war diese Politik sowohl auf den Sieg der kommunistischen Thesen als auch auf eine politische »Normalisierung« gegenüber dem Ausland. Dafür verstärkte die Regierung die Kriegsanstrengungen unter der militärischen Führung des inzwischen zum General beförderten Vicente Rojo, indem ein einsatzfähiges Heer aufgebaut wurde, in dem die neuen organischen Einheiten des *Ejército Popular* (Volksheer) Gestalt annahmen.
Im Zusammenhang mit der Wiederherstellung der zentralen staatlichen Gewalt führte der Verlust der kantabrischen Küstenregion zur Auflösung der autonomen baskischen Regierung und der Räte von Santander und Asturien. Der aragonesische Rat wurde im August 1937 ausgeschaltet, gleichzeitig ein Gutteil der dort bestehenden landwirtschaftlichen Kollektive zerstört – beides übrigens unter direkter kommunistischer Beteiligung. Die *Generalitat* schließlich war nach den Maiereignissen in ihren Befugnissen beschnitten worden. Die politischen Probleme der Regierung Negrín waren somit nicht mehr eine Folge des revolutionären Prozesses, der bei Ausbruch des Bürgerkrieges eingesetzt hatte. Mitte 1937 war die Politik der Republik in einer andersgearteten Dynamik befangen. Zu jenem Zeitpunkt schienen die politische Stabilität wiederhergestellt und alle Anstrengungen auf die militärischen Schwierigkeiten konzentriert zu sein; im militärischen Bereich waren auch zweifellos erste Siege von Prieto und Rojo zu registrieren.
Anzeichen von Unstimmigkeiten zeigten sich schon bei der Entscheidung Negríns, die Regierung im Oktober 1937 nach Barcelona zu verlegen. Prieto wandte sich wegen der Auswirkungen dieses Schrittes auf das politische Schicksal der Zentralregion gegen eine derartige Maßnahme. Aber Negrín sorgte sich insbesondere um die Probleme Kataloniens. Nun beruht der besondere Charakter der ersten Regierung Negrín, der ihr auch ihre Bedeutung verleiht, auf der Eigenart der politischen Ziele und auf den zur Verwirklichung dieser Ziele angewandten Mitteln. Dieses Unternehmen bestand in erster Linie in der Stärkung des republikanischen Staates, in der Konzentration der Macht, in der Wiederer-

langung (soweit wie möglich) einer Regime-»Normalität« und in der Vereitelung jedweder erneuten Regung einer sozialen Revolution. All dies entstammte der Grundüberzeugung, daß man den Krieg nur gewinnen könne – und an diesem Ziel hielt man bis zum Frühjahr 1938 unverändert fest –, wenn die Republik einen parlamentarisch-gemäßigten Eindruck vermittelte und Unterstützung nicht so sehr bei der Sowjetunion als vielmehr bei den demokratischen Mächten Europas fand.

Bei diesem offensichtlich plausiblen Vorhaben muß auch das Problem der sozialen und politischen Kosten berücksichtigt werden, die die Verwirklichung dieser Politik mit sich brachte. In der Tat verfolgte die Strategie der Regierung Negrín keineswegs die Schaffung eines integrativen Gleichgewichts der Volksfrontkräfte, wie es zuvor Largo Caballero angestrebt hatte; Ausgangspunkt war vielmehr eine Art Kräftepyramide, an deren Spitze sich als hegemoniale Kraft der PCE befand, der bereits zur führenden Partei der Republik geworden war und nun dazu überging, die von seinem Konzept abweichenden Gruppen zunehmend zu marginalisieren. Diese entstammten drei politischen Lagern: dem nichtstalinistischen Kommunismus, der Fraktion Largo Caballeros und dem Anarchosyndikalismus. Die Konflikte zwischen diesen Gruppen und Parteien und dem PCE nahmen in der Folge zu. Zu Recht ist behauptet worden, daß die Politik Negríns einen *Oppositionsblock* entstehen ließ (85, S. 192), der in der letzten Phase des Bürgerkrieges zu einer mehrheitlichen Distanzierung der öffentlichen Meinung von Negrín und zu einer wachsenden Opposition gegenüber dem Widerstand um jeden Preis führte, wie ihn Negrín und die Kommunisten verfochten.

Den ersten Markstein dieser Politik bildeten die Aktionen, die zur – sogar physischen – Eliminierung der kommunistischen Dissidenten des POUM unternommen wurden (1, III). Es wurde nicht nur der Generalsekretär der Partei, Andreu Nin, festgenommen, entführt und ermordet, sondern die Organisation selbst wurde ab Sommer 1937 einem Gerichtsverfahren unterworfen, das – auch wenn es schließlich mit leichten Strafen endete – doch betrügerisch manipuliert wurde und der Partei mit illegalen Mitteln ein Ende bereitete (82). Allerdings muß darauf hingewiesen werden, daß man Negrín und seiner Regierung in diesem Fall nur fehlende Sorgfalt oder höchstens allzu große Zurückhaltung vorwerfen kann. Es ging darum, den »Trotzkismus« zu erledigen, und diese Politik

wurde völlig von der Sowjetunion bestimmt. Die Verantwortung für diese dunkle und schmutzige Angelegenheit fällt ohne Einschränkung auf die spanischen Kommunisten sowie auf die in Spanien tätigen sowjetischen Geheimdienste zurück (15, S. 627).
Largo Caballero wurde nicht nur seines Amtes enthoben; die von ihm vertretene politische Strömung, die in der UGT besonders stark war, stand außerdem der neuen Situation (Vorherrschaft der Kommunisten und Mitwirkung eines Teils der Sozialisten) sehr kritisch gegenüber. Der »Largocaballerismus« orientierte sich verstärkt an gewerkschaftlichen Positionen und forderte die Rückkehr zur früheren politischen Situation, als die Gewerkschaften direkt an der politischen Macht partizipierten.
Die Kampagne, die Largo Caballero zum Schweigen bringen sollte, wurde von den Kommunisten geführt, darüber hinaus aber auch weithin von Sozialisten unterstützt. Largo Caballero hatte bisher einige Presseorgane in Valencia kontrolliert, er besaß viele Anhänger und war nicht bereit, im politischen Abseits zu stehen. Seine Arbeit in der Öffentlichkeit wurde ihm erschwert, die Zeitungen wurden seiner Kontrolle entzogen, seine Versammlungen verboten, schließlich wurde er als Generalsekretär der UGT abgesetzt. Ein erneuter Aufschwung des »Largocaballerismus« war nach dem Mai 1937 jedenfalls völlig unmöglich.
Die dritte und – wegen der historischen Stärke der Bewegung, der Anzahl ihrer Anhänger und der Reichweite ihrer soziopolitischen Konzeptionen – wichtigste Kaltstellung betraf den Anarchosyndikalismus. Im Gegensatz zu den Thesen der unterschiedlichsten Pamphletisten anarchistischer Herkunft und selbst von Autoren anarchistischer Zugehörigkeit, die mehr oder weniger ausgewogene historische Überlegungen zu diesem Thema angestellt haben, muß jedoch betont werden, daß der Niedergang des spanischen Anarchismus in der zweiten Hälfte des Bürgerkrieges im wesentlichen auf endogene Ursachen zurückzuführen ist. Dies ist die generelle Schlußfolgerung, die man aus den wichtigsten Untersuchungen zu diesem Thema ziehen muß (18; 13; 55). Das Experiment der Anarchisten – die Regierungsbeteiligung – forderte einen hohen Einsatz mit negativem Resultat. Anfang 1937 gab es bereits scharfsinnige Beobachter, die den Niedergang der Bewegung erahnten. Sicherlich setzte sich der Anarchismus dieser politischen Erfahrung ohne angemessene Vorbereitung aus und führte damit in seinen eigenen Reihen unlösbare Widersprüche herbei.

Nach dem Verzicht auf eine erneute Regierungsbeteiligung im Mai 1937 schieden die Anarchisten im Juni 1937 ebenfalls aus der katalanischen Regierung aus. Im Sommer 1937 vollzog die anarchistische Bewegung mit der Auflösung der klassischen FAI und einer Neustrukturierung der bis dahin bestehenden Organisationen einen grundlegenden Wandel. Sie verlor auch auf gewerkschaftlicher Ebene an Stärke, als sie die Nationalisierungen akzeptierte und ihre Führungsorgane einen Oligarchisierungsprozeß durchliefen.

Blockierung der Revolution versus faschistischer Formalismus

Es war schon immer schwierig, jene metaphorische »Bruchlinie« festzulegen, die die antirepublikanische Erhebung durch die spanische Gesellschaft von 1936 gezogen hat. Welche Individuen, Fraktionen, Gruppen, Korporationen oder Klassen blieben dem von der Republik repräsentierten Gesellschaftsentwurf treu, und welche optierten für den Aufstand? Und welche sozialen Phänomene erzeugte, nachdem der latente Konflikt zu einer bewaffneten Auseinandersetzung geworden war, der Krieg als solcher?
Auf diese Fragen sind eine große Anzahl genereller Antworten gegeben worden, die nicht nur deutlich machen, wie unterschiedlich die Wurzeln dieser Auseinandersetzung interpretiert werden können, sondern die auch davon zeugen, daß über 50 Jahre lang über dieses Problem – das letztlich das wichtigste ist, das Aufklärung verdient – bei weitem mehr Ideologie als wissenschaftliche Reflexion verbreitet wurde. Die bewaffnete Auseinandersetzung von 1936 als eine weitere Episode eines angeblich ewigen Kampfes zwischen den beiden »mythologischen Spanien« zu betrachten ist eine ebenso oberflächliche wie unnütze Sichtweise, auch wenn ihr nicht wenige Autoren anhängen und sie eine Reihe berühmter Vorläufer aufweisen kann. Das Hirngespinst der »beiden Spanien« ist schlichtweg ein lächerliches Konstrukt, das für alles herhält; allerdings bewahrt es vor größeren kritischen Überlegungen. Die Dinge liegen leider nicht so einfach. Es läßt sich nämlich unschwer feststellen, daß es sich zwar grundsätzlich um einen Klassenkonflikt handelte, dieser aber von vielen anderen sekundären Konflikten überlagert wurde, so daß zwischen den beiden radikalen Polen der Auseinandersetzung verwickelte und abgestufte Situationen und Haltungen anzutreffen sind, deren vollständige Auflösung nicht einmal den Kampffronten gelang.

Es gab sicherlich eine Reihe zwar nicht sehr starker, aber einflußreicher sozialer Gruppen, die es vorzogen, in diesem Konflikt keine Partei zu ergreifen und eine nichtkriegerische Lösung zweifellos präferiert hätten. Dies läßt sich von einem nicht allzu kleinen Kreis von Intellektuellen, ja sogar von vielen Politikern sagen, die eine wichtige Rolle im republikanischen Regime spielten. Andererseits darf nicht vergessen werden, daß die Option für die eine oder die andere der beiden feindlichen Lager größtenteils keine frei getroffene Entscheidung war. Um dieser Tatsache gerecht zu werden, haben einige Autoren den Begriff »geographische Loyalität« eingeführt, um die Haltung von Personen und ganzer Fraktionen sozialer oder institutioneller Gruppen zu beschreiben, die – abhängig vom jeweiligen Ausgang des Aufstandes – der Gnade der Sieger ausgeliefert waren und entweder eliminiert oder mit Gewalt unterworfen wurden. Dies trifft offensichtlich auf die andalusische Landarbeiterschaft, auf bestimmte fortgeschrittenere Sektoren der Bourgeoisie und auf das städtische Proletariat in jenen Regionen zu, in denen die Aufständischen siegreich waren. Außerdem war dieses Phänomen im Hinblick auf viele Angehörige der Streitkräfte von großer Bedeutung für den weiteren Kriegsverlauf; im Fall des katholischen Klerus wirkte es sich tragisch aus. Wenn wir allerdings von »geographischer Loyalität« sprechen, setzen wir andererseits den Typus der sozioideologischen Loyalität voraus, den wir so weit wie möglich klären müssen, wobei der Einfluß der »geographischen Loyalität« zu berücksichtigen bleibt.

Es stellt sich schließlich noch das Problem, wie und in welchem Ausmaß der durch den Krieg vollzogene Bruch in der Entwicklung gewerkschaftlicher oder politischer Organisationsformen neue Ausdrucksformen fand, wie sich ein neues System von Konflikten oder Bündnissen zwischen diesen Organisationen herausbildete, wie sie auf die Bestrebungen der sozialen Gruppen reagierten, die sich ihnen anschlossen und die im Krieg die für die Durchsetzung ihrer Vorstellungen geeigneten Verhältnisse erblickten. Dieser Herausforderung mußten sich vor allem die *Falange* und die Kommunistische Partei stellen, die die größte Anziehungskraft ausübten. In enger Beziehung zu den Bestrebungen bestimmter sozialer Gruppen müssen Phänomene wie etwa die Entwicklung des Anarchosyndikalismus während des Krieges oder die Krise des katholischen Gewerkschaftswesens, das vom

Syndikalismus faschistischer Prägung verdrängt wurde, erklärt werden.
Im allgemeinen bezweifelt heute niemand mehr, daß das aufständische Spanien vor allem jene Interessengruppen repräsentierte, die dem traditionellen Agrarbereich verbunden waren und eine Veränderung der Eigentumsverhältnisse und der Absatzbedingungen am stärksten ablehnten. Es wäre jedoch ein Irrtum anzunehmen, daß die ländliche Welt eine homogene und stabile gesellschaftliche Formation dargestellt habe. Es war gerade die Republik, die durch Schaffung neuer Artikulationsmöglichkeiten für soziale Forderungen die internen Widersprüche im Agrarbereich neu belebte, was die insgesamt mißlungene Agrarreform deutlich werden läßt. In einem großen Teil Spaniens existierten zwei bedeutende Probleme: das der Masse der lohnabhängigen Bauern und das der kleinen selbständigen Bauern, die während des gesamten Jahrhunderts einen Prozeß zunehmender Proletarisierung durchmachten (26, S. 18) – ein Problem, dessen Lösung die Republik nicht in Angriff nahm. Grundsätzlich läßt sich sagen, daß hinter dem Aufstand, in sozialen Termini formuliert, die Allianz zwischen dem agrarischen Großgrundbesitz und dem Finanzkapital – in Einverständnis mit ihren ausländischen Niederlassungen – stand. Aber es ist auch möglich, daß der massive Anstoß zum Aufstand im wesentlichen auf eine unzufriedene Agrarbourgeoisie zurückging. Das Großkapital vermochte es, diese bäuerlichen Mittelschichten, die im wesentlichen aus dem kastilisch-andalusischen Raum stammten, mit ihren Forderungen zu seinen »Satelliten« zu machen. In dieser Region besaß auch die katholisch geprägte Gewerkschaftsbewegung Einfluß, dort hatten die »Agrarier« und die CEDA erst kürzlich ihr Wählerpotential gefunden.
José Antonio Primo de Rivera brachte in seinen Schriften, die er nach Kriegsausbruch im Gefängnis verfaßte und die zum erstenmal 1938 veröffentlicht wurden, zum Ausdruck, daß seiner Ansicht nach der militärische Aufstand vor allem eine Sache der »Mittelschichten« gewesen sei (51). Auch wenn diese Aussage sehr zweifelhaft ist und ideologische Vorurteile des Führers des spanischen Faschismus reflektiert, kann seiner Vorhersage doch nicht der Scharfblick abgesprochen werden, daß im Fall des Sieges der Aufständischen nämlich nicht die Mittelschichten profitieren würden, sondern »die konservativen Klassen ..., der Agrar- und Finanzkapitalismus ...; viele Jahre lang (werde) jede Möglichkeit,

ein modernes Spanien aufzubauen, versperrt bleiben«. Diese Texte wurden im offiziellen Spanien ängstlich geheimgehalten; und es ist nicht weiter verwunderlich, daß sie in einem Mann wie Prieto, der sie kannte, bittere Zustimmung weckten.

Vielleicht ist die Beziehung zwischen »Mittelschichten« und sozialen Konflikten in Spanien die schwierigste Frage. So kann zum Beispiel von einer einheitlichen Reaktion des städtischen Kleinbürgertums auf die »Modernisierungsimpulse« in den dreißiger Jahren keineswegs die Rede sein. Infolgedessen kann man auch genausowenig von einer einheitlichen Haltung gegenüber dem bewaffneten Konflikt seitens dieser Fraktion sprechen, die die unterste Schicht der besitzenden Klasse darstellte. Wichtige Teile dieser Schichten bildeten, zusammen mit bäuerlichen Kleineigentümern, die Milizen der *Falange* (7, S. 313); in Gegenden wie Navarra gingen sie auch zu den karlistischen Milizen, wenn sich auch in letzterem Fall der Kern der Kämpfer aus dem untergehenden »ländlichen Kleinadel« *(hidalgená rural)* sowie den unteren bäuerlichen Schichten rekrutierte (8, S. 93).

Dementsprechend waren es die städtischen Mittelschichten, die in der Republik unter den negativen Effekten der ersten revolutionären Impulse litten und angeblich bis an die Grenzen der »Erschöpfung« gelangten (15, S. 107). Die Zeitung *CNT* sah sich im Februar 1937 genötigt, jenen zu widersprechen, die »versuchten, die Anarchisten als unversöhnliche Feinde des Kleinbürgertums darzustellen«. In demselben Artikel enthüllte der Anarchismus jedoch mit folgendem Zusatz seine Widersprüche:

> »Gegen das Proletariat haben sich alle bürgerlichen Parteien erhoben, von Melquíades Alvarez bis Gil Robles ... Maura, die Traditionalisten, fast das gesamte Heer, die Gerichtsbarkeit, die Sicherheitsorgane des Staates, alle die, die sich in Spanien einen Anschein von Bürgerlichkeit gaben ... Auf der anderen Seite der Schützengräben hat sich die gesamte bürgerliche Welt den Absichten Francos und seiner Gefolgsleute gebeugt.«

Tatsache ist, daß sich das Kleinbürgertum auf der einen Seite in die *Falange*, das auf der anderen Seite in die Kommunistische Partei flüchtete.

Diese von den Anarchisten angeprangerte allgemeine Erhebung gegen das Proletariat ist zwar übertrieben, jedoch nicht völlig falsch. Die Darstellung vergißt allerdings die Verbündeten des Proletariats, von denen der wichtigste das Kleinbürgertum war.

Nicht nur der historische Republikanismus, sondern auch die Sozialdemokratie erfaßte bereits bedeutende Gruppen des Kleinbürgertums, das infolge dieser politischen Vertretung zum Großteil der Republik treu blieb. Das Problem bestand darin, daß in dem PSOE-UGT-Komplex verschiedene Gruppen unterschiedlicher sozialer Herkunft koexistierten, die schließlich eine tiefe Spaltung im spanischen Sozialismus hervorriefen. Die nicht zur Arbeiterschaft gehörenden sozialen Gruppen fühlten sich nicht repräsentiert. Die diesbezügliche Politik der Aufständischen unterschied sich massiv von der der Republik: Sie reaktivierte das System der absoluten Herrschaft über das Proletariat und führte in die Behandlung der sozialen Frage Maßstäbe ein, die uralter konservativer Tradition entstammten: »Wohltätigkeit«, Paternalismus, Religion. Die Interessen der grundbesitzenden Klein- und Mittelbauern, allgemein die der »Mittelschichten« wurden dagegen durch die Gesetzgebung unmittelbar geschützt. Sie wurden zum Gegenstand einer besonderen Ideologie.
Wenn es auch keinen generellen Aufstand gegen das Proletariat gab, so besteht doch kein Zweifel daran, daß eben dieses Proletariat den Kern der Verteidigung gegenüber dem Militärputsch bildete. Dies gilt vor allem für das städtisch-industrielle Proletariat und, neben ihm, für die kleinen Kaufleute und Landwirte der entwickelteren Regionen des Landes. In diesen Gruppen, die das ausgeprägteste Klassenbewußtsein, den höchsten Organisationsgrad und die radikalste Einstellung besaßen, führte der Bürgerkrieg zu dem Gefühl, sich in einer irreversiblen Situation zu befinden. Es ging nicht mehr darum, die liberale demokratische Ordnung zu restaurieren, sondern auf dem Weg einer neuen antikapitalistischen Ordnung voranzuschreiten. Die Ansichten darüber, wie weit diese Schritte zu gehen hätten, spalteten diese Gruppen – zum Beispiel in der Frage der Kollektivierung – und ließen Gegenbewegungen entstehen.
Die Anarchisten täuschten sich auch nicht in der Überzeugung, daß sich die großen Körperschaften des Staates – die Streit- und Ordnungskräfte, die Justiz, die Verwaltungsbürokratie – »fast in ihrer Gesamtheit« dem Aufstand angeschlossen hatten. Aber auch in diesem Fall sind Globalurteile fehl am Platz. Es ist oft darauf hingewiesen worden, daß das Problem viel älter war: Es lag in der Unfähigkeit des republikanischen Systems, diese Körperschaften bestimmten legislativen und strukturellen Reformen zu unterzie-

hen, aufgrund derer es möglich gewesen wäre, die Wurzeln ihrer Bindungen an das »alte Regime«, d. h. an den Staat der Restauration, zu beseitigen. Die am gründlichsten geplante Reform – die des Militärwesens – stellt ein geradezu archetypisches Beispiel für dieses Scheitern dar (2, S. 327). Der republikanische Reformismus wirkte sich allerdings auf einen wichtigen Sektor des Erziehungsapparates und des kulturellen Bereichs aus. Diese Bereiche – in denen sich schwerpunktmäßig die großen ideologischen Kämpfe der republikanischen Epoche abspielen sollten – waren von den Modernisierungsbestrebungen bereits zuvor durchdrungen worden. Die Aufständischen, die auf die Restauration des »traditionellen«, antiliberalen Spanien abzielten, mußten massiv gegen diese Strömungen angehen – was denn auch geschah.
Über die sozialen und ideologischen Grundlagen des Militäraufstandes ist viel gesprochen, geschrieben und polemisiert worden. Es gibt klassische Texte von den Militärs selbst (wie die von Rojo, Pérez Salas, Kindelán oder Vigón) sowie tiefgreifende Analysen (wie die von Payne, Salas Larrazábal, Alpert, Busquets oder Cardona). Das Thema ist zu umfassend, als daß es hier behandelt werden könnte. Jedenfalls ist das Problem der »Quantifizierung« der Aufständischen bzw. der Republiktreuen weiterhin ungelöst. Es ist offensichtlich, daß sich nicht das gesamte Militär dem Aufstand anschloß, und im Fall der Ordnungskräfte ist dies noch deutlicher. Hier soll nur auf eine Überlegung hingewiesen werden, die sich vielleicht noch nicht genügend durchgesetzt hat: Zumindest seit 1917 war das Militär die eigentliche Achse, um die sich alle aufständischen Bewegungen gegen die politische Ordnung, die in den schwierigen Jahren der Zwischenkriegszeit errichtet worden war, drehten. Es handelt sich um aufständische Bewegungen auf der Rechten, was hinreichend bekannt ist, aber auch auf der Linken, was weniger bekannt ist. Dieses Phänomen weist auf eine real vorhandene Spaltung innerhalb der spanischen Streitkräfte hin, und diese Spaltung war 1936 ebenso vorhanden.
Zweifellos weniger komplex ist der Fall der anderen großen Körperschaft, der Kirche, über die hier nur Aussagen auf der gesellschaftlichen Ebene gemacht werden sollen. Anders als im Fall des Militärs handelt es sich hierbei um ein Thema, zu dem neue Untersuchungen dringend erforderlich sind; umgekehrt können viele der bereits vorliegenden Studien getrost unberücksichtigt bleiben.

Die Politik des republikanischen Reformismus gegenüber der Kirche und ihren religiösen Symbolen war zweifellos teilweise ungeschickt und sogar willkürlich »aggressiv«. Andererseits war die Trennung von Kirche und Proletariat bekanntlich schon alt. Die Kirche unterstützte nicht nur geschlossen den Aufstand, sondern lieferte ihm auch ein immenses ideologisches Gerüst. Die eigentliche Antriebskraft scheint jedoch nicht die Bewahrung ihres materiellen Besitzes und ihrer wirtschaftlichen Beziehungen gewesen zu sein, sondern eher die Wiedererlangung der (auch ökonomischen) Mechanismen, auf die sie – als quasi staatliche Instanz – ihre ideologische Hegemonie stützte: die Kontrolle des Erziehungswesens, die Einimpfung sittlicher Vorstellungen, die soziale Lage des Klerus, die Verbindung von Kirche und Staat und somit die offizielle Anerkennung der katholischen Hierarchie. Die Kirche schlug niemals eine auf Verhandlungen basierende Lösung des Konfliktes vor, abgesehen von entsprechenden Bestrebungen im Baskenland (47, II, S. 331). Die wenigen, jedoch bedeutsamen Abweichler aus ihrer Mitte – Múgica, Vidal y Barraquer – sind zwar wichtige Zeitzeugen, hatten aber keinerlei Einfluß auf die Entscheidungen der Kirchenhierarchie.

Wenn es im Hinblick auf die sozialen Interessen heute noch schwerfällt, den Verlauf der Trennlinie festzulegen, so trifft dies in ähnlicher Weise auf ihre politische und programmatische Umsetzung zu, somit auf die Institutionen der Meinungsbildung und der politischen Handlung sowie auf die Organisationen zur Verteidigung von Klasseninteressen, nämlich auf Parteien und Gewerkschaften. Ebenso wie die Analyse der sozialen Bruchlinie sich heute nicht mehr mit einfachen Gegenüberstellungen wie ländlich–urban, Bürgertum–Proletariat, Heer–Volk und ähnlichem zufriedengeben kann, besitzen programmatische Formulierungen in der Sprache der Bürgerkriegszeit und des nachfolgenden Regimes häufig verwandte Gegensatzpaare wie Spanien–Antispanien, Christentum–Kommunismus oder Faschismus–Kommunismus für uns heute kaum noch einen Informationswert. Die Verbindung zwischen sozialen Interessen und sozialpolitischen Programmen ist komplexer und – hinsichtlich ihrer Ursprünge – zugleich einfacher. Keine der beiden Seiten bildete zu Beginn bei der Formulierung der angestrebten sozialen Ziele einen homogenen Block. Im Verlauf des Krieges entwickelten sich sodann die verschiedenen Positionen, bis in jeder der beiden Zonen ein bestimmter Ideologie-Typ und eine soziale Praxis vorherrschten, die alle anderen ausschlossen. Diese Entwicklung zog schwere interne Spannungen nach sich. Auf republikanischer Seite reichte das Meinungsspektrum vom bürgerlichen Kapitalismus der Republikaner über die Positionen der Kommunisten, die einer verstaatlichten Wirtschaft nahestanden, bis hin zum Kollektivismus der Anarchisten. Auf der Seite der Nationalisten gab es deutliche Differenzen zwischen dem Neokorporativismus katholischer Prägung, den sozial-»revolutionären« und syndikalistischen Vorstellungen der *Falange* Hedillas, den karlistischen Plänen einer neuen Zunft- oder genossenschaftlichen Ordnung und den grobschlächtigen sozialen Modellen des Militärs oder dem reaktionären Konservativismus der Agraroligarchie. Auf der republikanischen Seite lief die Entwicklung auf eine drastische *Eindämmung der Revolution* hinaus und verhalf einer wirtschaftspolitischen Strategie zum Sieg, die das Privateigentum verteidigte, zugleich aber nicht unvereinbar war mit einem hohen Grad von Staatsinterventionismus und einer klaren Tendenz zur Nationalisierung. Eine derartige Politik aber bot den Volksmassen, die die Republik verteidigten, wenig reale Aussichten. Währenddessen wichen im aufständischen Lager die primitiven und sozial reaktionären Positionen einem »sozialnationalen« Diskurs mit antibürgerlicher und antikapitalistischer Rhetorik. Seine Bestandteile wiesen einen derartigen Grad an Amalgamierung auf, daß er sich auf der Grundlage programmatischer Inhalte der *Falange* lediglich als ein *faschistischer Formalismus* definieren läßt, der sich im übrigen unter dem Regime der Nachkriegszeit einer wachsenden Erosion ausgesetzt sah. Er verdeckt auch das eigentliche Ziel der Politik, nämlich die sozialen Strukturen des Restaurationszeitalters mit Hilfe eines neuen Systems der Integration der Massen zu erhalten.

Um diese beiden Prozesse mit Beispielen zu belegen, kann man auf einige ausgesprochen repräsentative Phänomene verweisen. In der republikanischen Zone ist es der Prozeß der Kollektivierung, sein späterer Niedergang und seine Quasi-Eliminierung. Der zweite Prozeß zeigt sich in dem Weg, der von der Herausbildung der wohltätig-paternalistischen Mentalität zu jener sozialpolitischen Einstellung führt, wie sie im *Fuero del Trabajo* (Grundgesetz der Arbeit) zum Ausdruck kommt. Beide Beispiele sollen kurz erläutert werden.

Die Kollektivierung der Produktionsmittel, die Sozialisierung der

Produkte in ihrer radikalsten Form – vor allem in ihrer gewaltsamen Variante – wurden von den pro-republikanischen Kräften mehrheitlich abgelehnt. Vom Anarchosyndikalismus und von einem bedeutenden Sektor der UGT wurde sie jedoch beharrlich verfolgt und praktiziert. Nach einer ersten Phase der Ausbreitung des Kollektivismus auf dem Lande, der Beschlagnahmung und der Arbeiterkontrolle in der Industrie und im Dienstleistungssektor zielte eine starke, vom Staat in die Wege geleitete und grundsätzlich von den Kommunisten angeregte Reaktion auf die Eindämmung des Prozesses. Sogar in der CNT selbst setzte sich mit dem Pakt zwischen UGT und CNT (13, S. 136) die Politik der Nationalisierung als die angemessenste durch.

Zum Gesamtphänomen des *Kollektivismus* können im folgenden nur einige kurze Erläuterungen gemacht werden. Das, was von einem seiner Apologeten »das konstruktive Werk der spanischen Revolution« genannt wurde, wird von einer Reihe zeitgenössischer Augenzeugenberichte dokumentiert, die inzwischen zu Klassikern geworden sind, denen es jedoch nicht gelang, ein umfassendes Bild des Phänomens zu zeichnen. Auch später durchgeführte und mehr oder weniger vollständige Untersuchungen – wie die von Peirats, Mintz, Pérez-Baró, Bernecker – zeugen davon. Es entstehen ständig neue regionale Detailstudien, die jedoch aufgrund der Unterschiede in bezug auf die Daten und die Interpretation kein geschlossenes Bild der Bewegung entstehen lassen. Landwirtschaftliche Kollektive bestanden in Katalonien, Aragonien, der Levante und Neukastilien in großer Zahl; sie existierten auch in Andalusien. Industrie und Dienstleistungssektor waren weniger stark betroffen. Die Kollektivierung wurde später durch die Arbeiterkontrolle oder durch die Übernahme seitens der Gewerkschaften ersetzt.

Es ist auffällig, daß von der Zentralregierung sehr wenige diesbezügliche Gesetze erlassen wurden. Es waren vielmehr die Regionalregierungen, die in Katalonien, Aragonien und Valencia versuchten, die Organisation der Kollektivierung gesetzlich zu regeln. Dies läßt sich leicht damit erklären, daß das von dem kommunistischen Landwirtschaftsminister Uribe am 7. Oktober 1936 erlassene Agrarreformdekret, das den allgemeinen Rahmen für die Reform des Eigentums schaffen wollte, auf die Kollektivierung nur als eine Möglichkeit unter anderen verwies. In den regionalen Verbänden war der Anarchosyndikalismus stark vertreten; dort

gelang es ihm auch – häufig mit Unterstützung der UGT –, Verträge und Gesetze durchzusetzen, deren wichtigste in Katalonien verabschiedet wurden (65, 1, S. 271). Mit diesen Maßnahmen trieben sie einen Prozeß voran, den die Kommunisten zwar nicht völlig ablehnten, aber auch nicht mit Wohlwollen betrachteten.
54% des gesamten anbaufähigen beschlagnahmten Bodens wurden kollektiviert. Die Angaben über die Kollektivierungen in der Region Valencia werden heute mit 353 angegeben, davon waren 264 anarchistische, 69 sozialistische und 20 »gemischte« (17, S. 240). In Aragonien, wo das Wirken des dortigen Verteidigungsrates von entscheidender Bedeutung war, gaben die anarchistischen Quellen für Februar 1937 die Existenz von 211 Kollektiven an (25, S. 323). Für das Gebiet der Republik – mit Ausnahme Kataloniens, wo das Institut für Agrarreform keine Kompetenzen besaß – sind 2213 landwirtschaftliche Kollektive gezählt worden, die 156822 Familien umfaßten (64, S. 245; 23, S. 136; 13, S. 107). Insgesamt wurden 5,5 Millionen Hektar enteignet, von denen 2,9 Millionen Hektar kollektiviert wurden (23, S. 133).
Die Probleme, die die »kollektivistische Revolution« der historischen Analyse stellt, betreffen nicht nur die Schwierigkeit, ihren wirklichen quantitativen Umfang festzustellen. Sie beziehen sich auch auf einige ihrer wichtigsten sozialen Dimensionen (Erfolgten die Kollektivierungen spontan, oder waren sie erzwungen? Waren es rentable oder ruinöse Unternehmungen?) sowie auf ihren Anteil am Ausgang des Krieges. Der Kollektivismus bzw. – um mit Frank Mintz zu reden – die »Selbstverwaltung« (59, S. 26), die Nationalisierung der Ländereien und ihre Aufteilung zum Zwecke der Nutznießung sowie die unveränderte Beibehaltung des Privateigentums waren die drei Optionen, die die verschiedenen Positionen hinsichtlich des gesellschaftlichen Systems zum Ausdruck brachten, das durch den Bürgerkrieg in Frage gestellt worden war. Die politischen Implikationen waren ebenfalls offensichtlich, da die einzelnen Positionen je unterschiedliche Vorstellungen über das Problem der Macht voraussetzten. Schließlich trifft der Tatbestand der Kollektivierungen die eigentlichen Wurzeln der Divergenzen über die Beziehungen zwischen Krieg und Revolution.
In der aufständischen Zone können die sozialen Verfügungen, die die *Junta Técnica del Estado* in den ersten 15 Monaten erließ, nur als »wohltätig-sozialfürsorgerische« Maßnahmen bezeichnet werden. Die Organisation des Wohltätigkeitswesens selbst erfolgte

mittels verschiedener Verordnungen vom 7. Dezember 1936. Die Wurzeln dieser Politik sind zurückzuführen auf das sozial-katholische, konservative Denken; sie setzt sich im korporativistischen Traditionalismus fort (61, S. 218). Auf dieser Wohltätigkeitsebene bewegten sich die Schutzmaßnahmen für die unteren Klassen. Sie wurden von Miete, Licht- und Wasserabgaben befreit und erhielten verschiedenartige Unterstützungen. Auch das Dekret über die Arbeitslosigkeit vom 2. Januar 1937, das als Instrument sozialer Gerechtigkeit zwar sehr gerühmt worden ist, ging nicht über diese Ebene hinaus. Dem politischen Apparat, an dessen Spitze Franco stand, mangelte es an jeglicher sozialpolitisch dauerhaften Orientierung, die die Schranken des traditionellen Konservativismus überwunden hätte. Hierzu trug auch die Herkunft dieser Männer aus dem konservativen Lager bei. Die »Sozialdoktrin« wurde von den politischen Gruppen beigesteuert, die den Aufstand unterstützten. Die generelle Bedeutung dieser Entwicklung wird durch folgende Tatsache verständlich: Nachdem auch der geringste programmatische Ansatz zur Veränderung des etablierten sozialen Systems – wie es im Prinzip von der *FE de las JONS* vertreten wurde – verbannt worden war, entwickelte sich ein übereinstimmendes Bewußtsein über die Notwendigkeit, daß dieses System von anderen ideologischen und normativen Grundlagen aus verteidigt werden müsse als von einem reinen Konservativismus und selbst von dessen interventionistischer Tradition im 20. Jahrhundert aus.

Es ist darauf hingewiesen worden, daß es im nationalistischen Spanien zwei wesentliche Strömungen im Hinblick auf die »Organisation und Eingliederung der Arbeiter- und Volksklassen« gab: die sozial-katholische und die falangistische (26, S. 393). Auch wenn dieses Schema allzu vereinfachend erscheinen mag (der Sozialkatholizismus etwa muß differenziert oder erweitert werden), ist es doch nützlich, um die »neuen Vorstellungen« im Hinblick auf die soziale Ordnung aufzuzeigen: Sie rangen um ihre Durchsetzung in dem gemeinsamen Bestreben, das System durch eine Veränderung der organisatorischen Grundlagen zu erhalten. Die »Sozialdoktrin« bewegte sich zwischen der korporativistischen Linie der alten karlistischen Tradition (die später durch Einflüsse ausländischer korporatistischer Systeme mitgeprägt wurde) und der syndikalistischen Idee, in der eine lebendige Tradition des katholischen Gewerkschaftswesens (das niemals zu einem an den

sozialen Klassen orientierten Gewerkschaftswesen wurde) und faschistische Ideen sich auf der Ebene des Nationalsyndikalismus mischten.
Im folgenden läßt sich nicht der Aufbau eines syndikalistischen Staatsapparates, auf den die Entwicklung schließlich hinführte, nachzeichnen. Im übrigen machte dieser Aufbau während des Krieges nur wenig Fortschritte (3, S. 63). Ebensowenig lassen sich die Spannungen verfolgen, die aus der Konkurrenz von Programmen entstanden, aus denen schließlich die Falangisten gegenüber dem katholischen Syndikalismus (*Confederación Nacional Católico-Agraria* [CNCA, Katholisch-Agrarischer Nationalbund], *Confederación Española de Sindicatos Obreros* [Spanischer Bund der Arbeitersyndikate]) und die *Obra Nacional Corporativa* (National-korporative Arbeit) karlistischer Prägung als Siegerin hervorging (4).
Das wichtigste Gesetz auf sozialpolitischem Gebiet stellte zweifellos der *Fuero del Trabajo* vom März 1938 dar. Die Entstehung dieses Gesetzes ist im übrigen kurios. Es war von der erst kurz zuvor eingesetzten Regierung des nationalistischen Spanien, konkret vom Ministerium für Syndikale Organisation und Aktion in Angriff genommen worden, mußte schließlich aber vom Nationalrat der *FET de las JONS* erarbeitet werden. Das Gesetz enthält klare faschistische Reminiszenzen aus der *Carta del Lavoro* (Charta der Arbeit); es ist nicht nur eine gesetzliche Verfügung, sondern ebenso eine politische und propagandistische Erklärung (3, S. 58). Der Text setzt sich aus einer Präambel und 16 Erklärungen zusammen. Die Präambel definiert den Staat zum erstenmal als nationalistisch und syndikalistisch und präsentiert ihn als »Reaktion gegen den liberalen Kapitalismus und den marxistischen Materialismus«. In Erklärung XIII geht es um das »vertikale Syndikat«, in den Parteistatuten war vom »vertikalen und hierarchischen Aufbau« des Syndikalismus die Rede. Das Dokument stellt insgesamt ein Programm zur Beibehaltung des nicht-liberalen Kapitalismus bei strikter Eingliederung der Bevölkerung dar.

Die Zerstörung der Republik

Im letzten Kriegsjahr nahmen die gesellschaftspolitischen Divergenzen zwischen den beiden Lagern endgültigen Charakter an.

Die Republik unternahm in der Ebro-Schlacht ihren letzten Versuch einer Offensive, deren Ausgang, zusammen mit dem Verlust der ausländischen Unterstützung nach dem Münchener Abkommen, die Überlebenschancen der Republik außerordentlich problematisch werden ließ. Mit der Verschlechterung der militärischen Lage ab Frühjahr 1938 (am 14. April erreichten die Aufständischen das Mittelmeer und spalteten damit das republikanische Spanien in zwei Teile) blieben nur zwei politische Optionen offen: entweder Frieden auf dem Verhandlungswege – wobei die ausländische Vermittlung von entscheidender Bedeutung sein mußte – oder aber Widerstand um jeden Preis. Juan Negrín, der auch in dieser letzten Phase an der Spitze der Regierung stand, schlug beide Wege ein, ohne irgendwelche Veränderungen zu erreichen. Er verlängerte lediglich die Lebensdauer des Regimes durch den Aufschub des vorhersehbaren, endgültigen Zusammenbruchs.

Die Auswirkungen eines im Hinblick auf die Ressourcen des Landes allzu langen Krieges und die Verlängerung von Leiden, für die keine Entschädigung in Sicht war, begannen die Bevölkerung, die politischen Kreise und die öffentliche Meinung des republikanischen Spanien ernsthaft zu belasten. Niemand erwartete für den Fall einer bedingungslosen Niederlage auch nur die geringste Versöhnungsgeste seitens des Siegers. Allmählich griff der Wunsch nach einer Kapitulation um sich, die wenigstens die Folgen einer massiven abschließenden Repression auffangen könnte. Aber Negrín und sein Hauptverbündeter, die Kommunistische Partei, vertraten eine Politik des Widerstandes, die eine unüberbrückbare Spaltung im republikanischen Lager zwischen eben jenen Befürwortern der Widerstandslinie und der Masse der Bevölkerung herbeiführte. In diesem Kontext muß der verzweifelte – vielleicht auch mit geheimer Unterstützung vorbereitete – Versuch von Oberst Casado gesehen werden, der im März 1939 in Absprache mit einem Flügel der Sozialisten, den Anarchisten und einigen Militärs versuchte, direkt mit Franco Friedensverhandlungen zu führen – was zugleich eine Amtsenthebung Negríns bedeutete. Von den geringen Chancen derartiger Verhandlungen zeugt die Tatsache, daß Franco sie plötzlich und ohne Erklärungen abbrach.

Im nationalistischen Spanien lebte man seit einem Jahr in einer völlig anderen Atmosphäre. Auf der Grundlage eines vollständi-

gen Vertrauens in den Sieg hatte sich die Macht Francos gefestigt und zeigte inzwischen keine Risse mehr. Auch der instrumentelle Rahmen seines Regimes wurde durch die Einsetzung der ersten Regierung im Februar 1938 vervollständigt. Die Unterstützung aus dem Ausland konsolidierte und erweiterte sich zunehmend; der militärische Fortschritt war – trotz des kleinen Rückschlags in der ersten Phase der Ebro-Schlacht – offensichtlich. Diese Entwicklung erlaubte es ihm, eine Politik zu verfolgen, die auf die unversöhnliche Zerstörung all dessen gerichtet war, was die Republik repräsentierte. Franco forderte die bedingungslose Kapitulation ohne jede vertragliche Vereinbarung.
Der Bürgerkrieg wurde allerdings beendet, ohne daß der »neue Staat« seine Elemente – Partei, Regierung und soziale Organisationen – zu einer organischen Einheit zusammengefaßt hatte. Dies wurde durch die Konsolidierung des Führer-Regimes ersetzt, das für die mächtigsten der am Bürgerkrieg beteiligten Gruppen die beste aller Lösungen darstellte.

Die erste Regierung des »neuen Staates«

Das Gesetz zur Regelung der staatlichen Zentralverwaltung vom 30. Januar 1938 sah deren Organisation in »Ministerialabteilungen« vor, an deren Spitze je ein Minister und sein Staatssekretär stehen sollten. Die Zahl der Ministerialabteilungen wurde auf elf festgelegt, wobei das alte Innenministerium in »Inneres« und »Öffentliche Ordnung« aufgeteilt und ein weiteres für »Organisation und syndikale Aktion« geschaffen wurde. Es gab eine zwölfte »Sonder«-Abteilung, die dem »Präsidentenamt« angegliedert wurde, das wiederum »an den Staatschef gebunden« war. »Die um ihn versammelten Minister werden die Regierung der Nation bilden.« Die früheren »Generaldirektoren« wurden nach dem neuen Reglement »Chef vom Dienst« *(jefes de servicio)* genannt.
Die Herkunft und politische Orientierung der Männer dieser ersten Regierung lassen es gerechtfertigt erscheinen, daß sie eine Regierung »der politischen Konzentration« genannt worden ist. Die Tatsache, daß natürlich alle der neuen Einheitspartei angehörten, stellt wenig mehr als eine Anekdote dar. Tatsächlich wurden sie aufgrund ihrer vorherigen Bedeutung ernannt. Es waren vier Militärs darunter: die Generäle Gómez-Jordana, Dávila und Martínez Anido sowie Juan A. Suances. Sie wurden mit der Vizeprä-

sidentschaft und dem Außenministerium, dem Ministerium für Nationale Verteidigung, für Öffentliche Ordnung bzw. für Industrie und Handel betraut. Das Ministerium für Öffentliche Ordnung ging somit in die Hände eines alten Experten für jede Art staatlicher Repression über, der, wie andere Kabinettsmitglieder auch, ein Mitarbeiter Primo de Riveras gewesen war. Von den Falangisten der »alten Garde« gab es nur einen, Raimundo Fernández Cuesta, Generalsekretär der *Falange* in der Epoche José Antonio Primo de Riveras, der kurz zuvor erst gegen den Republikaner Justino de Azcárate ausgetauscht worden war; ihm wurde das Landwirtschaftsministerium übertragen. Als Karlist figurierte Tomás Domínguez Arévalo, Conde de Rodezno, aber selbst nach dem Urteil von Karlisten war diese Bezeichnung mehr als zweifelhaft. Als alteingesessener Kazike aus Navarra war er – schon immer zu jeder Art politischer Schieberei bereit – ein Instrument Francos bei der Vereinigung der Parteien. Ihm fiel dabei die Aufgabe zu, seine Parteifreunde zu überzeugen. Nachdem er vom Regime üppig belohnt worden war, endete er schließlich im Lager von Don Juan (33, S. 20). Seltsamerweise wurde das beim Aufbau des neuen Staates eigentlich zentrale Ministerium für Organisation und syndikale Aktion, das auch die Befugnisse des früheren Arbeitsministeriums übernahm, dem Neofalangisten Pedro González Bueno anvertraut, der, soweit bekannt, über keinerlei ihn für ein solches Amt auszeichnende Qualifikationen verfügte. Die Männer, die eine – mehr oder weniger faschisierte – monarchistische Tradition vertraten, waren Andrés Amado im Amt des Finanzministers und Sainz Rodríguez als Minister für Nationale Erziehung; dieses Ministerium ersetzte das frühere Ministerium für öffentliche Bildung. Schließlich gab es einen Mann, der als »Techniker« berufen wurde: Der Straßenbauingenieur Alfonso Peña Boeuf übernahm das Ministerium für Öffentliche Arbeiten.

Eine besondere Rolle spielte Innenminister Ramón Serrano Suñer. Er war ein Mann, der versucht hat, sich in seinen Schriften – neben Sainz Rodríguez ist er der einzige jener Minister, der eine politische Autobiographie veröffentlicht hat – ein politisches Image aufzubauen, das zu jeder Situation paßte. Wenn seine Rolle bei der Bildung jener Regierung tatsächlich dergestalt war, wie er sie in seinen jüngst erschienenen Erinnerungen (79, S. 255) darstellt, dann muß die historisch-politische Analyse bei ihren Schlußfolgerungen zwischen den Zeilen lesen. Serrano hält sich die Ernennung von »neun monarchistischen Ministern« zugute, »die – mit Ausnahme von Martínez Anido und Jordana – alle von mir vorgeschlagen worden sind«. Daher muß Serrano, »trotz aller Dummheiten, die in letzter Zeit geschrieben wurden« – so seine eigenen Worte aus dem Jahre 1977 (79, S. 260) – für 1938 als Monarchist eingestuft werden. Das wiederum würde dazu führen, daß seine Bedeutung beim Aufbau des Staates und der Partei abermals überdacht werden muß. Es wäre jedoch klüger, seiner Selbsternennung als »Monarchist« aus dem Jahre 1977 keine Beachtung zu schenken...

Die Regierungsmannschaft zeichnete sich nicht gerade durch die Bedeutung ihrer falangistischen Mitglieder aus; im Falle von González Buenos ist nicht einmal seine Charakterisierung als Falangist klar. Weit von den angeblichen Erneuerungsabsichten entfernt, die sich Serrano zuschreibt, scheint man viel eher Vertreter eines reinen Konservativismus, neben einer Reihe von höchst gesichtslosen Repräsentanten »des Neuen« gesucht zu haben, im allgemeinen Überläufer und »von der parlamentarischen Demokratie Enttäuschte« – Charakterisierungen, die den Autor selber genau treffen. Serrano behauptet darüber hinaus, »in der Falange« (sic) Männer gesucht zu haben, die mit ihm zusammenarbeiteten; er zitiert in diesem Zusammenhang neben wirklichen Falangisten wie Ridruejo, Giménez-Arnau oder Tovar weitere Personen, die niemals Falangisten waren – etwa Jesús Pabón, den »Unabhängigen« José Lorente Sanz oder Ramón Garriga (79, S. 260).

Die erste Regierung Francos entwickelte jene Balance zwischen den Stützpfeilern oder »Familien« des Regimes, die in der Folge zu einer Konstante werden sollte. Dennoch ist bemerkenswert, welch geringes Gewicht und welch fragwürdige Bedeutung den alten Falangisten und Karlisten zukam. Die Frage der früheren politischen Zugehörigkeiten muß allerdings mit Vorsicht angegangen werden, stellt der sogenannte Franquismus doch in Wirklichkeit eine »Integration und Zusammenfassung nicht von vorgefundenen Tendenzen, politischen Kräften und Ideologien, sondern von solchen Tendenzen, Kräften und Ideologien dar, die schon im vorhinein eine wesentliche (klassenbestimmte?) Einheit besaßen« (87, S. 150). Darüber hinaus lassen sich noch weitere Dimensionen des Phänomens ausmachen. Zunächst jene, daß »die Partei« bei dieser Zusammenfassung keinen wesentlichen Bestandteil, son-

dern eher deren formale Verkleidung darstellte. Außerdem war sie durch ihre wichtigsten Vertreter in der Regierung kaum repräsentiert; in etwas stärkerem Maße war sie im Verwaltungsbereich vertreten. Die eigentlichen Falangisten überwogen in solchen Ämtern, während die Karlisten dort ein geringeres Kontingent als die »Katholiken« und »Monarchisten« stellten. Am stärksten vertreten waren jedoch die Militärs (87, S. 154).
Unter der Oberfläche des scheinbaren Monolithismus, in dem die allmächtigen Befugnisse des Staatschefs und die Durchschlagskraft der Leitlinien ein entscheidendes Gewicht besaßen, verbarg sich eine Auseinandersetzung zwischen den Gruppen, die damals ihren Anfang nahm und während der langen Geschichte des Regimes andauern sollte. Sainz Rodríguez zufolge war die Regierung »unter dem Zeichen des gegenseitigen Mißtrauens« zwischen Falangisten und Monarchisten »geboren worden« (75, S. 269). Serrano selbst hat hervorgehoben, daß die Regierung zersplittert war, und dies nicht nur im geographischen Sinne (es gab keinen einheitlichen Sitz für die Ministerien; sie verteilten sich auf verschiedene Städte, während der Staatschef seinen Sitz in Burgos beibehielt).
Das Modell des autoritären Führerregimes *(régimen »caudillista«)* war schon entworfen, bevor der Aufbau des Staates selbst abgeschlossen war. Franco vereinigte auf sich vier Führungspositionen: die des Staates, der Partei, der Regierung und der Armee. Am 18. Juli 1938 wurde er in den militärischen Rang eines Generalkapitäns erhoben; er war der einzige, der diesen Dienstgrad innehatte.
Die politischen Inhalte und Gegebenheiten des Regimes machen es unmöglich, auf dieser wie auf gesellschaftlicher Ebene von einem wirklichen *faschistischen* Regime und einem *faschistischen* Staat zu sprechen, wenn nicht im Sinne einer rein formalen Nachahmung. Weder beherrschte die Partei den Staat, noch stützte sich dieser auf die Partei – um die Charakterisierungsmerkmale zu verwenden, die Staat und Partei in faschistischen Regimen zukommen. Die grundlegenden Organe der Partei erfuhren damals erst ihre endgültige Strukturierung – allerdings auch nur für eine kurze Periode, da bereits im Sommer 1939 die Parteistatuten erneut geändert wurden. Das Amt des Generalsekretärs übernahm Fernández Cuesta, und die *Junta Política* (Politische Junta) verlor das bisher ihr zugeordnete Sekretariat.
Der Nationalrat rief, nach seinem Gründungsakt im Dezember

1937, seine erste formale Versammlung im März 1938 in das Kloster Las Huelgas bei Burgos ein – mit gebührendem Pomp und sorgfältig gestaltetem Protokoll. Die Zusammensetzung dieses Organs war ebenso bunt wie die der *Junta Política*, und bis zum Ende des Krieges bestand die einzige Tätigkeit des Nationalrats darin, den *Fuero del Trabajo* zu verfassen. Die *Junta Política* war das einzige Organ, das seine Funktion der Beratung und der Ausarbeitung von Vorschlägen zu erfüllen suchte, bevor Franco dies einschränkte. Aber es gab kaum eine Koordination zwischen den Institutionen und, trotz vielfältiger Rhetorik, zwischen diesen und den tatsächlichen Wünschen der Bevölkerung. Ridruejo schrieb: »Die politischen Organisationen des Volkes waren weder am provisorischen Regierungsapparat beteiligt noch in ihm überzeugend vertreten.« (71, S. 81)

Die Regierungsarbeit des ersten Kabinetts trug wenig zu neuen politischen Entwicklungen bei. Ihre Gesetzgebung war aber von größter Bedeutung und legte im Erziehungswesen, der Presse, der Justiz, der politischen Repression die Richtlinien fest, die sich aus den ideologischen und doktrinären, bereits vorformulierten Grundsätzen ableiteten. Auf sozialer Ebene erlangte die Syndikatsorganisation keine Funktionsfähigkeit, entwickelte jedoch ihre spätere Struktur. Einige wichtige Gesetze, wie das Pressegesetz – ein Werk Serranos –, der Lehrplan für die Gymnasien, den Sainz Rodríguez ausarbeitete, das Gesetz zur Familienfürsorge, vor allem aber das »Gesetz über politische Verantwortlichkeit«, sollten aufgrund ihrer Bedeutung die gesamte erste Epoche des Regimes bestimmen.

Die *Centrales Nacional-Sindicalistas* (Nationalsyndikalistische Zentralen) wurden per Dekret vom 21. April 1938 gegründet, das den Eintritt aller noch bestehenden Gewerkschaften in die *Centrales* anordnete. Bis August 1939, als das Syndikatsministerium abgeschafft und die Syndikate der Partei unterstellt wurden, änderte sich auf diesem Gebiet nahezu nichts. Diese Lähmung in der sozialen Strukturierung des Regimes ist der Unfähigkeit des Ministers González Bueno zugeschrieben worden; aber ihre Ursache scheint eher darin zu liegen, daß der Syndikalismus falangistischer Prägung »von den traditionell herrschenden Klassen mit Argwohn betrachtet wurde« und daß darüber hinaus zur Kontrolle der Arbeiterschaft während des Bürgerkrieges wirkungsvollere Methoden angewandt werden konnten (62, S. 165; 3, S. 63). Man sollte jedoch hinzufügen, daß der neue Syndikalismus *gegen* die Tradition des katholisch orientierten Gewerkschaftswesens aufgebaut wurde, das sich seiner Auflösung widersetzte. Das System der Arbeitsbeziehungen erhielt außerdem ein neues Strukturelement: die *Magistraturas del Trabajo* (Arbeitsgerichte), die am 13. Mai 1938 gegründet wurden und die *Jurados Mixtos* (Gemischte Entscheidungsinstanzen) sowie die *Tribunales industriales* (Industriegerichte) ablösten.

Aber kurz vor dem Zusammenbruch der Republik verlieh die nationalistische Regierung allen ihren Maßnahmen einen bis dahin unbekannten geistigen Inhalt und eine Ausrichtung, die sicherlich den Schlüssel zur politischen Orientierung in dieser Schlußphase des Krieges darstellt. Die Gesetzgebung besaß bereits einen expansiven, auf die Zukunft und den Feind gerichteten Charakter. Von der Überzeugung ausgehend, daß das siegreiche Ende der Auseinandersetzung bevorstand, machte die »historische« und radikale Zerstörung der Republik subtilere Instrumente als nur Waffen erforderlich. Daher wurde nun die *politische Verantwortlichkeit* des Feindes erfunden, die nichts anderes als die Kehrseite seiner früheren Kennzeichnung als Aufständischer ist. Am 5. Juli 1938 wurde die Todesstrafe wieder eingeführt, die »aufgrund einer offensichtlich falschen Sentimentalität, die mit der Ernsthaftigkeit eines starken und gerechten Staates nicht in Einklang steht, aus dem ›Allgemeinen Strafenregister‹ durch das Strafgesetzbuch der unseligen Republik entfernt worden ist«.

Die Frage der politischen Verantwortlichkeit nahm konkrete Gestalt an, als am 21. Dezember 1938 – dem Beginn der Offensive gegen Katalonien, als das Autonomiestatut von nationalistischer Seite bereits aufgehoben war – die Juristische Kommission gegründet wurde. Sie erklärte die »Illegitimität der am 18. Juli (1936) bestehenden Gewalten« (31). Das schließlich erlassene »Gesetz über politische Verantwortlichkeiten« trug das Datum vom 9. Februar 1939.

Diese Vorgänge sind nicht zu verstehen, wenn man nicht berücksichtigt – worauf auch schon wiederholt hingewiesen worden ist –, daß es sich um einen tiefgehenden sozialen Konflikt handelte und der Aufstand gegen die republikanische Ordnung damit legitimiert wurde, diese habe das mit der historischen Tradition in Einklang stehende System zerrüttet. Diese Deutung ist selbstverständlich nicht neu; sie führte jedoch zu einem politischen Kurs, den vielleicht niemand genauer und wortgewaltiger als Serrano Suñer in einer bekannten, 1947 veröffentlichten Schrift dargestellt hat (78, S. 74). Der Glaube an den Sieg, schreibt er, »erlaubte es der nationalistischen Regierung, einen Kurs strikter Unnachgiebigkeit gegenüber jedem Versuch der Vermittlung oder des Ausgleichs beizubehalten. Nur ein vollständiger Sieg konnte den Keim eines künftigen Bürgerkrieges eliminieren ...« »Ein vollständiger Sieg«, fährt er fort, »konnte Spanien die Möglichkeit verschaffen, seinen von der Republik zerstörten Staat wieder aufzubauen«, soziale Verbesserungen durchzuführen, den »Klassenkampf« abzuschaffen, »die unumgängliche revolutionäre Aufgabe in Angriff zu nehmen, den niederen Schichten einen würdevollen Platz zu verschaffen« usw. Die Ausführungen Serranos schließen mit dem Hinweis, daß »jeder Frieden, der auf einem Kompromiß aufbaute, die Tür für Rückentwicklungen zu Verhältnissen offengelassen hätte, die den Bürgerkrieg unvermeidlich gemacht hatten«.

Franco und sein Regime lehnten jede Art von politischem Geschäft mit dem Feind ab. Das »Gesetz über politische Verantwortlichkeiten« war eine klare Absage an Verhandlungen sozialen oder gar ideologischen Charakters. Dies war in der neuzeitlichen Geschichte beispiellos. Der »neue Staat« sollte auf der Grundlage einer vollständigen Austilgung dessen errichtet werden, was das republikanische System politisch, sozial und geistig darstellte. Hierin liegt die eigentliche Bedeutung des Gesetzgebungswerkes der ersten von Francisco Franco geführten Regierung.

Negrín, die Kommunisten und der Bruch der Volksfront

Der Zusammenbruch der Entente Azaña–Negrín–Prieto, der eigentlichen Achse der republikanischen Politik seit dem Sturz Largo Caballeros, wurde durch militärische Rückschläge ausgelöst, die seit Februar 1938 aufeinanderfolgten: der endgültige Verlust Teruels und der Rückzug an der gesamten Aragonien-Front. Der Anlaß für den internen Verfall der von Juan Negrín geführten Regierung, der in der Regierungsumbildung vom 6. April 1938 seinen Höhepunkt erreichte und dessen spektakulärster Aspekt der Rücktritt von Indalecio Prieto von seinem Amt als Verteidigungsminister war, lag in denselben Vorkommnissen. Die Wurzeln dieses Zusammenbruchs waren jedoch fast genauso komplex wie die der Regierungskrise ein Jahr zuvor. Die beiden Krisen sind auch inso-

fern vergleichbar, als es für 1937 und für 1938 eine Menge zeitgenössischer Berichte von großer Komplexität gibt; als Beispiele für die wichtigsten seien die von Prieto, Negrín, Zugazagoitia, Vidarte, indirekt von Azaña, außerdem der von Hernández genannt. Zwei Dokumente von grundsätzlicher Bedeutung, der Bericht Prietos an den PSOE-Vorstand vom August 1938, der später gedruckt wurde (66), sowie der bereits zitierte Briefwechsel zwischen Prieto und Negrín enthalten die Positionen der beiden Hauptakteure.
Zur Erklärung der Krise hat Prieto stets behauptet, daß sein Rücktritt auf den Druck der Kommunistischen Partei zurückzuführen gewesen sei. Er wies die Interpretation Negríns zurück, derzufolge diese Maßnahme durch die schlechte Moral Prietos, seinen Pessimismus, seine öffentlich und privat abgegebenen, von »indiskreter Hemmungslosigkeit« geprägten Erklärungen über den Krieg, kurzum: durch seinen Defätismus bedingt gewesen sei. Prieto entgegnete, dies sei »eine Behauptung, die verdecken soll, daß Sie (Negrín), als Sie mich aus der Regierung entfernten, damit den Forderungen der Kommunistischen Partei nachgaben« (32, S. 16). Auch wenn Prieto zugab, daß »mein Pessimismus mich immer schon begleitet hat und viel älter als meine Beteiligung an der Regierung Negrín war« (66, S. 15) – im November 1936 gehörte er zu denen, die es für unmöglich hielten, daß Madrid sich erfolgreich verteidigen könnte (9, S. 54) –, so versicherte er doch, zum Rücktritt aus anderen als den bekanntgegebenen Gründen genötigt worden zu sein. Dabei sei vielerlei Druck ausgeübt worden, selbst auf Azaña. Negrín wies in einem Brief an Prieto vom 23. Juni 1939 mit ähnlicher Beharrlichkeit von sich, unter äußerem Druck entschieden zu haben. Die Entscheidung, die er nach der bewegten Ministerratssitzung vom 29. März 1938 traf, auf der Prieto mit seinem Lagebericht alle Anwesenden demoralisierte, sei »ausschließlich und zweifelsfrei von ihm (Negrín) persönlich« getroffen worden.
Es besteht jedenfalls kein Zweifel, daß diese Angelegenheit noch andere Hintergründe hat, die in der von Prieto als Verteidigungsminister verfolgten Politik und in der zunehmenden Opposition der Kommunisten gegen diese Politik zu finden sind. Man kann darin auf anderer Ebene eine Wiederholung der früheren Geschichte Largo Caballeros erblicken. Seit der Schaffung des *Ejército Popular* dominierten bei der Besetzung von Kommando- und Kommissarposten die Kommunisten. Prieto, der mit Hilfe von

Rojo aus dieser Armee einen relativ effizienten Apparat gemacht hatte, war auch bestrebt, im *Ejército Popular* eine politische Ausgewogenheit herzustellen – sie zu »entpolitisieren«, wie es die Kommunisten nannten. In diesem Zusammenhang sah er sich erneut mit dem Problem des Kriegskommissariats konfrontiert; vor allem stieß er mit dem Generalkommissar Alvarez del Vayo zusammen. Außerdem bestanden Probleme mit den Propagandadiensten, die Prieto ausschließlich in den Händen des Militärs lassen wollte, und mit dem Spionagedienst, den er selbst geschaffen hatte. Darüber hinaus, hieß es, habe Prieto sich für die Erklärung des Kriegszustandes und für eine »Politik des Schweigens« hinsichtlich militärischer Nachrichten ausgesprochen (44, III, S. 71).
Aber es ging noch um mehr. Angesichts der militärischen Rückschläge und des plötzlichen Ernstes der Situation erhielten jene Tendenzen Unterstützung, die Verhandlungen und einen Kompromiß mit dem Feind befürworteten. Mit dieser Position stimmte Prieto zweifellos überein. Negrín beschuldigte ihn, in einem Augenblick, in dem sich neue Perspektiven einer ausländischen Unterstützung eröffneten, gegenüber dem französischen Botschafter Labonne geäußert zu haben, daß der Krieg verloren sei (89, S. 2, S. 97). Die Kommunisten, die entschieden jeden Kompromiß ablehnten, wandten gegenüber Prieto dieselben Waffen an, mit denen sie bereits erfolgreich Largo Caballero geschlagen hatten: Angriffe auf Versammlungen und in der Presse sowie Massenmobilisierungen. Diesmal aber kam hinzu, daß ein kommunistisches Mitglied der Regierung, Jesús Hernández, unter dem Pseudonym »Juan Ventura« eine Reihe von äußerst scharfen Zeitungsartikeln gegen Prieto schrieb, wobei er die Zensur umgehen konnte (32, S. 72). Prieto brachte diese Vorfälle bei Negrín zur Sprache und suchte um die Unterstützung seiner gesamten Partei nach; er erklärte, daß er mit Jesús Hernández nicht länger zusammenarbeiten könne, und bot seinen Rücktritt an.
Die Sitzungen des Ministerrates im März 1938 waren für die Lösung der Krise von entscheidender Bedeutung. Die in Pedralbes am 16. März abgehaltene und von Azaña geleitete Sitzung wurde von einer Demonstration unterbrochen, die eine Politik des Widerstandes forderte und die, laut Prieto, in dem Ruf »Nieder mit den verräterischen Ministern!« gipfelte. Alle wußten, daß die Demonstration von den Kommunisten organisiert war, wobei Prieto hinzufügte, daß dies mit dem Einverständnis Negríns erfolgt sei

(32, S. 91). Am 29. März fand die letzte Sitzung dieses Kabinetts statt, auf der Negrín gegenüber Staatssekretär José Prats die Bemerkung gemacht hat, daß er nach den Ausführungen Prietos nicht gewußt habe, ob er anschließend mit seinem Wagen nach Hause oder zur Grenze fahren sollte (89, S. 2, S. 96). Das Thema der Vermittlung und der französischen Hilfe stand auf der Tagesordnung, und Prieto glaubte an keine von beiden. Nachdem die Entscheidung über seine Entlassung als Verteidigungsminister gefallen war, versuchte Negrín Prieto zum Verbleib in der Regierung zu bewegen. Gleichzeitig war er bereit, sich von Hernández zu trennen. Hernández' Version dieser Vorfälle ist äußerst verlogen und konfus: er behauptet, der Kreml habe den Austritt der Kommunisten aus der Regierung gefordert (43, S. 225). In der Tat akzeptierten die Kommunisten den Rücktritt von Hernández, und Negrín legte Azaña am 30. März eine neue Kabinettsliste vor. Prieto weigerte sich generell, länger Mitglied der Regierung zu sein, worüber Azaña äußerst erzürnt war. Azañas Beziehungen zu Negrín wurden zusehends gespannter, schließlich verkehrten sie fast nicht mehr miteinander. Azaña benötigte Prieto, um dem Bürgerkrieg auf dem Verhandlungsweg ein Ende zu bereiten; daher lehnte er die vorgesehene Lösung dieser Krise ab. Er rief die Vertreter der Volksfrontparteien zusammen und beabsichtigte, Negrín vor ihnen erscheinen zu lassen. Alle, außer der Kommunistischen Partei, hielten die Krise für schädlich, und generell war man der Meinung, daß die Kommunisten versuchen würden, ihre Vorherrschaft mit Hilfe dieser Krise noch weiter auszubauen. Die Meinungsverschiedenheiten waren weitreichend; schließlich setzte sich jedoch der Vorschlag Negríns durch. Am 6. April 1938 nahm eine neue Ministermannschaft ihre Amtsgeschäfte auf; außer Negrín, der das Verteidigungsministerium übernahm, gehörten dem Kabinett drei weitere Sozialisten an: Álvarez del Vayo als Außen-, Paulino Gómez als Innen- und Ramón González Peña als Justizminister; die drei Republikaner übernahmen folgende Ministerien: Francisco Méndez Aspe das Finanzministerium, Antonio Velao das Ministerium für Öffentliche Arbeiten und Bernardo Giner de los Ríos das Verkehrsministerium; der einzige Kommunist, Uribe, behielt das Amt des Landwirtschaftsministers; ein Mitglied der CNT, Segundo Blanco, wurde Minister für Öffentliche Bildung. Jaime Aiguadé von der *Esquerra Republicana de Catalunya* wurde Arbeitsminister, und als Minister ohne Porte-

März 1937

feuille gehörten dem Kabinett der Baske Irujo und der nicht zu umgehende Giral an. Álvarez del Vayo wurde somit Außenminister und gab damit das Generalkommissariat endgültig auf. Hernández wurde zum Kommissar des Heeres im Zentralabschnitt ernannt, Julián Zugazagoitia übernahm das problematische Amt des Generalsekretärs im Verteidigungsministerium. Prieto sollte Botschafter in Mexiko werden, was jedoch durch politische Probleme und den Widerstand Azañas verhindert wurde.

Dies war noch nicht die letzte Umbildung der Regierung Negrín, denn ihr stand noch die sogenannte »August-Minikrise« bevor (44, IV, S. 141), zu der es infolge von Verfügungen zur Kontrolle und Militarisierung der Kriegsindustrien, der Häfen und Gerichte gekommen war. Diese Verordnungen stießen nicht nur auf die Opposition Azañas, sondern provozierten auch den Rücktritt der – regionalistische Interessen vertretenden – Minister Aiguadé und Irujo, da sie in ihren Augen die ohnehin bereits eingeschränkten autonomen Befugnisse Kataloniens weiterhin schwächten. Sie wurden durch das katalanische UGT- und PSUC-Mitglied José Moix Regás bzw. Tomás Bilbao der *Acción Nacionalista Vasca* (ANV, Nationalistisch-Baskische Aktion) ersetzt.

Die zweite Periode der Ministerpräsidentschaft Negríns dauerte somit weitere elf Monate, bis der Staatsstreich Oberst Casados vom 5. März 1939 Negrín faktisch seines Amtes enthob und der *Consejo Nacional de Defensa* gebildet wurde. Rechtlich war die Situation nicht so eindeutig, da Azaña am 27. Februar 1939 seine Rücktrittserklärung als Präsident der Republik dem Präsidenten der Cortes, Diego Martínez Barrio, in Paris überreicht hatte. Die aber bot den Aufständischen um Oberst Casado ein zentrales Argument zur Rechtfertigung ihres Verhaltens. Nach der Niederlage an der Aragonien-Front und der Spaltung ihres Territoriums im April 1938 widerstand die Republik noch ein weiteres Kriegsjahr, in dem die Politik Negríns sich voll entfalten konnte. Dieses zeitliche Zusammentreffen wirft einige Fragen auf. Da die zur Diskussion stehende Politik und darüber hinaus die der Kommunistischen Partei zu den im Zusammenhang mit dem Bürgerkrieg am stärksten erörterten Aspekten gehören, muß sie bei jedem Versuch, die gesellschaftspolitische Entwicklung der Republik zu erklären, berücksichtigt werden. Dies gilt nicht nur für das letzte Kriegsjahr, sondern bereits für die vorhergehenden Phasen.

In der Tat ließe sich die politische Geschichte der Republik während des Bürgerkrieges zusammenfassend folgendermaßen darstellen: Sie durchlief im Grunde nur zwei große Phasen, personifiziert in Gestalt von Francisco Largo Caballero bzw. Juan Negrín. Diese Männer stehen nicht nur für zwei politisch-militärische Konzepte von unterschiedlicher Bedeutung und Strategie; sie entwickelten ihre Vorstellungen auch zu verschiedenen Zeitpunkten, als die Hoffnungen und Wünsche der Bevölkerung ebenso wie das Verhältnis der einzelnen Kräfte anders gelagert waren. Noch einmal sei betont, daß die Persönlichkeiten der jeweiligen Führer allein Dinge wie etwa die Kriegspolitik nicht erklären können; aber dennoch ist es erforderlich, die Rolle bestimmter Männer – wie Manuel Azaña und Indalecio Prieto – hervorzuheben.

Mindestens drei politische Lager trugen in der kriegführenden Republik, wo sich der wirkliche Ansatzpunkt für Erklärungen befindet, große Verantwortung für den Gang der Ereignisse: der stalinistische Kommunismus, der Anarchosyndikalismus und der Sozialismus, dem seine interne, tiefe und auf die Vorkriegszeit zurückgehende Spaltung einen großen Teil seiner Entscheidungskraft nahm. Man könnte noch den kleinbürgerlichen, reformisti-

schen und demokratischen Republikanismus als weitere Kraft mit Einfluß auf die Ereignisse erwähnen. Es spricht jedoch einiges dafür – Detailstudien zu dieser Problematik fehlen allerdings –, daß der Republikanismus aufgrund seiner eigenen Schwäche und vor allem wegen seines Unvermögens, Antworten auf diesen tiefgreifenden Konflikt geben zu können, zunehmend marginalisiert wurde. Damit soll nicht in Abrede gestellt werden, daß die bekanntesten Politiker des Republikanismus, unter anderem Azaña, Martínez Barrio, Companys oder Giral, von grundsätzlicher Bedeutung für die Verteidigung der Republik waren.
Von diesen drei oder, wenn man will, vier großen politischen Lagern übte zweifellos der Kommunismus den größten Einfluß auf Politik und Krieg aus. Der PCE und die von ihm abhängigen Organisationen setzten schließlich ihre Kriegspolitik und ihre Männer in den Schlüsselstellungen des republikanischen Staates durch; sie erreichten, daß der Einfluß des Anarchosyndikalismus stark reduziert wurde; außerdem benutzten sie in der einen oder anderen Form die verschiedenen sozialistischen Strömungen, um ihre Politik in den einzelnen Kriegsphasen zu stützen. Nachdem die Kommunisten den Sturz Largo Caballeros im Mai 1937 provoziert hatten, war ihr Aufstieg zur Kontrolle der republikanischen Politik nicht mehr aufzuhalten – ein Prozeß, der mit den Regierungen Negrín zusammenfiel. Völlig zutreffend ist jedoch die Beobachtung von Hugh Thomas, daß »die Kommunisten ihre Macht mehr unter Largo Caballero als unter Negrín ausbauten« (83, 3, S. 351). Es handelte sich offensichtlich um verschiedene Phasen ihres Aufstiegs. Während ihre Beziehung zu Largo Caballero in einer totalen und unerbittlichen Konfrontation endete, wurden sie für Negrín zur wichtigsten und schließlich zur einzigen Stütze. Es ist daher von großer Bedeutung, die Art der Beziehung zwischen Negrín und den Kommunisten in der zweiten Phase des Bürgerkrieges sowie die Folgen dieser Beziehung für den Kriegsausgang aufzuklären.
Die These, daß Juan Negrín ein »Strohmann« der Kommunisten und der Sowjetunion gewesen sei, ist während der vergangenen 50 Jahre in Kreisen, die dem Anarchismus, dem POUM, den verschiedenen sozialistischen Strömungen oder dem Franquismus bzw. ehemaligen Kommunisten nahestanden, weit verbreitet worden. Sie wurde auch von bestimmten Historikern aufgegriffen, die sich eigentlich stärker für die Wendungen der stalinistischen Poli-

tik – in den dreißiger Jahren, während des »Kalten Krieges« und zur Zeit der »Entstalinisierung« – als für eine Erklärung der spanischen Situation interessierten. Dies trifft in geradezu idealtypischer Weise auf den Autor zu, der sich am meisten mit dem kommunistischen Einfluß beschäftigt hat: Bolloten, dessen »feindliche Perzeption« Negríns – in den Worten von Hugh Thomas, dem sicherlich keine Kommunistenfreundlichkeit nachgesagt werden kann – »einen Irrtum darstellt« (83, 3, S. 353). Es gab aber immer Ausnahmen von dieser verbreiteten Einschätzung; die bekannteste ist der unübertroffene persönliche Kriegsbericht von Julián Zugazagoitia; aber auch Positionen wie die von Juan S. Vidarte müssen dazu gerechnet werden.

Die Thesen, die von den stalinistischen Kommunisten während des Bürgerkrieges zur Erklärung der soziohistorischen Dimensionen dieses Krieges verteidigt und aus denen entsprechende Strategien abgeleitet worden sind, wurden bereits dargestellt. Die kommunistischen Positionen wurden von einem kolossalen Propaganda-Apparat, der Agitprop, auf unzähligen Versammlungen, in der Presse und im Radio, auf zahllosen Flugblättern usw. verbreitet. Im wesentlichen konzentrierten sich die kommunistischen Thesen auf die Interpretation der spanischen Situation als einer Etappe in der »bürgerlich-demokratischen«, nicht aber der sozialistischen Revolution. Daraus wurde die Notwendigkeit einer Allianz zwischen Bürgertum und Proletariat sowie die Strategie eines »Krieges ohne Revolution«, d. h. ohne sozialistische Revolution, abgeleitet. Das Ziel bestand in der Errichtung einer »fortgeschrittenen Demokratie neuen Typs«, die inhaltlich jedoch niemals hinreichend definiert worden ist. Die diesen Zielen dienende Kriegspolitik war darauf ausgerichtet, die staatliche Macht zu stärken, ein reguläres Heer zu schaffen, das sich jedoch in einem Zustand politischer Hochspannung befand, sowie eine strikte Kriegsdisziplin durchzusetzen.

Diese politischen Strategien wurden vor allem von den Anarchosyndikalisten und dem POUM abgelehnt, während die zwischen den Kommunisten und den Sozialisten (beider Strömungen) aufgekommenen Spannungen einen anderen Ursprung besaßen. Daran läßt sich gerade der nicht-ideologische Hintergrund des Bruches zwischen den republikanischen Kräften festmachen, der schließlich in den internen Krisen im Mai 1937 bzw. März 1939 seinen Höhepunkt fand. Das eigentliche Problem waren die Me-

thoden, mit denen der stalinistische Kommunismus seine Hegemonie durchsetzte. In der Konfrontation mit Anarchisten und POUM scheiterte der Plan der von Largo Caballero verfochtenen Einheit. Der Konflikt mit Prieto führte zu einer Situation, die einer Allianz zwischen gemäßigtem Sozialismus und Kommunismus diametral entgegengesetzt war, so daß die traditionelle Taktik der Kommunisten, nämlich PSOE und PCE zu vereinigen, ein weiteres Mal fehlschlug. In der ersten dieser Phasen wurde Largo Caballero gestürzt, in der zweiten der Bruch zwischen den (von Claudín »Troika« genannten) drei Männern Azaña–Prieto–Negrín herbeigeführt (29, S. 184).
Der Verdacht, daß der PCE lediglich die außenpolitischen Interessen Stalins und der Sowjetunion vertrat, verfestigte sich bei den politischen Kräften der Republik und erreichte im letzten Kriegsjahr seinen Höhepunkt. Die Widerstands-Parole wurde generell in diesem Sinne verstanden; zusammen mit der Kriegsmüdigkeit führte dies – wie Togliatti scharfsinnig erkannte (84, S. 297) – zur endgültigen Isolierung des PCE bei den republikanischen Massen. Dennoch gab es während des größten Teils des Krieges keine gültige Alternative zur kommunistischen Politik, weder auf innenpolitischem Gebiet noch auf militärischer oder internationaler Ebene. Hierin und in nichts anderem scheint der Grund dafür zu liegen, daß ein Politiker von staatsmännischem Format wie Negrín sich dieser Politik vollständig verschrieb.
Nach seinem unglücklichen Ausscheiden aus dem Verteidigungsministerium verbreitete Prieto somit Wahrheiten, die für niemanden neu waren. Negrín selbst sprach die Gründe für diese Situation an:

> »Ich kann auf die Kommunisten nicht verzichten, weil sie einen beachtlichen Faktor in der internationalen Politik darstellen und weil der Versuch, sie von der Macht fernzuhalten, innenpolitisch eine schwere Belastung darstellen würde, ... da wir damit die Hilfeleistungen der UdSSR, die einzige effektive Stütze, die wir bei der Beschaffung von Kriegsmaterial besitzen, gefährden könnten.« (66, S. 32)

Es handelte sich um eine Reihe von Erwägungen, die genügend andere Politiker bereits vor ihm angestellt hatten. Das eigentliche Problem bestand in der Frage, wem die Politik des PCE nützte; eine Politik, die in der Tat als verantwortlich dafür betrachtet werden kann, daß die Lebensdauer der Republik verlängert wurde, wenn auch mit verhältnismäßig hohen sozialen und politischen Kosten.

Ab April 1938 schienen – nach dem Rücktritt Prietos – die Kommunisten alle Hindernisse gegen ihre Politik des Widerstandes, die voll mit Negríns Haltung übereinstimmte, überwunden zu haben. Zu diesem Zeitpunkt traf eine große Waffenlieferung der Sowjetunion ein, und General Rojo plante mit diesen neuen Ressourcen die große Gegenoffensive am Ebro. Allerdings hatte Negrín bislang nicht darauf verzichtet (er hat das auch später nie getan), eine Politik zu betreiben, die in bestimmten Punkten von der kommunistischen Taktik abwich, etwa beim Versuch, den Krieg auf dem Wege internationaler Vermittlung oder gar der Verhandlung mit dem Feind zu beenden.

Daß diese »doppelte Politik« – Widerstand auf der einen, Verhandlung auf der anderen Seite – von Negrín verfolgt wurde, wissen wir von ihm selbst, aus der Darstellung von Zugazagoitias und aus den Gesprächen mit Azaña. Aber mit Azaña, dem entschiedensten Anhänger einer Kapitulationslösung, gelangte er niemals zu einer Verständigung, da ihre Ansichten über den Ausgangspunkt einer Verhandlung zu unterschiedlich waren. Negrín autorisierte Prieto kurz nach dessen Rücktritt zu Geheimunterredungen mit dem Feind, die allerdings nicht stattfanden (63, S. 38). Er selbst führte im Ausland Gespräche; und inzwischen wissen wir sogar, daß er Stalin einen einzigartigen Brief schrieb, in dem er seine Ansichten zur internationalen Politik und den Plan der Annäherung an die Westmächte darstellte (37, IV, S. 197). All dies erklärt, warum die Kommunistische Partei schließlich den »Kapitulationismus« (wie sie sich ausdrückte) Negríns verdammte (84, S. 277).

Zu dieser Politik gehören die berühmten »Dreizehn Punkte«, die am 1. Mai 1938 veröffentlicht wurden und von denen es hieß, daß sie eine Erklärung der »Kriegsziele« der Republik darstellten. Sie enthielten zwei Arten von Vorschlägen: zum einen die zur Lösung des Krieges – Abzug von Ausländern, Erhaltung der Republik mit einer per Volksentscheid angenommenen politischen und sozialen Struktur, Amnestie, Sicherung der Freiheiten; zum anderen solche Vorschläge, die ein gemäßigtes Sozialprogramm zum Inhalt hatten – Beibehaltung des Eigentums, einschließlich des Eigentums von Ausländern, Agrarreform, politische Neutralisierung des Militärs, fortschrittliche Sozialgesetzgebung. Das Dokument, das weithin Verbreitung fand, hatte weder bei der westlichen öffentlichen Meinung noch als »Lockvogel« für die feindliche Seite einen großen Erfolg, aber es stellte ein Instrument in der republikanischen Innenpolitik dar. Es diente als Programm, das die gemäßigten republikanischen Strömungen an die Politik des Widerstandes binden sollte.

Diese Anbindung kam de facto nicht über den Versuch hinaus. Der bereits erwähnte *Oppositionsblock* wurde stärker, vor allem nach Beendigung der Ebro-Schlacht. Vorerst gelangten die Beziehungen zwischen Azaña und Negrín, die sich seit dem Austritt Prietos aus der Regierung sehr verschlechtert hatten, an den Rand der Kommunikationslosigkeit. Trotz dieser Unterbrechung in den Beziehungen zwischen den Repräsentanten zweier grundlegend wichtiger Organe des republikanischen Staates muß festgestellt werden, daß das Parlament sich inmitten des Kriegschaos eine weitgehende Normalität erhielt. Negrín nahm an den Sitzungen der Cortes zu festgelegten Sitzungsterminen – im Februar und im Oktober 1938 – in Valencia, Montserrat, Sant Cugat del Valles und zuletzt in Figueras im Februar 1939 teil. Auf der Sitzung in Sant Cugat hielt er eine beachtenswerte Rede, aber die Unstimmigkeiten zwischen den einzelnen Gruppen und die Reserviertheit gegenüber der Politik Negríns belasteten die Atmosphäre. Negrín wiederholte, daß ein nur indirektes Vertrauen ihm für eine durchsetzungsfähige Regierung nicht reichte. Dies war im Oktober 1938.

Von fast allen Seiten wurde Negrín aufgefordert, sich von einigen seiner wichtigsten kommunistischen Mitarbeiter zu trennen, insbesondere vom Staatssekretär im Verteidigungsministerium, Antonio Cordón. In den Reihen des Militärs ließen sich Anzeichen abweichender Haltung erkennen, vor allem bei den Inhabern hoher Kommandoposten. Nach dem Münchner Abkommen hatten sich auch die letzten Hoffnungen, daß der Spanische Bürgerkrieg weiterhin ein gewichtiges Element in der internationalen Politik darstellen würde, zerschlagen. Möglichkeiten der Vermittlung bestanden nun keine mehr, und schon seit geraumer Zeit war bekannt, daß die Verhandlungen mit dem Feind keine Erfolgschancen hatten.

Nach München wurde die »Koalition« gegen die kommunistische Politik sichtlich aktiv. Die Volksfront war zu einer reinen Fiktion geworden, und das politische Ziel aller Gruppen bestand darin, die Kommunisten aus der Regierung zu verdrängen. Im übrigen war die gesamte zentrale Zone der Republik der Kontrolle der

Regierung weitgehend entglitten, was verständlich macht, daß dort die Hauptintrigen gesponnen wurden. Aber auf Gebieten, die nicht der Politik im engeren Sinne zugehörten, wie etwa die Organisation der Wirtschaft oder die Versorgung der Bevölkerung, waren die Probleme noch gravierender. Unter diesen Bedingungen unterbreitete laut Togliatti Negrín am 2. Dezember 1938 den Vorschlag, eine »nationale Front zu bilden, in der alle Parteien aufgehen sollten«. Er fügte hinzu, daß diese Idee aller Wahrscheinlichkeit nach von Rojo stammte (84, S. 237). In einer für die Republik kritischen Situation begann Franco im letzten Drittel des Dezember 1938 die Offensive gegen Katalonien.

Äußere und innere Zerstörung der Republik

Der fulminante Sieg der aufständischen Truppen in Katalonien bringt das Ausmaß an interner Demoralisierung zum Ausdruck, von dem die republikanische Verteidigung betroffen war. Negrín versuchte seine Macht zu stärken und entschied sich am 18. Januar 1939 zur Verhängung des Kriegszustandes, aber am 23. Januar mußte er bereits anordnen, daß die Regierung Barcelona verließ und ihren Sitz nach Figueras verlegte. Am 4. Februar erreichte der Präsident der Republik Frankreich; und am 27. Februar, als Franco den gesamten Nordosten der Republik besetzt hatte und Frankreich sowie England die aufständische Regierung als die Regierung Spaniens anerkannten, erklärte Azaña seinen Rücktritt. Zuvor hatte er die Meinung einer Reihe anderer Personen über die Situation in Spanien eingeholt. Vicente Rojo hatte ihm gegenüber zum Ausdruck gebracht, daß der Krieg endgültig verloren sei.

Selbst unter diesen Bedingungen hielten Negrín und die Kommunistische Partei ihre Widerstandspolitik aufrecht, bis die letzte Reserve verbraucht war. Zu dieser Politik trugen verschiedene Überlegungen bei: erstens, daß die Verlängerung des Krieges bedeutete, seinen Ausgang an den eines allgemeinen europäischen Konfliktes zu binden; Negrín glaubte, daß der Ausbruch dieses Krieges unmittelbar bevorstehe – eine Vorstellung, die er bereits früher vertreten hatte; zweitens die Ansicht, daß der Widerstand die einzige Form sei, der allgemeinen Repression entgegenzutreten, die die Sieger in dem Augenblick, in dem die Republik sich ergab, zweifellos entfesseln würden; und schließlich die Meinung, daß man immer noch über genug Ressourcen, Territorium und

Soldaten verfüge, um Widerstand leisten zu können. Ein weiteres, häufig vorgetragenes Argument, daß es sich um eine von der Sowjetunion stammende Anordnung handelte, entbehrt jeglicher Beweisgrundlage, ist weit unwahrscheinlicher und stammt, wie immer, von Jesús Hernández.
Negrín war, nachdem er Katalonien Ende Januar verlassen hatte, am 9. Februar nach Spanien zurückgekehrt; begleitet wurde er von Álvarez del Vayo und wichtigen kommunistischen Truppenführern. Er schlug seinen Sitz am Militärstandort Yuste (Provinz Alicante) auf, wo sich auch der Kommunist Uribe aufhielt, und war bereit, seinen Plan zur Fortsetzung des Krieges durchzuführen. Am 21. Februar begab er sich nach Madrid, wo er mit Oberst Casado, dem Heeresführer für den Zentralabschnitt, zusammentraf. Währenddessen hatten sich in Paris nach dem Rücktritt Azañas einige Ereignisse zugetragen. Am 1. März wurde die Rücktrittserklärung des Präsidenten veröffentlicht, am 2. März wurde sie vom ständigen Ausschuß der Cortes angenommen, und am 3. März teilte Parlamentspräsident Martínez Barrio Negrín mit, daß er einverstanden sei, Azaña zu ersetzen, wenn der Regierungschef sich zu einer Politik verpflichte, die auf einen umgehenden und ehrenvollen Frieden ausgerichtet sei. Für eine Antwort blieb keine Zeit mehr, weil es unmittelbar danach zu den Ereignissen kam, die von der Verschwörung unter Führung von Segismundo Casado ausgelöst worden waren.
Der militärische Aspekt dieses ganzen Problems, der Kampf in Madrid, die Erhebung der Marinebasis von Cartagena, die Flucht der Flotte etc., soll im folgenden nicht behandelt werden. Hier geht es statt dessen um das Problem der politischen Bedeutung dieser Ereignisse und ihres Beitrags zum Ende der Republik als Folge der internen Brüche.
Der Bericht Casados (24) muß mit Vorsicht behandelt werden, ist aber die direkteste Schilderung der Ereignisse, die wir besitzen. Inzwischen ist darüber hinaus eine große Anzahl wichtiger Dokumente aus den Militärarchiven *(Servicio Histórico Militar)* zugänglich gemacht worden, die unsere Kenntnisse über die Angelegenheit weitgehend vervollständigen. Zu Beginn seines Buches definiert Casado die Regierung Negrín als »eine Diktatur ... im Dienst einer ausländischen Macht« (24, S. 111) und kritisiert ihr Verhalten nach dem Verlust Kataloniens. Bei dem Madrider Gespräch teilte Casado Negrín ohne Umschweife seine Einschätzung

mit, daß der Krieg unmöglich fortgeführt werden konnte. Negrín hielt ihm damals ein wichtiges Argument entgegen: »Seit Mai 1937 habe ich wiederholt versucht, in Verhandlungen mit dem Feind einzutreten, wobei ich sogar von meiner Freundschaft mit wichtigen Nationalisten Gebrauch machte, aber alle diese Versuche scheiterten ... Wir haben keine andere Option als die des Widerstandes ...« Da der Kriegszustand Casado Vollmachten verlieh, hatte er die Veröffentlichung von *Mundo Obrero* (Arbeitswelt), dem kommunistischen Presseorgan in Madrid, nach einem unbarmherzigen Angriff auf Largo Caballero verboten. Damit war die Kriegserklärung zwischen Casado und den Kommunisten ausgesprochen.

Anschließend fand unter Vorsitz von Negrín die bekannte Versammlung der wichtigsten Militärführer der Republik auf dem Flugplatz von Los Llanos in Albacete statt. Rojo gehörte schon nicht mehr dazu, denn nach dem Fall von Katalonien hatte er sich, da er den Krieg als verloren ansah, geweigert, nach Spanien zurückzukehren. Es gibt Unstimmigkeiten bezüglich des Datums dieser Versammlung; Casado etwa datiert sie auf den 16. Februar, andere Autoren nennen den 26. oder 27. Februar. Laut Casado zeigten sich die Versammelten, mit Ausnahme Miajas, davon überzeugt, daß eine Fortsetzung des Krieges unmöglich sei. Negrín berichtete ihnen in Auszügen von der Rede, die er am 6. März halten wollte. »Zu spät«, urteilt Manuel Tuñón de Lara, »er hatte zwei wertvolle Wochen verloren.« (85, S. 663) Casado zufolge verstärkte sich unter den Versammelten, jedenfalls nachdem sich Negrín zurückgezogen hatte, »der Glaube, daß dieser auf Befehl der Kommunistischen Partei, d.h. nach dem Diktat der Sowjetunion handle«.

In den ersten drei Märztagen wurde die Situation recht verworren. Alle nutzten sie, um sich gegenseitig eines versuchten Staatsstreiches zu beschuldigen. Casado unterstellte den Kommunisten einen Staatsstreichversuch, diese wiederum unterstellten ihm einen, und einige Autoren schreiben diese Absicht in erster Linie Negrín zu. Am 2. März trafen sich Casado und Matallana erneut mit Negrín im Standort Yuste und fuhren anschließend nach Valencia, um sich dort mit anderen Militärbefehlshabern zu beraten. Auch wenn Casado behauptet, alle seien mit einem Staatsstreich einverstanden gewesen, so waren doch einige Eingeweihte wie Matallana oder Miaja sehr viel weniger enthusiastisch. Casado ist der Meinung, einen Staatsstreich der Kommunisten vereitelt zu haben. Dieser hätte angeblich in einer Reihe von Verfügungen bestanden, die sie im *Boletín Oficial del Estado* (Staatsanzeiger) vom 3. März veröffentlichen wollten und die die Beförderung Modestos und Lísters zu Generälen, die Ernennung Cordóns zum Obersten Befehlshaber aller Armeen und die Unterstellung aller Truppeneinheiten Cordóns unter kommunistische Befehlshaber vorsahen (24, S. 141).

Am 3. März, als gleichzeitig im *Boletín Oficial* des Ministeriums die oben erwähnten Ernennungen veröffentlicht wurden, lehnte Casado – seinem eigenen Zeugnis zufolge – ein neues Zusammentreffen mit Negrín ab und bereitete sich auf die Machtübernahme vor. In der Tat besetzten am 5. März Casados Truppen die wichtigsten offiziellen Gebäude Madrids. Es konstituierte sich der *Consejo Nacional de Defensa*, der um Mitternacht über Rundfunk ein Manifest an das »Antifaschistische Spanien« verbreitete, in dem es unter anderem hieß, der Regierung Negrín fehle eine juristische und verfassungsmäßige Grundlage; das Manifest forderte zum Widerstand auf, »um unsere Sache nicht in Spott und Schande zu versenken«. Keineswegs war in diesem Aufruf von Friedensverhandlungen die Rede; vielmehr wurde an alle appelliert – eigentlich wußte man nicht so recht warum –, ihre Pflicht zu erfüllen ... Besteiro, die wichtigste politische Persönlichkeit, die sich der Verschwörung angeschlossen hatte, hielt eine Rede, in der er die fehlende Legitimation der Regierung Negrín betonte, diesen des Fanatismus beschuldigte und gegenüber dem *Consejo Nacional de Defensa* zum Gehorsam aufforderte (24, S. 153). Die Zusammensetzung dieses Verteidigungsrates stand am 6. März definitiv fest. Vorsitzender wurde General Miaja, und der zweite Militär, der das Verteidigungsressort übernahm, war Casado. Weitere Ämter übernahmen Besteiro, die Anarchisten González Marín und Eduardo Val, Wenceslao Carrillo und Pérez vom PSOE bzw. der UGT, San Andrés von der IR und José del Río von der UR. In den folgenden Tagen kam es in Madrid zu Kämpfen zwischen kommunistischen Einheiten und jenen von Casado und dem Anarchisten Cipriano Mera, die mit der Niederlage der Kommunisten endeten. Der Verteidigungsrat blieb bestehen und bereitete sich darauf vor, in Friedensverhandlungen mit Franco einzutreten.

Laut Togliatti sollte sich der Aufstand Casados nicht allein auf Madrid beschränken; auch die Rebellion von Cartagena gehörte

zu dem Plan. Daß Casado ihn in Kontakt mit Francos Generalstab entwickelt hatte (84, S. 284), ist eine These, die in groben Zügen in einem neueren Buch von José Maria Martínez Bande *El final de la guerra civil* (Das Ende des Bürgerkrieges), das sich auf die oben erwähnten Dokumente stützt, bestätigt wird. Die Regierung Negrín war in Elda versammelt, als sie am frühen Morgen des 6. März von den Madrider Geschehnissen erfuhr. Negrín »setzte Casado ab«. Angesichts der absoluten Nutzlosigkeit dieser Maßnahme versuchte er noch, ihn zu überzeugen, von seiner Aktion abzulassen. Nachdem das Bemühen um eine Übereinkunft gescheitert war, entschieden sich Negrín, die bei ihm versammelten Minister und einige kommunistische Befehlshaber wie Cordón, das Land per Flugzeug zu verlassen. Die wichtigsten kommunistischen Berater und der größte Teil ihrer Führungsgruppe flogen von einem Flughafen in Monóvar (Alicante) ab.
Die von Casado mit den Vertretern Francos eingeleiteten Verhandlungen basierten auf dessen Vorstellung, daß es für Politiker unmöglich sei, mit Franco zu verhandeln, »unter Militärs« solche Verhandlungen hingegen einen ganz anderen Charakter bekämen. Er sollte sich völlig täuschen. Am 23. März brachen die Abgesandten Casados nach Burgos auf; Stunden später kehrten sie zurück. Die von Franco gestellten Bedingungen wurden diskutiert, und man kam überein, daß es unmöglich sei, sie in der geforderten Frist zu erfüllen. Franco verlangte faktisch eine bedingungslose Kapitulation. Am 25. März fand ein zweites – und letztes – Treffen in Burgos statt. Fortan wurden die Beziehungen zwischen den beiden Bürgerkriegsparteien über Radio aufrechterhalten. Am 26. März erhielten Casado und seine fähigen Kollegen auf diesem Wege die unangenehme Nachricht, daß der nationalistische Oberbefehl einen Angriff vorbereite und der republikanischen Seite empfahl, die weiße Fahne zu hissen. Die Verhandlungen waren gescheitert. Diese Entwicklungen werden in Casados Buch detailliert geschildert.

Schlußfolgerung: Merkmale und Wurzeln des Konfliktes

Die Tiefe und Reichweite des Konfliktes, den die spanische Gesellschaft sich anschickte, im Sommer 1936 mit Waffengewalt zu schlichten, ist schon allein aus der Tatsache zu erkennen, daß es überhaupt zu einer Konfrontation dieser Art kommen konnte.

Aber es existieren noch andere »Symptome« für die Schärfe dieser sozialen Spaltung, die hier nicht dargestellt werden konnten, auf die aber – wenn auch nur in diesen abschließenden Bemerkungen – eingegangen werden muß. Es ist offensichtlich, daß der Spanische Bürgerkrieg kein Krieg zwischen zwei Armeen war, sondern – wie alle Kriege, die sich infolge der Blockierung bestimmter Entwicklungsvorstellungen und -wege ergeben – in großem Umfang ein »Bevölkerungskrieg« war, ein klassisches Beispiel für einen spezifisch sozialen Krieg zwischen Gruppen und Klassen.
Bestimmte Dimensionen des Spanischen Bürgerkrieges lassen nicht nur dieses innere Pathos der spanischen Tragödie ans Tageslicht treten; der spanische Fall war vielmehr – hierauf ist oft hingewiesen worden – ein einigermaßen getreues Abbild der sozialen und ideologischen Kämpfe im Europa der damaligen Zeit. Zweifellos gehören die Milizen der beiden Bürgerkriegsparteien, die insbesondere in der ersten Phase des Kampfes eine so große Rolle spielten, zu diesen Dimensionen. Die Milizen waren der Beweis für die Einbeziehung der Bevölkerung in diese Auseinandersetzungen. Ohne Milizen hätte es keinen Krieg gegeben. Dieses Phänomen wurde noch durch die Rekrutierung zahlreicher ausländischer Kämpfer für den Spanischen Bürgerkrieg verstärkt. Diese verliehen der spanischen Situation einen besonderen Charakter: Sie machten nämlich Spanien zu dem Territorium, auf dem ein Konflikt entschieden wurde, der über die Grenzen des Landes hinausging. Aber während auf der republikanischen Seite alle ausländischen Kämpfer tatsächlich Freiwillige waren, war die ausländische Unterstützung der Aufständischen völlig anders geartet.
Eine andere Dimension mit größeren Konsequenzen war das weithin verbreitete Phänomen der Ausübung sozialen Zwangs, das während des Konfliktes allgemein anzutreffen war. In gesellschaftlicher Hinsicht war der Spanische Bürgerkrieg in großem Umfang nicht nur eine bewaffnete Auseinandersetzung, sondern zugleich ein sozialer Krieg im Hinterland. Soziale Zwangsausübung bedeutet Unterwerfung oder physische Eliminierung des Feindes auf irreguläre Art und nicht an der Kampffront sowie die Verfolgung von Andersdenkenden mit illegalen oder legalisierten Mitteln; dies führt uns zu dem gesamten komplexen Bereich der Repression. Und ganz auf der Linie des Phänomens der generalisierten sozialen Gewalt läßt sich noch eine weitere Dimension

dieser »totalen« Konfrontation ausmachen, nämlich die Haltung und das Schicksal bestimmter sozialer Institutionen, deren theoretische – von der Geschichte allerdings widerlegte – Funktion gerade darin bestand, die sozialen Spannungen zu entschärfen. Das beste Beispiel dafür ist die katholische Kirche, aber es könnten auch die Gerichtsbarkeit, die Zwangsapparate des Staates und die Berufsverbände genannt werden.

Auch wenn sich inzwischen immer mehr die Überzeugung durchsetzt, daß das wichtige Phänomen der gewaltsamen Unterdrükkung Andersdenkender nur als allgemeines Charakteristikum des Kampfes erklärbar ist, als ein sozio-historisches Phänomen, das über die konkrete Bruchlinie zwischen Gruppen und Klassen hinausgeht, so zeigt doch die Behandlung des Themas bis heute, wie gering die Übereinstimmung in dieser Frage ist. Auf unsere Behauptung, daß es nicht so sehr darauf ankomme, »Opfer der Repression zu zählen und sie dem Gewissen des Gegners anzulasten, sondern vielmehr darauf, diese Untaten zu erklären« (9, S. 228), ist geantwortet worden, daß es »nicht nur Erklärungen sind, die die Geschichte interessieren, sondern die Tatsachen«, und daß es nicht besonders wichtig sei zu betonen, daß »die Repression *in beiden Zonen* stattfand« (36). Wer sich derartige Argumentationen erlaubt, beweist damit nicht nur eine kolossale methodologische Dummheit – was anders als Tatsachen gilt es zu »erklären«? –, er neigt auch dazu zu vergessen, daß Tatsachen nicht mit dem Zählen von Toten, nicht einmal mit der Zuordnung von Verantwortlichen bei Verbrechen gleichzusetzen sind. Tatsachen zu untersuchen ist keine Frage des Willens, sondern der Vernunft. Er vergißt auch, daß die tatsächliche Entwicklung des »Krieges in der Etappe«, der einen mindestens genauso wichtigen Aspekt wie der Kampf an der Front darstellt und dauerhaftere Wirkungen auf das historische Gedächtnis eines ganzen Volkes ausübt, im spanischen Fall nicht die Gleichstellung der Geschehnisse in beiden Zonen erlaubt. Die einzig mögliche Gleichstellung ist die des Zahlenmaterials, und daran halten sich diejenigen, für die andere Bereiche zu unsicher sind.

Es sollte zunächst darauf hingewiesen werden, daß die Untersuchung der sozialen Repression im Spanischen Bürgerkrieg, unabhängig von Schwierigkeiten technischer Art, bis heute dadurch beeinträchtigt wird, daß die Quellen für die eine bzw. andere Seite in ihrer Art und Verfügbarkeit sehr unterschiedlich sind. Während die Quellen für die republikanische Seite zugänglich sind und, wie wir sehen werden, schon sehr früh die Grundlage für allerdings ausgesprochen willkürliche Darstellungen bildeten, kann dies keineswegs für die Quellen zur Geschichte der Repression im nationalistischen Spanien während des Bürgerkrieges und der Nachkriegszeit gelten. Die militärgerichtlichen Quellen, in denen m. E. der größte Teil dieser Fälle registriert ist, sind für den Historiker nach wie vor unzulänglich. Alberto Reig hat dies zweifelsfrei bewiesen (70, S. 27).

Die Sieger des Bürgerkrieges haben schon ihr juristisch-politisches »Corpus« bezüglich der Opfer der Repression und der entsprechenden Täter auf republikanischem Gebiet erarbeitet. Das Kernstück hierfür findet sich in der sogenannten *Causa General. La dominación roja en España* (Allgemeiner Gerichtsprozeß. Die Herrschaft der Roten in Spanien), die in den ersten Nachkriegsjahren in verschiedenen Sprachen veröffentlicht wurde und auf zahlreichen Gerichtsakten beruht, die heute eingesehen werden können. Dazu kommt eine außerordentlich große Zahl an Publikationen – Zeugenberichte ebenso wie historische Darstellungen –, die seit 1937 erschienen ist und während des Franco-Regimes ständig zunahm. Ein wesentlicher Teil dieser Literatur entstammt der »fünften Kolonne« oder wurde von solchen Personen verfaßt, die auf republikanischem Territorium selbst Repressionen ausgesetzt waren und diese überlebten, deren Zuverlässigkeit jedoch, soweit bekannt, nicht einmal ansatzweise einer kritischen Analyse unterzogen worden ist.

Einen anderen Teil dieser Literatur bilden die nicht weniger zahlreichen »Opferkarteien«, die in der Nachkriegszeit von religiösen Orden, Vereinen (dem CNCA zum Beispiel) und territorialen Einheiten (Provinzverwaltungen) erstellt wurden, oder die Inschriften an Kirchenmauern. Hinzu kommen noch die Schriften bestimmter Diplomaten oder Korrespondenten, die ihre Sympathien für die Aufständischen niemals verborgen haben: Núñez Morgado, Schlayer, Knobloch u. a.

Von der ehemals republikanischen Seite ist im Nachkriegsspanien natürlich nichts Vergleichbares publiziert worden; die noch während des Krieges oder im Exil verfaßte Literatur ist sehr beschränkt. Außerdem stellen sich hinsichtlich ihrer Verläßlichkeit die gleichen Probleme wie bei der Literatur auf der Siegerseite. Dies trifft sowohl auf die Darstellungen von Ruiz Vilaplana, Bahamonde, Bernanos, Cantalupo (mit einer stark zensierten spanischen Ausgabe seines Werkes) als auch auf den bekannten Bericht der Anwaltskammer von Madrid zu. Die methodischen Probleme einer Registrierung dieser Toten auf der Basis gerichtlicher Eintragungen sind außerdem auf beiden Seiten sehr ungleich, wie aus den Arbeiten von Reig bzw. Salas Larrazábal deutlich hervorgeht (70; 76).

Die Quantifizierung der Opfer der Unterdrückung erweist sich somit als unvollständig, kaum miteinander vergleichbar und verzerrt. Die quantitativen Schätzungen waren schon während des Krieges Gegenstand ideologischer Spekulationen: Die Kirche, die Presse, die politischen Gewalten waren an der Angabe von übertriebenen, häufig bewußt gefälschten Zahlen – die Rede war von mehreren Hunderttausend – entscheidend beteiligt. Die Schätzungen, die einen Anspruch auf Glaubwürdigkeit erheben, haben seit den Untersuchungen des Demographen Villar Salinas bis zu den neuesten Bemühungen von Salas Larrazábal erhebliche Modifizierungen erfahren. Niemand glaubt inzwischen mehr an den Mythos von »einer Million Toten«; aber man kann nicht behaupten, daß alle Unsicherheiten beseitigt sind. Salas schätzt die Zahl der Toten infolge von »Mord und Exekution« in der republikanischen Zone auf 72 344, die in der nationalistischen Zone auf 57 662 (76, S. 361). Von letzteren entfielen nach seinen Schätzungen etwa 35 500 auf die Zeit des Bürgerkrieges und 23 000 auf die Nachkriegszeit (76, S. 428). Fast alle durch ihre Untersuchungen zu diesem Thema ausgewiesenen Autoren betrachten diese Ziffern als zu gering angesetzt. Ramón Salas Larrazábal selbst erwähnt in einer anderen Schätzung (*Historia del franquismo*, Madrid 1985, Kap. II, S. 29) für die Zeit nach dem Krieg eine Höchstzahl von 29 139 Toten, eine Mindestzahl von 23 500 und die Zahl von ca. 28 000 Toten als am wahrscheinlichsten. Die Gesamtzahl aller Kriegstoten, einschließlich der Ausländer, der Guerilla- und der Widerstandskämpfer beziffert Salas auf 296 944.

Zweifellos haben diese neuesten Studien das Thema aus dem Sumpf von Spekulationen, die jeder Grundlage entbehrten, herausgezogen und von der in Pamphleten ausgetragenen Polemik und Mythenbildung befreit. Die Schwierigkeiten bei der Materialbeschaffung, die Lücken und methodischen Schwächen sind Anlaß für große Skepsis im Hinblick auf die Möglichkeit, daß die historische Forschung jemals zu abschließenden Ergebnissen gelangen wird. Jede neue Studie, besonders auf lokaler und regionaler Ebene, erweitert den Gegenstand um neue Aspekte (60, S. 707).

Aber es gibt Dinge, die über diese angeblichen »Fakten« hinausgehen. Man kann durchaus die Merkmale eines sozialen Phänomens charakterisieren, dessen Entwicklung alles andere als eindeutig genannt werden muß. Die soziale Zwangsausübung wies in der Republik einen bestimmten Charakter auf, während die Erbauer des »neuen Staates« sie anders anwandten. Die Konstatierung dieser »Tatsache« ist so alt wie der Krieg selbst – Jesús Galíndez, Azaña oder Maritain zum Beispiel stellten dies bereits fest – und gilt bis heute, wie etwa den letzten »Erklärungen« von Serrano Suñer zu entnehmen ist. Ein Großteil der Ereignisse in der Republik im Jahre 1936 und bis weit in das Jahr 1937 ist nicht so sehr auf die »legale« Repression zurückzuführen als vielmehr auf den Quasi-Zusammenbruch des Staatsapparates, seiner Polizei- und Justizorgane, auf die Entstehung von Gegengewalten und parallelen Repressionsinstrumenten, die nur sehr langsam wieder der Kontrolle einer legitimierten Gewalt unterstellt werden konnten. Bei diesen parallel laufenden Aktionen von Individuen und Gruppen ging es nicht nur um die Verfolgung möglicher Komplizen des Aufstandes, sondern auch um den internen Kampf zwischen Ideologien und Organisationen; außerdem stellen sie ein wichtiges Phänomen allgemeiner Kriminalität dar.

Darüber hinaus brachte die Revolution auf republikanischem Gebiet neue Vorstellungen von Justiz hervor – die »Volksjustiz« oder »revolutionäre Justiz« –, die zwar keineswegs von allen pro-republikanischen Kräften gutgeheißen wurden, aber eine qualitativ verschiedene Art von Repression darstellten. Die Republik unternahm, nachdem ihr Staatsapparat wieder funktionstüchtig war, ab August 1936 Anstrengungen, die Justizverwaltung (Prozeßwesen und Strafvollzug) zu reorganisieren. Hierzu gibt es neuerdings so anschauliche Zeugnisse wie die von José Rodríguez Olazábal, der vorübergehend Präsident des Obergerichtshofs von Valencia war (72). Der Prozeß war durch eine – allerdings nie vollständige oder endgültige – Entwicklung gekennzeichnet, die von einer großen Verbreitung sozialer Gewalt am Rande der verfassungsmäßigen Gewalt über die Wiedererlangung des Gewaltmonopols des Staates bis zur Wiederherstellung der Justiz ging. Dies bedeutet natürlich nicht, daß politische Delikte ein Ende fanden oder bei

Verfahren rechtsstaatliche Garantien gegeben waren. Die Justiz blieb eine »Kriegs-Gerichtsbarkeit«.
Es läßt sich nicht leugnen, daß es zu Beginn des Aufstandes auch in der nationalistischen Zone zu Repressionen kam, die der Kontrolle einer sich erst konstituierenden Gewalt entglitten; für bestimmte Aktionen können nicht die »Behörden« verantwortlich gemacht werden. Es ist jedoch bekannt, daß dieses Phänomen niemals das Ausmaß wie auf der gegnerischen Seite erreichte. Die unumschränkte Militärgewalt, die sich auf die Erklärung des »Kriegszustandes« stützte, hatte keine Schwierigkeiten, Individuen und Gruppen zu kontrollieren. Die Unterdrückung Andersdenkender war hier ein Vorgehen, das zu den Zielen der Erhebung selbst gehörte und als solches für seine Verwirklichung mit den entsprechenden Instrumenten und seine Legitimation mit den ideologischen Mechanismen ausgestattet war. Vielleicht läßt sich das wesentliche Merkmal des massiven sozialen Zwangs, der die Zerstörung der Republik begleitete, mit Serrano Suñer als Ausübung einer »umgekehrten Justiz« beschreiben (79, S. 245). Merkwürdiger- und bezeichnenderweise eliminierten die Aufständischen ihre Feinde nicht, indem sie neue Rechtsprinzipien, d.h. eine »revolutionäre Justiz« anwandten, wie Serrano bemerkte, sondern indem sie sich auf die Gesetze des Staates stützten, den sie zerstören wollten, dabei aber die im Militärstrafbuch vorgesehenen Tatbestände strafbaren Verhaltens bis zur Unkenntlichkeit veränderten. Die Tatbestände des Aufruhrs, der Beihilfe zur Rebellion etc. wurden auf die Anhänger und Stützen des legitimen Staates angewandt... Selbst die Bestimmungen des »Gesetzes für Öffentliche Ordnung« wurden entsprechend umfunktioniert.
Eine Schlüsselfunktion besaß die Militärgesetzgebung; »in einigen Gebieten wurden im voraus Prozentsätze von Freisprechungen, Todes- bzw. Freiheitsstrafen festgelegt« (79, S. 246). Die Unfähigkeit der neuen Gewalt, eine eigene, »revolutionäre« Legitimation ihrer Rechtsprechung zu schaffen, wird von Serrano Suñer als »Umkehrung der Positionen«, als »juristischer und politischer Irrtum« bezeichnet. Derartige Urteile erfassen das Problem jedoch nicht in seiner Gesamtheit, da sie in ihre Analyse das »Gesetz über die Politische Verantwortlichkeit« nicht einbeziehen.

Für die gesellschaftspolitische Entwicklung Spaniens in den dreißiger Jahren bedeuteten der antirepublikanische Aufstand und der darauffolgende Bürgerkrieg eine traumatische Zäsur, die diese Ereignisse zu den entscheidenden in der spanischen Geschichte des 20. Jahrhunderts machten. Es muß aber noch einmal gesagt werden, daß der Bürgerkrieg eine letzte Steigerung eines bereits zuvor bestehenden Konflikts darstellt, den die Gesellschaft nicht zu lösen in der Lage war. Natürlich verlieh der Krieg diesem Konflikt notwendigerweise neue Aspekte. Auf beiden Seiten spielten sich sodann zwei gesellschaftliche Prozesse ab, wobei gesellschaftliche Prozesse hier im weitesten Sinne des Wortes verstanden werden, von der Staatsform über ideologische Formeln bis hin zu den Beziehungen zwischen Klassen. Zwei Prozesse, die gegensätzlich genannt werden können, nicht aber eigentlich als gegenläufig zu verstehen sind. Das parlamentarische System sah sich mitten im Krieg der Gefahr ausgesetzt, durch den Druck einer sozialen Revolution zerstört zu werden, die in ihren Zielen weit über die bürgerliche Demokratie hinausging. Aber auf seiten des antirepublikanischen Aufstandes fanden sich natürlich nicht die sozialen Gruppen zusammen, die die Demokratie verteidigen wollten, sondern jene, die nicht bereit waren, eine allmähliche und demokratische Modernisierung zu akzeptieren; also jene Gruppen, die jeden Versuch eines tatsächlichen sozialen und gesellschaftlichen Wandels zurückgewiesen hatten, auch wenn dieser in keiner Weise revolutionär war.

Insgesamt leitete der Krieg auf sozialer Ebene somit *keinen historisch völlig neuen Prozeß* ein. Er führte auch nicht dazu, einen der bereits bestehenden Prozesse zum Abschluß zu bringen. Er vereitelte die Möglichkeit einer proletarischen, sozialistisch orientierten Revolution – und zwar nicht aufgrund des Sieges des Klassenfeindes, sondern bereits vorher wegen der unüberwindlichen Gegensätze zwischen den gesellschaftspolitischen Modellen, die von den verschiedenen Fraktionen des Proletariats – mit oder ohne Unterstützung des Kleinbürgertums – vertreten wurden.

Der Bürgerkrieg setzte den Möglichkeiten einer demokratisch-reformistischen Politik, wie sie das republikanische Jakobinertum mit Unterstützung der sozialdemokratischen Strömungen repräsentiert hatte, ein Ende. Die Reformkräfte hatten aus der Volksfront kein für diesen Zweck passendes politisches Instrument zu schaffen gewußt. Allerdings wurde der Bürgerkrieg auch nicht mit der Absicht geführt, in Spanien den Faschismus zu etablieren. Das von den antirepublikanischen Gruppen geschaffene Regime und

der »neue Staat« waren weder faschistisch, noch haben sie je ernsthaft beabsichtigt, dies zu sein.
Der Bürgerkrieg diente schließlich dazu, die alten Formen sozialer Herrschaft wiederherzustellen und zu bewahren. Diese schien – aus der Perspektive der Klassen, die diese Herrschaftsform durchgesetzt hatten – durch die von der Republik gestärkten sozialen Bewegungen ernsthaft bedroht zu sein. Der Krieg hatte, darauf ist bereits hingewiesen worden, im wesentlichen Auswirkungen restaurativer Art. Das endgültige Ende dieser gesellschaftlichen Restauration war später das Ergebnis einer ganz anderen historischen Konstellation, die 20 Jahre nach Beendigung des Bürgerkrieges entstand und zur Überwindung jener historischen Bedingungsfaktoren führte, die in den archaischen Gesellschaftsstrukturen Spaniens in den dreißiger Jahren angelegt waren.
Ein Pessimist wie Manuel Azaña – Indalecio Prieto war nicht der einzige – erkannte im Spanischen Bürgerkrieg schon bald den Anfang vom Ende der Republik. Er war der Meinung – seine Überlegungen brachte er scharfsinnig und zugleich sorgenvoll in seiner Schrift *La Velada en Benicarló* (Die Nachtwache in Benicarló) zu Papier –, daß zur Zerstörung jenes unvollendeten historisch-sozialen Projektes der Zweiten Republik Kräfte beitrugen, die nicht nur auf einer, sondern auf beiden Seiten des Schützengrabens zu finden seien. Aber niemals glaubte er, daß beide Kräfte symmetrisch waren. Von dem Augenblick an, in dem auf der einen von beiden Seiten die mächtigsten sozialen Gruppen und Institutionen Stellung bezogen – die Vertreter von Agrar- und Finanzinteressen, die Kirche praktisch als einheitlicher Block, der größte Teil der Armee – und entscheidende Unterstützung von außen erhielten, war der andere Teil des Landes – das politisch bewußtere Proletariat, das progressive Kleinbürgertum, das Bauerntum in den Regionen, die nicht auf der Meseta lagen, die herausragendsten Intellektuellen, Wissenschaftler und Künstler, ein Teil der Armee – mit Unterstützung der Sowjetunion und Mexikos nicht in der Lage, sich den Aufständischen erfolgreich entgegenzustellen, obwohl die republikanische Seite über die Instrumente des bestehenden Staatsapparates verfügte. Azaña strebte auf verschiedenen Wegen einen Kompromißfrieden an. Aber es ging um viel mehr als nur um das Überleben eines Regimes.

(Aus dem Spanischen von Ulrike Liebert)

1. Alba, V.: *El marxisme a Catalunya*, 4 Bde., Barcelona 1974.
2. Alpert, M.: *La reforma militar de Azaña, 1931/1933*, Madrid 1982.
3. Aparicio, M. A.: »Aspectos políticos del sindicalismó español de posguerra«, in: *Sistema*, 13 (Madrid), April 1976, S. 55–77.
4. Arauz de Robles, J. M.ª: *Obra Nacional Corporativa. Plan*, San Sebastian 1937.
5. Les Archives Secrètes de la Wilhelmstraße. III: *L'Alemagne et la guerre civile espagnole, 1936/1939*, Paris 1952.
6. Archivo Melchor Ferrer-Manuel Fal Conde, Sevilla.
7. Aróstegui, J.: »Sociedad y Milicias en la guerra civil española«, in: *Homenaje al Profesor Tuñón de Lara*, Bd. 2, Madrid 1981.
8. Aróstegui, J.: »La incorporación del voluntariado de Navarra al Ejército de Franco. Fundamentos soziohistóricos de una opción ideológica«, in: *Sistema*, 47 (Madrid), 1982.
9. Aróstegui, J., J. A. Martínez: *La Junta de Defensa de Madrid, noviembre de 1936/abril de 1937*, Madrid 1984.
10. *Arriba España*, Pamplona, 6. Januar 1937.
11. Azaña, M.: *Obras completas.* Bd. 4: *Memorias Políticas de Guerra*, Mexiko 1968.
12. Bahamonde, A.: *Un año con Queipo. Memorias de un nacionalista*, Buenos Aires (1938).
13. Bernecker, W. L.: *Anarchismus und Bürgerkrieg. Zur Geschichte der Sozialen Revolution in Spanien 1936–1939*, Hamburg 1978.
14. *Boletín de Campaña de los Requetés*, Burgos (seit 1. Spetember 1936).
15. Bolloten, B.: *La revolución española; sus orígenes, la izquierda y la lucha por el poder durante la guerra civil, 1936–1939*, Barcelona 1980.
16. Borkenau, F.: *Kampfplatz Spanien. Politische und soziale Konflikte im Spanischen Bürgerkrieg*, Stuttgart 1968.
17. Bosch Sánchez, A.: *Ugetistas y libertarios. Guerra civil y revolución en el País Valenciano, 1936/1939*, Valencia 1983.
18. Broué, P., R. Fraser, P. Vilar: *Metodología histórica de la guerra y la revolución españolas,* Barcelona 1982.
19. Burgo, J. del: *Conspiración y guerra civil*, Madrid 1970.
20. Cacho Viu, V.: »Los escritos de José María Iribarren, secretario de Mola en 1936«, in: *Cuadernos de Historia Moderna y Contemporánea*, Madrid (5), 1984.
21. Cadenas y Vicent, V.: *Actas del último Consejo Nacionale de FE de las JONS* (Salamanca, 18./19. April 1937), Madrid 1975.
22. Campoamor, A.: *La révolution espagnole vue par une républicaine*, Paris (1937).

23. Carrión, P.: *La reforma agraria de lat 2.ª República y la situación actual de la agricultura española*, Barcelona 1973.
24. Casado, S.: *Así cayó Madrid. Último episodio de la guerra civil española*, Madrid 1968.
25. Casanova, J.: *Anarquismo y revolución en la sociedad rural aragonesa, 1936/1938*, Madrid 1985.
26. Castillo, J. J.: *Propietarios muy pobres. Sobre la subordinación política del pequeño campesino*, Madrid 1979.
27. Cattell, D. T.: *Communism and the Spanish Civil War*, Los Angeles 1955.
28. Cierva, R. de la: *Historia de la Guerra Española*, Bd. 1, Madrid 1969.
29. Claudín, F.: *La crisis del movimiento comunista. 1: De la Komintern a la Kominform*, Barcelona 1977.
30. Cruells, M.: *Els fets de maig*, Barcelona 1970.
31. *Dictamen de la Comisión sobre ilegitimidad de poderes actuantes el 18 de julio de 1936*, Barcelona 1939.
32. *Epistolario Prieto-Negrín, Puntos de vista sobre el desarrollo y consecuencias de la guerra civil española*, Paris 1939.
33. Ferrer, M.: *Observaciones de un viejo carlista a unas cartas del Conde de Rodezno*, Madrid 1946.
34. Ferrer, M.: *Don Alfonso Carlos de Borbón y Austria-Este*, Sevilla 1979.
35. Gabilán, L., W. D. Alcahud: *Legislación Española*, San Sebastian 1937ff.
36. García Escudero, J. M.: »La defensa de Madrid, el communismo y la represión«, in: *Ya*, 1. Juli 1984.
37. García Oliver, J.: *El eco de los pasos*, Barcelona 1978.
38. García Venero, M.: *Falange en la guerra de España: La Unificación y Hedilla*, Paris 1967.
39. Gavira Brandt, M.: *Suiza y la Guerra Civil Española a través del »Neue Zürcher Zeitung«*, unveröffentl. Manuskript, Madrid 1985.
40. Gil Robles, J. M.ª: *No fue posible la paz*, Barcelona 1978.
41. Gomá Tomás, I.: *El caso de España. Instrucciones a sus diocesanos respuestas a unas consultas sobre la guerra actual*, Pamplona 1936.
42. Hernández, J.: *El Partido Comunista antes, durante y después de la crisis del gobierno Largo Caballero*, Valencia (1937). Vorwort von D. Ibárruri, *Pasionaria*.
43. Hernández, J.: *Yo, ministro de Stalin en España*, Madrid 1954.
44. Ibárruri, D. (Hg.): *Guerra y Revolución en España, 1936/1939*, 4 Bde., Moskau 1967–1977.
45. Iribarren, J. M.: *Con el General Mola*, Saragossa 1937.
46. Irujo, M. de: *La guerra civil en Euzkadi antes del Estatuto*, Madrid 1978.

47. Iturralde, Juan de (J. J. Usabiaga): *La guerra de Franco, los vascos y la Iglesia*, San Sebastian 1978.
48. Kindelán, A.: *Mis cuadernos de Guerra*, Madrid (1945); ND, Barcelona 1982.
49. Koltsov, M.: *Diario de la Guerra de España*, Paris 1963, auch erschienen unter dem Titel: *Diario de la guerra española*, Madrid 1978.
50. Krivitsky, W.: *In Stalin's Secret Service*, New York 1939.
51. *La Nación*, Buenos Aires, 14. August 1938.
52. Largo Caballero, F.: *Notas históricas de la guerra de España, 1917–1940*, 4 Bde., unveröffentl. Manuskript, o. O., o. J.
53. Largo Caballero, F.: *Mis recuerdos*, Mexiko 1976.
54. Lizarza, A.: *Memorias de la conspiración, 1931–1936*, Pamplona 1969.
55. Lorenzo, C. M.: *Les anarchistes espagnols et le pouvoir, 1869–1969*, Paris 1969.
56. Manuel de Santa Cruz (J. Ruiz de Galarreta): *Apuntes y Documentos para la Historia del Tradicionalismo español, 1939–1966*. Bd. I: *1939*, Madrid 1979.
57. Marrero, V.: *La guerra española y el trust de cerebros*, Madrid 1963.
58. Martínez Barrio, D.: *Memorias*, Barcelona 1983.
59. Mintz, F.: *La autogestión en la España revolucionaria*, Madrid 1977.
60. Moreno Gómez, F.: *La guerra civil en Córdoba, 1936–1939*, Madrid 1985.
61. Morodo, R.: *Los orígenes ideológicos del franquismo: Acción Española*, Madrid 1985.
62. Payne, S. G.: *Falange. Historia del fascismo español*, Paris 1965.
63. Payne, S. G.: *Los militares y la política en la España contemporánea*, Paris 1968.
64. Payne, S. G.: *La revolución española*, Barcelona 1972.
65. Peirats, J.: *La CNT en la revolución española*, 3 Bde., Paris 1971.
66. Prieto, I.: *Cómo y por qué salí del Ministerio de Defensa Nacional*, Mexiko 1940.
67. Primo de Rivera, J. A.: *Obras completas* (hg. v. de Agustín del Río Cisneros), Madrid 1962.
68. Rama, C. M.: *La crisis española del siglo XX*, Mexiko 1962.
69. Redondo, L., J. de Zavala: *El Requeté (La Tradición no muere)*, Barcelona 1957.
70. Reig Tapia, A.: *Ideología e Historia (Sobre la represión franquista y la Guerra Civil)*, Madrid 1985.
71. Ridruejo, D.: *Escrito en España*, Buenos Aires 1964.
72. Rodríguez Olazábal, J.: *La administración de justicia en la guerra civil*, Guatemala 1981.

73. Rosado, A.: *Tierra y Libertad. Memorias de un campesino anarcosindicalista andaluz*, Barcelona 1979.
74. Ruiz Rico, J. J.: *El papel político de la Iglesia Católica en la España de Franco, 1936–1971*, Madrid 1977.
75. Sainz Rodríguez, P.: *Testimonio y Recuerdos*, Barcelona 1978.
76. Salas Larrazábal, R.: *Pérdidas de la guerra*, Barcelona 1977.
77. Sánchez Agesta, L.: »El proceso constituyente de la España Nacional«, in: *Guerra de Liberación Nacional*, Saragossa 1961, S. 652f.
78. Serrano Suñer, R.: *Entre Hendaya y Gibraltar (Noticias y refleción, frente a una leyenda, de nuestra política en dos guerras)*, Madrid 1947.
79. Serrano Suñer, R.: *Entre el silencio la propaganda, la Historia como fue. Memorias*, Barcelona 1977.
80. Southworth, H. R.: *El mito de la cruzada de Franco*, Paris 1963.
81. Southworth, H. R.: *Antifalange*, Paris 1967.
82. Suárez, A.: *El proceso contra el POUM. Un episodio de la revolución española*, Paris 1974.
83. Thomas, H.: *La guerra civil española*, 6 Bde., Madrid 1979ff.
84. Togliatti, P.: *Escritos sobre la guerra de España*, Barcelona 1980.
85. Tuñón de Lara, M.: *La España del siglo XX*, Madrid 1973.
86. Vidarte, J. S.: *Todos fuimos culpables*, 2 Bde., Barcelona 1978.
87. Viver Pi-Sunyer, C.: *El personal político de Franco, 1936/1945*, Barcelona 1978.
88. VV. AA.: *Francisco Largo Caballero, 1869–1946*, Toulouse 1947.
89. Zugazagoitia, J.: *Guerra y vicisitudes de los españoles*, Paris 1968.

Ángel Viñas
Der internationale Kontext

Die Analyse der Beziehungen zwischen dem Spanischen Bürgerkrieg und dem internationalen Kontext, in dem er stattfand, hat eine lange Tradition, die bis zu dem Konflikt selbst zurückreicht. Erst nach Öffnung der Archive (mit der wichtigen Ausnahme der sowjetischen) ließ sich jedoch genauer herausarbeiten, wie sich die internationale Lage auf den Bürgerkrieg ausgewirkt hat. Dieser war aus der Sicht des Auslandes natürlich eine *side-show,* ein – von der Anfangsphase abgesehen – relativ nebensächliches Ereignis. Im Gesamtzusammenhang wirkt er aus heutiger Perspektive wie ein Riß – keineswegs der bedeutendste – im Verfallsprozeß des aus dem Frieden von Versailles entstandenen Gebäudes internationaler Beziehungen. Insofern hing der spanische Konflikt ebenso unlöslich mit den Kraftakten der revisionistischen Achsenmächte wie mit der ängstlichen und kurzsichtigen, wenn auch verständlichen, Politik der demokratischen Länder zusammen, die nur die Sicherung ihrer lebenswichtigen nationalen Interessen (Verbindungswege, Einflußbereiche) im Auge hatten. Zu diesen gehörte die nicht sehr nachdrücklich betriebene Verteidigung des europäischen Status quo angesichts deutscher und italienischer Ansprüche, die keineswegs allenthalben als unvernünftig angesehen wurden.

Der Ausgang des Bürgerkrieges ist jedoch ohne die enge Verknüpfung mit den internationalen Gegebenheiten, unter denen er sich entwickelte und die ihn erst ermöglichten, undenkbar. Ohne die von außen bewirkten Verzerrungen hätte sich der Militärputsch vom 17. Juli nicht zu einem jahrelangen Krieg ausweiten können. Die Aufständischen wären vermutlich nicht in der Lage gewesen, ihre Operationen gegen eine weltweit als legal anerkannte Regierung, die regelmäßige Waffenlieferungen und diplomatische Unterstützung erhalten hätte, längerfristig aufrechtzuerhalten.

Eine solche, von zahlreichen prorepublikanischen Autoren beschworene Konstellation stellte sich allerdings nicht ein. Vielmehr bekamen sowohl die Regierung in Madrid als auch die Aufständischen Hilfe aus dem Ausland, deren Ausmaß und jeweiliger Zeitpunkt den Interessen der Mächte entsprachen, die am aktivsten in den spanischen Konflikt eingriffen: Deutschland, Italien und die Sowjetunion.

Die Internationalisierung des Krieges bewirkte schon bald eine Asymmetrie in den Beziehungen der beiden Bürgerkriegsparteien zum Ausland, da Frankreich eine relativ zurückhaltende und Großbritannien eine klar ablehnende Stellung bezog. Die Ungleichheit der Beziehungen kam den Aufständischen zugute und half ihnen, die schwerste Zeit der ersten Monate nach dem gescheiterten Putsch zu überstehen.

Der folgende Beitrag kann – in Anbetracht des knappen Raumes, der zur Verfügung steht – keinen vollständigen Überblick über alle internationalen Aspekte des Bürgerkriegs liefern. Er versucht allerdings, unter Berücksichtigung der Chronologie, die wesentlichen Mechanismen und Konsequenzen der wichtigsten Entscheidungen der europäischen Mächte herauszuarbeiten, die den spanischen Konflikt maßgeblich beeinflußt haben.

Der Beitrag beginnt mit einer kurzen Reflexion über das europäische Szenarium und die Stellung der Republik im internationalen Kontext im Sommer 1936. Eingehender untersucht werden sodann die Einmischung der Achsenmächte in die innerspanischen Angelegenheiten und die Anfänge der von den Demokratien betriebenen Politik der Nichtintervention.

Mit dem Fortgang des durch Intervention auf der einen und Zurückhaltung auf der anderen Seite bestimmten Konflikts kommt anschließend die sowjetische Reaktion zur Sprache.

Der diplomatische Erfolg, der durch die Einsetzung des Londoner Nichteinmischungsausschusses erreicht wurde, ermöglichte es, die Spannungen, die der Spanische Bürgerkrieg den zentralen Auseinandersetzungen zwischen den verschiedenen Mächten hinzufügte, einstweilen zu verdrängen, zumal die europäische Politik des Jahres 1937 eindeutig unter dem Zeichen der Entspannung stand.

Als sich 1938, im Jahr des Münchner Abkommens, die innereuropäischen Beziehungen immer weiter verschlechterten, waren die internationalen Auswirkungen des Bürgerkrieges bereits unter Kontrolle gebracht. Die Krise vom September 1938 zeigte, daß Spanien für die große Politik in Europa kein Thema mehr war. Das Erwachen der westlichen Demokratien angesichts der Aggressivität des Dritten Reiches hatte auf den Bürgerkrieg schon keinerlei Auswirkungen mehr. Zum damaligen Zeitpunkt herrschte in Spanien bereits eine Diktatur, die aus dem bewaffneten Kampf, dem Aufeinanderprallen der Ideologien und der unwiderstehlichen Anziehungskraft des Faschismus hervorgegangen war.

Das europäische Szenarium und ein Hilferuf nach Paris

Im Frühjahr 1936 machte Europa nicht den Eindruck eines Kontinents, der sich schon bald wegen eines Landes wie Spanien in internationale Krisen stürzen würde. In den ersten Sommertagen sah die europäische Szene sogar relativ friedlich aus.

Die Remilitarisierung des Rheinlands hatte im März eine starke Erschütterung ausgelöst, doch hatten sowohl Briten als auch Franzosen seit einiger Zeit mit einer solchen Möglichkeit gerechnet. Die Angebote, mit denen Hitler diese Aktion begleitete – und die sich später als leere Versprechungen erwiesen –, beruhigten fürs erste die Gemüter. Weder in London noch in Paris war man der Meinung, daß diese neuerliche Verletzung des Versailler Vertrages (die auch den Vertrag von Locarno hinfällig machte) Anlaß zur Gewaltanwendung sei (29, S. 94ff.). Dieses Nachgeben war einer der ersten Schritte in Richtung auf eine Beschwichtigungspolitik gegenüber Hitler, die über den Spanischen Bürgerkrieg hinausreichte und deren Auswirkungen auf ihn stets spürbar waren.

Der Ausgang der Rheinlandkrise band die französische Politik enger an die britische, in deren Windschatten sie sich bis zum Ausbruch des Weltkrieges bewegte. Im April 1936 wurde als Ergebnis militärischer Verhandlungen festgelegt, daß Frankreich im Falle eines nicht-provozierten deutschen Angriffs unverzüglich zwei britische Divisionen erhalten sollte (2, S. 40). Das war nicht viel; aber noch waren die Ereignisse von 1914 in frischer Erinnerung, und es wurde betont, daß es sich um die erste mit Paris eingegangene Verpflichtung Londons seit 1919 handelte, als die britisch-nordamerikanischen Garantien nicht zum Tragen gekommen waren. Die französische Verteidigung beruhte also in erster Linie auf britischer Hilfe, da das französisch-sowjetische Abkommen vom 2. Mai 1935 durch keinerlei Zusatzverträge ausgebaut werden konnte.

Neue Aufregung brachte der Wahlsieg der Volksfront in Frankreich, der die Regierungsverantwortung dem Sozialisten Léon

Blum übertrug. Allerdings führte dieser politische Wechsel nicht – obwohl dies durchaus denkbar gewesen wäre – zu einer härteren Haltung Frankreichs gegenüber den faschistischen Mächten. Frankreich und Großbritannien hoben vielmehr die Sanktionen gegen Italien auf (die vom Völkerbund wegen des Einmarsches in Abessinien verhängt worden waren), und schon in den ersten Wochen der Amtsführung des neuen französischen Kabinetts wurde dessen Bemühen um eine gütliche Verständigung mit dem Dritten Reich deutlich (15, S. 295, S. 298). In der Folgezeit gab es viele weitere Bemühungen in dieser Richtung, die sich am deutlichsten in der Reaktion auf die deutsche Einmischung in Spanien zeigten.

Mussolini wiederum verfolgte eine Strategie der »Zweigleisigkeit«, die auf eine Annäherung sowohl an die demokratischen Kräfte, vor allem an Großbritannien, als auch an Deutschland zielte (25, Kap. V); die Achse Rom–Berlin war das Ergebnis letzterer Bemühungen. Diese offen-unbestimmte Situation konnte nicht von langer Dauer sein; im Sommer 1936 häuften sich die Anzeichen, daß eine Änderung eintreten würde. Es war kaum anzunehmen, daß Italien allein zu einer ernsthaften Bedrohung des in Versailles festgelegten Systems internationaler Beziehungen werden könnte, solange Deutschland relativ ohnmächtig blieb. Als aber das Dritte Reich die Deutschland durch den Versailler Vertrag auferlegten Fesseln sprengte und das Rheinland remilitarisierte (das von den Abmachungen von 1919 als einzige greifbare Sicherheit noch übriggeblieben war), gewann die italienische Haltung – Neutralität oder Parteinahme – ein ganz anderes Gewicht (12, S. 17). Diese Tatsache wurde weder in Rom noch in Berlin übersehen; Mussolini wurde das auch schon vor Ausbruch des Spanischen Bürgerkriegs von Berlin aus entsprechend signalisiert.

Hinzu kam, daß die britisch-französischen Diskrepanzen eine gemeinsame Politik gegenüber Italien verhinderten, was den Spielraum des *Duce* noch erweiterte.

Anfang Juli 1936 gelangte der britische Generalstab zu der Erkenntnis, daß London nicht in der Lage sein würde, einer deutschen, italienischen und japanischen Bedrohung gleichzeitig zu begegnen. Eine internationale Krise erwarteten die Briten für die nächste Zukunft im Zusammenhang mit dem »Anschluß« Österreichs an das Dritte Reich. Daher ist die Erleichterung verständ-

lich, mit der in London die Nachricht vom deutsch-österreichischen Abkommen vom 11. Juli 1936 aufgenommen wurde. Dieses Abkommen beseitigte andererseits viele der Streitfragen, die das deutsch-italienische Verhältnis bis dahin belastet hatten. Es war natürlich das nationalsozialistische Deutschland, das die innereuropäischen Beziehungen jener Zeit völlig erschütterte. Mit fortschreitender innerer Konsolidierung häuften sich schon bald die Anzeichen, daß das Dritte Reich dabei war, vom Stadium des »partiellen« in das eines voll ausgeprägten Faschismus überzugehen. Damals war bereits ein großer Teil jener eindeutig revisionistischen Ziele erreicht, die von einer breiten, nicht nur Nationalsozialisten umfassenden Interessengruppierung vertreten wurden; und die Zukunft schien auf eine Situation zu deuten, in der weiteres Ausgreifen von seiten Deutschlands auf entschlosseneren Widerstand der demokratischen Mächte stoßen könnte. Zumindest hatte man in Berlin diese Befürchtung (47, S. 294–298). Allerdings hatte Hitler seine Hoffnungen auf eine *Entente* mit Großbritannien noch nicht endgültig aufgegeben, die eine Voraussetzung zur Entwicklung seines »Programms« war, das an erster Stelle die Neutralisierung Frankreichs vorsah (23, S. 48f.).
Die Entwicklung der innereuropäischen Beziehungen im Vorfeld des Spanischen Bürgerkriegs hatte aus Moskauer Sicht deutlich gemacht, daß Stalins Hoffnungen, die nationalsozialistischen Expansionsgelüste gemeinsam mit Frankreich eindämmen zu können, sich nicht erfüllen würden. Die Remilitarisierung des Rheinlands hatte die strategische Position Frankreichs und damit das unbestimmte Verhältnis zwischen Frankreich und der Sowjetunion weiter geschwächt. Außerdem wurde dem Kreml durch das deutsch-britische Flottenabkommen vom 18. Juni 1935 deutlich, daß London die deutschen Bestrebungen, das kollektive Sicherheitssystem durch ein Netz bilateraler Verträge zu ersetzen, zu einem gewissen Grad teilte.
Angst vor der Sowjetunion war zweifellos ein bestimmender Faktor der britischen Außenpolitik. Für einige konservative Kreise war ein mächtiges Deutschland die wesentliche Voraussetzung für eine Rettung Europas vor Stalin. Die Aktionen der Komintern hatten das Vertrauen in die Politik Moskaus nicht gerade verstärken können, und viele Briten hielten den georgischen Diktator für gefährlicher als Hitler (18, S. 52f.). Die Vorstellung, daß der Ausbruch einer Revolution in Europa ein Faktor sein würde, der

Moskaus Position stärken könnte, erklärt zu einem großen Teil die britische Haltung gegenüber einer nicht kontrollierbaren »roten« spanischen Republik.

Natürlich gehörte Spanien nicht zu jenen gewaltigen Problemen, die sich wie Gewitterwolken über den fünf europäischen Großmächten zusammenzogen; deren Interessen bestimmten jedoch den internationalen Kontext, in den der Militärputsch vom 17. Juli jäh einbrach. Voll und ganz mit ihren eigenen Problemen beschäftigt, hatte die spanische Republik zwar keine besonders aktive Außenpolitik betrieben, aber die Vorwürfe, die ihr im nachhinein gemacht worden sind, hat sie gewiß nicht verdient (43, I, S. 294).

Die Zusammenarbeit mit Frankreich und Großbritannien sowie die Unterstützung des Völkerbundsystems hatten zur Folge, daß die aufeinander folgenden Madrider Regierungen die eigene Position nicht durch Militärabkommen mit anderen Ländern absicherten. Hitler, den mögliche Konsequenzen aus dem französisch-sowjetischen Pakt wohl irritierten, hätte auf die Idee kommen können, Spanien werde sich Frankreich anschließen (29, S. 96); die Wirklichkeit sah jedoch ganz anders aus. Die spanische Republik hatte korrekte Beziehungen zu jenen Staaten unterhalten, die später ihre Gegner sein würden, und die Herzlichkeit gegenüber jenen anderen Ländern, die nicht ihre Feinde sein sollten, veranlaßte diese keineswegs zu einer hilfreichen Geste, als die Republik sie dringend gebraucht hätte.

Natürlich war der Sieg der französischen Volksfront in Spanien positiv aufgenommen worden, und die politische Sympathie wurde durch zahlreiche persönliche Freundschaften verstärkt. Auf einer Reise nach Prag, die der Sozialistenführer Luis Jiménez de Asúa in Paris unterbrach, sagte er Mitte Juli zu Blum, die Lage in Spanien sei gut und die republikanische Regierung sei zufrieden.

Bei diesem Stand der Beziehungen verwundert es nicht, daß der neue Ministerpräsident José Giral am 19. Juli 1936 an Blum telegrafierte und ihn eiligst um Lieferung von Waffen und Flugzeugen bat, da die verfassungsmäßige Republik durch putschendes Militär ernsthaft bedroht sei. Am nächsten Tag konkretisierte Giral in einem Telefongespräch mit dem noch amtierenden Botschafter in Paris, Juan Francisco de Cárdenas, die Wünsche der Madrider Regierung. Zwei Experten wurden in die französische Hauptstadt entsandt, um die technischen Einzelheiten zu besprechen.

Botschafter Cárdenas sollte wenig später durch den früheren Minister Alvaro de Albornoz abgelöst werden, dessen Ernennung bereits unterzeichnet war. Cárdenas, ein ausgewiesener Konservativer, legte unverzüglich sein Amt nieder; er zwang dadurch die republikanische Regierung, Fernando de los Ríos zu beauftragen – der sich damals gerade einige Tage lang in Genf bei Pablo de Azcárate aufhielt –, sich eiligst nach Paris zu begeben, um dort die Leitung der Botschaft zu übernehmen (3, S. 21).
Blums erste Reaktion war positiv. Er wies Luftfahrtminister Pierre Cot umgehend an, eine kleine Lieferung zusammenzustellen. Unmittelbar danach begab er sich mit dem damaligen Außenminister Yvon Delbos nach London, um mit der britischen und der belgischen Regierung über die Möglichkeiten eines neuen Vertrags zu sprechen, der den von Locarno ersetzen und, unter Einbeziehung Deutschlands und Italiens, den Frieden in Europa sichern sollte. Die Idee des Viermächtepakts erwies sich zwar als Chimäre, doch wirkte das Streben nach einem derartigen Pakt entscheidend auf den internationalen Kontext zurück, in dem der Bürgerkrieg stattfand.
Zwar findet sich nirgendwo ein Hinweis, daß das Thema Spanien in London offiziell zur Sprache gekommen wäre, aber zweifellos stießen Blum und seine Berater bei den *Tories* auf keine große Begeisterung für die Regierung in Madrid. Außenminister Anthony Eden bat die Franzosen um Zurückhaltung. Da die französische Außenpolitik eng an die britische gebunden war, konnte Blum auf internationalem Gebiet keine mutigen Vorstöße unternehmen, wenn er nicht mit einem Minimum an britischer Unterstützung rechnen konnte. Die Londoner Erfahrung dürfte wohl beiden französischen Politikern noch in frischer Erinnerung gewesen sein, als sie bei ihrer Rückkehr nach Paris am 24. Juli plötzlich von der Nachricht über die geplante Intervention in die spanischen Angelegenheiten überrascht wurden. De los Ríos mußte seine Vorgehensweise mit Botschaftsrat Cristóbal del Castillo sowie mit dem Militärattaché, Oberstleutnant Antonio Barroso, abstimmen; beide waren erklärte Sympathisanten der Aufständischen und zögerten nicht, ihre Demission einzureichen. Danach teilten sie ihre Kenntnisse dem berühmten, mit der Rechten sympathisierenden Journalisten Henri de Kérillis mit, dem nur die Zeit fehlte, die Nachricht groß auf der Titelseite seiner Zeitung zu veröffentlichen.

Darüber hinaus sprach die gesamte Rechtspresse seit Tagen von einer gewissen französischen Einmischung in die spanischen Angelegenheiten, was offenkundig unrichtig war. Auch war die Rede von Waffenlieferungen an die Republik, die die eigene Sicherheit gefährden könnten. Einige Kommentatoren hatten sogar anklingen lassen, daß eine Einmischung Frankreichs möglicherweise parallele Reaktionen des Dritten Reiches auslösen könnte (15, S. 301 f.).
Der Rücktritt hoher spanischer Diplomaten unterstützte natürlich derartige Argumente und fachte die innerfranzösische Diskussion weiter an. Hinzu kam, daß Botschafter André François-Poncet aus Berlin meldete, Frankreich lade sich nach Ansicht der deutschen Führung eine schwere Verantwortung auf, wenn es sich in Spanien zum Handlanger Moskaus mache.
Eine solche Interpretation war natürlich übertrieben. Der Aufstand in Spanien war ausschließlich auf endogene Ursachen zurückzuführen, die überhaupt nichts mit dem »langen Arm« Moskaus zu tun hatten. Konservative Politiker und die faschistischen Mächte erblickten jedoch in den spanischen Ereignissen sogleich die Wiederholung einer revolutionären Situation, die genau zu den Ängsten paßte, die durch jahrelange Umsturzunterstellungen gegen die Sowjetunion und die Komintern in Europa geweckt worden waren.
Die Forderungen der Republikaner an Frankreich waren nicht sehr umfangreich. Man bat um 20 Potez-Flugzeuge, 1000 Lebel-Gewehre mit einer Million Schuß Munition, 50 Maschinengewehre mit zwölf Millionen Schuß Munition sowie acht 75-mm-Kanonen samt dazugehöriger Ausrüstung und Munition. Das hätte ausgereicht, um einen kleineren Putsch abzuwehren, aber nicht, um einen großangelegten Aufstand niederzuschlagen.
In der Sitzung des französischen Ministerrats vom 25. Juli wurde dann beschlossen, die Lieferung von Kriegsmaterial zu verbieten. Der Verkauf von unbewaffneten Flugzeugen, die der spanischen Regierung von der Privatindustrie geliefert werden sollten, wurde vom Lieferverbot ausgenommen. Vermutlich blieb bei den Überlegungen die vom Außenministerium vorgetragene Hypothese nicht ganz unberücksichtigt, daß man damit rechnen müsse, daß Italien oder Deutschland die Aufständischen als faktische Regierung anerkennen könnten.
Die Kombination von innenpolitischen Spannungen und Angst

vor eventuellen internationalen Verwicklungen paralysierte somit die französische Regierung in den entscheidenden ersten Tagen des Konflikts. Die *Ciudad de Tarragona*, ein Schiff der Gesellschaft *Compañía Transmediterránea*, durfte am 25. Juli in Marseille keine leichten Waffen mehr laden, und das erste von der Privatindustrie gelieferte Flugzeug erreichte Spanien erst am 28. Juli. In der Nacht vom 31. Juli auf den 1. August passierten 16 unbewaffnete Flugzeuge vom Typ Dewoitine-371, die ursprünglich für die Tschechoslowakei bestimmt gewesen waren, die Grenze. Somit entsprach es nicht ganz der Realität, als Blum und Delbos sowohl im Senat als auch in der Nationalversammlung behaupteten, Frankreich liefere kein Kriegsmaterial an Spanien (40, S. 639; 38, S. 34, S. 46f.; 15, S. 302).

Für die relative Zurückhaltung Frankreichs gab es viele Gründe: Zuerst ist darauf zu verweisen, daß die Vorgänge in Spanien als quasi identisch mit den eigenen politischen und ideologischen Kämpfen wahrgenommen wurden. Zum zweiten lehnte die rechte Opposition, die von ihren »ideologischen Brüdern« in Madrid um Hilfe gebeten wurde, geschlossen das Experiment »Volksfront« ab. Drittens wurde Spanien als ein von kommunistischer Verschwörung und »rotem Terror« überzogenes Land angesehen. Viertens hatte man Angst vor den Folgen einer als unmittelbar bevorstehend angesehenen wirtschaftlichen und sozialen Revolution auf republikanischem Gebiet. Fünftens und letztens darf nicht vergessen werden, daß innerhalb der französischen Rechten die Meinung vorherrschte, die spanische Regierung sei illegitim (4, Kap. III).

Die französische Zurückhaltung erklärt sich allerdings auch als Folge unterschiedlicher Meinungen innerhalb der das Volksfrontexperiment tragenden Mehrheit. Unter den Ministern der Radikalen Partei war es vor allem Außenminister Delbos, der sich einer Unterstützung der spanischen Republik widersetzte. Aber auch der Einfluß von Männern wie Camille Chautemps, Paul Bastid und Edouard Daladier darf nicht unterschätzt werden. Senatspräsident Jules Jeanneney und der Präsident der Nationalversammlung, Edouard Herriot, standen eindeutig auf der Gegenseite. Selbst innerhalb der Sozialistischen Partei nahmen so herausragende Persönlichkeiten wie Charles Spinasse, Paul Faure, Robert Jardillier, Jean Rivière und Albert Bedouce eine anti-interventionistische Haltung ein. Es gab jedoch in der Regierung auch Unter-

stützung für die republikanische Sache: Vincent Auriol, Roger Salengro, Maurius Moutet, Georges Monnet und Jean-Baptiste Lebas waren Sozialisten, die sich uneingeschränkt für die Unterstützung der Republik aussprachen. Von den Radikalen vertraten Pierre Cot, Jean Zay, Maurice Viollette und Alphonse Gasnier-Duparc wortgewaltig dieselbe Position.
Die Nachricht von der deutsch-italienischen Intervention änderte – allerdings nur kurzfristig – die Haltung der Regierung in Paris. Die Position der faschistischen Mächte ist Gegenstand des folgenden Abschnitts.

Die entscheidende Verbindung zum Dritten Reich

Einige der um Mola gescharten Verschwörer hatten seit geraumer Zeit schon schwache Kontakte zu gewissen deutschen Kreisen geknüpft, die nach Beginn des Putsches aktiviert wurden, jedoch keinen nennenswerten Erfolg zeitigten, da sie nicht bis in die Machtspitze des Nazisystems vordringen konnten.
Franco selbst unternahm einen ersten halbherzigen Versuch, die Lieferung von Kriegsmaterial (Flugzeuge) zu erwirken, indem er eine alte Bekanntschaft mit dem in Paris lebenden deutschen Militärattaché in Madrid reaktivierte. Das wegen der internationalen Auswirkungen einer solchen Hilfe beunruhigte Auswärtige Amt riet jedoch von jeglicher Einmischung ab.
Man kann darüber spekulieren, ob Hitler angesichts der Ereignisse in Spanien lange Zeit hätte neutral bleiben können. Über die Art, wie der »Führer« zur Intervention in Spanien veranlaßt wurde, braucht hingegen nicht spekuliert zu werden.
Im fernen Marokko hatte General Franco, ein völlig Unbekannter auf der Bühne der internationalen Politik, die Entsendung zweier Emissäre nach Berlin beschlossen. Er verfügte über die notwendigen Mittel (eine Handelsmaschine der Lufthansa, die auf den Kanarischen Inseln requiriert und nach Tetuán umgeleitet worden war) und die erforderlichen Männer (den Chef der winzigen NS-Gruppe im Protektorat, Ingenieur Adolf Langenheim, und den Kaufmann Johannes Bernhardt, ein ehemaliger Offizier mit Weltkriegserfahrung und guter Bekannter einiger Offiziere der Garnison). Francos Unterhändler starteten am Nachmittag des 23. Juli gegen 17.30 Uhr. Zur gleichen Zeit hatte Reichspropagandamini-

ster Goebbels der Presse unmißverständlich klargemacht, daß die Ereignisse in Spanien mit äußerster Sorgfalt und Behutsamkeit zu kommentieren seien. Die Informationen sollten so objektiv wie möglich sein, wenn auch der *Völkische Beobachter* bereits auf der Titelseite in großen Schlagzeilen von der angeblichen Intervention der Sowjets in Spanien kündete.

Langenheim und Bernhardt stand in Berlin nur der Weg über die NSDAP offen. Als im Ausland lebende Deutsche wandten sie sich zuerst an die für sie zuständige »Auslandsorganisation«, deren ehrgeiziger Chef, Ernst Wilhelm Bohle, in interne Querelen mit dem Auswärtigen Amt, einer Bastion traditioneller, konservativer Diplomatie, verstrickt war. Er erkannte sogleich die Chance, der Partei einen Eingriff in die internationale Politik zu ermöglichen. Bohle ebnete Francos Abgesandten den Weg zu einem Treffen mit dem »Stellvertreter des Führers«, Rudolf Heß, der sie seinerseits an Hitler weiterleitete. Wenige Stunden später sprachen Langenheim und Bernhardt am Abend des 25. Juli, inmitten wagnerianischer Feststimmung, mit Hitler in Bayreuth.

Ein Begleitschreiben Francos stellte den Aufstand als einen Kampf gegen »Chaos, Anarchie und Kommunismus« dar und appellierte eindeutig an den ideologischen Standort seines Empfängers. Er bat um eine bescheidene Hilfe in Form von Infanteriewaffen, Jagd- und Transportflugzeugen und Luftabwehrgeschützen, die dringend in dem bereits mehrmals bombardierten Tetuán benötigt wurden. An Hitler schnellstens übermittelte Informationen ließen deutlich werden, daß die von Franco beschriebene Situation viel zu optimistisch dargestellt war und die Position der Aufständischen sich in den letzten Tagen verschlechtert hatte. Hitler traf demnach seine Entscheidung in dem vollen Bewußtsein, daß seine Hilfe – die die Forderungen Francos noch übertraf – die Rebellen aus einer äußerst prekären Lage rettete.

Bei dem Treffen in Bayreuth erkannte Hitler, daß Francos vordringlichstes Ziel der Transport seines Afrikakorps auf die Halbinsel sein mußte. Da aber absehbar war, daß diese Hilfsaktion internationale Auswirkungen haben würde, sollte sie möglichst gut getarnt durchgeführt werden.

Nachdem die Entscheidung, der Göring nach einigem Zögern zustimmte, getroffen war, würden zu erwartende Einwände aus dem Auswärtigen Amt abgeblockt werden. Außenminister Freiherr Konstantin von Neurath wurde gar nicht gefragt, und als er

von München nach Berlin zurückkehrte, wußte er noch immer nicht, was in Bayreuth beschlossen worden war.
Hitlers Entscheidung wurde wohl von realpolitischen Überlegungen beeinflußt. Sollte der Militärputsch in Spanien siegreich sein, dann würde sich das westeuropäische Gleichgewicht insofern verschieben, als ein profranzösisches Regime durch ein antifranzösisches ersetzt werden würde. Wäre eine Linksrevolution, wie sie in Spanien bereits im Gange war, erfolgreich, dann könnte sich der französisch-sowjetische Block durch die Unterstützung der spanischen Republik gestärkt sehen. Daß Frankreich die Republik unterstützte, mußte Hitler in Bayreuth für sehr wahrscheinlich halten.
Ein spanisch-französischer Volksfront-Block, der mit der Sowjetunion kokettierte, würde jedoch die Fortführung der Politik bedrohen, die Deutschland für 1936 geplant hatte. Hitler ging wohl davon aus, daß die positiven Aspekte der Intervention das Risiko eines politisch-diplomatischen Konflikts kompensieren könnten.
Später brachte die anhaltende deutsche Intervention in den Spanischen Bürgerkrieg neue Motive für ihre Fortführung und Ausweitung hervor.
Der Erfolg der Franco-Emissäre ließ die von Mola forcierte Aktivierung anderer Kontakte zum Dritten Reich verkümmern und stärkte die Position des Kommandeurs der Afrikatruppen, dessen potentielle Konkurrenten verschwunden waren: Calvo Sotelo durch Ermordung, Rodríguez del Barrio infolge einer Krankheit, Sanjurjo durch einen Flugzeugabsturz; wieder andere sollten während des Krieges umkommen (Goded, Fanjul, Primo de Rivera).
Der Erfolg der Mission schlug sich in sofortigen Taten nieder. Am 27. Juli erhielt Franco die erwartete Nachricht, und am folgenden Tag landete das Flugzeug, das Langenheim und Bernhardt nach Berlin gebracht hatte, wieder in Tetuán. In kurzer Abfolge kamen sodann zehn weitere Maschinen, mit denen die erste interkontinentale Luftbrücke der Kriegsgeschichte errichtet wurde. Die am 31. Juli gegründete *Sociedad Hispano-Marroquí de Transportes* (Hispanomarokkanische Transport GmbH, HISMA) war die Tarnfirma, unter deren Namen das Unternehmen ablief. Zur gleichen Zeit wurde der zweite Teil der versprochenen Hilfe zusammengestellt und noch am selben Tag an Bord des Dampfers *Usaramo* gebracht. Sie bestand aus zehn weiteren Junkers-52,

sechs Heinkel-51, Flugabwehrkanonen, Bomben, Munition und sonstigem Kriegsgerät sowie aus 25 Offizieren, 66 Unteroffizieren, Mannschaften und Zivilisten. Gleichzeitig hatte einer von Molas Vertrauten mit dem bekannten deutschen Waffenhändler Josef Veltjens eine weitere Lieferung vereinbart.
Der republikanischen Regierung blieb Hitlers Entscheidung nicht lange verborgen, da ihr Geheimdienst Kenntnis von der Fahrt der *Usaramo* erhalten hatte, die am 6. August in Cádiz einlief (47, Kap. V u. Nachwort).

Mussolinis Haltung

Auch in Italien blieb Francos Hilfeersuchen nicht ohne Erfolg. Schon am 19. Juli hatte er den Journalisten Luis Bolín nach Rom geschickt, der auf schnellstem Wege Flugzeuge und Kriegsmaterial beschaffen sollte. In Begleitung des Marqués de Viana und versehen mit einem Empfehlungsschreiben König Alfonso XIII., sprach er am 21. Juli bei Ciano vor. Der italienische Außenminister reagierte – nach Angaben des Gesandten – zwar positiv, benötigte jedoch die Zustimmung Mussolinis, die dieser jedoch zunächst verweigerte.
Um seinem Gesuch Nachdruck zu verleihen, unternahm Franco einen Vorstoß beim italienischen Konsul in Tanger. In Gesprächen mit dem Militärattaché Giuseppe Luccardi wiederholte er seine Bitte, indem er die Situation in den schwärzesten Farben schilderte. Ciano telegrafierte mehrere Male mit dem Konsul, bis er ihm am 27. Juli schließlich mitteilte, die Flugzeuge stünden auf Sardinien bereit, wenn auch über die Hilfe noch nicht endgültig entschieden sei. Francos persönliches Betreiben und seine Verhandlungen mit dem italienischen Konsul dürften, neueren Untersuchungen zufolge, für die Bewilligung der Hilfeleistung ausschlaggebend gewesen sein.
Die von Mola entsandten Emissäre unter Antonio Goicoechea, Pedro Sainz Rodríguez und Luis María de Zunzunegui scheinen demgegenüber weit weniger Erfolg gehabt zu haben, als es dem überlieferten Bild in der Literatur entspricht. Vermutlich hat Ciano Goicoechea erklärt, die italienische Regierung sei um den Sieg der Bewegung besorgt und habe deshalb bereits direkten Kontakt zu Franco aufgenommen.

Kurz vor der endgültigen Entscheidung meldete Luccardi von Tanger aus Francos unmittelbaren Bedarf, der mittlerweile auf zwölf Transportflugzeuge, zwölf Aufklärer, zehn Jagdbomber, 3000 Fliegerbomben, 40 Maschinengewehre zur Luftabwehr und vier oder fünf Transportschiffe angestiegen war. Dies stellte einen erheblichen quantitativen Sprung im Vergleich zur ursprünglichen Forderung dar, bei der wenige Tage zuvor nur von acht Transportflugzeugen die Rede gewesen war.

Am 28. Juli, drei Tage nach Hitler, sprach sich Mussolini für Franco aus. Zwölf Transportflugzeuge vom Typ Savoia-81 konnten binnen sechs Stunden und ein Schiff mit Munition und Kriegsgerät in vier Tagen in Melilla sein. Rom überließ Franco die Entscheidung, wann er das Material haben wollte.

Am nächsten Tag wurde klargestellt, daß die Besatzungen sich als ausgemusterte Offiziere der spanischen Fremdenlegion ausgeben und die Flugzeuge im Morgengrauen des 30. Juli von Sardinien aus starten sollten. Das Munitionsschiff, die *Morandi*, sollte am Nachmittag des 29. Juli auslaufen und am Sonntag, dem 2. August, bei Tagesanbruch in Melilla eintreffen. Der Zeitplan wurde eingehalten. Von den Flugzeugen erreichten nur neun ihr Ziel. Eins stürzte ins Meer, und zwei mußten auf französischem Boden notlanden. Die italienische Hilfe konnte daraufhin nicht länger geheimgehalten werden und löste weltweite Empörung aus.

Die eingehenden Untersuchungen von Ismael Saz lassen erkennen, daß Mussolinis Entscheidung kaum etwas mit den vorherigen Kontakten zu tun hatte, die die konspirativen Zirkel um Mola und die Monarchisten zum faschistischen Italien geknüpft hatten. Auffallend ist vor allem, daß der *Duce* schon früh, noch bevor er sich endgültig entschied, auf Franco als den Führer der Aufständischen setzte.

Über die Motive, die der Entscheidung zugrunde lagen, ist viel spekuliert worden. Sicher ist jedenfalls, daß Mussolini sie zu einem Zeitpunkt traf, als Hitler sich bereits festgelegt hatte, als er außerdem wußte, daß Blum seinen urspünglichen Plan, der Regierung in Madrid zu helfen, aufgegeben hatte, und nachdem er gemerkt hatte, daß eine eventuelle Unterstützung der Rebellen auf keinen allzu großen Widerstand in London stoßen würde.

Der grundsätzliche Unterschied zwischen Berlin und Rom liegt in der Schnelligkeit, mit der die beiden Regierungen in die Ereignisse in Spanien eingriffen. Während Hitler ohne großes Zögern ein

Risiko einging, waren Mussolini und Ciano sehr viel vorsichtiger. Wie Saz aufzeigt, beweisen die telegrafischen Kontakte zwischen Ciano und dem italienischen Konsul in Tanger, daß eine eventuelle Hilfe an die Aufständischen zu jeder Zeit unabdingbar an realistische Erfolgsaussichten des Aufstands geknüpft war.
Daß Mussolini seine Entscheidung als reinen Präventivschlag gegen eine prokommunistische Wende in Spanien oder gegen ein von den Sowjets beeinflußtes Manöver begriff, kann so gut wie ausgeschlossen werden. Aus den Mitteilungen der italienischen Botschaft in Moskau geht eindeutig hervor, daß für die faschistischen Beobachter in der sowjetischen Hauptstadt kein Zweifel darüber bestand, daß die UdSSR, zumindest anfangs, nicht die geringste Absicht hegte, in Spanien zu intervenieren.
Aufgrund der Zurückhaltung der europäischen Demokratien und der Weigerung der Sowjetunion mußte Mussolini annehmen, die spanische Republik stehe schutzlos da. Gerade diese Republik hatte die ablehnende Haltung des *Duce* gegenüber demokratischen Systemen merklich verstärkt, und im Gegensatz zu Hitler hatte Mussolini gegenüber der Regierung in Madrid eine militante Haltung eingenommen.
Nichtsdestoweniger stellten sowohl der *Duce* als auch Ciano die Hilfe für Franco als Abwehrreaktion gegen Kommunismus und Antifaschismus dar. Es gibt Gründe zu der Annahme, daß im italienischen Fall – im Unterschied zu Deutschland – eine solche Reaktion übertriebenen Ängsten entsprach.
Das zweite Motiv für Mussolinis Entscheidung ist sicherlich auf dem Gebiet der Realpolitik zu suchen und ähnelt den Überlegungen, die offenbar auch Hitler anstellte. Ein Sieg der Republikaner hätte die profranzösische Orientierung der Madrider Regierung weiter verstärkt. Für Italien hätte dies aus rein »defensiver« Sicht keine nennenswerte Veränderung gegenüber dem vorhergehenden Zustand bedeutet; es hätte sich allerdings negativ auswirken können, falls das Mussolini-Regime mit dem Gedanken spielte – und im Sommer 1936 sah es ganz danach aus –, seiner Außenpolitik eine dynamischere, »offensivere« Wendung zu geben und damit die Zwiespältigkeiten seiner alten »Zweigleisigkeit« zu beseitigen.
Wenn Italien zur Schwächung der Republik beitrug, konnte möglicherweise durch eine geringe Hilfe ein billiger Verbündeter im westlichen Mittelmeer gewonnen werden. Zumindest könnte eine

neue, Italien zu Dank verpflichtete spanische Regierung eine wohlwollende Neutralität wahren, die auf jeden Fall Italiens Hegemonieansprüche in dieser Region anerkennen würde (40, Kap. VIII).
Da sich die italienische und die deutsche Intervention, die anfänglich in kleinem Umfang zur Rettung des Aufstands geplant war, über mehr als zwei Jahre hinzog, ergaben sich im Verlauf des Bürgerkriegs immer neue Gründe für die Beibehaltung, Intensivierung und Ausweitung der nationalsozialistischen und faschistischen Lieferungen, die mit den Ende Juli 1936 in Bayreuth und Rom ausschlaggebenden Motiven nicht mehr unbedingt identisch sein müssen.

Die französische Reaktion: Auf dem Weg zur Nichteinmischung

Die Nachricht, daß Deutschland und Italien sich entschlossen hatten, den aufständischen Militärs in Spanien zu helfen, schlug in den Pariser Regierungskreisen wie eine Bombe ein. Die anfängliche Zurückhaltung der französischen Regierung hatte nicht die erhoffte Wirkung gehabt. Die beiden faschistischen Mächte hatten den Schritt getan, den man von Anfang an befürchtet hatte. Das verkomplizierte die Lage und warf das Problem auf, wie der Aktion der Diktatoren entgegenzutreten sei. Konnte man Mussolini zur Not noch verstehen, so mußte die Einmischung des Dritten Reiches in einem von seiner traditionellen Einflußsphäre so weit entfernten Land wie Spanien die internationalen politischen Beziehungen jener Zeit erheblich belasten. Blum fürchtete ein in deutscher und italienischer Schuld stehendes Spanien, das sich möglicherweise verpflichtet fühlen könnte, den beiden Staaten Stützpunkte in seinem Land zu überlassen.
Paris reagierte auf zweifache Weise: Einerseits ließ man die anfänglichen Bedenken im Hinblick auf die Unterstützung der spanischen Republik fallen. Andererseits ging man hastig an die Ausarbeitung einer Nichteinmischungspolitik, die den spanischen Konflikt isolieren und eine Beteiligung der Mächte uninteressant machen sollte. Falls diese letztere Strategie erfolgreich gewesen wäre und verhindert hätte, daß Franco ausländische Lieferungen erhielt, wären die Siegeschancen der Republik erhöht worden.

Diese Überlegung unterschätzte jedoch völlig die Absichten der beiden faschistischen Regierungen.
Die französische Regierung blieb mit ihrer Haltung aber nicht allein; fast von Anfang an wurde sie von den Briten unterstützt. Das Gespenst der Revolution und die Vorstellung von einem sowjetischen Einmarsch in Spanien ängstigte die Londoner Regierung, da dann vitale Interessen Großbritanniens gefährdet würden. Daher dachte man in London gar nicht daran, ein Regime wie das spanische, dessen Staatsapparat zusammenzubrechen drohte, zu stützen oder zu stärken. Die Politik gegenüber Spanien wurde im wesentlichen von Anthony Eden bestimmt. Premierminister Stanley Baldwin war bei Ausbruch des Bürgerkriegs krank, und später widmete er sich hauptsächlich innenpolitischen Problemen, etwa der durch die Abdankung des Königs heraufbeschworenen Krise.
In der Kabinettssitzung vom 1. August beschloß die französische Regierung, den Entschluß vom 25. Juli zu annullieren und unverzüglich weitere Flugzeuge nach Spanien zu senden, da die spanische Regierung diese am dringendsten benötigte und immer neue anforderte. Bis zum 10. August erhielten die Republikaner etwa 50 Kampfflugzeuge (29 Dewoitine-Jäger und 20 Potez-54-Bomber). Ebenfalls am 1. August ließ Delbos die Botschafter in Rom und London sondieren, ob die dortigen Regierungen bereit seien, zusammen mit den Franzosen gemeinsame Regeln für eine Nichteinmischung aufzustellen, deren Ziel die Entschärfung der internationalen Spannungen sein sollte. Zwei Tage später erhielt Berlin die gleiche Anfrage.
In Frankreich bestand die Meinung, durch die Lieferung italienischer und deutscher Flugzeuge zur Unterstützung der Aufständischen sei man nun gezwungen, die anfängliche Zurückhaltung aufzugeben und der spanischen Regierung, die schließlich vollkommen legal an die Macht gekommen war, nicht weiterhin Hilfe zu versagen. Wenn es aber nicht gelang, die Waffenlieferungen zu stoppen, die jede Seite von jenen Regierungen forderte, bei denen sie auf ein positives Echo hoffte, lief Spanien Gefahr, zu einem Schlachtfeld zu werden, auf dem das Material der Großmächte ausprobiert würde; dann mußte es jedoch unweigerlich zu einer Zunahme der internationalen Spannungen kommen.
Blum und Daladier schickten Vizeadmiral Darlan und Konteradmiral Delcoux nach London, um der britischen Admiralität die

französischen Befürchtungen in Hinblick auf die Errichtung eventueller deutsch-italienischer Stützpunkte in Spanien mitzuteilen. Darlan sollte außerdem versuchen, den Ständigen Sekretär des britischen Kabinetts, Sir Maurice Hankey, dazu zu bewegen, eine Sondersitzung des Kabinetts einzuberufen. Die Mission jedoch scheiterte völlig. Bei ihrer Einschätzung stößt man wieder einmal auf die alte britische Neigung, nichts zu unternehmen, was zu einem Sieg des »Kommunismus« in Spanien führen konnte. Sir Samuel Hoare, Erster Lord der Admiralität, glaubte sogar, ein solcher Sieg könne schnell auf Portugal übergreifen und somit verheerende Folgen für das *Empire* haben (13, Bd. XVII, S. 61 ff.).

Am 4. August erklärte sich die britische Regierung bereit, die französische Initiative zu unterstützen; die belgische Regierung hatte bereits eine entsprechende Erklärung abgegeben. In der Tat hatte das belgische Kabinett am Vortag eine Verfügung erlassen, derzufolge Exporte von Waffen und Kriegsmaterial künftig von einer Genehmigung abhängig waren, die für das Bestimmungsland Spanien verweigert werden würde.

Zu diesem Zeitpunkt befand sich André Malraux bereits in Madrid und mit ihm die Kerntruppe seines berühmten Geschwaders, die sich zum großen Teil aus den Piloten zusammensetzte, die die für die Tschechoslowakei bestimmten Dewoitine-Maschinen nach Spanien geflogen hatten.

Kurz darauf erklärte die Sowjetunion ihren Willen, sich dem Nichteinmischungsprinzip anzuschließen, falls Portugal ebenfalls beitrete und die Hilfe, die ausländische Regierungen den spanischen Aufständischen gewährten, umgehend eingestellt würde. Selbst Rom zögerte nicht mit einer halbwegs positiven Antwort, verlangte allerdings Ergänzungen und Präzisierungen, die den französischen Antrag verzögern sollten. Die Antwort aus Portugal war im Grundtenor ebenfalls positiv; sie enthielt jedoch den Vorbehalt, daß die portugiesische Entscheidung erst dann endgültig getroffen werden könne, wenn auch die Sowjetunion dem geplanten Abkommen beigetreten sei.

Als das französische Kabinett am 8. August erneut tagte, herrschte die begründete Gewißheit, daß man mit der Politik der Nichteinmischung erfolgreich sein könne. Maßnahmen wurden ergriffen, um in aller Eile die verfügbaren Flugzeuge nach Spanien zu schaffen, womit praktisch die gesamte Lieferkapazität der französischen Industrie erschöpft war. Gleichzeitig nahm der Nichteinmischungsvorschlag immer konkretere Formen an. Im Zuge dieser Politik kehrte Frankreich zu seiner anfänglichen Zurückhaltung im Hinblick auf ein aktives Eingreifen in Spanien und auf weitere Materiallieferungen zurück. In einem Kommuniqué erklärte die französische Regierung, sie habe beschlossen, die Waffentransporte nach Spanien zu beenden. Dieser Beschluß übertraf noch die Resolution vom 25. Juli, da nun sogar der Verkauf von Zivilflugzeugen oder ihre Übergabe durch die Industrie verboten waren.

Die Sabotage der Nichteinmischungspolitik durch die faschistischen Mächte

Die Verabschiedung des Nichteinmischungsabkommens zog sich jedoch in die Länge, und Italien nutzte diese Frist, um seine Hilfe für die Aufständischen zu intensivieren. Am 7. August schickte es Franco 27 Jagdbomber, fünf kleine Panzer, 40 Maschinengewehre und zwölf Luftabwehrgeschütze samt dazugehöriger Munition, Bomben, Treibstoff und Öl – lauter Material, das die Aufständischen dringend benötigten (10, S. 94).

Die Hilfe des Auslandes war in jenen ersten Wochen für beide Kriegsparteien einigermaßen ausgeglichen. Der entscheidende Unterschied bestand darin, daß Paris und London derweil auf ein gemeinsames Abkommen drängten, das eine reelle Basis für die Nichteinmischung sein sollte; am 15. August konnte das Abkommen unterzeichnet werden. Im Gegensatz dazu waren Italien und das Dritte Reich weit davon entfernt, ihre Unterstützung der Aufständischen einzuschränken; ihnen fehlte allerdings die moralische Kraft, dem Abkommen nicht beizutreten.

Nichts illustriert die anhaltende Unterstützung der Rebellen durch Deutschland besser als die Tatsache, daß bereits am 13. August der Dampfer *Kamerun* von Hamburg aus in See stach, beladen mit Flugzeugtreibstoff, dessen zunehmende Verknappung die Luftbrücke über die Meerenge gefährdete. Am folgenden Tag machte sich der Dampfer *Wigbert* mit 372 Tonnen Fliegerbomben, Munition und zwei Junker-52 an Bord auf den Weg nach Spanien.

Verantwortlich für die Lieferungen war auf deutscher Seite General Helmuth Wilberg, Chef des Sonderstabs »W«, der via Lissabon mit Franco zusammentraf, um sich über dessen Wünsche zu informieren. Am 18. August erging Order für 20 Heinkel-46, die am 31. August in der portugiesischen Hauptstadt eintrafen. Eine weitere Materialübergabe fand am 26. August in La Coruña statt: 8000 Gewehre, acht Millionen Schuß Munition und 10 000 Handgranaten, die teils aus deutschen Wehrmachtsbeständen, teils vom Waffenhändler Veltjens stammten (30, S. 61).

Die Kontinuität der deutsch-italienischen Lieferungen wurde durch die Nichteinmischungsverhandlungen also nicht unterbrochen. Bis Ende August hatte Rom zwölf Bomber, 27 Jagdflugzeuge, fünf kleine Panzer, zwölf Flugabwehrkanonen und 40 Maschinengewehre geliefert, während Berlin 26 Bomber, 15 Jagdflugzeuge, 20 Flugabwehrkanonen, 50 Maschinengewehre und 8000 Gewehre (10, S. 107) übergeben hatte. Die französischen Exporte beliefen sich auf 35 Jagdflugzeuge und 25 Bomber.

Einfaches Aufrechnen der ausländischen Materiallieferungen würde jedoch in die Irre führen. Das von den faschistischen Mächten gelieferte Material – damals noch wenig im Vergleich zu dem, was folgen sollte – hatte äußerst wichtige Folgen: Es bewirkte, daß der Konflikt sich zum Bürgerkrieg ausweitete und als solcher fortgeführt werden konnte.

Zuerst wurden die Aufständischen in die Lage versetzt, ihre Afrikaarmee – die aus den einzigen schlagkräftigen Verbänden bestand, die Spanien damals besaß – in immer kürzeren Abständen auf die Halbinsel zu bringen. Zweitens stärkte diese Unterstützung Francos Machtposition und verbannte Mola endgültig in das zweite Glied.

Francos Afrikaarmee hatte diese Situation und die anfängliche Verblüffung der Republikaner dazu genutzt, um schnell nach Norden vorzustoßen und im Westen ein geschlossenes Gebiet den Aufständischen zu unterwerfen. Dadurch wiederum konnten sie sich entlang der spanisch-portugiesischen Grenze ausbreiten, was ihnen wegen der wohlwollenden Haltung von Salazars *Estado novo* (Neuer Staat) große Vorteile verschaffte.

Die ununterbrochene Belieferung der spanischen Rebellen durch die beiden faschistischen Mächte widersprach deren politischen Lippenbekenntnissen zugunsten der Nichteinmischungspolitik. Außerdem wurden diese Absichtserklärungen mit zahllosen Sonderbedingungen und Einschränkungen versehen, um das Thema zu verkomplizieren und den Beitritt zu verzögern; derweil nutzte von Neurath die Zeit, Hitler davon zu überzeugen, daß man sich

Oktober 1937

nicht dem Vorwurf aussetzen sollte, das Projekt sabotieren zu wollen. Neuraths Drängen hing allerdings auch mit seinem Wunsch zusammen, den Beitritt verkünden zu können, bevor die Verlängerung der Wehrpflicht auf zwei Jahre bekanntgegeben würde.

In Rom war man sich nicht sicher, welche spanische Seite den größeren Nutzen aus einer Verzögerung ziehen würde. Am 21. August nahmen die Italiener den britisch-französischen Vorschlag, wenn auch nicht bedingungslos, an. Das Dritte Reich erklärte als letzte Großmacht am 24. August – einen Tag nach der UdSSR – seine Zustimmung. Eden hatte, ohne auf die Entscheidungen der anderen Regierungen zu warten, bereits am 19. August ein Waffenembargo verkündet.

Am 25. August hielt Frankreich alle Schwierigkeiten, die das Nichteinmischungsprojekt behindert hatten, für beseitigt. Es schlug daraufhin die Bildung eines Komitees vor, das alle Informationen über Maßnahmen sammeln sollte, die zur Unterbindung der Ausfuhr von Kriegsgütern getroffen würden; außerdem sollte es die dabei auftretenden Probleme untersuchen und zu deren Lösung beitragen.

Die Deutschen und Italiener, die überhaupt nicht an einen Abbruch ihrer Hilfe für Franco dachten, waren von dem Vorschlag nicht begeistert. Der Chef der deutschen Abwehr, Admiral Wilhelm Canaris, traf sich am 27. August mit seinem italienischen Kollegen, General Mario Roatta (mit dem er schon einmal am 4. August über Spanien konferiert hatte). Beide kamen überein, daß deutsche und italienische Lieferungen zu mehr oder weniger gleichen Teilen fortgesetzt, ausschließlich an Franco gerichtet und unter strenger militärischer Kontrolle abgewickelt werden sollten. Politische Forderungen an Franco sollten nicht gestellt, wohl aber die Bezahlung in Devisen, Waren oder Rohstoffen verlangt werden. Beide Länder wollten zur Bedienung der Kriegsgeräte Techniker entsenden. Die zum Transport bestimmten Handelsschiffe sollten von der jeweiligen Kriegsmarine eskortiert werden. Sowohl Italien wie Deutschland würden unverzüglich Verbindungsoffiziere zu Franco beordern, die auf militärpolitischem und kriegswirtschaftlichem Gebiet die jeweiligen nationalen Interessen vertreten sollten.

Die Deutschen hielten immer noch das Verbot für ihre Verbände aufrecht, sich am Kampf zu beteiligen. Italien hatte dieses Verbot nicht verhängt, und Ciano bat Canaris, das Dritte Reich sollte die Maßnahme aufheben, was am 28. August auch geschah. Am Tag zuvor bereits hatten Junkers-Bomber zum erstenmal Angriffe gegen Madrid geflogen (30, S. 63 f.).

Unter diesen Umständen waren die beiden faschistischen Staaten kaum daran interessiert, die Nichteinmischungspolitik zu fördern. Frankreich und Großbritannien bemühten sich in den letzten Augusttagen, die Bedenken der faschistischen Mächte bezüglich der Aufgaben des geplanten Kontrollausschusses zu zerstreuen, der sich aus den in London akkreditierten Diplomaten der Unterzeichnerstaaten zusammensetzen sollte, jedoch über keinerlei Ausführungsbefugnisse verfügen würde. Besonders Italien widersetzte sich, in Erinnerung an die ihm vom Völkerbund auferlegten Sanktionen, rundheraus der Schaffung eines Organs, dessen Kompetenzen später ausgeweitet werden könnten. Allerdings erklärte sich Italien, da jede Verzögerung auch der Republik zugute kommen konnte, am 29. August bereit, dem Ausschuß beizutreten. Wieder war das Dritte Reich die letzte Großmacht, die sich einer von den meisten Ländern bereits verkündeten Maßnahme anschloß. Es wartete bis zum 5. September mit seiner Erklärung, dem Londoner Ausschuß beitreten zu wollen.

Gefolgt waren dem französischen Vorschlag bis dahin Albanien, Belgien, Bulgarien, Dänemark, Estland, Finnland, Griechenland, Irland, Jugoslawien, Lettland, Litauen, Luxemburg, Niederlande, Norwegen, Österreich, Polen, Rumänien, Schweden, Tschechoslowakei, Türkei und Ungarn; hinzu kamen noch Großbritannien, Italien, Portugal und die Sowjetunion. Zwar erklärten sich damit insgesamt 27 Nationen grundsätzlich einverstanden, den Export von Waffen und Kriegsmaterial und deren Weiterleitung nach Spanien zu unterbinden, bestehende Verträge dieser Art zu annullieren und die ergriffenen Maßnahmen dem Ausschuß mitzuteilen. Befolgt wurden diese Punkte jedoch in sehr unterschiedlicher Weise. Nur die Schweiz, die sich auf ihre traditionelle Neutralität berief, lehnte einen Beitritt ab, verbot aber ebenfalls Waffenlieferungen nach Spanien (41, S. 139f.).

Die Nichteinmischung stand rechtlich auf tönernen Füßen. Sie war nicht das Ergebnis eines regelrechten Vertrages oder eines multilateralen Abkommens, sondern beruhte auf der mehr oder weniger ernsthaften Befolgung der von Frankreich und Großbritannien am 15. August vorgeschlagenen drei Grundideen und der Anpassung der einzelstaatlichen Legislativen an diesen Vorschlag. Das *Foreign Office* wies von Anfang an darauf hin, daß die Nichteinmischung jeder internationalen Rechtsgrundlage entbehre und für die Beteiligten keinerlei rechtliche Verpflichtungen beinhalte. Jede Regierung konnte daher jederzeit diese Vereinbarung aufkündigen, ohne internationales Recht zu verletzen.

Hinzu kam, daß der Kernvorschlag, der die Grundlage der Nichteinmischungspolitik bildete, wenig spezifiziert war und daher die jeweiligen nationalen Listen der verbotenen Exportgüter selbst bei wichtigen Waren von Land zu Land stark voneinander abwichen. Möglichkeiten zur Manipulation gab es reichlich, und der Londoner Kontrollausschuß unter Vorsitz von Ivor Windsor-Clive (Lord Plymouth) und seinem Sekretär Francis Hemming stand dieser Situation machtlos gegenüber.

Die Arbeit des Ausschusses sollte auf Plenarebene und in Unterausschüssen erfolgen. Der wichtigste dieser Unterausschüsse war der des Vorsitzenden. Er war mit Vertretern Frankreichs und Portugals als Spaniens unmittelbarsten Nachbarn sowie mit Vertretern der großen Waffenproduzenten Großbritannien, Deutschland, Italien, Belgien, Schweden, Tschechoslowakei und Sowjetunion besetzt. Portugal verhielt sich jedoch noch immer hinhaltend und abwartend und nahm, unter etwas sonderbaren Umständen, seine Mitarbeit erst Ende September auf (17, S. 40–45; 11, S. 50–60).

Der Ausschuß trat zum erstenmal am 9. September zusammen, was Rom und Berlin in die Lage versetzte, bis dahin ihre Lieferungen an Franco problemlos zu intensivieren. Als Anfang August 1936 Frankreich mit seiner Initiative an die Öffentlichkeit getreten war, waren erst die *Usaramo* und die *Morandi* zu Franco unterwegs. Als Deutschland am 24. desselben Monats der Nichteinmischungspolitik zustimmte, hatte es bereits drei weitere Expeditionen ausgerüstet, und als der Ausschuß seine Arbeit aufnahm, waren es bereits fünf. Auch Italien hatte seine geringe Anfangshilfe erhöht. Hätten beide Mächte das Nichteinmischungsprinzip tatsächlich unterstützen wollen, wäre es zu dieser Ausdehnung der Hilfe natürlich nicht gekommen. Francos Vormarsch wäre dann ernsthaft ins Stocken geraten, und seine Siegeschancen hätten sich beträchtlich verringert. Damit wäre das Gegenteil dessen eingetreten, was Deutschland und Italien mit ihrem Eingreifen erreichen wollten.

Im August 1936 wurde die weitere Entwicklung des spanischen Konflikts zum erstenmal – möglicherweise in entscheidender Form – von außen nachhaltig beeinflußt. Die Behinderung der Lieferungen an die Madrider Regierung hatte zunehmende innere Schwierigkeiten im republikanischen Lager zur Folge. Die Verantwortung Londons hierfür kann nur schwerlich übertrieben werden. Außenminister Eden erkannte die von Hitler und Mussolini ausgehende Gefahr nicht vor 1937, und erst viel später sprach er sich offen gegen die *appeasement*-Politik aus. Während der ersten Monate des spanischen Konflikts war ihm ein »faschistischer« Sieg eigentlich lieber als ein »kommunistischer«. Die Weigerung, der Republik Waffen zu liefern, schwächte jedoch die nichtkommunistische Linke Spaniens und legte den Grundstein für die beträchtliche Stärkung – später auch aufgrund der Hilfe der Sowjetunion – der Kommunistischen Partei.

Die im *Foreign Office* eingehenden Informationen waren stark von antibolschewistischen Vorurteilen gefärbt. In der *Royal Navy* betrachtete ein Großteil der Offiziere die Aufständischen mit Sympathie. Selbst Churchill, der wahrlich kein Freund von Diktatoren war, war gegen die Republik eingestellt. Als ihm Pablo de Azcárate vorgestellt wurde, kurz nachdem er Botschafter in London geworden war, weigerte sich Churchill, ihm die Hand zu geben; er entfernte sich vielmehr, indem er die Worte murmelte: »Blut, Blut...« (3, S. 27).

Die Massaker vom Sommer 1936 auf republikanischer Seite kosteten die Madrider Regierung sehr viele Sympathien in Großbritannien, unabhängig von der Unterstützung, die sie vom Volk, der *Labour Party* und den Kommunisten bald erhielt. Die Gespräche von Mitgliedern der konservativen Elite, die Parteigänger Francos waren, mit Politikern und Beamten in den eleganten Londoner Clubs hatten jedoch mehr Gewicht als die Massendemonstrationen für die Republik.

Viele Spanier, Republikaner wie Linke, gaben sich lange Zeit der trügerischen Hoffnung hin, selbst britische Konservative müßten die Notwendigkeit einsehen, ihnen im Kampf gegen den Faschismus beizustehen. Sie erkannten nie, mit welcher Hartnäckigkeit sich die Vorurteile hielten, die bis 1939 die britische *appeasement*-Politik gegenüber den Diktatoren trugen. Einzig eine direkte Bedrohung der als lebenswichtig empfundenen britischen Interessen hätte vielleicht die Haltung der Londoner Regierung verändert. Die verwundbarste Stelle der Briten war nach Ausbruch des Bürgerkriegs die Mittelmeerroute nach Suez geworden. Aber nicht einmal die italienische Besetzung der Insel Mallorca – von Rom geschickt präsentiert – konnte einen Wandel in der britischen Politik bewirken.

Die Hilfe Mexikos an die Republik

Bei diesen für die Republik ziemlich traumatischen Verhältnissen mußte die Haltung des mexikanischen Präsidenten, General Lázaro Cárdenas, wie wahrer Balsam wirken.

Die mexikanische Hilfe wurde auf Initiative des republikanischen Botschafters Félix Gordón Ordás in die Wege geleitet, der am 11. August Außenminister Augusto Barcia telegrafiert hatte, wahrscheinlich könne er in Mexiko Kriegsmaterial beschaffen. Aus Madrid kam die Weisung, sich um den Erwerb von Flugzeugen zu bemühen. Doch in Gesprächen mit dem Präsidenten, mit Außenminister Eduardo Hay und dem Kommandeur der mexikanischen Luftwaffe stellte sich heraus, daß Gewehre und Munition am schnellsten lieferbar waren. Barcia beauftragte daraufhin Gordón

Ordás, 30000 Mausergewehre und 15 Millionen Schuß Munition zu kaufen, die mit dem Dampfer *Magallanes* der Schiffahrtsgesellschaft *Compañía Transatlántica Española* verschifft werden konnten, der einige Wochen zuvor als Kreuzfahrtschiff eingelaufen und auf Geheiß Madrids umgehend von der Botschaft beschlagnahmt worden war.

Der größte Teil der Gewehre und der Munition aus den Arsenalen der mexikanischen Armee – 20000 7-mm-Gewehre und 20 Millionen Schuß Munition – wurde unverzüglich nach Veracruz geschafft, ohne daß zuvor über den Preis verhandelt worden wäre. Am 23. August lief die *Magallanes* nach Spanien aus; sie löschte ihre Ladung in Cartagena, nachdem sie mehrere Angriffe der franquistischen Luftwaffe überstanden hatte.

Im Oktober 1936 vereinbarte Gordón Ordás mit der mexikanischen Regierung eine Zahlung von 3,5 Millionen Pesos für diese erste Lieferung, die unter den Augen der mexikanischen wie der Weltöffentlichkeit abgewickelt worden war. Die Presse verbreitete sich darüber, und außerdem erwähnte Cárdenas die Lieferung in seinem jährlichen Präsidentschaftsbericht am 1. September in einer gemeinsamen Sitzung beider Kammern des Parlaments. In seiner Antwort hob der Präsident des Kongresses, Luis Enrique Erro, hervor, daß es »in vollkommenem Einklang mit den ethischen Normen steht, die die internationalen Beziehungen regeln, einer befreundeten, legitimen Regierung Kriegsgerät zu verkaufen und sie moralisch und materiell zu unterstützen. Anders handeln hieße, implizit einem Militäraufstand die Rechte einer kriegführenden Partei zuzugestehen.« (20, S. 499ff., S. 721–728)

Die Haltung Lázaro Cárdenas' erklärt sich zweifellos aus einer starken ideologischen Sympathie für die spanische Republik. Aus der Sicht der mexikanischen Regierung war die spanische Regierung bestrebt, eine Revolution durchzuführen, wie sie Mexiko jahrelang selbst gemacht hatte. Hinzu kam allerdings, daß die Unterstützung der Republik auch ein Instrument zur Festigung der eigenen internationalen Position war. Cárdenas und seine engsten Vertrauten wollten die Westmächte davon überzeugen, daß der spanische Konflikt ein weiteres Beispiel einer externen Aggression gegen schwache Länder war, die den Weltfrieden gefährdete. Wenn sich diese Sichtweise durchsetzte, würden sich die demokratischen Regierungen vielleicht zu einer gemeinsamen Opposition gegen imperialistische Einmischungen in die inneren Angelegenheiten anderer Länder zusammenfinden. Die Vereinigten Staaten hatten versprochen, nicht in Lateinamerika zu intervenieren; es lag im Interesse Mexikos, diese Haltung zu stärken, da seine extrem nationalistische Wirtschaftspolitik bereits zu starken Reibereien mit Washington geführt hatte.

Außerdem brachte Cárdenas den Spanischen Bürgerkrieg in Zusammenhang mit Kolonialismus, Imperialismus und dem weltweiten Kampf der Arbeiter für Gerechtigkeit und Freiheit. Wenn die Vereinigten Staaten, Großbritannien und Frankreich weiterhin tatenlos zusähen, wie der internationale Faschismus ein Land nach dem anderen verschlang, dann wäre – so fürchtete er – selbst Mexiko auf Dauer nicht sicher. Wenn die USA den faschistischen Diktaturen Europas Einhalt geboten hätten, sagte er 1937, dann wäre der Spanische Bürgerkrieg schnell mit dem Sieg der Madrider Regierung beendet worden.

Die mexikanische Hilfe war die erste offizielle großangelegte Unterstützung, die die Republik von seiten einer Regierung erhielt. Im Laufe des Krieges zeigte sich jedoch, daß Mexiko an innere und äußere Grenzen stieß, die eine Ausweitung der Hilfe in einem dem ideologischen Engagement entsprechenden Maße verhinderten. Mittelkürzungen und eine geteilte öffentliche Meinung über die Politik gegenüber dem Spanischen Bürgerkrieg engten den Spielraum der mexikanischen Regierung ein. Auch auf internationaler Ebene, besonders aus den USA, wurde Druck auf Präsident Cárdenas ausgeübt, damit er seine Hilfe reduziere oder am besten ganz einstelle. Trotzdem verkaufte Mexiko den Republikanern – zusätzlich zur ersten Lieferung – in etwas mehr als einem Jahr Waffen für etwa acht Millionen Pesos. Hauptsächlich handelte es sich dabei um Waffen für die Artillerie, Flugabwehrkanonen, Maschinengewehre, Mörser, Gasmasken, Gewehre und Munition. Auch auf dem internationalen Markt kaufte die mexikanische Regierung für die Republik Waffen, und bei zahlreichen Gelegenheiten stellte sie ihre guten diplomatischen Verbindungen zur Verfügung (32, S. 58–61, S. 67–87; 20, S. 769).

Das Beispiel Mexikos fand jedoch in Lateinamerika keine Nachahmung.

Weltweite Solidarität mit der spanischen Republik

Die Nachteile, die der Republik durch die Nichteinmischungspolitik entstanden, wurden zum Teil durch die Reaktion ausgeglichen, die der Bürgerkrieg unter den Linken und Antifaschisten in beinahe allen Ländern der Welt auslöste. Vom ersten Tage an, insbesondere nach dem Bekanntwerden von Einzelheiten der faschistischen Einmischung in Spanien, wurde der Konflikt als ein weiteres Kapitel des historischen Kampfes zwischen Faschismus und Antifaschismus, zwischen Reaktion und Fortschritt, zwischen Demokratie und Totalitarismus dargestellt. Eine Zeitlang schlug in Spanien der Pulsschlag einer ganzen Epoche. Daraus ergaben sich mindestens drei wichtige Konsequenzen: erstens weltweit das Aufkommen einer starken Solidaritätswelle in der Öffentlichkeit, die dazu beitrug, in konkreten Situationen die regierungsamtliche Nichteinmischungspolitik gerade in den für die ideologischen Dimensionen des Konflikts empfänglichen Ländern, vor allem in Frankreich, zu modifizieren oder abzuschwächen; zweitens die Entscheidung zugunsten der republikanischen Sache bei jener Macht, auf die ein nicht unerheblicher Teil der Linken die großen Hoffnungen der Revolution setzte: bei der UdSSR; drittens eine gewaltige Mobilisierungsanstrengung seitens der kommunistischen und der nichtkommunistischen Linken, die in äußerst wirksamen materiellen und menschlichen Beiträgen zum Ausdruck kam; das herausragendste Beispiel waren die Internationalen Brigaden.

Der europäische und amerikanische Antifaschismus bezeugte von Anbeginn an seine Unterstützung der Republik. Die Unterstützung entstand mehr oder minder spontan und wurde sehr schnell von den kommunistischen Parteien und der Komintern ausgenutzt (36, S. 11 f.), obwohl gerade die Anfänge der internationalen antifaschistischen Solidarität von sehr unterschiedlichen Persönlichkeiten, wie André Malraux oder dem Kommunisten Willi Münzenberg, geprägt wurden. Organisationen wie das »Internationale Komitee zur Unterstützung des Spanischen Volkes« und das »Hilfskomitee für die Opfer des Faschismus« spielten eine nicht zu unterschätzende Rolle.

Die Solidaritätsbewegung umfaßte de facto das gesamte demokratische Europa sowie Amerika und äußerte sich in der Praxis in Form von Sammlungen, Spenden, in humanitärer Hilfe (die anstieg, je geringer die Siegeschancen der Republikaner wurden), Flüchtlingshilfe, Medikamenten- und Lebensmittellieferungen usw. ... Arbeiterorganisationen und Gewerkschaften zeigten vom Nordpol bis Feuerland, von Sibirien bis zum Westpazifik eine bis dahin nicht gekannte internationale Solidarität und Brüderlichkeit.

In diesem Rahmen wurde der Spanische Bürgerkrieg nicht nur als antifaschistisches Epos, sondern auch als ein Klassenkampf betrachtet, in dem reaktionäre Militärs, Landadel und Großkapitalisten gegen die Kräfte des Fortschritts kämpften, die für ein besseres Leben der ausgebeuteten Massen angetreten waren.

Parallel dazu erwachte unter der europäischen und der amerikanischen Intelligenz ein umfassendes Gefühl für Demokratie und Antifaschismus, für das der Krieg in Spanien ein noch ungeheuerlicheres Verbrechen war, als es der Vietnamkrieg in den sechziger Jahren sein sollte. In Großbritannien unterstützten Persönlichkeiten wie Wells, Auden, die Brüder Huxley, O'Casey, Lehman, Haldane und Spender die republikanische Sache. In den Vereinigten Staaten bildeten Faulkner, Dos Passos, Steinbeck, Hemingway, Dreiser, Lewis, Hammett, Hellman und Sinclair die prorepublikanische Avantgarde. In Lateinamerika stellten Vallejo, Guillén, Neruda, Rivera, Carpentier und Siqueiros ihre Fähigkeiten in den Dienst der antifaschistischen Sache. Deutsche Emigranten erhoben ihre Stimme, z. B. Einstein, H. Mann, Brecht, Toller, Kersten, Seghers; im antifaschistischen Italien waren es Ferrero, Vittorini und Rosselli. In Frankreich verurteilte die gesamte linke Intelligenz, Kommunisten und Nichtkommunisten wie Aragon, Chamson, Éluard, Nizan, Rolland, Langevin, Giono, Breton, Cassou, Faure, Prévert und Dutzende andere die deutsch-italienische Intervention. Selbst Hollywood wartete mit Namen wie Joan Crawford, Errol Flynn, Frederic March, Bette Davis, Louise Reiner, Edward G. Robinson, James Cagney, John Ford und King Vidor auf, die für die republikanische Sache warben.

Ohne diese breite Solidaritätsbewegung wären zum Beispiel weder die wiederholten Verletzungen der Nichteinmischungspolitik seitens der französischen Regierung noch die zahllosen von Volksmassen durchgeführten Aktionen in Großbritannien und den USA denkbar gewesen, die in offenem Widerspruch zu ihren Regierungen standen und für den republikanischen Widerstand ein ständiger Ansporn waren.

Während der ersten Kriegswochen konnte jedoch diese (spontane oder nichtspontane) Klassensolidarität nicht in entsprechende Verteidigungsanstrengungen umgesetzt werden, um den Gebietsgewinnen der Aufständischen entgegenzutreten. In den Monaten Juli bis September fanden sich in den verschiedenen Milizen wohl kaum mehr als 1000 ausländische Freiwillige: hauptsächlich Franzosen, exilierte Deutsche, Italiener und Briten. Sie hatten sich zum größten Teil anarchistischen Einheiten oder den Milizen des POUM (*Partido Obrero de Unificación Marxista;* Arbeiterpartei Marxistischer Vereinigung) oder des PSUC (*Partido Socialista Unificado de Cataluña;* Vereinigte Sozialistische Partei Kataloniens) angeschlossen; in ihren Reihen fanden sich so bekannte Namen wie Jules Dumont, Randolfo Pacciardi, Carlo Rosselli, Pietro Nenni, Luigi Longo, Hans Beimler, Ludwig Renn, John Cornford oder Ralph Bates. Auch Polen, Tschechen und Jugoslawen waren dabei. Die Wirkung der ersten Freiwilligen war begrenzt, obwohl unter ihnen Leute mit militärischer Ausbildung und Weltkriegserfahrung waren. Erst die Aufstellung der Internationalen Brigaden gab der ausländischen Solidarität eine reale Wirksamkeit, die der der faschistischen Intervention vergleichbar war.

Nachteile für die Regierung in Madrid

Die internationale Solidarität stellte kein ausreichendes Gegengewicht gegen bestimmte Entscheidungen einiger Regierungen dar, die den außenpolitischen Handlungsspielraum der Republikaner beträchtlich einschränkten. Die Haltung Washingtons war in diesem Zusammenhang von besonderer Bedeutung.

Natürlich war es undenkbar, daß die US-Regierung eine republikfreundliche Haltung einnehmen würde, wenn Frankreich und Großbritannien ihre Hilfe versagten. Aber die Rechtsnorm, sich bei ausländischen Konflikten neutral zu verhalten und keine Kriegsgüter zu liefern, galt nicht für Bürgerkriege.

Internationale Zusammenarbeit und Nichteinmischung in die inneren Angelegenheiten anderer Länder waren die Verhaltensprinzipien auf internationalem Gebiet, die Außenminister Cordell Hull besonders betonte. Laut Traina (45) berief er sich wie selbstverständlich auf diese Prinzipien, als es um die Frage ging, wie man

sich verhalten solle, wenn die Privatwirtschaft durch Bestellungen oder Aufträge in den Spanienkonflikt hineingezogen würde. Hinzu kam der Wunsch Washingtons, das vom Ort des Geschehens weit entfernt war, seine Politik möglichst eng an die Großbritanniens oder Frankreichs anzulehnen.
Die Politik der Zurückhaltung wurde am 5. August auf einer Sitzung im Außenministerium festgelegt. Ergebnis war das sogenannte »moralische Embargo«, da das Verbot der Ausfuhr von Kriegsgütern sich auf kein geschriebenes Gesetz stützen konnte. Die US-Regierung erwartete jedoch von ihren Bürgern, daß sie die empfohlene Nichteinmischung in die inneren Angelegenheiten eines anderen Staates befolgten.
Das »moralische Embargo« wurde bereits am nächsten Tag auf die Probe gestellt, als der spanische Botschafter Luis Calderón um die Genehmigung zum Kauf von 10000 Schuß einer speziellen MG-Munition bat. Das Außenministerium verweigerte die Genehmigung, und kurz darauf trat der Botschafter von seinem Posten zurück. Einige Tage später fragte die Firma *Glenn L. Martin* an, wie sich die Regierung zum Verkauf von acht Bombern an die spanische Regierung verhalten würde. Der stellvertretende Außenminister, William Philips, ein glühender Antikommunist, glaubte damals, daß ein seiner Meinung nach wahrscheinlicher republikanischer Sieg dem Kommunismus in Europa einen außerordentlichen Aufschwung geben würde. Mit Zustimmung von Präsident Franklin D. Roosevelt, die dieser nicht ohne Hintergedanken gegeben hatte, antwortete Philips dem Unternehmen, ein Verkauf der Flugzeuge stehe nicht in Übereinstimmung mit dem Geist der US-Politik. Tatsächlich gibt es keine Anzeichen dafür, daß das »moralische Embargo« im Außenministerium große Diskussionen hervorgerufen hat. Einer der Beamten im Außenministerium war der spätere Botschafter James C. Dunn, der 1953 das »Madrider Abkommen« mit dem Franco-Regime unterzeichnen sollte.
Anfragen weiterer Firmen wie *R.F. Sedgely, Francis Bannermann & Sons, Bellanca Aircraft, Federal Laboratories* und *Fairchild Aviation* wurden so schroff abschlägig beschieden, daß sie alle auf ihre Aufträge aus dem republikanischen Spanien verzichteten (45, Kap. III).
Andere Unternehmen, wie die *Texas Oil Company*, deren Produkte nicht unter das »moralische Embargo« fielen, zögerten aller-

dings keinen Augenblick, sich auf die Seite der Aufständischen zu schlagen. Diese Entscheidung ermöglichte Franco die Durchführung großer motorisierter Operationen – ein nicht zu verachtender Aspekt angesichts der offensichtlichen Unfähigkeit Deutschlands und Italiens, große Mengen Treibstoff in die von den Rebellen kontrollierten Gebiete zu schaffen. *Ford, Studebaker* und *General Motors* lieferten den Franquisten Tausende von Fahrzeugen, die nicht auf der Embargoliste standen und entscheidend zur dauerhaften Stabilisierung von Francos Kriegsglück beitrugen.

Die für die spanische Republik aufgrund der US-Politik entstandenen Nachteile wurden durch die Haltung Portugals nach dem 18. Juli noch vergrößert. Die ohnehin schon distanzierten Beziehungen zwischen Salazars *Estado novo* und Spanien verschlechterten sich nach der Regierungsübernahme der Linken in Madrid zunehmend. Die ideologische Nähe der Salazar-Diktatur zu den faschistischen Regimen in Deutschland und Italien verhieß ohnehin eine Verschlechterung der Beziehungen zu einer angeblich vom Extremismus geschüttelten spanischen Republik. Die Ausdehnung der *kommunistischen Gefahr* zu verhindern war für die portugiesische Führung zu einer wahren Besessenheit geworden, die starke nationalistisch-ideologische Gefühle mobilisierte. Den ersten Devisenkredit für die Aufständischen gewährte am 11. August die *Sociedad General de Comercio, Industria y Transportes* (Allgemeine Handels-, Industrie- und Transportgesellschaft) in Lissabon in Höhe von 13,5 Millionen Peseten (50, S. 289).

Die portugiesische Hauptstadt war schon seit längerer Zeit ein Tummelplatz für Verschwörer und Agenten; der Ausbruch des Bürgerkriegs in Spanien gab aber der Salazar-Diktatur Gelegenheit, ihre antirepublikanischen Aktivitäten noch zu verstärken. Bald wurde auch eine »schwarze Botschaft« geschaffen, die schnell ihre Kontakte zur portugiesischen Regierung zugunsten der Aufständischen intensivierte. Auf diese Weise verlor die republikanische Vertretung unter Claudio Sánchez-Albornoz schon bald ihren Einfluß.

Salazar bot den Putschisten viel mehr als nur eine Operationsbasis, von der aus schon bald ein Großteil des deutschen Kriegsmaterials nach Spanien gelangte. Er stellte den Rebellen vielmehr seinen ganzen diplomatischen Apparat nebst Personal zur Verfügung. Die wirksamste Hilfe, die Salazar Franco zuteil werden ließ, machte sich allerdings in der internationalen Politik bemerkbar. Er

vertrat die Sache der Aufständischen mit einer Leidenschaft, als gehe es um das Wohl des eigenen Landes (11, Kap. II).
Der Schaden, der der Republik daraus entstand, war beträchtlich. Die Vorteile, die die Putschisten aus der Haltung Portugals (und indirekt aus der der USA) zogen, wurden durch das Eingreifen der faschistischen Mächte weiter verstärkt. Zwischen dem 10. und dem 28. September kamen zuerst aus Hamburg, später aus Stettin sechs Lieferungen mit Kriegsmaterial nach Franco-Spanien, die in Sevilla gelöscht wurden (mit Ausnahme einer Lieferung, die nach Vigo ging). Im Oktober kamen acht weitere Lieferungen an. Mitunter liefen zwei Schiffe am selben Tag aus. Geladen hatten sie Flugzeuge und Ersatzteile, mit denen defekte Maschinen wieder kampfbereit gemacht wurden. In zunehmendem Maße wurden auch Piloten und Techniker geschickt, um ähnliche Situationen wie die von Ende August zu verhindern, als etliche Heinkel-46 nicht starten konnten, weil kein ausgebildetes Personal zur Stelle war. Je länger die deutsche Hilfe anhielt, desto umfassender wurde sie: Auch Marineexperten verstärkten die Kampfkraft der Aufständischen, und in der zweiten Septemberhälfte machten sich die ersten deutschen Heereseinheiten – insgesamt 500 Mann – auf den Weg nach Spanien (30, S. 67f., S. 374).
In der Zeit vom 28. August bis zum 30. September – die spanische Republik hatte zu diesem Zeitpunkt noch kein sowjetisches Material erhalten – schickte das Dritte Reich mindestens acht 20-mm-Geschütze, 20 Panzerabwehrkanonen, 41 Mark-I-Fahrzeuge, zehn Jeeps, 36 Flugzeuge vom Typ He-51, drei Bf-109-Flugzeuge im Erprobungsstadium, 40 Millionen Schuß 7-mm-Gewehrmunition, die gleiche Menge an MG-Munition, 86200 kg 10- bis 500-Kilo-Bomben, 25 kleinere LKW und 20 Fünftonner nebst zahlreichem sonstigen Gerät.
Ein paar neuentwickelte Maschinen, etwa eine He-50, zwei Hs-123, eine He-59 und eine He-60, wurden zur Erprobung nach Spanien geschickt (33, S. 42, S. 46f.).
Ein Teil dieser Flugzeuge sollte sich zwar als den sowjetischen unterlegen erweisen, doch wurde das durch die frühe Lieferung der weit überlegenen Bf-109 ausgeglichen, die im Zweiten Weltkrieg die zuverlässigsten deutschen Jäger waren. Nachdem die ersten Flugzeuge dieses Typs ihre Qualität in Spanien bewiesen hatten, wurden im Laufe des Frühjahrs und Sommers 1937 knapp 40 weitere gesandt (44, S. 283).

Ende August/Anfang September übergab Rom sechs weitere Bomber, 22 Jäger und zwei Wasserflugzeuge. Am 3. September nahm ein Frachter mit 20000 Handgranaten, 32 Maschinengewehren, 5,5 t Schießpulver, 6000 Bomben von zwölf bis 250 kg, 144000 Zweikilobomben, 660000 Schuß MG-Munition und weiteren Flugzeugen an Bord Kurs auf Spanien. General Roatta sprach mit Franco und bewilligte dessen zusätzliche Forderungen. Am 23. September wurden zehn kleine Panzer, vier mobile Funkstationen und 38 65-mm-Kanonen samt Munition versandt. Ein gutes Dutzend Offiziere, 45 Unteroffiziere und 104 Mannschaftssoldaten verschiedener Waffengattungen fungierten als Instrukteure. Ende September belief sich das italienische Kontingent auf 400 Mann, von denen sich einige durch exzessive Gewalttätigkeit einen Namen machten, wie Arconovaldo Bonaccorsi, besser bekannt als »Conde Rossi« (10, S. 109f.).

Als der Londoner Kontrollausschuß seine Arbeit aufgenommen hatte, entlarvte sich die Nichteinmischung schon bald als ein Schwindel. Am 15. September schickte der neue republikanische Außenminister, Julio Alvarez del Vayo, Protestnoten an die deutsche, italienische und portugiesische Regierung und forderte die Aufhebung des Waffenexportembargos. Die Regierung in Madrid zählte viele Verletzungen der Nichteinmischungsbestimmungen auf; bald darauf veröffentlichte sie ein noch ausführlicheres Weißbuch.

Die Sowjetunion greift ein

Nach nahezu übereinstimmender Meinung aller westlichen Beobachter in Moskau kam der Ausbruch des Spanischen Bürgerkriegs dem Kreml äußerst ungelegen. In einem Bericht der italienischen Botschaft vom 23. Juli wurde auf die Gefahr für den Kreml hingewiesen, falls durch einen republikanischen Sieg eine schnelle Sowjetisierung Spaniens erfolgen würde. Eine solche Entwicklung würde die antibolschewistische Stimmung in Europa verstärken und die Normalisierungsbestrebungen der sowjetischen Diplomatie ernsthaft gefährden, die unter Maxim Litwinow seit einigen Jahren behutsam auf ein Bündnis all jener Regierungen hinarbeitete, die das Dritte Reich als Gegner ansahen. Andererseits würde ein Sieg der Putschisten nicht ohne Auswirkungen auf Frankreich bleiben und möglicherweise die Volksfrontpolitik gefährden. Die Sowjetregierung, so schloß der Bericht, bemühe sich, deutlich zu machen, daß sie ihre Haltung wohlüberlegter Neutralität nicht aufzugeben gedenke (40, S. 645). Am 6. August ließ der britische Botschafter in Moskau seine Regierung wissen, die sowjetische Führung sei über die Lage in Spanien besorgt, die sie vor die Wahl stelle, dem spanischen Kommunismus zu Hilfe zu eilen oder sich weiterhin neutral zu verhalten und damit die spanischen Genossen dem sicheren Untergang zu weihen. Die sowjetische Regierung sei bemüht, sich so weit wie möglich aus dem Konflikt herauszuhalten (10, S. 100). Die britische Vertretung teilte die italienische Einschätzung, fügte jedoch hinzu, daß die immer deutlicher werdende faschistische Einmischung einen Sinneswandel herbeigeführt habe. Für einen solchen Wandel gab es aber zweifellos noch andere Gründe: Da war zuerst die Frage, wie ein länger andauerndes Abseitsstehen von der internationalen kommunistischen Bewegung aufgenommen würde. Zweitens mußten Stimmen zum Schweigen gebracht werden, die – vor allem in trotzkistischen Kreisen – verkündeten, Stalin verrate die Revolution. Jedenfalls stand fest, daß der Kreml es sich nicht leisten konnte, seine Glaubwürdigkeit aufs Spiel zu setzen, indem er die Republik ihrem Schicksal überließ.

Plötzlich wurde in der Presse von zahllosen Solidaritätsdemonstrationen in allen Teilen der Sowjetunion für die republikanischen Kämpfer berichtet. Der *Prawda*-Korrespondent und Stalin-Vertraute Michail Kolzow traf in Barcelona ein, gefolgt von Ilja Ehrenburg, der damals für die *Isvestija* schrieb. Überall wurde Geld gesammelt. Am 6. August hieß es, der Regierung in Madrid sei eine halbe Million Pfund übergeben worden (13, Bd. XVII, S. 83 f.).

Der Krieg brachte Madrid und Moskau einander näher. Seit Juli 1933 unterhielten Spanien und die Sowjetunion zwar diplomatische Beziehungen, doch ein Botschafteraustausch war nie zustande gekommen. Der für Spanien bestimmte sowjetische Vertreter, Anatol Lunatscharski, ein alter Kampfgefährte Lenins, starb, bevor er sein Amt antreten konnte, und die dann folgenden Regierungswechsel in Spanien trugen nicht dazu bei, daß verstärkt an einen Botschafteraustausch gedacht wurde. Der Krieg veränderte sodann die Lage. Die Initiative zur abermaligen Ernennung von Botschaftern ging von der Sowjetunion aus, wenn auch der Vorschlag von der Regierung Giral schnell akzeptiert wurde. Am 25.

August traf der legendäre Revolutionär Wladimir Antonow Owsejenko, der durch die Eroberung des Winterpalais berühmt geworden war, als Generalkonsul in Barcelona ein. Am 27. August erschien in Madrid mit großem militärischen Gefolge der ehemalige stellvertretende Generalsekretär des Völkerbundes, Marcel Rosenberg.
Die Regierung Francisco Largo Caballero, die die Regierung Giral am 4. September 1936 abgelöst hatte, unterstrich das spanisch-sowjetische *rapprochement*. Am 16. September wurde die Errichtung einer Botschaft in Moskau beschlossen und am 21. September Marcelino Pascua zum spanischen Botschafter ernannt. Pascua traf am 7. Oktober in der sowjetischen Hauptstadt ein.
Gewisse Anzeichen deuten darauf hin, daß der Kreml sich Ende August oder Anfang September zu einer aktiveren Intervention entschloß. Der spätere Luftwaffengeneral G. Prokofjew erinnerte sich, daß er und sein Kollege I. Proskurow Ende August den Antrag gestellt hatten, in Spanien gegen den Faschismus kämpfen zu dürfen, was ihnen abgeschlagen worden war. Daraufhin stellten sie einen Ausreiseantrag nach Frankreich, von wo aus sie ihr endgültiges Ziel leicht erreichen konnten. Wenige Tage später wurde ihrem Ersuchen stattgegeben. Als sie in Alcalá de Henares ankamen, stellten sie fest, daß Luftwaffenattaché Boris Swjeschnikow mit weiteren sowjetischen Piloten dort war. Mindestens drei Jagdbomberpiloten hatten bereits zwei oder drei Einsätze geflogen. Sie lernten noch drei weitere sowjetische Bomberpiloten sowie zwei Rüstungsingenieure kennen. Prokofjew und seine Genossen flogen im Laufe des September mehrere Kampfeinsätze, was ohne Zustimmung der sowjetischen Regierung undenkbar gewesen wäre (34, S. 366–373).
Auch die Erinnerungen des späteren Generals und Stalingradhelden Leutnant Alexander Rodimtschew deuten auf eine ähnliche Geschichte hin, die am 11. September 1936 begann. Auf der Fahrt von Paris nach Barcelona lernte er einen Landsmann kennen – K. A. Mereckow, der später Marschall der Sowjetunion wurde. Mitte Oktober war er wohl in Madrid (37, S. 11, S. 19f., S. 23).
Der Kreml hat somit kurze Zeit nachdem er sich der Nichteinmischungspolitik angeschlossen hatte, die Entscheidung getroffen, eine aktive Rolle in Spanien zu spielen – gerade zu einem Zeitpunkt, als die britisch-französischen Mahnungen zur Zurückhaltung politischen und diplomatischen Erfolg zu haben schienen.

Der unmittelbare Anlaß für die sowjetische Entscheidung war zweifellos die fortgesetzte Unterstützung der spanischen Aufständischen seitens der faschistischen Regierungen Deutschlands und Italiens. Trotzdem hat der Sinneswandel im Kreml zu vielfältigen Interpretationen Anlaß gegeben.

Natürlich darf man in diesem Zusammenhang nicht die Furcht vor einem möglichen nationalsozialistischen Angriff vergessen. Gerade der im September 1936 stattfindende Parteitag der NSDAP stand unter dem Thema der Weltbedrohung durch den Kommunismus. Hitlers antikommunistische Hetztiraden mußten die Kremlpolitiker sehr beunruhigen, zumal die Sowjetunion militärisch relativ unvorbereitet war (was nicht zuletzt auf die Säuberungen innerhalb der Roten Armee zurückzuführen war).

Den Untersuchungen Cattells zufolge (9) hatte Stalin drei Möglichkeiten, einer denkbaren Aggression zu begegnen: Er konnte versuchen, erstens mit den demokratischen Westmächten ein System der kollektiven Sicherheit zu schaffen, zweitens Hitler entgegenzutreten, bevor dieser den Osten angreifen konnte, oder drittens ihn versöhnlich zu stimmen. Sich der nazifaschistischen Einmischung in Spanien entgegenzustellen, hielt Stalin wohl für eine glänzende Gelegenheit, um die Strategie der kollektiven Sicherheit auf die Probe zu stellen, die unbedingt die Mitwirkung Frankreichs und Großbritanniens erforderte.

Am 3. November 1936 sprach der sowjetische Botschafter in London, Iwan Majskij, mit Außenminister Eden und teilte ihm mit, daß nach Moskaus Überzeugung ein Sieg Francos Deutschland und Italien ermuntern würde, möglicherweise in Mitteleuropa oder im Osten anzugreifen. Ein solches Risiko wolle die Sowjetunion um jeden Preis vermeiden (13, Bd. XVII, S. 495 f.).

Später, im Februar 1937, wies Stalin den spanischen Botschafter in Moskau, Marcelino Pascua, darauf hin, daß sowjetische Hilfe nur von sekundärer Bedeutung sein könne und das Schicksal der Republik sich in London entscheide (48, S. 323 ff.).

Natürlich kann Stalin auch von der Überlegung ausgegangen sein, daß die sowjetische Einmischung einen Abnutzungskrieg zur Folge haben würde, der die deutsche Kriegsmaschinerie, wenn auch nur kurzfristig und nicht allzu nachhaltig, ablenken könnte; dies wiederum würde die deutschen Vorhaben im Osten verzögern.

Fest steht jedenfalls, daß die Sowjetunion die spanische Republik nicht aus altruistischen Gründen unterstützte, sondern aufgrund der nüchternen Einschätzung ihrer Sicherheitsbedürfnisse. Cattell hat darauf hingewiesen, daß der Kreml Spanien für die Schaffung einer Koalition mit den demokratischen und linken Regierungen Europas benutzte, die es ermöglichen sollte, gemeinsam der Aggression des Dritten Reiches Einhalt zu gebieten. Aus dieser Strategie ließen sich zahlreiche taktische Einzelziele ableiten. Eines könnte der Wunsch gewesen sein, die Unsicherheit Frankreichs nicht noch zu erhöhen – ein zentraler Punkt der sowjetischen Westeuropapolitik (9, S. 32–37). Die Änderung der sowjetischen Haltung zeigte sich auf drei Ebenen: erstens in der direkten Intervention, zweitens in der Aufstellung Internationaler Brigaden, drittens in der Förderung antifaschistischer Solidaritätsbewegungen in der UdSSR und in den westlichen Demokratien.

Die erste sowjetische Hilfslieferung

Das wirksamste dieser drei Mittel war zweifellos die direkte Intervention. Sie wurde in der Öffentlichkeit nie eindeutig zugegeben und diente hauptsächlich als Gegengewicht zu den deutschen und italienischen Materiallieferungen. Ohne sie hätte sich der republikanische Widerstand nicht behaupten können. Dessen war man sich in Moskau durchaus bewußt, als sich die sowjetische Regierung entschied, aktiv in den Bürgerkrieg einzugreifen. Von Madrid aus hatte Botschafter Rosenberg sich nachhaltig für diesen Beschluß eingesetzt.

Es ist bis heute nicht möglich, den exakten Zeitpunkt und die genauen Umstände dieser Entscheidung zu bestimmen. Es gibt zahlreiche widersprüchliche Versionen, die nicht zuletzt unter dem Einfluß der einseitigen und teilweise wenig verläßlichen Interpretationen zweier sowjetischer Dissidenten entstanden sind: der Deutung Walter Kriwizki, des Chefs der militärischen Abwehr der Sowjetunion in Westeuropa, und der Darstellung von »Alexander Orlow«, einem Agenten der NKVD. Mitte September faßte der Kreml jedoch eindeutig einschneidendere Maßnahmen ins Auge, um die zunehmende Einmischung der Faschisten in Spanien auszugleichen. Trotzdem hatten die sowjetischen Schiffe, im konkreten Fall die *Neva* und die *Kuban,* die in der zweiten Sep-

temberhälfte von Odessa aus in See stachen, offenbar nur nichtmilitärische Güter an Bord, obwohl eifrigste Nachforschungen ausländischer Diplomaten und Beobachter damals gern das Gegenteil bewiesen hätten.
Jüngst aufgefundene Quellen datieren die erste sowjetische Waffenlieferung, die auf einem spanischen Schiff nach Cartagena gebracht wurde, auf den 4. Oktober. Am 14. desselben Monats kamen an Bord der *Komsomol* die ersten 50 T-26-Panzer samt Besatzung und technischem Zubehör in Cartagena an. Das war der Auftakt der in immer kürzeren Zeitabständen folgenden Lieferungen sowjetischen Kriegsmaterials. Einen Tag später gelang es dem deutschen Torpedoboot *Luchs,* das Material zu fotografieren, woraufhin die Bombardierung des Hafens vorgeschlagen und kurz darauf auch durchgeführt wurde (6, S. 23 f.; 48, S. 170 f., S. 190). Die faschistische Intervention dauerte zu dieser Zeit bereits mehr als eineinhalb Monate.
Natürlich war die sowjetische Hilfe damals ein offenes Geheimnis, das immer neue Gerüchte hervorbrachte. Zu einer Sensation wurde in London der am 3. Oktober veröffentlichte Bericht des von der liberalen Abgeordneten Eleanor Rathbone geleiteten Untersuchungsausschusses über die Verletzungen internationalen Rechts durch die Interventionen in Spanien. Der Bericht kam zu dem Schluß, daß die von Frankreich und Großbritannien initiierte Politik der republikanischen Regierung schwer geschadet hatte. Sie habe die zur Niederwerfung des Aufstandes dringend benötigten Waffen- und Materiallieferungen verhindert, während zur gleichen Zeit durch die massive Ausstattung der Putschisten mit Personal und Waffen das Abkommen von der anderen Seite gebrochen worden sei. Wenig später schlug der Kongreß der *Labour Party* vor, daß wegen der deutschen und italienischen Verstöße gegen die Nichteinmischungsbestimmungen die übrigen Länder die Lage neu überdenken sollten. Am 9. Oktober wurde eine Resolution verabschiedet, in der die britische und französische Regierung zur unverzüglichen Ergreifung von Maßnahmen aufgefordert wurden, die es Madrid ermöglichen sollten, wieder die erforderlichen Waffen einzukaufen, »um die Autorität der verfassungsmäßigen Regierung aufrechtzuerhalten und Recht und Ordnung in Spanien wiederherzustellen«.
Die Spaltung der *Labour Party* verhinderte jedoch eine eindeutigere Stellungnahme. Entscheidend trug Ernest Bevin dazu bei, der

1945 Außenminister werden sollte; er verhinderte damals, daß das Franco-Regime stark unter Druck gesetzt wurde. Bevin kannte 1936 die Stimmung unter den Arbeitern und Gewerkschaftern und glaubte nicht, daß die britischen Arbeiter für Spanien in einen Krieg ziehen wollten. Seiner Meinung nach konnte sich Großbritannien nicht das Risiko einer Politik leisten, die möglicherweise in einen größeren Konflikt münden würde (7, S. 231 f.). Die Regierung in London wiederum wußte genau, daß Italien die Nichteinmischungspolitik verletzte, und ging davon aus, daß das Dritte Reich ebenso verfuhr (13, Bd. XVII, S. 363).

Es war jedoch die Sowjetunion, die wichtige operative Konsequenzen ankündigte, welche seit damals den Spanienkonflikt entscheidend beeinflussen sollten. Am 7. Oktober, als die ersten beiden Frachter mit sowjetischem Kriegsmaterial nach Spanien kamen, gab Samuel Kagan, Botschaftsrat in London, die Absichten des Kreml bekannt. Das war offenbar ein Manöver, um die bereits angelaufene Operation zu decken, aber auch eine öffentliche Quasi-Anerkennung, daß die Interventionsentscheidung bereits gefallen war.

Die Sowjets machten sich die alte republikanische Argumentation zu eigen, die Alvarez del Vayo auf der Vollversammlung des Völkerbundes im September formuliert hatte, und gaben ihrer Befürchtung Ausdruck, daß die wiederholten Verletzungen der Nichteinmischungspolitik dazu führen könnten, diese in der Praxis wertlos zu machen.

Sie machten damit deutlich, daß sie nicht zulassen könnten, daß die Nichteinmischung von einigen der Beteiligten unterlaufen und zu einem Schutzschild umfunktioniert werde, hinter dem die Unterstützung der Aufständischen mit Waffen versteckt werde. Der Kreml betrachte sich daher »als von den Verpflichtungen der Nichteinmischung befreit, wenn deren Verletzungen nicht umgehend ein Ende finden«. Kagans Note zog nicht sehr schmeichelhafte Kommentare in der französischen, britischen und nordamerikanischen Presse nach sich. Bemängelt wurden ihr fordernder Ton, der unpassende Zeitpunkt und die damit provozierte Verhärtung der Positionen. Die Sitzung des Londoner Kontrollausschusses vom 9. Oktober 1936 verlief tumultartig, und der Vertreter der Sowjetunion geriet mit dem italienischen Repräsentanten hart aneinander. Letzterer bezichtigte Moskau, mit dem Austritt zu drohen, um dann ohne Beschränkungen Waffen liefern zu können.

Am selben Tag konferierten Eden und Blum in Paris. Nach Angaben des britischen Außenministers war Blum weiterhin von der Richtigkeit der Nichteinmischungspolitik überzeugt, ohne die der Regierung in Madrid viel mehr geschadet worden wäre als den Aufständischen – worüber man sich allerdings streiten konnte. Eden ließ dieses Argument gelten, da auch er der Meinung war, die faschistischen Diktaturen könnten den Rebellen leichter Waffen liefern als die Demokratien der republikanischen Regierung (16, S. 459f.). Die Tatsachen straften jedoch die Verteidigung der Nichteinmischungspolitik durch die beiden Politiker Lügen.
Am 23. Oktober erklärte Botschafter Majskij, der Kreml habe, als er dem Ausschuß beitrat, darauf vertraut, daß alle Beteiligten sich an das Projekt halten würden. Er war besonnen genug, Deutschland und Italien nicht direkt zu beschuldigen. Seine Verurteilungen richteten sich wie bereits früher gegen Portugal. Dies änderte aber nichts an seiner Schlußfolgerung, die Nichteinmischung stände nur noch auf dem Papier und sei inzwischen hinfällig geworden. Für Moskau gebe es folglich nur einen Ausweg: der republikanischen Regierung wieder das Recht und die Möglichkeit zu geben, im Ausland Waffen zu kaufen. Jedenfalls könnten die Nichteinmischungsbestimmungen für die UdSSR nicht verbindlicher sein als für andere Beteiligte.
Die sowjetische Haltung war im Oktober, in Übereinstimmung mit den wahrscheinlichen Zielen Stalins, sehr viel durchsichtiger als die der faschistischen Länder. Im Kreml beschlossene Maßnahmen wurden der internationalen Öffentlichkeit kurz vor ihrem Inkrafttreten verkündet. Diese Vorgehensweise unterschied sich deutlich von der eintönigen Beharrlichkeit, mit der deutsche wie italienische Diplomaten leugneten, was nicht zu leugnen war.
Unmittelbar vor der Entsendung sowjetischer Waffen und Soldaten nach Spanien teilte Botschafter Majskij dem Ausschuß unmißverständlich – und in perfektem *timing* – mit, seine Regierung sei aufgrund der bis dahin vom Londoner Ausschuß geleisteten Arbeit davon überzeugt, daß es keine Garantie gegen eine Fortsetzung der Lieferungen von Kriegsmaterial an die Aufständischen gebe. Unter diesen Umständen sei der Kreml der Meinung, daß ohne eine derartige Garantie und ohne effektive Kontrolle der strikten Einhaltung der Verpflichtungen aus der Nichteinmischungspolitik die Regierungen, für die die Versorgung der Republik in Übereinstimmung mit den Normen des internationalen

Rechts und der Gerechtigkeit stand, moralisch sich nicht stärker an die Bestimmungen gebunden fühlen müßten als die Regierungen, die die Aufständischen mit Nachschub versorgten.
Damit war die Nichteinmischung nur noch eine politische Leerformel; als solche hatten sie die faschistischen Mächte von Anfang an auch betrachtet. Eine Woche nach Ankunft der sowjetischen Panzer in Spanien fuhr Ciano nach Berlin und erörterte die Lage mit von Neurath. Dieser ließ keinen Zweifel daran, daß das Dritte Reich Franco diplomatisch anerkennen werde, sobald er Madrid erobert habe. Dieser Position konnte sich Ciano ohne weiteres anschließen. Sowohl in Berlin wie in Rom war der Eindruck verbreitet, daß Franco für einen Sieg weitere Hilfe benötigte. Der *Duce* ließ Hitler wissen, er sei zu einem militärischen Entscheidungsschlag entschlossen, der das Ende der Regierung in Madrid herbeiführen sollte.
Als die Achse Berlin–Rom ins Leben gerufen wurde, sagte Hitler zu Ciano, daß er bereit sei, alles zu unternehmen, um in Spanien eine Entwicklung zugunsten Moskaus zu verhindern; der Wehrmachtsführung werde er unverzüglich entsprechende Instruktionen erteilen.
Ohne das Eingreifen der Sowjetunion wäre somit das Schicksal der Republik besiegelt gewesen. Der Leiter der deutschen Militärmission in Spanien, Oberstleutnant Walter Warlimont, informierte damals seine Regierung in Berlin, die Überlegenheit der Aufständischen stehe außer Frage. Ihre Luftüberlegenheit sei eindeutig, und zu Lande verstärkten sie ihre Angriffe. Alle bisherigen Erfolge würden jedoch durch die sowjetische Hilfe bedroht, über deren annäherndes Ausmaß es keine gesicherten Informationen gäbe. Die glaubhaftesten Angaben hatte die deutsche Kriegsmarine geliefert, die lediglich die Lieferung der 50 T-26-Panzer samt Ausrüstung bestätigte. Außerdem wußte man noch von der Existenz sowjetischer Piloten in den Reihen der Republikaner.
Warlimont glaubte jedoch, die Republik könne ihren Widerstand – selbst mit starker sowjetischer Hilfe – nur noch kurze Zeit aufrechterhalten. Die Zukunft sollte zeigen, daß er sich geirrt hatte (48, S. 166–169, S. 247f., S. 263–266).

Franquistischen Quellen zufolge geht die Idee, eine Truppe von linken Freiwilligen aus aller Welt zu bilden, auf eine Sitzung der Profintern, der Gewerkschaftsorganisation der Komintern, zurück, die am 26. Juli 1936 in Prag stattfand. Die empirische Basis für diese Behauptung ist sehr dünn, wenn auch die Sitzung als solche von einem der Beteiligten bestätigt worden ist.

Sowjetische Historiker datieren die Entscheidung, Internationale Brigaden zu bilden, auf den Monat September; dieses Datum stimmt auch besser mit Moskaus Spanienpolitik überein. Sie berichten von einer Reise des Vorsitzenden der Kommunistischen Partei Frankreichs (KPF), Maurice Thorez, nach Moskau, wo er am 22. des Monats die Komintern aufgefordert haben soll, von ausländischen Freiwilligen gebildete Truppen aufzustellen. Es war dann auch Frankreich, von wo aus die Rekrutierung organisiert wurde, was ohne die KPF und die sowjetische Spanienpolitik nicht denkbar gewesen wäre.

Nichtsdestoweniger verschleierten die Sowjetunion im besonderen und die kommunistischen Parteien im allgemeinen ihre Rolle bei der Gründung der Brigaden so gut wie möglich. Die Operation barg zahlreiche Risiken, und ihr Ausgang war ungewiß. Die politisch-militärische Lage des republikanischen Spanien war im September 1936 so unsicher, daß ein Überleben der Regierung, selbst mit sowjetischer und internationaler Hilfe, nicht garantiert werden konnte. Es war nicht ratsam, das Prestige kommunistischer Organisationen aufs Spiel zu setzen, wo doch erwartet wurde, daß die Brigaden den Beweis für die Möglichkeit eines weltweiten antifaschistischen Bündnisses erbringen würden.

Nach kurzer Vorbereitungszeit, über die vielfältige Zeugnisse direkt Beteiligter erhalten sind, traten die Internationalen Brigaden am 12. Oktober 1936 an die Öffentlichkeit; zur gleichen Zeit kamen die ersten sowjetischen Materiallieferungen in Spanien an. Die ersten Freiwilligen, etwa 500, gingen in Alicante an Land. Sie waren auf der *Ciudad de Barcelona* von Marseille gekommen und machten sich nun unverzüglich auf den Weg nach Albacete, wo sie am 14. Oktober eintrafen. Die Stadt war als Standort der Brigaden ausgewählt worden. Der berüchtigte André Marty, der sich politisch erstmals 1919 bei einer Meuterei französischer Matrosen im Schwarzen Meer hervorgetan hatte, hatte politisch bei den Internationalen Brigaden das Sagen. Mit ihm zusammen arbeitete die Elite der Berufsrevolutionäre: Billoux, Longo, Zaisser, Beimler, Stern-Kléber, Zalka, Togliatti, Dahlem, Stefano und andere; Nenni war der einzige Nichtkommunist unter ihnen. Ministerpräsident Largo Caballero hatte die Operation nicht ohne Argwohn beobachtet, sah jedoch keine Möglichkeit, etwas dagegen zu unternehmen.

Nach den Angaben von Andreu Castells, dem besten Kenner der Geschichte der Internationalen Brigaden, ermöglichte die weltweite Propaganda in linken Medien eine massenhafte Rekrutierung Freiwilliger, die jedoch Anfang 1937 wieder zurückging. Die ersten Freiwilligen kamen noch ganz legal über die französisch-spanische Grenze. Später mußte dies aufgrund der vom Nichteinmischungsausschuß verfügten Land- und Seekontrollen heimlich geschehen.

Die ersten Internationalisten waren hauptsächlich Franzosen und Belgier sowie in Westeuropa und selbst in der UdSSR lebende Exilanten. Später kamen Liberale und Linke aus Polen, den USA, der Tschechoslowakei, Ungarn, Jugoslawien, Großbritannien und Österreich dazu. Insgesamt waren über 60 Nationalitäten vertreten.

Um in Spanien gegen den Faschismus kämpfen zu können, mußten nach Castells knapp 60 000 Freiwillige – andere glaubwürdige Quellen schätzen weniger – geschlossene Grenzen, bewachte Meere, Polizeisperren und zahllose politische wie behördliche Hindernisse überwinden. Sie taten dies – nach den Gesetzen ihrer Heimatländer – illegal oder zumindest am Rande der Legalität. Noch schwieriger war es, die Länder zu verlassen, die von rechtsgerichteten Regierungen beherrscht wurden; die Freiwilligen aus Polen und den Balkanstaaten unternahmen wahre Odysseen, bevor sie ihr Ziel erreichten. Zu Fuß, über Berge und durch Täler, nachts unter freiem Himmel, verborgen zwischen den Kohlen der Lokomotiven oder im Ladeschacht eines Schiffes gelang es ihnen, Grenzen und Kontrollen zu überwinden und sich nach Frankreich durchzuschlagen. Von dort aus traten sie ihre Reise nach Spanien an, die für viele die letzte sein sollte.

Man schätzt, daß die Internationalen Brigaden bis zu 85% aus Kommunisten bestanden. Nur in ganz wenigen Einheiten, wie dem Bataillon Garibaldi, waren Kommunisten nicht in der Überzahl. Diese scheuten nicht davor zurück, ihre nichtkommunistischen

Gesinnungsgenossen zu diskreditieren. Marty, ein brutaler, unnachgiebiger Mann, führte erbarmungslose Säuberungen durch. Die Brigaden setzten sich fast zur Hälfte aus Künstlern, Schriftstellern, Journalisten, Wissenschaftlern, Ingenieuren, Ärzten und Politikern zusammen. Sie waren die intellektuellste Truppe der Kriegsgeschichte. Nach Angaben Castells waren 45% ihrer Mitglieder Intellektuelle, 44% Freiberufler und Arbeiter und 11% Abenteurer.

Die erste Internationale Brigade wurde am 22. Oktober gebildet. Noch vor Ende des Monats hatten sich etwa 8000 Freiwillige in Albacete zusammengefunden. Ihre Feuertaufe bestanden sie in der Nacht vom 8. auf den 9. November in der härtesten Phase der Verteidigungsschlacht um Madrid (8, S. 56–59, S. 80, S. 83, S. 94, S. 97; 36, S. 11, S. 14f., S. 33).

Der Prozeß der Internationalisierung des Spanischen Bürgerkrieges setzte somit im Frühherbst 1936 ein. Die Hoffnungen, die Franzosen und Briten kurz nach Beginn des Militäraufstandes gehegt hatten, wurden enttäuscht. Das Zurückweichen der demokratischen Kräfte vor der nazifaschistischen Intervention hatte die beiden Diktatoren nur ermuntert. Hauptverantwortlich hierfür war die Regierung in London mit ihrer merkwürdigen Obsession, die sich schon seit Mitte August abzeichnete, die Teilung Europas in zwei ideologische Blöcke verhindern zu wollen. An dieser Haltung änderte auch die weitere Erfahrung nichts, obwohl diese den Briten zeigte, daß sich die Regierungen Europas doch um die beiden Pole gegensätzlicher politischer Ausrichtung gruppierten. Lammers hat recht, wenn er sagt, daß das *Foreign Office* den schweren Fehler beging, der Ideologie als entscheidender Kraft der Politik während des Bürgerkriegs keine gebührende Bedeutung beigemessen zu haben. Das führte zu einer Unterschätzung der Intervention der Achsenmächte und – nicht unbedingt paradoxerweise – zu einer Überschätzung der sowjetischen Intervention (17, S. 32; 13, Bd. XVIII, S. 969f., S. 975; 26).

Die Regierung in Madrid wurde nur durch die Reaktion des Kreml in die Lage versetzt, der wachsenden Kampfkraft der Aufständischen zu begegnen. Diese wiederum war das Ergebnis rascher ausländischer Hilfe, besserer Ausschöpfung vorhandener Ressourcen, großer Landgewinne und natürlich des anfänglichen Zusammenbruchs des republikanischen Militär- und Polizeiapparats. Im britischen Außenministerium erkannte man die Verantwortung des Kreml sehr genau. Der Ständige Unterstaatssekretär, Sir Robert Vansittart, beschuldigte daher die UdSSR, aus Spanien den Schauplatz des blutigsten Ausdrucks eines ideologischen Kampfes gemacht zu haben, was London immer habe verhindern wollen (13, Bd. XVII, S. 780).

Das Dritte Reich läßt die Eskalation zu

In seinem Tagebuch macht Ciano deutlich, daß Hitler bei dem Gespräch am 24. Oktober entschlossen war, die sowjetischen Pläne in Spanien zu durchkreuzen. Vermutlich aber waren in Berlin die Vorbereitungen zur massiven Unterstützung Francos schon früher angelaufen. Seit Mitte Oktober war jedenfalls Hauptmann Hermann Plocher, der dem Sonderstab von Wilberg zugeteilt war, an ihnen beteiligt.

Die aktive Intervention der Sowjetunion und Hitlers Entschluß, ihr entgegenzuwirken, fielen zeitlich somit weitgehend zusammen. Beweise für die sowjetische Intervention dürften zwar nicht vor Mitte Oktober vorgelegen haben, doch deutete sich Stalins Entscheidung bereits früher an.

Am 28. Oktober gab es keinen Zweifel mehr: Mehrere bis dahin noch nicht geortete Bomber griffen ohne Schutz durch Jagdflugzeuge die Flughäfen von Sevilla, Mérida, Cáceres und Salamanca an. Mit der Beteiligung dieser Maschinen an den Kampfhandlungen begann für das deutsche Oberkommando in Spanien eine neue Phase: der Luftkrieg.

Am nächsten Tag setzten Katiuska-SB-2-Bomber ihre systematischen Angriffe auf franquistische Flughäfen fort. Diese Bomber waren den He-51 und Fiat CR-32 weit überlegen. Die deutschen und italienischen Piloten, die bereits des öfteren tödliche Bekanntschaft mit überlegenen französischen Maschinen gemacht hatten, befürchteten den baldigen Verlust ihrer Luftüberlegenheit.

Angreifende Polikarpow-I-15-Flugzeuge versuchten, den franquistischen Angriff auf Madrid zu stoppen. In Seseña wurden zum ersten Mal die äußerst leistungsfähigen sowjetischen T-26-Panzer im Kampfgeschehen eingesetzt, die den Angreifern eine unangenehme Überraschung bereiteten. Warlimont zufolge sah Oberst Yagüe diese Schlacht als die erbittertste im bisherigen Verlauf des Bürgerkriegs an (33, S. 55f.).

Der Krieg trat unwiderruflich in eine neue Phase. Am 30. Oktober überbrachte Admiral Canaris Franco eine Botschaft Hitlers, in der unter bestimmten Bedingungen die Entsendung eines Luftwaffenverbandes angekündigt wurde. Wesentlicher Teil dieser Bedingungen war, daß alle deutschen Einheiten einem einzigen Kommando unterstellt würden, das Franco bezüglich ihres Einsatzes beraten sollte. Die sich bereits in Spanien befindenden deutschen Kräfte sollten in diesen neuen Verband eingegliedert werden.
Ziel dieser Aufstockung war, der verstärkten sowjetischen Hilfe adäquat zu begegnen. Canaris sollte konstruktive Kritik an der Art und Weise der bisherigen Operationen üben und vor allem die dringende Notwendigkeit hervorheben, die Hauptstadt zu erobern. Nach der Einnahme Madrids könne man dann diplomatische Beziehungen aufnehmen.
Die Bedeutung Madrids war unumstritten. In London spielte Außenminister Eden mit dem Gedanken, die Putschisten als kriegführende Partei anzuerkennen, sobald die Hauptstadt gefallen war. Der britischen Vertretung in Madrid gab er Order, *de facto* Kontakte zu den neuen Machthabern herzustellen (13, Bd. XVII, S. 458f., S. 523).
Franco hatte um die zusätzliche deutsche Hilfe zwar nicht gebeten, aber er wies sie natürlich nicht zurück. Am 31. Oktober flog der erste Kommandeur der neuen Einheit, General Hugo Sperrle, über Rom nach Spanien. Er traf dort ein, bevor noch die ersten Schiffe mit deutschen Soldaten den Hafen von Stettin verlassen hatten. Am 7. November stach die *Fulda*, mit 700 Mann und 100 Fahrzeugen an Bord, mit Kurs auf Spanien in See. Sie transportierte die 21. Lieferung, seit das Dritte Reich in den Bürgerkrieg eingegriffen hatte.
Zwischen dem 7. und dem 29. November liefen mindestens 25 weitere Schiffe aus, die insgesamt an die 4000 Mann, zahlreiche Fahrzeuge und fast 10000 Tonnen Kriegsmaterial transportierten. Bis Ende 1936 waren in 52 Lieferungen 4600 Mann, knapp 1000 Fahrzeuge, 25150 t Kriegsmaterial, 5171 t Treibstoff und 8000 t Kohle zur Unterstützung Francos nach Spanien verschifft worden (30, S. 70). Die Soldaten der Legion Condor wurden, ebenso wie die sowjetischen, fortwährend ausgewechselt, damit möglichst viele Kriegserfahrungen sammeln konnten.
Mitte November, wenige Tage nach Ankunft des ersten Kontin-

gents der neuen Einheit in Sevilla, hatte diese ihre ersten Einsätze in der bereits voll entbrannten Schlacht um Madrid.
Hitler war der erste Diktator gewesen, der sich zu einer Unterstützung Francos entschlossen hatte; er war auch der erste, der sein Engagement in Spanien steigerte. Mussolinis Hilfe erreichte bis Ende 1936 nicht das gleiche Ausmaß; erst ab Dezember 1936 übertraf er Hitler eindeutig.
Die Verstärkung der deutschen Militärhilfe fand ihre diplomatische Entsprechung in der deutsch-italienischen Anerkennung der Franco-Regierung am 18. November 1936.
Dies war einer der Höhepunkte im Internationalisierungsprozeß des Bürgerkriegs, da die Achsenmächte damit ihr eigenes Prestige an die Sache der Aufständischen banden. Sie waren zwar nicht die ersten Länder, die das neue spanische Regime diplomatisch anerkannten: Guatemala und El Salvador waren ihnen um zehn Tage zuvorgekommen. Das politische Gewicht ihres Schrittes war jedoch um ein Vielfaches höher als das ihrer mittelamerikanischen Vorläufer. Vorerst erhielten die Putschisten nur von einigen wenigen Ländern politische Unterstützung, doch zählten zu diesen jene beiden Mächte, deren qualitative und quantitative Hilfe bisher am größten gewesen war.
Die deutsch-italienische Anerkennung war ausgesprochen worden, ohne daß Franco Madrid erobert hatte. Damit wurde die Interventionsbereitschaft des faschistischen Italien und des Dritten Reiches noch einmal bekräftigt. Im *Foreign Office* erkannte man in dieser Handlung sogleich die Selbstverpflichtung der Achsenmächte, Francos Abenteuer zu einem vollständigen und endgültigen Sieg zu verhelfen (13, Bd. XVII, S. 779). Hinzu kam, daß durch die Ernennung von General Wilhelm Faupel zum deutschen Geschäftsträger (später wurde er Botschafter) die NSDAP (und die Auslandsorganisation) aus den internen deutschen Auseinandersetzungen siegreich hervorging. Sie wiederholte damit gewissermaßen ihren Schritt in die internationale Politik, den sie erstmals zu Beginn der deutschen Intervention in Spanien gemacht hatte.

Eine entscheidende Maßnahme der Republik

Während Franco zunehmend auf die Hilfe des Dritten Reichs angewiesen war, geriet die republikanische Regierung in immer größere Abhängigkeit von Moskau. Das lag nicht allein daran, daß die Verteidigung Madrids und die Weiterführung des Krieges von der Unterstützung des Kreml abhingen. Im Oktober trafen Largo Caballero und sein Finanzminister Juan Negrín außerdem die folgenschwere Entscheidung, die Goldreserven des *Banco de España* (Spanische Nationalbank), die die wirtschaftliche Grundlage für die Fortführung des Krieges bildeten, in Moskau zu deponieren. Die Diskussionen um diese Maßnahme sind seitdem nicht abgerissen. Meiner Meinung nach war die Entscheidung – unter Berücksichtigung der damaligen Situation – gerechtfertigt; gleichzeitig war aber auch klar, daß die weitere Verwendung des Goldes vom allgemeinen Klima der spanisch-sowjetischen Beziehungen und von deren zukünftiger Gestaltung abhängig sein würde.

Derartige Entscheidungen sind sicherlich Ausdruck einer verzweifelten Situation: Im Zweiten Weltkrieg etwa brachten mehrere demokratische Regierungen die Goldreserven ihrer Länder im Ausland in Sicherheit, damit sie nicht in die Hände der Angreifer fielen.

Die Regierung in Madrid hatte übrigens bereits am 24. Juli begonnen, Gold an die Französische Zentralbank zu verkaufen. Als Negrín das Amt des Finanzministers übernahm, waren bereits mindestens 18 Verkäufe getätigt worden. Da die Republik keine nennenswerten Devisenreserven besaß, hatte für den Kauf der ersten Kriegsgüter aus dem Ausland das Gold in Franc, Pfund Sterling oder Dollar umgetauscht werden müssen.

Der Goldverkauf an die Französische Zentralbank, der im März 1937 eingestellt wurde, bedeutete die Abgabe von über einem Viertel der Münzgoldreserven, über die die Spanische Staatsbank bei Ausbruch des Bürgerkriegs verfügt hatte. Das Franco-Regime verlor offiziell nie ein Wort über diese Transaktionen; seine Vorwürfe konzentrierten sich vielmehr auf die seit Februar 1937 stattfindenden Geschäfte mit der Sowjetunion (46, Kap. I).

Am 15. Oktober 1936, einen Tag nach Eintreffen der sowjetischen T-26-Panzer, fragte Largo Caballero (in einem von Negrín in französischer Sprache verfaßten Schreiben) offiziell bei Botschafter Rosenberg an, ob die sowjetische Regierung bereit sei, ca. 500 Tonnen spanischen Goldes in Verwahrung zu nehmen. Die Antwort des Kreml ließ nicht lange auf sich warten. Schon wenige Tage später übermittelte der Leiter des NKVD, Nikolai Jeshow, seinem Agenten in Spanien, »Orlow«, die persönliche Anordnung Stalins,

mit Largo Caballero und dem Botschafter den Goldtransport unter strengsten Geheimhaltungsmaßnahmen vorzubereiten.
Die Entscheidung der Republik wurde wohl von dem Bedürfnis nach zusätzlicher Sicherheit für die Goldreserven bestimmt (eine vorübergehende Sicherheit hatte bereits die Verlagerung aus Madrid geboten); außerdem wurde in dieser Operation eine Möglichkeit gesehen, bei der späteren Umwandlung der Staatsreserven in Devisen absolute Vertraulichkeit gewahrt zu wissen, nachdem der Goldverkauf an Frankreich von Skandalen, Anschuldigungen, Gerüchten und widersprüchlichen Meldungen begleitet gewesen war.
Unter diesen Gesichtspunkten kamen nicht viele Länder in Betracht. In Frankreich hatte der Spanische Bürgerkrieg in der Öffentlichkeit starke Emotionen in bisher unbekanntem Maße ausgelöst, wobei sich die instabile innenpolitische Lage auf die Unterstützung der Republik negativ auswirkte. Die Regierung in Madrid hatte Léon Blum sogar drängen müssen, sein Amt auf keinen Fall niederzulegen. Ihr war eine Volksfrontregierung allemal angenehmer als ein rechtes Kabinett, das die spanisch-französische Grenze womöglich hermetisch abgeriegelt hätte. Eine Deponierung der Goldreserven in Frankreich hätte das Klima polarisierter Emotionen, einer aufgeputschten öffentlichen Meinung und des Drucks auf die Regierung nur noch weiter verschärft. Ein Kabinettswechsel, der die ganze Operation gefährdet hätte, war ebensowenig auszuschließen wie die Möglichkeit, daß zunehmender Druck die Regierung Blum veranlassen könnte, die Nichteinmischung auf zusätzliche Bereiche auszudehnen. In diesem Falle wäre der freie Zugriff auf die spanischen Reserven nicht mehr gewährleistet gewesen.
Die Richtigkeit dieser Argumentation vorausgesetzt, mußte Frankreich, obwohl es der Republik mehr als jedes andere westeuropäische Land half, aus den Überlegungen der Regierung ausgenommen werden; in der Tat kam Frankreich als Aufbewahrungsort für das spanische Gold nicht in Frage.
Großbritannien, die zweite treibende Kraft der Nichteinmischungspolitik, kam noch weniger in Betracht, da dort die Gefahr einer Blockierung der Goldreserven noch größer war. Gewisse Schwierigkeiten, die der republikanischen Staatsbank und ihren internationalen Finanzgeschäften schadeten, trugen ebenfalls zu dieser Entscheidung bei; so sabotierte etwa die *Midland Bank* mehrere dringende Transaktionen.

Drei Faktoren bestimmten den Transfer des Goldes: die durch die Nichteinmischung gesetzten Grenzen, die Gefahr der Blockierung oder des Einfrierens der Reserven und die Möglichkeit des freien Zugriffs auf die durch einen eventuellen Verkauf des Goldes erworbenen Devisen. Diese Faktoren spielten vor allem bei der Berücksichtigung anderer, neutraler Länder wie der Schweiz oder den USA eine bedeutende Rolle. Der Gedanke an die Schweiz war schlicht unrealistisch. Da das Gold außerhalb Madrids in Sicherheit war, wurde sein Transport ins Ausland nur durch den Wunsch gerechtfertigt, es für den Krieg jederzeit und schnell aktivieren zu können. Solche Geschäfte fielen damals zwar noch nicht in den Zuständigkeitsbereich des Londoner Ausschusses, stellten für die kämpfende Republik jedoch eine wesentliche Hilfe dar, die von einem Land wie der Schweiz, dessen Politik von dem erzkonservativen Giuseppe Motta bestimmt wurde, kaum zu erwarten war. Motta war einer jener Männer gewesen, die entschieden zu verhindern gesucht hatten, daß Alvarez del Vayo in seiner Rede vor dem Völkerbund am 25. September die Lage in Spanien zur Sprache brachte.

Die hyperneutralistische Haltung der Schweiz war bereits bei zwei wichtigen Bundesratsbeschlüssen vom 14. und 26. August 1936 deutlich geworden. Der erste verbot Schweizer Staatsbürgern, sich aktiv oder passiv in den Spanienkonflikt einzumischen und den kämpfenden Parteien zu helfen; es durften auch keinerlei Mittel nach Spanien geschickt werden, die eine Unterstützung bedeuten konnten.

Unter dem Aspekt der Flüssigmachung ökonomischer Ressourcen war der zweite Beschluß für die Republik bedrohlicher. Sein erster Artikel sah Gefängnis und/oder eine Geldstrafe bis zu 10000 Schweizer Franken für jeden vor, der am Spanischen Bürgerkrieg teilnahm, die Schweiz zu diesem Zweck verließ oder entsprechende Vorbereitungen traf, die kämpfenden Seiten begünstigte oder unterstützte, vor allem Spendenkampagnen organisierte oder durchführte, die für andere als für wohltätige Zwecke bestimmt waren.

Für die kämpfenden Parteien gesammelte Gelder würden blokkiert, und Demonstrationen für die eine oder andere dieser Parteien bedürften einer ausdrücklichen Genehmigung. Sie würden verboten oder aufgelöst werden, wenn zu befürchten stand, daß in ihrem Verlauf zu Aktionen aufgerufen würde, die sich gegen die Entscheidung des Bundesrates richteten.

Die Vereinigten Staaten mit ihrer Politik des »moralischen Embargos« kamen ebenfalls nicht in Betracht. Im übrigen sollten die Republikaner schon bald unangenehme Erfahrungen im Hinblick auf die Grenzen dieser Politik machen.
Mexiko half zwar der Republik, jedoch stand nicht zu erwarten, daß es dem Druck standhalten würde, den eine Verlagerung des spanischen Goldes in dieses Land hervorgerufen hätte. Außerdem war Mexiko nicht vollständig in die Strukturen der internationalen Finanzgeschäfte integriert.
Demgegenüber war die Sowjetunion die einzige Macht, die offen Partei für die Republik ergriff und diese mit Waffen, Geräten und Versorgungsgütern ausstattete. Sie war außerdem die Urheberin jener Aktion, die linke Aktivisten aus der ganzen Welt zu einer an der Seite der republikanischen Armee kämpfenden Truppe vereint hatte.
Eine Auslagerung nach Moskau hatte den großen Vorteil, daß man sicher und diskret über das Gold verfügen konnte, wobei es allerdings das Problem des Transfers zu klären galt (der Gegenwert des Goldes in Devisen mußte in dem Augenblick transferierbar sein, in dem auf die Mittel zurückgegriffen werden mußte). Die Gefahr einer eventuellen Blockierung war ausgeschlossen, und man konnte sogar die Infrastruktur des sowjetischen Bankensystems und der Korrespondenzbanken in den westeuropäischen Ländern ausnutzen.
Diese oder ähnliche Überlegungen dürften auch die republikanischen Politiker angestellt haben. Am 17. Oktober teilte Largo Caballero der sowjetischen Regierung über Botschafter Rosenberg mit, Spanien wolle zu Lasten des zu deponierenden Goldes einige Auslandsbestellungen bezahlen und unter Einschaltung des Volkskommissars für Finanzen und der Korrespondenzbanken der Sowjetischen Staatsbank Devisen transferieren (48, S. 165 f., S. 170, S. 172–182).
Auch heute gilt noch, was ein guter Kenner der republikanischen Politik damals treffend so formulierte:

> »Da erwiesen war, daß der Feind von Deutschland und Italien massiv mit Menschen und Material versorgt wurde, und da uns die demokratischen Regierungen ihre Hilfe, auf die wir berechtigten Anspruch hatten, verweigerten..., blieb keine andere Wahl, als uns der Sowjetunion zuzuwenden... Wir griffen auf ihre Freundschaft zurück, nachdem wir uns von jenen, mit

denen wir eine intensivere Freundschaft gepflegt hatten, im Stich gelassen fühlten ... Der Selbsterhaltungswille ... trieb uns unerbittlich in die Arme der UdSSR ... Sie war unser letzter Halt, der Halm des Ertrinkenden.« (53, S. 127f.)

Verschiffung und Verkauf des spanischen Goldes

Der Abtransport begann in der Nacht des 23. Oktober 1936. Zur Verfügung standen mehrere im Hafen von Cartagena ankernde sowjetische Schiffe, die Hilfsgüter nach Spanien transportiert hatten. Sie lagen dazu noch ganz in der Nähe des Pulvermagazins von La Algameca, wohin das Geld einen Monat zuvor gebracht worden war. Die Operation hatte nicht völlig geheim bleiben können. Zahlreiche Gerüchte kursierten, die auch das Oberkommando der Aufständischen in Burgos sowie die Beobachter und Diplomaten der faschistischen Länder erreichten.

Negrín war daran interessiert, daß Vertreter der drei verfassungsmäßigen Gewalten vom Abtransport des Goldes informiert wurden und ihn möglichst sogar überwachen konnten. José Giral wurde von der Exekutive, Luis Fernández Clérigo von der Legislative und Mariano Granados von der Judikative entsandt. Entgegen manchen Behauptungen war es nicht denkbar, das gesamte Kabinett über den Goldtransport in Unwissenheit zu halten, schon gar nicht Luft- und Marineminister Indalecio Prieto, da die ganze Operation von einer Hafenanlage aus erfolgte, die in Prietos Kompetenzbereich fiel.

Am 25. Oktober waren vier Schiffe beladen, die in folgender Reihenfolge in See stachen: die *Jruso* mit 2000 Kisten, die *Neva* mit 2697 Kisten, die *Kim* mit 2100 Kisten und die *Wolgores* mit 983 Kisten an Bord. Auf jedem der Schiffe reiste ein Schlüsselmeister des *Banco de España* mit. Die Schiffe erreichten am 2. November 1936 Odessa, mit Ausnahme der *Jruso*, die wegen Maschinenschadens erst einige Tage später einlief. Die franquistische Flotte versuchte zwar, die Schiffe abzufangen, brachte jedoch irrtümlicherweise ein sowjetisches Handelsschiff auf.

Von Odessa aus wurde unverzüglich der Weitertransport nach Moskau organisiert, wo Pascua am 5. November von der Ankunft der Goldkisten erfuhr. Offiziell wurde die Lieferung am 6. und 7. November in Empfang genommen, und die entsprechenden Do-

kumente wurden unterzeichnet. Die Nachzählung erfolgte sofort, zuerst in Stichproben von 2% der Gesamtmenge, danach wurde der Rest überprüft.
Zur gleichen Zeit reichten die Aufständischen von Burgos aus Klage in Frankreich ein, um den Goldverkauf in diesem Land zu unterbinden. Indirekt legten sie auch Beschwerde bei der Bank für Internationalen Zahlungsausgleich in Basel ein. Im Januar 1937 brachten der deutsche und der italienische Vertreter das Goldgeschäft im Londoner Kontrollausschuß zur Sprache und verurteilten es als indirekte Einmischung. Die republikanische Regierung bestritt, die Goldreserven außer Landes gebracht zu haben, gab jedoch zu, daß mit einem Teil derselben Auslandsschulden beglichen worden waren. Das (quellenmäßig problemlos nachweisbare) Ziel der Deutschen bestand darin, durch die Neutralisierung der spanischen Reserven eine Verlängerung des Krieges durch eventuelle Goldtransaktionen zu verhindern. Erreicht werden sollte dieses Ziel durch »einen bindenden Erlaß ähnlich dem des Kriegsgüterembargos ...«.
Die Debatten über diese Frage im Londoner Ausschuß kamen in den nächsten Monaten nicht voran. Largo Caballero und Negrín verfügten allerdings bereits seit Februar 1937 über das Gold, dessen Zählung am 24. Januar beendet worden war. Deponiert wurden nach dieser Zählung etwas mehr als 510 t, fast ausschließlich in Münzen 16 verschiedener Sorten, die einem Feingewicht von 460,5 t zu einem Gegenwert von damals 518 Millionen US-Dollar entsprachen.
Der erste Verkaufsauftrag datiert vom 16. Februar 1937. Bis zum 23. April folgten fünf weitere Aufträge, die alle von Largo Caballero und Negrín unterzeichnet wurden. Spätere Aufträge wurden nur noch von Negrín unterschrieben, der ab dem 17. Mai als Ministerpräsident sowie als Finanz- und Wirtschaftsminister die alleinige Verantwortung trug. Als Francisco Méndez Aspe dieses Ministerium am 5. April 1938 übernahm, wurde der letzte Auftrag von beiden unterzeichnet.
In der Zeit vom 16. Februar 1937 bis zum 28. April 1938 wurden 19 Verkaufsaufträge ausgestellt. Ein anderer Auftrag vom 15. September 1937 konnte dank der noch existierenden Feingoldbestände ausgeführt werden, die durch frühere Schmelzungen von Münzgold (Legierungen) in Feingold vorhanden waren.
Mit ihrem Gegenwert in Devisen bezahlte die Republik die erste

sowjetische Militärhilfe. Der Rest wurde auf die unter sowjetischer Kontrolle stehende *Banque Commerciale pour l'Europe du Nord* in Paris transferiert. Von dort aus wurden die Devisen zur Begleichung von Kriegs- und Nichtkriegsgüterimporten verwendet, die weder durch Exporte noch auf andere Weise beglichen werden konnten.

Das verkaufte Gold erreichte insgesamt einen Gegenwert von fast 472 Millionen Dollar (in Pfund Sterling, Französischen Franc und US-Dollar). Außer 131,6 Millionen Dollar, die als Zahlungen für die sowjetischen Lieferungen des ersten Jahres in Moskau blieben, wurde der Rest nach Paris geschickt. Die deponierten Reserven gingen immer mehr zur Neige und waren schließlich verbraucht. Doch kurz zuvor bewilligte Stalin der republikanischen Regierung am 7. März 1938 einen Nettokredit in Höhe von 35 Millionen Dollar. Später, im Sommer 1938, handelte Pascua einen weiteren Kredit über 60 Millionen Dollar aus.

Dank dieser Finanztransaktionen konnte die Republik den Krieg fortführen. Es kam zwar zuweilen zu Verzögerungen im Devisentransfer, aber insgesamt scheint die Operation zufriedenstellend verlaufen zu sein, auch wenn die Literatur zu diesem Thema gewöhnlich mit anderen Informationen aufwartet (46, Kap. II; 48, Kap. VI bis VIII).

Die Abhängigkeit der spanischen Republik von der Sowjetunion zeigte sich jedoch unverhohlen in der Tatsache, daß der Kreml nicht bereit war, ihr Großkredite zu gewähren, wie das die faschistischen Regierungen für Franco taten.

Waffenkäufe im Ausland

Die Republik stand von Anfang an vor dem grundsätzlichen Problem, die Bestimmungen der Nichteinmischung – auch wenn sie nicht übermäßig bindend waren – zu umgehen.

Anfangs verlief die Waffenbeschaffung im Ausland völlig chaotisch. Sonderbeauftragte reisten durch die Länder Europas und Amerikas auf der Suche nach Waffen, die mit dem Erlös aus dem Verkauf des Goldes an die Französische Zentralbank bezahlt werden sollten. Sie sondierten sogar in Berlin.

Die Botschaft in Paris wurde von zahllosen, mehr oder weniger konfusen Angeboten überschwemmt, und der republikanische

Botschafter Alvaro de Albornoz unterzeichnete schließlich, vielleicht nur aus einem Bedürfnis nach Ordnung, einen Vertrag mit der *Société Européenne d'Études et d'Entreprises*, der dieser nichts Geringeres als die Exklusivrechte für den Kauf von Waffen und anderen Gütern zugestand. Ein derartiger Vertrag war natürlich absurd und illegal, und die Beziehungen zu dieser Firma wurden zum Desaster.
In anderen Ländern entfalteten die republikanischen Botschafter rege Aktivitäten zur Beschaffung von Waffen. Erwähnt wurde bereits der Fall von Gordón Ordás in Mexiko. Größeren Erfolg hatten jedoch die Verhandlungen von Jiménez de Asúa in Prag. Allmählich konnte die anfängliche Anarchie, die ohne Zweifel von gerissenen Waffenhändlern und Agenten aus dem In- und Ausland ausgenutzt wurde, überwunden werden.
Nach den nicht immer zuverlässigen Erinnerungen Kriwizkis erhielt er im September den Auftrag, eine Organisation für den Kauf und Transport von Waffen, die für Spanien bestimmt waren, zu etablieren. Ein am 21. September aus Moskau eingetroffener Agent gab ihm dazu detaillierte Anweisungen.
In kürzester Zeit hatte Kriwizki ein Netz von Firmen in Paris, London, Kopenhagen, Amsterdam, Zürich, Warschau, Prag und Brüssel aufgebaut, das sich zum größten Teil aus Mitgliedern der kommunistischen Parteien oder ihnen nahestehenden Organisationen rekrutierte.
Mehrere Länder Lateinamerikas und andere Staaten wie Irak, Persien und China lieferten Frachtbriefe für (gute wie schlechte) Waffensendungen, die in Wirklichkeit für das republikanische Spanien bestimmt waren. Die Organisation nutzte die Bestechlichkeit von Beamten und ganzen Regierungen unter gegenseitiger Übervorteilung aus. Für diese Vorgänge gibt es zwar zahlreiche Hinweise, aber wenig unanfechtbare Dokumente (25, S. 85 f.).
Unter der Kontrolle der republikanischen Regierung wurde in Paris eine kleine Einkaufsgruppe gebildet, die am 24. September 1936, als Luis Araquistain das Amt des Botschafters übernahm, durch eine von ihm eingerichtete Kommission ersetzt wurde. Die Lage normalisierte sich, und die Leitung der Kommission wurde Alejandro Otero, dem auf diesem Gebiet erfahrenen sozialistischen Abgeordneten für Granada, übertragen. Ein Kontrollrat, in dem Abgeordnete der katalanischen, der baskischen und später

auch der asturischen Regierung sowie Repräsentanten der CNT und der UGT vertreten waren, vervollständigte die Reorganisation.

Die Kommission prüfte zahllose Angebote, von denen viele frei erfunden oder schlicht betrügerisch waren. Mit französischem Wohlwollen überwand sie unzählige juristische und behördliche Hindernisse und leitete insgesamt eine beträchtliche Menge Waffen in die Republik. Es gab aber keinen dem militärischen Bedarf entsprechenden Beschaffungsplan. Auch bei den Zahlungsüberweisungen kam es zu Unregelmäßigkeiten und Unzulänglichkeiten. Der Verkauf des Goldes an die Französische Zentralbank ging in Etappen und nur stockend vonstatten und war nicht dazu angetan, die aufgetretenen Schwierigkeiten zu überwinden. Der Zusammenbruch der republikanischen Verwaltung hatte verhängnisvolle Folgen.

Bei dem von der Regierung Largo Caballero begonnenen Wiederaufbau des Staatsapparates durfte ein solch entscheidender Aspekt natürlich nicht unberücksichtigt bleiben. Per Dekret vom 18. Dezember 1936 wurde die *Comisaría de Armamento y Municiones* als Waffen- und Munitionsbehörde geschaffen, die dem Luft- und Marineministerium unterstand. Die Pariser Kommission wurde aufgelöst und die *Comisión Técnica Española* (Technische Spanische Kommission) unter Vorsitz des früheren Marineministers Admiral Francisco Matz Sánchez eingerichtet.

Botschafter Araquistain kritisierte das neue System scharf und wies immer wieder auf die Schwierigkeiten der Waffenbeschaffung im Ausland hin. Vielleicht war das der Grund dafür, daß die Pariser Organisation verbessert und nach Largo Caballeros Sturz ein Staatssekretariat für Bewaffnung unter der Leitung von Otero eingerichtet wurde (48, S. 217f., S. 227–236).

Nach und nach – die französischen Behörden drückten beide Augen zu – normalisierte sich die Art der Waffenbeschaffung. Es dürfte jedoch schwerfallen, ihre Effektivität mit der ihrer Gegner vergleichen zu wollen.

Ein großes Problem, das sich für Franco nicht stellte, war der Transport auf dem Seeweg. Am 15. April 1937 wurde unter der Schirmherrschaft der Kommunistischen Partei Frankreichs in Paris die *Compagnie France-Navigation* gegründet, die die nichtsowjetischen und später auch die sowjetischen Waffentransporte übernahm. Ende April löschte die *Dairiguerme* über 20 Millionen

Schuß Munition, und wenig später erreichten weitere Transporte Santander und andere Häfen im Norden (21, Kap. II).

Franco hatte demgegenüber von Anfang an regelmäßige Hilfe erhalten, die außerdem noch einen großen Vorteil hatte: Sie wurde unter Aufsicht der effizient arbeitenden faschistischen Staatsapparate verschickt.

Anfangs lag auch Francos Bestellungen von Kriegsmaterial kein ausgearbeiteter Plan zugrunde. Es handelte sich fast immer um dringende Aufträge von Abteilungen oder Einheiten, die sie den jeweiligen Kriegserfordernissen entsprechend spontan erstellten. Es gab viele Möglichkeiten, die Geschäfte abzuwickeln, etwa über Kontakte zwischen dem spanischen Generalstab und den Ausländern, die mit ihm zusammenarbeiteten, über die Botschaften in Rom und Berlin, die HISMA usw. ... Dieses Chaos wurde durch die Systematik ausgeglichen, mit der Deutsche und Italiener die spanischen Bestellungen ausführten und ihre eigenen in Spanien kämpfenden Verbände versorgten.

Jedenfalls wurde mit der (verspäteten) Einrichtung der *Dirección General de Adquisiciones*, die als Beschaffungsamt fungierte, etwas Ordnung in die Bearbeitung der Aufträge gebracht. Die Tatsache, daß der Vielzahl spanischer Einrichtungen nur wenige offizielle deutsche und italienische Stellen gegenüberstanden, bewirkte während der ersten Kriegsmonate eine gewisse Vereinheitlichung und Zentralisierung. Diese sollte sich äußerst vorteilhaft in der größeren Effizienz der Bestellungen der Aufständischen niederschlagen, während die Republik noch gegen die Auswirkungen des Zusammenbruchs ihres Verwaltungsapparats im In- und Ausland ankämpfen mußte.

Ein Religionskrieg

Im Herbst 1936 verfügte die Republik auf internationaler Ebene bereits über zwei nicht unwesentliche Trümpfe: Die Unterstützung Moskaus und die sichere Verwahrung ihrer Finanzreserven ermöglichten ihr die Fortführung des Krieges.

Im außenpolitischen Kontext waren allerdings Kräfte am Werk, die die internationale öffentliche Meinung spalteten und die durch den Krieg hervorgerufene Kontroverse zwischen Faschismus und Antifaschismus noch vertieften. Eine der bedeutendsten Kräfte war zweifellos die, die den Konflikt zu einem Religionskrieg machte. Durch die Religionsverfolgung in der republikanischen Zone, die Tausende von Toten forderte, konnten in den von den Aufständischen kontrollierten Gebieten Tausende von Freiwilligen unter dem Wahlspruch »Für Gott und Vaterland« mobilisiert werden. Außerdem konnte damit, wenn auch *a posteriori*, der Aufstand gegen die Republik legitimiert werden. Aus dem Krieg wurde ein »Kreuzzug«.

Die Massaker an Kirchenangehörigen lieferten Katholiken in Ländern wie Frankreich, Großbritannien und den USA zahlreiche Argumente zur Bekämpfung der Auswüchse eines »roten Spanien«. Die Exzesse bestimmten auch die Haltung des Vatikans, der anfänglich zurückhaltend reagiert hatte.

Nach und nach gewann das religiöse Moment immer mehr an Bedeutung, spielte bald bei Regierungsentscheidungen eine Rolle und hatte nicht unwesentlich Anteil an der Blockierung verschiedenster Hilfspläne für die republikanischen Opfer des Konflikts.

Der Kreuzzugsgeist, der dem Bürgerkrieg anhaftete, ließ den konservativ-traditionalistischen Katholizismus wiedererstarken. Die franquistischen Gebiete Spaniens präsentierten sich bald als vortreffliches Beispiel einer Nation, in der Religion und Gesellschaft eng miteinander verwoben waren. »Tötet die Kraft des religiösen Empfindens, und dieser Krieg verliert seinen Lebensnerv«, schrieb Kardinal Gomá.

In einer Zeit, in der der religiöse Einfluß in vielen Ländern Europas zurückgegangen war, bestärkte das Aufblühen eines neuen Kreuzzugsfiebers viele Katholiken in ihrem Glauben, verschüttete Werte längst vergangener Zeiten drängten nach neuer Gültigkeit. Aus ihrer Sicht erhielt das »ewige Spanien« seinen Auftrag aus der Hand seiner Helden und Märtyrer, die ihr Leben schon hergegeben hatten oder bereit waren, es zur Verteidigung des von ihren Ahnen überlieferten katholischen Glaubens zu opfern. Spanien befreite einmal mehr den jahrtausendealten geistigen Schatz einer ganzen Zivilisation von seinen Feinden. In Spanien wurde über die gemeinsame Zukunft dieser Zivilisation im Kampf gegen den materialistischen Atheismus und die internationale Linke entschieden.

Die Verschmelzung von Gesellschaft und Religion fand ihren herausragendsten Ausdruck in einem Gedicht von Paul Claudel an die spanischen Märtyrer: Die Kirche wurde zur zentralen Gestalt, die ihre Verkörperung im »Heiligen Spanien« fand. Der Bürgerkrieg brachte die Zeiten der Verfolgung zurück. Mit den Verfolgern konnte man keinen Kompromiß eingehen, vertraten sie doch Prinzipien, die die moralische und soziale Ordnung negierten. Der republikanische Antiklerikalismus erschien als Zerstörer einer gottgewollten Ordnung und als Element, das zur Auflösung der Gesellschaft führte.

Der Krieg ging daher alle Katholiken an. Er war ein heiliger Krieg von weltweiten Dimensionen, der den katholischen Bestrebungen in aller Welt sehr zugute kam. Kardinal Gomá war sich dessen sehr wohl bewußt, als er all denen seinen Dank aussprach, die sich für die Rettung der spanischen Katholiken einsetzten. Er sah darin einen Beweis für die tiefen Bindungen christlicher Nächstenliebe, die nicht nur Individuen und Familien miteinander verbanden und sie in Zeiten der Bedrängnis sogar noch enger zueinander führten, sondern sich zu einem katholischen Internationalismus ausweiteten, der alle Gläubigen in einem großen mystischen Körper vereinigte.

Diese Sicht wurde durch die zunehmende Intervention Moskaus noch verstärkt. Die Katholiken in Frankreich und vor allem in den Vereinigten Staaten sahen in dieser Intervention die Rechtfertigung für die Niederschlagung des sowjetischen Atheismus in einem »Heiligen Krieg«. Die kräftige Stimme von Pater Charles Coughlin brachte nicht nur Katholiken, sondern auch vielen Nichtkatholiken diese Deutung nahe. All das trug dazu bei, antirepublikanische und profranquistische Empfindungen zu verstärken.

Natürlich vertraten nicht alle Katholiken den extremistischen Standpunkt der integristischen Kreise. Viele Katholiken und Intellektuelle wie François Mauriac, Georges Bernanos und Jacques Maritain sahen die Dinge nach der aufsehenerregenden Eroberung von Badajoz im August 1936 differenzierter, als sich die Methode der franquistischen Kriegführung und Repression offenbarte. Auch die offenkundige Einmischung der Nationalsozialisten zu einer Zeit, in der selbst der Vatikan sich genötigt gesehen hatte, die Enzyklika *Mit brennender Sorge* zu verkünden, war der franquistischen Sache nicht gerade dienlich.

In diesen kritischeren Kreisen galt der Bürgerkrieg zwar nicht als »Heiliger Krieg«, dennoch konnte man Personen wie Mauriac keineswegs als überzeugte Verfechter der republikanischen Sache bezeichnen. Viele Katholiken versuchten neutral zu bleiben und bekräftigten immer wieder ihren Wunsch, sich nicht genauso wie

die Extremisten verhalten zu wollen. Besonders die französischen Katholiken lehnten es ab, Gewalt mit Gewalt zu beantworten; sie sprachen sich für die nationale Einheit und die Wiederversöhnung der Franzosen aus und weigerten sich, Religion für politische Zwecke zu mißbrauchen (5, Kap. VI, XIX, XX; 45, Kap. IX).
Die Berichte über Ausschreitungen auf republikanischem Gebiet, die Ankunft geflohener Kleriker in Rom, die Differenzen zwischen den Katholiken und die Angst vor der kommunistischen Gefahr ließen im Vatikan den Eindruck entstehen, die Gewalttätigkeiten in Spanien seien das Ergebnis eines vorgefaßten Plans der »Gottlosen«, die sich zum Ziel gesetzt hatten, zumindest die Religionsausübung mit Gewalt für immer zu unterdrücken.
Diese Eindrücke weichten die anfängliche Zurückhaltung des Vatikans gegenüber den Ereignissen in Spanien immer mehr auf. In einer Ansprache vom 14. September an spanische Flüchtlinge sprach Papst Pius XI. erstmals öffentlich von Verwüstungen, Greueltaten und Entweihungen.
Die Petition der franquistischen *Junta de Defensa Nacional* (Nationale Verteidigungsjunta), den Bischof von Vitoria, Monsignore Mateo Múgica, aus seiner Diözese zu entfernen, die im Schnellverfahren durchgeführten Exekutionen von 14 baskisch-nationalistischen Priestern in Guipúzcoa, weitere Drohungen ähnlicher Art sowie die ersten Stellungnahmen von Kardinal Gomá verstärkten allerdings den Eindruck, die Spanier beider Seiten seien sich ähnlich.
Die Reise Gomás nach Rom Anfang Dezember 1936 klärte viele Fragen. Am 17. Dezember wurde im Vatikan beschlossen, die Regierung in Burgos auf irgendeine Weise anzuerkennen. Gomá selbst wurde offiziöser Gesandter des Vatikans und überbrachte den besonderen Segen des Papstes an »General Franco und alle, die mit ihm für die Ehre Gottes und die Rettung Spaniens kämpfen«.
Antonio Marquina hat minutiös nachgewiesen, daß es zwischen dem Vatikan und der Regierung in Burgos allerdings immer wieder zu Spannungen kam. Der nationalsozialistischen Einflußnahme im franquistischen Spanien stand der Vatikan außerdem sehr zurückhaltend gegenüber. Nach der Ausarbeitung und Veröffentlichung des gemeinsamen Hirtenbriefes an die Bischöfe der Welt konnte sich der Heilige Stuhl den Vorstellungen der spanischen Kirchenhierarchie jedoch nicht länger verschließen. Im Juli 1937

wurde der apostolische Nuntius in Albanien, Monsignore Antoniutti, in inoffizieller Mission nach Burgos geschickt. Im September übernahm er das Amt des Geschäftsträgers in Spanien. Damit war der erste Schritt zu einer besseren Verständigung getan, aber ein Austausch von Botschaftern fand erst im Mai 1938 statt. Ernannt wurden Monsignore Gaetano Cicognani sowie der Professor und frühere Minister José Yanguas Messía (27; 28, Kap. I).
Seither wirkte der Einfluß des Katholizismus zugunsten der Franquisten. Zur selben Zeit hatte sich das Kriegsglück von der Republik abgewandt und ihren internationalen Handlungsspielraum erheblich eingeschränkt.

Die Paralyse des Londoner Nichteinmischungsausschusses

Es fällt nicht allzu schwer, die Arbeit des Nichteinmischungsausschusses zu kritisieren. Man sollte jedoch bedenken, daß er zum einen ein neues Experiment auf dem Gebiet der internationalen Diplomatie darstellte, daß zum anderen ein wesentlicher Teil seiner Mitglieder Ziele verfolgte, die den Gründungsintentionen des Komitees widersprachen.
Der Ausschuß wurde daher schon bald zu einem Forum für gegenseitige Angriffe, und alle Bemühungen, der Nichteinmischung einen realen Inhalt zu geben, wurden sabotiert.
Großbritannien war das einzige Land, das sich aktiv für die Nichteinmischungspolitik einsetzte. Denn der Ausschuß machte es der britischen Regierung möglich, die Widersprüche ihrer eigenen Spanienpolitik auszugleichen: Sie konnte gute Beziehungen zu beiden Lagern pflegen, indem sie jeweils auf den Sieger setzte; sie konnte verhindern, daß Frankreich sich von einem Sieg der Revolution anstecken ließ; sie konnte den Anschein einer gewissen Unparteilichkeit wahren, um *Labour*- und Gewerkschaftsängste zu beschwichtigen, und schließlich konnte sie über den Ausschuß versuchen, die zunehmende Abwendung der faschistischen Mächte von jenen Ländern aufzuhalten, die um den Erhalt des Status quo in Europa bemüht waren. Großbritanniens vorrangiges Interesse bestand darin, Zeit zu gewinnen und die expansionistischen Bestrebungen Deutschlands zu behindern. Zu den Ländern,

Juli 1938

die diesem Expansionismus zum Opfer fallen könnten, gehörte Spanien, vor allem und am meisten aber die Tschechoslowakei.
In einer Zeit, in der das Denken in Ideologien Triumphe feierte, setzte die britische Diplomatie auf ihren antiideologischen Kurs, der durch Aufrüstung, enge Beziehungen zu Frankreich, eindeutige Identifizierung und Verteidigung der eigenen lebenswichtigen Interessen und die Eindämmung von Hitlers expansionistischen Plänen bestimmt wurde (29, S. 99f.). Niemals gehörte im Rahmen dieser Politik die Unterstützung der spanischen Republik zu ihren Zielen. Sämtliche Ergebnisse der durchlöcherten Nichteinmischungspolitik hingen im Grunde von den Aktionen der UdSSR, des Dritten Reichs, des faschistischen Italien und des stets widerwilligen Frankreich ab.
Als Moskau am 12. Oktober 1936 mehr oder weniger offen seine Bereitschaft zur Unterstützung der Regierung in Madrid erklärte, machte Botschaftsrat Kagan den Vorschlag, der Ausschuß solle die portugiesischen Häfen von französischen und britischen Schiffen überwachen lassen. Der Vorschlag schien nur auf den ersten Blick unlogisch. Er ermöglichte es dem Kreml, erneut eine aktive Rolle im Nichteinmischungsausschuß zu übernehmen, in dem die In-

itiative bisher nur von den faschistischen Mächten und Portugal auszugehen schien. Und die Diskussion um die Überwachung würde – so hoffte man – Erkenntnisse über die tatsächliche deutsch-italienische Einmischung liefern.
Am 24. Oktober kamen die Ausschußmitglieder überein, ihre jeweiligen Regierungen über die Möglichkeit der Stationierung unparteiischer Beobachter an den wichtigsten Grenzübergängen Spaniens zu Land und zu Wasser zu konsultieren; die Beobachter sollten auf Anforderung des Ausschusses eventuelle Verstöße gegen die Nichteinmischungsbestimmungen anzeigen.
Die Vorschläge wurden am 2. November 1936 von einem Unterausschuß geprüft, der einen weit ausführlicheren Plan anregte. Dieser wurde einen Monat später, auf der zwölften Vollversammlung des Ausschusses, verabschiedet. Man setzte zwar beide kämpfenden Parteien davon in Kenntnis, glaubte aber nicht, daß er akzeptiert werden würde. Was als erster Kontrollplan in die Geschichte eingegangen ist, war nichts anderes als ein Versuch zur Rettung des Ausschusses. Zudem handelte es sich um einen sehr teuren Plan, an dessen Finanzierung das *Foreign Office* nicht das geringste Interesse hatte. Die Reaktionen der beiden spanischen Parteien waren in ihrer Abschlägigkeit eindeutig, so daß der Plan aufgegeben wurde, allerdings nicht ohne daß zuvor vier technische Unterausschüsse gebildet worden wären, die die Möglichkeiten zur Überwachung der Landung von Flugzeugen in Spanien sowie der Häfen und Grenzübergänge prüfen sollten. Außerdem sollten sie untersuchen, ob die Nichteinmischung auf Freiwilligenkontingente und Finanzhilfe ausgedehnt werden könnte (13, Bd. XVII, S. 404f., S. 479f., S. 493f., S. 631f.; 17, S. 49ff., S. 61; 3, S. 140ff.).
Das Scheitern dieses ersten Kontrollplans ist deshalb von Bedeutung, weil die gleichzeitig getroffenen Entscheidungen der Achsenmächte die weitere Arbeit des Ausschusses paralysierten und die Sowjets zu neuen Hilfsleistungen herausforderten.
Nach dem Zusammenbruch der Madrid-Offensive ließ Mussolini das italienische Engagement in Spanien verstärken. Zu diesem Zweck fand am 6. Dezember 1936 in Rom ein Treffen auf höchster Ebene statt, an dem von deutscher Seite Admiral Canaris teilnahm. Er lehnte es ab, das Dritte Reich durch die Entsendung großer Truppenkontingente zu kompromittieren. In Berlin war man sich allerdings darüber im klaren, daß die damaligen Interes-

sen Italiens in Spanien, die in einem italienisch-franquistischen Geheimvertrag vom 28. November zum Ausdruck kamen, die deutschen übertrafen. Daher rechnete von Neurath damit, daß der *Duce* seine Spanienhilfe erhöhen würde. Darüber hinaus erschwerte die eigene Aufrüstung die Entsendung großer Mengen Kriegsmaterials nach Spanien.

Nach dem Treffen in Rom wurde im italienischen Außenministerium ein *Ufficio Spagna* (Spanien-Büro) eingerichtet, das unter Leitung von Luca Pietromarchi die italienische Hilfe koordinieren sollte. Die italienischen Einheiten in Spanien unterstellte Mussolini dem Oberbefehl von General Roatta. Wenig später bot er Franco offiziell Hilfe in großem Umfang an. Am 10. Dezember fiel die Entscheidung, ein großes Kontingent »Schwarzhemden« nach Spanien zu schicken. Schon in den vorausgegangenen zwei Wochen war eine ganze Division rekrutiert worden. Die ersten 3000 »Freiwilligen« schifften sich am 18. Dezember ein, ihr Transport blieb allerdings nicht unbemerkt. Bis Ende des Monats machten sich 257 Offiziere und Befehlshaber der Milizen und 96 der Armee sowie knapp 8000 Milizionäre und etwas über 2000 Soldaten auf den Weg nach Spanien.

Mussolini erwartete von seinen Männern, daß sie Ruhm für Italien, für den Faschismus und für ihn selbst erkämpften. Dadurch kam es wiederholt zu Spannungen mit spanischen Kommandostellen, die durch genaue Absprachen mit Franco beigelegt wurden. Gleich zu Beginn des neuen Jahres wurden in den ersten zehn Januartagen über 5000 Mann nach Spanien gebracht. Damit war die Gesamtzahl der italienischen Landstreitkräfte auf beinahe 16000 »Freiwillige« angestiegen, von denen 60% Milizionäre waren und die übrigen aus dem Heer kamen (10, S. 155–165).

Die Nichteinmischungspolitik war damit endgültig gescheitert. Während in London der Nichteinmischungsausschuß seine Arbeit aufnahm, hatten in den letzten Monaten des Jahres 1936 Sowjets, Deutsche und schließlich auch Italiener ihre Hilfsleistungen gesteigert.

Auf franquistischer Seite kämpften danach bereits reguläre ausländische Einheiten, und die republikanische Seite wurde durch Sowjethilfe und Internationale Brigaden gestärkt. Die Interventionen hatten eine Eigendynamik entwickelt, die nur der Londoner Ausschuß heuchlerisch übersah und von der britischen Regierung aus purem Eigennutz ignoriert wurde.

Das hieß jedoch nicht, daß die Einsätze unbedenklich erhöht wurden. In Berlin gab es zum Beispiel Ende 1936 Pläne zur Entsendung von bis zu 20000 Mann, darunter auch SS-Einheiten. Doch die Einwände von Hitlers Militärberatern, die Furcht der Diplomaten vor neuen Komplikationen und die zu erwartenden Nachteile für die eigene Aufrüstung veranlaßten den »Führer«, diese Vorstellungen zu verwerfen.

Dafür wurden die Materiallieferungen intensiviert: Im Januar und Februar 1937 gingen nicht weniger als 18 Transporte nach Spanien. Göring flog nach Rom und schlug dort eine Koordinierung der beiderseitigen Hilfe vor. Man einigte sich schnell darauf, daß das Dritte Reich die materielle Unterstützung vergrößern und Italien weitere Truppen schicken sollte. Francos militärische Überlegenheit sollte derart ausgebaut werden, daß, falls der Nichteinmischungsausschuß unerwarteterweise neue Kontrollbestimmungen verabschieden sollte, diese der Regierung von Burgos nicht schaden konnten.

Das Ergebnis war eine gewaltige Steigerung der deutsch-italienischen Hilfe. Bis zum 18. Februar war die Gesamtstärke der italienischen Landstreitkräfte in Spanien auf knapp 49000 Mann angestiegen. Das Luftwaffenkontingent belief sich auf ca. 300 Kampfflieger und 700 Offiziere, die keine Piloten waren. In zweieinhalb Monaten lieferte Rom etwa 130 Flugzeuge, 2500 t Bomben, 500 Kanonen, 700 Mörser, 12000 Maschinengewehre, 50 kleine Panzer und 3800 Fahrzeuge.

Berlin schickte mindestens 20000 Gewehre, 52 Geschütze, 26 Millionen Schuß Munition, an die 260000 Geschützgranaten, 33 Flugzeuge, darunter die neuesten Modelle, sowie zahlreiche andere Ausrüstungsgegenstände.

Natürlich erhielt auch die Republik beträchtliche Lieferungen aus der Sowjetunion; viele Indizien deuten jedoch darauf hin, daß der Umfang der an Franco gerichteten Hilfe in den ersten Monaten des Jahres 1937 die Lieferungen an die Gegenseite übertraf (10, S. 165–170; 30, S. 205–208, S. 215–218, S. 376).

Als hätte sich das Schicksal gegen die Republik verschworen, wurde der durch das »moralische Embargo« ohnehin unzugängliche US-Markt durch ein am 8. Januar 1937 von der Regierung in Washington offiziell verhängtes Waffenausfuhrverbot gänzlich gesperrt. Die zahlreichen Versuche, die Konsequenzen der US-Politik zu unterlaufen, endeten somit in einem neuen Fiasko. Als sich im Mai 1938 die einzig reale Chance bot, das Embargo aufzuheben, zeitigte der Plan keine sichtbare Wirkung mehr.

Die Achsenmächte behalten die Initiative

Nach den großen Lieferungen zu Beginn des Jahres 1937 hätte man glauben können, das Engagement der Achsenmächte in Spanien werde nachlassen. Die Hilfe für Franco floß jedoch ohne Unterbrechung weiter.

Franco erwies sich als anspruchsvoller Schützling. Indem Rom oder Berlin seinen Forderungen entsprachen, wurde deutlich, daß er vom guten Willen der Achsenmächte abhängig war; aber ebenso offensichtlich waren beide Länder in Abhängigkeit von Franco geraten.

Weder Hitler noch Mussolini konnten ihn – ob er nun siegte oder nicht – seinem Schicksal überlassen, ohne alles zu verlieren, was sie bis dahin in das spanische Unternehmen investiert hatten, vor allem nicht, ohne die Ziele zu gefährden, derentwegen sie in den Spanienkonflikt eingegriffen hatten. Diese gegenseitige Abhängigkeit entwickelte eine neue Dynamik, deren Auswirkungen schon bald zutage traten.

Die Einnahme Málagas im Februar 1937 ließ die an der Schlacht beteiligten Italiener jubeln. Die sich anschließende Niederlage von Guadalajara versuchte der *Duce* sodann durch Entsendung weiterer Truppenkontingente auszugleichen. Weniger denn je zog er danach die Möglichkeit in Betracht, die Hilfe an Franco einzustellen. Dieser begriff sogleich, daß die Umstände äußerst günstig waren, um weitere Forderungen zu stellen.

Am 24. März kehrte ein Gesandter Francos mit Mussolinis Garantie nach Salamanca zurück, daß er die italienische Hilfe aufrechterhalten werde. In der Tat verstärkten die Folgen der Niederlage von Guadalajara die italienische Intervention mehr, als jeder Sieg es vermocht hätte. Etwa zur gleichen Zeit traf ein anderer Abgesandter Francos mit der Bitte um Lieferung von 30 000 Gewehren, Maschinengewehren und Munition in Berlin ein.

Obwohl dem Dritten Reich Gewehre für mindestens elf eigene Divisionen fehlten, befahl Hitler die Lieferung der geforderten Menge. Die Legion Condor sollte weiterhin bestens ausgerüstet sein. Am 16. April wurde eine neue Lieferung verschickt, und ab dem 5. Mai verließen bis zum Ende des Bürgerkriegs jeden Monat zwei bis fünf Frachter mit Kriegsmaterial deutsche Häfen in Richtung Spanien. Im August 1938 erhöhten sich die Lieferungen sogar auf acht, und im Dezember desselben Jahres waren es sechs Transporte.

In Italien, wo Francos Gesandter um 70000 Gewehre und 70 Millionen Schuß Munition nachgesucht hatte, wurde die Sendung, die die Verstärkung des faschistischen Engagements in Spanien bestätigte, unverzüglich auf den Weg gebracht; die Verschiffung begann bereits am 25. März. Wenig später teilte Pietromarchi den Deutschen mit, die Bestellung sei zum größten Teil ausgeführt, außerdem seien noch neun Bomber sowie 48 Jäger hinzugekommen. Auch die italienischen Lieferungen wurden bis zum Kriegsende fortgesetzt (30, S. 219ff., S. 375ff.; 10, S. 248–251).

Das erneuerte Engagement der Achsenmächte brachte zwei Problemkomplexe mit sich: einerseits das der Bezahlung so großer Mengen bereits gelieferten und noch zu liefernden Materials, andererseits das der Schaffung eines juristisch-politischen Rahmens für die ständig sich vertiefenden Beziehungen.

Bezüglich des ersten Problems gingen Deutschland und Italien verschiedene Wege:

Die Italiener handelten eine Reihe von Handels- und Zahlungsabkommen aus, die am 29. April 1937 in Kraft traten. Weitere Vereinbarungen wurden am 11. August 1937 und am 23. Mai 1938 unterzeichnet. Verschiedene Zusatzprotokolle unterschiedlicher Datierung vervollständigten diese Vereinbarungen. Mit ihnen sicherte sich Franco die Möglichkeit eines fast unbegrenzten Einkaufs von Kriegsmaterial zu einem Zeitpunkt, als die Beschaffungsmöglichkeiten der Republik im Ausland am stärksten begrenzt und behindert waren und der Verkauf der Goldreserven des *Banco de España* sich dem Ende näherte. Die Vereinbarungen bestimmten, daß die italienischen Kredite durch die Exporte spanischer Waren beglichen werden sollten; diese Exporte reichten jedoch zur Bezahlung der Kriegsgüter nicht aus, so daß Spanien bei Kriegsende gegenüber Italien tief verschuldet war.

Die deutschen Hilfsleistungen erfolgten im wesentlichen auf Kreditbasis. Allerdings wurde von Anfang an ein beträchtlicher Teil der Schulden auch in Form von hohen Bargeldzahlungen an die HISMA beglichen. Die HISMA monopolisierte in einer absolut ungewöhnlichen Form, die in der neueren Geschichte beispiellos ist, die deutsch-spanischen Handelsbeziehungen und versuchte, die eigenartigen Vorstellungen gewisser NSDAP-Kreise über internationale Geschäftsbeziehungen in die Praxis umzusetzen. Dank ihres großen Überschusses an spanischer Währung durchdrang sie mit Hilfe Görings und der Partei mit Investitionen in bestimmten Bereichen, hauptsächlich im Bergbau, die spanische Wirtschaft. Sie verfolgte dabei das Ziel, die spanischen Lieferkapazitäten den Bedürfnissen der deutschen Kriegswirtschaft dienstbar zu machen. Diese Absichten führten zu heftigen Kontroversen zwischen dem Dritten Reich und der Franco-Regierung, die jedoch aufgrund der verschärften Abhängigkeit, in die sie die Schlacht am Ebro gebracht hatte, schließlich zum Einlenken gezwungen wurde.

Bei der Lösung des zweiten Problems ging die Initiative wiederum von den Nationalsozialisten aus. Italien hatte sich bereits durch das Geheimprotokoll vom 28. November 1936 eine herausragende Stellung in der franquistischen Außenpolitik gesichert. Dieses Abkommen ähnelte stark dem im März 1934 mit den monarchistischen Verschwörern unterzeichneten und ließ die Kontinuität in der Spanienpolitik Roms erkennen.

Italien wurde zum Garanten spanischer Unabhängigkeit und territorialer Unversehrtheit. Beide Regierungen würden ihre Politik in Fragen gemeinsamer Interessen, vor allem im westlichen Mittelmeer, miteinander abstimmen; außerdem verpflichteten sie sich, nicht an Handlungen dritter Mächte gegen eine von beiden teilzunehmen. Gleichzeitig wurden »wohlwollende Neutralität« und Nachschublieferungen für den Fall vereinbart, daß eines der beiden Länder in einen Krieg verwickelt oder Opfer von Sanktionen würde. Diese Formel glich bereits stark jener, die Jahre später unter der Bezeichnung »Nichtkriegführung« ein Begriff werden sollte.

Sowohl Mussolini als auch Ciano hatten an eine Vervollständigung des Abkommens vom November 1936 durch spätere Zusatzverträge gedacht, doch alle entsprechenden Versuche, von denen einige von der faschistischen Partei angeregt wurden, scheiterten (40, S. 667, S. 697).

So blieb es dem Dritten Reich überlassen, den eigenartigen politischen Beziehungen einen neuen rechtlichen Rahmen zu geben. Das geschah durch ein am 20. März 1937 unterzeichnetes Geheimprotokoll sowie durch drei ebenfalls geheime Ergänzungsprotokolle, die im Juli desselben Jahres unterschrieben wurden.

Das Märzprotokoll sah intensive Kontakte in verschiedenen Bereichen vor und schrieb die Verpflichtung beider Vertragspartner fest, keinem Abkommen beizutreten, das sich gegen einen von ihnen richtete. Ein wichtiger Bestandteil war die Verpflichtung beider Seiten, im Falle eines Angriffs durch Dritte alles zu unterlassen, was diesen zum Vorteil oder dem Angegriffenen zum Nachteil gereichen könnte.

Die Zusatzprotokolle vom Juli 1937 bezogen sich auf wirtschaftliche Fragen. Spanien verpflichtete sich dazu, mit Deutschland als erstem Staat seine Wirtschaftsbeziehungen auf einer allgemeinen Vertragsebene zu regeln. Dadurch wurde der Handlungsspielraum der Franco-Regierung empfindlich beschnitten, da sie sich außerdem verpflichtete, Deutschland vor der Aufnahme von Wirtschafts- oder Handelsbeziehungen zu Dritten zu informieren. Das Dritte Reich behielt sich in diesen Fällen das Recht vor, seine Wünsche anzumelden – zweifellos, damit sie berücksichtigt würden.

Das zweite Zusatzprotokoll stellte für die Regierenden in Burgos eine eindeutige Niederlage dar, da es implizit die Sonderstellung der HISMA konsolidierte. Beide Regierungen verpflichteten sich, entgegen den Hoffnungen verschiedener Stellen in der *Junta Técnica del Estado* (Technische Staatsjunta) und selbst der deutschen Reichsleitung, die bestehenden bilateralen Handels- und Zahlungsabkommen nicht anzutasten. Damit hatte die NSDAP ihren Einflußbereich gesichert.

Der dritte Zusatzvertrag schließlich regelte die Einzelheiten der Begleichung der Kriegsschulden durch die Lieferung verschiedener Güter.

Die deutschen Interessen hatten auf der ganzen Linie gesiegt; die Art und Weise, in der ihnen letztlich entsprochen wurde, hing jedoch vom guten Willen der spanischen Behörden ab. Damit war ein Streitobjekt geschaffen worden, das seine Bedeutung bis über das Ende des Bürgerkriegs hinaus behalten sollte (50, S. 147–150, S. 162–170).

Auf militärischer Ebene führte die Entscheidung Berlins, die Schlagkraft der Legion Condor aufrechtzuerhalten, besonders ab Ende Juli 1937 zur Entsendung moderner Flugzeuge. Die Verantwortung der Deutschen für die Zerstörung Guernicas sowie die darüber entbrannte (und von Southworth ausführlich untersuchte) internationale Kontroverse waren für viele ausländische

Beobachter ein Zeichen für die neue Dynamik, die die Intervention der Achsenmächte in Spanien erreicht hatte.

Das sowjetische Gegengewicht

Die Unterstützung des republikanischen Spanien durch die Sowjetunion war eine Reaktion auf die Verstärkung des Engagements der Achsenmächte und rettete die Republik vor dem Zusammenbruch. Gleichzeitig diente sie aber auch als Vorwand für eine erneute Steigerung der deutsch-italienischen Hilfe.
Während es Deutschen und Italienern nicht gelang, ihre Schützlinge zum Sieg zu führen, ermöglichte es im Gegensatz dazu – so die Auffassung des britischen *Foreign Office* – die sowjetische Intervention, daß sich die republikanische Regierung zu einem Zeitpunkt wieder stabilisieren konnte, zu dem ihr Zusammenbruch schon unvermeidlich schien. Daß sich die Lage für die Republik danach – zumindest bis zum Fall von Málaga – etwas besserte, war zum Teil das Ergebnis massiver sowjetischer Unterstützung.
Der Unterstaatssekretär im *Foreign Office*, Vansittart, behauptete Anfang 1937 sogar, Moskau habe mit großer Wahrscheinlichkeit mehr – zumindest aber genauso viele – Truppen wie Deutschland oder Italien entsandt. Nach Informationen der britischen Regierung kämpften in Spanien rund 20000 in Frankreich rekrutierte Ausländer, etwa 14000 Italiener, 6000 Deutsche und 15000 Sowjets. Diese Zahlen untertrieben die Stärke der italienischen Kontingente (die schnell aufgestockt wurden) und die der Internationalen Brigaden, die Ende 1936 an die 36000 Mann zählten. Gänzlich übertrieben war demgegenüber die Stärke der sowjetischen Präsenz, die – will man großzügigen spanischen Schätzungen glauben – im Frühjahr 1937 mindestens 6500 Mann betrug, vermutlich jedoch nicht einmal eine Stärke von Tausend erreichte (13, Bd. XVIII, S. 52f.; 8, S. 378; 38, S. 453).
Bis heute gibt es keine quellenmäßig abgesicherte Aufstellung über die Zusammensetzung der sowjetischen Hilfe. Bekannt ist, daß das bis August 1937 gelieferte Kriegsmaterial einen Wert von insgesamt 132 Millionen Dollar hatte, die direkt in Moskau beglichen wurden. Nach eigenen Schätzungen umfaßten die Lieferungen mindestens 300000 Gewehre, fast 10500 Maschinengewehre, 5150 leichte Maschinengewehre, ca. 900 Geschütze mit drei Millionen

Granaten, 400 Panzerwagen, 40 gepanzerte Fahrzeuge, etwas mehr als 400 Flugzeuge, 786 Millionen Schuß Munition, zehn Kanonen, 55 Bordkanonen und vier Torpedoboote samt Munition und zahlreiche weitere Ausrüstungsgegenstände. Hinzu kamen in großem Ausmaß Nicht-Kriegsgüter wie Lebensmittel, Treibstoff, Kohle, Dünger, Baumwolle, Lastwagen oder Zigaretten. Von den 400 Flugzeugen konnten 378 (einschließlich ihres Wertes) identifiziert werden.

Es handelte sich somit um äußerst wichtige Sendungen, deren geschätzte Menge zudem eine Untergrenze darstellt. Sie machten 60% der nach sowjetischen Angaben (die im folgenden in Klammern gesetzt sind) während des gesamten Krieges gelieferten Gewehre (500 000) aus, 70% der Maschinengewehre (15 113), eine Anzahl von Panzern und gepanzerten Fahrzeugen, die höher lag als die von der Sowjetunion zugegebene Zahl (482), wohl etwas mehr als die Hälfte der Artilleriegeschütze (1555) und etwa 40% des von Salas auf ca. 1000 Einheiten geschätzten Kriegsmaterials (46, S. 260–287).

Ein »statischer« Vergleich rein quantitativer Art zwischen der Hilfe für die Republik und den Lieferungen an Franco erbringt keine allzu aussagekräftigen Ergebnisse; letztere (vor allem die italienischen) sind, was Zusammensetzung und Zeitpunkt betrifft, viel besser bekannt. Bis Mitte 1937 etwa hatte Italien 250 Flugzeuge, 542 Kanonen, 756 Mörser, 105 000 Gewehre, 1,3 Millionen Geschosse, 81 kleine Panzer und 140 Millionen Schuß Munition (10, S. 170) geliefert. Die faschistischen Sendungen wurden ohne Unterbrechung fortgesetzt und im letzten Kriegsjahr noch verstärkt. Dasselbe gilt für die Lieferungen aus Deutschland.

Bei einer dynamischen Betrachtung darf jedoch nicht vergessen werden, daß eine derart kontinuierliche Versorgung durch die Sowjets, deren Lieferungen auf vielfältige Weise behindert wurden, nicht gegeben war. Anfangs waren diese Behinderungen hauptsächlich auf Aktionen italienischer Unterseeboote zurückzuführen, so daß Conte Ciano am 22. Dezember 1936 dem deutschen Botschafter in Rom berichten konnte, die sowjetischen Transporte hätten aufgrund italienischer Maßnahmen spürbar nachgelassen. Später stellte der Kreml die Lieferungen via Mittelmeer wegen der franquistischen Seeblockade ganz ein und ersetzte sie durch Transporte, die von Murmansk aus über Frankreich gingen. Ob diese Lieferungen Spanien erreichten, hing von der Durchlässigkeit der

zeitweise geschlossenen spanisch-französischen Grenze oder von der Möglichkeit der Umgehung französischer Kontrollen ab, was nicht selten mit Billigung der französischen Behörden geschah.
Das Gleichgewicht der Auslandshilfe hatte sich, vor allem im zweiten Halbjahr 1938, offensichtlich zugunsten der franquistischen Seite verschoben, die außerdem den Vorteil besaß, regelmäßig beliefert zu werden.
Die Unsicherheit in bezug auf die sowjetischen Transporte mußte sich auf die militärische Planung und die taktischen Möglichkeiten der Republik negativ auswirken. In jedem Fall zeitigte die sowjetische Hilfe innenpolitisch große Wirkung, da sie den PCE (*Partido Comunista de España,* Kommunistische Partei Spaniens) stärkte und den sowjetischen Einfluß auf den republikanischen Staatsapparat ausdehnte.
Aus den vorangegangenen Ausführungen lassen sich mindestens vier Schlüsse ziehen:
Erstens: Die sowjetische Intervention in Spanien war einer der entscheidenden Faktoren, die im Herbst 1936 den republikanischen Zusammenbruch verhinderten.
Zweitens: Die sowjetische Hilfe ermöglichte der Republik eine Weiterführung des Krieges, selbst als dieser militärisch bereits als verloren galt.
Drittens: Die Aufrechterhaltung der sowjetischen Hilfe diente den Achsenmächten wiederum zu einem erheblichen Teil als Rechtfertigung für die Erneuerung und Intensivierung der Franco zuteil werdenden Unterstützung. Als diese 1937 und 1938 ohne Unterbrechung anhielt, wurden Francos Zweifel, ob die Materiallage eine Fortführung seiner Operationen überhaupt ermögliche, weitgehend ausgeräumt.
Viertens: Die sowjetische Hilfe wurde nicht selbstlos gewährt. Die Bezahlung der während des ersten Kriegsjahres geleisteten Hilfe ist dokumentarisch belegt. Für die Begleichung des Restes, der wesentlich geringer gewesen sein dürfte, verfügte die Republik über Fonds bei der Sowjetischen Bank in Paris.
Durch die Intervention Moskaus verschlechterten sich die Beziehungen der Republik zu jener Macht, in deren Händen – nach Stalins Worten – ihr Schicksal lag: Großbritannien.
Als der Kreml auf die Ausweitung der Hilfe durch die Achsenmächte reagierte, glaubte man in London, die UdSSR verfolge weiterhin ihren Plan, die Weltrevolution voranzutreiben. Wenn

dann die für die Sowjetunion von Deutschland (und Japan) ausgehende Bedrohung beseitigt sei, könne sie sich wieder auf ihre alte Feindschaft gegenüber dem britischen *Empire* besinnen. Darüber hinaus wurde schon vor den Ereignissen von 1939 und dem Abschluß des deutsch-sowjetischen Vertrages im *Empire Defence Committee* die Meinung vertreten, die sowjetische Regierung habe prinzipiell nichts gegen einen Krieg der kapitalistischen Länder Europas untereinander einzuwenden, solange die UdSSR nicht hineingezogen würde.

Indem sie die sowjetische Intervention in Spanien weit überbewerteten, sahen britische Diplomaten in ihr nur den Wunsch Moskaus, die Meinungsverschiedenheiten zwischen Deutschland und Großbritannien noch zu vertiefen. Für den Fall eines Siegs der Republik befürchteten sie, daß die spanische Regierung von Moskau kontrolliert würde (13, Bd. XVIII, S. 52, S. 967, S. 975).

Die Republik konnte diesen Teufelskreis nicht durchbrechen; die sowjetische Hilfe verlängerte so den Krieg und nährte damit letzten Endes die Hoffnungen jener Republikaner, die glaubten, ein Krieg zwischen den demokratischen Ländern Europas und den Achsenmächten stehe unmittelbar bevor. Wenn die Republik bis zu diesem Zeitpunkt durchhielte, dann könne man davon ausgehen, daß die Demokratien ihr zu Hilfe eilen würden. Das Kalkül war zwar richtig, die Zeitplanung aber stimmte nicht.

Es wird noch zu zeigen sein, daß die sowjetische Hilfe, wenn auch in sehr unterschiedlichem Ausmaß, bis zum Schluß fortbestand. Wie läßt sich dieses Verhalten erklären, wenn man davon ausgeht, daß es nicht uneigennützig war? Die sowjetische Hilfe diente m. E. im wesentlichen der Durchsetzung von Stalins Politik.

In erster Linie trug sie dazu bei, in den Augen der internationalen Linken, einschließlich der Kommunisten, die Wirkung der großen Säuberungen jener Jahre abzuschwächen, der nicht wenige der nach Spanien entsandten Berater zum Opfer fielen (Kolzow, Rosenberg, Antonow Owsejenko, usw.). Die Unterstützung der Republik war der Beweis dafür, daß der proletarische Internationalismus nicht nur eine leere Worthülse war. Dieser erforderte die Mobilisierung aller kommunistischen Parteien, die im Kampf für eine große Sache brüderlich vereint waren, welche es – in Spanien wie in der Sowjetunion – gegen die Angriffe des Bösen zu verteidigen galt. Das Böse aber konnte sowohl der Faschismus als auch der Trotzkismus sein.

Zweitens erlaubte die sowjetische Hilfe dem Kreml, die Lage bis zu einem gewissen Grad zu kontrollieren und die Entwicklung in der spanischen Republik teilweise zu beeinflussen. Zu diesem Thema ist zwar viel geschrieben und oft übertrieben worden, aber die Entwicklung in der Republik konnte Stalin nicht gleichgültig sein. Das Übergewicht der sowjetischen Hilfslieferungen über die anderer Länder konnte als politische Waffe eingesetzt werden, was auch tatsächlich geschah.

Drittens – und das dürfte im Rahmen dieses Beitrags der wichtigste Aspekt sein – trug das sowjetische Engagement in großem Maße dazu bei, den Kriegsverlauf von Stalins Willen abhängig zu machen. Er konnte die Lieferungen von Kriegsgütern so vornehmen, wie es ihm im Hinblick auf mögliche Reaktionen aus Großbritannien und Frankreich ratsam erschien. In dem Maße, in dem die faschistische Hilfe eskalierte, würden die sowjetischen Lieferungen außerdem nicht ohne Auswirkungen auf die Achsenmächte bleiben, besonders nicht auf Italien als den schwächeren der beiden Partner. Könnte es nicht sein, daß die faschistischen Diktatoren – zumindest 1937 und zum Teil auch 1938 – davon absehen würden, Druck auf den Osten auszuüben, solange der Krieg in Spanien andauerte?

Die Unausführbarkeit der Kontrolle

Die immer offensichtlichere massive Einmischung der Achsenmächte und der Sowjetunion machte deutlich, daß die Nichteinmischungspolitik ein wertloses Unternehmen bleiben würde, wenn nicht auch über die nach Spanien gelangenden und euphemistisch als »Freiwillige« bezeichneten Truppenkontingente Restriktionen verhängt würden.

Der Vorschlag war zum erstenmal im August 1936 gemacht worden, im Dezember 1936 wurde er von der britischen und der französischen Regierung formell eingebracht; im Komitee stieß er sofort auf den Widerstand der drei anderen Staaten. Diese hatten natürlich kein Interesse an Maßnahmen gegen die »Freiwilligen«, solange es keine wirksame Kontrolle der ausländischen Lieferungen gab. Es ging ihnen vielmehr darum, soviel Nachschub wie möglich nach Spanien zu schaffen, während noch die Modalitäten für derartige Kontrollen ausgehandelt wurden (15, S. 319).

Nach vielen Schwierigkeiten einigten sich die betroffenen Länder am 15. Februar 1937 darauf, ihren Bürgern die Möglichkeiten zur Teilnahme am Spanischen Bürgerkrieg zu erschweren. Die Kontrolle trat in der Nacht vom 20. auf den 21. Februar in Kraft, sie bezog sich auf die Rekrutierung von Nicht-Spaniern sowie auf deren Durchreise durch bzw. auf das Verlassen eines der Unterzeichnerländer in der Absicht, am Bürgerkrieg teilzunehmen. Die entsprechenden Verfügungen verminderten zwar die Anwerbung für die Internationalen Brigaden, hatten aber keinerlei Auswirkungen auf die Entsendung regulärer deutscher und italienischer Truppen sowie sowjetischer »Berater«.

Die Kontrollverhandlungen wurden durch zahlreiche Verzögerungstaktiken, nicht zuletzt auch von portugiesischer Seite, erschwert. Lissabon weigerte sich nämlich, seine Grenze zu Spanien von ausländischen Beobachtern überwachen zu lassen. Schließlich einigte man sich darauf, daß britische Beobachter diese Aufgabe übernehmen sollten.

Am 6. März 1937 wurde ein Internationaler Überwachungsrat ins Leben gerufen, der einen zweiten Kontrollplan ausarbeiten sollte. Ihm gehörten Großbritannien, Frankreich, Deutschland, Italien, die UdSSR, Griechenland, Norwegen, Polen und die Tschechoslowakei an.

Die Kontrolle sollte auf drei Arten durchgeführt werden: als Seekontrolle, als Überwachung durch Patrouillenboote und als Landobservation.

Für erstere stellten neutrale Länder die Beobachter: Estland, Norwegen, Lettland, Holland, Dänemark, Türkei, Jugoslawien, Finnland, Irland und Schweden. Die dritte übernahmen Beobachter aus Schweden, Norwegen, Finnland, Holland und Lettland.

Bezüglich der Seekontrolle sollten 550 Beobachter zu einer bestimmten Anzahl nichtspanischer Häfen entsandt werden, von denen aus sie sich auf Handelsschiffen der an der Nichteinmischung beteiligten Länder in Richtung Spanien einschiffen sollten. Ihre Aufgabe bestand in der Überwachung von Schiffslöschungen in den Häfen ohne Betreten des Festlandes, so daß eine Zustimmung der kämpfenden Parteien nicht erforderlich war. Sie sollten sich vergewissern, daß die Schiffe weder Kriegsmaterial transportierten noch Passagiere an Bord hatten, die in die Kämpfe eingreifen würden. Die zweite Art der Kontrolle wurde von Großbritannien, Frankreich, Deutschland und Italien wahrgenommen, nachdem die Sowjetunion eine Teilnahme abgelehnt hatte. Die Patrouillen, denen ein Durchsuchungsrecht auf hoher See zustand, sollten innerhalb der jedem Land zugewiesenen Seezonen überprüfen, ob die Schiffe, die unter der Flagge einer Nation fuhren, die sich an der Nichteinmischung beteiligte, einen oder mehrere internationale Beobachter an Bord hatten.

Die Seekontrolle trat am 19. April 1937 in Kraft, obwohl zu diesem Zeitpunkt noch nicht alle erforderlichen Beobachter rekrutiert worden waren. Der gleiche Personalmangel beeinträchtigte auch die Landbeobachtung außerhalb des spanischen Hoheitsgebietes, für die zu diesem Zeitpunkt nur 35 Agenten anstelle der eigentlich erforderlichen 130 ihren Standort bezogen hatten.

Finanzierungsprobleme vergrößerten zusätzlich die Mängel des Unternehmens, zu denen sein verspäteter Beginn ebenso zählte wie die Einbeziehung von Ländern wie Deutschland oder Italien, die keinerlei Interesse am Funktionieren des Plans hatten. Die Briten wiederum wollten die Achsenmächte nicht verprellen und betrieben, nach Übernahme der Regierungsverantwortung durch Neville Chamberlain am 28. Mai 1937, eine Politik der verstärkten Annäherung an Italien. Sie verbanden damit die Hoffnung, eine Distanzierung Italiens von Deutschland bewirken zu können.

Die republikanische Regierung widersetzte sich ganz entschieden der Überwachung; bald kam es auch zu Zwischenfällen, in die deutsche und italienische Schiffe verwickelt waren. Einer der schwersten Zwischenfälle war die Bombardierung des Panzerkreuzers *Deutschland* am 29. Mai 1937, die 23 Todesopfer und 83 Verwundete forderte. Acht Verwundete starben kurze Zeit später. Zur Vergeltung bombardierten deutsche Schiffe im Morgengrauen des 31. Mai Almería. Daraufhin schlug Verteidigungsminister Prieto vor, die deutschen Schiffe anzugreifen, um auf diese Weise eine Kriegserklärung Berlins und möglicherweise eine Ausweitung des Konflikts herbeizuführen. Den kommunistischen Ministern, die auf Anweisung Moskaus handelten, gelang es jedoch, das Kabinett, das britisch-französische Zurückhaltung befürchtete, von der Unzweckmäßigkeit dieser Maßnahme zu überzeugen.

In nur sieben Tagen, vom 24. bis 31. Mai 1937, zerschlug sich der zweite Kontrollplan in einer zunehmend angespannten Atmosphäre, die sich aus der verstärkten Intervention Deutschlands, Italiens und der Sowjetunion ergab. Deutschland und Italien gaben zuerst vorübergehend, nach einem neuerlichen Zwischenfall – diesmal mit dem Kreuzer *Leipzig* – am 23. Juni 1937 schließlich endgültig die Seepatrouillen auf. Portugal machte seine Zugeständnisse wieder rückgängig, und Mitte Juli schloß sich Frankreich diesem Schritt an.

Nachdem Léon Blum einen Monat vorher zurückgetreten war, wandten sich Ministerpräsident Negrín und Außenminister Giral sofort an Blums Nachfolger, Camille Chautemps. Sie verlangten eine Aufhebung der Nichteinmischung, zumindest jedoch die Beendigung der Grenzkontrollen. Die neue französische Regierung fühlte sich aus Angst vor den zu erwartenden internationalen Komplikationen nicht stark genug, ersterem Wunsch zu entsprechen.

Denn dies hätte sowohl den Achsenmächten als auch der Sowjetunion die Möglichkeit verschafft, Franco bzw. die Republik uneingeschränkt zu unterstützen; dadurch aber hätte sich der Spanienkonflikt ausweiten können (31, S. 260f.). Dem Begehren nach Beendigung der Grenzkontrollen gab die französische Regierung nach.

Der zweite Kontrollplan zeitigte in der kurzen Zeit seiner Anwendung kaum Ergebnisse. Abgesehen davon, daß er die deutsche, italienische und sowjetische Hilfe nicht verhinderte, konnten in der Zeit vom 19. April bis 31. Mai 1937 nur zwei Verstöße festgestellt werden. Mindestens 79 Schiffe erreichten Spanien, ohne bemerkt worden zu sein; 415 weitere Schiffe wurden nicht untersucht, weil sie unter Flaggen von Staaten fuhren, die sich an der Nichteinmischung nicht beteiligten.

Die Landüberwachung hat offenbar auch keine besseren Resultate erzielt (3, S. 145–149; 17, S. 51–60).

Damit hatte die Nichteinmischungspolitik eine ihrer größten Niederlagen erlitten, die auch durch die weiteren Bemühungen der Briten und Franzosen nicht verhindert werden konnte.

Bei der Kontrolle der für die Republik bestimmten Lieferungen wurden, auf Drängen Francos, weniger Umstände gemacht: Italienische Unterseeboote torpedierten erneut Schiffe, die sowjetisches Material beförderten. Davon betroffen waren spanische ebenso wie ausländische Schiffe und, in einer überraschenden Eskalation der Ereignisse, sogar britische Kriegsschiffe.

Daraufhin zeigten die demokratischen Regierungen zum ersten und einzigen Mal während des Bürgerkriegs Entschlossenheit. Sie

beriefen eine Konferenz über die Piraterie im Mittelmeer ein, die am 10. September in Nyon (bei Genf) begann. Deutschland und Italien nahmen schließlich nicht teil. Am 14. September wurde eine vorläufige Vereinbarung, das Nyoner Abkommen, unterzeichnet. Es sah vor, daß die Unterzeichnerländer künftig alle Unterseeboote zerstören würden, die Handelsschiffe angriffen, die nicht einer der beiden Bürgerkriegsparteien gehörten. Dies galt ebenso für jedes in der Nähe eines attackierten Handelsschiffes aufgespürte U-Boot, wenn die Umstände den Schluß zuließen, daß es der Angreifer gewesen war. In der Straße von Malta und im westlichen Mittelmeer, mit Ausnahme des Tyrrhenischen Meeres, sollten die französische und britische Kriegsmarine dem Abkommen Geltung verschaffen. Im östlichen Mittelmeer sollten die Unterzeichnerländer in ihren eigenen Hoheitsgewässern für die Durchführung des Abkommens verantwortlich zeichnen, während auf hoher See, mit Ausnahme der Adria, wieder Briten und Franzosen zuständig sein sollten. Die Angriffe hörten daraufhin auf; später trat auch Italien dem endgültigen Abkommen bei.
Wie groß auch immer der Anteil der Beschlüsse von Nyon an der Beendigung der Piraterie gewesen sein mag: Es war offensichtlich, daß die westlichen Demokratien eine strikt defensive Politik betrieben. Sie waren nicht bereit, wegen der spanischen Republik einen gesamteuropäischen Konflikt heraufzubeschwören. Den gleichen Eindruck muß auch Ciano gehabt haben, denn schon einen Tag nach Inkrafttreten des vorläufigen Abkommens schickte er Franco die nächsten beiden Unterseeboote, denen wenig später zwei weitere folgten (10, S. 276–284; 17, S. 121–126).
Die Republik mußte den Krieg zwangsläufig verlieren. Die einzige Befriedigung bestand für sie vielleicht darin, daß der Vorschlag der Achsenmächte, beiden Lagern den Status kriegführender Parteien zuzuerkennen, scheiterte. Großbritannien schlug eine Kompromißlösung vor, doch machte der sowjetische Einspruch, der Franco zweifellos nicht schadete, den Plan zunichte.

Die internationale Lage begünstigt Franco

Die massive Intervention Deutschlands, Italiens und der Sowjetunion fand in einem Klima internationaler Entspannung statt, das einzig durch den Spanischen Bürgerkrieg getrübt wurde. Trotz der

Probleme jedoch, die dieser aufwarf, kam es insgesamt zu keinen aggressiven Maßnahmen, die den Frieden in Europa gefährdet hätten. Gewisse Befürchtungen der Briten waren durch die gemeinsame Erklärung mit Italien vom 2. Januar vorübergehend zerstreut worden, in der festgehalten wurde, daß beide Länder vitale Interessen im Mittelmeerraum verfolgten und daher den Status quo aufrechtzuerhalten wünschten. In einem Notenwechsel wurde festgeschrieben, daß dazu auch die Unversehrtheit des spanischen Hoheitsgebietes gehöre. Damit waren die britischen Sorgen zerstreut, die Balearen könnten für die Einrichtung italienischer Stützpunkte zur Verfügung gestellt werden; auch die französische Regierung, die ähnliche Befürchtungen bezüglich Marokkos gehabt hatte, war beruhigt.
Die Weigerung Großbritanniens, die Eroberung Abessiniens durch Italien anzuerkennen, verhinderte eine weitere Annäherung. Als wenige Tage nach der gemeinsamen Erklärung in London Nachrichten von neuen italienischen Truppentransporten nach Spanien eintrafen, wußte Eden, wie er Mussolinis Glaubwürdigkeit einzuschätzen hatte. Endlich erkannte der Außenminister, daß der Krieg internationale Dimensionen angenommen hatte und daß die politische Orientierung der zukünftigen spanischen Regierung weniger wichtig war als die Verhinderung eines Sieges der faschistischen Diktatoren (16, S. 486ff.). Ab Mai behauptete sich in der britischen Außenpolitik jedoch die *appeasement*-Politik Chamberlains gegenüber Eden, der mittlerweile für eine entschlossenere Haltung plädierte, sich damit aber nicht durchsetzen konnte.
Im selben Monat schickte London einen neuen Botschafter nach Deutschland: Sir Neville Henderson. Dieser vertrat Hitler gegenüber eine Politik der Nachgiebigkeit und Zugeständnisse, die dem deutschen Diktator sehr gelegen kam. Bevor Hitler nämlich neue Risiken eingehen konnte, benötigte er Zeit zur Durchführung seiner Aufrüstungspläne. Die Spannungen mit Deutschland nahmen daher fürs erste nicht zu.
Jedoch verstärkte sich die Achse Berlin–Rom, woran die Zusammenarbeit, die die Intervention in Spanien mit sich brachte, keinen unwesentlichen Anteil hatte. Der »Führer« hoffte, mit Italien eine echte Allianz eingehen zu können. Er strebte daher an, daß Italien – als erster Schritt in diese Richtung – dem Antikominternpakt beitrete, den er im November 1936 mit Japan geschlossen hatte.

Nach seinem überaus erfolgreichen Besuch in München und Berlin im September 1937 willigte der *Duce* am 6. November ein. Am Vorabend hatte Hitler seinen engsten Militärberatern und von Neurath seine weiteren Pläne und die voraussichtlichen Bedingungen ihrer Durchführung mitgeteilt. Es ging um die Ausdehnung des deutschen »Volkstums« durch die Einverleibung Österreichs und des Sudetenlandes, auch gegen den voraussichtlichen Widerstand Großbritanniens und Frankreichs.

Bei dieser Gelegenheit erwähnte Hitler auch Spanien: Der Konflikt dort könnte – so die Aufzeichnungen seines Adjutanten – 1938 eine bewaffnete Auseinandersetzung zwischen Italien einerseits sowie Großbritannien und Frankreich andererseits auslösen; diese Konstellation würde das Dritte Reich für seine eigenen Interessen ausnutzen können.

Hitler rechnete nicht mit einem baldigen Ende des Bürgerkriegs, der seiner Meinung nach noch drei Jahre dauern konnte. Deutschland wäre das nicht ungelegen gekommen, da es an einem totalen Sieg Francos auch nicht interessiert war. Dieser hätte nämlich eine Vertreibung der Italiener von den Balearen zur Folge gehabt, während Hitler für ihren Verbleib eintreten wollte. Das wiederum wäre von Briten und Franzosen niemals akzeptiert worden. Folglich würden die Möglichkeiten einer kriegerischen Verwicklung wachsen, die Deutschland dazu benutzen konnte, die österreichische und die tschechoslowakische Frage zu lösen, ohne Angst haben zu müssen, in einen Krieg verwickelt zu werden, in dem Franco wahrscheinlich Italien unterstützen würde.

Die Niederschrift über die Sitzung vom 5. November, die unter dem Namen ihres Verfassers Friedrich Hossbach bekanntgeworden ist, ist bis heute heftig umstritten. Die beste Analyse der Spanien betreffenden Punkte bietet Hans-Henning Abendroth, nach der Hitlers Vorstellungen – falls er sie tatsächlich so formuliert hat – unlogisch und nicht genügend durchdacht waren. Erstens, weil die Annahme absurd war, Franco werde sich in einen gesamteuropäischen Konflikt einmischen; zweitens, weil ein solcher Konflikt mit großer Wahrscheinlichkeit zu einer Intervention der demokratischen Länder in den Bürgerkrieg geführt hätte, wie sie die Republikaner erhofften. Doch selbst wenn dieser Fall nicht einträte, war abzusehen, daß zumindest die deutsch-italienischen Lieferungen, die Rom vermutlich ohnehin ausgesetzt hätte, blokkiert worden wären. Drittens, weil die Erfahrung zeigte, daß die italienische Anwesenheit auf den Balearen kaum dazu beitrug, die allgemeine Kriegsgefahr zu erhöhen. Schließlich hatten sich Briten und Franzosen daran gewöhnt und vertrauten den Zusagen aus Rom. Eine ganz andere Situation wäre allerdings dann gegeben, wenn Italien nach Beendigung des Krieges sich nicht bereit zeigen würde, die Inseln zu verlassen.

Für Hitler war es somit viel logischer, entschieden zu Francos Sieg beizutragen und danach Italien zum Verbleib auf den Balearen zu ermutigen (1, S. 177f.).

Schließlich wurde dieser Weg auch beschritten. Trotz Görings Vorschlag, der sich bis ins Detail Hitlers Ausführungen zu eigen machte, das deutsche Engagement in Spanien zu reduzieren, wurde die Ausführung einer entsprechenden Anordnung auf unbestimmte Zeit verschoben. Die Legion Condor kämpfte weiter, wenn auch Hitler manchmal gerne in Deutschland über sie verfügt hätte. Darüber hinaus wurden auch die regelmäßigen Lieferungen von Kriegsmaterial an Franco unverändert fortgesetzt. Nach Beendigung des Bürgerkriegs allerdings riet Hitler Mussolini, Mallorca auf keinen Fall zu räumen. Wenn sich dadurch die Kriegsgefahr erhöhte, um so besser – so Hitlers Kalkül –, denn nach dem »Anschluß« Österreichs und der Zerschlagung der Tschechoslowakei war immer noch die Polenfrage offen.

Hossbachs Version der mutmaßlichen Äußerungen Hitlers kann also kaum als ernstgemeinter Vorschlag zur Verringerung der Hilfe an Franco interpretiert werden, auch wenn neuere Arbeiten von dieser These ausgehen.

Darüber hinaus erfuhr Hitler wenig später von Mussolinis Zusage, Franco bis zum vollständigen Zusammenbruch der Republik unbegrenzt zu unterstützen. Trotz dieser Zusage gab es Spannungen zwischen Mussolini und Franco. Im Bewußtsein des bevorstehenden deutschen Schlages gegen Österreich war Mussolini daran gelegen, daß der Bürgerkrieg vor dem »Anschluß« beendet sei, da er eine Schwächung der internationalen Position Italiens befürchtete. Auch verletzter Stolz spielte eine Rolle. Die Spanier weigerten sich zum Beispiel, der faschistischen Infanterie ruhmversprechende Kampfpositionen zu überlassen. Nicht zuletzt war da noch der – von Deutschen und Italienern gleichermaßen erhobene – keineswegs unberechtigte Vorwurf, Franco gehe zu zögernd vor: Daß den Republikanern etwa Teruel in die Hände gefallen war, wurde als Folge einer falschen Strategie gesehen.

Mussolini drohte sogar mit Einstellung der Hilfssendungen und gab entsprechende Anweisungen. Doch mit der Rückeroberung von Teruel konnte Franco Mussolinis Zweifel wieder zerstreuen (10, S. 300–303).

Somit hatten also die in die international entspannte Atmosphäre von 1937 eingebetteten Unsicherheitsmomente für das Verhältnis der Achsenmächte zu Franco keine nennenswerten Konsequenzen.

Die Einnahme von Bilbao, die Okkupation der Bergwerke von Vizcaya und die Beendigung des Nordfeldzuges hatten außerdem den internationalen Handlungsspielraum Francos gefestigt. Die Regierung in Burgos nutzte die deutsch-britischen Rivalitäten um das spanische Eisenerz bestens aus und konnte einen klaren Sieg davontragen, als die britische Regierung, nach mehreren fehlgeschlagenen Versuchen, am 16. November 1937 Sir Robert Hodgson als Handelsagenten nach Spanien schickte, wo dieser sehr bald diplomatische Privilegien genoß. Als Gegenpart zum republikanischen Botschafter Pablo de Azcárate schickte Franco den XVII. Duque de Alba X. de Berwick, Jacobo María Fitz-James Stuart y Falcó Portocarrero y Osorio, nach London. Bis dahin hatten außerdem Albanien (im November 1936) und der Vatikan (im August 1937) *de jure* Francos Regierung anerkannt. Japan und seine Marionettenregierung von Mandschukuo folgten im Dezember. Jugoslawien hatte sie zwei Monate zuvor *de facto* anerkannt.

Als 1938 politische Krisen Europa erschütterten, hatte Franco seine Stellung so weit gefestigt, daß diese externen Konflikte seine Position kaum beeinträchtigen konnten.

Für die Republik gab es nur einen Trost. Am 14. Februar 1938, als die Schlacht um Teruel voll im Gange war, berichtete der Vorsitzende des Rats der Volkskommissare, Wjatscheslaw Molotow, dem spanischen Botschafter in Moskau, Marcelino Pascua, der Kreml wolle die Lieferung von Flugzeugen, speziell von Bombern, unverzüglich wiederaufnehmen; dies, obwohl der Transport durch Frankreich unsicher sei, da die Grenze nach Spanien zum damaligen Zeitpunkt für Kriegsgüter offiziell gesperrt war. Aufgrund der franquistischen Seeblockade hatten auch die Kriegsgüterlieferungen auf dem Seeweg beträchtlich nachgelassen.

Molotow hatte außerdem Moskaus dringenden Wunsch nach Durchführung einer wichtigen Maßnahme formuliert: Die beiden seit September 1936 amtierenden kommunistischen Minister sollten aus der Regierung ausscheiden, und Negrín sollte ein neues Kabinett nur aus Sozialisten und Republikanern bilden, um auf diese Weise den internationalen Spielraum zu erweitern, den die Republik dringend benötigte.

Wenig später konnten auch die monatelangen hartnäckigen Verhandlungen Pascuas um einen sowjetischen Kredit zu einem erfolgreichen Ende gebracht werden. Unter größtem Vorbehalt gewährte der Kreml der Republik, die sich in einer finanziell bereits sehr prekären Lage befand, einen 70-Millionen-Dollar-Kredit, von dem nur noch die Hälfte durch das in Moskau verbliebene spanische Gold gedeckt war. Negrín hatte zwar einen viel höheren Kredit verlangt, aber weniger war immer noch mehr als nichts.

Am dringendsten wurde jedenfalls Kriegsmaterial benötigt, wenn auch die Sowjets weiterhin der – keineswegs falschen – Ansicht waren, die Republik schöpfe ihre eigenen Möglichkeiten nur unvollkommen aus.

Wirkungslosigkeit der Nichteinmischungspolitik

Der Londoner Ausschuß blieb während der zweiten Hälfte des Bürgerkriegs ebenso ineffizient wie in der Zeit zuvor. Die letzten Monate des Jahres 1937 und der größte Teil des folgenden Jahres vergingen mit Diskussionen und dem Versuch, verschiedene Versionen des alten Plans, die ausländischen Kämpfer abzuziehen, in die Tat umzusetzen. Mehrere Faktoren bedingten die Wirkungslosigkeit der Ausschußarbeit: die Konfrontation der Achsenmächte mit der Sowjetunion, zeitweilige Differenzen zwischen London und Paris sowie interne britische Spannungen im Hinblick auf die Instrumentalisierung der Außenpolitik (auf die Chamberlain in einem Maß einwirkte, wie sein Vorgänger Baldwin das nie getan hatte) und Umbesetzungen im diplomatischen Stab (durch die Vansittart praktisch ausgeschaltet wurde).

Anfang Oktober 1937 artikulierte der stellvertretende Staatssekretär im *Foreign Office*, Charles Howard Smith, was ein Großteil der Regierung dachte:

> »Sollen wir für etwas kämpfen, was weder unsere Häfen am Kanal noch unsere *dominions* betrifft? Ich selbst denke, wir sollten es nicht tun. Über Europa ist der Totalitarismus herein-

gebrochen. Er ist zweifellos nicht in unserem Sinne, aber wir müssen mit seinen beiden Erscheinungsformen Faschismus und Bolschewismus leben ... Was in Spanien passiert, ist alles in allem völlig egal; es sei denn, der Generalstab hält die Anwesenheit der Italiener (die versprochen haben, abzuziehen) ... für eine wirkliche strategische Gefahr.«

Einen Monat später ließ Delbos seinen britischen Amtskollegen Eden wissen, daß Frankreich zwar einen republikanischen Sieg lieber sähe, aber die französischen Interessen durch einen Sieg Francos nicht unbedingt bedroht würden. Die einzig wirkliche Gefahr stelle die Anwesenheit von Deutschen und Italienern in Spanien dar (17, S. 157f.; 16, S. 587).

Immerhin nahm der Nichteinmischungsausschuß am 4. November 1937 einen britisch-französischen Vorschlag an, der eine Wiederbelebung früherer Pläne anregte. Er sah einen stufenweisen Abzug der »Freiwilligen« und die Zuerkennung begrenzter Rechte als kriegführende Parteien an beide Seiten vor. In jede der beiden Zonen sollte eine internationale Kommission entsandt werden. Grenzüberwachung und Seekontrolle sollten verstärkt werden.

Ende des Monats erklärte sich die republikanische Regierung prinzipiell mit dem Vorschlag einverstanden, zählte aber bestimmte Punkte auf, über die sie weitere Aufklärung wünschte. Zwei Wochen zuvor hatte die Regierung in Burgos die unverzügliche Anerkennung als kriegführende Partei gefordert und Bedenken sowie Bedingungen eingebracht, die deutlich werden ließen, daß sie dem Vorschlag kein Interesse entgegenbrachte.

In der Antwort Francos war von einem symbolischen Abzug von 3000 »Freiwilligen« auf jeder Seite die Rede, was im *Foreign Office* übel aufgenommen wurde, da Außenminister Eden sich gerade über die neuesten Zahlen der italienischen Interventionstruppen entsetzt hatte (17, S. 157–163; 16, S. 587; 3, S. 209–216).

Die Frage der »Freiwilligen« begleitete das ganze europäische Krisenjahr. Gelöst wurde sie nicht im Londoner Ausschuß, sondern als Negrín am 21. September 1938 vor dem Völkerbund den sofortigen Abzug der Internationalen Brigaden verkündete, deren militärische Bedeutung stark zurückgegangen war.

Der Abzug wurde unter Aufsicht des Völkerbundes in Angriff genommen, der damit zum erstenmal eine andere Rolle spielte als die eines bloßen Resonanzkörpers für die politischen und diplomatischen Polemiken, die der Bürgerkrieg entfacht hatte.

Am 1. Mai 1939 bestätigte die vom Völkerbund geschaffene Internationale Militärkommission den Abzug von insgesamt 12688 Brigadisten, von denen 5850 in ihre Heimatländer zurückgekehrt und 6838 in französischen Lagern interniert worden waren. Unter ihnen befand sich kein einziger Sowjetbürger. Die Kommission wies darauf hin, daß diese Zahl jener der Mitte Oktober des Vorjahres auf republikanischem Gebiet gezählten Nichtspanier entsprach (3, S. 249).
Die Beziehungen zwischen den Mächten, die zunehmende Spaltung in Blöcke und die Haltung Deutschlands, Italiens, Frankreichs, Großbritanniens und der Sowjetunion hatten den äußeren Rahmen gebildet, der die Entwicklung des Bürgerkrieges bestimmte. Gegen Ende des Krieges wurde deutlich, daß Einmischung und Rückzug nunmehr andere Wege gingen.

Die zaghafte Wiederaufnahme französischer Hilfe

Der »Anschluß« Österreichs am 12. März 1938 war auf der Grundlage einer wohlwollenden Haltung Italiens sowie der Annahme vorbereitet worden, daß die demokratischen Länder nicht eingreifen würden. In den vorausgegangenen Monaten hatten diese, insbesondere Großbritannien, eine zu intensive *appeasement*-Politik betrieben, als daß man in Berlin eine andere Reaktion hätte befürchten müssen. In London saßen die vier Politiker, die der Inbegriff dieser Politik waren: außer Chamberlain waren das der neue Außenminister Lord Halifax, Schatzkanzler Sir John Simon und Innenminister Sir Samuel Hoare.
Halifax hatte gegenüber Joachim von Ribbentrop (der Botschafter des Dritten Reiches in London war, bevor er das Auswärtige Amt übernahm) geäußert, ein Krieg zwischen Deutschland und Großbritannien bedeute das Ende der Zivilisation. Der britische Minister für die Verteidigungskoordinierung, Sir Thomas Inskip, zeigte durchaus Verständnis für den deutschen Standpunkt, und so einflußreiche Berater wie Sir Horace Wilson nahmen keine ablehnende Haltung gegenüber Berlin ein.
Das Verhältnis der Briten zum »Anschluß« Österreichs unterstrich ihre *appeasement*-Politik. Halifax wurde zwar von Zweifeln gepeinigt, jedoch war Chamberlain der Meinung, der »Anschluß« wäre vielleicht vermeidbar gewesen, wenn man schon 1937 ein

Abkommen mit Mussolini hätte schließen können. England und Italien hätten dann Frankreich davon überzeugt, an einer gemeinsamen Viermächtekonferenz mit Hitler teilzunehmen (eine Vorstellung, die die Kremlspitze rasend machte), auf der man sich mit Hitlers Wünschen bezüglich Österreichs gesittet auseinandergesetzt hätte – eine reichlich kurzsichtige Strategie.

In bezug auf Spanien verhehlte Chamberlain nicht, daß Franco den Krieg nur dank deutscher und italienischer Hilfe gewann, die Sowjets Großbritannien in einen Konflikt mit Deutschland treiben wollten und folglich Frankreich bei der Erfüllung seiner Pflichten gegenüber der Tschechoslowakei nicht unterstützt werden durfte. Damit hatte er praktisch die Ergebnisse des Münchner Abkommens vorweggenommen. Wenn Chamberlain aber schon nichts dagegen hatte, Hitler einen Teil der Tschechoslowakei zu überlassen, dann würde er Spanien zuliebe kaum entschlossener auftreten (19, S. 201–204).

In Paris wurde kurz vor dem »Anschluß« Österreichs nach dem Rücktritt des zweiten Kabinetts Chautemps Léon Blum erneut Ministerpräsident. Bei einem neuen Blitzbesuch in Paris erreichte Negrín von Blum die sofortige Wiederöffnung der Grenze, so daß bald eine große Menge Kriegsmaterial in die republikanische Zone floß.

Nichtsdestoweniger verwarfen die Franzosen auf einer dramatischen Sitzung des Ständigen Nationalen Verteidigungsausschusses am 15. März 1938 die Möglichkeit einer direkten Intervention in Spanien. Die Angst vor einem Krieg mit Deutschland und Italien, die mangelhafte militärische Vorbereitung und die Unsicherheit, die eine Abkoppelung von Großbritannien hervorrief, ließen jede Eskalation in bezug auf Spanien unratsam erscheinen. Auch das Entsetzen des neuen Außenministers Joseph Paul-Boncour über das beträchtliche Ausmaß des britischen Einflusses auf die französische Spanienpolitik änderte nichts an dieser Haltung.

Die öffentliche Meinung über das Spanienproblem war in Frankreich nach wie vor in zwei heftig polemisierende Lager gespalten. Nur die Kommunisten, eine sozialistische Minderheit und ein kleines Grüppchen Radikaler (unter ihnen Pierre Cot, Pierre Mendès-France und Jean Zay) wandten sich als einzige gegen die Nichteinmischung, während die große Mehrheit der Franzosen dafür war.

Und natürlich gab es eine breite profranquistische Bewegung, obwohl die Möglichkeit einer deutsch-italienischen Dauerpräsenz auf spanischem Boden die französische Rechte hätte beunruhigen müssen. Aber die Ideologie war stärker. Der durch Sieg und Verschleiß der Volksfront entfachte Antikommunismus hatte sich in einen glühenden Antisowjetismus verwandelt. Die Feindseligkeit, mit der die KPF der Nichteinmischung gegenüberstand, war der Motor, der die profranquistische Stimmung aufrechterhielt (15, S. 315f.).

Trotzdem war es die schwache Regierung Blum, die den Republikanern erneut half, indem sie einerseits die Möglichkeiten verbesserte, sowjetisches Kriegsmaterial durch Frankreich zu transportieren, und andererseits eigene Güter – wenn auch in geringem Umfang – und einige Berater entsandte.

Kurz nach der Krise der Regierung Negrín (er behielt einen kommunistischen Minister) begann das Ende des zweiten Kabinetts Blum. Es folgte das Kabinett von Edouard Daladier, der Georges Bonnet die Schlüsselstellung im *Quai d'Orsay* übertrug. Dieser betonte noch stärker die politische Abhängigkeit von London, wo Chamberlain gerade auf beschleunigte Verhandlungen mit Italien drängte, die zu einem der Stützpfeiler der Beschwichtigungspolitik gegenüber den faschistischen Diktatoren werden sollten.

Schon bei den Sondierungsgesprächen hatten die Briten klargestellt, daß eine befriedigende Regelung der Spanienfrage die Voraussetzung für das Inkrafttreten jeglicher Vereinbarung sei. Chamberlain selbst hatte es im Unterhaus feierlich verkündet. Die Italiener glaubten, daß ihre Annahme des vom Londoner Ausschuß bereits gebilligten Entwurfs einer solchen Regelung gleichkäme. Die britische Regierung aber war nicht dieser Meinung und zögerte nicht, dies in den Verhandlungen deutlich zu machen. Schließlich konnte der britisch-italienische Pakt, der aus einem Vertragstext, acht Anlagen und einem Notenaustausch bestand, am 16. April 1938 unterzeichnet werden.

Von Spanien war dabei nur in den Noten die Rede. In ihnen erkannte Ciano die vom Londoner Ausschuß genehmigten Formulierungen als verbindlich an, garantierte den unverzüglichen Rückzug jener »Freiwilligen« samt Ausrüstung, die bei Kriegsende noch nicht abgezogen sein sollten, und verneinte jegliche Gebietsansprüche seiner Regierung in Spanien.

Implizit beinhaltete diese Formulierung Londons Anerkennung eines Verbleibs der italienischen Truppen in Spanien bis zum Ende des Krieges. In den Verhandlungen war deutlich geworden, daß das für Rom nur dann akzeptabel war, wenn das Kriegsende den vollständigen und endgültigen Sieg Francos bedeutete (13, Bd. XIX, S. 1092–1095; 3, S. 227–230).

Mit dieser Politik Chamberlains, die entschiedener als die seines Vorgängers war, wurde für die spanische Republik praktisch das Todesurteil gesprochen. Negríns Antwort bestand in den berühmten »Dreizehn Punkten«, die aus internationaler Sicht den demokratischen Mächten Sicherheitsgarantien boten. Frankreichs Reaktion auf eine Lage, die bald als kritisch einzustufen sein würde, erlangte durch die Haltung Großbritanniens neue Bedeutung.

Der neue republikanische Botschafter in Paris, Marcelino Pascua, gewann in Gesprächen mit Daladier schon bald den Eindruck, daß Frankreich die Transitbestimmungen nicht antasten werde. Aber auch bei geschlossener Grenze hatte es immer Transitmöglichkeiten gegeben, die über die *Comisión Técnica Española* zentral abgewickelt worden waren, zu der der offiziöse Verbindungsmann in der ersten Regierung Blum der Kabinettschef von Vincent Auriol gewesen war. Der Sozialist Gaston Cusin hatte selbst zu Zeiten der Regierung Chautemps diese Möglichkeiten aus verschiedenen Positionen heraus stets offengehalten. Eine offiziell geöffnete Grenze stellte jedoch eine große Erleichterung dar.

Während dieser Monate häuften sich mitunter die sowjetischen Lieferungen; dann wiederum kam es zu größeren Verzögerungen, und zwischen Mai und Ende Juli 1938 passierte offenbar keine einzige Sendung die Grenze. Die *Compagnie France-Navigation* schickte ihre besten Schiffe über die Murmansk-Route. In den ersten vier Monaten des Jahres 1938 transportierte sie neueren Berechnungen zufolge 70 Flugzeuge und bis August weitere 65. Schätzungen gehen davon aus, daß in der ersten Jahreshälfte 1938 von Murmansk aus 350 Flugzeuge, 300 bis 400 gepanzerte und ungepanzerte Fahrzeuge, etwa 200000 Gewehre, 500 Geschütze und beträchtliche Mengen Munition in republikanisches Gebiet geschafft wurden. Ende Juli und Anfang August müssen noch einmal 194 Flugzeuge geliefert worden sein (21, S. 150, S. 160–163).

All diese Lieferungen fanden in einer Zeit statt, in der die Republik eine Niederlage nach der anderen erlitt: der endgültige Verlust Teruels, die Schlacht am Alfambra und die Teilung des republikanischen Restgebietes bei Vinaroz. Ohne sie wäre andererseits ein

paar Monate später die republikanische Ebro-Offensive wohl kaum möglich gewesen.
Ende April hielten sich Daladier und Bonnet zu intensiven Gesprächen mit Chamberlain und Halifax in London auf. Natürlich war Spanien ein wichtiges Thema der Beratungen. Bonnet informierte Pascua wahrheitsgetreu, daß die Briten die französische Regierung zur Schließung der Grenze bewegen wollten, da der Transit von Kriegsgütern nur der nutzlosen Verlängerung eines grausamen Krieges diene.
Nur ein britischer Diplomat, Sir Laurence Collier, hatte einen Monat zuvor eine andere Spanienpolitik propagiert. Er hatte darauf hingewiesen, daß man zumindest nicht versuchen dürfe, Frankreich zur Schließung seiner Grenze zu bewegen. Die Möglichkeit sei nicht auszuschließen, daß Franco sich an den Positionen der Achsenmächte orientieren werde; indem der Republik die Möglichkeit zur weiteren Verteidigung verschafft würde, vertrete Großbritannien dadurch im Grunde genommen seine eigenen Sicherheitsinteressen. Collier konnte sich mit seiner Meinung jedoch nicht durchsetzen (17, S. 172f.).
Eine erneute Schließung der Grenze deutete sich an, so daß es angebracht erschien, die Lieferungen des Kreml so stark wie möglich zu forcieren. Bei einem Gespräch mit seinem sowjetischen Amtskollegen am 18. Mai gewann Pascua jedoch den Eindruck, daß eine Verringerung oder gar ein Lieferstopp ins Auge gefaßt wurde. Dies entsprach wohl auch den Tatsachen.
Über der internationalen Politik zogen sich Gewitterwolken zusammen. Im Mai 1938 hatten in der Tschechoslowakei während unruhiger Kommunalwahlen deutsche Truppenverschiebungen große Bestürzung ausgelöst. Aus Furcht vor einer Aggression des Dritten Reiches – falls es zu weiteren Zwischenfällen kommen sollte – mobilisierte das Land seine Reservisten. Prag hatte im Februar 1924 einen Beistandsvertrag mit Frankreich und im Mai 1935 einen mit der Sowjetunion unterzeichnet. Die Unterstützung durch den Kreml war allerdings erst für den Fall vorgesehen, daß Frankreich seinen vertraglichen Pflichten nachkam. Die Krise kam nicht zum Ausbruch. London informierte Berlin, daß es keine Neutralität garantieren könne, falls eine deutsche Aggression ein Einschreiten Frankreichs nach sich zöge. In Paris trug Daladier dem deutschen Botschafter seine Besorgnis vor, daß Frankreich im Falle eines deutschen Einmarsches in die Tschechoslowakei militä-

risch eingreifen müsse. Diese Möglichkeit lief Hitlers Plänen zuwider, so daß die Krise noch einmal entschärft wurde. Zuvor hatte die Londoner Regierung Paris gegenüber allerdings deutlich gemacht, daß Großbritannien nicht eingreifen wolle; diese Klarstellung zeigte bei Bonnet nachhaltige Wirkung (44, S. 390–393; 15, S. 337ff.).
Der französische Botschafter Erik Labonne berichtete aus Barcelona, die republikanische Regierung sei davon überzeugt, daß die Beschwichtigungspolitik mit dem Ziel der Aufrechterhaltung eines gewissen Status in Europa und der Verminderung internationaler Spannungen einer Opferung der Republik gleichkomme. Damit hatte er nicht unrecht: Selbst nach ungewöhnlich harten verbalen Attacken Mussolinis gegen Frankreich hielt das *Foreign Office* seinen Protest gegen die Waffenlieferungen nach Katalonien aufrecht. Während die terroristischen Bombardements ziviler Ziele anhielten, übte Lord Halifax weiterhin Druck aus, um die Schließung der Grenze zu erreichen. Seine merkwürdige Argumentation lautete, Großbritannien werde nach der Schließung der Grenze seinen Einfluß auf Italien dahingehend geltend machen, daß Mussolini auf einen Waffenstillstand in Spanien hinarbeite. Am 13. Juni 1938 wurde die französisch-katalanische Grenze geschlossen; damit war ihre Durchlässigkeit wieder reduziert. Der erneute Einsatz Frankreichs für die spanische Republik war beendet. Der franquistische Vormarsch auf die Levante, die Einnahme von Castellón, die Abwehrunfähigkeit der Republikaner, die gescheiterte Offensive in Tremp, die Untätigkeit der republikanischen Flotte und der Zusammenbruch sowie die erzwungene Flucht der 43. Division nach Frankreich hatten im Nachbarland eine große Wirkung hervorgerufen. Wie Pascua außerdem zu erkennen glaubte, zweifelten die Franzosen an der Effizienz der als unzureichend und verspätet angesehenen sowjetischen Hilfe; über deren relativ geringen Umfang zeigten sie sich befremdet (49).

Das Münchner Abkommen

Inmitten sich jagender Gerüchte über Schlichtungsversuche und eine möglicherweise bevorstehende Niederlage der Republik teilte der von Negrín erneut zum Außenminister berufene Alvarez del Vayo im Juni 1938 Labonne mit, daß seine Regierung entschlossen

sei, den fortgesetzten Bombardierungen ziviler Ziele an jenen Orten zu antworten, von denen diese Aktionen ausgingen.
Die Nachricht schlug in Paris wie eine Bombe ein. Die umgehende Antwort lautete, daß eine Ausweitung des Konflikts über die Grenzen Spaniens hinaus und daraus resultierende eventuelle direkte Interventionen Frankreich zu keinerlei Reaktionen veranlassen würden. Daß die Briten sich gleichlautend äußerten, überraschte niemanden. Wenn sie nicht daran dachten, wegen der Tschechoslowakei einen Krieg zu riskieren, dann würden sie es für Spanien ebensowenig tun.
Bonnet liebäugelte mit der Idee eines Austausches halboffizieller Agenten mit Franco, wie er im Vorjahr bereits mit Großbritannien zustande gekommen war. Darüber hinaus war der Gerichtsbeschluß von Anfang Juli über die Blockierung des vom *Banco de España* 1931 in Mont-de-Marsan deponierten und während des Krieges gesperrten Goldes ein weiterer harter Schlag für die Republik, die nach langem Streit vor französischen Gerichten ein anderes Ergebnis erwartet hatte.
Seit dem Sommer 1938 wurde der Bürgerkrieg im wesentlichen durch zwei Entwicklungen gekennzeichnet: einerseits durch das Bild einer in der Schlacht am Ebro wiedererstarkten Republik, andererseits durch die Folgen jener Ereignisse, die zur Krise von München und ihren Auswirkungen führten.
Die republikanische Schlagkraft am Ebro überraschte das Ausland und selbst Franco. Letztendlich hatte sie jedoch insofern negative Folgen für die Republik, als die Regierung in Burgos nicht müde wurde, von ihren faschistischen Gönnern die Lieferung neuen Kriegsmaterials zu fordern, sobald sich die Lage in Mitteleuropa klärte.
Ausreichende Gründe für die anhaltenden Forderungen hatte sie genügend. Die Hälfte der Legion Condor war abgezogen, und die deutschen Lieferungen waren reduziert worden. Im August trafen mehrere Gesandte in Berlin ein, unter ihnen Bernhardt, um auf eine Entscheidung zu drängen, die diese Situation beenden sollte.
Mussolini bot Franco drei Alternativen an: die italienische Infanterie ganz abzuziehen, 10000 weitere Soldaten oder sogar mehrere Divisionen zu schicken. Letztere Möglichkeit wurde in Salamanca aus Angst vor den Folgen verworfen; Franco zog die zweite Möglichkeit vor. Vor allem benötigte er jedoch Kriegsgerät in großen Mengen. Anfang September bat er um eine sofortige und umfang-

reiche Lieferung von Artillerieersatzteilen sowie von 117 neuen Geschützen. Wenige Tage später wurden in einem Notenwechsel zwischen dem Botschafter Francos in Rom, Pedro García Conde, und Conte Ciano die Zahlungsmodalitäten für weitere Waffenlieferungen festgelegt (30, S. 321f.; 10, S. 323f.; 50, S. 196).

Europa steckte jedoch in einer tiefen Krise. Hitler war entschlossen, die Sudetenfrage vor dem 1. Oktober gewaltsam zu lösen. Am 20. Juli kündigte Lord Halifax einen Vermittlungsversuch an; währenddessen teilte Bonnet dem tschechischen Botschafter mit, daß die Regierung in Prag im Falle eines Krieges nicht mit französischer Hilfe rechnen könne.

Anfang September stieg die Spannung weiter. Am 12. des Monats hielt Hitler auf dem Reichsparteitag der NSDAP eine aggressive Rede, in der er die tschechoslowakische Regierung beschuldigte, deutsche Staatsbürger zu foltern. Diese Rede führte zu weiteren Unruhen. Ohne sich mit Daladier abzusprechen, traf sich der britische Premierminister am 15. September mit Hitler. Gleichzeitig forderte der Führer der Sudetendeutschen unumwunden, das Sudetenland solle dem Reich eingegliedert werden. Hitler bestand vor Chamberlain auf seinem Recht, die Zusammenführung der letzten außerhalb deutscher Grenzen lebenden Deutschen zu betreiben; mit dieser Forderung konnte er den britischen Konservativen beeindrucken. Wenig später akzeptierte das britische Kabinett das Annexionsprinzip. In Paris gingen die Meinungen, sowohl in der Regierung wie in der Armee, auseinander. Briten und Franzosen kamen schließlich überein, Prag einen Vorschlag zu unterbreiten, in dem die Tschechoslowakei ultimativ aufgefordert wurde, das Sudetenland abzutreten. Paris hatte auf der ganzen Linie nachgegeben.

Am 22. September traf Chamberlain erneut mit Hitler zusammen, der den britisch-französischen Plan für unannehmbar hielt und seinen Willen bekräftigte, das Sudetenland sofort zu besetzen. Am folgenden Tag machte die Regierung in Prag mobil. Großbritannien und Frankreich ergriffen militärische Vorbereitungsmaßnahmen. Am 26. September hielt Hitler erneut eine ausfallende Rede und informierte danach London, daß Deutschland am 28. September die allgemeine Mobilmachung anordnen werde. Während der ganzen Zeit wußte man nichts über die letztendlichen Absichten der Sowjetunion. Die Haltung Moskaus war zwar im Prinzip klar: Prag unterstützen, wenn Frankreich seinen Verpflichtungen nachkam; aus französischer Sicht war diese Absicht hinsichtlich der praktischen Umsetzung aber sehr unbestimmt.

Am Morgen des 28. September unternahm Chamberlain einen letzten Versuch: Er schlug Hitler und Mussolini eine gemeinsame Konferenz vor. Der *Duce* kannte Hitlers Pläne nicht und nahm den Vorschlag erfreut an, da er ihm erlaubte, die Rolle eines Schiedsrichters zu spielen und das Risiko eines Konfliktes aus der Welt zu schaffen, für den Italien nicht gerüstet war. Am 29. September fand sodann die berühmte Münchner Konferenz statt. Spät in der Nacht fand man zu einer Einigung, die einen vollständigen deutschen Sieg bedeutete. Das Sudetenland sollte von den Tschechen etappenweise geräumt und das Gebiet sowie seine Bewohner dem Dritten Reich einverleibt werden. In einem Anhang garantierten Frankreich und Deutschland die neuen Grenzen des verstümmelten Staates gegen einen nicht provozierten Angriff.

Im Verlauf dieser Krise, in der nach Meinung der *appeasement*-Politiker der Frieden in Europa gerettet worden war, spielten die beiden spanischen Regierungen, so gut sie konnten, ihre letzten Trümpfe aus.

Negrín beeilte sich, Paris gegenüber seine Bereitschaft zu bekunden, sich den Widerstandsbemühungen gegen das Dritte Reich anzuschließen. Er hatte Labonne darauf hingewiesen, daß die Zurückhaltung der demokratischen Länder wesentlich zu den aggressiven Initiativen der Nationalsozialisten beigetragen hätte. Das sei in Spanien der Fall gewesen und habe sich jetzt in der Tschechoslowakei wiederholt. Diese zutreffende Analyse verband er mit einem Angebot: Wenn der republikanische Widerstand nicht gebrochen würde, könnte er zu einem tragenden Element des Verteidigungssystems der Demokratien gegenüber dem Faschismus werden.

Negrín war davon überzeugt, daß die Demokratien der Bedrohung durch das Dritte Reich früher oder später eine harte Haltung entgegensetzen würden; er betrachtete den Spanischen Bürgerkrieg als ein Vorspiel zu einem europäischen Krieg. In diesem Zusammenhang wollte er Daladier in der ersten Septemberhälfte persönlich – dies ist ihm allerdings versagt geblieben – an die Rolle des republikanischen Spanien im strategischen und politischen Zusammenspiel erinnern und ihm erläutern, was das Land im Hinblick auf eine gemeinsame Verteidigung zu bieten habe. Gleichzeitig wollte er seine Forderungen, deren Erfüllung er als

Gegenleistung erwartete, deutlich machen. Negrín vertraute also darauf, daß ein allgemeiner Krieg neue äußere Bedingungen schaffen würde, die den Rahmen zur Lösung des Spanienkonflikts abgeben sollten. Es handelte sich dabei allerdings um ausgeprägtes Wunschdenken.

Am 22. September bemühte sich Pascua, Bonnet davon zu überzeugen, wie nachteilig sich die Existenz eines weiteren faschistischen Regimes südlich der Pyrenäen für Frankreich auswirken würde; er schlug die Entsendung von Hilfsgütern an die Republik vor, ohne auf die Befürchtungen des Außenministers hinsichtlich der Verteidigung Frankreichs Rücksicht zu nehmen.

Wenig später, am Vorabend der Konferenz, gab Negrín Pascua die Anweisung, er solle, falls er mit Daladier spreche, diesem gegenüber die Bereitschaft der republikanischen Regierung zum Ausdruck bringen, den Bestimmungen des Völkerbundvertrages zu entsprechen und sich den darin vorgesehenen Mechanismen zu unterwerfen. Glaubte Negrín, die internationale Reaktion auf die brenzlige Sudetenfrage könne durch den Völkerbund wirksam kanalisiert werden?

In der Zeit, in der die Krise auf dem Höhepunkt war, erhielt Pascua keine weiteren Instruktionen. Als er welche bekam, waren sie entweder unverständlich oder ließen ihm keinen Verhandlungsspielraum. Negrín zielte auf umfassende Verhandlungen mit einer orientierungslosen und mehr denn je von Großbritannien abhängigen französischen Regierung; er sperrte sich daher gegen jede Art von Teilzugeständnissen.

Seine Weigerung erhielt in einem ganz konkreten Augenblick besondere Bedeutung: Inmitten der krisenhaften Eskalation vor München und nach der entscheidenden Kabinettssitzung vom 27. September, auf der Bonnet erklärt hatte, die diplomatische Lage des – kriegsunfähigen – Frankreich habe einen absoluten Tiefpunkt erreicht, machte der Generalsekretär im Präsidialamt, Yves Chataigneau, Pascua das Angebot, große Mengen Weizen, die in der republikanischen Zone dringend gebraucht wurden, gegen Quecksilber zu liefern. Chataigneau hatte seit jeher die republikanischen Interessen vertreten; Negrín aber ordnete an, ihm keine Antwort zu geben. Die Gründe für diese starre und – angesichts der schweren Krise und des geringen diplomatischen Spielraums der republikanischen Regierung – wenig pragmatische Haltung sind nicht bekannt (15, S. 351–355; 49).

Die franquistische Diplomatie war – ungeachtet vieler wohlmeinender späterer Interpretationen – nicht viel differenzierter. In Unwissenheit über die Gedankengänge in Rom und Berlin hatte Franco dem deutschen Botschafter Eberhard von Stohrer angedeutet, daß er der deutschen Flotte seine Häfen und andere Einrichtungen zur Verfügung stellen könne.

Die Spannung war jedoch groß, und es verwundert daher nicht, daß in einer solchen Situation immer konkreter an Neutralität gedacht wurde. Der Gedanke wurde vor allem im Außenministerium weiterentwickelt, das bei der Ausarbeitung einer Antwort auf die fortschreitende Krise vom Gang der Entwicklung abgekoppelt war.

Franco hatte nur noch wenig Spielraum. Er mußte sich aus dem internationalen Spannungsfeld lösen, ohne daß seine deutschen und italienischen Beschützer, von denen er weiterhin abhängig war, wenn er den Krieg gewinnen wollte, dies für ein schmutziges Manöver hielten.

In diesem Dilemma entschied er sich für eine Taktik, die ihm vertraut war: abwarten. Während einiger spannungsgeladener Tage kreuzten sich in Burgos offenbar ergebnislos verschiedene Empfehlungen des Inhalts, man müsse die Lage ausnützen, um zu erreichen, daß die Neutralitätserklärung keine negativen Folgen hätte. Als Franco am 27. September diese Erklärung abgab, kam diese den Achsenmächten zu früh und den demokratischen Regierungen zu spät. Jedenfalls hinterließ sie bei beiden faschistischen Regierungen eindeutigen Unmut.

In Berlin wurden vor allem die Erklärungen einiger spanischer Offiziere übel aufgenommen, daß – falls Briten und Franzosen die Internierung der Legion Condor fordern würden – man wohl oder übel darauf eingehen müsse (14, Kap. I; 30, S. 320–326).

Die Folgen von München

Nach Einschätzung nahezu der ganzen Welt hatte die Beilegung der Sudetenkrise die Möglichkeit eines durch den Spanischen Bürgerkrieg ausgelösten europäischen Konflikts endgültig ausgeschlossen. Franzosen, Briten, Deutschen und Italienern war es trotz aller Schwierigkeiten gelungen, ein viel größeres Problem als das spanische ohne Waffengewalt zu bewältigen.

Daß die europäischen Regierungen sich nicht durch Spanien in eine Konfliktsituation bringen lassen wollten, war nichts Neues. Diese Haltung hatte die traurige Geschichte der Nichteinmischungspolitik bestimmt, war jedoch nie so schonungslos offen zutage getreten wie in München.
Der Republik blieben damals nur zwei Möglichkeiten: einen Waffenstillstand auszuhandeln oder weiterzukämpfen. Es gibt zahlreiche Hinweise darauf, daß Negrín die erste Alternative zu realisieren trachtete; da er dabei scheiterte, mußte er sich für die zweite entscheiden: Wenn man durchhalten könnte, bis der Krieg ausbräche... Daß dies vor Beendigung des Spanischen Bürgerkrieges, der im Rahmen der europäischen Politik 1938 inmer mehr zu einem Randkonflikt geworden war, geschehen könnte, war allerdings unwahrscheinlich.
Auf der anderen Seite konnte Franco einer vielversprechenden Zukunft entgegensehen. Seine faschistischen Gönner hatten ihn bisher nicht im Stich gelassen, obwohl die gegenseitigen Beziehungen nicht immer problemlos gewesen waren. Es war nicht anzunehmen, daß sie es nach München tun würden, nachdem Hitler und Mussolini ihr Ansehen gefestigt hatten und die Zauderpolitik der demokratischen Regierungen sich ein weiteres Mal bestätigt hatte. Für die faschistischen Mächte gab es keinen Grund, die Unterstützung Francos nicht fortzusetzen. Sie hatten nicht mehr als zwei Jahre in Spanien interveniert, nur um den Sieg der Revolution zu verhindern. Abgesehen davon, daß vor allem das Dritte Reich von bestimmten spanischen Rohstoffen abhängig war, hatten beide Achsenmächte die nicht unrealistische Hoffnung, in dem von ihnen zum Sieg geführten neuen Staat einen möglichen Verbündeten zu gewinnen. Außerdem sah Hitler in der Festigung seiner Position in Spanien eine Möglichkeit zu verhindern, daß Mussolini allzusehr ins Schlepptau britischer Politik geriet (52, S. 142f.).
Zudem hatte sich Franco der faschistischen Einflußnahme auf die Gestaltung seines entstehenden Regimes nicht sonderlich verschlossen. Ein durch die Hilfe Italiens und Deutschlands ermöglichter totaler Sieg Francos konnte diesen Einfluß unter Umständen noch erhöhen.
Am 7. November kam Berlin Francos jüngsten Forderungen nach: 50000 Gewehre, 2000 Maschinengewehre, 100 Geschütze. Die Einheiten der Legion Condor wurden jedoch nicht verdreifacht, wie ihr Kommandeur, General Wolfram von Richthofen, verlangt

hatte. Als Gegenleistung gab die Regierung in Burgos dem Druck Hitlers nach, der verstärkt in den spanischen Bergbau investieren wollte. Für Franco war das ein lohnender Handel: Die erneute Unterstützung durch die Nazis erlaubte es ihm, der Ebro-Schlacht eine neue Wendung zu geben.

Wenig später nahm auch Mussolini seine Hilfslieferungen wieder auf. Im Januar 1939 schickte er 2000 Mann nach Spanien, im Februar weitere 2000 und im März noch einmal 5000 Mann. Während des Katalonien-Feldzuges wurde in Italien nichts unternommen, um das tatsächliche Ausmaß der Intervention zu verschleiern. Auch die Deutschen gaben Zahlen bekannt.

Negríns verzweifelte Gesuche vom Oktober 1938 blieben demgegenüber in Frankreich und Großbritannien ungehört. Er verlangte allerdings nicht gerade wenig: eine halbe Million Gewehre, 12 000 Maschinengewehre, 1600 Geschütze, 600 Flugzeuge, 200 Panzerwagen. Er argumentierte, daß er mit Hilfe dieses Materials den Einfluß der Kommunisten beträchtlich verringern und sogar den Krieg gewinnen könne. Negrín fand jedoch, auch als er Anfang Februar seine Forderungen mit Nachdruck wiederholte, keine Resonanz (30, S. 331–334; 10, S. 337; 17, S. 204, S. 207).

Im Hinblick auf die faschistischen Regierungen hatte sich die Münchner Konferenz – nach Meinung Chamberlains – ein gutes Stück jenem Viermächteabkommen genähert, das seiner Meinung nach eine friedliche Zukunft in Europa sichern mußte. Als Ciano Anfang Oktober mitteilte, Italien sei zum Abzug von 10 000 »Freiwilligen« bereit, waren nach zutreffenden Schätzungen der britischen Regierung ca. 41 000 italienische Soldaten und mehr als 2000 Piloten und Techniker in Spanien. Dessenungeachtet war sie der Meinung, daß die im Abkommen vom April enthaltenen Verpflichtungen in bezug auf Spanien allmählich erfüllt würden. Gleichzeitig mit der Rückführung dieses kleinen Kontingents erkannte Großbritannien Mitte Oktober die italienische Annexion von Abessinien offiziell an und öffnete damit den Weg zur Ratifizierung des Abkommens.

Spanien hatte endgültig aufgehört, eine Bedrohung für den Frieden in Europa darzustellen, und die halbherzigen Versuche des *Foreign Office* von Ende 1938 und Anfang 1939, die Politik Großbritanniens zu revidieren, bleiben fruchtlos. Der Zusammenbruch Kataloniens machte sie in kürzester Zeit außerdem zu rein theoretischen Planspielen.

Hinsichtlich seiner Bedeutung für Frankreich ist das Münchner Abkommen als ein Sedan ohne Blutvergießen bezeichnet worden. Zweifellos fügte das Abkommen der französischen Politik eine weitere Niederlage zu; der Beginn war mit der Remilitarisierung des Rheinlands 1936 gemacht worden. In wenig mehr als zwei Jahren hatte Frankreich seine Stellung in Europa verloren. Das Scheitern der Opposition gegen das Dritte Reich hatte das strategische Gleichgewicht in Europa zugunsten Deutschlands verschoben. In Zukunft würden die Folgen der deutschen Wiederaufrüstung sehr viel direkter spürbar werden, da Frankreich einen treuen Verbündeten und die Unterstützung seiner über 30 Divisionen verloren hatte.

Mit der Preisgabe der Tschechoslowakei waren außerdem 20 Jahre diplomatischer Bemühungen zunichte gemacht worden. Das zeigte sich an der Aushöhlung der Verpflichtungen gegenüber den osteuropäischen Staaten und am Niedergang des Völkerbundes. Auf der anderen Seite war die Volksfront gescheitert und die innere Uneinigkeit so ausgeprägt wie eh und je.

Nachdem man zuerst geglaubt hatte, ein Krieg mit Deutschland sei unausweichlich, brachte die Erleichterung zugleich eine große Ungewißheit über die Zukunft mit sich. Bonnet strebte eine Loslösung von der Sowjetunion und eine zaghafte deutsch-französische Annäherung an, die jedoch ein baldiges Ende fand. Versuche, die Beziehungen zu Italien zu verbessern, scheiterten am Starrsinn Mussolinis.

Einzig die britisch-französische Verbindung wurde intensiviert, obwohl sie sich lange Zeit nicht auf den militärischen Bereich erstreckte. Schon bald machte sich ein Gefühl des »moralischen Scheiterns« breit.

Nach dem Rückzug von der mitteleuropäischen Bühne wandte sich Frankreich mit neuem Elan dem Mittelmeer und seinem Kolonialreich zu. Wieder stieß man auf den Spanischen Bürgerkrieg, und wieder blühten die alten Polemiken auf, die dieses Thema von Anfang an begleitet hatten.

Die Linke hoffte immer noch auf einen – immer unwahrscheinlicheren – republikanischen Sieg und kritisierte die italienische Einmischung aufs schärfste. Ende Oktober sann Bonnet auf eine Möglichkeit, Mallorca bis zur Beendigung der Feindseligkeiten der Aufsicht der vier am Münchner Abkommen beteiligten Mächte zu unterstellen.

Bei den britisch-französischen Gesprächen vom November betonte Daladier erneut die Zweckmäßigkeit eines Waffenstillstands. Die Grenze wurde allerdings nicht wieder geöffnet; doch wahrte man einen letzten Rest von Anstand, indem Franco nicht der Status einer kriegführenden Partei zuerkannt und kein offiziöser Vertreter nach Burgos entsandt wurde.

Die Politik des Abwartens, die der französischen Regierung herbe Kritik aus der franquistischen Zone einbrachte, erhielt nach dem Beginn der Offensive gegen Katalonien neue Anstöße. Im Januar 1939 war Spanien das beherrschende Thema in Paris, Sympathisanten der Republik unternahmen neue Versuche, ihr zu helfen: Die Grenze wurde für den Durchlaß sowjetischer Lieferungen wieder geöffnet. Allerdings hatten weder Daladier noch Bonnet ernsthafte Einwände gegen einen Sieg Francos, wenn auch Bonnet wegen seiner Spanienpolitik zum angreifbarsten Mitglied der Regierung wurde.

Als Chamberlain und Lord Halifax sich am 12. und 13. Januar 1939 zu britisch-italienischen Gesprächen in Rom aufhielten, drohte Mussolini, jede französische Einmischung mit noch größerem Einsatz von Menschen und Material auszugleichen. (Er steigerte seinen Nachschub ohnehin, unabhängig von der französischen Politik.)

Die Briten entgegneten nichts, gaben die Information aber an Paris weiter. Halifax wies darauf hin, daß eine französische Aktion in Spanien furchtbare Folgen haben werde und seine Regierung die französische ersuche, nichts ohne vorherige Absprache mit ihr zu unternehmen.

Der Zusammenbruch Kataloniens schuf neue Schwierigkeiten. Es ging darum, wie die Hunderttausende von Flüchtlingen untergebracht werden sollten, die über die Grenze kamen; vor allem aber stellte sich die Frage, wie man zu einer Übereinkunft mit Franco gelangen konnte (2, S. 226f., S. 245, S. 256–260).

Für die Sowjetunion waren die Ergebnisse von München äußerst wichtig. In der Literatur herrscht allerdings die Tendenz vor, sie in bezug auf Spanien überzubewerten.

Generell bedeuteten sie natürlich ein weiteres Nachgeben der demokratischen Mächte, und diesmal war sogar ein Verbündeter der Sowjetunion und Frankreichs betroffen. Aber sie versetzten auch der von Litwinow propagierten Politik der kollektiven Sicherheit einen nahezu tödlichen Stoß und verstärkten die Isolierung des

Kreml für den Fall einer deutschen Aggression. Es gibt Hinweise darauf, daß die Sowjets sogar glaubten, die Briten und Franzosen hätten den begehrlichen Blick Hitlers auf die Ukraine gelenkt. Immer wieder trifft man auf die Behauptung, nach München sei es Stalins vorrangiges Ziel gewesen, sich durch einen Nichtangriffspakt gegen einen eventuellen deutschen Angriff zu schützen. Die Verfechter dieser These führen als Beleg außerdem eine Reihe deutsch-sowjetischer Kontakte seit 1936 an, die auf ein solches Ziel hindeuten.

Damit werden allerdings die den deutsch-sowjetischen Nichtangriffspakt vom 24. August 1939 bedingenden Faktoren, der den von den Republikanern so dringend herbeigesehnten Zweiten Weltkrieg möglich machte, in die Vergangenheit zurückprojiziert. Die sorgfältige Analyse von Watt zeigt jedoch, daß der entscheidende Anstoß zu diesem Pakt erst nach dem Zusammenbruch der Republik kam und Berlin die Ablösung Litwinows durch Molotow am 4. Mai 1939 als eindeutiges Signal verstand.

Natürlich gibt es logische Gründe, die das stark nachlassende Interesse Stalins an der spanischen Republik nach München erklären. Der Spanische Bürgerkrieg konnte keine entschlossenere Haltung Frankreichs oder Großbritanniens mehr auslösen, und es gelang ihm auch nicht mehr, die Aufmerksamkeit der Achsenmächte von den Grenzen der Sowjetunion fernzuhalten. Nicht zuletzt hatte sich auch gezeigt, daß die faschistische Unterstützung Francos die deutsche Wiederaufrüstung nicht behinderte. Hinzu kam, daß die Sowjetunion in Asien auf japanische Gelüste stieß und Grenzzwischenfälle sich dort zu häufen begannen.

Unter diesen schwierigen Bedingungen fanden schließlich die Lieferungen über die Murmanskroute ihr Ende.

Neue Bestellungen beim Kreml

Verbittert über die britisch-französische Weigerung, der Republik zu helfen, wandte sich Negrín Mitte November 1938 wieder an die Sowjetunion. Diesmal schickte er seinen Luftwaffenchef, Ignacio Hidalgo de Cisneros, mit einem persönlichen Schreiben an Stalin und einer umfangreichen Bestellung nach Moskau. In dem Brief, der das Datum des 11. November trägt, legte Negrín die internationale und die interne Lage der Republik dar und stellte Betrachtungen über die Zukunft an. Er erblickte in der britischen Politik den Schlüssel für das Verhalten Frankreichs und sparte nicht mit Kritik an Chamberlain und seiner konservativen *Clique,* die er als die schlimmsten Feinde der Republik bezeichnete. Was Frankreich betraf, stand für Negrín fest, daß es keine eigene Außenpolitik betrieb, wenn ihm auch die französische Haltung insgesamt noch positiver erschien als die britische; in englischen Kreisen wirkten nämlich noch ungebrochen jene Kräfte, die die Niederlage der Republik herbeisehnten.

Negrín hielt es für wenig wahrscheinlich, daß Hitler und Mussolini die strategischen Vorteile eines faschistischen Spanien ungenutzt ließen; in dem Konflikt im Fernen Osten sah er die Möglichkeit einer Interessenverknüpfung der Sowjetunion mit einem der japanischen Expansion sich widersetzenden Großbritannien.

Die interne Lage stellte er positiver dar, ohne jedoch seine Besorgnis über den kommunistischen Einfluß zu verhehlen. Vor allem die angespannte Versorgungslage bereitete ihm größte Sorgen, und er legte dem Kreml nahe, umfassend und bedarfsdeckend, nicht jedoch tröpfchenweise Nachschub zu liefern.

Dem Schreiben waren fünf Anlagen beigefügt, von denen die zweite abhanden gekommen ist. In ihnen wurden frühere, in einigen Fällen sogar bis Juni zurückreichende Bestellungen wiederholt, die zusammen die wohl größte Bestellung von Kriegsgütern darstellten, die Moskau bis dahin erhalten hatte. Gefordert wurden nicht weniger als 2150 Geschütze, einschließlich Schiffskanonen und Küstenartillerie, 120 Fliegerabwehrkanonen, 400 000 Gewehre, 10 000 Maschinengewehre und leichte Maschinengewehre, 200 Mosca-, 60 Chato- und 90 Katiuska-Flugzeuge, 31 Y-17-Flugzeuge, 20 Bomber, 15 Ausbildungsmaschinen und einige andere Flugzeuge, 300 000 Schuß Geschützmunition und vieles mehr.

Mit Blick auf die Zukunft erklärte Negrín, Investitionen in Spanien seien eine Versicherung gegen den kommenden Krieg. Er charakterisierte sein Land als das letzte Bollwerk, um die Auseinandersetzung zwischen den demokratischen Ländern und den Achsenmächten zu lösen, ohne daß es zu einem allgemeinen Krieg oder zu demütigenden Kapitulationen kommen müsse.

Negrín sprach eine Prophezeiung aus, die sich als zutreffend erweisen sollte: Im Falle einer Niederlage der Republik sei es höchst unwahrscheinlich, daß der Sommer 1939 vorübergehe, ohne daß der befürchtete Konflikt ausbreche.

Am 26. November 1938 baten Negrín und Finanzminister Méndez-Aspe um Lieferung nichtkriegerischen Materials, über das sie zum Teil bereits mit den sowjetischen Stellen in Barcelona einen Vertrag abgeschlossen hatten; andere Lieferungen benötigten sie noch vor Jahresende. Beigelegt wurde eine Übersicht über den voraussichtlichen Bedarf für 1939 ...
Hidalgo de Cisneros fuhr nach Moskau, wo er seine Mission erfolgreich zu Ende bringen konnte. Die Kriegsmaterialbestellung belief sich auf einen Wert von etwas über 100 Millionen Dollar, und die Sowjetunion erklärte sich zur Lieferung auf Kreditbasis bereit.
Ende November wurde das Material nach Murmansk geschickt, wo die drei größten Schiffe der *France-Navigation* warteten. Mitte Dezember liefen sie, bis zum Rand beladen, nach Bordeaux aus. Weitere sowjetische Frachter folgten ihnen. Möglicherweise machten die Franzosen Einwände geltend, aber mit dem Beginn des Katalonien-Feldzuges dürften die ersten Lieferungen in Spanien angekommen sein.
Ab dem 18. Januar, als sich der Zusammenbruch bereits abzeichnete, stieg der Umfang der Materiallieferungen stark an. Übernahme und Verteilung der Lieferungen beanspruchten sämtliche Aktivitäten des Generalstabs und des für die Bewaffnung zuständigen Staatssekretariats. Die gesamte Aktion fand jedoch in einem derartigen Chaos statt, daß die genaue Menge des erhaltenen Materials nicht bekannt ist.
Zwischen Bordeaux und der katalanischen Grenze drängten sich Züge voller Kriegsmaterial, das Franco als spanisches Eigentum reklamieren sollte, da es einer Republik gehörte, als deren Erbe sich die Regierung von Burgos betrachtete. Sie wurde bereits international anerkannt bzw. stand kurz davor, es zu werden.
Nun intervenierte der Kreml: Das gelieferte Material war noch nicht bezahlt und daher immer noch sowjetisches Eigentum. Paris gab nach, und die Züge fuhren nach Bordeaux zurück (22, S. 177–203, Faksimiles nach S. 328; 24, S. 297–304; 21, S. 211, S. 286; 46, S. 302–306; 39, S. 2215).
Es ist somit offensichtlich, daß auch nach München Stalins Interesse an der Republik nicht völlig erloschen war, wenn auch die letzten großen Waffenlieferungen nichts mehr ausrichten konnten.
Die Episode eignet sich bestens, um die Zweifelhaftigkeit einer

rein statistischen Aufrechnung der ausländischen Waffenlieferungen an beide Seiten und ihre angebliche Bedeutung als kriegsentscheidende Faktoren zu illustrieren.
Unabhängig von ihren großen qualitativen Unterschieden hing die Effizienz der Waffenlieferungen entscheidend davon ab, zu welchem Zeitpunkt sie Spanien erreichten. Eine Handvoll Flugzeuge im August oder September 1936 waren wirkungsvoller gewesen als die drei- oder vierfache Menge ein Jahr später.
Die massiven sowjetischen Lieferungen von Ende 1938 hätten vielleicht eine ganze andere Wirkung erzielt, wenn sie ein Jahr früher oder in den Monaten, in denen die französische Grenze geöffnet war, eingetroffen wären.
Die deutschen Lieferungen, durch die der Materialverschleiß der Ebro-Schlacht ausgeglichen werden konnte, gelangte ungehindert in Francos Hände.
Die ausländischen Waffenlieferungen waren jedenfalls nie der einzige Faktor, der den Kriegsverlauf bestimmte. Mindestens ebenso entscheidend war, wie wirksam sie eingesetzt werden konnten. Der Republik fehlte eine militärische und wirtschaftliche Organisation, die sie der der Aufständischen hätte entgegenstellen können. Das verringerte ihre Möglichkeiten, das erhaltene Material so nutzbringend wie möglich einzusetzen.

Das Ende

Francos Kriegsglück löste keine Welle internationaler diplomatischer Anerkennung seiner Regierung aus. 1938 nahmen nur Ungarn (im Januar) und Portugal (im Mai) *de jure* Beziehungen zu ihr auf, und unter den *de facto*-Anerkennungen sind vor allem die der Türkei, Rumäniens und Griechenlands (im Februar) zu nennen. Nicht vergessen werden darf der Notenwechsel mit der Tschechoslowakei im Juni, mit Holland im Juli, im September mit Bulgarien, im Oktober mit Norwegen, Polen und Dänemark und im November mit Finnland.
In größerem Umfang erfolgte die diplomatische Anerkennung erst in den ersten Monaten des Jahres 1939. Am 28. Februar nahmen Großbritannien und Frankreich offiziell diplomatische Beziehungen zur Franco-Regierung auf. Im Falle Frankreichs stimmte dasselbe Volksfront-Parlament, das sich im Januar mit

374 gegen 228 Stimmen gegen eine Intervention zugunsten der Republik ausgesprochen hatte, mit 323 gegen 261 Stimmen für die diplomatische Anerkennung. Von seiten der USA ließ diese Maßnahme bis zum 4. März auf sich warten.
Der Zusammenbruch Kataloniens und die unwürdige Art, auf die in der Zentrumsregion der Widerstand gebrochen wurde, verhinderten, daß die Republikaner die plötzliche Verschlechterung der Beziehungen in Mitteleuropa und einige ihrer Auswirkungen als effektiven Unterstützungsfaktor in ihr Kalkül einbeziehen konnten.
Am 15. März 1939 besetzten deutsche Truppen Böhmen und Mähren, und die Slowakei erklärte unter der Protektion des Dritten Reichs ihre Unabhängigkeit. München war bereits Geschichte geworden. Ungarn besetzte die Karpato-Ukraine und hatte fortan eine gemeinsame Grenze mit Polen. Deutschland annektierte das Memelgebiet, und am 7. April marschierten die Italiener in Albanien ein.
Diese Ereignisse führten, wenn auch nicht sofort, in Großbritannien und Frankreich zu einer neuen entschlossenen Politik zugunsten der osteuropäischen Länder. Am 31. März, bei Ende des Spanischen Bürgerkriegs, gab Chamberlain allerdings eine Garantieerklärung für Polen und Rumänien ab, noch bevor die Verhandlungen mit Warschau ganz abgeschlossen waren. Er sprach damit auch im Namen Frankreichs, und trotz politischer Meinungsverschiedenheiten zwischen beiden Ländern über die Frage, wie auf die neue Situation zu reagieren sei, wurden unverzüglich gemeinsame Beratungen der Generalstäbe beider Staaten eingeleitet. In Großbritannien wurde die Wehrpflicht eingeführt...
Inwieweit die zusehends sich verschärfende internationale Lage den Bürgerkrieg beeinflußt hätte, wenn er nicht bereits beendet gewesen wäre, bleibt der Spekulation überlassen. So, wie die Dinge standen, mußte das wiedervereinigte Spanien jetzt die Last der Vergangenheit auf sich nehmen und insbesondere mit den Folgen der Unterstützung durch die Achsenmächte fertig werden.
Die ersten Anzeichen ließen eine naheliegende Ausrichtung vermuten: Beitritt zum Antikomintern-Pakt, spanisch-deutscher Freundschaftsvertrag, Austritt aus dem Völkerbund...
Die Außerkraftsetzung des zweiten Kontrollplans begann am 3. März; seit Juli 1937 war er ohnehin nur noch an der Grenze zu Gibraltar wirksam gewesen. Am 20. April 1939 fand die letzte

Sitzung des Londoner Ausschusses statt. Der einzige Sieg der Republik bestand darin, daß Franco den Krieg gewonnen hatte, ohne je als kriegführende Partei anerkannt worden zu sein.

Durch ihre diplomatische, politische und materielle Hilfe hatten die Achsenmächte Francos Sieg ermöglicht, die diskontinuierliche Sowjethilfe mehr als kompensiert und grundlegend zur Formung des neuen politischen Systems beigetragen, das Spanien jetzt aufgezwungen wurde.

Die Nichteinmischungspolitik wiederum hatte ihre grundlegenden Ziele erreicht: Sie hatte den Spanienkonflikt regional begrenzt und ein Übergreifen auf Europa verhindert.

In der Bürgerkriegsliteratur bestehen noch heute Kontroversen darüber, wie weit der internationale Kontext für den Verlauf des Spanischen Bürgerkrieges bestimmend war. Die bisherigen Ausführungen dürften deutlich gemacht haben, daß nach Meinung des Autors der internationale Kontext den Krieg in entscheidendem Ausmaß bedingt hat.

Zahlreiche profranquistische Untersuchungen haben diese Bedeutung zu reduzieren versucht, indem sie Umfang und relative Qualität der Hilfeleistungen verglichen haben.

Meiner Meinung nach gibt es ein ebenso simples wie einleuchtendes Argument, das diese Diskussion endgültig beenden kann: Ohne die Hilfe der Achsenmächte wäre Franco nicht in der Lage gewesen, der äußeren Umklammerung standzuhalten. Er hatte schlicht kein Geld, um das benötigte Kriegsmaterial zu bezahlen. Die Hilfeleistung auf Kreditbasis löste dieses Problem.

Aber auch der diplomatische Beistand darf nicht unterschätzt werden. Möglicherweise ist die Behauptung, die deutsch-italienische Achse sei im Feuer des Spanischen Bürgerkriegs geschmiedet worden, übertrieben. Es steht jedoch eindeutig fest, daß sich das Dritte Reich und das faschistische Italien in der Unterstützung Francos im Laufe des Krieges gegenseitig bestärkt haben. Zu Kriegsbeginn hätte Mussolini seinen Einsatz vielleicht nicht fortgesetzt, wenn nicht auch Hitler in Spanien interveniert hätte.

Durch ihr Zurückweichen vor den Achsenmächten opferten die demokratischen Länder die spanische Republik. Dasselbe Schicksal war allerdings auch der Tschechoslowakei beschieden, die durch ein Verteidigungsabkommen mit einem dieser Länder enger verbunden war, als die Regierung in Madrid es in Friedenszeiten je gewesen ist.

Die äußeren Umstände bewirkten das Scheitern eines *pronunciamiento* und führten zu einem Krieg, der weitgehend als Verteidigungskrieg gegen eine faschistische Aggression interpretiert worden ist. Hatte er einen Sinn?

Doch das ist eine ahistorische Fragestellung. Was ist und was bleibt, ist die Geschichte: die kollektive Erfahrung des bewaffneten Widerstands gegen die Aggression. Ein Teil des spanischen Volkes hat diese Erfahrung gemacht. Österreicher und Tschechoslowaken stellten sich ihr nicht. Doch die Verfechter der Nichteinmischung sollten kurze Zeit später in würdiger Form eine ähnliche Erfahrung machen. Das Franco-Regime überlebte allerdings trotz seiner »Erbsünde«: daß nämlich bei seiner Feuertaufe die im Zweiten Weltkrieg geschlagenen faschistischen Regime Pate gestanden haben.

(Aus dem Spanischen von Willi Zurbrüggen)

Literatur

1. Abendroth, H.-H.: *Hitler in der spanischen Arena*, Paderborn 1973.
2. Adamthwaite, A.: *France and the Coming of the Second World War*, London 1977.
3. Azcárate, P. de: *Mi embajada en Londres durante la guerra civil española*, Barcelona 1976.
4. Borràs Llop, J. M.: *Francia ante la guerra civil española. Burguesía, interés nacional e interés de clase*, Madrid 1981.
5. Breen, C.: *La Droite française et la guerre d'Espagne (1936–1939)*, Genf 1973.
6. Carr, E. H.: *The Comintern and the Spanish Civil War*, London 1984.
7. Carr, R.: *The Spanish Tragedy. The Civil War in Perspective*, London 1977.
8. Castells, A.: *Las brigadas internacionales de la guerra de España*, Barcelona 1974.
9. Cattell, D. T.: *Soviet Diplomacy and the Spanish Civil War*, Berkeley 1957.
10. Coverdale, J. E.: *La intervención fascista en la guerra civil española*, Madrid 1979.
11. Delgado, I.: *Portugal e a guerra civil de Espanha*, Lissabon o. J.

12. Dilks, D. (Hg.): *Retreat from Power, Studies in Britain's Foreign Policy of the Twentieth Century,* Bd. I, London 1981.
13. *Documents on British Policy, 1919–1939.* 2. Serie, Bde. XVII, XVIII, XIX, London 1979, 1980, 1982.
14. Durango, J.: *La política exterior española, 1938–1939. Una programación para la postguerra,* unveröff. Ms. 1984.
15. Duroselle, J.-B.: *La décadence, 1932–1939,* Paris 1979.
16. Eden, A.: *Facing the Dictators, 1923–1938,* Boston 1962.
17. Edwards, J.: *The British Government and the Spanish Civil War, 1936–1939,* London 1979.
18. Fabri, P. W.: *Die Sowjetunion und das Dritte Reich,* Stuttgart 1971.
19. George, M.: *The Hollow Men. An Examination of British Foreign Policy between the Years 1933–1939,* London 1967.
20. Gordón Ordás, F.: *Mi política fuera de España,* Bd. I, Mexiko 1965.
21. Grisoni, D., G. Hertzog: *Les Brigades de la mer,* Paris 1979.
22. *Guerra y revolución en España, 1936–1939,* IV, Moskau 1977.
23. Henke, J.: *England in Hitlers politischem Kalkül, 1935–1939,* Boppard 1973.
24. Hidalgo de Cisneros, I.: *Cambio de rumbo,* Bd. 2, Barcelona 1977.
25. Krivitski, W. G.: *In Stalin's Secret Service,* New York 1939.
26. Lammers, D.: »Fascism, Communism and the Foreign Office, 1937–1939«, in: *Journal of Contemporary History,* Juli 1971.
27. Marquina, A.: »Pío XI contra la Cruzada«, in: *Historia 16,* Nr. 22, Februar 1978.
28. Marquina, A.: *La diplomacia vaticana y la España de Franco (1936–1945),* Madrid 1983.
29. Medlicot, N.: »Britain and Germany: The Search for Agreement, 1930–1937«, in: D. Dilks (Hg.), *Retreat from Power, Studies in Britain's Foreign Policy of the Twentieth Century,* Bd. I, London 1981.
30. Merkes, M.: *Die deutsche Politik im Spanischen Bürgerkrieg, 1936–1939,* Bonn 1969.
31. Pike, D. W.: *Les Français et la guerra d'Espagne, 1936–1939,* Paris 1975.
32. Powell, T. G.: *Mexico and the Spanish Civil War,* Albuquerque 1981.
33. Proctor, R. L.: *Hitler's Luftwaffe in the Spanish Civil War,* Westport 1983.
34. Prokofiev, G.: »El cielo español en llamas«, in: *Bajo la bandera de la España republicana. Recuerdan los voluntarios soviéticos participantes en la guerra nacional-revolucionaria en España,* Moskau o. J.
35. Quartararo, R.: *Roma tra Londra e Berlino, La politica estera fascista dal 1930 al 1940,* Rom 1980.
36. Richardson, R. D.: *Comintern Army. The International Brigades and the Spanish Civil War,* Lexington 1982.

37. Rodimtsev, A.: *Bajo el cielo de España*, Moskau 1981.
38. Salas, J.: *Intervención extranjera en la guerra de España*, Madrid 1974.
39. Salas, R.: *Historia del Ejército Popular de la República*, Bd. 2, Madrid 1973.
40. Saz, I.: *Relaciones España-Italia, 1931–1936. Republica, reacción, fascismo y relaciones internacionales*, Diss. Valencia 1984.
41. Schwartz, F.: *La internacionalización de la guerra civil española, julio de 1936–marzo de 1937*, Barcelona 1972.
42. Southworth, H. R.: *La destrucción de Guernica, Periodismo, diplomacia, propaganda e historia*, Paris 1977.
43. Suárez Fernández, L.: *Francisco Franco y su tiempo*, Bd. I, Madrid 1984.
44. Taylor, T.: *Munich. The Price of Peace*, London 1979.
45. Traina, R. P.: *American Diplomacy and the Spanish Civil War*, Bloomington 1968.
46. Viñas, Á.: *El oro español en la guerra civil*, Madrid 1976.
47. Viñas, Á.: *La Alemania nazi y el 18 de julio. Antecedentes de la intervención alemana en la guerra civil española*, Madrid 1977.
48. Viñas, Á.: *El oro de Moscú. Alfa y omega de un mito franquista*, Barcelona 1979.
49. Viñas, Á.: »Las relaciones hispano-francesas, el Gobierno Daladier y la crisis de Munich«, in: *Españoles y franceses en la primera mitad del siglo XX*, Madrid 1986, S. 161–201.
50. Viñas, Á., J. Viñuela, F. Eguidazu, C. F. Pulgar, S. Forensa: *Política comercial exterior de España, 1931–1975*, Bd. I, Madrid 1979.
51. Watt, D. C.: »The Initiation of the Negotiations Leading to the Nazi-Soviet Pact: A Historical Problem«, in: *Essays in Honour of E. H. Carr*, 1975, auch abgedruckt in: W. Michalka (Hg.), *Nationalsozialistische Außenpolitik*, Darmstadt 1978.
52. Weinberg, G. L.: *The Foreign Policy of Hitler's Germany. Starting World War II, 1937–1939*, Chicago 1980.
53. Zugazagoitia, J.: *Guerra y vicisitudes de los españoles*, Barcelona 1977.

Gabriel Cardona
Die Militäroperationen

Der Julisturm

Der Aufstand

Seit Ausrufung der Republik hatten monarchistische Gruppen alfonsinischer und karlistischer Ausrichtung – darunter Militärs, Finanziers, Großgrundbesitzer, Politiker und Aristokraten – gegen sie konspiriert, ohne untereinander einig zu werden. Nach dem Wahlsieg der Volksfront im Februar 1936 erarbeitete General Mola eine gemeinsame Plattform, auf deren Grundlage es nach vielen Mühen gelang, alle rechts von der Regierung stehenden politischen Kräfte, mit Ausnahme der baskischen Nationalisten, zusammenzufassen. Das Haupt der Verschwörung war General Sanjurjo, der damals in Portugal im Exil lebte. An der Verschwörung waren nur wenige kommandierende Divisionsgeneräle beteiligt, sie zählte aber auf die Unterstützung zahlreicher Brigadegeneräle, nahezu des gesamten Generalstabs und einer großen Zahl von Offizieren. Einige regierungsfeindliche, abgeschobene oder ihrer Kommandoposten enthobene Generäle standen an der Spitze. Nur einer von ihnen hatte einen höheren Rang: Manuel Goded Llopis, kommandierender General auf den Balearen, der schon an der Verschwörung von 1932 beteiligt gewesen war.

Der Plan beschränkte sich auf eine militärische Aktion zum Sturz der Regierung. Die politische Orientierung blieb bewußt vage, um eine möglichst große Zahl von Anhängern zu gewinnen. Infolgedessen spielten die beteiligten Zivilisten nur eine zweitrangige Rolle, und es war vorauszusehen, daß die Zukunft vom Willen der Generäle abhängen würde, falls der Aufstand erfolgreich sein sollte.

Wegen dieser politischen Unbestimmtheiten und des Drucks innerhalb der Armee gelang es Mola, kurz vor dem Aufstand General Cabanellas aus Saragossa und Queipo de Llano, den Generalinspekteur der Grenzpolizei *(Carabineros),* in die Verschwörung einzubeziehen. Queipo de Llano hatte seinerzeit gegen die Monarchie und die Diktatur konspiriert; 1931 wurde er zu einem begeisterten Republikaner, danach wuchs seine Unzufriedenheit mit der Regierung. Die hohen Generäle der Armee und der Sicherheitskräfte waren, mit Ausnahme von Goded, entweder unentschieden oder regierungstreu. Deshalb beschlossen die Verschwörer, daß Queipo de Llano, Goded, González Carrasco, Villegas und Saliquet die Generäle in Sevilla, Barcelona, Valencia, Madrid bzw. Valladolid absetzen und deren Posten übernehmen sollten.

Durch einen Zufall brach der Aufstand in Marokko bereits anderthalb Tage früher, am 17. Juli 1936, los, ohne daß ein General an seiner Spitze gestanden hätte. Am 18. rebellierte Franco, kommandierender General auf den Kanarischen Inseln, der erst einige Tage zuvor Mola sein Einverständnis gegeben hatte. Beinahe gleichzeitig erreichte Queipo de Llano Sevilla, setzte General Villa-Abrile ab und schloß die Garnison dem Aufstand an. Mehrere andalusische Kasernen schlugen sich auf die Seite der Putschisten, die mit einigen eilends herbeigeschafften marokkanischen Einheiten die Häfen von Cádiz und Algeciras sicherten.

In Marokko war der Aufstand problemlos geglückt. Am 19. Juli traf Franco von den Kanarischen Inseln ein, um das Kommando über die marokkanischen Streitkräfte zu übernehmen; es handelte sich um mehr als 40000 ausgebildete Männer, die zwar keine moderne Truppe europäischen Stils waren, aber mit ihren aus Legionären und einheimischen Söldnern gebildeten Sturmtruppen damals Spaniens beste militärische Einheit darstellten.

Nach den Plänen der Organisatoren des Aufstandes sollten diese Truppen die Straße von Gibraltar in sehr kurzer Zeit überqueren. Schwierigkeiten wurden keine erwartet, da man mit der Unterstützung der Offiziere der Kriegsflotte *(Armada)* rechnete. Aber nach einigen Stunden der Ungewißheit mußten diese Hoffnungen aufgegeben werden. Zwar stellten sich zunächst die Marineoffiziere gegen die Regierung und brachten einige Hundert marokkanische Soldaten nach Cádiz und Algeciras, aber dann schufen die Mannschaften eine veränderte Situation: Sie bekannten sich zur Republik und nahmen die aufständischen Offiziere der meisten Schiffe gefangen. Das Afrikaheer blieb somit isoliert. Lediglich über eine Luftbrücke mit einigen wenigen Maschinen konnte noch eine schwache Verbindung zwischen den Aufständischen in Afrika und Sevilla aufrechterhalten werden.

Zu diesem Zeitpunkt war der Konflikt noch kein Bürgerkrieg, sondern ein Militärputsch *(pronunciamiento)* zum Sturz der Regierung. Die Aufständischen glaubten, daß es in einem zentralistischen Staat wie Spanien für eine Machtübernahme ausreichen würde, die Hauptstadt einzunehmen. Die Verschwörer hatten daher auch Anweisung erhalten, nach der örtlichen Machtübernahme so bald wie möglich Truppen nach Madrid zu schicken.

Als die ersten Nachrichten aus Marokko eintrafen, verlor die Regierung Casares Quiroga viel Zeit, da sie sich darauf beschränkte, die Öffentlichkeit zu beruhigen, eine Pressezensur zu verhängen und einige Schiffe nach Afrika zu beordern. Nur einige republikanische Militärs trafen Dringlichkeitsmaßnahmen, während die politischen und gewerkschaftlichen Organisationen der Linken sichtlich beunruhigt waren.

Am Abend des 18. Juli trat Casares Quiroga zurück. Staatspräsident Azaña suchte nach einer politischen Lösung, um die Aufständischen zu beschwichtigen. Nach seiner Vorstellung sollte Martínez Barrio eine gemäßigte Regierung ohne kommunistische und sozialistische Minister bilden: Dieses Unterfangen scheiterte, da die Rebellen genau das Gegenteil anstrebten und an einer Verschärfung der Ereignisse interessiert waren. Anscheinend versuchte Martínez Barrio mit Mola, der sich zu diesem Zeitpunkt den Aufständischen noch nicht öffentlich angeschlossen hatte, einen Pakt einzugehen. Der General lehnte ab.

Unter dem Druck der Madrider Volksmassen ersetzte Azaña Martínez Barrio durch Giral, einen Mann seines Vertrauens. Wiederum gab es unter den neuen Ministern weder Sozialisten noch Kommunisten, wohl aber zwei Generäle: Pozas im Innen- und Castelló im Kriegsministerium.

Die Haltung der Madrider Garnison war eine drohende Unbekannte. General Villegas, der von den Verschwörern dazu bestimmt worden war, das Kommando zu übernehmen, gab keinerlei Lebenszeichen, während alle möglichen Gerüchte in den Kasernen für Unruhe sorgten. Am 18. Juli wurde bekannt, daß die Kanarischen Inseln, Sevilla, Córdoba, Málaga, Jaca und San Fernando (Cádiz) ebenso wie Marokko rebellierten. Am 19. Juli bestätigten zahlreiche Nachrichten, daß der Aufstand sich auf Navarra, Katalonien, Altkastilien und den Norden ausgeweitet hatte.

In der allgemein herrschenden Verwirrung schloß sich General Fanjul, der kein Kommando hatte, an der Spitze der Truppen der Montaña-Kaserne ein. Die Einheiten der Campamento- und der

Getafe-Kaserne erhoben sich ganz oder teilweise, während die der Pacífico-Kaserne und die *Guardia Civil* (Landpolizei) keine eindeutige Haltung einnahmen.
Schließlich scheiterte der Putsch in Madrid. Die Montaña-Kaserne wurde von einem Trupp Polizisten, Militärs und bewaffneten Zivilisten im Sturm genommen, die Putschversuche in den übrigen Kasernen wurden niedergeschlagen, oder die Aufständischen ergaben sich. Ein Fernmelderegiment flüchtete auf Lastwagen in die Zone, die sich unter dem Befehl Molas der Rebellion angeschlossen hatte. Einige in der Nähe liegende Garnisonen – Alcalá, Guadalajara und Toledo – standen auf der Seite der Aufständischen. Aber das übrige Neukastilien sowie Badajoz blieben regierungstreu.
Der Putsch war in einem großen Gebiet erfolgreich, das von Huesca bis La Coruña und Cáceres reichte. Mola befehligte in Pamplona lediglich eine kleine Garnison, aber der karlistische Wehrverband der *Requetés* in Navarra, der militärisch organisiert und teilweise ausgebildet war, unterstellte sich den aufständischen Militärs, die dadurch über eine beträchtliche Streitmacht verfügten. Obwohl Cabanellas der Dienstgradhöhere war und die in Saragossa stationierte V. Division befehligte, wurde Mola im Norden der bedeutendste Mann, war er doch der Planer der Verschwörung gewesen, der außerdem über die wichtige Reserve der *Requetés* verfügte.
In La Coruña war Salcedo Molinuevo unentschlossen und wurde durch die regierungstreue Haltung seines Stellvertreters, General Cardidad Pita, beeinflußt. Batet in Burgos und Molero in Valladolid standen eindeutig auf der Seite der Republik. Dafür hatten die Verschwörer den Generalstab, die Regimentskommandeure und die *Guardia Civil* auf ihrer Seite. Nicht einmal in Saragossa, der historischen Bastion der anarchosyndikalistischen Gewerkschaft CNT (*Confederación Nacional del Trabajo*, Nationalbund der Arbeit) trafen sie auf Schwierigkeiten. In Galicien allerdings stießen sie vereinzelt auf erbitterten, heldenmütigen Widerstand, der mit großer Härte niedergeschlagen wurde. Einige Unteroffiziere und Matrosen von El Ferrol konnten ihren Widerstand den aufständischen Offizieren gegenüber zunächst aufrechterhalten, die sich schließlich aber doch durchsetzten.
An der kantabrischen Küste revoltierten nur die Garnisonen von San Sebastián, Oviedo und Gijón. In San Sebastián konnten sich

die Zivilbehörden mit Hilfe bewaffneter Milizionäre behaupten, die die Aufständischen in der Loyola-Kaserne belagerten. Diese ergaben sich schließlich am 28. Juli, nachdem sie die Hoffnung auf das Eintreffen einer von Mola entsandten Hilfstruppe aufgegeben hatten. In Oviedo bemächtigte sich Oberst Aranda mit Hilfe der Armee und der *Guardia Civil* der Stadt und errichtete einen Verteidigungsgürtel, der den Angriffen der die Stadt belagernden asturischen Milizen standhalten konnte. In Gijón dagegen war Oberst Pitilla gezwungen, sich in die Simancas-Kaserne zu flüchten, wo er sich nur mit Mühe verteidigen konnte, während Volksmilizen die Stadt besetzten.

Im Mittelmeerraum existierte nur in Barcelona ein Plan zum bewaffneten Widerstand gegen den Aufstand. General Llano de la Encomienda, der die Division befehligte, war Republikaner. Aber sein eigener Stab und nahezu alle Offiziere waren an der Verschwörung beteiligt. Außerdem war abzusehen, daß General Goded von den Balearen kommen würde, um das Kommando über die Aufständischen zu übernehmen. Die *Guardia Civil* hingegen sowie die Schutz- und Bereitschaftspolizei blieben regierungstreu. Als sich am Morgen des 19. Juli die Truppen erhoben und auf das Stadtzentrum zumarschierten, hatten die Sicherheitskräfte ihnen den Weg versperrt und empfingen sie mit Schüssen. Mit Ausnahme der Luftwaffe und der Intendantur hatte sich die gesamte Garnison dem Putsch angeschlossen. Trotzdem verlor sie die Schlacht in den Straßen der Stadt, wo sich immer mehr Zivilisten unterschiedlicher gewerkschaftlicher und politischer Orientierung an den Kampfhandlungen beteiligten. Innerhalb eines einzigen Tages wurde die Garnison besiegt. Aber in diesen Kämpfen lösten sich auch die Sicherheitskräfte auf; sie wurden vom revolutionären Strudel der Straße aufgesogen. Selbst altgediente Angehörige der *Guardia Civil* banden sich das schwarz-rote Tuch der FAI (*Federación Anarquista Ibérica,* Iberische Anarchistische Föderation) um den Hals. Die autonome Regionalregierung, die *Generalitat*, war am Ende zwar siegreich, aber faktisch machtlos.

Als General Goded nach Barcelona flog (nachdem Mallorca sich unter seinem Befehl dem Aufstand angeschlossen hatte), konnte er sich dort praktisch nur noch gefangennehmen lassen. Die Nachricht vom Scheitern des Putsches in Barcelona beschleunigte die Kapitulation der aufständischen Garnisonen von Lérida, Manresa und Menorca. In Valencia hingegen verliefen die Dinge anders:

Luis Lucia, Führer der *Derecha Regional Valenciana,* weigerte sich, sich dem Aufstand anzuschließen. Die Garnisonskommandanten Martínez-Monje und Gámir Uribarri waren Republikaner, und González Carrasco, der sie absetzen sollte, zögerte, bis die Nachrichten aus Barcelona die Verschwörer entmutigten. Die Militärs nahmen eine zwiespältige Haltung zwischen Abwarten und Meuterei ein; sie zogen sich in ihre Kasernen zurück, bis Ende des Monats die an dem Komplott Beteiligten gefangengesetzt wurden.
Auch Cartagena, Málaga und Almería blieben auf der Seite der Republik: Cartagena wegen des Eingreifens der Matrosen der dortigen Marinebasis, Málaga und Almería infolge des massiven Drucks der Bevölkerung, der die aufständischen Garnisonen zur Änderung ihrer Haltung zwang.

Eine erste Bilanz

Nach einer Woche war der *pronunciamiento*, dessen Ziel eine schnelle Machtübernahme gewesen war, gescheitert. Zudem war der Anführer des Aufstandes, Sanjurjo, am 20. Juli bei einem Flugzeugunglück ums Leben gekommen. Goded, der fähigste Mann, saß in Barcelona im Gefängnis, und General Fanjul, ein angesehener politischer Kopf, war in Madrid inhaftiert. Die Hauptstadt, deren Eroberung das erste Ziel des Aufstands gewesen war, war weiterhin Sitz der republikanischen Regierung. Keiner einzigen Kolonne war es gelungen, bis Madrid vorzudringen. Dennoch hatte der Aufstand den Zusammenbruch der staatlichen Zwangsgewalt bewirkt.
Im Kriegsministerium herrschte ein großes Durcheinander. Die Mehrheit der Militärs hatte sich abgesetzt, damit war die gesamte Organisation zerfallen. Eine Gruppe republikanisch gesinnter Offiziere war unter großen Mühen bestrebt, die Organisation wiederherzustellen. Die auf Regierungsgebiet noch verfügbaren Truppen waren völlig desorganisiert. Schon vor dem 18. Juli war die Einsatzkraft der Truppen schwach; außerdem war ihr Bestand durch den Sommerurlaub weiter geschwächt. Die Wirren des Aufstands hatten die Auflösung der Regimenter zur Folge. Nur 10 bis 20% der Offiziere standen noch der Regierung zur Verfügung, aber auch ihre Loyalität war in vielen Fällen zweifelhaft. Madrid verlor die Kontrolle über die republikanischen Kräfte in Katalo-

nien, über die Front von Aragonien und Málaga; der Norden wurde isoliert. Die Erhebung hatte die militärischen Ressourcen des Staates zerstört.
Am 20. Juli 1936 trat der neue Kriegsminister, General Castelló, sein Amt an. Aber die wirkliche Macht im Ministerium hatte eine Gruppe republikanischer Millitärs inne, deren Wortführer Oberstleutnant Hernández Saravia war. Aus Furcht vor erneuten verräterischen Umtrieben wurden in den Kasernen Komitees organisiert. Diese aber wurden oft von ehrgeizigen oder doktrinären Fanatikern beherrscht, die loyale Offiziere demütigten oder schikanierten – sehr zum Schaden der Regierung, der es für den Widerstand gegen die Aufständischen ohnehin an Militärs fehlte.
An die Stelle des Heers waren die Milizen getreten. Nach 48 Stunden beherrschten die Milizionäre die Straße, ohne daß die Regierung sie hätte kontrollieren können, gehorchten sie doch oft nicht einmal ihrer eigenen Partei oder Gewerkschaft. Aber sie waren die einzige bewaffnete Kraft, die dem Putsch Widerstand entgegensetzen konnte. In Barcelona war das tatsächliche Machtzentrum das *Comité Central de Milicias* (Zentralkomitee der Milizen), während die *Generalitat* über keinerlei Autorität verfügte, ganz zu schweigen von der Madrider Regierung. Aber viele Lokalkomitees und Kontrollpatrouillen gehorchten selbst dem Zentralkomitee nicht. In Valencia konnten sich die Regierungsvertreter mit dem *Comité Ejecutivo Popular* (Volksexekutivkomitee) nicht einigen. Und überall waren die zivilen Organe des Staatsapparats zerstört, die Institutionen gelähmt, die Beamten desorganisiert oder abwesend.
Die Aufständischen hatten zwar ihr Ziel nicht erreicht, waren aber von der Regierung auch nicht besiegt worden. Sie scheiterten in den Industrieregionen und in fast allen großen Städten. Aber sie kontrollierten die Getreideanbaugebiete, in denen die Ernte gerade eingebracht war, den Fischfang in Galicien, die Verbindungswege von Aragonien nach Frankreich, fast die gesamte portugiesische Grenze, die galicische und die andalusische Atlantikküste, das Protektorat Marokko – ein Drittel des Staatsgebietes und ein Viertel der Bevölkerung. Sie kontrollierten mehr als die Hälfte der öffentlichen Sicherheitsorgane, drei Divisionen ganz und von zwei weiteren den größten Teil der Truppen, die Garnison auf den Kanarischen Inseln, einen Teil der Garnison auf den Balearen, das

gesamte Marokko-Heer, Ifni und Sahara sowie zwei der drei Flottenstützpunkte. Bei der Luftwaffe verfügten sie lediglich über eine Verkehrsmaschine, vier Jagd-, 33 bewaffnete Aufklärungsflugzeuge, drei Wasser- und drei Transportflugzeuge. Ihre Marine bestand aus einem Panzerkreuzer und zwei leichten Kreuzern – alle drei waren veraltet –, einem einzigen Zerstörer und einigen kleineren Einheiten. Zwei moderne Kreuzer sollten allerdings demnächst im Flottenstützpunkt El Ferrol, der sich den Aufständischen angeschlossen hatte, vom Stapel laufen. Insgesamt konnten sie sich auf beträchtliche Einsatzreserven in Marokko und auf eine Militärorganisation auf dem spanischen Festland stützen, die zwar nicht sehr kampfkräftig, aber sehr wohl in der Lage war, das Territorium zu sichern und die Mobilisierung zu organisieren. Den Aufständischen standen die Mittel zum Aufbau einer starken Armee zur Verfügung, wenn auch ihre einzige leistungsfähige Kampftruppe vorerst in Marokko isoliert war.

Die Organisation der Aufständischen befand sich noch in den Anfängen. Sie war in drei Zonen aufgeteilt und einer äußerst strengen Militärkontrolle unterworfen. Franco hatte das Kommando in Afrika und auf den Kanarischen Inseln inne, Queipo de Llano in Andalusien; im Norden agierte seit dem 24. Juli eine *Junta de Defensa Nacional* (Nationale Verteidigungsjunta) unter dem Vorsitz von Cabanellas, wenn auch in Wirklichkeit Mola den maßgeblichen Einfluß ausübte.

Die republikanische Regierung verfügte potentiell über mehr Ressourcen, konnte sie aber nicht aktivieren. Weder waren die Milizen eine Armee, noch konnte man von heute auf morgen eine disziplinierte Streitmacht aufbauen. Die loyale Marine besaß einen Panzerkreuzer, drei leichte Kreuzer, 16 Zerstörer und elf Unterseeboote; der Admiralstab aber hatte sich abgesetzt, und die meisten Schiffe waren in der Hand von Komitees. Die Regierung verfügte auch über die Mehrzahl der Flugzeuge, aber die spanische Luftwaffe war ohnehin unbedeutend. Fast alle ihre Maschinen waren entweder alt oder Nachbauten veralteter Modelle.

Vor dem Putsch war in Spanien nicht einmal Munition für einen einzigen Kampftag vorrätig, in der Rüstungsindustrie herrschte ein heilloses Durcheinander; es gab kaum Panzer, Panzerabwehr- und Luftabwehrgeschütze, gegen chemische Kriegseinsätze war keine Vorsorge getroffen. Artillerie war wenig vorhanden, vor allem fehlten großkalibrige Geschütze. Nur einige hundert Motor-

räder, Kraftfahrzeuge und militärische Zugmaschinen verschiedenster Bauart waren funktionstüchtig; die Kavallerie bestand noch, ganz im klassischen Sinne, aus Pferden. Der Nachrichtendienst befand sich auf dem Stand von 1914.
Allein mit den im Land vorhandenen Waffen konnte keines der beiden Lager etwas anderes als wenig bedeutsame Operationen mit leichten Waffen, einigen Geschützen und schlimmstenfalls mit dem kaum tödlichen Einsatz von Museumsflugzeugen durchführen. Man konnte sich gegenseitig fast direkt, sozusagen von Mann zu Mann, umbringen – wie in früheren Konflikten. Um aber einen langen, modernen Krieg zu führen, verfügte Spanien ohne ausländische Hilfe nicht über die notwendigen Mittel.

Die unmittelbaren Ziele

Die Lage um Madrid

Wochenlang war Spanien ein Hexenkessel. Alle möglichen lokalen Instanzen sandten sofort bewaffnete Kolonnen aus und errichteten eilig Straßenkontrollen, um dem Gegner zuvorzukommen. Die Lage war so undurchsichtig, daß nicht einmal die unmittelbare Zukunft Madrids absehbar war. Der Putsch war in der Hauptstadt zwar gescheitert, aber die bedrohlichen Pläne der Aufständischen im Hinblick auf Madrid wurden allmählich erkennbar.
Alle Truppen der nördlichen Meseta hatten sich dem Aufstand angeschlossen. Von Burgos, Valladolid oder Segovia aus konnte eine motorisierte Kolonne in wenigen Stunden Madrid erreichen. Allerdings war zu erwarten, daß ein Teil dieser Truppen durch andere Operationen gebunden sein würde. Da der Putsch im Baskenland gescheitert war, hatte sich die Garnison von San Sebastián in der Loyola-Kaserne verschanzt. Mola schickte zu ihrer Unterstützung aus dem 90 km entfernten Pamplona eine Kolonne unter dem Befehl von Oberst Beorlegui. Dieser hätte seine Mission fast erfüllt, wurde aber in Vera de Bidasoa aufgehalten, da die Republikaner eine Brücke gesprengt hatten. Am 22. Juli versuchten zwei weitere Kolonnen aus Pamplona, San Sebastián zu erreichen, am 27. waren sie bereits in der Nähe der Stadt. Aber am folgenden Tag kapitulierte die Loyola-Kaserne.
Auch Cabanellas waren die Hände gebunden, denn er mußte mit

Angriffen aus Barcelona rechnen. Aber dafür erhielt Mola so viele karlistische Freiwillige, daß er an mehreren Fronten kämpfen konnte. Die Garnisonen von Altkastilien kannten keinen anderen Feind und kein anderes Ziel als Madrid, das von Burgos, dem Standort der VI. Division, 230 km und von Valladolid, dem der VII. Division, nur 193 Kilometer entfernt lag.
Zu diesen unmittelbaren Gefahren kamen andere Probleme hinzu. In Toledo, 70 Kilometer südlich von Madrid, lagerten in einer Waffenfabrik dringend benötigte Munitionsbestände, die der Garnisonskommandant Moscardó nicht aushändigen wollte. Als Castelló Kriegsminister wurde, ernannte er General Riquelme zum Befehlshaber der I. Division (Madrid) und befahl ihm, sich an die Spitze der Kolonne zu setzen, die sich nach Toledo begeben sollte, um den Widerstand General Moscardós zu brechen. Auf der Strecke nach Saragossa lagen zwei aufständische Garnisonen: Alcalá, das nur 30 Kilometer, und Guadalajara, das 60 Kilometer von Madrid entfernt war. Auch Albacete, das 250 Kilometer südöstlich der Hauptstadt lag und für die Verbindungswege äußerst wichtig war, hatte sich erhoben. Nur eine trockene Ebene ohne Truppen trennte die Stadt von Madrid. Sie stellte aber für die Hauptstadt keine Gefahr dar, da die Garnisonen der Mittelmeerküste Albacete angreifen konnten.
Besonders akut schien die Gefahr eines Angriffs aus dem Norden. Dort lag das Guadarrama-Gebirge zwischen der Hauptstadt und Molas Truppen. Zwei Strecken führten aus den aufständischen Gebieten nach Madrid: die Straße von La Coruña, auf der Truppen aus Valladolid und Segovia vorrücken konnten, und die Verbindung Madrid–Frankreich über Irún, die die Kolonne aus Burgos nehmen mußte. Die Straße von La Coruña führte über zwei Pässe, den León- und den Guadarrama-Paß, die Abzweigung nach Segovia verlief über den Navacerrada-Paß, und die Straße nach Frankreich über den Somosierra-Paß.
Bereits am 18. Juli bestiegen einige Milizionäre den Alto del León. Am 19. Juli nahm eine Gruppe von Monarchisten aus Madrid den Somosierra-Paß ein, der auf dem ersten Drittel des Weges nach Burgos liegt, um Molas Truppen die Verbindung offenzuhalten. Volksmilizen konnten nur noch Buitrago, am Fuße des Passes, besetzen.
Am Abend des 20. Juli wurden in Madrid mehrere Kolonnen aus Soldaten, Polizisten und Milizionären zusammengestellt, die dem

Kommando von Berufsmilitärs unterstellt wurden; zu letzteren gehörte Oberst Puigdengolas, der die Aufständischen von Alcalá und Guadalajara angriff und am 21. Juli besiegte.

Drei weitere Kolonnen machten sich in die Berge auf. Das Bataillon der *Guardias de Asalto* (Bereitschaftspolizei) unter Major Burillo und das von Hauptmann González Gil befehligte Milizbataillon *Octubre* marschierten nach Navacerrada; eine Luftwaffenkompanie des Flughafens von Alcalá und ein Milizbataillon, das Francisco Galán, einem Hauptmann der *Guardia Civil,* unterstellt war, brachen nach Somosierra auf; Oberst Castillos Kolonne, die aus Milizionären und Soldaten bestand, begab sich nach Guadarrama.

Das Kriegsministerium stellte eine weitere Kolonne aus Truppen des 1., 2. und 4. Infanterieregiments zusammen und beauftragte sie ebenfalls mit der Verteidigung der Pässe von Navacerrada, Guadarrama und Somosierra.

Am selben Tag machten sich in Valladolid aufständische Truppen unter dem Befehl von Oberst Serrador auf den Weg zum Alto del León, den sie am 22. Juli einnahmen; anschließend verschanzten sie sich dort. Der Zusammenstoß mit den republikanischen Truppen war hart, führte aber zu keiner Entscheidung. Weder gelang es den Republikanern, trotz zäh wiederholter Angriffe den Gipfel zurückzuerobern, noch konnte Serrador weiter vorstoßen.

Aus Pamplona marschierte eine andere Kolonne unter dem Befehl von Oberst García Escámez in Richtung Somosierra. Sie änderte ihre Route, um den Aufständischen von Guadalajara zu Hilfe zu eilen. Als García Escámez aber erfuhr, daß diese sich ergeben hatten, marschierte er wieder in Richtung Somosierra und nahm am 23. Juli den Paß ein. Dort wurde er jedoch aufgehalten und konnte nicht weiter nach Madrid vorrücken, da ihm Galáns Truppen den Weg abschnitten.

Unterdessen war eine republikanische Kolonne unter dem Befehl von Oberstleutnant Mangada in Richtung Gredos, eine andere unter Oberst Perea in Richtung Navafría marschiert. Mangada, ein alter Republikaner, hatte eine Freiwilligenkolonne gebildet und versuchte, sich über Segovia und Ávila Serradors Truppen, die den Alto del León besetzt hielten, von hinten zu nähern. Die Kolonne konnte verschiedene Erfolge verbuchen. Sie bekämpfte und besiegte die aufständische Kolonne von Major Doval, einem Vertrauten Francos, der für die Repression in Asturien nach der

Revolution von 1934 verantwortlich gewesen war. Dann näherte sie sich Ávila, verlor aber, schon in Sichtweite der Stadt, allmählich an Schlagkraft.

Der Alto del León blieb weiterhin Schauplatz härtester Kämpfe. Die Aufständischen verfügten über Soldaten, Falangisten und *Requetés,* während die republikanischen Truppen aus Soldaten, Polizisten und Milizionären zusammengewürfelt waren. Der gefallene Oberst Castillo wurde durch Oberst Morales ersetzt, der am 24. Juli erfolglos versuchte, den Gipfel zurückzuerobern. Dann übernahm General Riquelme die Leitung der Operationen in der Sierra. Wenig später erhielt die gegnerische Seite Verstärkung, General Ponte wurde ihr neuer Befehlshaber. Er startete am 5. August eine Offensive gegen Madrid, die jedoch, wie alle vorangegangenen, scheiterte. Auch eine navarresische Kolonne unter Oberstleutnant Rada wurde bei Navafría von der Einheit Pereas gestoppt. Nach zahlreichen Verlusten waren beide Lager nicht mehr zu einem entscheidenden Schlag fähig; die Front in der Sierra stabilisierte sich.

Nur unter großen Schwierigkeiten konnte die Republik die unmittelbare Bedrohung der Hauptstadt abwenden. Allerdings hatte auch Mola sie nicht einnehmen können, dessen Truppen an festgefahrenen Frontabschnitten aufgehalten wurden. Den Republikanern wiederum war die Eroberung des Alcázar von Toledo nicht gelungen, wo Oberst Moscardó sich mit Angehörigen der *Guardia Civil,* mit Soldaten und Zivilisten eingeschlossen hatte. In den zusammengewürfelten Kolonnen der Republikaner erhielten Männer ihre Feuertaufe, die bald darauf bekannte Milizkommandeure wurden, wie z. B. Modesto, El Campesino, Líster oder Cipriano Mera.

Die republikanischen Kolonnen

Alle waren davon ausgegangen, daß der Juliaufstand eine Angelegenheit von wenigen Tagen sein würde. Aber nach einem Monat hatte keine der beiden Parteien gesiegt, und aus dem *pronunciamiento* war ein Krieg geworden. Es war kein Konflikt von der Art, die man in Europa kannte. Die spanische Artillerie bestand aus einigen wenigen Geschützen, es war kaum Munition vorhanden; die Flugzeuge waren veraltete Kisten, die nicht einmal in Friedenszeiten zu gebrauchen waren; die unförmigen Panzer waren eigentlich nur Lastwagen oder Zugmaschinen, die mit Platten beschlagen worden waren und an jeder Steigung stehenblieben; die Infanterie war ein Durcheinander von Uniformierten und halbbewaffneten Zivilisten, die zwar mit Leib und Seele bei der Sache, aber undiszipliniert waren.

Die Welt schaute auf Madrid, das Zentrum der Ereignisse. Truppenbewegungen fanden jedoch ebenso bei Albacete, in Andalusien, in Aragonien und im Norden statt.

In Barcelona, wo theoretisch die *Generalitat* die Macht innehatte, unterzeichnete Präsident Companys ein Dekret zur Gründung des *Comité de Milicias Antifascistas* (Komitee Antifaschistischer Milizen), um die revolutionären Umtriebe auf der Straße in den Griff zu bekommen. Zwei Tage später schuf er das Verteidigungsministerium der *Generalitat.* Anders als in Madrid konnte die Obrigkeit in Barcelona nicht in die Organisation der Milizen eingreifen. Politische Führer machten sich mit ihren jeweiligen Anhängern und den im Straßenkampf oder bei der Erstürmung von Kasernen erbeuteten Waffen nach Saragossa auf; militärisch waren sie überhaupt nicht vorbereitet, sieht man davon ab, daß sie ein paar republikanische Offiziere als Berater mitnahmen.

Die erste Kolonne verließ Barcelona am 24. Juli; angeführt wurde sie von Buenaventura Durruti, Major Pérez Farrás war ihr militärischer Berater. Am selben Tag noch machte sich die Kolonne Karl Marx, die sich aus Mitgliedern der kommunistischen PSUC (*Partit Socialista Unificat de Catalunya,* Vereinigte Sozialistische Partei Kataloniens) und der sozialistischen Gewerkschaft UGT (*Unión General de Trabajadores,* Allgemeiner Arbeiterbund) zusammensetzte, gleichfalls auf den Weg nach Saragossa. Durruti, der der Hauptstadt Aragoniens persönlich verbunden war, ahnte, wie wichtig es war, sie zu erreichen. Er verfolgte unbeirrt sein Ziel, während die Kolonne Karl Marx in Lérida abbog und in Richtung Monzón und Huesca weitermarschierte.

Die anarchistische Kolonne von Antonio Ortiz und Major Salavedra wich ebenfalls von ihrer ursprünglichen Richtung ab und begab sich nach Alcañiz. Einige Tage später setzte sich auch die Kolonne Francisco Ascaso in Marsch, die ihren Namen zu Ehren des am 20. Juli in den Straßen von Barcelona gefallenen Anarchistenführers erhalten hatte. Sie wurde angeführt von Cristóbal Albaldetrecu, Gregorio Jover und Hauptmann Tortosa; zum überwiegenden Teil setzte sie sich aus Anarchisten und einer nicht unerheblichen Gruppe des marxistisch-antistalinistischen POUM (*Partido Obrero de Unificación Marxista,* Arbeiterpartei Marxistischer Vereinigung) zusammen. Sie begab sich nach Huesca, ebenso wie die beiden republikanischen Bataillone von Oberst Villalba.

Innerhalb weniger Tage marschierten katalanische Kolonnen zu beiden Seiten der Straße von Lérida nach Saragossa. Sie stellten eine beträchtliche Anzahl an Kämpfern, denen die Aufständischen nur wenig entgegenzusetzen hatten. Aber ein Großteil dieser Männer war der Meinung, sie gingen nicht in den Krieg, sondern sie kämpften um die Revolution; und Ordnung war für sie die »organisierte Unordnung« der anarchistischen Doktrin – ohne Waffen, ohne Organisation, ohne Führung, ja sogar ohne Munition. Trotz ihres Enthusiasmus und einiger lokaler Erfolge kamen sie nicht entscheidend voran; es gelang ihnen allerdings, die gesamte V. Division und die *Requeté*-Verstärkungen, die Mola eilig zur Rettung Saragossas geschickt hatte, aufzuhalten.

Angesichts der unklaren Lage in Valencia und Murcia rief die aufständische Garnison in Albacete am 20. Juli den Kriegszustand aus. Wenig später marschierten zwei Kolonnen auf die Stadt zu; die eine über die Straße Villena–Almansa–Chinchilla, die andere über Hellín. Die erste kam aus Alicante und Alcoy, die zweite aus Cartagena und Murcia. Am 22. Juli bombardierte die Luftwaffe von Los Alcázares die Kaserne der *Guardia Civil,* in der sich die Aufständischen verschanzt hatten. Zwei Tage später vereinigten sich die Kolonnen aus Alicante, Murcia und Cartagena unter dem Kommando des Majors Balibrea. Am Mittag des 25. Juli war der Widerstand in Albacete erloschen.

Auch Valencia entsandte Kolonnen. Schon während der ersten Tage bemühte sich Manuel Uribarri, Hauptmann der *Guardia Civil,* um die Ausbildung und Ausrüstung der Milizionäre. Auf den Strecken nach Madrid, Teruel und Albacete marschierten verschiedene Expeditionskorps; die bedeutendsten wurden von Obersten befehligt. Die Kolonne Hilario Pérez marschierte in Richtung Teruel, die von Joaquín Tirado nach Madrid. Am 30. Juli kam Kriegsminister General Castelló nach Valencia, nachdem die Republik nur noch in dieser Region über Truppen verfügte. Der General stellte mehrere Verbände ohne Milizionäre zusammen, die sich nach Madrid in Marsch setzten; unterdessen verließen Einheiten auch die kleineren Garnisonen.

Am 28. Juli kam General Miaja nach Albacete. Nachdem der Aufstand dort niedergeschlagen worden war, standen nicht mehr unmittelbar benötigte Truppen bereit. Miaja ordnete ihren sofortigen Abmarsch nach Andalusien an. Man befürchtete, daß die Marokkoarmee gegen Madrid marschieren würde, und er wollte ihr auf der üblichen Route über den Despeñaperros-Paß den Weg abschneiden. Die Truppen marschierten durch Regierungsterritorium ohne Schwierigkeiten in Richtung Córdoba. Unterwegs schlossen sich viele Landarbeiter der Kolonne an. Anfang August schlug Miaja sein Hauptquartier in Montoro, 40 Kilometer von Córdoba entfernt, auf. Er nahm einige umliegende Ortschaften ein, brachte die nördlich der Stadt liegenden Berge unter seine Kontrolle, verzettelte sich sodann aber in weniger wichtigen Operationen.

Die Überquerung der Straße von Gibraltar und der Vormarsch nach Madrid

Queipo de Llano hatte in Sevilla keinen leichten Sieg. Die Arbeiterviertel leisteten mehrere Tage lang Widerstand, bis sie von der V. *Bandera,* einer aus Marokko kommenden Einheit der Legion in Bataillonsstärke (600 Mann), außer Gefecht gesetzt wurden. An einigen Stellen dauerten die Kämpfe bis zum 24. Juli, und die Legionäre mußten Haus für Haus erobern.
Nachdem er die Provinzhauptstadt in seiner Gewalt hatte, sah sich Queipo de Llano verschiedenen militärischen Problemen gegenüber. Die Verbindungswege von den Häfen Cádiz und Algeciras nach Jeres und Sevilla mußten gesichert werden, damit die über den Seeweg aus Marokko eingetroffenen Truppen unverzüglich der Stadt Unterstützung gewähren konnten. In Córdoba und Granada war der Kriegszustand ausgerufen worden, aber die Situation der Aufständischen hatte sich noch nicht konsolidiert. Huelva, die Verbindungswege nach Portugal sowie die Mehrzahl der andalusischen Städte und Dörfer waren noch in der Hand der Republikaner.
Die nach und nach ankommenden afrikanischen Truppen ermöglichten es den Aufständischen, die von ihnen kontrollierte Zone zu vergrößern. Am 19. Juli trafen ein *tabor* (Bataillon mit 225 Mann) und eine Schwadron *Regulares* (Truppeneinheit der Afrikaarmee) in Cádiz ein, ein weiterer *tabor* Algeciras. Der nachfolgende

Schiffsverkehr wurde jedoch durch den politischen Frontwechsel der Flotte unterbunden, so daß bis Ende Juli nur noch 900 zusätzliche Legionäre und *Regulares* – auf dem Luftwege – Sevilla erreichen konnten; außerdem kam am 25. Juli eine Kompanie der Legion auf zwei Fischkuttern in Tarifa an.

Auch wenn der Truppenbestand nicht sehr groß war, so genügte er doch, um die Erhebung in Andalusien auszuweiten. Queipo de Llano festigte die Position der Aufständischen in Córdoba und Granada und konnte einen großen Geländegewinn erzielen. In Huelva erhob sich am 27. Juli die *Guardia Civil* gegen die Regierung; obwohl der örtliche Kommandant der *Guardia Civil*, Oberstleutnant Ortiz, energischen Widerstand leistete, gelangte die Stadt noch am selben Tag unter die Kontrolle der Rechten. Málaga hingegen konnten Queipos Truppen nicht einnehmen; dort hatten sich seit dem Scheitern des Putsches die Volksmassen der Straße bemächtigt. Statt dessen konnten sie Mola zur Hilfe eilen, dem es an Munition mangelte; aus diesem Grund hatten seine Frontverbände Anweisung, nur im äußersten Falle zu schießen. Dank der Kollaboration der portugiesischen Behörden konnten Munitionsfahrzeuge ohne Tarnung und Fahrerwechsel von Sevilla nach Portugal, dann von Süden nach Norden durch den ganzen Nachbarstaat fahren und die Munition in die von Molas Truppen kontrollierte Zone bringen.

Unter dem Befehl von Asensio Cabanillas verließen am 2. August ein Bataillon der *Regulares* und der Legion mit Feldartillerie, Pionieren und Nachschubtruppen Sevilla. Am 3. brach Castejón mit einer genauso zusammengesetzten Truppe auf. Die übliche Route über Despeñaperros und durch die Mancha, die 400 km durch Regierungsgebiet verlief, schien für eine derart kleine Einheit zu schwierig. Die Strecke Sevilla–Mérida–Talavera–Madrid, die durch die Provinz Badajoz führte, war zwar 100 Kilometer länger, durchquerte aber nur 200 Kilometer feindliches Gebiet. Auf dieser Strecke lag außerdem links die portugiesische Grenze als Flankenschutz und Versorgungsnachschubweg, so daß die Expeditionstruppen nur sehr schwer einzukesseln waren. Außerdem konnten sie, sobald sie Mérida erreichten, mit der Unterstützung durch Molas in der Provinz Cáceres stationierten Truppen rechnen.

Für den Vormarsch auf Lastwagen wurde die Kolonnenformation gewählt; es handelte sich um die in Marokko übliche Gefechtsanordnung, mit der alle spanischen Militärs vertraut waren. Am

Anfang kam die Truppe ohne Schwierigkeiten voran, als ginge es um eine Routineoperation. Auf den ersten 70 Kilometern traf sie auf keinen nennenswerten Widerstand; der erste, der sich ihr in den Bergen von Santa Olalla sodann entgegenstellte, wurde von Asensio niedergewalzt. Die Milizionäre konnten jene Berufssoldaten nicht aufhalten, die bereits am 4. August den gegenüberliegenden Hang besetzt hatten. Die Kolonne Castejón stellte sich 25 Kilometer weiter östlich auf, um die eine Flanke zu decken, während die andere durch die Grenze gesichert war. In den ersten vier Tagen legten die Aufständischen 120 Kilometer zurück, wodurch sich ihre Anhänger auf republikanischem Gebiet ermutigt fühlten.
Aber der größte Teil der marokkanischen Streitkräfte war immer noch in Afrika. Die Regierung hatte die Flotte – trotz der geringen Autorität, die sie über sie ausübte – in Tanger konzentriert. Von dort aus war es leicht, jeden Konvoi, der aus Ceuta auslaufen wollte, abzufangen. Franco drängte darauf, daß das Kontrollkomitee von Tanger, unter dem Vorwand des internationalen Charakters der Stadt, die Flotte zum Verlassen des Hafens zwingen solle. Als er sein Ziel erreicht hatte, wurden die Schiffe in Málaga – weit entfernt von Ceuta – zusammengezogen. Málaga war aber der einzige Hafen, den die Republikaner benutzen konnten. Vorpostenboote patrouillierten nun in der Straße von Gibraltar. Die Aufständischen in Afrika nutzten die Gelegenheit. Sie hatten aus Italien die ersten dreimotorigen Maschinen, die Luftunterstützung gewähren konnten, erhalten. Daraufhin stellten sie einen Geleitzug zusammen, der aus einem Kanonenboot, einem Torpedoboot und einem Küstenwachschiff, die zu militärischen Zwekken kaum zu gebrauchen waren, sowie aus einem Handelsschiff, zwei Motorschiffen und einem Schlepper für den Transport bestand. Am 5. August liefen sie aus Ceuta mit Kurs auf das nahe gelegene Algeciras aus. Fünf Meilen vor dem Ziel entdeckte sie ein republikanischer Zerstörer, der zwar ein kleines Gefecht begann, den durch die italienischen Savoia-Flugzeuge unterstützten Konvoi aber nicht aufhalten konnte. Die Expedition brachte 2500 Mann, eine Batterie 105-mm-Geschütze, Munition und Kriegsgerät auf das Festland. Vor allem aber machte sie deutlich, daß die Flotte der Regierung die Kontrolle über die Straße von Gibraltar verloren hatte und der Transport des Marokkoheeres nach Spanien möglich war.
Franco spielte von nun an eine wichtige Rolle: Seine Truppen

kämpften auf der Halbinsel. Die Konsolidierung Andalusiens überließ er der Verantwortung Queipo de Llanos; statt dessen befahl er, nach Madrid zu marschieren.
Asensio vereinigte die beiden durch Vormärsche und Gefechte geschwächten Kolonnen. Von Sevilla brach Tella mit Ersatztruppen auf. Mérida sollte erobert werden, der Knotenpunkt, der die Verbindung mit Mola herstellen und Badajoz von Madrid abschneiden würde.
Obwohl sich die Republikaner erbittert verteidigten, fiel Mérida am 11. August; viele wurden gefangengenommen. Die Truppen aus Sevilla wurden zu einem schlagkräftigen Verband zusammengeschlossen: der Kolonne Madrid, die von Oberstleutnant Yagüe, einem Vertrauensmann Francos, angeführt wurde.
Badajoz, 60 Kilometer westlich von Mérida, war nun isoliert. Die Stadt wurde von Oberst Puigdengolas mit ungefähr 500 Soldaten und 3000 Milizionären verteidigt. Die Truppe war ohne jegliche Ausbildung und benutzte – so »primitiv« war der Krieg noch – Teile der alten Stadtmauern, um sich zu verschanzen. Am 13. August näherten sich die Truppen Castejóns der Stadt von Süden her und besetzten die außerhalb der Mauern liegenden Stadtteile. Unterdessen eroberte Asensio das San-Roque-Viertel im Osten. Am nächsten Tag schlossen Asensios Marokkaner im Norden den Kreis um Badajoz, um die Alcazaba, den höchsten Punkt der Stadt, zu stürmen. Die IV. *Bandera* der Legion griff frontal eines der Stadttore, die Puerta de la Trinidad, an. Wie in den Kriegen des letzten Jahrhunderts schlug Yagües Artillerie eine Bresche in die Mauer, an der erbittert gekämpft wurde. Die Republikaner, die kaum über Reserven verfügten und nur durch eine Batterie Geschütze und drei Flugzeuge unterstützt wurden, unternahmen einen Gegenangriff auf die Kolonne Tella, die in zweiter Linie stand. Nachdem einen Tag lang um jedes Haus einzeln gekämpft worden war, fiel Badajoz. Die sich anschließende Repression füllte die Seiten der europäischen Presse mit Horrornachrichten.
Von ihren Stellungen aus bildete die Kolonne Madrid eine ernsthafte Bedrohung für die Hauptstadt, die zwar noch weit entfernt war, durch das Tajo-Tal aber leicht erreicht werden konnte. Lediglich in Talavera konnte man eine gute Verteidigungsstellung ausbauen.

Während seine Truppen zum einen versuchten, Madrid zu erreichen, und zum anderen, der in der Loyola-Kaserne belagerten Garnison von San Sebastián zu Hilfe zu eilen, schickte Mola zugleich *Requetés* als Verstärkung nach Aragonien, das von den katalanischen Kolonnen angegriffen worden war, und sicherte seine Grenzen gegen die Republikaner von Vizcaya, Santander und Asturien.

In Guipúzcoa war die Situation anders. Die kleine Provinz, überragt vom Hochland Álavas, wo der Aufstand erfolgreich verlaufen war, hatte Navarra als unmittelbaren Nachbarn, und die Truppen, die nach San Sebastián unterwegs waren, waren schon auf das Gebiet der Provinz vorgedrungen. Mola faßte diese Truppen zu drei Kolonnen zusammen, die Oberst Beorlegui unterstellt wurden. Eine griff von Süden, die zweite von Westen und die dritte von Norden an, während die Marine der Aufständischen die Küste blockierte. Damals operierte der größte Teil der franquistischen Flotte an der kantabrischen Küste. Der Panzerkreuzer *España,* der Kreuzer *Almirante Cervera* und eine Flottille bewaffneter Kutter hielten die republikanischen Trawler in Schach.

Trotz des entschlossenen Widerstandes der Basken gewann Mola mit nur 3000 Mann die Oberhand. Ein Drittel von ihnen, darunter auch Oberst Beorlegui, kam dabei ums Leben. Der Mut der Milizionäre, der durch mangelnde Umsicht und fehlende taktische Führung vergeudet wurde, konnte nicht verhindern, daß die Navarresen die internationale Brücke von Hendaye erreichten und den Grenzübergang nach Frankreich, die einzige Verbindung des republikanischen Nordens mit dem Ausland, besetzten. Am 5. September nahmen Molas Soldaten Irún und zehn Tage später San Sebastián ein; aus beiden Städten waren große Teile der Bevölkerung geflohen. Der Vormarsch der Aufständischen wurde nach Westen fortgesetzt; sie eroberten ganz Guipúzcoa und errichteten an der Grenze zu Vizcaya eine Verteidigungslinie. Vizcaya bildete zusammen mit Santander und Asturien die auf dem Land isolierte und vom Meer her durch Francos Flotte blockierte kantabrische Zone der Republik.

Mit der Einnahme von Badajoz wurden verschiedene Aspekte deutlich: Die Kolonne Madrid war zwar eine Bedrohung für die Hauptstadt, hatte aber, trotz ihrer Stärke, erhebliche Mängel: Sie war nach dem Muster des Marokko-Krieges organisiert, beweglich, verfügte über wenig Artillerie-Unterstützung, war sehr effizient im Kampf auf offenem Feld, weniger jedoch beim Sturm auf eine gut befestigte Stellung.
In Badajoz hatten die republikanischen Maschinengewehre zum erstenmal die afrikanischen Truppen aufgehalten. Diese waren, da sie über keine gute Artillerie verfügten, zu ungedecktem Sturmangriff gezwungen gewesen, um die Stadt einzunehmen, und hatten dabei große Verluste erlitten. Folglich schien für die Republik eine Befestigungs- und Defensivpolitik geboten, die auf den Verschleiß der marokkanischen Truppen abzielte. Madrid verfügte nicht über Waffen und Ausrüstung in großem Umfang – Franco aber auch nicht. Dafür gab es in der Hauptstadt jedoch Tausende, die zum Widerstand bereit waren. Seit dem Fall von Badajoz war vor allem Eile geboten. Wenn Franco unverzüglich nach Madrid weitermarschierte, hatte er gewonnen. Jede Verzögerung bedeutete für die Verteidiger Madrids kostbaren Zeitgewinn.
Die rechte Flanke der Aufständischen wurde durch Spähtrupps der *Guardia Civil* und Freiwilligenpatrouillen gedeckt. An dieser Schwachstelle übertrug die republikanische Führung General Riquelme eine Operation, die der Kolonne Madrid den Nachschub abschneiden sollte. Dazu wurden ihm alle in Extremadura befindlichen Streitkräfte unterstellt. Die Kolonne von Hauptmann Uribarri, die von einer erfolglosen Expedition auf den Balearen zurückgekehrt war, bezog in Guadalupe Stellung. Der Vorstoß der afrikanischen Truppen konnte jedoch nicht aufgehalten werden; am 22. August nahmen sie Guadalupe ein. Vier Tage später ernannte die *Junta de Defensa Nacional* Franco zum Befehlshaber des Expeditionsheeres nach Madrid. Francos Hauptquartier wurde in Cáceres aufgeschlagen, von wo aus man sowohl die Operationen der Kolonne Madrid als auch die von Molas Truppen lenken konnte, die die Berge nördlich der Hauptstadt beherrschten. Während des gesamten August war der Vormarsch der Marokkaner durch Extremadura nicht aufzuhalten. Am 1. September schickten sie sich an, Talavera zu besetzen, wo General Riquelme

in Verteidigungsstellung gegangen war. Talavera war ein wichtiger Knotenpunkt und geeignet, den Vorstoß nach Madrid aufzuhalten. Das Problem war, wie zu Beginn, daß auf der einen Seite ein professionelles Heer stand, die andere Seite aber über nur unzureichend zusammengesetzte Kolonnen von Milizionären verfügte, die sich einer sehr primitiven Verteidigungstechnik bedienten. Die Verteidigungsposition bestand lediglich aus einer Hauptkampflinie, es gab weder vorgeschobene Sicherheitsposten noch Reserven oder eine in die Tiefe gestaffelte Organisation. Wenn es dem Feind gelang, die ersten Stellungen zu überrollen, brach die ganze Front zusammen. Talavera wurde am 3. September eingenommen. Von dort aus ermöglichte die Straße nach Arenas de San Pedro, das 40 Kilometer nördlich im Gredos-Gebirge lag, die Vereinigung mit den Truppen der Madrider Gebirgsfront.

Am Tag nach dem Fall von Talavera bildete sich die neue Regierung Largo Caballero, die General Riquelme durch Asensio Torrado ersetzte, der zum Befehlshaber für die Operationen in Zentralspanien ernannt wurde. Der General war ein Gegner der bisher verfolgten Defensivtaktik, da das ebene Kampfgelände für einen Bewegungskrieg besser geeignet war. Nach seinem Plan sollte der Gegner durch eine Kombination offensiver und defensiver Aktionen zermürbt werden; er beabsichtigte einerseits Angriffe auf die feindlichen Truppen, andererseits Widerstand in befestigten Stellungen.

Zwischen Talavera und Madrid war das Gelände eben; nur in Maqueda gab es eine kleine Erhebung, wo man sogar die mittelalterliche Burg zur Verteidigung nutzte. In den Reihen der Republikaner machte sich infolge des ständigen Rückzugs Mutlosigkeit breit. Ihre Feinde hingegen näherten sich siegesgewiß. Nach der Einnahme von Talavera marschierten die Kolonnen von Yagüe und Delgado Serrano – letztere war gerade als Verstärkung eingetroffen – nach Norden weiter, um sich mit der Kavallerie von Monasterio zu vereinen, die sich ihnen aus den Bergen von Ávila näherte.

Die neue republikanische Verteidigungsposition hatte bei Santa Olalla und dem vier Kilometer entfernten Maqueda, nur 30 Kilometer vor Talavera, eine Ausbuchtung. Die Angreifer ließen ihre Reserve in Talavera und setzten drei Vorhutkolonnen in Marsch, die Santa Olalla am 20. September einnahmen. Maqueda wurde von Süden her eingekreist und am nächsten Tag erobert. Die Marokkaner standen jetzt nur noch 74 Kilometer vor Madrid. An den folgenden drei Tagen ließ General Asensio Torrado seine Truppen bei Maqueda angreifen, blieb jedoch erfolglos, da die Milizen im Kampf auf offenem Feld nicht so geübt waren wie die afrikanischen Truppen. Am 14. September, dem Tag des letzten Gegenangriffs, wurde die Kolonne Madrid unter dem Kommando von General Varela in *Agrupación de Columnas de Vanguardia* (Vereinigte Vorhutkolonnen) umbenannt. In Maqueda trafen vier Straßen zusammen; die nordöstliche führte nach Madrid, die südöstliche nach Toledo. Der Vorstoß auf Madrid war bereits so weit fortgeschritten, daß Toledo strategisch von zweitrangiger Bedeutung war. Aber Franco beschloß, nach Toledo zu marschieren.

Der Alcázar von Toledo

In den Wirren des Aufstandes blieben viele Sympathisanten des jeweils anderen politischen Lagers auf gegnerischem Gebiet isoliert. Vier Kontingente der Aufständischen befanden sich lange Zeit in einer derartigen Lage: die Simancas-Kaserne von Gijón, die sich nach einem Monat ergab; die Garnison in Oviedo, die ihren verbissenen Widerstand bis zum Eintreffen von Molas Hilfstruppen Mitte Oktober durchhielt; die Wallfahrtskirche Santa María de la Cabeza in der Sierra Morena, die erst im Mai 1937 erobert wurde; und der Alcázar von Toledo.
Der Alcázar von Toledo war eine alte, im *Siglo de Oro* (Goldenes Zeitalter) ausgebaute mittelalterliche Festung, die im oberen Teil der Stadt lag. Sie war der traditionelle Sitz der Infanterie-Akademie, aus der die bedeutendsten Militärs dieses Krieges hervorgegangen waren. Infolge der Reformen Azañas waren die Akademien für Infanterie, Kavallerie und Intendantur im Alcázar zusammengelegt worden. Als der Aufstand ausbrach, waren die Kadetten allerdings in Urlaub. Außer der Akademie gehörten lediglich zwei weitere Einrichtungen zum militärischen Potential der Stadt: die Waffenfabrik und die Sportschule, deren Leiter Oberst Moscardó – damals die höchste militärische Autorität in Toledo – war. Obwohl er zu den Verschwörern gehörte, war er nicht von Anfang an an dem Aufstand beteiligt, verhinderte jedoch unter verschiedenen Vorwänden, daß die in der Waffenfabrik lagernde Munition nach Madrid geschafft wurde. Als er diese Situation nicht länger aufrechterhalten konnte, rief er am 21. Juli den

Kriegszustand aus. Er verfügte über knapp 150 Soldaten aus der Stadt und über die *Guardia Civil* der Provinz, die dort zusammengezogen war. Das Hauptquartier wurde im Alcázar eingerichtet, während in den wichtigsten Gebäuden der Stadt, in der Waffenfabrik und im Tavera-Spital, einzelne Detachements einquartiert wurden, um die Straße nach Madrid zu sperren.
Noch am selben Tag fanden Feuergefechte mit bewaffneten Gruppen aus Madrid statt. Eine von General Riquelme befehligte Kolonne näherte sich der Stadt; Fliegerbomben wurden abgeworfen, woraufhin die Aufständischen sich zurückzogen. In der Nacht zum 22. Juli waren alle Gebäude von Toledo in der Gewalt der Kolonne Riquelme; Moscardó hatte sich mit 600 Angehörigen der *Guardia Civil*, Militärs, Soldaten, Freiwilligen, Frauen, Kindern und einigen Geiseln, insgesamt rund 1600 Personen, im Alcázar verschanzt. Zweieinhalb Monate lang konnten sich die Eingeschlossenen dank der ungeheuer massiven Mauern der Festung und der großen Menge Munition, die sie eingelagert hatten, verteidigen. Sehr schwierig gestaltete sich die Ernährung: Sie bestand vor allem aus Pferdefleisch und notdürftig gemahlenem Weizen, den sich die Eingeschlossenen bei gelegentlichen Ausbrüchen in Toledo selbst beschafften.
Während der Monate Juli und August beschränkte sich die Belagerung des Alcázar auf Schießereien, gelegentliche Bombardements und Artilleriebeschuß. Die Nord- und Ostfassade war noch nicht einmal umzingelt. Ende August beschlossen die Regierungstruppen, diesen Widerstand zu brechen, der – in Anbetracht der Nähe zu Madrid – als Zeichen der militärischen Schwäche der Republik galt. Am 6. September übernahm Oberst Barceló das Kommando über die Belagerung. Im August hatte man begonnen, Stollen unter die Festung zu graben, um sie zu sprengen, aber die Anwesenheit von Zivilisten im Alcázar hielt die Angreifer zurück. Zwischen dem 8. und 11. September verhandelten einige Personen mit Moscardó darüber, daß wenigstens Frauen und Kinder die Festung verlassen konnten. Major Vicente Rojo und der Domherr Vázquez Camarasa führten die Verhandlungen auf Regierungsseite. Vázquez Camarasa las sogar eine Messe im Alcázar; aber die Eingeschlossenen weigerten sich, auf das humanitäre Angebot einzugehen.
Da das riesige Gebäude relativ leicht zu verteidigen war, wurden die Mauern durch Artilleriebeschuß und unterirdische Minen sy-

stematisch zerstört, bis vom Alcázar nur noch ein Trümmerhaufen übrig war. Auf den Trümmern kämpften die Eingeschlossenen weiter, während die Zivilisten sich in die unterirdischen Gewölbe flüchteten. Am 18. September wurde Barceló verletzt, und Oberst Burillo übernahm an seiner Stelle das Kommando über die Belagerung.

Franco, der sich im Anmarsch auf Madrid befand, befahl, den weiteren Vorstoß der afrikanischen Truppen auf die Hauptstadt aufzuschieben und nach Toledo zu marschieren. Die Entsetzung des Alcázar war von psychologischer Bedeutung und würde einen persönlichen Sieg Francos in dem Augenblick darstellen, in dem über die Ernennung eines »Generalissimus« diskutiert wurde. Die politische Macht lag bei der *Junta,* deren Vorsitzender General Cabanellas war; sie stand aber unter dem starken Einfluß Molas, dessen Truppen es nicht gelungen war, Madrid einzunehmen. Der Alcázar war von so großer symbolischer Bedeutung, daß Franco für seine Befreiung die Eroberung Madrids aufs Spiel setzte. Er gewann Toledo und verlor die Hauptstadt.

Die feindlichen Kanonen waren schon zu hören, als die Republikaner zum letzten Mal versuchten, den Trümmerhaufen einzunehmen. Am Morgen des 27. September explodierte überraschend die letzte Mine, und die Milizionäre setzten zum Sturm an. Beide Seiten kämpften mit gleichem Mut, der Angriff scheiterte.

Gegen Abend erreichten die ersten marokkanischen Soldaten den Alcázar. Am nächsten Morgen betrat General Varela, der Befehlshaber der Truppen, die sich auf dem Marsch nach Madrid befanden, die Festung. Die erschöpften Verteidiger glichen Gespenstern. Am folgenden Tag, dem 29. September, traf Franco ein. Zwei Tage später wurde er zum »Generalissimus« ernannt.

Der Frontalangriff auf Madrid

Die Einnahme der Hauptstadt war das vorrangige Ziel des Putsches gewesen. Auch nachdem aus dem Putsch ein Bürgerkrieg geworden war, konzentrierten sich die Anstrengungen der Aufständischen weiterhin auf Madrid. Es war schließlich die Hauptstadt des Landes. Ihre Einnahme würde bedeuten, daß man eher mit internationaler Anerkennung rechnen konnte, ganz zu schweigen von dem in Konflikten dieser Art so bedeutenden moralischen Wert. In Madrid liefen die wichtigsten Verkehrsverbin-

dungen zusammen, dort lagerten die Finanzmittel des Staates, in der Stadt lebte über eine Million Menschen. Außerdem war sie seit eh und je das politische und administrative Zentrum des Landes, was ihr eine unwiderstehliche Anziehungskraft verlieh.
Dem Willen zur Einnahme der Stadt hatte die Regierung keinen entsprechenden Verteidigungsplan entgegenzusetzen. Mit der Strategie Asensio Torrados konnten die zu jenem Zeitpunkt in Toledo aufgehaltenen afrikanischen Truppen nicht gestoppt werden. Nur ein Umstand, der noch nicht allgemein bekannt war, konnte den Lauf der Ereignisse ändern: In jenem September 1936 gab die UdSSR ihre anfänglichen Vorbehalte auf und entschloß sich zur Entsendung von Militärhilfe nach Spanien.
Sehr spät erst wurde ein Gesamtplan für die Verteidigung der Republik erarbeitet. Am 15. Oktober ordnete Largo Caballero die Bildung von sechs gemischten Brigaden an, um die zusammengewürfelten Kolonnen in einer militärischen Organisation zusammenzufassen. Sie wurden mit Waffen aller Art ausgestattet. Gleichzeitig wurde der *Comisariado de Guerra* (Kriegskommissariat) geschaffen, das die Verläßlichkeit der militärischen Führung und die Ausbildung der Truppen kontrollieren sollte. Durch diese Maßnahmen wurde zwar das V. Regiment aufgelöst, aber die in ihm ausgebildeten Männer verteilten sich auf alle Brigaden; das war der Beginn des Einflusses der Kommunistischen Partei im *Ejército Popular* (Volksheer).
An jenem 15. Oktober bereiteten die Aufständischen schon den Sturm auf Madrid vor. García Escámez eroberte Sigüenza, Varela war bis Chapinería vorgestoßen, und Barrón marschierte von Toledo auf die Hauptstadt zu.
Am 22. Oktober wurden Veränderungen in der Führung der militärischen Operationen vorgenommen. Asensio Torrado wurde Staatssekretär im Kriegsministerium, Pozas Oberbefehlshaber der Truppen im Zentralabschnitt, Miaja Kommandeur der I. Division, womit ihm die direkte Verantwortung für die Verteidigung Madrids zukam. Einige Tage zuvor hatte Staatspräsident Azaña seinen Sitz nach Barcelona verlegt. Der Krieg hatte den ehemaligen Führer der reformerisch orientierten Republikaner demoralisiert.
Mutlosigkeit hatte im Regierungslager um sich gegriffen. Ein Gegenangriff am 29. Oktober bei Esquivias und Seseña südlich von Madrid schien der letzte Versuch zur Verteidigung der Hauptstadt

zu sein. Zum erstenmal sah man in den Reihen der Republikaner russische Panzer. Dennoch konnten die Gegner durch diese Aktion nicht aufgehalten werden. Sie verfügten ihrerseits bereits über deutsche und italienische Panzer. Am 4. November eroberten sie Alcorcón, Getafe und Leganés. Ihre Vorhut stand nur vier Kilometer vor Madrid. Der Fall der Hauptstadt schien unmittelbar bevorzustehen.

Largo Caballero öffnete sein Kabinett den Anarchisten. Allerdings verließ die Regierung am 6. und 7. November die Hauptstadt und verlegte ihren Sitz nach Valencia. Zur Verteidigung der Hauptstadt wurde die *Junta de Defensa de Madrid* (Verteidigungsjunta von Madrid) gegründet. Sie bestand aus neun Mitgliedern, die sich aus den verschiedenen Parteien und Gewerkschaften rekrutierten. Den Vorsitz übernahm General Miaja.

In Madrid wurde über die dringendsten Notmaßnahmen entschieden. Ein Teil der Kunstschätze war nach Paris und Genf in Sicherheit gebracht worden. Das Gold des *Banco de España* (Spanische Nationalbank) wurde in der UdSSR deponiert; außerdem wurde die allgemeine Mobilmachung verfügt.

In der Hauptstadt herrschten Enthusiasmus und Chaos. Tausende von Zivilisten hoben Schützengräben aus und verkündeten Widerstandsparolen. Aber der Enthusiasmus der Bevölkerung allein war noch keine Erfolgsgarantie. Man baute Befestigungen ohne Zement, auf den Straßen entstanden primitive Barrikaden aus Pflastersteinen, und in den außerhalb der Stadt ausgehobenen Gräben konnte ein Mann kaum knien. Aber all das schien nicht wichtig zu sein, denn der Verteidigungswille der Stadt war ohne Zutun der Regierung entstanden. Er entsprang einer Begeisterungswelle innerhalb der Bevölkerung, von der sich Hunderte von Freiwilligen hinreißen ließen; sie forderten Gewehre und wollten in den Kampf ziehen.

Inmitten dieser Unordnung bemühte sich Miajas Stabschef Oberstleutnant Rojo, die zur Verfügung stehenden Kräfte zu organisieren. Er entsandte alle, die über Waffen verfügten, zur Verteidigung der vorgeschobenen Linien. Die Schlüsselstellungen besetzte er mit Offizieren seines Vertrauens. Er säuberte die Etappe von unkontrollierbaren Elementen und organisierte die zur Führung des Kampfes unerläßlichen Kommunikationsmittel. Mitunter befanden sich die Stellungen in der Nähe der letzten Straßenbahnhaltestellen. Das städtische Verkehrsnetz erleichterte den Transport, die Nähe zu ihren Wohnungen steigerte die Entschlossenheit der Milizionäre, und die Gebäude boten sich als improvisierte Befestigungen und Beobachtungspunkte an.

Am 7. November beendeten die Aufständischen ihre Vorbereitungen für den endgültigen Sturm auf Madrid, der für den nächsten Tag geplant war. Sie beabsichtigten, die drei Brücken über den Manzanares im Süden der Stadt anzugreifen, um die Verteidiger zu täuschen, während der eigentliche Angriff von Westen her stattfinden sollte.

Man hatte beschlossen, über den großen Park Casa de Campo im äußersten Westen in die Stadt einzudringen. Drei Kolonnen sollten dort angreifen und in das nur sieben Kilometer entfernte Stadtzentrum vorstoßen. Die Truppen, die am weitesten nördlich marschierten, sollten über die Straße Madrid–La Coruña und das Universitätsviertel vorrücken. Die mittleren Einheiten sollten den Manzanares über den Puente de los Franceses überqueren, die südlichen über die Eisenbahnbrücke.

Durch einen Zufall wurde der Plan entdeckt: Während des Truppenaufmarsches am 7. November fand ein ziemlich heftiges Gefecht in der Gegend von Carabanchel – Villaverde statt. Ein gefallener aufständischer Offizier führte ein Exemplar des Angriffsplans mit sich, der für die Besetzung der Stadt drei Tage vorsah.

Da die Gegenangriffe Asensio Torrados gescheitert waren, beschloß Rojo, keine Truppenbewegungen vorzunehmen. Die Stellungen erhielten Befehl, um jeden Preis Widerstand zu leisten. In der Nähe des Puente de Toledo standen als Reserve Freiwillige ohne Waffen bereit, die jeweils die Verluste der an vorderster Front kämpfenden Truppen ersetzen sollten.

Die Schlacht um Madrid begann gerade zu dem Zeitpunkt, als die Einheiten die ersten nennenswerten Lieferungen ausländischen Kriegsmaterials erhielten. Die Angreifer kämpften mit deutschen und italienischen Panzern und Flugzeugen, die zunächst vereinzelt geliefert worden waren. Am 15. November traf das erste Kontingent eines organisierten militärischen Verbandes ein: die Legion Condor. Die Republikaner wiederum verfügten bereits über russische Panzer, und in Albacete wurde schon die erste Internationale Brigade ausgebildet, während im Ausland die Rekrutierung weiterlief.

Wegen der verzweifelten Lage Madrids wurden die Internationalen

Brigaden beschleunigt in Bereitschaft gesetzt, denn die Republik besaß keine einzige gut organisierte Kommandoeinheit. Die ersten drei Bataillone wurden in der 11. Internationalen Brigade zusammengefaßt, deren Kommando Lazar Stern (General Kleber) anvertraut wurde. Di Vittorio (Nicoletti) wurde Kommissar. Das erste Kontingent verließ Albacete am 5. November und bezog am 8. November in der Casa de Campo Stellung. Seine Anwesenheit übte eine große moralische Wirkung aus und spornte den Verteidigungswillen an. Aber so wichtig der Beitrag dieser Ausländer auch war: Sie stellten nicht einmal 2000 Mann, konnten somit alleine Madrid nicht retten.

Der Angriff der afrikanischen Truppen

Die Truppen, die aus Sevilla eintrafen, waren zwar geschwächt, hatten aber nur Siege errungen. Voller Selbstvertrauen beabsichtigten sie, durch einen einfachen, frontalen Vorstoß, der durch eine sehr einfache Nebenaktion unterstützt werden sollte, in Madrid einzufallen. Man hatte die Republikaner als einen desorganisierten Gegner kennengelernt, dessen Verteidigungslinien leicht zu durchbrechen waren. Daher beruhte die geplante Operation auf der Beweglichkeit der Infanterie. Die Angreifer hatten keinen Grund anzunehmen, daß ihnen die Hauptstadt entschiedenen Widerstand leisten würde. Franco verfügte zwar nur über wenig Artillerie und hatte keine großen Reserven, aber dies schien auch nicht erforderlich zu sein.

Warum sollte Madrid mehr Widerstand leisten als Badajoz? Der Manzanares ist zwar ein kleiner Fluß, sein Bett stellte aber dennoch ein Hindernis dar; die Angreifer hofften, ihn ohne Behelfsbrücken und Pontons überwinden zu können.

Am 8. November griffen, wie geplant, die Kolonnen Barrón und Tella den Puente de Toledo und den Puente de Segovia im Süden Madrids an. Die Republikaner wichen nicht zurück. Die angreifenden Truppen konnten die Brücken nicht einnehmen und blieben, durch den Fluß und den Beschuß am Vormarsch gehindert, auf der anderen Flußseite stecken. Der Hauptangriff über die Casa de Campo, für den Asensio Cabanillas, Castejón und Delgado Serrano verantwortlich waren, schlug ebenfalls fehl. Auch auf der anderen Seite hielten drei Berufsmilitärs, Galán, Barceló und Escobar, die republikanischen Stellungen.

Überrascht stellten die Angreifer fest, daß zum erstenmal die Angriffslust der Legionäre und *Regulares* nicht ausreichte, um die gegnerische Front zu überrollen.
Der Sturm auf Madrid war wie die einfachen Operationen im Sommer vorbereitet worden, scheiterte aber beim ersten Angriff. Am folgenden Tag griffen die Republikaner ihrerseits die Flanke der Marokkaner an.
Ohne daß irgend jemand dies vorausgesehen hätte, begann die erste Schlacht des Krieges. Kaum organisiert und mit mehr Männern als Gewehren, verteidigten die Bewohner von Madrid jeden Zoll Boden. In der Casa de Campo besetzten die Angreifer am 10. November den Hügel Garabitas, der das flache Gelände überragte; dort bauten sie ihre Artillerie auf. Ein erneuter republikanischer Gegenangriff stoppte sie. Am selben Tag verließ die 12. Internationale Brigade unter dem Befehl von Matei Zalka (General Lukacs) Albacete; Kommissar war Luigi Longo. Dieses zweite Kontingent, das sich an der Schlacht um Madrid beteiligte, bestand aus ungefähr 1500 Mann. Nach ihrem Eintreffen wurden alle Internationalen Brigaden dem Oberbefehl Klebers unterstellt, der die Führung der 12. Brigade an Hans Kahle übergab.
Nach dem 11. November änderte Francos Generalstab seine Taktik: Madrid wurde aus der Luft bombardiert, um die Moral der Bevölkerung zu brechen. Die Greuel der Luftangriffe auf Städte waren bis dahin unbekannt. Im Ersten Weltkrieg war es nur zu einigen wenigen, nicht sehr bedeutenden Luftangriffen gekommen. Die Bombenangriffe auf Madrid versetzten die Bevölkerung in Angst und Schrecken; man flüchtete sich in die Keller und Metroschächte. Der Widerstandswille allerdings blieb ungebrochen.
Während die ausländische Presse schon über die unmittelbar bevorstehende Einnahme Madrids schrieb und die Führung der Aufständischen ihren triumphalen Einmarsch vorbereitete, zeigten die Schlachten kein eindeutiges Bild. In einem besessenen Tauziehen löste ein Gefecht das andere ab. Auf einen Vorstoß der Aufständischen am 11. November folgte zwei Tage später einer der Republikaner. Am 14. November erhielt Madrid durch die Ankunft der Kolonne Durruti moralischen Auftrieb; die 3000 Mann kamen von der Aragonien-Front. Beim Angriff auf Saragossa hatten sie trotz ihres Enthusiasmus und des Ruhmes, der ihnen vorauseilte, nichts Entscheidendes erreicht.

Zwischen der *Junta* und Durruti kam es zu Spannungen, als letzterem befohlen wurde, unmittelbar ins Kampfgeschehen einzugreifen. Schließlich plante man für den 15. November einen Angriff seiner Kolonne und eines Teils der Brigade Sabio auf die Garabitas-Anhöhe. Einige Stunden vorher griffen die Marokkaner, unterstützt durch 20 Panzer und zwölf dreimotorige Bomber, den Puente de los Franceses an. Die Republikaner hielten sie zwar auf, aber eine Gruppe Marokkaner überquerte den Fluß an einer anderen Stelle, woraufhin einige von Durrutis Leuten zurückwichen. Gegen Abend erhielten die Durruti- und die internationale Kolonne den Auftrag, einige Gebäude auf dem Universitätscampus zurückzuerobern.
Die Kämpfe gingen verbissen weiter. Am 17. November versuchten die Marokkaner einen neuen Generalangriff, der nicht weiter als bis zur Universitätsklinik kam. Die Front verlief mitten durch das Universitätsviertel; beide Seiten verschanzten sich in den Universitätsgebäuden. In Madrid mangelte es an Kriegsmaterial, selbst die Gewehrmunition war streckenweise fast verbraucht. Während sie alle verfügbaren Mittel aufbot, bat die *Junta* die Regierung verzweifelt um Verstärkung. Die Verteidigung war eine Sache der Madrider selbst gewesen, aber wegen ihres Erfolges beschloß die Regierung, die angeforderte Hilfe zu schicken. Die Hauptstadt war zur ersten wirksamen Barriere gegen die marokkanischen Truppen geworden.
Am 17., 18. und 19. November bombardierten die italienisch-deutschen Luftstreitkräfte intensiv die Stadt. Die eben eingetroffenen russischen Jagdflieger veränderten vorübergehend die Situation. Im Luftraum von Madrid begannen Kämpfe zwischen Flugzeugen, die technisch denen weit überlegen waren, die es fünf Monate zuvor in Spanien gegeben hatte. Ebenfalls am 19. November kam Durruti unter nicht geklärten Umständen ums Leben. Seine Kolonne hatte auf dem Universitätscampus an Boden verloren; wahrscheinlich tötete ihn eine feindliche Kugel aus dem Klinikgebäude.
Während die Belagerten von der Regierung Verstärkung und sowjetische Waffen erhielten, wurden die Angreifer schwächer. Ihr letzter Versuch, in die Stadt einzudringen, hatte die seit ihrem Abmarsch aus Sevilla fortwährend entkräfteten Truppen zu viele Verluste gekostet. Am 23. November stellte Franco die Angriffe ein. Am folgenden Tag unternahmen die Republikaner in Pinto

einen erneuten Gegenangriff, auf den die Aufständischen nicht mehr reagierten.

Die erste Phase der Schlacht war ein Triumph für die Verteidiger. Zum erstenmal hatten die marokkanischen Truppen ein Ziel verfehlt. Die republikanische Führung wußte, daß sie nur verbarrikadiert in der Stadt Widerstand leisten konnte; sie startete daher auch keinen allgemeinen Gegenangriff, denn auf offenem Feld hätte sie ihre Vorteile eingebüßt. In der Defensive, wo die Koordination sehr einfach war, fielen die Mängel des irregulären Heeres nicht so sehr ins Gewicht.

Die afrikanischen Truppen in der Casa de Campo waren nun in einer sehr schwierigen Lage. Ein Versuch zur Frontbegradigung scheiterte im Feuer der Republikaner. In den letzten November- und ersten Dezembertagen folgte ein blutiges Ringen, das mit einer erneuten Niederlage Francos endete. Seine Truppen waren in den Vororten von Madrid steckengeblieben und konnten, da sie aus Gräben und Häuserbarrikaden beschossen wurden, nicht weiter vorstoßen. Die marokkanischen Soldaten, die die Milizionäre im Bewegungskrieg geschlagen hatten, büßten im Belagerungskampf ihre Überlegenheit ein.

Villarreal – Ein Ablenkungsversuch

Die Regierung besaß zwar kein Heer, verfügte aber über mehr Milizionäre als Franco über Soldaten. Es handelte sich dabei um kaum organisierte, vorwiegend leicht bewaffnete Männer, die weit weg von der Madrider Front praktisch nichts bewirken konnten.

Um den Druck der franquistischen Truppen von der Hauptstadt abzulenken, war eine Angriffsoperation an einer entfernten Front denkbar. Man vertraute darauf, daß die Milizionäre aus dem Baskenland und Santander diese Aufgabe übernehmen würden, um durch die Eroberung neuer Gebiete den Verlust Guipúzcoas auszugleichen.

Die Operation wurde der baskischen militärischen Führung übertragen. Es war geplant, in zwei konvergierenden Angriffen über Álava, Burgos und die Rioja vorzustoßen und so das Ebro-Tal zu erreichen. Den ersten Angriff sollten die baskischen Milizen durchführen; sie sollten die Strecke Villarreal–Vitoria–Miranda einschlagen. Den zweiten sollten die Milizen aus Santander über-

nehmen; sie sollten zwei Tage später aufbrechen und der Strecke Santander–Madrid folgen.
Die Basken sollten die Front bei Villarreal durchbrechen, einem zentralen, aber schwach besetzten Punkt in Molas Verteidigung. Die baskische Artillerie hatte das Dorf bereits im Sommer 1936 wiederholt angegriffen und bombardierte es jetzt am 30. November erneut. Danach setzte die Infanterie zum Sturm an und überraschte damit die Verteidiger, die davon überzeugt gewesen waren, daß es sich um den üblichen Routinebeschuß handelte.
Die Milizionäre kreisten Villarreal beim ersten Angriff ein. Bei einer Eroberung wäre der Weg in das nur zehn Kilometer entfernte Vitoria frei gewesen. Der Angriff wurde bei schlechten Sichtverhältnissen durchgeführt, um der gegnerischen Luftwaffe ein Eingreifen zu erschweren, aber im entscheidenden Augenblick erschien eine Gruppe von Heinkel-51, Junkers-52, Breguet XIX, Dragon und Fokker, die die Kolonnen und ihre Ausgangsbasis in Ochandiano beschossen und bombardierten.
Mola befahl der Garnison in Villarreal, um jeden Preis Widerstand zu leisten, und General Solchaga bildete eine Nachschubkolonne aus einem Bataillon und einem *tabor.* Die Kolonne unternahm einen Überraschungsangriff hinter dem Kiefernwald von Villarreal und nahm die Angreifer zwischen zwei Feuer. Ein erneuter baskischer Angriff am 2. Dezember wurde ebenfalls von der Luftwaffe vereitelt. Die wenigen Maschinen, die den Basken zur Verfügung standen, flogen zwar mehr Einsätze, waren aber den zahlenmäßig weit überlegenen Gegnern nicht gewachsen. Bis zum 12. Dezember fanden dann keine Angriffe mehr statt. An diesem Tag scheiterte der letzte, bei dem es beinahe gelungen wäre, Molas Männer, die auf die Hälfte reduziert waren, zu vertreiben. Die Luftüberlegenheit des Gegners machte den Angriff unmöglich und forderte auf seiten der Angreifer so hohe Verluste, daß die baskische Regierung die Operation schließlich abbrach. Die Basken zogen sich zurück, noch bevor die Kolonne aus Santander sich überhaupt in Marsch gesetzt hatte.
Die Hauptstadt stand weiterhin im Mittelpunkt des allgemeinen Interesses. Ihre Eroberung bzw. Verteidigung war das strategische Ziel beider Seiten. Dorthin wurden die besten Truppen- und Materialreserven geschickt. Das Jahr 1936 ging – dank Madrid – ohne Entscheidung zu Ende. Nach den Vorstellungen der Aufständischen sollte die Einnahme der Hauptstadt den Krieg beenden.

Aber zuerst war es Mola nicht gelungen, die Berge nördlich der Stadt zu überqueren, und danach scheiterte Franco bei dem Versuch, von Süden und Westen in die Stadt einzudringen. Durch die Verteidigung der Hauptstadt wurde die Republik zweimal gerettet.

Versuche zur Umzingelung Madrids

Bewegungen im Westen: Die Strecke Madrid–La Coruña. Das Scheitern des Angriffs untergrub die Moral der Aufständischen. Sie suchten den Grund für die Rettung Madrids im Eingreifen der Russen und der Internationalen Brigaden. Sicherlich hatten die Verteidiger unschätzbare Hilfe erhalten, aber die sechs internationalen Bataillone waren zahlenmäßig zu schwach, um eine entscheidende Rolle zu spielen. Der Erfolg war das Verdienst der Einwohner der Stadt.

Da Franco die Stadt nicht im Frontalangriff einnehmen konnte, versuchte er, die Aktion aufs offene Feld zu lenken, wo er im Vorteil war. Die Marokkaner sollten westlich von Madrid bis in den äußersten Nordwesten vorstoßen, um durch einen Angriff auf die Straße nach La Coruña die Milizionäre in den Bergen von denen in der Stadt abzuschneiden. Von dieser Operation würden auch die Einheiten auf dem Universitätscampus profitieren, die dort auf der anderen Flußseite von republikanischen Stellungen umzingelt waren; ein Steg über das Flußbett war ihre einzige rückwärtige Verbindung.

Die Milizionäre befanden sich in einer schwierigen Lage. Waffen und Munition waren knapp. Viele von ihnen trugen noch ihre zivile Arbeitskleidung. Für den Krieg und das Leben im Feld waren sie nicht im geringsten ausgerüstet. Bei ihren Feinden hingegen wuchs infolge der Rekrutierungsmaßnahmen die Zahl der Soldaten ständig. Dabei war vor allem der Zustrom an marokkanischen Söldnern ausschlaggebend. Seit dem 5. Dezember bereiteten sie ihre Truppen auf die bevorstehende neue Angriffsphase vor.

Am 13. Dezember sollte ein neuer Vorstoß in Richtung Boadilla del Monte stattfinden, um die republikanischen Stellungen, die das Universitätsviertel abriegelten, zu erobern. Wegen des Nebels, der Sicht und Artillerie behinderte, wurde der Angriff um einen Tag verschoben, so daß Boadilla erst am 16. Dezember fiel. Wegen des republikanischen Widerstandes und der schlechten Sicht kam

man nur sehr langsam voran. Am 19. Dezember nahm Monasterios Kavallerie die Ortschaft Villanueva de la Cañada ein. Eine Operation der Republikaner stoppte am nächsten Tag ihren Vormarsch und gewann nach und nach das verlorene Terrain zurück. Am 29. Dezember waren die Angreifer immer noch nicht bis zur Straße Madrid–La Coruña vorgestoßen; sie saßen vielmehr auf der Linie Boadilla del Monte–Villanueva de la Cañada fest.
Beide Seiten hatten große Verluste erlitten und stellten die Kampfhandlungen vorerst ein. Franco hatte aber seine Pläne nicht aufgegeben. Am 3. Januar 1937 unternahm er einen neuen Versuch. Er beabsichtigte, von der Linie Boadilla–Villanueva aus acht Kilometer vorzustoßen, um bis auf ungefähr zehn Kilometer an die linke Seite des Universitätscampus heranzukommen, den er dann mit einer 90-Grad-Wendung nach Osten erreichen wollte.
Der erste Teil der Operation verlief für Franco noch relativ günstig. Seine Truppen stießen unter Schwierigkeiten nach Norden vor. Sie brauchten zwei Tage, um die vorgesehenen acht Kilometer zurückzulegen. Aber als die Franquisten ihren Schwenk nach Osten in Angriff nahmen, kam es zu einem blutigen Gefecht. Die 11., 12. und 14. Internationale Brigade, die 3. der *Carabineros,* die 31. Gemischte Brigade sowie die von Líster reihten sich in die Front ein. Die Afrikaner nahmen unter großen beiderseitigen Verlusten Aravaca, Las Rozas und Majadahonda ein. Aufgrund der allgemeinen Erschöpfung verlor die Schlacht an Härte und kam im Februar 1937 zum Stillstand. Das um den Preis enormer Verluste erzielte Ergebnis war ein geringer Vorstoß der Marokkaner bis zur Straße La Coruña–Las Rozas–Villanueva del Pardillo.

Bewegungen im Süden Madrids: Die Jarama-Schlacht. Der Kampf um Madrid verbrauchte die besten Truppen und das beste Material. Franco betrachtete die Einnahme der Hauptstadt als sein entscheidendes Ziel; die Republikaner wiederum entsandten angesichts des erfolgreichen Widerstands der Stadt alles an Truppen und Material, was sie aufbieten konnten. Während Queipo de Llano mit den andalusischen Truppen und dem gerade aus Italien eingetroffenen *Corpo di Truppe Volontarie* (CTV; Freiwilliger Truppenverband) Málaga eroberte, wurden an der Madrider Front neue Operationen vorbereitet.
Francos Truppen vervielfachten sich während des ersten Kriegsjahres. Spanier, Portugiesen und sogar 600 Iren meldeten sich

freiwillig zur Legion. Noch mehr wurden die *Regulares* durch die Rekrutierung afrikanischer Söldner verstärkt.
Der republikanische Generalstab beschloß, daß General Pozas, Befehlshaber der Truppen in Zentralspanien, in der Gegend des Jarama – einem Nebenfluß des Tajo, der parallel zum Manzanares verläuft und im Osten die Ebene von Madrid begrenzt – angreifen sollte. Zweck des Unternehmens war, den Druck Francos von der Hauptstadt abzulenken. Pozas' Truppen führten im Süden Madrids den Hauptangriff in Richtung Ciempozuelos und Torrejón durch. Die in der Hauptstadt befindlichen Reservetruppen sollten bei einem Nebenangriff auf die im Südwesten der Stadt gelegene Straße nach Extremadura auf der Höhe vom Navalcarnero eingesetzt werden. Auf diese Weise würden die Verbindungswege von Süden nach Madrid unterbrochen und damit Francos Truppen der Nachschub abgeschnitten werden. Die Angriffsvorbereitungen wurden mit Umsicht getroffen, und Generalstabschef Martínez Cabrera entsandte alles, was er an Männern und Material aufbieten konnte.
Die Franquisten belagerten die Stadt von drei Seiten: im Norden vom Guadarrama-Gebirge her; im Westen von der Casa de Campo, dem Universitätscampus und der Straße nach La Coruña her; im Süden waren sie bis an den Rand der bebauten Zone vorgestoßen. Madrid hatte nur noch im Osten Verbindung nach außen, vor allem über die Straße nach Albacete und Valencia.
Nachdem die Kämpfe seiner Truppen im Westen ergebnislos geblieben waren, beschloß Franco, aus entgegengesetzter Richtung anzugreifen. Da Madrid über die Straße, die nach Valencia führte, versorgt wurde, plante man im Süden einen Angriff in west-östlicher Richtung, um auf diese Weise die Hauptstadt zu isolieren. Der damals stark angestiegene Jarama versperrte den Nationalisten den Weg; sie mußten die Brücken erobern, wenn sie das Ziel ihrer Operation erreichen wollten.
Mit anderen Worten: Beide Seiten planten unter Aufgebot ihrer besten Kräfte einen Vorstoß im Süden der Stadt mit dem jeweiligen Ziel, den Gegner vom Nachschub abzuschneiden und seine Logistik zu zerstören. Die Belagerung von Madrid hatte sich in eine Schlacht verwandelt, in der Material und Verstärkung in großen Mengen verbraucht und immer wichtiger wurden.
Die Franquisten waren in ihren Angriffsvorbereitungen weiter fortgeschritten. Fünf verstärkte Brigaden, zwei Panzerkompa-

nien, eine Kavalleriebrigade, ein Infanterieregiment, deutsche Artillerie und die Legion Condor standen für den 24. Januar bereit. Wegen eines Unwetters mit heftigen Regenfällen mußte die Operation jedoch verschoben werden.
Nachdem das Wetter besser geworden war, begann am 6. Februar – zeitgleich mit dem Angriff Queipo de Llanos auf Málaga – die Schlacht am Jarama. Um größere Durchschlagskraft zu erzielen, griffen die fünf franquistischen Brigaden auf einem nur kleinen Frontabschnitt an. Die nördlichste (Rada) sollte La Marañosa und Vaciamadrid erreichen, wo der Jarama und der Manzanares zusammenfließen. Eine andere Einheit, die parallel dazu marschierte (die Brigade Buruaga und die Kavallerie von Cebollino), wollte nach Pindoque und dort die Brücke über den Jarama überqueren. Drei weitere Brigaden marschierten von Valdemoro aus auf den Fluß zu, die beiden ersten (Asensio Cabanillas) in Richtung San Martín de la Vega und die dritte (García Escámez) in Richtung Ciempozuelos.
Zufällig wurden in der Gegend, durch die die Angreifer marschieren sollten, gerade drei republikanische Brigaden zusammengestellt. Sie hatten noch keine Befehlshaber, keine Artillerie und keine Fernmeldeeinrichtungen, aber die in der Schlacht um Madrid erprobten Milizionäre kannten schon viele Seiten des Kriegsalltags.
Ohne Schwierigkeiten besetzten am 6. Februar die franquistischen Truppen La Marañosa und Ciempozuelos. Dort hielt sie der Regen vier Tage auf, der zudem den Fluß so stark ansteigen ließ, daß man ihn nur noch über Brücken überqueren konnte.
Die Republikaner waren durch den Angriff überrascht worden; in aller Eile stellten sie ihre Truppen auf. Diesmal mußten sie auf offenem Feld, ohne den Schutz der Häuser und Befestigungen von Madrid, Widerstand leisten. Wegen der früheren Kämpfe verfügten sie inzwischen über einige kampferfahrene und organisierte Einheiten, zudem waren sie materiell gut ausgestattet.
Vor Morgengrauen überquerten am 11. Februar in Pindoque zwei franquistische Brigaden überraschend die Brücke über den Jarama, und weiter südlich, in San Martín de Valdeiglesias, gelang dies weiteren Einheiten. Die Brücken waren nicht vollständig gesprengt, sondern nur teilweise zerstört worden, und die Bewachung war ungenügend. Einige Einheiten der Republikaner waren einsatzfähig, aber bei weitem nicht alle.

Im Stab von General Pozas überlegte man fieberhaft, wie die zentralspanischen Truppen den Vormarsch des Feindes stoppen könnten, der inzwischen nur noch 25 Kilometer von der Straße Madrid–Valencia entfernt war. Wenn die Angreifer diese Strecke unterbrachen, dann konnten sie die Versorgung der Stadt verhindern. Ohne Nachschub aber wären die Verteidiger von Madrid verloren.

Die einzige Lösung bestand darin, eine Verteidigungsstellung zu beziehen, die den Vormarsch der Franquisten blockierte, und sich dort um jeden Preis zu behaupten. Der Jarama ist der wichtigste Fluß am Südhang des Guadarrama-Gebirges, in dem er entspringt und sodann nach Süden fließt. In der Gegend, in der ihn die Angreifer überqueren wollten, liegen an seinem linken Ufer einige sanfte, von Olivenbäumen umgebene Hügel. Dort wollten die Republikaner ihren Widerstand konzentrieren. Die Franquisten hatten den Fluß ohne Schwierigkeiten überquert und waren dabei, ihren Brückenkopf zu sichern, als sie am 13. Februar durch Feuer von den Hügeln überrascht wurden.

Der Vormarsch geriet ins Stocken, und die Einheiten, die den Brückenkopf bildeten, baten ihre Luftwaffe um Unterstützung. Die Legion Condor zeigte, was ihr Material und ihre Piloten leisten konnten. Die von den Republikanern besetzten Hügel wurden intensiv bombardiert und mit Maschinengewehren beschossen, während die russischen Jäger unter Einsatz einer großen Anzahl Maschinen die spektakulärsten Luftgefechte des Krieges lieferten.

Am Jarama fand die größte Materialschlacht statt, die man bis dahin in Spanien erlebt hatte. Auf republikanischer Seite wirkten russische, auf der Seite der Aufständischen deutsche und italienische Militärexperten mit. In jenem bislang mit primitiven Mitteln geführten Krieg stach das soeben eingetroffene Kriegsmaterial besonders hervor: Die deutsche Feldartillerie, Flug- und Panzerabwehr zeigten sich in all ihrer Effizienz, die russischen Panzer wiederum übertrafen alle anderen an mechanischer und taktischer Leistung.

Nachdem die Republikaner den feindlichen Vormarsch aufgehalten hatten, gingen sie zum Angriff über. Am 14. Februar starteten sie mehrere Gegenangriffe. Bis dahin hatte auf der republikanischen Seite der General der zentralspanischen Truppen (Pozas) den Oberbefehl; am 15. Februar jedoch wurde die Jarama-Front der militärischen Führung von Madrid (Miaja) und ihrem Generalstab (Rojo) unterstellt. Zu Anfang befürchtete man, daß dieser Angriff im Süden Madrids vielleicht nur ein zweitrangiges Manöver sei, das von einem anderen, wichtigeren Angriff auf die Stadt ablenken sollte. Aber so wie die Dinge lagen, war es offensichtlich, daß die Franquisten versuchten, den Kreis um Madrid zu schließen; die Schlacht am Jarama bildete dabei die Hauptoperation.

Wegen eines möglichen neuen Angriffs auf Madrid hatte man keine Truppen aus der Hauptstadt abgezogen. Seit dem 15. Februar jedoch war klar, daß am Jarama die Zukunft der Hauptstadt entschieden wurde, und beide Seiten schickten all ihre Reserven auf das Schlachtfeld. Artillerie und Luftwaffe bombardierten die Gegend Tag und Nacht.

Die Franquisten übten auf die Stellungen auf der anderen Flußseite Druck aus. Am linken Ufer verlief die Front von Madrid, die an dieser Stelle einen Winkel bildete. Für den Angriff auf den Jarama waren Francos Truppen nämlich an den hauptstädtischen Vororten entlangmarschiert. Von dort traf sie am 17. Februar ein Gegenangriff. Die Republikaner verließen Vallecas, schlugen die linke Flanke des Gegners, durchbrachen die Nachschublinien in Richtung La Marañosa und kamen beim ersten Durchbruch fast bis an die Befehlsstellungen ihrer Feinde heran. Wären sie stärker gewesen, hätten sie noch ein Stück weiter nach Süden vordringen und der gegnerischen Vorhut den Rückzug abschneiden können.

Aber es kam anders. Die Republikaner konzentrierten sich auf die Verteidigung der Hügel auf der anderen Flußseite, und aus Vallecas waren nur einige wenige Einheiten ausgerückt, um den Gegner zu verunsichern. Als die Franquisten reagierten, kam das republikanische Manöver zum Stillstand. Unterdessen erhielt die Hauptfront ständige Verstärkung. Jede leistungsfähige republikanische Einheit wurde an den Jarama geschickt, wo die Artillerie wirksam und konzentriert agierte; zum erstenmal standen ihr Luftabwehreinheiten zur Verfügung.

Von entscheidender Bedeutung für die Schlacht war der Hügel Pingarrón. Er lag oberhalb der einzigen Straße in der Gegend, die von San Martín de Valdeiglesias nach Morata de Tajuña führte und in der gleichen Richtung wie der Angriff verlief. Nur über diese Straße konnten Versorgung, Munition und Verstärkung kommen, und über sie wurden die Verletzten evakuiert. Wer den Pingarrón

besetzte, hatte die Aktivitäten der Franquisten auf dem linken Flußufer unter Kontrolle.
Die Franquisten hatten den Hügel eingenommen und waren entschlossen, ihn zu halten, denn seine Bedeutung lag auf der Hand. Die Brigade Lísters griff den Hügel an und nahm ihn unter großen Schwierigkeiten ein. Zwei Tage später eroberte ihn der Gegner zurück. Die Marokkaner mußten dreimal angreifen, bis sie ihn wieder besetzten. Das Unternehmen hatte die eine wie die andere Seite schon viele Tote und Verletzte gekostet, als die *Regulares* von Ceuta (Zamalloa) den Befehl erhielten, den Pingarrón um jeden Preis zu verteidigen. Jener unbedeutende Hügel beherrschte die Aufmerksamkeit aller und entschied über die Schlacht. Seit dem frühen Morgen des 20. Februar belegten die Republikaner den Pingarrón drei Tage und drei Nächte lang mit Artilleriefeuer. Als am Morgen des 23. Februar die letzten Explosionen zu hören waren, griffen die Republikaner, die unter Artillerieschutz vorgerückt waren, an. Alle Offiziere der Marokkaner fielen oder wurden verwundet, aber die überlebenden *Regulares* verteidigten sich weiter und gaben den Hügel nicht auf, bis massive Verstärkungseinheiten die Anhöhe räumten. Nachmittags versuchten die Angreifer noch einmal, den Pingarrón zurückzuerobern, aber die schrecklichen Verluste des Morgens machten sich bemerkbar. Bei Einbruch der Nacht hielten ihn die Marokkaner immer noch besetzt.
Beide Seiten waren erschöpft, und die Kämpfe ebbten allmählich ab. Jeder verschanzte sich in seiner letzten Stellung, den Rest besorgte die Propaganda.
Die Schlacht war unentschieden ausgegangen. Beide Seiten hatten Niederlagen und Siege zu verzeichnen. Die Franquisten hatten zwar den Fluß überquert, ihr Ziel, die Einnahme der Straße nach Valencia, jedoch nicht erreicht. Die Republikaner mußten in den ersten Tagen Gebietsverluste hinnehmen, aber sie hielten die Offensive auf. Zum erstenmal hatten sie erfolgreich auf offenem Feld operiert.
Insgesamt hatte die Schlacht am Jarama 40000 Menschenleben gekostet.

Während der größte Teil von Francos Truppen in die Schlacht um Madrid verwickelt war, beschloß man, Málaga anzugreifen, dessen Verteidigungspotential gering zu sein schien. Trotz der Anwesenheit von Regierungsvertretern und der Bemühungen, eine kampffähige Organisation aufzubauen, waren die Milizen in Málaga immer noch in demselben Zustand wie im Juli. Ihre anarchistische Mehrheit lag ständig im Streit mit der republikanischen Führung, die ihrerseits weder Waffen noch Munition nach Málaga schickte.

Verschiedene Zivil- und Militärgouverneure hatten einander abgelöst, einer nach dem anderen war zermürbt worden, ohne Ergebnisse zu erzielen. Im Januar 1937 traf Oberst Villalba ein. Zu jenem Zeitpunkt waren noch immer keine Befestigungsanlagen gebaut worden, viele Milizionäre waren nach wie vor mit den einschüssigen Jagdflinten bewaffnet, mit denen sie im Juli auf die Straße gegangen waren, ihre Anführer hatten noch nicht einmal eine Grundausbildung in Gefechtstaktik erhalten.

Indessen begradigten die Franquisten die Front, um die bevorstehende Operation vorzubereiten. Zwischen dem 14. Dezember 1936 und dem 1. Januar 1937 näherte sich die Córdoba-Front südlich des Guadalquivir Santa María de la Cabeza und schob sich in der Provinz Jaén bis Lopera vor, wo die republikanischen Truppen von Galán und Martínez Cartón den Vormarsch der Angreifer aufhielten.

Dann aber veränderte ein Ereignis die Lage in Andalusien: die Ankunft der Italiener Anfang 1937. Es handelte sich um ein ganzes Armeekorps, das sich aus faschistischen Milizionären und Militärs zusammensetzte, vollständig organisiert war und über eigene Befehlshaber, Waffen, Panzer, Fahrzeuge, Artillerie und Ausrüstung verfügte. Ihm gehörten drei Divisionen faschistischer »Schwarzhemden« und eine Division des italienischen Heeres an; hinzu kamen acht Artillerieverbände mit Kanonen und Haubitzen, zwei *grupos de banderas* (italienisch-spanische Regimenter), vier Panzerkompanien, zwei Kfz- und Kradschützen-Kompanien sowie vier Sturmgeschützbatterien. Es bildete einen autonomen Verband, der von General Roatta befehligt wurde.

Málaga war ein geeigneter Schauplatz für die Feuerprobe der Neuankömmlinge. Queipo de Llano hielt in Andalusien stationierte marokkanische Truppen, außerdem die besten spanischen Einheiten, die ihm zur Verfügung standen, und Freiwilligenkolonnen bereit. Sie sollten den Italienern zur Seite stehen.

Die Front beschrieb nördlich von Málaga einen 200 Kilometer langen Bogen, von Estepona bis Motril. Zwischen dem 14. und dem 22. Januar führte Queipo einige vorbereitende Operationen durch. Unterstützt durch die Mittelmeerflotte, nahm er Estepona und Marbella ein. Dann brachen zwei Kolonnen von Granada und Loja auf und besetzten Alhama.

Während drei feindliche Kreuzer und einige kleinere Einheiten vor der Küste Málagas operierten, rührte sich die republikanische Flotte im nahe gelegenen Cartagena nicht von der Stelle. Da die republikanische Flotte keine Flugzeuge hatte und die Regierung ihr auch keine zur Verfügung stellte, wäre ein Auslaufen der Schiffe mit einem großen Risiko verbunden gewesen. Deswegen unternahm man nichts, so daß die Franquisten Málaga angreifen konnten, ohne daß ihre Flotte im geringsten behelligt wurde. Am 5. Februar verließ eine Kolonne unter dem Befehl von Oberst Borbón, Duque de Sevilla, Marbella. Die Italiener nahmen, unter der Führung von Roatta, die Linie Ronda–Alhama als Ausgangsbasis, und die Kolonne von Oberst Espinosa bezog in Órgiva Stellung, um jenen Republikanern, die möglicherweise aus Málaga in Richtung Motril flüchten würden, den Rückzug abzuschneiden. Die Marine feuerte mit ihren Batterien; 33 Jäger der Marke Fiat, 34 Bomber und Jagdbomber beherrschten den Himmel.

Auch Oberst Villalba hatte sich in Málaga nicht durchsetzen können, wo völliges Chaos herrschte. Als der Angriff auf diese Gegend begann, floh die durch die Bombardierung von der See und aus der Luft verängstigte Bevölkerung über die Küstenstraße nach Motril. Die Angreifer kamen schnell voran. Am 6. Februar waren die Italiener in Vélez-Málaga, die Kolonne Borbón in Fuengirola. Zwei Tage später war Málaga ohne nennenswerten Widerstand eingenommen. Währenddessen wurden auf der Straße nach Motril die schutzlose Bevölkerung und die Milizionäre auf der Flucht von der Luftwaffe beschossen und bombardiert, bis am 14. Februar die 6. Gemischte Brigade und ein Teil der 13. Internationalen Brigade aus Valencia kamen; sie verschanzten sich in Albuñol, wo die Front bis Kriegsende verlief.

Die Schlacht um Madrid war der erfolglose Versuch der Aufständischen gewesen, die Hauptstadt einzunehmen. Mola hatte von Norden her angegriffen, Franco von Westen und von Süden, dann hatte er versucht, über den Jarama nach Osten vorzustoßen, um die Verbindung nach Valencia abzuschneiden – all dies war mißlungen. Aber Franco verfügte über eine noch vollständige und moderne Truppe: der *Corpo di Truppe Volontarie*, eine große, für den Bewegungskrieg konzipierte Einheit. Ihre Leistung bei der Eroberung Málagas war zufriedenstellend gewesen. Allerdings hatte es sich um eine relativ einfache Operation gehandelt. Nach ihrem Erfolg an der ruhigen andalusischen Front war die italienische Führungsspitze auf den Einsatz des CTV in einer spektakulären Operation bedacht, um so Mussolinis Einfluß auf die spanische Politik zu sichern. Deshalb beteiligten sich die Italiener auch an der Schlacht um Madrid.

Es ging darum, den Kreis um Madrid im Osten zu schließen und die Verbindung nach Valencia abzuschneiden. Der CTV wurde nordöstlich der Hauptstadt aufgestellt; er sollte entlang der Straße Saragossa–Madrid vorstoßen, bis er auf die an der Jarama-Schlacht beteiligten nationalistischen Truppen traf. Die Operation fand in der Provinz Guadalajara, in der Gegend von Alcarria, statt, einer baumlosen Ebene mit freien, offenen Hochflächen, die für die italienischen Panzer und Kraftfahrzeuge keine Hindernisse darstellten. Es war ein trockener, ebener Schauplatz, ideal für einen spektakulären Vormarsch.

Eine einzige Straße führte mit einigen Abzweigungen durch das Gebiet: die Hauptstraße Madrid–Guadalajara–Saragossa. Die Front verlief 50 Kilometer von Guadalajara entfernt, und die Italiener sollten der Straße in Richtung Madrid folgen. Diese sollte als Hauptvormarsch- und Nachschublinie dienen, während die Kämpfe auf freiem Feld stattfinden sollten.

Die Operation war für den ausgehenden Winter vorgesehen und gründlich vorbereitet worden. Ungefähr so, wie Jahre später die deutsche Armee den sogenannten Blitzkrieg führte, sollte sich die Operation auf den Mut und die Schnelligkeit der durch Artillerie und Luftwaffe unterstützten motorisierten Einheiten stützen. Für den langsamen, primitiven spanischen Krieg wäre dies eine ehrgeizige, moderne Offensive gewesen. Die erste Angriffswelle sollten

Die franquistische Operation bei Guadalajara

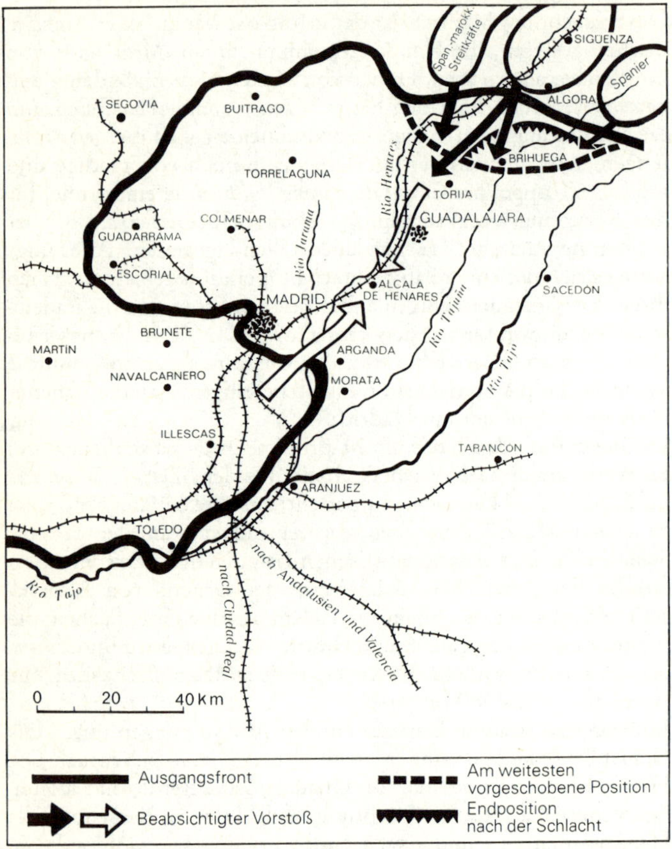

zwei italienische Divisionen parallel durchführen: die eine entlang der Straße, die andere auf Nebenstrecken in Richtung Brihuega. Beide Truppen sollten die Front durchbrechen, schnell in das republikanische Gebiet vordringen und sich bei Torija, 17 Kilometer vor Guadalajara, vereinigen. Da man dann die feindlichen Stellungen im Rücken hatte, sollten die Italiener den Vormarsch beschleunigen, Guadalajara einnehmen und bis Alcalá de Henares

vorrücken. Die beiden anderen italienischen Divisionen sollten in kurzem Abstand als Reserve folgen. Rechts sollte die spanische Division Soria (Moscardó) auf der Straße Jadraque–Torre del Burgo die Flanke decken.
In Alcalá eingetroffen, wären die Italiener den gerade aus der Jarama-Schlacht kommenden Republikanern in den Rücken gefallen. Die Franquisten hätten dann von der gegenüberliegenden Seite her angegriffen, und die Republikaner wären zwischen diesen auf der einen und den Italienern auf der anderen Seite in die Zange genommen und zermalmt worden. Die Operation sollte am 8. März 1937 anlaufen. Innerhalb von fünf Tagen sollten die Italiener Alcalá erreichen, dann wollten die Franquisten am 13. März von ihrem Brückenkopf am Jarama aus angreifen.
Am 8. März hörte man um 7 Uhr morgens das erste italienische Geschützfeuer. Aber der für diese Jahreszeit völlig ungewöhnliche Regen beeinträchtigte die angreifenden Truppen. Durch den Regen verwandelte sich der Lehm der Alcarria in einen klebrigen Schlamm. Die Flugplätze, deren Erdpisten von Wasserlachen bedeckt waren, blieben unbenutzbar. Die Artillerie verlor die Sicht.
Die italienische Vorhut griff die Republikaner der vordersten Frontlinie an. Sie wurden von dem Angriff völlig überrascht, und ihre Stellungen brachen zusammen. Die republikanische Kommandozentrale benötigte mehrere Stunden, um in Erfahrung zu bringen, wo ihre Truppen geblieben waren. Dann raffte sie zusammen, was noch übrig war. Selbst die erschöpften Einheiten vom Jarama marschierten verängstigt nach Guadalajara. Hans Kahle, Kommandeur der 11. Internationalen Brigade, bezog in Torija und Trijueque Stellung, um die Italiener 17 Kilometer vor Guadalajara aufzuhalten. Lukacs erhielt den Befehl, Brihuega zu verteidigen. In Guadalajara bezog El Campesino mit Reservetruppen Stellung. Mit diesen Unternehmungen sollte nur ein Wall gebildet werden, um Zeit zu gewinnen, während sich hinter dieser Linie das IV. Armeekorps (Jurado) mit der Division Líster, der 12. (Nannetti) und der 14. Division (Cipriano Mera) formierte.
Während die Republikaner überstürzt ihre Verteidigungsstellungen zu beziehen suchten, setzten die Italiener am 9. März ihren Vormarsch fort. Da sich das Wetter verschlechtert hatte, kamen sie langsamer als vorgesehen voran; aber ansonsten verlief alles nach Plan: Die 1. Division hatte auf der Hauptstraße die Front durch-

brochen, die 3. Division erhielt den Befehl, sie zu überholen, da sie weniger erschöpft war. Dann sollte die motorisierte Operation beginnen.

Auch der 10. März war für die Republikaner ein Desaster. Die 2. italienische Division, die auf der Nebenstrecke vorrückte, erreichte Brihuega bei Nacht und nahm den Ort im Überraschungsangriff ein. Am folgenden Tag wurde die italienische Operation fortgeführt, wegen des schlechten Wetters allerdings nicht programmgemäß. In dem Schlamm blieb jeder stecken, der vom Weg abkam. Artillerie und Luftwaffe konnten wegen der schlechten Sichtverhältnisse nicht in Aktion treten. Die Männer waren durchnäßt und starr vor Kälte. Auf der Straße stauten sich Einheiten und Fahrzeuge, die sich gegenseitig behinderten.

Die Kälte, der ständige Regen, der immer langsamer werdende Vormarsch ohne Unterstützung und Ersatztruppen begannen die Männer der 3. italienischen Division zu demoralisieren. Die Truppen, die auf der Straße vorrückten, nahmen Torija und Trijueque ein. Dann drängte ein geglückter republikanischer Gegenangriff die Italiener zurück, wodurch deren Kampfmoral noch schlechter wurde. Nach einigen Stunden machten sich im CTV Entmutigung und Erschöpfung breit.

Während die Beunruhigung wuchs, heizte das Bataillon Garibaldi von der 12. Internationalen Brigade diese Stimmung an. Es handelte sich um exilierte italienische Antifaschisten, die nach Spanien gekommen waren, um gegen einen Mann zu kämpfen, in dem sie einen politischen Verwandten Mussolinis sahen. Mit allen ihnen zur Verfügung stehenden propagandistischen Mitteln wandten sie sich an ihre Landsleute. Die Einheiten des CTV wurden über Lautsprecher mit Aufrufen bombardiert. Entmutigt und durchfroren, spürten viele Freiwillige die Wärme der eigenen Sprache aus dem gegnerischen Graben und folgten dem Ruf. In der italienischen Einheit begannen die Männer zu desertieren.

Während die italienische Luftwaffe in einer Gegend agierte, in der die Witterungsverhältnisse rauher waren, wurde weiter im Süden, wo die Landebahnen der Republikaner lagen, das Wetter besser, und die Flugzeuge konnten starten. Die Straße war mit Soldaten und Kriegsgerät überfüllt, und die republikanischen Flugzeuge feuerten mitten hinein. Am 12. März mußte der CTV den Wald von Brihuega räumen. Seine Vorhut war demoralisiert und entkräftet. Die italienische Kommandospitze beschloß, in der Nacht

die erschöpften Divisionen der ersten Linie durch die der zweiten zu ersetzen, damit sie sich erholen konnten.
Nach Sonnenuntergang wurde die Ablösung angeordnet. Es war eine heikle Operation. Die Vorhuteinheiten mußten die Ankunft der nachrückenden Truppen abwarten, ihnen die Stellungen übergeben und sich vom Feinde unbemerkt zurückziehen. Aber es kam anders. Unter dem Druck der Republikaner war die Vorhut nicht mehr in der Lage zu warten. Die Soldaten zogen sich auf eigene Faust zurück, bevor die Ablösung eingetroffen war. Sie ließen die Waffen im Schlamm liegen und sprangen auf die Lastwagen, die zur Etappe fuhren. Am nächsten Morgen nutzten die Republikaner die Gelegenheit: Sie griffen an, und die Italiener flüchteten völlig aufgelöst.
Am 15., 16. und 17. März wich der CTV zurück. Am 18. März griffen die Republikaner erneut Brihuega an. Während sich die faschistischen Freiwilligen zurückzogen, leistete die aus Militärs gebildete Division Littorio so lange Widerstand, bis ihr General, Annibale Bergonzoli, im Kampf fiel. Dann gab auch sie auf. General Roatta, der Befehlshaber des CTV, ordnete den allgemeinen Rückzug an; damit rettete er den meisten Männern das Leben; ein Teil der Waffen und Ausrüstung fiel währenddessen den Republikanern in die Hände. Die Division Soria (Moscardó), die sich noch behauptet hatte, wich ebenfalls zurück, um nicht abgeschnitten zu werden.
Auch die Republikaner standen am Ende ihrer Möglichkeiten. Ihre gesamten Reserven kämpften bei Guadalajara. Als sie am 20. und 21. März erneut angriffen, waren sie erschöpft, während der CTV von der Front abgezogen wurde, um reorganisiert zu werden.
In jenen Kämpfen um Guadalajara fand die Schlacht um Madrid ihr Ende. Die Franquisten hatten zwar eine gute Armee, waren aber nicht imstande, die Hauptstadt einzunehmen. Im Grunde freuten sich viele von ihnen über das Fiasko der Italiener und übertrieben es noch aus Chauvinismus. Die Republikaner freuten sich auch, aber aus einem anderen Grund: Es war ihr erster Sieg auf offenem Feld. Die Republik hatte zwar keine Armee, aber aus der Schlacht um Madrid waren einige leistungsfähige Einheiten hervorgegangen.
Franco beschloß, seine Strategie zu ändern.

Die republikanische Marine, die fast keine Offiziere hatte und weitgehend undiszipliniert war, konnte in den ersten Monaten nicht eingesetzt werden. Zwar war sie der gegnerischen Marine im September 1936 zahlenmäßig überlegen, aber sie unternahm kaum eine Operation. Mit drei Kriegsschiffen beherrschten die Aufständischen das Kantabrische Meer. Im Mittelmeer überwachten italienische Unterseeboote und deutsche Überwassereinheiten den republikanischen Schiffsverkehr. Cartagena war die einzige republikanische Marinebasis; bestimmte Reparaturen konnten jedoch wegen fehlender Ersatzteile, die in der Zwischenzeit in den Lagern von Vizcaya verrosteten, nicht ausgeführt werden.
Der republikanische Norden war isoliert. Nach dem Verlust von Irún war das Meer die einzige Verbindung mit dem übrigen Land. Der Norden benötigte Nahrungsmittel und Waffen, konnte jedoch andererseits seine für die Kriegführung so notwendigen Industrieprodukte nicht in die anderen republikanischen Zonen schaffen. Darum wurden die republikanischen Schiffe in erster Linie als Transportmittel eingesetzt.
Am 19. September kam es vor der asturischen Küste zu einem Scharmützel. Das republikanische U-Boot B-6, das Waffen transportierte, lieferte sich mit dem bewaffneten Schlepper *Galicia* ein Feuergefecht. Die Franquisten hatten keine U-Boote, aber die Republikaner wußten diesen Vorteil nicht zu nutzen. Selbst das U-Boot B-6 verhielt sich eigenartig. Statt zu tauchen, blieb es über Wasser, bis sich zwei feindliche Schiffe näherten: der Zerstörer *Velasco* und der bewaffnete Fischdampfer *Cirarda Nr. 4*. Der Zerstörer versenkte mit seinen überlegenen Geschützen das U-Boot. Die Besatzung wurde gefangengenommen und nach El Ferrol gebracht.
Prieto, der zum Marineminister ernannt worden war, beschloß, die Flotte verstärkt einzusetzen und die Vorherrschaft auf dem Kantabrischen Meer zurückzuerobern. Ende September 1936 sammelten sich fast alle republikanischen Schiffe in Cartagena. Zwei Divisionen sollten in Richtung Norden fahren. Die erste bestand aus dem Panzerkreuzer *Jaime I*, den Kreuzern *Libertad* und *Miguel de Cervantes* sowie drei Zerstörern. Die zweite setzte sich aus drei weiteren Zerstörern und drei U-Booten der Klasse C zusammen. Die Fahrt bis Bilbao verlief ohne Zwischenfälle. Ge-

genüber von El Ferrol waren zwar einige feindliche Wasserflugzeuge gesichtet worden, aber ein Kampf fand nicht statt.
In der nationalistischen Marine hatte sich die Lage seit Juli geändert. Als der Aufstand ausbrach, standen in El Ferrol zwei neue Kreuzer kurz vor dem Stapellauf. Ihre Ausstattung mit Artillerie war gut, sie waren schnell, die Qualität ihrer Panzerung war allerdings fragwürdig. Die *Canarias,* der in bezug auf die Konstruktion modernste Kreuzer, wurde so schnell wie möglich ausgerüstet. Am 27. September wurde das Schiff in Betrieb genommen. Es hatte eine Wasserverdrängung von 10 000 Tonnen, erreichte eine Geschwindigkeit von 34 Knoten und war mit je acht 203- und 120-mm-Geschützen ausgestattet. Der republikanische Panzerkreuzer *(Jaime I)* hatte eine Wasserverdrängung von 16 400 Tonnen und verfügte über acht 305-mm-Geschütze, aber er war ein klappriger »Veteran« aus dem Ersten Weltkrieg, außerdem so langsam, daß er stets zu spät kam. Und die anderen Kreuzer konnten sich mit der *Canarias* weder an Schnelligkeit noch an Geschützstärke messen.
Nachdem die nationalistische Marine nun über ein neues Schiff verfügte, änderte sie ihr Ziel. Bis zu jenem Zeitpunkt hatte sie an der Nordküste patrouilliert; nun beschloß man, sich ins Mittelmeer zu begeben, von wo die Republikaner ihren militärischen Nachschub erhielten. Während somit die Regierungsschiffe auf dem Weg ins Kantabrische Meer waren, nahmen die Kreuzer *Canarias* und *Almirante Cervera* Kurs aufs Mittelmeer.
Der Regierungsmarine war es nicht gelungen, die Straße von Gibraltar, das Tor zu dem gigantischen Söldner-Rekrutierungsbüro Marokko, zu sperren. Als die *Canarias* und die *Almirante Cervera* auf dem Weg ins Mittelmeer die Meerenge erreichten, patrouillierten dort die republikanischen Zerstörer *Almirante Ferrándiz* und *Gravina,* im Vergleich zu den beiden Kreuzern unbedeutende Einheiten. Die *Canarias* verfolgte und versenkte die *Almirante Ferrándiz.* Die *Gravina* wurde von der *Almirante Cervera* unter Beschuß genommen und mehrfach getroffen. Aber der Zerstörer konnte sich durch Flucht nach Casablanca retten. Die *Canarias,* die nun an der Mittelmeerküste patrouillierte, wurde zum Mythos. Sie war so schnell, daß sie an den unerwartetsten Stellen auftauchte und so dem republikanischen Schiffsverkehr großen Schaden zufügte.
Dafür wurde die nationalistische Seeblockade an der kantabri-

schen Küste beendet. Die Schlacht um Madrid erforderte alle verfügbaren militärischen Ressourcen, so daß Mola im Norden keinen Druck mehr ausüben konnte. Der Schwerpunkt des Krieges lag in Madrid. Die Konvois, die von den russischen Häfen über das Mittelmeer fuhren, waren für die Republik von existentieller Bedeutung. Um ihre ungehinderte Zufahrt sicherzustellen, ordnete Prieto die Rückkehr der Schiffe aus dem Norden nach Cartagena an. Nur zwei Zerstörer, vier U-Boote, ein Torpedoboot und mehrere bewaffnete Trawler und Handelsschiffe blieben dort als Schutz zurück.

Die Situation im Mittelmeer änderte sich erheblich, als im Dezember 1936 das franquistische Geschwader, das die Süd- und Ostküste Spaniens überwachte, durch die *Baleares* verstärkt wurde. Mit ihr, einem Zwillingsschiff der *Canarias,* hatten die Franquisten nun drei Kreuzer.

In bezug auf die Luftwaffe war die Bilanz nach dem Aufstand im Juli positiv für die Republik. Aber insgesamt waren die spanischen Lufteinheiten 1936 nicht von nennenswerter Bedeutung. Sowohl in Katalonien als auch in Zentralspanien beherrschten die Regierungsflugzeuge in den ersten Monaten ohne größere Schwierigkeiten den Luftraum, da die Rebellen nur einige wenige Breguet XIX – Maschinen von mittelmäßiger Bomben- und Feuerkraft – einsetzen konnten.

Aber die Überlegenheit der Republikaner war von nur kurzer Dauer. Die italienischen Savoia-81 erreichten schon bald samt Bewaffnung und Besatzung, die sich als ausländische Freiwillige der Legion tarnte, Marokko. Wegen Treibstoffmangels konnten sie einige Tage lang nicht starten, wurden dann aber sofort über der Straße von Gibraltar eingesetzt.

Die Republik erhielt zu Kriegsbeginn aus Frankreich einige Dewoitine-Jäger und Potez-Bomber. Diese Flugzeuge wurden fast immer ohne Waffen geliefert, während Deutschland seine Heinkel in kampfbereitem Zustand schickte. Als die katalanischen Kolonnen auf Mallorca an Land gingen, beherrschten ungefähr 20 Junkers-52 und die italienischen Flugzeuge den Luftraum über der Insel.

Daß Franco überhaupt eine Luftwaffe besaß, war zunächst einmal den Savoia und Junkers aus Italien und Deutschland zu verdanken. Durch sie wurde die Luftbrücke von Marokko nach Sevilla möglich und die Franquisten in die Lage versetzt, Bombenangriffe zu

fliegen. Zu jenem Zeitpunkt hatten die Republikaner mehr Jäger, allerdings waren diese alle von minderer Qualität. Ihre Nieuport-Geschwader waren schon seit Jahren veraltet und aus Geldmangel nicht ersetzt worden. Nach Kriegsausbruch erhielten sie die Dewoitine, die zwar auch veraltet, aber besser als die Breguet waren und für die Republikaner eine große Hilfe darstellten.
Als die ersten Fiat-Jäger über Madrid auftauchten, war für die Aufständischen die Zeit der Museumsflugzeuge überwunden. Diese modernen Jagdflugzeuge wurden auch von italienischen Piloten geflogen – eine Tatsache, die so gut wie möglich verheimlicht wurde –, bis in Schnellkursen ausgebildete spanische Piloten die Maschinen selbst übernehmen konnten.
Die italienischen Fiat und die deutschen Heinkel beherrschten den Luftraum bis zur Ankunft der russischen Jäger, die ihnen qualitativ durchaus ebenbürtig waren. Doch bedeuteten die weite Entfernung zur UdSSR und Lieferschwierigkeiten einen ständigen Nachteil.

Die Entwicklung zum langen Krieg

Eine neue Strategie. Die Eroberung des Nordens

Seit dem 18. Juli hatten sich die Aufständischen ausschließlich auf die Einnahme Madrids konzentriert. Aber im April 1937 war die Hauptstadt noch immer nicht erobert. Daraufhin beschloß Franco, seine Pläne zu ändern. Er verfügte über einen militarisierten Staat, dessen gesamte Mittel in den Dienst des Krieges gestellt werden konnten. Die Rekrutierung von Soldaten und die Ausbildung von Offizieren waren angelaufen, die ausländischen Lieferungen in die Wege geleitet, die deutsch-italienische Militärhilfe gesichert. Man war also in der Lage, einen langen Zermürbungskrieg zu führen, der die Kampfkraft des Feindes nach und nach verschleißen würde.
Die Franquisten ließen somit den Plan, zuerst die Hauptstadt zu erobern, fallen und wandten sich statt dessen dem Ziel zu, das am einfachsten zu erreichen und am lohnendsten zu sein schien: dem Norden. Dieser Landesteil war isoliert und befand sich militärisch in einer denkbar schlechten Lage. Im Falle einer Einnahme würde man über notwendige Industrieprodukte verfügen, die in den von

den Nationalisten beherrschten landwirtschaftlichen Gebieten fehlten. Mit den dort geförderten Bodenschätzen sollten dann die deutschen Lieferungen bezahlt werden.

Die kantabrische Küste zerfiel politisch in drei verschiedene Machtzentren: die Regierung des PNV (*Partido Nacionalista Vasco*, Baskisch-Nationalistische Partei), den *Consejo Interregional de Asturias y León* (Interregionaler Rat für Asturien und Leon) unter dem Vorsitz des Sozialisten Belarmino Tomás, und die *Junta* von Santander, die ebenfalls einen sozialistischen Vorsitzenden hatte, Bruno Alonso. Keine der drei Regierungen hatte sich ernsthaft um eine Reorganisation der Milizen bemüht noch eine wirkliche militärische Koordination mit den Nachbarn akzeptiert.

Die Gegend war militärisch schwer zu verteidigen. Sie war für Truppenbewegungen nicht weitläufig genug, überdies von Flußtälern durchschnitten. Die Zentralregierung hatte wiederholt versucht, eine einheitliche militärische Führung einzusetzen, sich aber mit der baskischen Regierung nicht einigen können. Diese war vor allem um ihre gerade erst erhaltene Autonomie besorgt und fürchtete, sie könne unter dem Vorwand der Verteidigung beschnitten werden.

Im Januar 1937 wurde General Llano de la Encomienda zum Oberbefehlshaber in Nordspanien ernannt. Madrid konnte ihm allerdings die benötigte Hilfe nicht zukommen lassen. Die Region war infolge der Seeblockade isoliert; die einzigen Lieferungen verdankte sie den wenigen Schiffen, die die Blockade der feindlichen Flotte durchbrechen konnten. Es fehlten Reservetruppen, Luftwaffe und Kriegsgerät, Artillerie war nur in geringem Umfang vorhanden.

In der Anfangsphase des Krieges sind als einzige militärische Ereignisse im Norden die Belagerungen von Oviedo und Gijón, die Einnahme von Guipúzcoa durch Mola, die Offensive bei Villarreal, kleine Scharmützel an den Fronten und begrenzte Luft- und Seeoperationen zu nennen. Das Baskenland verfügte zwar über größere militärische Mittel als Santander und Asturien; seine Truppen bestanden aber aus nationalistischen *(gudaris)*, sozialistischen und anarchistischen Milizen, die nur schwer zu koordinieren waren. Man hatte sich für eine defensive Taktik entschieden, die auf einem Befestigungssystem basierte, das die komplizierte Gebirgsstruktur des Baskenlandes ausnutzte.

Im Sog der Begeisterung über den erfolgreichen Widerstand

Madrids wurde der Wert der baskischen Befestigungsanlagen überschätzt. Rund um Bilbao wurde eine Reihe von Gräben, Befestigungen, Feuerstellungen und Unterständen geschaffen, deren Bezeichnung »eiserner Gürtel« in keinem Verhältnis zu dem begrenzten Verteidigungswert stand.

Die Franquisten vertrauten auf die Offensive. Im Gegensatz zu den aufwendigen baskischen Befestigungsanlagen waren die Hütten von Molas Truppen primitiv, ihre Gräben lediglich durch Erdwälle geschützt. Die Militarisierung des Staates erfaßte nun auch die falangistischen und karlistischen Milizen. Einheiten der *Requetés*, die *tercios*, die zu Beginn des Krieges autonom agierten, wurden als Navarra-Brigaden in die Heeresstruktur eingegliedert. Während an ihrer Front Ruhe herrschte, weil die Hauptschlacht um Madrid stattfand, wurden sie reorganisiert und ausgebildet. Jede von ihnen hatte die damals übliche Zusammensetzung: eine gemischte Brigade mit 75- und 105-mm-Batterien und insgesamt 3000 bis 5000 Mann.

Während dem republikanischen Norden kaum Flugzeuge zur Verfügung standen, konnte Franco die ganze Stärke der italienischen und deutschen Flugzeuge einsetzen, die ihm vollständige Dekkung gewährten. Die Luftwaffe hatte in diesem Krieg eine Bedeutung erlangt, wie man sie von früheren Kriegen nicht kannte. Nicht nur ihre Aufklärer, sondern auch ihre Feuer- und Bombardierungskraft brachten die republikanischen Truppen immer wieder in eine sehr schwierige Lage. Eine Operation im Norden versprach so viele Vorteile, daß Franco beschloß, zunächst vor allem in jener Zone zu operieren.

Drei Monate nach der Offensive von Villarreal begann der Angriff. Man hatte denselben Ort gewählt wie zuvor die Republikaner: Die geplante Durchbruchstelle lag zwischen dem Berg Gorbea und den Dörfern Villarreal und Arlabán. Das Baskenland sollte entlang der Linie Villarreal–Durango, also von Süden nach Norden, durchschnitten werden; die Linie sollte bis ins Zentrum von Vizcaya gehen. Von dort aus wollte man in westlicher Richtung nach Bilbao und nach dessen Einnahme weiter bis zur Provinz Santander vorstoßen.

An der Eroberung sollten die vier bestehenden navarresischen Brigaden und die nach der Schlacht bei Guadalajara reorganisierten Einheiten des italienischen CTV teilnehmen: zwei gemischte Brigaden der *Flechas Negras* (Schwarze Pfeile) und die Division 23.

März. Die navarresischen Brigaden standen im Zentrum der Gefechtsgliederung, während den Italienern zweitrangige Aufgaben zugeteilt wurden. Sie sollten zunächst die übrigen Truppen flankieren, die *Flechas Negras* im Norden und die Division 23. März im Süden. Dann sollten sich, sobald die Front durchbrochen war, alle Italiener im Norden sammeln, um entlang der Küste vorzustoßen.

Die militärische Überlegenheit der Franquisten war überwältigend, die natürlichen Gegebenheiten waren für sie aber eher ungünstig. In dem zerklüfteten Gelände mit seinen Wiesen und Wäldern, zerfurcht von immer wasserführenden, reißenden Bächen, bei dem rauhen baskischen Klima konnte ein Marsch für ein Heer zur Qual werden.

Die Befestigungen waren auf zwei konzentrischen Linien angelegt. Die äußere deckte die gesamte Front von Orduña im äußersten Süden bis Ondárroa an der Küste ab, die innere bestand aus dem »eisernen Gürtel« um Bilbao. Die spezifisch baskischen Probleme führten zu ständigen Auseinandersetzungen zwischen den verschiedenen politischen Kräften. Selbst in jener schwierigen Situation hielten die Differenzen zwischen der Führung in Bilbao und der in Madrid an, was keine gute Koordination der Verteidigung erwarten ließ. Selbst der Oberbefehlshaber der Zone, General Llano de la Encomienda, erhielt keine Unterstützung von seiten des PNV. Die Beziehungen der baskischen Regierung zur baskischen Linken wurden zunehmend schwieriger.

Der Angriff verlief in drei Phasen. In der ersten ging es um die Erstürmung und Durchbrechung der äußeren Befestigungslinie – eine durchgängige Linie aus Gräben, Befestigungsanlagen und Schutzräumen aus Zement und Stacheldraht. Mola standen für den Durchbruch 45 Batterien und mehr als 100 Flugzeuge zur Verfügung, eine unvergleichlich größere Feuerkraft als die der Basken.

Zwischen dem 31. März und dem 9. April wurde die Front in den Abschnitten Villarreal und Mondragón angegriffen und durchbrochen. Die Truppen, die in Villarreal angriffen – von hier wollten sie die Straßen in Richtung Norden benutzen –, stießen bei Ochandiano auf baskischen Widerstand (Oberstleutnant Aizpuru). Angriff und Verteidigung waren gleichermaßen hart. Nach mehreren Frontalangriffen nahmen die Franquisten schließlich das Dorf und die umliegenden Pässe ein. Die vier anarchistischen Bataillone, die

Ochandiano verteidigten, hatten 600 Gefallene zu beklagen, bevor sie sich zurückzogen. Im Abschnitt Mondragón wurde die Front zwischen Guruceta und Murrumendi durchbrochen. Danach beendeten heftige Regenfälle vorläufig alle Operationen.
Da der Angriff viele Tote gekostet hatte, nutzten beide Seiten die Pause, um sich zu reorganisieren. Unterdessen hatten Deutsche und Italiener im Londoner Nichteinmischungsausschuß sowie die franquistische Marine die Blockade der kantabrischen Küste durchgesetzt. Das Baskenland war abgeschnitten, die Menschen begannen zu hungern. In dieser ungünstigen Lage verschärften sich die politischen Spannungen noch mehr. Vor allem wurden die Anarchisten, denen man die Niederlage bei Ochandiano vorwarf, isoliert.
Ganz anders verhielt es sich beim Gegner: Franco stärkte durch die Einbindung der Falangisten und Karlisten in eine Einheitspartei seine persönliche Macht. Diese Maßnahme führte nur in einigen Kreisen der Führungsspitzen zu Spannungen. Die junge Basis beider Parteien war zu jenem Zeitpunkt militarisiert und an der Front. Die Vereinigung wurde bewußt zu einem Zeitpunkt vorgenommen, als die Nordoffensive in vollem Gange war, bei der die navarresischen Brigaden unter der strengen Disziplin harter militärischer Führer wie García Valiño oder Alonso Vega die Hauptrolle spielten. Sie erhoben keine Einwände gegen die Vereinigung. Unterdessen blieb es an der Madrider Front ruhig; die *Junta de Defensa* löste sich auf.

Die Zerstörung Guernicas und die Eroberung Bilbaos

Als das Wetter besser wurde, wurde der Angriff fortgesetzt. Im Sektor Mondragón griff die 4. Brigade von Navarra (Alonso Vega), unterstützt durch die Luftwaffe und die erstklassige Artillerie, die Inchorta-Berge an. Zwischen dem 20. und 22. April fanden dort für die navarresischen Truppen verlustreiche Kämpfe statt, ohne daß es ihnen gelungen wäre, die Stellung einzunehmen.
Daraufhin wurde die Hauptaktion des Kampfes von der 1. Brigade (García Valiño) übernommen. Sie bewegte sich nach Süden, beschrieb einen Bogen, um die befestigten Höhen zu umgehen, vor allem den Udala, und nahm am 24. April Elorrio ein. In Elorrio kreuzten sich zwei wichtige Straßen: die von Mondragón nach

Campánzar und die von Vergara nach Elgueta. Von dort aus hatte man auch die Straße, die zur Küste führte und die baskischen Stellungen miteinander verband, unter Kontrolle.
Der Verlust der höher gelegenen Punkte zog zwangsläufig den weiterer umliegender Gebiete nach sich, da es den Republikanern an der für die Observation, die in einem solchen Gebäude von ausschlaggebender Bedeutung ist, notwendigen Luftwaffe fehlte. Folglich zogen sich die Basken ab dem 25. April zurück.
Am 26. April 1937 wurde Guernica durch Bomben dem Erdboden gleichgemacht. Guernica war die heilige Stadt der Basken. Sie hatte 7000 Einwohner und lag 30 Kilometer von der Front entfernt. Trotz einiger traditionsreicher Fabriken für Handfeuer- und Jagdwaffen war sie kein militärisches Ziel.
Es war Markttag. Am Nachmittag beschossen und bombardierten völlig überraschend Savoia-79 und Heinkel-111 die Stadt und versetzten die Bevölkerung in Angst und Schrecken. Dann folgte eine Welle von Ju-52-Bombern. Drei Stunden lang war Guernica einem Luftangriff nach dem anderen ausgesetzt. Die Stadt ging in Flammen auf, ihr Zentrum wurde zerstört, Hunderte von Personen kamen um.
Die Schrecken der Luftangriffe, die im Zweiten Weltkrieg zum Kriegsalltag gehören sollten, waren noch unbekannt. Der grauenhafte Angriff auf Guernica erschütterte die Weltöffentlichkeit und entfesselte eine heftige Polemik. Die Franquisten leugneten die Bombardierung und behaupteten, die Basken selbst hätten die Stadt aus propagandistischen Gründen in Brand gesteckt. Angesichts der internationalen Empörung wollten sich sowohl die Regierung Francos als auch die Befehlshaber der deutschen Luftwaffe ihrer Verantwortung entziehen.
Die Division 23. März wurde in den nördlichen Teil des Aufmarschgebietes verlegt, damit alle Italiener unter dem Kommando von General Bastico, der Roatta ersetzt hatte, vereint vorgehen konnten.
Am Tag nach der Bombardierung von Guernica erreichte die erste Operationsphase ihren Höhepunkt. Die Italiener säuberten mit ihren Panzern die Küstenzone bei Lequeitio. Motorisierte Stoßtrupps kreisten das Gebiet ein und besetzten es anschließend. Eine neugebildete navarresische Brigade beteiligte sich gemeinsam mit den vier anderen am Vorstoß. Am 28. April marschierten die Truppen von García Valiño in das ebenfalls heftigem Bombardement

ausgesetzte Durango ein. Am Tag darauf besetzten die Truppen von Alonso Vega Guernica.

Nachdem die Bucht von Guernica besetzt worden war, begann der Vormarsch nach Westen, zum »eisernen Gürtel« um Bilbao. Die Angreifer verteilten die Italiener und die 6. Brigade (Bertomeu) zwischen der Küste und Guernica. Von dort bis Durango bezogen die 5., die 1. und die 2. Brigade (Sánchez González, García Valiño, Cayuela) Stellung. Weiter südlich standen die 4. und die 3. Brigade (Alonso Vega, Latorre). Ohne sich aufzuhalten, rückten Molas Truppen gegen die baskische Hauptstadt vor. Am 30. April marschierten die Italiener in einem ihrer typischen pfeilförmigen Vorstöße in Bermeo ein. Ein republikanischer Gegenangriff brachte sie in Schwierigkeiten, aus denen sie ein bewaffnetes Handelsschiff und einige Verstärkungseinheiten befreiten.

Der Krieg im Baskenland war eine zähe, zermürbende Aufeinanderfolge von Gefechten um die Berghöhen. Angreifer wie Verteidiger kämpften heldenhaft und unterbrachen die Kämpfe nur, wenn die heftigen Regengüsse dies unumgänglich machten. Es fanden unzählige Gefechte statt. Jede Anhöhe erlebte mehrere Angriffe und Gegenangriffe, wodurch die Operationen sehr verlangsamt wurden.

Die härtesten Gefechte fanden zum einen in der Schlacht vom 6., 7. und 8. Mai um den Sollube statt – die Angreifer setzten hier das gesamte Potential ihrer Luftwaffe und Artillerie ein –, zum anderen in den zehn Tagen dauernden pausenlosen Angriffen und Gegenangriffen mit Handgranaten und Bajonetten auf den Bizcargui und die Höhe 333 sowie im Kampf um die Peña Lemona. Dieser hatte gerade seinen Höhepunkt erreicht, als Mola am 3. Juni 1937 bei einem Flugzeugunglück ums Leben kam.

Llano de la Encomienda war es nicht gelungen, die verschiedenen politischen und gewerkschaftlichen Milizen zu koordinieren. Daher betraute Prieto, der neue Kriegsminister, den aus dem Baskenland stammenden General Gámir Uribarri, der sein Vertrauen genoß, mit der Kriegführung in dieser Region. Der General trat seinen Dienst am 29. Mai an und ergriff sofort Maßnahmen zur Wiederherstellung der Kampfmoral und zur Durchsetzung einer seriösen Kriegführung. Aber den sich häufenden Schwierigkeiten und der allgemeinen Demoralisierung war auch Gámirs Energie nicht gewachsen, so daß die Initiative allmählich auf den Elsässer Oberst Putz von den Internationalen Brigaden überging.

Der Krieg bestand mittlerweile aus einer Folge von harten Gefechten, Höhe um Höhe, Stellung um Stellung, in der sich schließlich die Franquisten aufgrund ihrer Artillerie- und Luftüberlegenheit behaupteten.

Nachdem die Ereignisse sich immer mehr zuspitzten, leitete die baskische Regierung die freiwillige Evakuierung von Frauen, von Männern über 65 und Kindern unter 15 Jahren ein. Man mußte möglichst viele Menschenleben retten; zugleich ging es darum, die knappen Lebensmittel für die Kämpfenden zu sichern. Die Lage der Basken wurde außerdem durch die Desertion einiger wichtiger Militärs, die verantwortliche Positionen innehatten, erschwert, zum Beispiel die des Oberbefehlshabers der Marquina-Front oder des Hauptmanns Goicoechea, des Leiters der Befestigungsarbeiten am »eisernen Gürtel« um Bilbao.

Für Bilbao stand die letzte Phase des Bürgerkriegs bevor. Die Führung erinnerte an die Belagerungen durch die Karlisten, denen die Einnahme der Stadt nie gelungen war, sowie an den Widerstand Madrids. Aber diese Vergleiche konnten die Bevölkerung schwerlich überzeugen. In den Karlistenkriegen hatte es noch keine Luftwaffe gegeben, und Bilbao konnte nicht mehr versorgt werden. Da man sich Mut machen mußte, übertrieb man die Bedeutung des »eisernen Gürtels« und redete sich ein, er sei unüberwindbar. In Wirklichkeit war er eine unzulängliche Befestigung, bei deren Bau die nötigen Materialien gefehlt hatten. Überdies kannten die Angreifer seine Schwachstellen, da Hauptmann Goicoechea mitsamt den Verteidigungsplänen übergelaufen war.

Als der Angriff auf die Befestigungen von Bilbao kurz bevorzustehen schien, wurden die Nachrichten von den Maiereignissen in Barcelona bekannt, die Unmut und Ungewißheit weiter schürten. Präsident Aguirre übernahm am 9. Mai 1937 persönlich die Verantwortung für die Situation und das direkte Oberkommando über die baskischen Truppen.

Die Madrider Regierung schickte den Basken ein paar sowjetische Berater und einige wenige Flugzeuge, die die Lage nicht entscheidend beeinflussen konnten; außerdem bereitete sie eine Offensive in La Granja und Balsain (Segovia) vor, die gleichzeitig mit dem letzten baskischen Gegenangriff stattfand.

General Dávila war Molas Nachfolger geworden. Er wollte dafür Sorge tragen, daß der Angriff auf Bilbao planmäßig und ohne

Verzögerungen anlief. Um dies zu verhindern, führten die Republikaner im Sektor Chinchilla–Aleve eine Ablenkungsoffensive durch, aber Dávila ließ noch am selben Tag den »eisernen Gürtel« angreifen.
Am 12. Juni zerstörten ein schwerer Luftwaffenangriff und das Feuer von 144 Kanonen einige Befestigungen. Drei baskisch-asturische Brigaden starteten ihrerseits auf einer Front von 1500 Metern einen Gegenangriff, um die Bresche zu schließen. Am nächsten Tag begannen die Basken ihren Rückzug, den sie durch gleichzeitige schwere Gegenangriffe gegen die Franquisten absicherten. Die baskische Regierung verließ die Hauptstadt, wo eine *Junta de Defensa* zurückblieb, der Leizaola, Aznar, Astigarrabia und General Gámir angehörten. Die *Junta* konnte allerdings nicht verhindern, daß die Italiener den Fluß überquerten und die Navarresen das gesamte rechte Ufer unter ihre Kontrolle brachten.
Zwei Tage später befahl Kriegsminister General Gámir, das linke Ufer um jeden Preis zu verteidigen. Es wurde hart gekämpft, aber am 17. Juni wurde die Situation kritisch. Bilbao hatte weder Elektrizität noch Wasser und war ständig intensiven Bombardements und Artilleriebeschuß ausgesetzt.
Die Spannungen in der baskischen Politik verschärften sich zusehends. Der General wollte die Stadt mit Hilfe der marxistischen und anarchistischen Bataillone um jeden Preis verteidigen, aber die »Taktik der verbrannten Erde« kam nicht mehr zur Anwendung. Der Krieg hatte bereits die Vorstädte erfaßt, wo erbittert gekämpft wurde. Leizaola befahl, die politischen Gefangenen des Larringa-Gefängnisses dem Feind zu übergeben. Alle Einheiten, die nicht zum PNV gehörten, sollten die Stadt verlassen. Die Milizen zogen sich nach Santander zurück.
Am 19. Juni marschierten die Angreifer in Bilbao ein.

Die republikanischen Offensiven. Die Schlacht von Brunete

Die um Madrid aufgestellten Einheiten wurden zunehmend effizienter. Ihre Möglichkeiten waren zwar noch begrenzt, aber sie waren die einzige Manövriermasse, über die die Republik verfügte.
Am 9. April 1937 griffen die Republikaner noch einmal die Garabitas-Anhöhe an, die Schlüsselstellung an der Madrider Front. Sie wollten mit diesem Angriff die Verbindung zwischen den gegneri-

schen Positionen auf dem Universitätscampus und in der Casa de Campo durchtrennen, die eine ständige Bedrohung darstellten. Die Madrider Front hatte sich stabilisiert und war in einen grausamen Stellungskrieg übergegangen. Man grub unterirdische Gänge zu den feindlichen Stellungen, um diese zu sprengen. Der Angriff auf den Garabitas wurde mit einer derartigen Sprengung unter den franquistischen Stellungen im Abschnitt Usera verbunden. Am 14. April fanden den ganzen Tag äußerst blutige Gefechte statt, die bis zum 18. andauerten. Dann wurde die Operation abgebrochen.

Um die Franquisten von ihrer Offensive im Norden abzulenken, plante die republikanische Führung zwei weitere Angriffe mit beschränkten Zielen, einen auf Segovia und einen weiteren auf Huesca. Der erste hatte als Ausgangsbasis den Navacerrada-Paß, an dem seit Juli 1936 keine Operationen mehr stattgefunden hatten. Der Angriff wurde völlig überstürzt vorbereitet, denn in Anbetracht der Entwicklung im Baskenland mußte möglichst schnell etwas unternommen werden. Im Morgengrauen des 30. Mai wurde das Feuer eröffnet. Die Vorhut kam beim ersten Angriff bis auf einen Kilometer an La Granja heran. Von zentraler Bedeutung für die Front war die Stellung Cabeza Grande. Die Republikaner nahmen sie am Mittag des 31. Mai gegen den verzweifelten Widerstand der Franquisten ein, konnten aber wegen Nachschubmangel von dort nicht weiter vorstoßen. Nachdem Verstärkung und Luftunterstützung eingetroffen waren, eroberten die Franquisten am nächsten Tag Cabeza Grande zurück. Damit war die Episode abgeschlossen.

Huesca war zwar in den Händen der Franquisten, aber seit Beginn des Krieges von Republikanern belagert. Im Juni 1937 unternahmen diese einen erneuten Versuch, die Stadt einzunehmen. Die Offensive scheiterte an der Luftüberlegenheit und am Widerstand der Belagerten. Während der heftigen Kämpfe fiel auf seiten der Internationalen Brigaden, die bei dieser Offensive eine große Rolle spielten, der alte revolutionäre Kämpfer Matei Zalka (General Lukacs).

Nachdem sich gezeigt hatte, daß die Truppen, die Madrid verteidigt hatten, sich auch auf offenem Felde bewährten, wurde daran gedacht, sie in Operationen einzusetzen. Man wollte die Initiative ergreifen und sich nicht mehr damit begnügen, Francos Schläge abzuwehren, wo immer er angriff. Als sich die Situation im Norden zuspitzte, entwickelte Vicente Rojo daher einen Plan, um

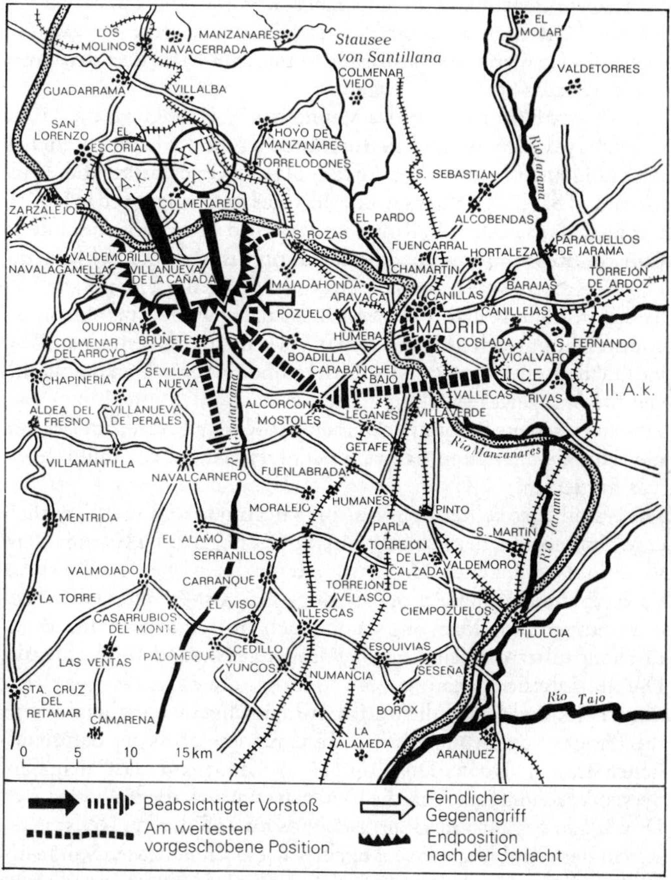

diese Madrider Truppen bei einem Angriff im zentralspanischen Frontabschnitt einzusetzen. Hierzu wurden drei Armeekorps gebildet und dem Oberbefehl Miajas unterstellt. Im V. Armeekorps (Modesto) waren die kampferfahrensten Männer zusammengefaßt: die Divisionen von Líster, El Campesino und Walter. Sie waren im April von der Front abgezogen und weiter ausgebildet

worden. Das XVIII. Korps hatte nicht weniger berühmte Kommandeure: Sein erster Befehlshaber war Jurado, später war es Casado. Die Divisionskommandeure waren Galán, Enciso und Gal. Das II. Armeekorps (Romero) bildeten Madrider Reserven, die in Vallecas Stellung bezogen.
Laut Angriffsplan sollten das V. und das XVIII. Korps die Front im Nordwesten von Madrid durchbrechen und in nord-südlicher Richtung nach Brunete vorrücken. Das V. Korps sollte über Quijorna und Sevilla la Nueva nach Móstoles marschieren, das XVIII. Korps zwischen dem V. Korps und Madrid über Villanueva de la Cañada–Romanillos–Boadilla del Monte bis Alcorcón vorstoßen. Das II. Korps sollte einen Nebenangriff durchführen und von Vallecas (im Süden Madrids) von Osten nach Westen bis Alcorcón vorstoßen, um sich dort mit dem XVIII. Korps zu vereinigen. Die nationalistischen Truppen im Westen und Süden wären damit eingeschlossen gewesen.
Der vorgesehene Schauplatz war eine trockene Ebene, auf der nur die schmalen Schatten halbvertrockneter Bäume die Julihitze etwas milderten.
Die erste Phase sollte am 6. Juli 1937 beginnen und war eigentlich eine Umkehrung der Schlacht um die Straße nach La Coruña. Am Vortag, als drückende Hitze und Staub das Atmen erschwerten, bezogen die Infanterie ihre Ausgangs- und die Artillerie ihre Feuerstellungen. Im Morgengrauen brach der Angriff völlig überraschend über die feindlichen Vorposten ein und überrollte sie. Die 46. Division gelangte bis Quijorna, die 11. schlängelte sich ohne Feindberührung durch das Aufmarschgebiet und kam bis an die Häuser von Brunete heran, fünf Kilometer hinter den feindlichen Linien. Die 3. Division griff Villanueva de la Cañada an, dessen Verteidiger sich in die Defensive zurückzogen.
Durch den geglückten Überraschungsvorstoß der 11. Division erschien der republikanische Angriff wie ein Pfeil, dessen Spitze bis an den Ortsrand von Brunete reichte. Fünf Kilometer weiter hinten drängten durch die Bresche in der Front weitere republikanische Einheiten entschlossen nach. In dem für sie neuen Hochgefühl des Triumphes überrannten sie einander beinahe.
Am zweiten Tag wurde die Operation fortgesetzt. Der Nebenangriff begann bei Vallecas und stieß bis zur Straße nach Toledo vor, die somit abgeschnitten wurde. Die Vorhut hatte bereits die Hälfte des Weges zu ihrem Ziel, Alcorcón, überwunden, als gegen Abend

einige Männer ängstlich wurden. Sie waren gewohnt, im Schutz der Gräben zu kämpfen, und fühlten sich auf offenem Felde und ohne Deckung unsicher. Sie wichen zurück. Dieses Gefühl der Unsicherheit hatten alle. Panik griff um sich. Die Disziplin versagte, das gesamte II. Korps zog sich in die Stellungen zurück, die es am Morgen verlassen hatte. Dort blieb es bis zum nächsten Tag, an dem zwar die Ordnung wiederhergestellt wurde, um die Operation zu wiederholen; aber der Überraschungseffekt war verspielt, und die Franquisten hatten sich auf den Angriff eingestellt. Maschinengewehre, nun in Bereitschaft, überzogen mit ihren Salven gnadenlos die republikanische Vormarschstrecke auf der schutzlosen Ebene, so daß die Infanterie, deren Einsatz nicht durch intensives Artilleriefeuer vorbereitet war, nicht weiter vorrücken konnte. Dadurch wurde die ganze Operation undurchführbar.

An der anderen Frontlinie wurde die Hauptoperation von besseren Truppen getragen. Sie standen den Angriff durch, obwohl der Feind, nachdem der erste Schreck überwunden war, genauso verbissen kämpfte wie sie. Nach dem Durchbruch hatten die Republikaner die Dörfer Brunete, Quijorna, Villanueva del Pardillo und Villafranca del Castillo angegriffen, deren kleine Garnisonen nicht bereit waren, sich zu ergeben. Statt sie zu umgehen und den Vormarsch fortzusetzen, begingen die Republikaner den Fehler, sie sofort einnehmen zu wollen, womit sie Zeit und Reserven vergeudeten.

Dadurch waren die Kämpfe festgefahren, und die Franquisten erhielten die Möglichkeit, Luftwaffe und Truppen aus dem Norden in die Ebene um Brunete zu verlegen.

Obwohl die Republikaner sich in lokale Gefechte verbissen hatten, stießen einige von Lísters Panzern bis in die Höhe von Boadilla, also fast bis zum Endziel, vor. Aber die restlichen Truppen nutzten den Erfolg beim Frontdurchbruch nicht aus. Sie verloren vier kostbare Tage, weil sie stur auf der Eroberung der Dörfer beharrten. Die Schlacht, die in Richtung Süden verlagert werden sollte, war steckengeblieben und konzentrierte sich auf eine Fläche von 35 Quadratkilometern. Die in der vordersten Frontlinie gelegenen Dörfer wurden schließlich eingenommen. Am 9. Juli leistete nur noch Brunete Widerstand. Dort wütete der Krieg mit ungeheurer Heftigkeit.

Die Franquisten stoppten ihren Vormarsch nach Santander, da die

Legion Condor und die navarresischen Brigaden nach Brunete verlagert wurden. Sogar Francos Hauptquartier wurde verlegt. Das strategische Ziel der Republikaner war erreicht: Die erneuten Kämpfe im zentralspanischen Frontabschnitt um Madrid hatten den Vorstoß im Norden gestoppt.

Aber in taktischer Hinsicht sahen die Ergebnisse anders aus. Im Kampfgeschehen begann sich das Blatt in dem Augenblick zu wenden, als die Republikaner Verstärkungstruppen an die Front bringen mußten. Diese waren, im Gegensatz zur Vorhut, unausgebildet. Im Hexenkessel der Explosionen brachen die neuangekommenen Truppen auseinander und verursachten auf dem Schlachtfeld völlige Konfusion.

Den Republikanern gelang es zwar schließlich, Brunete einzunehmen, aber am 18. Juli 1937 setzten die franquistischen Truppen aus dem Norden und aus Galicien unter dem Befehl von Varela zu einer gewaltigen Gegenoffensive an. Unterstützt von über 200 Geschützen griffen die Panzer an. Diesmal konnte sich der deutsche Militärberater von Thoma durchsetzen; das Resultat war spektakulär. Am 16. Juli hatten die Marokkaner Brunete zurückerobert und sogleich wieder verloren. Am 18. versuchten die Franquisten erneut, das Dorf einzunehmen, von dem inzwischen nur noch ein Labyrinth von eingestürzten Mauern, zerstörten Dächern, Schutt, Ziegeln und Balken übrig war.

Am 26. Juli – die Franquisten hatten Brunete zurückerobert, waren aber vor Villanueva de la Cañada und Villanueva del Pardillo gescheitert – verlor die Schlacht an Kraft. Die Verluste der Republikaner beliefen sich auf ca. 25 000 Mann und 100 Flugzeuge, die der Franquisten auf 10 000 Mann und 25 Flugzeuge; zudem war der Vorstoß im Norden um einen Monat verzögert worden. Die Republikaner hatten zwar drei Dörfer erobert, aber der Preis war viel zu hoch: Sie hatten ihn mit ihren besten Truppen bezahlen müssen.

Die Niederlage in den restlichen Gebieten des Nordens

Trotz der Verzögerung durch die Schlacht um Brunete waren Santander und Asturien nach der Einnahme von Bilbao nicht mehr zu retten. Sechzehn Divisionen hielten sich in jener Region auf. Sie waren allerdings nicht vereinigt, und General Gámir Uribarri übte eine nur schwache Autorität über sie aus. Ihre Bewaffnung war mangelhaft, sie verfügten über keine Luftwaffe und über nur wenige, veraltete Panzer. Nach dem Fall Bilbaos versuchte Gámir, die Verteidigung mit den vorhandenen Mitteln zu organisieren. Die Hauptkraft stellten dabei die baskischen Bataillone, die durch den Verlust des Baskenlandes jedoch sehr demoralisiert waren.

Nach der Schlacht von Brunete übernahm Dávila das Oberkommando über den CTV, die sechs Navarra-Brigaden, die Brigade Kastilien und die italienisch-deutsche Luftwaffe. Am 14. August 1937 griffen die Franquisten Santander von Süden und Südwesten an. Bei Einbruch der Dunkelheit hatten sie bereits Peña Labra eingenommen.

Zwei Tage später marschierten sie in Reinosa ein. Der Escudo-Paß war aufgrund seiner natürlichen Gegebenheiten eine gute Verteidigungsposition; ihn einzunehmen kostete die Italiener Verluste, aber die überwältigende Luftüberlegenheit gab, wie schon so oft zuvor, den Ausschlag. Von da an wurde die Verteidigung von Santander immer schwieriger. Gámir Uribarri ordnete an, daß die Frontstellungen bis zum Äußersten Widerstand leisten sollten, um in der Etappe soviel wie möglich retten zu können. Dort begann die Evakuierung nach Asturien, dessen Verteidigung einfacher erschien.

Die Zivilbevölkerung, die politische Führung, Truppen und Kriegsgerät verließen Santander per Eisenbahn und über die Landstraße, bis am 24. August die Verbindungswege abgeschnitten wurden. Die Evakuierung ging trotzdem weiter. Alle im Hafen liegenden Schiffe erhielten Befehl, sich zur Verfügung zu stellen. Die baskischen Bataillone befolgten den Rückzugsbefehl nicht und flüchteten nach Laredo und Santoña, wo sie sich den Italienern widerstandslos ergaben.

Die Franquisten marschierten am 26. August 1937 in Santander ein. Wo sich noch Widerstand regte, konnte er leicht zerschlagen werden. Eine große Zahl bewaffneter Männer ergab sich nahezu kampflos. Die Nordfront war nun auf Asturien reduziert. Der Rat von Asturien ignorierte die Zentralregierung und ernannte Oberst Prada zum Oberkommandierenden, woraufhin General Gámir die Region verließ und nach Valencia aufbrach. Die Schlacht begann am 9. September ohne spektakuläre Truppenbewegungen. Wie schon in Vizcaya kam es aufgrund der natürlichen Gegebenheiten des Geländes zu einer Reihe äußerst heftiger Gefechte. Jeder Paß wurde verbissen umkämpft. Die Besetzung Santanders

war nicht schwierig gewesen, aber der Eroberung Asturiens ging eine endlose Folge von härtesten Gefechten voraus.
Sowohl die Truppen von Aranda als auch die von Solchaga kamen nur unter großen Schwierigkeiten voran. Die Milizionäre wehrten sich mit allen ihnen zur Verfügung stehenden Mitteln. Geschickt sprengten sie die Verbindungswege. Das Ringen hielt den ganzen September an. Das franquistische Nordheer war gut ausgebildet und erfahren; es verfügte außerdem über hervorragende Luft- und Artillerieunterstützung. Dennoch gelang es ihm erst Mitte Oktober, Cangas de Onís zu besetzen. Daraufhin beschloß der Rat von Asturien die Evakuierung über das von Francos Flotte blockierte Kantabrische Meer.
Obwohl die Bombardierung der Häfen von Gijón und Avilés mit unverminderter Intensität fortgesetzt wurde, liefen Schiffe aller Art aus. Tausende wurden auf den Molen oder auf hoher See an Bord der Schiffe festgenommen. Viele Asturianer flüchteten in die Berge, wo sie mit den wenigen ihnen zur Verfügung stehenden Mitteln einen Guerillakrieg begannen.

Die Vorgänge an der aragonesischen Front: Belchite

Auf republikanischer Seite hatten die Schlachten am Jarama und um Guadalajara die Illusion erweckt, man verfüge über ein Heer. Brunete hatte gezeigt, daß dies nur zum Teil zutraf, die militärische Organisation vielmehr äußerst mangelhaft war. Oft verloren die Truppen die Waffen im Gefecht, oder sie wurden wegen schlechter Wartung und unregelmäßiger Ersatzlieferungen vorzeitig unbrauchbar. Insgesamt war die militärische Kapazität der Republik durch technische Mängel, politische Spannungen, das Fehlen einer mittleren Befehlsebene sowie einer effizienten Kriegswirtschaft stark eingeschränkt. Die Schlacht von Brunete hatte das Einsatzkorps, das eigens für die Durchführung einer Offensivstrategie geschaffen worden war, aufgerieben. Nach der Schlacht wollte Varela weiter nach Madrid vorstoßen, da die Verteidiger der Hauptstadt erschöpft waren. Aber Franco hinderte ihn daran, da er zunächst die Eroberung des Nordens abschließen wollte. Auch der republikanische Generalstab versteifte sich auf sein Vorhaben. Da die Schlacht von Brunete trotz ihres schlechten Ausgangs bewiesen hatte, daß der *Ejército Popular* zu Angriffsinitiativen fähig war, dachte man daran, durch eine Aktivierung

der Front in Niederaragonien den Druck vom Norden abzulenken.
In diesem Gebiet hatten 1937 wenig Kämpfe stattgefunden. Im Verlauf des Frühjahrs hatten die Republikaner versucht, das rechte Ufer des Alfambra und das Palomera-Gebirge unter ihre Kontrolle zu bekommen, um die Verbindung zwischen Teruel und Saragossa zu unterbrechen. Die Franquisten verloren einige Schlüsselstellungen für die Verteidigung der Straße, aber zwischen dem 19. und 26. April eroberten sie diese mit Hilfe ihrer Luftwaffe zurück. Anfang Mai kämpfte man in Gea de Albarracín, um die Verbindungswege zu sichern.
Die neue Offensive wurde von Vicente Rojo vorbereitet, der inzwischen zum militärischen Kopf der Republik geworden war. Der Oberbefehl wurde Pozas übertragen, dem reorganisierte Einheiten, darunter das berühmte V. Armeekorps, sowie die gerade aus der UdSSR eingetroffenen Waffenreserven geschickt wurden. Es war schwierig, die Ausgangsbasis zu erreichen, da es in diesem Gebiet nur wenige Straßen und Wege gab, die schon bald die Massen von Soldaten, Fahrzeugen und Geschützen nicht mehr aufnehmen konnten. Die Organisation der Operation war schwieriger als in Brunete, da dort die Einheiten von ihren Madrider Standorten ausgegangen waren. Aber die Erfolgsaussichten waren dafür besser, denn an der Belchite-Front gab es kaum franquistische Truppen; außerdem waren die Republikaner materiell besser ausgestattet. Allerdings kostete die Vorbereitung so viel Zeit, daß es nach ihrem Abschluß für eine Rettung Santanders schon zu spät war.
Nach dem Operationsplan sollten das V. Armeekorps und einige Truppen des XII. zwischen Belchite und Quinto die gegnerische Front durchbrechen, die Ebene durchqueren und innerhalb von drei Tagen nach Saragossa vorstoßen. In einer Nebenoperation sollten unterdessen die Verbindungswege nach Saragossa im Norden abgeschnitten werden: Zwei Divisionen sollten Zuera und Villanueva de Gállego nördlich des Ebro besetzen.
Obwohl die Vorbereitungen so umfangreich und schwierig waren, wurden sie von den feindlichen Spionagediensten nicht aufgedeckt, so daß auf nationalistischer Seite niemand mit einer Offensive an der ruhigen aragonesischen Front gerechnet hatte. Der Nebenangriff war erfolgreich, und in kurzer Zeit konnte Zuera eingenommen werden. Die Truppen stießen weiter in Richtung

Villanueva de Gállego vor. In der südlich des Flusses stattfindenden Hauptoperation wurde die schwache Front zwischen Belchite und Quinto überrannt.
Eine republikanische Division drang auf die Ebene vor und marschierte in Richtung Fuentes de Ebro. Obwohl sie völlig eingekreist waren, leisteten die franquistischen Garnisonen von Belchite und Quinto an den beiden Außenpunkten der Bresche, durch die die republikanischen Einheiten eindrangen, Widerstand. In diesem Krieg unterschieden sich die beiden Seiten durchgängig in ihrem Defensivverhalten: Wenn die Milizionäre die Gefahr bemerkten, daß sie abgeschnitten wurden, gaben sie die Stellung auf. Ihre Feinde hingegen unterlagen einer eisernen militärischen Disziplin, und wenn sie den Befehl zur Verteidigung einer Stellung erhielten, folgten sie ihm um jeden Preis. Angesichts dieses Verhaltens ließen sich die Republikaner von ihrem brennenden Wunsch hinreißen, den feindlichen Widerstand zu brechen. In Brunete gewann dieser Enthusiasmus im Vergleich zum Gehorsam gegenüber erhaltenen Befehlen die Oberhand.
Dieser Unterschied zwischen einem Soldaten und einem Milizionär hatte den Republikanern in Brunete geschadet; er schadete ihnen auch in Belchite wieder. Die Operation, die so erfolgreich begonnen hatte, geriet ins Stocken, weil eine mittlere Befehlsebene fehlte, die für eine strikte Einhaltung des Operationsplanes gesorgt hätte. Viele Truppenbefehlshaber waren alte politische Kämpfer, die bereit waren, für ihr Ideal ihr Leben zu lassen. Aber ihre militärischen Kenntnisse waren so rudimentär, daß sie unsicher wurden, sobald sie die Front durchbrochen hatten. Fern von ihren Stützpunkten lag vor ihnen eine weite, leere Ebene in der Julihitze, über die sie schnell vorrücken mußten, ohne zu wissen, wo der Feind stand.
Viele Wege waren mit Material verstopft, und nicht wenige Einheiten verloren die Orientierung, aber trotz alledem war die franquistische Front am 25. Juli 1937 zwischen Fuendetodos und Mediana zusammengebrochen. In der wasserlosen, brüchigen Ebene leisteten vereinzelt nur einige abgeschnittene Truppenteile, etwa in Belchite und Quinto, Widerstand. Die Angreifer waren zwischenzeitlich 15 Kilometer in feindliches Gebiet eingedrungen. Nun sollte der zweite Teil der Operation beginnen. Eine motorisierte Kolonne mußte nach Saragossa geschickt werden, das nur 30 Kilometer von der Vorhut entfernt war.

Vielen unausgebildeten Führern von Einheiten war ein so schnelles Vordringen suspekt, und sie wurden allzu vorsichtig. Als die 11. Division nach Fuentes de Ebro kam, schwärmte sie – statt weiterzumarschieren – aus, um feindliche Widerstandsnester auszuheben. In Belchite und Quinto – beide Orte hatten sich nicht ergeben – hielten sich viele Truppen auf, die man beim Vorstoß nach Saragossa benötigt hätte. Quinto wurde schließlich eingenommen, aber Belchite verteidigte sich zwölf Tage lang hart und mußte Haus für Haus erobert werden.

Ähnlich wie schon in Brunete, verbrauchte dieser Kampf gegen zwei Dörfer die Zeit und Energie, die man benötigt hätte, um die Ziele der Offensive zu erreichen. Auch bei dem Nebenangriff wurde Zeit vergeudet. Nachdem die Republikaner Zuera erobert hatten, blieben sie vorerst dort, statt weiter vorzustoßen und alle Verbindungswege der Region zu unterbrechen. Die Franquisten nutzten diese Untätigkeit und eroberten das Dorf zurück. Die Republikaner wiederum verzettelten sich in endlosen lokalen Gefechten und ließen vier kostbare Tage verstreichen, ohne bis Villanueva de Gállego vorzurücken.

Wie bei allen republikanischen Offensiven, fehlte es auch diesmal an Reserven. Als die ersten Truppen erschöpft waren, gab es keine weiteren Einheiten, um den Vormarsch mit dem Schwung, mit dem er begonnen hatte, weiterzuführen. Vielen Kämpfern schien das Erreichte auch schon genug. Sie hatten alle Dörfer der Front eingenommen und 1000 Quadratkilometer besetzt. In der Freude über diesen Teilsieg vergaß man das Endziel: Saragossa. Als die ersten Reserven eintrafen, um die Bresche zu schließen, betrachtete der *Ejército Popular* die Operation als beendet, verzichtete auf den motorisierten Vorstoß auf die aragonesische Hauptstadt und machte sich daran, seine neuen Stellungen zu sichern.

Gewissermaßen als Abschluß fanden im Herbst zwei Teilangriffe an der aragonesischen Front statt. Ende September rückten die Republikaner bis Jaca vor und eroberten nach zwei Wochen Kampf die Region um Biescas. Im Oktober unternahm Líster eine Operation gegen Saragossa. Seine Panzer erreichten die feindlichen Stellungen bei Fuentes de Ebro.

Nach der Eroberung des gesamten Nordens bereitete sich Francos Generalstab auf die Entscheidungsschlacht um Madrid vor. Diesmal sollte die Operation von Guadalajara, wo die Italiener versagt hatten, mit spanischen Truppen wiederholt werden. Um dies zu verhindern, beschloß der republikanische Generalstab, die Kampfhandlungen an der Front von Niederaragonien weiter zu steigern, um die Franquisten zu zwingen, die für die Schlacht um Madrid vorgesehenen Truppen anderweitig einzusetzen.
Die Planung übernahm wiederum Rojo. Unter dem Befehl von General Hernández Saravia formierten sich die Truppen in nur sechs Tagen. Am 15. Dezember 1937 setzten sich die Republikaner sodann in zwei 20 Kilometer voneinander entfernten Angriffsrichtungen in Marsch.
Die strategischen Ziele bestanden darin, die unmittelbare Gefahr von Madrid abzuwenden und Zeit zu gewinnen, um den *Ejército Popular* an allen Fronten zu organisieren. Das taktische Ziel, Teruel einzuschließen, wurde erreicht. Die beiden Kolonnen durchbrachen die Front und umzingelten die Stadt in einer Zangenbewegung. Oberst Rey d'Harcourt, der die franquistische Garnison befehligte, ergab sich nicht, verteilte vielmehr seine Truppen, um dem gegnerischen Ansturm standzuhalten. Der Ring seiner Stellungen um Teruel zog sich unter dem Druck der Republikaner immer enger zusammen, die am 22. Dezember in die Stadt einmarschierten. Die Garnison flüchtete sich in einige Gebäude und verschanzte sich dort.
Die Eroberung Teruels – es war die erste Provinzhauptstadt, die man im Kampf eingenommen hatte – weckte große Hoffnungen. Das *Ejército Popular* hatte sich als fähig erwiesen, eine Offensive durchzustehen, und man konnte hoffen, daß nun der Krieg einen anderen Verlauf nehmen würde. Die Realität sah jedoch anders aus.
In ganz Spanien verfügte die Republik über ungefähr 500 000 Mann unter Waffen, während es auf Francos Seite 600 000 waren. Viel schwerwiegender aber war der qualitative Unterschied. Nur ein Teil der republikanischen Truppen waren echte, durchstrukturierte Einheiten. Bei der Errichtung des *Ejército Popular* war man bis Sommer 1937 auf unzählige Schwierigkeiten gestoßen. Organisation und Disziplin ließen noch zu wünschen übrig. Die Armee

der Franquisten war äußerst diszipliniert, ihr Staat militarisiert, ihre Luftwaffe und Artillerie der gegnerischen weitaus überlegen. Außerdem begünstigte sie die geographische Lage ihrer Zone, da sie es erlaubte, ohne Schwierigkeiten die Reserven zu verlegen.
Wegen der Offensive von Teruel verzichtete Franco erneut auf die Schlacht um Madrid und verlagerte innerhalb weniger Tage seine Reserven. Am 27. Dezember begann die franquistische Gegenoffensive. Drei Tage später brach die republikanische Front bei dem der Stadt im Südwesten vorgelagerten Tafelberg Muela de Teruel zusammen, und die Truppen der Republikaner zogen sich ungeordnet zurück. Aber am nächsten Tag, dem 31. Dezember, formierten sich die Einheiten neu und kehrten in ihre Stellungen zurück, in die nun auch gerade eingetroffene Reserven nachrückten. In jener letzten Nacht des Jahres 1937 schneite es heftig, die Operationen mußten unterbrochen werden. Da die Soldaten beider Seiten ungenügend ausgerüstet waren, erlitten viele von ihnen Erfrierungen.
Die Republikaner nutzten die Zwangspause, um sich zu reorganisieren. Am 8. Januar 1938 ergaben sich die im Priesterseminar noch eingeschlossenen Reste der Garnison von Teruel. Die Nachricht machte den Republikanern neuen Mut; bei den Franquisten rief sie Unsicherheit hervor, da sie es nicht gewohnt waren, daß einer ihrer Offiziere eine Stellung aufgab. Oberst Rey d'Harcourt wurde – zu Unrecht – zum Verräter erklärt.
Die Front war zum Stillstand gekommen. Die Kampfbedingungen waren bei Temperaturen von minus 18 Grad schwierig. Am 17. Januar 1938, als die Kälte etwas nachgelassen hatte, wurden die republikanischen Stellungen unter starken Artilleriebeschuß genommen. Es folgte ein Angriff, der die Republikaner während der nächsten drei Tage zum Rückzug zwang. Sie gerieten in eine schwierige Lage, da sie zwischen den Franquisten auf der einen und dem in Nord-Südrichtung nach Teruel fließenden Alfambra auf der anderen Seite eingezwängt waren.
Der *Ejército Popular* beging den Fehler, eine so ungünstige Position zu verteidigen, statt sich an einen günstigeren Ort zurückzuziehen. Franco wiederum entschied sich, den Feind niederzukämpfen, anstatt die unterbrochene Madrider Operation wiederaufzunehmen. Die Schlacht am Alfambra begann am 5. Februar 1938, als Dávilas 14 Divisionen in wenigen Stunden die Front von acht republikanischen Divisionen durchbrachen. Ein Versuch, die Breschen mit

Reservetruppen zu schließen, mißlang völlig, denn die Neuankömmlinge waren für eine solche Operation zu unerfahren. Ohne Luftunterstützung und mit dem Rücken zum Fluß verloren die Republikaner den Mut und ergriffen die Flucht. Ihr taktisches Unvermögen war so groß, daß die franquistische Kavallerie, wie im 19. Jahrhundert, ihren Sieg ausnützen konnte, indem sie über die flüchtenden Einheiten der Republikaner herfiel.
Am 20. Februar, als die Front schon zusammenbrach, hatten die Republikaner Teruel noch in ihrer Gewalt. Die Garnison unterstand El Campesino, der sich und einen Teil der Truppen im letzten Augenblick durch einen Ausbruch rettete. Das war das Ende einer weiteren republikanischen Offensive. Sie hatte die republikanische Armee sehr geschwächt.

See- und Luftkrieg 1937

Für das Jahr 1937 sind im Hinblick auf den Seekrieg zwei wichtige Ereignisse zu berichten: Die beiden alten Panzerkreuzer, die – einer auf seiten der Franquisten, der andere auf seiten der Republikaner – noch im Einsatz waren, sanken unter Umständen, die zu heftigen Auseinandersetzungen Anlaß gaben.
Der franquistische Panzerkreuzer *España* war 1913 vom Stapel gelaufen; es handelte sich um ein Schiff mit 16400 Tonnen, mit acht 305-mm-, 20 101,6-mm-Kanonen, mehreren kleineren Geschützen, Maschinengewehren und einer Besatzung von 854 Mann. Am 30. April 1937 verfolgte es, gemeinsam mit einem Zerstörer, ein englisches Handelsschiff, das versuchte, den republikanischen Hafen Santander zu erreichen. Die *España* näherte sich einer verminten Zone nahe der Küste. Dort wurde sie durch eine Explosion so schwer beschädigt, daß sie sank. Allerdings konnte die Besatzung von dem Zerstörer gerettet werden. Nach der franquistischen Version war der Panzerkreuzer auf eine Mine gelaufen, nach der republikanischen war er von einer schweren Bombe aus einem ihrer Flugzeuge getroffen und versenkt worden.
Die *Jaime I*, Zwillingsschiff der *España*, war auf republikanischer Seite im Einsatz. Sie war 1914 vom Stapel gelaufen. Die beiden Schiffe unterschieden sich nur geringfügig in ihrer Bestückung. Am 17. Juni 1937 sank die *Jaime I* in Cartagena infolge einer Explosion, wobei ein sehr großer Teil der Besatzung getötet oder verletzt wurde. Es ist nie festgestellt worden, ob eine Selbstent-

zündung der Munition oder möglicherweise Sabotage die Ursache war.

Aufgrund des Blockadebeschlusses des Londoner Nichteinmischungsausschusses bewachten ausländische Seepatrouillen die Zufahrtswege zu den spanischen Küsten, um Lieferungen von Kriegsmaterial zu verhindern. Andererseits äußerte sich die offensive Strategie der republikanischen Regierung in einer größeren Aktivität ihrer Bomber gegen feindliche Schiffe und Häfen.

Auch Francos Luftwaffe wurde immer wieder zum Aufspüren feindlicher Schiffe eingesetzt. So wurden am 26. April 1937 die *Canarias* und die *Baleares* von den Republikanern und zwischen dem 21. und 24. Mai die *Jaime I* von den Franquisten bombardiert. Die deutschen und italienischen Einheiten wiederum, die die Blockade im Mittelmeer überwachten, verstießen gegen die Richtlinien des Nichteinmischungsausschusses, indem sie die Häfen der Balearen benutzten. Als die republikanische Luftwaffe die Anlegestellen der Inseln bombardierte, waren auch die im Hafen liegenden ausländischen Schiffe bedroht. So wurden in Palma de Mallorca der italienische Kreuzer *Barletta* (24.–26. Mai) und das deutsche Patrouillenschiff *Albatros* (26. Mai) angegriffen.

Ein schwererer Zwischenfall ereignete sich am 29. Mai, als die Republikaner den Hafen von Ibiza bombardierten; dort lag der deutsche Kreuzer *Deutschland*, obwohl für diese Zone die Franzosen zuständig waren. Das Schiff wurde von einigen Bomben getroffen und seine Aufbauten leicht beschädigt. Die Italiener und Deutschen drohten, aus dem Nichteinmischungsausschuß auszutreten. Während der diplomatische Konflikt noch andauerte, erschien am 31. Mai vor Almería eine deutsche Flottille, angeführt vom Panzerkreuzer *Admiral Scheer* und dem Kreuzer *Leipzig*. Die völlig ungeschützte Stadt wurde beschossen, ohne daß die Angreifer in irgendeiner Weise behelligt wurden. Es gab viele Tote und erheblichen Sachschaden. Angesichts dieses Angriffs wollte die spanische Regierung Deutschland den Krieg erklären, aber England und Frankreich unterstützten ihren Protest nicht. Sie zogen es vor, Hitler Zugeständnisse zu machen. Auch die sowjetischen Diplomaten empfahlen, den Zwischenfall auf sich beruhen zu lassen.

Die ausländische Marineunterstützung ging so weit, daß schon am 22. November 1936 ein italienisches U-Boot in Cartagena einlief und die Kreuzer *Miguel de Cervantes* und *Méndez Núñez* angriff. Ersterer wurde so stark beschädigt, daß er nicht mehr einsetzbar

war, letzterer wurde nicht getroffen. Die Torpedos waren vom gleichen Modell wie jene, die die spanische Marine verwandte; es konnte daher nicht nachgewiesen werden, daß der Angriff von Ausländern durchgeführt worden war, obwohl Franco keine U-Boote besaß.
Italienischer Hilfe verdankten die Franquisten auch das erste Beobachtungssystem gegen sowjetische Schiffe: Die Italiener patrouillierten in der Meerenge von Sizilien und richteten für Francos Hilfskreuzer, die sich ebenfalls in dieser Gegend aufhielten, eine Basis auf der Insel Favignana ein. An der Eroberung von Málaga war die deutsche Flotte aktiv beteiligt. Sie informierte die Angreifer über ihre Beobachtungen, während die italienischen U-Boote, die sog. *legionarios*, die Umgebung überwachten, um einen Überraschungsangriff der Republikaner zu verhindern.
Die wichtigste Rolle in der franquistischen Marine spielte die *Canarias,* die unermüdlich an den Küsten patrouillierte. Sie bombardierte Städte (zum Beispiel Barcelona am 18. Februar) und machte bedeutende Prisen wie die *Mar Cantábrico,* die nach langem Papierkrieg mit Kriegsmaterial beladen aus Mexiko und den Vereinigten Staaten kam. Die gegnerische Spionage bemerkte den Transport, und die Versuche der Republikaner, das Schiff zu schützen, scheiterten an der Überlegenheit des Kreuzers.
Aufsehen erregte auch eine Aktion der *Canarias* im Kantabrischen Meer, bei der sie die Verbindung zwischen Bilbao und Bayonne, die von einigen artilleriebestückten Fischereifahrzeugen aufrechterhalten wurde, abschnitt. Trotz des Eingreifens der baskischen Küstenbatterien versenkte sie die *Nabara* und die *Gipúzkoa* und eroberte die *Galdames.*
Am 7. September 1937 wurden die republikanischen Kreuzer *Libertad* und *Méndez Núñez* sowie acht Zerstörer, die zwei Handelsschiffe eskortierten, von Francos Luftwaffe und der *Baleares* angegriffen. Es gelang den republikanischen Schiffen, den gegnerischen Kreuzer zu treffen, so daß er sich zurückziehen mußte. Aber die Kapitäne der Handelsschiffe setzten diese auf Sand, aus Furcht, gefangengenommen zu werden.
1937 zeigte sich die fundamentale Bedeutung der Luftwaffe. Von den Vorkriegsmaschinen waren nur noch einige Breguet XIX und ein paar Zivilflugzeuge im Einsatz. Die Republikaner hatten die Erneuerung ihrer Luftwaffe den Russen, die Franquisten den Deutschen und Italienern zu verdanken.

Die italienische Legionärseinheit und die Legion Condor bildeten die Grundlage der franquistischen Luftwaffe. 1937 kam die *Brigada Hispana del Aire* mit italienisch-deutschem Material hinzu. Diese Truppen konnten sich auf eine gute, leistungsfähige Infrastruktur an Flugplätzen und Reparaturbasen stützen. Außerdem waren sie dadurch im Vorteil, daß von Anfang an einsatzbereite Kampfeinheiten aus Italien und Deutschland zu ihrer Verfügung standen.
Die Republikaner erhielten aus der Sowjetunion eine große Menge Material und die nötigen Instrukteure, aber sie hatten keine Organisation, auf die sie hätten aufbauen können. Die Maschinen und Piloten erzielten hervorragende Ergebnisse, aber die Unregelmäßigkeit bei den Lieferungen erwies sich als verhängnisvoll.
Die Blockade schadete der republikanischen Luftwaffe sehr. Beim Nordfeldzug waren praktisch nur auf franquistischer Seite Flugzeuge im Einsatz, denn die Reichweite der russischen Jäger war zu gering, um bis in den Norden zu gelangen. Versuche, Flugzeuge auf dem See- oder Luftweg mit Zwischenlandung in Frankreich herbeizuschaffen, scheiterten meistens. Später erreichten einige instandgesetzte I-15 (Chatos) auf dem Luftweg von Katalonien und einige I-16 (Moscas) von Zentralspanien aus Santander.
Neben Militärs kämpften auf seiten der Republikaner zu Beginn des Krieges Piloten unterschiedlicher Herkunft: freiwillige, sowjetische und aus verschiedenen Ländern angeworbene. Im Laufe der Zeit wurden sie durch Spanier ersetzt, junge Männer, meist Arbeiter, die in sechsmonatigen Schnellkursen in der UdSSR zu Hilfspiloten ausgebildet worden waren.
Die Flugzeuge spielten eine immer größere, bei vielen Gefechten sogar die entscheidende Rolle, so zum Beispiel bei den Schlachten von Villarreal und Guadalajara. In der Schlacht bei Guadalajara waren dank der günstigen Witterungsverhältnisse und der Tatsache, daß die deutschen Messerschmitt-Jäger noch nicht eingetroffen waren, die republikanischen Maschinen überlegen.
Die Franquisten setzten ihre Luftwaffe zur Unterstützung bei allen Bodenoperationen ein, was entscheidend zu ihren Siegen beitrug. Der erste massive Einsatz dieser Art war der am Jarama. Bombardements wie die von Madrid, Durango oder Guernica sind ebenfalls zu diesen Einsätzen zu rechnen, da es sich um frontnahe Städte handelte.
In dem Maße, in dem ihre technischen Fähigkeiten zur Steigerung

der Bombardements wuchsen, versuchten beide Seiten, feindliche Häfen und Schiffe anzugreifen. Die Republikaner hatten diesbezüglich am 22. Februar 1937 einen Erfolg zu verbuchen, als es ihnen gelang, eine feindliche Operation gegen Sagunto zu vereiteln. Die Kreuzer *Canarias, Baleares* und *Almirante Cervera* hielten gerade Kurs auf die Stadt, um sie zu bombardieren, als sie von vier republikanischen Bombern angegriffen wurden. Die *Almirante Cervera* wurde getroffen, Materialschaden und Tote waren zu verzeichnen. Die Flugzeuge zogen sich zurück, nachdem sie ihre ganze Ladung abgeworfen hatten.

Die Folgen von Teruel

Nach der Gegenoffensive von Teruel und der Schlacht am Alfambra kam bei den Republikanern die Vermutung auf, Franco werde an der sehr schwachen Aragonien-Front angreifen. Für diesen Fall begab sich die Offensivarmee dorthin.

Die Republikaner waren durch die Schlacht am Alfambra sehr geschwächt, was den Bewegungsspielraum der Franquisten stärkte. In dieser Situation fällte Franco eine der für ihn typischen Entscheidungen: Statt die Gelegenheit zu nutzen, um grundlegende Ziele wie Madrid zu erreichen oder einen schnellen Vorstoß nach Katalonien zu unternehmen, beschloß er, die Aragonien-Front zurückzudrängen und eine bedeutende Anzahl seiner Truppen im Maestrazgo – einem Labyrinth rauher, schwer zugänglicher und kaum besiedelter Berge ohne militärische Bedeutung – einzusetzen.

Die Operation hatte zwei Phasen. Die erste sollte vom 7. März bis zum 23. April dauern. In dieser Zeit sollte die gesamte Aragonien-Front zurückgedrängt werden. Zuerst wollte man südlich des Ebro bis zum Guadalope vorrücken; dann sollte nördlich des Ebro die Front bis zum Segre verschoben werden.

In der zweiten Phase, zwischen dem 24. Mai und dem 25. Juli, wollte man das Maestrazgo-Gebiet von Norden her einkreisen und bis zum Mittelmeer vorstoßen. Dann sollte die Operation durch einen Vorstoß anderer Truppen südlich des Maestrazgo abgeschlossen werden.

Wie geplant, griffen die 100000 Mann und 150 Geschütze dreier franquistischer Armeekorps (das marokkanische, das galicische und der CTV) die republikanischen Stellungen an. Diese wurden von 34000 Mann mit 74 Geschützen (XII. und XVIII. Armeekorps) verteidigt. Die republikanische Führung versuchte, die zahlenmäßige Unterlegenheit mit Verbänden der Offensivarmee mit internationalen Truppen und einzelnen Einheiten anderer Herkunft auszugleichen.

Aber die Franquisten waren überlegen und überrannten die offensichtlich schwachen Linien. Am 11. März 1938 wurden Belchite und Codo – Orte, die die Republikaner in ihrer Offensive ein halbes Jahr zuvor eingenommen hatten – besetzt. Die Internationalen Brigaden wurden in Caspe zusammengezogen, um dort den franquistischen Vormarsch aufzuhalten. Aber am 16. März eroberten die *Requetés* die ersten Häuser von Caspe.

Die Republikaner befanden sich in einer verzweifelten Lage. Der *Ejército Popular* benötigte dringend Materialnachschub; sein Überleben hing davon ab, daß Frankreich die Grenze für die dort festgehaltenen russischen Waffenlieferungen öffnete.

Trotz der militärischen Schwäche der Region bestand das Ziel der franquistischen Operationen nicht darin, nördlich des Ebro tief in republikanisches Gebiet vorzustoßen. Die Front sollte lediglich zurückgedrängt werden. Dabei standen die Armeekorps von Navarra, Aragonien und Marokko mit 110000 Mann und 404 Geschützen dem I. und XI. republikanischen Korps mit 35000 Mann und 87 Geschützen gegenüber.

Am 22. März wurden im Zuge der Operationen Tardienta und Alcubierre eingenommen, Huesca wurde aus der Belagerung befreit. Eine Woche lang verteidigten El Campesino und seine Division Lérida, aber dies war nur eine Atempause, bevor die Lawine anrollte, die am 3. April Gandesa und Lérida eroberte. Der Vormarsch der Franquisten wurde im Norden von den Truppen flankiert, die die Pyrenäen besetzt hatten. Die 43. republikanische Division (Oberstleutnant Beltrán) wurde isoliert und leistete eine Woche lang unter schwierigsten Bedingungen heldenhaften Widerstand, um 20000 Personen die Flucht nach Frankreich zu ermöglichen, bevor die Soldaten sich selbst dorthin begaben.

Einen Monat lang kamen die Franquisten trotz der Erschöpfung der Republikaner nur unter großen Schwierigkeiten voran. Der CTV, der in den Norden marschierte, war bereits weiter vorgestoßen als die anderen Truppen. Er war schon fast am Meer, als er am 30. März bei Tortosa aufgehalten wurde. Dort hatte Líster seine Verteidigungsstellung aufgebaut. Daraufhin setzte sich das galicische Korps (Aranda), dessen Vorhut von Alonso Vega befehligt wurde, an die Spitze und erreichte am 15. April bei Vinaroz das Mittelmeer. Das republikanische Spanien war in zwei Teile geteilt. Die Hauptstadt des nördlichen Teils war Barcelona. Dort hatte die Regierung mit dem Generalstab, unter der Führung von Rojo, ihren Sitz. Die zentral- und südspanischen Gebiete, mit Madrid als Hauptstadt, wurden militärisch von General Miaja befehligt.

An der Küste der Provinz Valencia nahmen die Franquisten am 17. April ihre Offensive wieder auf, um ihre Zone nach Castellón, Sagunto und Valencia hin auszuweiten. Trotz der großen Verluste von Teruel verteidigten sich die Republikaner so tapfer, daß Arandas Vorhut erst am 14. Juni Castellón erreichte. Von da an konzentrierten die Franquisten ihre Kräfte darauf, die Verteidigungslinie von Valencia, die von Viver über Segorbe nach Sagunto verlief, zu durchbrechen. Der erste Angriff am 23. Juni galt der westlich von Castellón gelegenen Stadt Onda, die fünf Tage standhielt. Später hielten die republikanischen Gegenangriffe die Operation eine Zeitlang auf. Vom 6. Juli an stieß die Offensive trotz Luft- und Artillerieüberlegenheit auf erbitterten Widerstand. Zwischen dem 20. und 23. Juli versuchten die Angreifer mit einem unglaublichen Kraftaufwand, die befestigte Hauptkampflinie zu durchbrechen. Sie erlitten dabei so große Verluste, daß sie ihren Platz ändern und eine Einschließungsoperation einleiten mußten.

Die Schlacht am Ebro

Angesichts der durch Francos Offensive geschaffenen Situation mußte die Republik die militärischen Ressourcen Kataloniens aktivieren. Am 22. Mai 1938 hatte sie bei Tremp und Balaguer angegriffen, um die Effizienz der katalanischen Einheiten zu testen. Die Offensive zeigte, daß die franquistischen Truppen weitaus leistungsfähiger waren und der *Ejército Popular* in Katalonien noch Zeit benötigte, um sich zu organisieren.

General Rojo beschloß, Operationen in solchen Gegenden durchzuführen, in denen ein Erfolg wahrscheinlich war, um das eigene Selbstbewußtsein zu stärken und das der Gegner zu schwächen. Die Gesamtstrategie bestand darin, den franquistischen Vormarsch auf Valencia zu stoppen, an der Ebro-Front eine Offensive zu starten, die zentralspanische Offensivarmee zu reorganisieren, den sogenannten *Plan P* und eine weitere Offensive auf die Verbindung Mérida–Badajoz durchzuführen, um Andalusien von der feindlichen Zone zu isolieren und damit günstige Bedingungen für einen Volksaufstand zu schaffen.

Ein unerwartetes Ereignis unterbrach die Operation um Valencia. Am 25. Juli überquerte der *Ejército Popular* überraschend den Ebro.

Die Heeresgruppe Katalonien (Hernández Saravia) war aus der Ebro- (Modesto) und der Ost-Armee (Perea) sowie einigen kleineren Einheiten gebildet und mit neuem sowjetischen Material ausgestattet worden. Die Überquerung des Flusses war Aufgabe des Ebro-Heeres, dessen Männer zum großen Teil schon im Maestrazgo gekämpft hatten. Der Operationsplan sah folgendermaßen aus: Die Vorhut sollte den Fluß um Mitternacht überqueren, teils watend, teils auf kleinen Booten, die man in den vorangegangenen Tagen heimlich ans Ufer gebracht hatte. Die Überquerung sollte an zwei verschiedenen Abschnitten mit bestimmten taktischen Zielen geschehen. Im zentralen Abschnitt sollte eine Division des XV. Armeekorps über Ribarroja, eine andere über Ascó vorstoßen; ihre Marschroute sollte die Straße von Flix nach Gandesa sein. Das berühmte V. Armeekorps sollte den Fluß weiter südlich überqueren und mit einer Brigade über Benifallet und einer Division über Ginestar auf der Straße von Tortosa ebenfalls bis Gandesa vorstoßen. Es war geplant, daß sich die Truppen der beiden Armeekorps im Cavalls-Gebirge treffen. Wie immer in Rojos Plänen waren Nebenoperationen vorgesehen. Der Fluß sollte an zwei Stellen überquert werden: nördlich der Hauptoperation von den Truppen der 42. Division in der Nähe von Mequinenza, im Süden, bei Amposta, von denen der 46. Division.

Alle Operationen außer dieser letzten bei Amposta verliefen erfolgreich. Am Ende des ersten Tages hatte man den Fluß überwunden, die Offensive auf Valencia war gestoppt. Die Republikaner hielten einen Brückenkopf in der Gegend von Gandesa und einen weiteren, wesentlich kleineren, nördlich von Mequinenza besetzt.

Seit dem frühen Morgen griff die franquistische Luftwaffe die Truppen und vor allem die Brücken heftig an. Die Republikaner hatten ausreichend Brücken gebaut; auch mit Booten und Motorbooten waren sie gut versorgt. Am ersten Tag wurden sie durch die gegnerische Luftwaffe stark beeinträchtigt, aber sie nahmen Flix, Ascó, Ribarroja, Camposines, Pinell und Fatarella ein. Am fol-

genden Tag hatten sie alle Dörfer des Kessels unter Kontrolle, am dritten säuberten sie das Gelände vom Feind. Die vordersten Einheiten waren ungefähr 15 oder 20 Kilometer vom Fluß entfernt; dort mußten sie allerdings anhalten, da sie keine Mittel mehr hatten, um weiter vorzustoßen. Zwischen dem dritten und vierten Tag hatten sämtliche Truppen mit Ausrüstung und Material den Fluß überquert. Dann wurde auch die letzte Brücke bombardiert oder vom Wasser fortgerissen, denn die Franquisten hatten die Schleusen der Pyrenäen-Stauseen geöffnet, um den Fluß künstlich ansteigen zu lassen.
Der republikanische Generalstab hatte nicht beabsichtigt, weit in feindliches Gebiet vorzudringen. Dazu fehlten die Mittel. Außerdem stieß man gleich nach der Flußüberquerung auf die ersten eilends herbeigeführten Reserven. So lag das Zentrum der Schlacht bei Gandesa, das Lísters Truppen nicht hatten einnehmen können. Die Front südlich des Flusses stabilisierte sich. Sie erstreckte sich über 30 Kilometer zwischen Fayón und Benifallet. Die Republikaner begannen, sich dort zu verschanzen; sie hatten strikten Befehl, auf keinen Fall zurückzuweichen. Die republikanische Führung bereitete sich auf eine Defensivschlacht vor.
Franco mußte die Herausforderung nicht annehmen. Er hatte genügend Truppen, um die tüchtigen republikanischen Einheiten im großen Ebrokessel zu blockieren. Er hätte im Norden die Eroberung Kataloniens fortsetzen, gegen Valencia oder Madrid marschieren können, aber wie schon zuvor, zog er die frontale Abnutzungsschlacht vor.
Die Republikaner hatten sich in eine schwierige Lage begeben: Ihre Männer lagen in einem Kessel und hatten einen Fluß im Rükken. Aber sie verfolgten damit ein dreifaches Ziel: Zum einen sollten Francos Reserven gebunden werden; zum anderen ging es darum, Zeit zu gewinnen, damit die republikanischen Diplomaten die Situation in Europa ausnutzen konnten, wo vieles auf einen baldigen Krieg hindeutete; schließlich hoffte man, in der Zwischenzeit den weiteren Aufbau des *Ejército Popular* an den übrigen spanischen Fronten vorantreiben zu können; zu diesem Zweck erwartete man neue Waffenlieferungen.
Die Schlacht am Ebro dauerte dreieinhalb Monate. Bis zum 31. Oktober konnten sich die Republikaner den fortwährenden feindlichen Angriffen widersetzen, ohne an Boden zu verlieren. Der zweite Kessel bei Mequinenza hielt sich nur kurze Zeit. Nach dem

Die Schlacht am Ebro 1

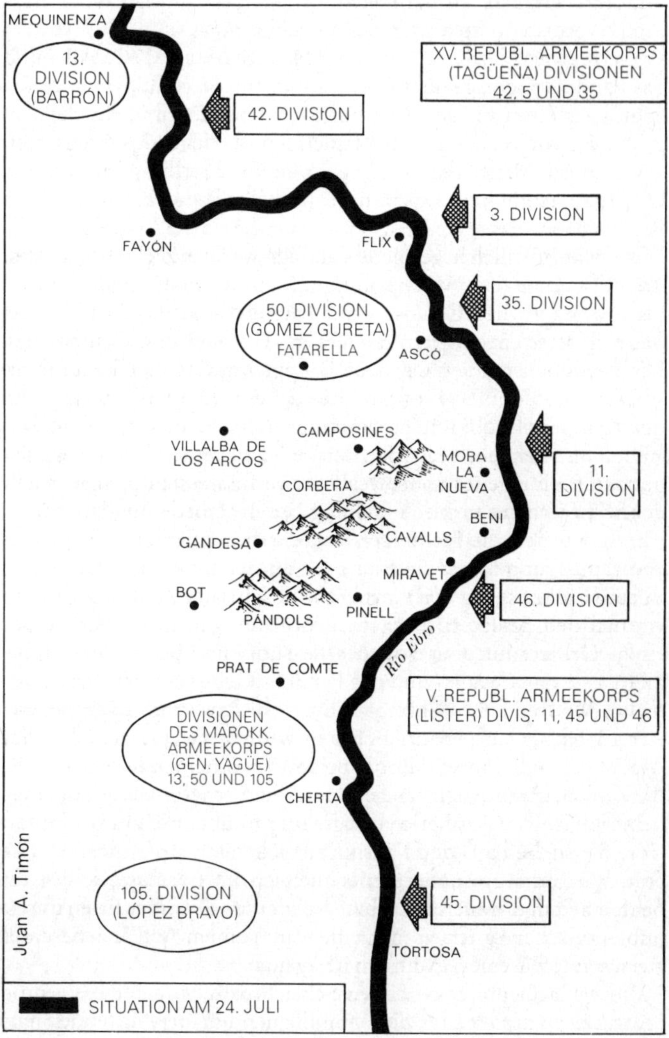

ersten heftigen Angriff der Franquisten wurde er aufgegeben, um unnötige Verluste zu vermeiden. Die 42. Division kehrte ohne große Verluste in ihre alten Stellungen zurück.
Francos zweite Offensive galt dem Hauptkessel. Das Cavalls- und das Pandols-Gebirge nördlich und südlich von Gandesa waren die Schlüsselstellungen der Republikaner. Die Hauptwucht des Angriffs, der von verheerenden Artillerie- und Fliegereinsätzen unterstützt wurde, hatte die 11. Division in ihrer Stellung im Pandols-Gebirge auszuhalten. Das blutige, für beide Seiten kräftezehrende Ringen dauerte eine ganze Woche. Dann gaben die Angreifer auf.
Das etwas nördlicher gelegene Fatarella war das Ziel des nächsten Angriffs: erneut eine Woche blutiger Kämpfe ohne Ergebnis. Nach dem Scheitern der Offensive auf Fatarella und das Pandols-Gebirge erfolgte ein Angriff in Richtung Corbera und Camposines. Die Nationalisten setzten neue Truppen mit großer Feuerunterstützung auf kleinen Frontabschnitten ein. Die Folge waren blutige Kämpfe ohne Truppenbewegungen, mit wütenden Frontalangriffen und dem einzigen Ziel, den Feind zu vernichten, sei es auch um den Preis eigener hoher Verluste. Verbissen schlug man sich in der Sommerhitze um jede Stellung, jeden unbedeutenden Hügel. Zuerst wurden die Stellungen von der franquistischen Artillerie zerpflügt, dann folgte ein Sturmangriff der Infanterie. Die Höhe 343 am Ortsausgang von Corbera wechselte an einem einzigen Tag viermal den Besitzer. Nach drei Monaten gaben die Verteidiger einige Gebiete auf, aber trotz des Geschoß- und Bombenhagels behielten sie das Cavalls- und das Pandols-Gebirge unter ihrer Kontrolle. Während die Schlacht tobte, wurden ständig weitere Befestigungsanlagen gebaut. Brücken wurden gelegt, zerstört und wieder gebaut, während Boote beide Ufer miteinander verbanden.
Allmählich machte sich bei den Republikanern der Materialmangel bemerkbar. Ihre Artillerie verfügte oft nur über die Munitionsvorräte, die soeben aus den Fabriken angeliefert worden waren. Die Soldaten hatten mitunter nichts zu essen. Die Verluste waren auf beiden Seiten unwahrscheinlich hoch; besonders aber litten die republikanischen Truppen, denn sie waren einem Artilleriebeschuß ausgesetzt, wie es ihn in diesem Krieg noch nie gegeben hatte.
Auf dem Höhepunkt der Ebro-Schlacht machte ein Ereignis die Hoffnungen auf eine für die Republikaner günstige internationale Entwicklung zunichte: In München kapitulierten Frankreich und England vor Hitler; sie ließen ihn in Europa gewähren.

Die Schlacht am Ebro 2

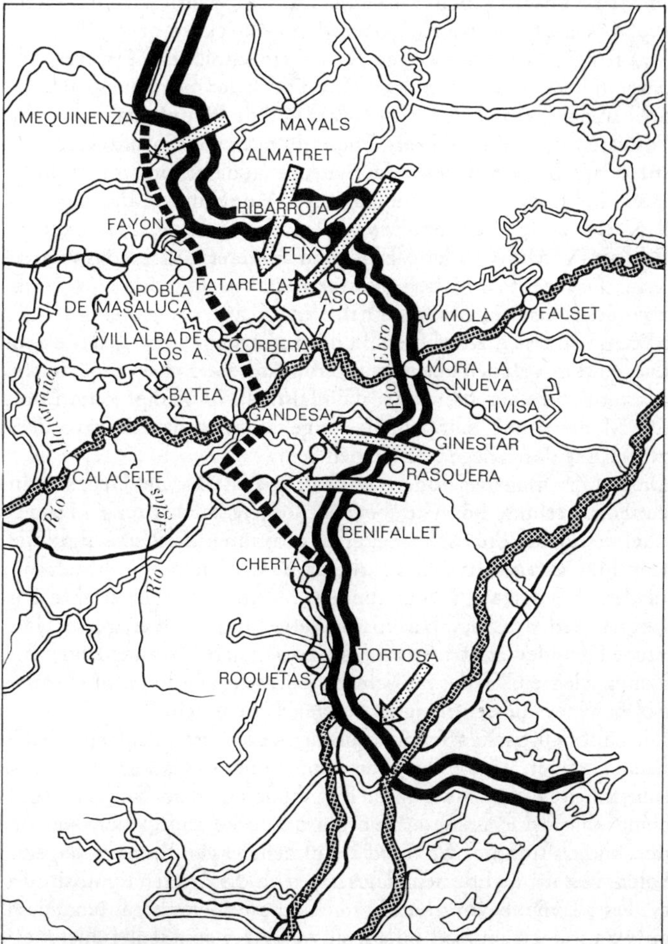

Die Republik konnte nun keine Hilfe von außen mehr erwarten, und der Kräfteverschleiß am Ebro hatte seinen Sinn verloren. Selbst die sowjetischen Lieferungen wurden vorerst unterbrochen.
Das Ringen aber ging weiter. Es war ein sinnloses Gemetzel. Die Angreifer verfolgten weiterhin ihre Taktik der Frontalangriffe, die eher in den Ersten Weltkrieg paßte, und die Republikaner die der Verteidigung um jeden Preis. Die Stellungen von Cavalls waren für die Verteidigung von zentraler Bedeutung, denn von dort aus hatte man die Ebene von Gandesa unter Kontrolle. Dort war das V. Korps (Líster) Tag für Tag verheerenden Luftangriffen und dem Beschuß von 16 Artillerie-Einheiten ausgesetzt, denn das marokkanische (Yagüe) und das Maestrazgo-Korps (García Valiño) wollten die Höhen unbedingt einnehmen.
Mitten in der Schlacht beschloß die Regierung Negrín, die ausländischen Freiwilligen aus dem republikanischen Heer abzuziehen. Es waren weniger als 15 000, die Hälfte davon kämpfte am Ebro. Die Mehrheit verließ Spanien; einige zogen es allerdings vor, bis zum Ende des Krieges zu bleiben.
Die siebte Offensive Francos war erfolgreich. Was der Druck nicht hatte ausrichten können, bewirkte die Überraschung. Da gewöhnlich jeder Angriff scheiterte, vertrauten die Verteidiger des Cavalls-Gebirges zu sehr auf die natürliche Stärke ihrer Stellung. In den drei letzten Nachtstunden des 30. Oktober erlebte das Gebirge einen äußerst harten Artillerie- und Bombenangriff. Die Verteidiger der ersten Stellungen zogen sich bis zum Ende der Bombardements in der Absicht zurück, sie – wie bereits mehrmals geschehen – vor dem Angriff wieder zu besetzen.
Die nationalistischen Truppen aus der Maestrazgo-Schlacht hatten in den letzten Tagen vor allem eines trainiert: laufen. Im Laufschritt legte die Vorhut mit ihren Offizieren an der Spitze die gut einen Kilometer lange deckungslose Strecke zurück, die sie von den Bergen trennte. Während es auf den Bergen Bomben hagelte, liefen sie über die Ebene und besetzten bei den letzten Explosionen die erste Linie, bevor deren Verteidiger zurückkehrten. Nachdem sie nun mit einem Fuß im Cavalls-Gebirge standen, führten sie weitere Truppen heran. Den ganzen Tag wurde auf den Höhen gekämpft. Bei Einbruch der Dunkelheit waren die Stellungen in der Hand der Nationalisten, die nun die Ebene kontrollierten.
Die Schlacht neigte sich ihrem Ende zu, die Franquisten konnten ungehindert ihre Mittel einsetzen, die Republikaner zogen sich –

geordnet – jeden Tag weiter zurück, bis in ihre alten Stellungen auf der anderen Seite des Ebro. Zwischen dem 7. und 15. November überquerten die Einheiten wieder den Fluß, und am 16. befanden sich alle Truppen erneut auf dem linken Flußufer. Die wichtigste Schlacht des Krieges war beendet. Die Franquisten hatten in ihr 30000 Mann verloren, die Verluste der Republikaner waren doppelt so hoch, ungeachtet der ungeheuren Mengen an Material. Zu diesem Zeitpunkt wurde ein Abkommen zwischen Großbritannien und Italien in die Tat umgesetzt: Ein Teil der Italiener verließ Spanien; der CTV allerdings bestand mit 35000 Mann, von denen ein Drittel Spanier waren, weiter.

Die Besetzung Kataloniens

Ende November waren die Bemühungen um die Reorganisierung des republikanischen Heeres in vollem Gange. Die 220000 Mann waren von der Schlacht am Ebro erschöpft. Die Grenze zu Frankreich war wieder geschlossen und damit die Materialzufuhr unterbrochen. Mancher Brigade fehlten Gewehre und Maschinengewehre, so daß keine vollständigen Bataillone gebildet werden konnten. Die Führung mobilisierte Ersatz und schickte viele Waffen sowie Drückeberger aus der Etappe an die Front. Dennoch schätzte General Rojo die Einsatzkapazität auf unter 50%. Für Anfang Dezember 1938 wurde der franquistische Angriff erwartet, der jedoch wegen des schlechten Wetters verschoben wurde. Rojo hatte ein Ablenkungsmanöver geplant, um den Angriff auf Katalonien bis zum Eintreffen neuer Waffen hinauszuzögern. Es bestand aus drei kombinierten Operationen: eine Operation zu Wasser und zu Lande, die Málaga und den Süden der Provinz Granada bedrohen sollte, ein Angriff auf die Córdoba-Peñarroya-Front, ein weiterer an der Front von Madrid.

Die republikanische Operation sollte in der Nacht zum 8. Dezember beginnen, aber sie mußte auf den 11. verschoben werden. Der originellste Teil war der sogenannte Plan Motril: Eine republikanische Division sollte die Front in Richtung Motril–Málaga durchbrechen, während eine Brigade über See transportiert wurde und im rückwärtigen Gebiet an Land gehen sollte. General Miaja und Admiral Buiza hielten den Plan für unausführbar und verweigerten im letzten Augenblick ihre Zustimmung.

Das Ziel des Motril-Plans bestand darin, die nationalistischen Reser-

ven in Zentralspanien nach Andalusien zu ziehen, um in Extremadura leichter angreifen zu können. Wenn er nicht durchgeführt würde, war die ganze Operation in Frage gestellt. Aber aufgrund der Haltung Miajas und Buizas wurde er aufgegeben, obwohl die Operation schon eingeleitet und die Schiffe bereits ausgelaufen waren. Man beschloß daraufhin, auf dem Landweg in Richtung Granada anzugreifen, aber die Transportfahrzeuge der Republikaner wurden zu jener Zeit dringend zur Lösung einer schweren Nachschubkrise in Madrid benötigt und reichten nicht aus. Überdies unterstand ein Großteil von ihnen nicht der militärischen Führung.
Am 23. Dezember begann die Katalonien-Offensive. Die Armeekorps von Urgel und dem Maestrazgo griffen das XI. republikanische Korps in Tremp an, der CTV und das Korps von Navarra das XII. Korps in Serós. In diesem Abschnitt liefen die Truppen beim ersten Artilleriefeuer auseinander, woraufhin die Italiener schnell und beinahe kampflos in die Bresche hineinstießen. Der republikanische Generalstab bereitete einen Gegenangriff mit dem V. und XV. Korps vor, der dann aber nicht durchgeführt werden konnte, weil Transportmittel fehlten; allerdings konnte eine Brigade der 11. Division angreifen und die Italiener stoppen.
Der Angriff wurde mit dem in diesem Krieg höchsten Aufgebot an Mitteln geführt. Die Heeresgruppe Katalonien verteidigte sich, so gut sie konnte. Innerhalb von 24 Tagen verlor sie 70000 Mann und wich auf einer Frontstrecke von 120 Kilometern fast 100 Kilometer zurück. Der Feind hatte einen Verlust von 40000 Mann zu verzeichnen.
Obwohl der Plan zur Landung in Motril aufgegeben worden war, bestand weiterhin die Absicht, in Andalusien anzugreifen, teils um Katalonien zu retten, teils um den Vorstoß Saliquets in La Jara im vergangenen Sommer und den von Queipo de Llano in Don Benito zu vergelten.
An der Front, an der die Offensive stattfinden sollte, war es seit der Schlacht von Pozoblanco 1937 ruhig gewesen. Am 5. Januar 1939 griff das XXII. republikanische Korps in Valsequillo an. Die beiden Divisionen und 40 Panzer, die die Vorhut bildeten, rückten zwei Tage lang vor und drangen 20 Kilometer in feindliches Gebiet ein, obwohl die Flankenstellungen nicht überrannt wurden.
Franco schickte Verstärkungstruppen aus Katalonien, vor allem Artillerie und Luftwaffe. Aus den verschiedenen Einheiten der

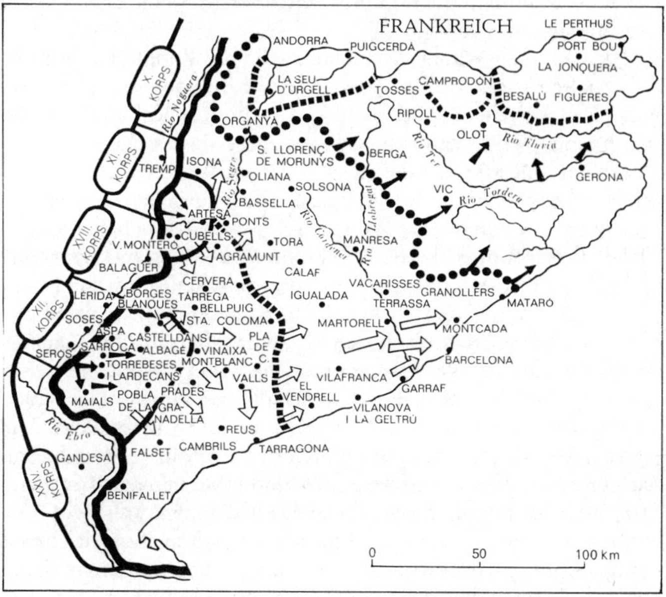

Zone bildeten die Franquisten zwei große Verbände, die die Bresche schließen sollten.

Am dritten Tag hielt heftiger Regen den Vormarsch der Republikaner auf. Die Fahrzeuge blieben stecken, und erneut zeigten sich die altbekannten Mängel des *Ejército Popular.* Die Befehlshaber auf der mittleren Ebene, die sich beim Durchbruch korrekt verhalten hatten, waren nun überfordert. Die Offensive scheiterte aus denselben Gründen wie die vorhergegangenen: Die republikanischen Truppen befanden sich ständig in einem Organisationsprozeß, ihre Technik war unvollkommen, ihre Mittel reichten nicht aus. Ein paar Tage später genügten einige wenige franquistische Reservetruppen, um den anfänglichen Schwung zu lähmen.

Unterdessen ging die Schlacht um Katalonien weiter. Der Schlachtplan General Rojos basierte auf der Organisation mehrerer aufeinanderfolgender Verteidigungslinien. Aber die Truppe war erschöpft. Am 4. Januar fiel Artesa de Segre im nördlichen

Abschnitt, die wichtigste Befestigung in diesem Gebiet. Von da an konzentrierten sich die franquistischen Bestrebungen auf den Süden, in Richtung Tarragona.
Es kam zu einer parallelen Schlacht, die die Republikaner nicht durchhalten konnten. Rojo versuchte, die Etappe zu mobilisieren, wie es in Madrid geschehen war. Die politischen und gewerkschaftlichen Organisationen wurden aufgefordert, Maschinengewehrbataillone zu rekrutieren, aber die Initiative scheiterte.
Die Südfront wurde in Borjas Blancas durchbrochen, und am 15. Januar 1938 waren die Franquisten schon beträchtlich weit vorgerückt. Ihre Truppen hatten die Linie Pons–Cervera-Tarragona überschritten. Das Ebro-Heer, das das südliche Aufmarschgebiet verteidigte, konnte den Vormarsch nicht mehr aufhalten und verhindern, daß die Franquisten den Llobregat überschritten. Danach stand ihnen der Weg nach Barcelona offen. Am 22. Januar verließen die Dienststellen der Regierung die Stadt. Die katalanische Widerstandskraft hatte sich in der Schlacht am Ebro verbraucht. Die vielen Niederlagen hatten die hungernde, mutlose Bevölkerung nach und nach demoralisiert. Das Barcelona des Jahres 1939 konnte nicht einen Verteidigungsgeist wie Madrid 1936 entwickeln. Die Franquisten nahmen die Stadt ohne Widerstand ein. Sogleich brach Rojos minutiös ausgearbeiteter Rückzugsplan zusammen: Truppen und Zivilbevölkerung marschierten mit Kindern, Waffen, Verletzten und Amputierten nach Norden, um nach Frankreich zu gelangen. Als am 10. Februar 1939 die Nationalisten die Grenze unter ihre Kontrolle brachten, hatten sich 400000 Personen aus dem republikanischen Katalonien ins Exil begeben. Einen Tag zuvor hatte Menorca, die einzige republikanische Insel, kapituliert.

Die Luftwaffen- und Marineoperationen 1938

Admiral González Ubieta, Befehlshaber der republikanischen Flotte, hatte versprochen, ihre Leistungsfähigkeit wiederherzustellen und die feindliche Flotte zu vernichten. Seine Bemühungen zur Disziplinierung der Mannschaften waren wirksam, wenn er auch nicht alle Spuren der zuvor herrschenden Unordnung beseitigen konnte.
Eine seiner taktischen Initiativen war ein durchschlagender Erfolg. Zum Schutz einer Übung von Torpedobooten liefen zwei Flottillen aus. Die erste bestand aus vier Zerstörern, die zweite aus zwei Kreuzern und fünf weiteren Zerstörern.

Am 6. März 1938 begegnete die zweite Flottille vor Morgengrauen überraschend den drei nationalistischen Kreuzern. Der republikanische Zerstörer *Sánchez Barcáiztegui*, der eine gut ausgebildete Mannschaft an Bord hatte, reagierte prompt und feuerte zwei Torpedos ab, die aber in der Dunkelheit ihr Ziel verfehlten. Beide Flottillen machten sich gefechtsbereit. Die franquistischen Kreuzer, die nicht durch Zerstörer geschützt waren, waren so unvorsichtig, nicht auf Abstand zu gehen, um die schwere Artillerie einsetzen zu können. Die Republikaner nutzten die Gelegenheit. Der Kreuzer *Libertad* eröffnete das Feuer, die alte *Méndez Núñez* reagierte nicht, aber die Zerstörer *Sánchez Barcáiztegui*, *Almirante Cervera* und *Lepanto* feuerten zwölf Torpedos ab. Einer traf die *Baleares*, Francos modernsten Kreuzer. Daraufhin entfernten sich beide Flotten vom Ort des Gefechts. Die *Canarias* und die *Almirante Cervera* nahmen ihren Kurs nach Süden wieder auf. Stunden später kehrte die *Canarias* in der Absicht zurück, die Schiffbrüchigen zu retten. Die republikanischen Schiffe versuchten nicht, noch einmal zuzuschlagen. Sie hatten einen Teil ihrer Torpedos verschossen, und die *Méndez Núñez* war nahezu unbrauchbar. Der Admiral wollte den Erfolg nicht durch Verluste schmälern und befahl daher die Rückkehr nach Cartagena. Die *Baleares* blieb brennend in der Dunkelheit zurück. Um fünf Uhr morgens, drei Stunden nach dem Treffer, sank sie mit Admiral Vierna und mehr als 600 Mann Besatzung an Bord. Der Rest der Mannschaft wurde von zwei britischen Zerstörern gerettet.

Ein anderes bedeutendes Seegefecht ereignete sich im Süden. Der republikanische Zerstörer *José Luis Díez* war nach zahlreichen Zwischenfällen unterwegs, um sich der Flotte von Cartagena anzuschließen. Am 27. August 1938 fuhr er auf dem Atlantik mit Kurs auf die Straße von Gibraltar. Der Feind erwartete den Zerstörer mit den Kreuzern *Canarias*, *Almirante Cervera* und *Navarra* und mehreren bewaffneten Trawlern. Auch die Küstenartillerie von Ceuta war feuerbereit.

Als die *José Luis Díez* die Meerenge passierte, feuerten die Küstengeschütze von El Hacho auf das Schiff, das sich in den Hafen von Gibraltar flüchtete, obwohl die Briten dies zu verhindern versuchten. Die Aufenthaltserlaubnis lief am 30. Dezember ab. Am folgenden Tag verließ der Zerstörer den englischen Hafen, um nicht interniert zu werden. Draußen warteten feuerbereit die *Canarias*, die Minenleger *Júpiter* und *Vulcano*, die Trawler und die Geschütze von Ceuta.

Als die *José Luis Díez* auslief, feuerte sie mit all ihren Waffen: Kanonen, Torpedos und Maschinengewehren. Aber natürlich konnte sie es mit der *Canarias* nicht aufnehmen, deren Kanonen sie schwer trafen. Stark beschädigt und nur mit den Maschinen steuernd, versuchte sie noch die *Vulcano* anzugreifen, begann aber zu sinken. Daraufhin nahm ihr Kommandeur Kurs auf Gibraltar, wo er sie auf Sand setzte.

1938 war das Jahr, in dem die Luftwaffe die größte Bedeutung erlangte. Francos Luftwaffe konnte ihre Überlegenheit sichern und spielte in den Schlachten von Teruel, Aragonien, am Ebro und in Katalonien die entscheidende Rolle. Die militärische Konzeption beider Seiten gab den Operationen zu Land den Vorrang. Beide setzten die Flugzeuge zur taktischen Unterstützung, als Abfangjäger und gelegentlich zu Weitstreckenbombardements ein. In Mallorca gab es allerdings spanische, italienische und deutsche Luftwaffeneinheiten, die zwei eindeutig strategische Aufträge hatten: die Häfen zu bombardieren und die Marine bei der Küstenblockade zu unterstützen. Nicht nur ihre Angriffe auf Städte, sondern auch ihre Attacken gegen republikanische Schiffe in Häfen oder zur See hatten verheerende Folgen. Durch Luftangriffe verlor die Handelsschiffahrt, die das republikanische Spanien versorgte, 156680 Tonnen; das war mehr, als durch die franquistische Kriegsmarine zerstört wurde.

Auf taktischem Gebiet war zu Beginn der Schlacht von Teruel, als die Republikaner in die Offensive gingen, die franquistische Luftwaffe für die kommenden Kämpfe um Madrid bereit, die kurz darauf beginnen sollten. Die Gegenoffensive der Nationalisten mußte sodann zunächst ebenfalls ohne Luftwaffe auskommen, weil die Flugzeuge wegen des schlechten Wetters nicht starten konnten. Aber bei der Schlacht am Alfambra war Francos Luftwaffe bereits überlegen, und bei der Offensive in Richtung Mittelmeer wurden die Truppen durch eine solide Luftdeckung geschützt. Danach wurden die Bombenangriffe auf die republikanische Etappe immer häufiger. Im März 1938 mußten Barcelona und seine Umgebung die italienischen Bombardements über sich ergehen lassen.

Die Schlacht am Ebro begann zu einem Zeitpunkt, zu dem die Republikaner kaum Flugzeuge besaßen. Wenige Tage später änderte sich dies mit dem Eintreffen sowjetischer Lieferungen. Die Jäger I-16, die in der Zwischenzeit verbessert und mit vier Maschinengewehren ausgerüstet worden waren, waren zu der Zeit die besten überhaupt, nur zu vergleichen mit den Messerschmitt 109 der Legion Condor. Im Oktober und November fand eine erbitterte Luftschlacht statt. Die Franquisten flogen Bombenangriffe großen Ausmaßes auf republikanische Stellungen. Die Bomben wurden immer größer und erreichten schließlich ein Gewicht von 250 Kilogramm, was schon auf den bevorstehenden Zweiten Weltkrieg vorauswies.

An der Offensive in Katalonien war der größte Teil der franquistischen Luftwaffe beteiligt. Ihre Übermacht war bereits erdrückend. Francos Heer brauchte die gegnerische Luftwaffe nicht zu fürchten, die einmal mehr ohnmächtig auf essentielle Lieferungen wartete und deren Infrastruktur zu Lande immer schlechter wurde.

Das beschleunigte Ende des Krieges

Nach dem Verlust Kataloniens kontrollierte die Republik noch ein Gebiet mit zehn Millionen Einwohnern, die Flotte und ungefähr 500 000 Mann unter Waffen. Es trafen mehr sowjetische Lieferungen als je zuvor ein. Die Regierung Negrín kehrte, nachdem sie nach Frankreich geflüchtet war, nach Zentralspanien zurück, um den Krieg fortzusetzen. Aber die Bedingungen waren sehr schwierig. Die vielen Niederlagen hatten den Widerstandsgeist sehr geschwächt. Die vielleicht besten Einheiten, die mühsam aufgebaut worden waren, hatte man in Katalonien verloren. Es schien fast unmöglich, das in Südfrankreich gelagerte Material herbeizuschaffen. Auf internationale europäische Hilfe konnte man nicht mehr hoffen. Wäre allerdings der Zweite Weltkrieg ausgebrochen, dann wäre der spanische Krieg endgültig internationalisiert worden.

In der Armee breitete sich eine Bewegung zur Einstellung des Kampfes aus. Nach dem Rücktritt Präsident Azañas argumentierten jene, die den Krieg nicht weiterführen wollten, die Regierung Negrín sei nicht mehr legal. Sie verbreiteten dieses Argument, um für ihre Sache Anhänger zu gewinnen.

Im Februar 1939 bestellte Negrín die obersten militärischen Befehlshaber zu sich. Auf einem Landgut in Los Llanos, in der Nähe von Albacete, versammelten sich die Generäle Miaja, Matallana, Escobar und Menéndez sowie die Obersten Casado und Moriones, die die verschiedenen Heeresteile befehligten, Admiral Buiza, Oberst Camacho von der Luftwaffe und General Bernal, Befehlshaber des Flottenstützpunkts von Cartagena. Die Militärs vertraten die Ansicht, daß es technisch nicht mehr möglich sei, den Krieg fortzuführen, und deshalb Friedensverhandlungen angestrebt werden müßten. Ministerpräsident Negrín legte dar, daß entsprechende Schritte gescheitert seien, da Franco nur eine bedingungslose Kapitulation akzeptiere; deshalb müsse der Krieg fortgesetzt werden.

Bei der Beurteilung der militärischen und politischen Faktoren gingen die Meinungen der Versammelten weit auseinander. Das Treffen endete schließlich mit starken Diskrepanzen. Admiral Buiza drohte sogar mit dem Abzug der Flotte, falls nicht Friede geschlossen würde. Die politischen Spannungen zwischen den verschiedenen Kräften spiegelten sich zunehmend in der Haltung der ebenfalls untereinander zerstrittenen Militärs.

An den Fronten fanden keine militärischen Operationen mehr statt. Schießereien spielten sich hingegen unter den Republikanern ab, bei denen es zwei Aufstände gab, die das Ende des Krieges und der Republik bedeuteten. Am 2. März 1939 zitierte Admiral Buiza die Befehlshaber der Flotte auf sein Flaggschiff, den Kreuzer *Miguel de Cervantes*. Das Ergebnis dieser Versammlung bestand in einem Ultimatum an Präsident Negrín, in dem sein Rücktritt gefordert wurde. Die Regierung schickte Oberstleutnant Galán, der General Bernal als Befehlshaber des Flottenstützpunktes ablösen sollte. Profranquistische Militärs und die »fünfte Kolonne« nutzten diese Situation und revoltierten. In der allgemeinen Konfusion übernahmen diese Aufständischen kurzfristig die Macht. Es existierten allerdings drei Parteien, die einander bekämpften: die Anhänger Negríns, die Gegner Negríns und die Franquisten. Die Flotte verhielt sich währenddessen abwartend. Das Chaos wurde noch durch einen feindlichen Luftangriff sowie durch die *Castillo de Olite* vergrößert, ein Schiff mit franquistischen Truppen, das in den Hafen eindrang und von den Küstenbatterien versenkt wurde, wobei viele der 3500 Mann, die sich an Bord befanden, starben. Am 5. März befahl Admiral Buiza, Anker zu lichten, und die Flotte verließ den Hafen. Unterdessen erreichten regierungstreue Truppen Cartagena. Gegen Abend war der Aufstand erstickt, das Arsenal jedoch leistete noch bis zum nächsten Tag Widerstand. Obwohl die Flotte davon Nachricht erhielt, setzte sie ihre Fahrt zur Marinebasis Bizerta fort. Dort internierten die französischen Behörden die Schiffe. Mehr als die Hälfte der Besatzungen entschloß sich jedoch, nach Spanien zurückzukehren.

Die zweite und entscheidende Rebellion brach in Madrid aus. An ihrer Spitze stand Oberst Casado, der den *Consejo Nacional de Defensa* (Nationaler Verteidigungsrat) als Organ der Opposition gegen die Regierung bildete. Eine Woche Straßenkämpfe ging der bedingungslosen Kapitulation gegenüber Franco voraus, dessen Truppen schließlich Madrid besetzten, ohne einen Schuß abzugeben.

Aber in Cartagena und Madrid spielten sich keine Kriegshandlungen ab, sondern Szenen der Auflösung und des Aufruhrs, ein letztes Aufbäumen einer sterbenden Republik. 1936 hatte der Militärputsch von Mola, Queipo, Franco und Cabanellas den schwierigen Frieden der Republik beendet, drei Jahre später setzte der Militärputsch Casados ihrem schwierigen Dasein im Krieg ein Ende.

Es waren viele Faktoren, die den Putsch Casados, die Revolte von Cartagena und einen weiteren Aufstandsversuch in Valencia möglich gemacht hatten. Die Kriegsmüdigkeit und die internationale Isolierung trugen sicherlich dazu bei. Zwei wesentliche Tatsachen darf man aber nicht vergessen: die politischen Diskrepanzen zwischen den Antifaschisten, die schließlich zu äußerst harten Auseinandersetzungen geführt hatten, sowie der fehlende Zusammenhalt des Militärapparats. Der *Ejército Popular* war nie ganz Realität geworden. Die politischen Machthaber hatten kein System organisiert, das in der Lage gewesen wäre, einen langen Krieg durchzuhalten – teils, weil es nicht möglich war, teils wegen des Mißtrauens gegenüber vielen Erscheinungsformen der Staatsmacht, was zum Wesen des republikanischen Spanien gehörte.

Die im Krieg erforderliche Sparsamkeit im Umgang mit Mitteln konnte nie wirklich in die Praxis umgesetzt werden, da niemand die faktische Befehlsgewalt über den gesamten militärischen Bereich hatte. Der Mangel an Disziplin, der sich bei allen republikanischen Offensiven bemerkbar machte, herrschte im militärischen Bereich auf allen Ebenen. Allzu häufig ließen sich die republikanischen Kämpfer demoralisieren und ergriffen die Flucht, obwohl sie von ihrer Sache überzeugt waren, denn ihrem Heer fehlte die Kraft einer strengen Disziplin. Selbst bei Kriegsende verliefen die

Transporte nicht nach einem militärischen Organisationsplan, und der Generalstab wurde seiner Befehlsgewalt über die Intendantur und das Sanitätswesen entkleidet. Im Grunde genommen war das republikanische Militär in fünf Teilbereiche aufgesplittert, die mehr oder weniger unabhängig handelten: Heer, Luftwaffe, Marine, Grenzpolizei und Sicherheitskräfte. So erklären sich die Schwierigkeiten der politisch isolierten Regierung, sich Respekt zu verschaffen und den Ungehorsam einzudämmen. Noch schlimmer war aber, daß in diesem ohnehin sehr schwierigen Krieg viele Offiziere mehr nach ihren eigenen Vorstellungen als in Befolgung von Befehlen handelten. Denn nicht einmal im Heer hatte man eine wirkliche Disziplin durchsetzen können. Der Krieg wurde nach klassischem Vorbild mit schulmäßig korrekten Operationen geführt. Hingegen versagten stets die Instrumente zur Durchführung der Operationen. Und als der Enthusiasmus nicht mehr ausreichte, um die Männer zu motivieren, zeigten sich im *Ejército Popular* und in der Marine all jene gewaltigen Widersprüche, die daraus resultierten, daß man gegenüber einem Feind, der 1936 über ein kleines, aber ausgebildetes Heer verfügte, eine Verteidigung aus dem Nichts schaffen mußte. Denn in ein Nichts hatte sich die Verteidigungskapazität des republikanischen Staates aufgelöst, und aus diesem Nichts entstand der Widerstandswille. Dieser Wille äußerte sich in Improvisationen, mit all den alltäglichen Schwierigkeiten, ohne je in einem voll organisierten militärischen System Gestalt anzunehmen. Trotzdem dauerte der Krieg drei Jahre.

Die Kriegführung

Die Militärpolitik

Bei Ausbruch des Aufstandes dachte niemand daran, eine große Armee aufzubauen, da man nicht mit einer langen Kriegsdauer rechnete. Mola faßte die Soldaten, die Karlisten und die Falangisten sofort in Kolonnen zusammen, die unter der Führung von Militärs schnell in Richtung Madrid und San Sebastián marschierten. Queipo de Llano, der sich in einer schwierigen Lage befand, war zunächst darum besorgt, seine Stellung in Sevilla zu festigen. Franco kümmerte sich vor allem um zwei Dinge: so schnell wie

möglich deutsche Hilfe zu erhalten und den Übergang der afrikanischen Truppen über die Meerenge zu ermöglichen. Beides verschaffte ihm eine unvergleichliche militärische Macht und einen Vorteil gegenüber Freund und Feind, den er den ganzen Krieg über nicht mehr preisgeben sollte. Seine Militärpolitik stützte sich auf eine militarisierte Organisation des Staates und des täglichen Lebens, den Vorrang der militärischen Autorität vor jeder anderen, auf ausländische Hilfe, das Vorhandensein guter Stoßtruppen (Legionäre, Marokkaner und *Requetés*), auf die Fähigkeit zur Rekrutierung eines großen Heeres und zum Einsatz sämtlicher Ressourcen des Landes entsprechend den Erfordernissen des Krieges.
Die Putschisten begannen den Krieg mit einem kleinen, aber perfekt ausgebildeten und unter hervorragender Führung stehenden Heer; zum Ausbau dieses Heeres standen ihnen alle Möglichkeiten zur Verfügung, die strukturell in den aufständischen Zonen geboten waren, in denen die militärische Organisation erhalten blieb.
Auf beiden Seiten fehlte es an Material für einen »ernsthaften« Krieg. Ohne ausländische Hilfe wären die Operationen in wenigen Monaten beendet gewesen. Die Regierung der Republik erhielt zunächst aus Frankreich in geringem Umfang Material für die Luftwaffe und aus Mexiko eine eher symbolische Lieferung. Franco dagegen verfügte von Anfang an über einsatzbereite italienische Luftwaffeneinheiten, etwas später über nordamerikanische Öllieferungen, über Waffen und sonstiges Material aus Deutschland, die Rückendeckung der portugiesischen Grenze als Versorgungsschleuse für Freiwillige, Waffen- und andere Lieferungen sowie über die Unterstützung der italienischen U-Boote, die Kontrollfunktionen ausüben sollten, mitunter aber auch republikanische Schiffe torpedierten.
In der republikanischen Zone gab es keine Armee, nur einen Teil der öffentlichen Sicherheitskräfte, die Truppen von Valencia, Menorca und einzelnen Städten oder zersplitterte, durch den Aufstand desorganisierte Truppenteile. Überall liefen Männer umher, die mit Kriegswaffen oder Jagdflinten ausgerüstet waren. Die erste Phase war eine Zeit der Selbstverteidigung des Volkes; diese Phase konnte Hernández Saravia vom Kriegsministerium trotz entsprechender Versuche nicht in den Griff bekommen. Die Verteidigung der Republik zu organisieren war eine sehr komplexe Aufgabe. Im Grunde genommen kann man bis zum Sommer 1937 nicht von der Entstehung einer republikanischen Armee sprechen, und bis zur Ebro-

Schlacht hatte die Regierung keinen wirksamen Militärapparat. Zu jenem Zeitpunkt aber war der Krieg schon entschieden.
Zu Beginn gab es nur an der Madrider Front eine gewisse Organisation. Die gemischten, aus Milizionären, Soldaten und Polizisten gebildeten Kolonnen wurden Berufssoldaten unterstellt. General Riquelme erhielt den Oberbefehl. Aber der Organisationsplan umfaßte nur die obere Führungsebene, alles andere mußte improvisiert werden.
An der Aragonien-Front dagegen standen katalanische Milizkolonnen, die von politischen Führern befehligt und von militärischen Beratern unterstützt wurden. Die Expeditionen auf die Balearen wurden von Militärs geführt, die Kolonne aus Barcelona von Bayo und die aus Valencia von Uribarri. Aber beide waren Milizeinheiten, denen innere Struktur und technische Ausbildung fehlten.
In den Gebieten, in denen der PSOE (*Partido Socialista Obrero Español,* Sozialistische Partei Spaniens), der PCE (*Partido Comunista de España,* Kommunistische Partei Spaniens) oder die *Juventudes Socialistas Unificades* (JSU, Vereinigte Sozialistische Jugend) die Mehrheit besaßen, neigte man dazu, die Milizen zu Einheiten von je spezifischer revolutionärer Ausrichtung zusammenzufassen und in eine straff disziplinierte Organisation zu integrieren. Die beste dieser Einheiten war das von den Kommunisten inspirierte *Quinto Regimiento* (Fünftes Regiment), das nicht so sehr als taktische Einheit, sondern als Ausbildungs- und Führungsschule fungierte. Etwa 40 000 Mann mögen diese Schule durchlaufen haben, bevor sie an die Front kamen. Dort, wo die Anarchisten in der Mehrheit waren, war dagegen während des ganzen ersten Jahres eine Militarisierung unmöglich.
Folgenschwer war die Tatsache, daß Regierungschef Largo Caballero mehr Sympathien für die Milizen als für die Militärorganisation aufbrachte. Am 30. September wurde das Dekret über die Militarisierung der Milizen erlassen, das nichts anderes als eine Grundsatzerklärung war, während Franco zur gleichen Zeit schon die Vereinheitlichung des Oberbefehls durchsetzte. Zwei Wochen später wurde das Kriegskommissariat eingerichtet, über das einige Einheiten schon seit längerer Zeit verfügten; es diente zur Kontrolle der zweifelhaften Verläßlichkeit vieler militärischer Führer. Andererseits behinderte es die Arbeit mancher regierungstreuer Militärs.

Trotz der Krisenhaftigkeit der Lage wurde die republikanische Militärpolitik oft mit Methoden betrieben, die eher für parlamentarische Auseinandersetzungen geeignet waren, sich aber nicht der Dringlichkeit anpaßten, die der Krieg erforderte. Dies illustrieren Fälle wie der von General Asensio Torrado, der ein hervorragender Militär war; er wurde als Staatssekretär der Regierung Largo Caballero abgeschoben, als handele es sich um einen politischen Posten in Friedenszeiten.

Der erste Schritt in Richtung auf ein leistungsfähiges Heer bestand in der Aufstellung der Internationalen Brigaden durch die Kommunistische Partei. Die Eingliederung der Milizionäre in die republikanischen Truppen hatte deren Einheit geschwächt. Die Brigaden lieferten nun ein Beispiel für Disziplin. Sie waren als gemischte Einheiten organisiert und taktisch selbständig einsetzbar; sie stellten ein geeignetes Modell für die militärische Reorganisation dar.

Franco hingegen akzeptierte seine ausländischen Truppen nicht als Organisationsmodell. Italiener und Deutsche waren in ihre eigenen Einheiten eingegliedert und kämpften unter ihren eigenen Vorgesetzten. Die gesamte moderne Ausrüstung der Nationalisten kam, abgesehen von einigen in den USA gekauften Lastwagen, aus dieser Quelle. Aber die aufständischen Generäle wollten die gewohnten Organisationsformen nicht ändern, und die deutschen Berater stießen auf große Hindernisse, wenn sie die Panzer nach ihren Vorstellungen einsetzen wollten. Da praktisch das gesamte Material für die Luftwaffe aus dem Ausland kam, kämpften in dieser Waffengattung die spanischen Piloten ziemlich lange unter dem Kommando von Italienern und Deutschen, so daß diese beim Luftkampf ihre Vorstellungen durchsetzen konnten.

Die Bildung des *Ejército Popular* wurde durch das Mißtrauen gegenüber den Militärs und die geringen Anreize erschwert, die die republikanische Seite den Berufssoldaten bot, die zufällig in ihrer Zone geblieben waren.

War die Afrikaarmee das Modell für die eine Seite, so war die Verteidigung von Madrid die Truppenschmiede für die andere. An der Madrid-Front akzeptierten sogar die Anarchisten die Militarisierung. Die bedrängte Lage Ende September 1936 zwang Largo Caballero dazu, die Reservistenjahrgänge 1932 bis 1935 einzuberufen, und gegen Jahresende wurde die Organisation der Gemischten Brigaden in Angriff genommen.

Im Zusammenhang mit dem Fall Málagas wurde offensichtlich, daß mit dem Milizmodell der Krieg nicht zu gewinnen war. Daraufhin betrieb man beschleunigt die Bildung des *Ejército Popular.* Nach den Maiereignissen von 1937 stieß der Gedanke, die Milizionäre durch Soldaten zu ersetzen, auf keinen Widerstand mehr, und die Regierung Negrín setzte ihn in die Tat um.

Aber die ersten Fortschritte wurden durch die offensive Politik, die der Generalstab seit der Schlacht von Brunete betrieb, und durch den kompromißlosen Widerstand, wie etwa in Teruel oder am Ebro, immer wieder zunichte gemacht. Diese Einsätze führten zu einer Ausblutung der besten Truppen; die Verluste waren nicht mehr zu ersetzen. 1938 kam noch, infolge der politischen Isolierung, der Seeblockade im Mittelmeer und der Schließung der Grenze durch die französische Regierung, eine schwere Nachschubkrise hinzu. Eine weitere Schwierigkeit, die die Einsatzfähigkeit des *Ejército Popular* ständig in Frage stellte, bestand im Fehlen einer mittleren Befehlsebene. Die wenigen vertrauenswürdigen Berufsmilitärs wurden schnell auf hohe Posten gesetzt, ohne daß es geeigneten Ersatz für sie gab. Die *tenientes en campaña* (Feldoffiziere) wurden seit Ende 1936 in dreimonatigen Schnellkursen in den *Escuelas Populares de Guerra* (Volkskriegsschulen) ausgebildet, waren aber kein Ersatz für gute Bataillonskommandeure und Stabsoffiziere. Franco hingegen verfügte über die Reste des alten Offizierskorps, um die Kommandoposten seines Heeres zu besetzen, und konnte für die untere Befehlsebene schnell die *alféreces provisionales* (die sogenannten Leutnants der Reserve) ausbilden. So hatte er insgesamt ein begeistertes, treues und sehr diszipliniertes Offizierskorps. In der Marine war der Kontrast besonders offensichtlich. In den aufständischen Gebieten befanden sich genügend Offiziere, um eine Befehlsstruktur für die Flotte aufzubauen. Die Republik hingegen verfügte über viel zuwenig regierungstreue Offiziere, um die Flotte reorganisieren zu können. Sie mußte zunächst einmal die Befehlsgewalt über die Schiffe erringen, die seit dem Juliaufstand von Komitees und Seeleuten mit geringerer technischer Ausbildung kontrolliert wurden. Das dauerte ein Jahr. In der Marine ist die kurzfristige Schaffung eines Offizierskorps viel komplizierter als beim Heer. Die Lage war so schwierig, daß es während des ersten Kriegsjahres überhaupt keinen richtigen Marinestab gab.

Um eine konkrete Politik strategisch umzusetzen, benötigt man Entscheidungsgewalt. Franco hatte sie sehr bald, die republikanische Regierung jedoch, vor allem zu Beginn des Krieges, nicht. Später – besonders seit Negrín Regierungschef war – konnte die republikanische Führung groß angelegte Operationen planen und in Angriff nehmen. Allerdings scheiterten sie wegen der geringen Leistungsfähigkeit des Heeres, der Luftunterlegenheit und wegen Materialmangels.

Bis Mitte 1937 kann man kaum von einer republikanischen Strategie sprechen, da die Macht zersplittert war. Die Regierung hatte die Fähigkeit, die Kriegführung zu koordinieren, verloren; statt dessen hingen die verschiedenen Fronten von unterschiedlichen Entscheidungsmechanismen ab. Die Kolonnen der Aragonien-Front und die mehrheitlich anarchistischen Milizionäre von Málaga, die baskische Regierung, die Räte von Asturien und von Santander, die *Generalitat* und eine Unzahl von Komitees und lokalen Patrouillen operierten autonom. Ihre ganze Strategie bestand gegebenenfalls in der lokalen Selbstverteidigung oder im Marsch auf das nächste oder am leichtesten zu erreichende Ziel.

Ganz anders lagen die Dinge bei den Aufständischen. Bis Oktober 1936 verfügten sie zwar über keine von allen anerkannte alleinige Führungsinstanz, aber schon wenige Tage nach dem Putsch galten in der nördlichen Zone Molas und in der südlichen Francos Autorität als verbindlich, da sie die einzigen Generäle waren, die über genügend Operationsreserven verfügten. Nach Francos Ernennung zum *Generalísimo* übernahm er vollständig die strategische Führung. Nur Queipo de Llano genoß eine gewisse Autonomie. Aber über die Strategie entscheidet, wer über die Kriegspolitik, den Einsatz der Reserven und die Verwendung der ökonomischen Ressourcen bestimmt. Niemand außer Franco war jemals dazu in der Lage. Queipo de Llano war ein Verbündeter, auf den kein allzu großer Verlaß war; er wurde deshalb mit dem goldenen Exil in Sevilla abgespeist.

Während bei den Aufständischen die Kriegführung in der persönlichen Verantwortung Francos lag, konnte sich die Republik so etwas wie einen Oberbefehlshaber nicht leisten. Das Regime beruhte von Anfang an, somit seit dem 14. April 1931, auf zivilen

Prinzipien. Der Krieg war die Folge eines Kasernenputsches, was das Mißtrauen gegenüber den Militärs verständlich machte. War es oft schon nahezu unmöglich, die Milizionäre zum Gehorsam zu bewegen, so hätte die Herausstellung einer die anderen überragenden militärischen Führerpersönlichkeit den geschlossenen Widerstand vieler politischer und gewerkschaftlicher Organisationen provoziert. So wurde die Kriegführung oft mit den gleichen Methoden wie jedes beliebige Regierungsgeschäft betrieben.

Die theoretischen Vorstellungen stützten sich vor allem auf die Lehre des *Centre des Hautes Etudes Militaires* in Paris. Russen und Deutsche hatten nur beschränkten Einfluß. Das stark von den Erfahrungen des Ersten Weltkriegs geprägte militärische Denken in Frankreich war damals in der Welt das am meisten geschätzte. Die großen Befehlshaber aus diesem Krieg bestimmten seit 1918 das Leben der französischen Armee. Ihre Schule verfolgte ein sehr orthodoxes Konzept der strategischen Operation, das auf vermeintlich unveränderlichen Prinzipien basierte.

Die sowjetische Doktrin war nicht weniger konservativ. Lenin, der die Lehren von Clausewitz sehr gut kannte, trat für ein starkes und diszipliniertes reguläres Heer ein. Sowohl für Trotzki als auch für Frunse hatten die Prinzipien der militärischen Doktrin überall Geltung, und man konnte nicht erwarten, daß ein Milizheer imstande sein würde, die komplizierten Operationen eines modernen Krieges durchzuführen. In der Sowjetunion hatte sich das militärische Denken so wenig verändert, daß man bis 1929 nicht einmal die zaristischen Reglements aufhob. 1930, 1935 und 1937 wurde die militärische Doktrin infolge der von Stalin betriebenen Fusion der Begriffe »Politik« und »Krieg« modifiziert. Insgesamt zielten die militärischen Vorstellungen der Sowjets im spanischen Krieg auf die Entwicklung einer klassischen Strategie, die der französischen sehr ähnlich war. Man setzte auf ein reguläres Heer, dessen Leistungsfähigkeit auf der Qualität seiner Soldaten, auf deren Disziplin, deren guter technischer Ausbildung und völliger politischer Zuverlässigkeit beruhte. Der letzte Aspekt entsprach der Vorstellung Stalins, daß der Krieg dem Klassenkampf diene.

Die deutschen und italienischen Berater wiederum übten nur wenig Einfluß auf die allgemeine strategische Konzeption aus. Aber in bezug auf den Luftkrieg gaben ihre Auffassungen den Ausschlag. Dort setzten sie, wenn auch nur vereinzelt, ihre Vorstellungen über Luftraumbeherrschung und strategische Bombenangriffe in die Praxis um. Ihr grundlegendes Konzept aber bestand darin, die Luftwaffe speziell zur Unterstützung der Bodenoperationen einzusetzen.

Für beide Seiten galt, daß die strategische Konzeption sich in erster Linie auf Landoperationen konzentrierte, während Marine und Luftwaffe nur eine zweitrangige und unterstützende Rolle spielten. Die Schiffe wurden vor allem zur Küstenblockade und zum Schutz von Konvois eingesetzt, gelegentlich auch bei Bombardements und Repressalien gegen Küstenorte, aber nicht zu systematischen Gefechten mit der gegnerischen Flotte. Da das Versorgungsproblem für die Republikaner besonders schwerwiegend war, benutzten die Nationalisten ihre Schiffe, um den Verkehr an den nördlichen Küsten und später im Mittelmeer zu unterbinden. Sie wurden dabei oft durch die italienischen U-Boote, manchmal sogar von deutschen Schiffen unterstützt. Die republikanische Flotte war nach der Zwangsphase des ersten Kriegsjahres, in der die republikanischen Behörden ihre Kontrolle nicht über die Flotte ausdehnen konnten, vor allem bestrebt, den sowjetischen Schiffen, die das Mittelmeer mit Kurs auf Spanien überquerten, Geleitschutz zu gewähren.

Die Rolle der Luftwaffe erwies sich als entscheidend. Ihre Aufklärungsarbeit war von großer Bedeutung, da Spionage und Bodenbeobachtung auf beiden Seiten schlechte Ergebnisse erzielten. Im Kampf wurde die republikanische Luftwaffe wegen ihrer Unterlegenheit defensiv eingesetzt. Als Jagdwaffe bemühte sie sich, die Angriffe der Nationalisten zu verhindern. Diese setzten sie gegen Bodenziele, Städte, Verbindungswege und Fabriken der Etappe ein. Die Luftüberlegenheit – die durch die bedeutenden Einheiten, die Deutschland und Italien nach Spanien schickten, ermöglicht wurde – war für Franco ein entscheidendes Element, sowohl zum Schutz der eigenen als auch zur Aufdeckung und Zerschlagung der gegnerischen Operationen.

Franco gewann den Krieg und verlor nur eine einzige Schlacht: die um Madrid. Das bedeutet nicht, daß er ein besonders guter General war. In strategischer Hinsicht verhielt er sich allzu ängstlich, langsam und konservativ. Kein einziges Mal entwickelte er eine brillante Operation, die den Feind überrollt hätte. Er ersparte seinen Truppen kein Blut und keine Opfer, nicht einmal, als er auf den Angriff auf Madrid verzichtete. Er verfügte stets über besser ausgebildete, besser geführte und besser ausgerüstete Truppen; außerdem besaß er die Luftüberlegenheit. Er hätte einen schnellen, bestechenden Feldzug führen können. Statt dessen hielt er sich mit unbegründet vorsichtigen Operationen auf. So führte er einen nicht enden wollenden Krieg gegen ein schlecht ausgerüstetes republikanisches Heer, dessen Aufbau nie abgeschlossen wurde.

Daß dieser Krieg trotz der deutlichen Unterlegenheit des Gegners so unglaublich schwerfällig geführt wurde, hat Franco zu verantworten. Nie war er bereit, militärische Entscheidungen zu delegieren, nicht einmal an seine treuesten Mitarbeiter. Nur die Überquerung der Straße von Gibraltar und der Marsch auf Madrid wurden mutig und schnell durchgezogen. Als dann aber die Truppen kurz vor Madrid standen, war es Francos Entscheidung abzubiegen, um den Alcázar von Toledo zu entsetzen. Sicherlich sind Ziele mit Symbolcharakter wie der Alcázar in einem Bürgerkrieg von größter Bedeutung. Aber Madrid war von noch größerem symbolischen Wert. Andererseits war Santa María de la Cabeza in der Provinz Jaén ähnlich mit Emotionen behaftet wie der Alcázar von Toledo. Dennoch scheiterten die entsprechenden Versuche, dorthin zu gelangen, da nicht genug Reservetruppen verfügbar waren, um die nicht allzu starken Belagerer mit einiger Aussicht auf Erfolg angreifen zu können. Aber die Entsetzung von Santa María de la Cabeza wäre ein persönlicher Triumph für Queipo de Llano gewesen, so wie die des Alcázar für Franco. Und Franco wollte seinen Rivalen nicht stärken.

Insgesamt verfolgte Franco eine offensive Strategie, die drei Phasen durchlief. Die erste hatte vorrangig die Einnahme von Madrid zum Ziel. Als die Hauptstadt widerstand, entschied er sich für einen langen Krieg und den Angriff auf leicht zu erobernde Nebenfronten wie den Norden und Málaga. In der dritten Phase ging es darum, konsequent den orthodoxesten Grundsatz von Clausewitz zu erfüllen: das feindliche Heer zu vernichten. Zu diesem Zweck bot Franco jedesmal, wenn der Feind massiert auftrat, die geballte Macht seiner Heere auf, mit dem einzigen Ziel, den Feind zu zermalmen und später die bedingungslose Kapitulation zu erreichen. In dieser letzten Phase plante er eine erneute Aufnahme der Schlacht um Madrid, gab den Gedanken aber auf, um die republikanische Herausforderung in Teruel anzunehmen.

1939 zeigten die Deutschen, daß der Abnutzungskrieg veraltet, viel zu langwierig und zu teuer war. Aber während des Spanischen Bürgerkrieges war man noch nicht zu dieser Schlußfolgerung gelangt. Franco nutzte die Vorteile nicht, die er durch seine Luftüberlegenheit, seine bessere materielle Ausstattung und die straffere Disziplin seiner Truppen hatte; diese Vorteile hätten es ihm erlaubt, bei entscheidenden Operationen bedenkenlos vorzugehen. Die Pläne der Italiener für die Operation bei Guadalajara beruhten auf modernen Vorstellungen, wie sie den nächsten Krieg bestimmen sollten. Ihr Scheitern betrachteten die spanischen Militärs, die wesentlich konservativer als die italienischen waren, als Beweis für die Sinnlosigkeit dieser Vorgehensweise.

Auch für die republikanische Strategie gab es einen Verantwortlichen: General Rojo. Auf ihn gehen die einzigen einfallsreichen Schlachtpläne des Krieges zurück. Es waren gut überlegte Operationen orthodoxen Stils, die allerdings zu der Realität des *Ejército Popular,* dem es an Ausbildung, einer mittleren Befehlsebene, Reserven und oft an Material fehlte, in krassem Widerspruch standen. Rojo entwickelte hervorragende strategische Offensiven, allerdings mit geringen Erfolgsaussichten und einem grundlegenden Problem: Es waren stets Ablenkungsmanöver, die eine feindliche Operation verhindern sollten.

Dennoch zeigte Rojo mehr Initiative als Franco, wenn dieser auch immer wieder siegte. Eine Offensive erfordert eine materielle Überlegenheit, die die Republik nicht hatte. Sie mußte sehr weitläufige und voneinander weit getrennte Fronten verteidigen, so daß Rojo dazu überging, die gegnerischen Attacken mit Angriffen an entfernten Orten zu parieren.

Für viele Republikaner stand Kriegführen im Gegensatz zu dem Wertesystem, das die Republik möglich gemacht hatte. Dies traf besonders auf Manuel Azaña zu, dessen Willenskraft seit dem Aufstand am 18. Juli gebrochen schien. Und es schien den politischen Kräften, die sich dem Putsch widersetzten, schwerzufallen, sich auf einen kriegerischen Konflikt einzustellen. Diese Möglichkeit hatte in ihren Vorstellungen der letzten Jahre keinen Platz gehabt.

Insgesamt kann man bei der republikanischen Strategie sechs Phasen unterscheiden. In der ersten Phase verbanden sich die Selbstverteidigung des Volkes und einige Regierungsaktionen zu einer Folge offensiver und defensiver Operationen ohne umfassenden Plan. Aus Milizionären, Soldaten und Sicherheitskräften wurden gemischte Kolonnen gebildet, Luftwaffe und Marine führten wenig umfangreiche Operationen gegen Ceuta und Melilla oder zur Kontrolle der Straße von Gibraltar durch. Der Marsch Miajas auf Córdoba und seine dortigen Operationen, der Vormarsch der katalanischen Kolonnen in Richtung Saragossa und Huesca, die Landung der Milizen auf Mallorca und Ibiza waren offensive Aktionen, die scheiterten und schließlich in eine defensive Strategie übergingen, die unter den gegebenen Umständen die einzig mögliche war.

Als die Regierung Giral durch die von Largo Caballero abgelöst wurde, wurde trotz erheblicher Bedenken des Ministerpräsidenten der Aufbau einer Armee beschlossen. Der Befehl Prietos, des neuen Ministers für Marine und Luftwaffe, an die Flotte, Mallorca zu verlassen, fiel mit dem Ende des Kolonnenkrieges und dem endgültigen Übergang zu einer zweiten, vorwiegend defensiven Phase des Krieges zusammen.

Die Defensivstrategie wurde vor allem an der Madrider Front angewandt. Es existierte kein vorgefaßter Plan, und die Entscheidung zur Verteidigung der Hauptstadt wurde von den Verteidigern selbst getroffen. Sie war nicht Folge eines Entschlusses der Regierung, diese Front als vorrangig zu betrachten.

Der Widerstand Madrids war ein republikanischer Sieg, der vor dem Hintergrund des italienischen Desasters bei Guadalajara noch großartiger wirkte. Franco änderte seine Absichten und beschloß die Eroberung des Nordens. Die republikanische Strategie wurde daraufhin durch eine Reihe von Offensiven unterhöhlt, bei denen die ersten kampffähigen Truppen eingesetzt wurden. Diese Vorgehensweise begann 1937 mit den April-Offensiven im zentralspanischen Abschnitt und in Huesca. Nach den Zwischenfällen vom Mai 1937 in Barcelona intensivierte die Regierung Negrín den Offensivkrieg in der Absicht, nicht nur die erprobten Truppen Zentralspaniens, sondern auch die praktisch inaktiven katalanischen Einheiten einzusetzen.

Nach dem Verlust des Nordens leitete der republikanische Generalstab die Offensive von Teruel ein, um eine feindliche Operation gegen Madrid zu verhindern, Zeit zu gewinnen und die Truppen zu reorganisieren.

Die Schlacht am Ebro hatte Rojo geplant, um Valencia zu retten und zu versuchen, die Verbindung zwischen den Truppen in der Levante und Katalonien wiederherzustellen. Schlimmstenfalls

wollte er die Franquisten zu einer Abnutzungsschlacht zwingen.
Die sechste und letzte Phase der republikanischen Strategie bestand in der Ausarbeitung von Plänen zur Reaktivierung der Fronten in Zentralspanien und im Süden durch eine Landung in Motril sowie zweitrangige Operationen. Miaja und Admiral Buiza hielten diese Strategie für undurchführbar und verweigerten ihre Zustimmung.
Es wird oft gesagt, daß es bei der Militärtechnik fast nur auf ihre Ausführung ankommt. Großartige strategische Pläne sind wenig wert, wenn man auf dem Gebiet der Taktik, auf dem Schlachtfeld über kein Heer verfügt, das fähig ist, sie auszuführen. Zusammenfassend läßt sich feststellen, daß hier der Grund für die militärische Tragödie der Republik lag. Die strategischen Pläne General Rojos waren die bestdurchdachten des ganzen Krieges, aber sie scheiterten daran, daß sie nicht realisierbar waren. Im Grunde war die Republik ein Staat, der gezwungen war, einen Krieg ohne Heer zu führen.

Die taktische Ausführung

Die Aufständischen verfügten bei Kriegsbeginn über ein kleines, aber bereits bestehendes Heer, während man auf republikanischer Seite lange darüber diskutierte, ob man sich für ein Soldaten- oder für ein Milizheer entscheiden solle. Die Führer der Aufständischen hatten zwar keine klaren strategischen Konzeptionen, aber sie waren hervorragende koloniale Bataillonskommandeure. Bei den ersten Operationen gegen die spontan zusammengestellten Einheiten in der Hitze des Sommers 1936 praktizierte diese Generation von *africanistas* die ihr aus Marokko vertraute Art von Krieg.
Die ersten aufständischen Kolonnen konnten mit Leichtigkeit Bodengewinne verzeichnen; sie walzten den schwachen Widerstand, den die oft nur mit Jagdflinten bewaffneten Milizionäre leisten konnten, nieder. Obwohl das technische Niveau der Kriegführung anstieg, als die Schlacht um Madrid tobte und vor allem als ausländisches Material eintraf, verlor es nie den unterentwickelten Charakter der ersten Monate. Selbst als Luftwaffe, Panzer und massiver Artilleriebeschuß schon zum Kriegsalltag gehörten, wurden Angriffe gegen den Gegner weiterhin in der veraltet-primitiven Form wellenförmiger Attacken durchgeführt.

Die Militärs beider Seiten waren diese brutalen Frontalangriffe gewohnt, da die Artillerie in Marokko schlecht ausgerüstet und die Geschütze kleinkalibrig waren. Da Francos Soldaten an Ausrüstung und Feuerkraft überlegen waren, hätten sie sich diese kraftaufwendige und blutige Taktik oft sparen können. Aber der Sturmangriff galt damals als der Höhepunkt des offensiven Kampfes und wurde daher beharrlich angestrebt. Bei diesen Angriffen hatten die republikanischen Milizen oft Schwierigkeiten, die Kampflinie zu halten, und das nicht, weil es ihnen an Mut gefehlt hätte – den gab es reichlich auf beiden Seiten –, sondern aus Mangel an fähigen Vorgesetzten und an Disziplin. Oft brach die republikanische Front zusammen, weil zu den verschiedenen technischen Mängeln noch der chronische Materialmangel hinzukam. Der russische Waffennachschub traf nur unregelmäßig ein, während die Franquisten ihr Kriegsmaterial kontinuierlich erhielten und sich auf eine gut organisierte Kriegsproduktion stützen konnten, so daß – mit Deutschlands und Italiens Hilfe – ihre Einsatzfähigkeit nie in Frage gestellt war.
In einigen Fällen sah es allerdings anders aus. Im Hinblick auf gepanzerte Waffen war der *Ejército Popular* stets überlegen. Die russischen Panzer T-26-1 wogen 9200 Kilogramm, und die Bt-5 11 500 Kilogramm. Beide waren mit einem 45-mm-Geschütz und einem Maschinengewehr ausgestattet. Ihr deutsches Gegenstück, der Panzerkampfwagen I, wog nur 5400 Kilogramm und war lediglich mit einem Maschinengewehr oder einem kleinen 20-mm-Geschütz ausgerüstet. Die italienischen L-3/35 waren mit ihren 3200 Kilogramm und zwei Maschinengewehren eher als Spielzeuge einzustufen. Zudem erhielt der *Ejército Popular* eine viel größere Zahl an Panzern.
Aber ihre Einsatzmethode war unzweckmäßig. Sie basierte auf der französischen Theorie, derzufolge sie der direkten Unterstützung der Infanterie dienen sollten; daher kämpften sie auch, in kleinen Gruppen verstreut, zwischen den Einheiten. In einigen Fällen, wie zum Beispiel in Seseña, wurden die russischen Panzer geballt eingesetzt, aber ohne daß die Infanterie folgte und sie schützte. Dieser Fehler wiederholte sich immer wieder, so daß die republikanischen Panzer auf diese Weise leicht isoliert, abgefangen oder zerstört werden konnten. Andererseits konnte man die Panzer wegen der Artillerie- und Luftüberlegenheit der Franquisten auch nicht massiert einsetzen.

Die franquistischen Panzer hingegen bewegten sich stets inmitten der Infanterie. Allerdings konnte der deutsche Militärberater von Thoma Franco nur schwer davon überzeugen, die Panzer nicht auf die einzelnen Einheiten zu verteilen, wie es die veralteten französischen Lehrsätze der *École Supérieure de Guerre,* an die sich Franco hielt, verlangten.
Die französischen Theorien spielten auf beiden Seiten eine große Rolle, so daß in der Offensive die flankierenden Waffen einer Feuerbasis angehörten, die allmählich vorwärts verschoben wurde, wenn die Vorhut an Gelände gewann. Es handelte sich um eine komplizierte Operation, die die Republikaner kaum durchführen konnten, weil sie große Disziplin erforderte. In der Defensive mußten verschiedene Artillerie- und Maschinengewehrbarrieren errichtet werden, deren koordiniertes Feuer den feindlichen Vormarsch stoppen sollte. Beide Seiten perfektionierten ihre Artillerietechniken, um die Treffsicherheit zu erhöhen. Man weiß aus Erfahrung, daß in allen Kriegen die Artillerie mit der Zeit besser wird; im spanischen Fall erreichte sie schließlich große Effizienz.
Aber neben diesen modernen Methoden existierten weiterhin unverhältnismäßig große Infanterieeinheiten, mehr als in jeder anderen europäischen Armee. Fast die ganze Kavallerie ritt noch zu Pferd. In der Schlacht am Alfambra setzten die Franquisten sie massiv ein, um – wie zu Zeiten Napoleons III. – den Erfolg »voll auszunutzen«.
Die Kavallerie erzielte einen beachtlichen Erfolg, da die Republikaner kaum Gebrauch von ihrer Luftwaffe machten und ihre geschwächten Einheiten die Maschinengewehre nicht mehr bedienen konnten.
Die italienisch-deutsche Luftwaffe, die zur Unterstützung der Bodenoperationen gedacht war, spielte schließlich die entscheidende Rolle, während die Republikaner mit ihren Jagdflugzeugen in der Defensive bleiben mußten. Der Erfolg der Schlacht um Madrid wiederholte sich nicht, da die Fronten zu weitläufig und zu verstreut waren.
Die 1937 begonnene Offensivstrategie überforderte die republikanische Armee und zehrte ihre letzten Kräfte auf. Viele ihrer besten Kommandeure waren politische Kämpfer ohne militärische Kenntnisse. Ihr Mut war größer als ihr technisches Können. Immer wieder verfielen sie der fatalen Illusion des Heldentums, als es

lediglich um die Durchführung einer Operation ging. Auch ihre Gegner begingen ähnliche Fehler, aber sie konnten in Marokko immer wieder leicht gute Soldaten rekrutieren. Die Republikaner bildeten ihre Truppen mühsam aus, um sie dann in Brunete und Belchite für zweitrangige Stellungen zu opfern. In Teruel und am Ebro wurde der Aderlaß des *Ejército Popular* in noch größerem Ausmaß fortgesetzt.

Genau dies strebte Franco an: die sofortige Zerschlagung der mühselig aufgestellten Elitetruppen. Die franquistische Taktik war ein langsamer Holocaust. Einige brillante Operationen hätten den Krieg in zwei Jahren beenden können. Statt dessen stoppte Franco mehrfach den Vormarsch, verlor Zeit im Maestrazgo und bestand auf dem Kräfteverschleiß am Ebro. In all diesen Fällen hätte die Überlegenheit seiner Truppen wie die seiner Luftwaffe ihm die Anwendung einer Taktik erlaubt, die seine Anhänger weniger Opfer gekostet hätte. Er war jedoch besessen von dem Wunsch, das gegnerische Heer zu zerstören, um die bedingungslose Kapitulation zu erzwingen. Aus diesem Grund beharrte er auf einer ebenso primitiven wie unnötigen Taktik.

Die militärische Bedeutung der ausländischen Intervention

Auf beiden Seiten entzündete sich an der ausländischen Intervention die Propaganda. Während die Mauren als ein Symbol des Terrors hingestellt wurden, machten die Franquisten die Internationalen Brigaden und die russische Führung für ihr Scheitern vor Madrid verantwortlich.

Auf jeden Fall war es ausländische Hilfe, die den Aufständischen im Anfangsstadium das Überleben ermöglichte. Ohne deutsche und italienische Luftwaffe hätte die »Luftbrücke« zwischen Marokko und Sevilla lediglich aus drei oder vier Maschinen bestanden. Solange keine Schiffe die Straße von Gibraltar überqueren konnten, rettete die beachtliche Anzahl Soldaten, die mit ausländischen Flugzeugen die andalusische Hauptstadt erreichten, die Situation. Ebenfalls unschätzbare Hilfe leistete Portugal, ein Mekka für den Waffen- und Munitionshandel, ein sicherer Verbindungsweg zwischen den aufständischen Gebieten und eine Schleuse für Menschen und Material.

Während der ersten Wochen, als in den Reihen der Republikaner kaum 1000 Ausländer kämpften, bildeten die marokkanischen

Söldner, die aus dem gesamten Protektorat kamen, das eigentliche Einsatzpotential der Putschisten. Mit ihnen konnte der Bedarf an schlagkräftiger Infanterie als Kern für die Vorhut gedeckt werden. Franco benutzte die Marokkaner während des gesamten Krieges als Stoßtruppe; während der Eroberung von Vizcaya waren sie die eigentlichen Hauptakteure in den härtesten Operationen. Diese kriegserfahrenen Soldaten, die nach dem Gesetz Ausländer waren, stellten für die Aufständischen einen Trumpf von unschätzbarem Wert dar.

Die sowjetische Hilfe kam spät und füllte die Lücke, die die demokratischen Staaten nicht schließen wollten. Nur dank der sowjetischen Hilfe konnte das republikanische Spanien Widerstand leisten. Zwar waren es nicht die Internationalen Brigaden, die Madrid retteten, aber das sowjetische Material ermöglichte die Fortsetzung des Krieges. Die offensive Strategie der Regierung Negrín wäre ohne die Lieferungen aus der UdSSR undenkbar gewesen. Alle großen Kriegsoperationen waren seit 1937 auf diesen Nachschub angewiesen. Aber Franco gewann die Materialschlacht dank der besseren Einsatzfähigkeit seines Heeres und der kontinuierlichen Lieferungen. Die Schlacht am Ebro war die letzte Materialschlacht: Das franquistische Heer war bereits gut strukturiert und hätte nur noch mehr Waffen und Munition benötigt. Sein Gegner hingegen hatte sich immer noch nicht konsolidiert und erhielt nur sehr unregelmäßig Nachschub. Die große Menge sowjetischer Waffen, die später eintrafen, konnte nicht mehr genutzt werden, da der *Ejército Popular* bereits zermürbt war.

Die sowjetische Hilfe reichte auch nicht aus, um den Luftkampf zu gewinnen. In allen Offensiven spielte die Luftwaffe die entscheidende Rolle, was bereits auf den Zweiten Weltkrieg vorausdeutete. In diesem Fall gaben die italienische und die deutsche Hilfe den Ausschlag: Die ersten entsandten Einheiten gehörten der regulären Luftwaffe des jeweiligen Landes an und verfügten über eigene Maschinen mit eigener Besatzung. Zunächst wurden die Maschinen selten von spanischen Piloten geflogen, die erst nach und nach diese Aufgabe übernahmen. Spanische Flugzeuge waren kaum vorhanden, und ohne ausländische Hilfe hätte es keinen Luftkrieg gegeben. Trotz ihrer erstklassigen Maschinen konnten die Russen nur wenige Male die Luftüberlegenheit erzielen. Der Entschluß der Italiener und Deutschen, in Spanien vollständige Einheiten einzusetzen, verlieh der franquistischen Luftwaffe größere Einsatzstärke. Dies war einer der Schlüssel zum Sieg. Ohne Luftüberlegenheit kann man in einem modernen Krieg nicht angreifen. Manchmal ist man nicht einmal in der Lage, sich zu verteidigen, wie das Beispiel des Nordfeldzuges zeigt.

Es ist oft behauptet worden, Spanien sei ein Experimentierfeld gewesen. Das ist zutreffend, sollte aber nicht überbetont werden. Viele Flugzeuge, Panzer und Geschütze, die im Zweiten Weltkrieg zum Einsatz kamen, wurden hier erprobt. Die militärischen Untersuchungen nach dem Ersten Weltkrieg warteten noch auf ihre Überprüfung. Der griechisch-türkische Krieg und der russische Bürgerkrieg verliefen nach dem Muster des Ersten Weltkriegs. Die Italiener testeten ihre Panzer in dem aber nur kurze Zeit dauernden Krieg in Abessinien, und der chinesisch-japanische Krieg spielte sich auf einem zu weit entfernten Schauplatz ab. Spanien hingegen eignete sich bestens dazu, neue Waffen zu testen und militärische Techniken zu erproben. Hier fing man an, sich an Bombardements von Städten und an gezielte Luftangriffe zu gewöhnen. Die Piloten lernten auch Techniken, der Luftabwehr auszuweichen, bei der die später berühmt gewordenen deutschen 8,8-Geschütze eingesetzt wurden. Die Demokratien waren an diesen Erfahrungen natürlich nicht beteiligt; den Nutzen hatten jene Staaten, die das Material lieferten. Die späteren Ereignisse lassen darauf schließen, daß die Deutschen in Spanien all ihre neuen Waffen und vor allem das Zusammenwirken der verschiedenen Elemente des zukünftigen *Blitzkrieges* erprobten. Die Sowjets wiederum gewannen vor allem neue Erkenntnisse über den Einsatz ihrer Panzer.

(Aus dem Spanischen von Eva Schikorski)

Literatur

1. Alcocer, S.: *Y Madrid dejó de existir,* Madrid 1976.
2. Alcofar Nassaes, J. L.: *»Spansky«. Los extranjeros que lucharon en la guerra civil española,* Barcelona 1973.
3. Alcofar Nassaes. J. L.: *C. T. V. Los legionarios italianos en la guerra civil española,* Barcelona 1972.

4. Alcofar Nassaes, J. L.: *Los asesores soviéticos en la guerra civil española,* Barcelona 1971.
5. Alcofar Nassaes, J. L.: *La aviación legionaria en la guerra civil española,* Barcelona 1976.
6. Alpert, M.: *El Ejército republicano en la guerra civil,* Barcelona 1977.
7. Araquistain, L.: *El comunismo y la guerra de España,* Tarn 1939.
8. Aróstegui, J., J. A. Martínez: *La Junta de Defensa de Madrid,* Madrid 1984.
9. Aznar, M.: *Historia Militar de la guerra de España,* Madrid 1958–1963.
10. Barco Teruel, E.: *Valle del Jarama,* Barcelona 1969.
11. Barea, A.: *La forja de un rebelde,* Mexiko 1959.
12. Bolin, L. A.: *España, los años vitales,* Madrid 1967.
13. Broué, P., E. Témine: *Revolution und Krieg in Spanien,* Frankfurt 1968.
14. Caballero, P.: *Diario de campaña de un capellán legionario,* Madrid 1976.
15. Cabanellas, G.: *La guerra de los mil días,* Buenos Aires 1975.
16. Cambra, F. P. de: *Frente de Mar. Singladuras de Guerra,* Barcelona 1940.
17. Cantalupo, R.: *Embajada en España,* Barcelona 1951.
18. Cardona, G.: *El poder militar en la España contemporánea hasta la guerra civil,* Madrid 1983.
19. Cerezo, R.: *Armada española, siglo XX,* Madrid 1983.
20. Cervera Valderrama, J.: *Memorias de guerra,* Madrid 1968.
21. Carrascal, G.: *Asturias 18 de julio 1936–21 de octubre de 1937,* Valladolid 1937.
22. Casado, S.: *Así cayó Madrid,* Madrid 1968.
23. Castell, A.: *Las Brigadas Internacionales en la guerra de España,* Barcelona 1973.
24. Catell, D.: *Communism and the Spanish civil war,* New York 1965.
25. Coverdale, J. F.: *La intervencion fascista en la guerra civil española,* Madrid 1979.
26. Colodny, R.: *El asedio de Marid,* Paris 1970.
27. Couceiro Tovar, J.: *Hombres que decidieron,* Pinto (Madrid) 1969.
28. Cruells, M.: *De les Milícies a l'Exèrcit Popular a Catalunya,* Barcelona 1974.
29. Dahms, H. G.: *La guerra española de 1936,* Madrid 1966.
30. Duval, G.: *Les espagnols et la guerre d'Espagne,* Paris 1939.
31. Eby, C.: *Los voluntarios norteamericanos en la guerra civil española,* Barcelona 1969.
32. Ehrenburg, I.: *Corresponsal en la guerra civil española,* Madrid 1979.

33. Ehrenburg, I.: *La nuit tombe*, Paris 1966.
34. Eiser, A.: *La 12 Brigada Internacional*, Valencia 1972.
35. Escofet, F.: *Al servei de Catalunya i de la República*, Paris 1973.
36. Faldella, E.: *Venti mesi di guerra in Spagna*, Florenz 1939.
37. Gamir Uribarri, General: *De mis memorias, Guerra de España 1936–1939*, Paris 1939.
38. Gárate Córdoba, M.: *Mil días de fuego*, Barcelona 1972.
39. García Morato, J.: *Guerra en el aire*, Madrid 1940.
40. García Serrano, R.: *La fiel infantería*, Barcelona 1983.
41. Goma, J.: *Guerra en el aire*, Barcelona 1958.
42. Guarner, V.: *L'aixecament militar a Catalunya i la guerra civil (1936–1939)*, Barcelona 1975.
43. Hidalgo de Cisneros, I.: *Cambio de rumbo*, Paris 1964.
44. Ibárruri, D. u. a.: *Guerra y revolución en España*, Moskau 1966.
45. Irujo, M. de: *La guerra civil en Euskadi antes del Estatuto*, Madrid 1978.
46. Kemp, P.: *Legionario en España*, Barcelona 1959.
47. Kindelán, A.: *Mis cuadernos de guerra*, Madrid (1945).
48. Knoblaugh, H. E.: *Corresponsal de guerra*, Madrid 1967.
49. Koltsov, M.: *Diario de la guerra de España*, Paris 1963.
50. Largo Caballero, F.: *Mis recuerdos*, Mexiko 1976.
51. Líster, E.: *Nuestra guerra*, Paris 1976.
52. Lojendio, L. M. de: *Operaciones militares de la guerra de España*, Barcelona 1940.
53. López Fernández, A.: *El general Miaja, defensor de Madrid*, Madrid 1975.
54. López Muñiz, G.: *La batalla de Madrid*, Madrid 1943.
55. Maisky, I.: *Cuadernos Españoles*, Moskau o. J.
56. Maluquer, J. J.: *L'aviació de Catalunya els primers mesos de la guerra civil*, Barcelona 1978.
57. Mariñas, F. J.: *General Varela*, Barcelona 1956.
58. Martin, C.: *Franco, soldado y estadista*, Madrid 1965.
59. Martínez Bande, M.: *Monografias de la Guerra de España*, Madrid o. J.
60. Martínez Barrio, D.: *Memorias*, Barcelona 1983.
61. Martínez de Campos, C.: *Ayer*, Madrid 1970.
62. Mazarrasa, J. de: *Los carros de combate en España*, Madrid 1977.
63. Mazarrasa, J. de: *Vehículos blindados del Ejército Español*, Madrid 1980.
64. Mera, C.: *Guerra, exilio y cárcel de un anarcosindicalista*, Paris 1976.
65. Ministerio de Estado: *La agresión italiana*, Valencia 1937.
66. Modesto, J.: *Soy del Quinto Regimiento*, Paris 1960.
67. Nenni, P.: *España*, Esplugas 1977.

68. Pemán, J. M.: *Un soldado en la Historia. Vida del capitán general Varela,* Cádiz 1954.
69. Pérez Salas, J.: Guerra en España, 1936–1939, Mexiko 1947.
70. Prieto, I.: »Cartas a un escultor«, in: *Convulsiones de España,* Mexiko 1960.
71. Ramos-Oliveira, A.: *Historia de España,* Mexiko 1952.
72. Redondo, General L., Comandante J. de Zavala: *El requeté,* Barcelona 1957.
73. Rojo, V.: *España heroica,* Buenos Aires 1943.
74. Rojo, V.: *Así fue la defensa de Madrid,* Mexiko 1967.
75. Rojo, V.: *Alerta a los pueblos,* Esplugas 1974.
76. Roux, G.: *La guerra civil de España,* Madrid 1965.
77. Sagardía, A.: *Del Alto Ebro a las fuentes del Llobregat,* Madrid 1940.
78. Salas Larrazábal, J.: *La guerra de España desde el aire,* Barcelona 1969.
79. Salas Larrazábal, R.: *Historia del Ejército Popular de la República,* Madrid 1973.
80. Salas Larrazábal, R.: *Los datos exactos de la guerra civil,* Madrid 1980.
81. Sanz, R.: *Los que fuimos a Madrid,* Barcelona 1977.
82. Saz, I., J. Tusell: *Fascistas en España,* Madrid 1981.
83. Schwartz, F.: *La internacionalización de la guerra civil española, julio de 1936–marzo de 1937,* Barcelona 1972.
84. Servicio Histórico Militar: *La guerra de minas en España (1936–1939),* Madrid 1948.
85. Servicio Histórico Militar: *Partes oficiales de guerra (1936–1939),* Madrid 1977–1978.
86. Solano Palacios, F.: *La tragedia del Norte,* Barcelona 1938.
87. Southworth, H. R.: *La destrucción de Guernica, Periodismo, diplomacia, propaganda e historia,* Paris 1977.
88. Steer, G. D.: *The tree of Gernika,* London 1938.
89. Suero Roca, M. T.: *Militares republicanos de la guerra de España,* Barcelona 1981.
90. Tarazona, F.: *Yo fui piloto de caza rojo,* Madrid 1968.
91. Thomas, H.: *La guerra civil española,* Paris 1962.
92. Tuñón de Lara, M. (Hg.): *Historia de España,* Bd. IX, Barcelona 1981.
93. Viñas, Á.: *Guerra, dinero y dictadura,* Barcelona 1984.
94. Zugazagoitia, J.: *Guerra y vicisitudes de los españoles,* Paris 1968.

Manuel Tuñón de Lara
Kultur und Kulturen
Ideologien und geistige Einstellungen*

Die ersten Botschaften und ihre grundlegenden Ideen

Unter *Kultur* oder den *Ideen* verstand man in historischen Handbüchern früher etwas oberflächlich einen Themenkomplex, der normalerweise in größere Zusammenhänge eingebettet war. Der Versuch, diese Begriffe zu präzisieren, führt zu folgenden Überlegungen:

Erstens: Kultur entsteht durch die Schaffung von Werken, die aus der Erkenntnis resultieren, zu denen wir mittels Verstand oder Empfindung (Wissen oder Gefühl) Zugang erlangen und die nach wissenschaftlichen Methoden oder in Übereinstimmung mit bestimmten ästhetischen Normen oder auch rein ideologischen Gesichtspunkten gestaltet worden sind. Folglich kann das so geschaffene *Kultur-Werk* ein Produkt der Vernunft sein (und ist es auch in der Mehrzahl der uns hier beschäftigenden Fälle), in dem sich – in unterschiedlichen Abstufungen – ideologische Bedingtheit und strenges Wissen vermischen. Im Rahmen eines derart kontroversen Themas kann man davon ausgehen, daß die meisten kulturellen Ereignisse ideologischer Natur sind.

Zweitens: Dieses in hohem Maß ideologisch geprägte Kultur-Werk stellt eine Botschaft dar, die sich an Empfänger richtet, die zugleich Träger des jeweiligen historischen Prozesses sind. Es ist damit unmittelbar verbreitete Kultur und Ideologie zugleich.

Drittens: Die Ideologie-Kultur wird durch Kommunikationsmittel verbreitet, durch sogenannte *Apparate,* die eine dauerhafte Beziehung zwischen Menschen und Dingen mit Hilfe technischer Einrichtungen voraussetzen. Die Beziehungen dieser Apparate sind meist sehr eng, vor allem bei bewaffneten Auseinandersetzungen (sie können sogar ausdrücklich die Funktion erhalten, Überzeugungsarbeit im Sinne der Machtinstanzen zu leisten). Die Botschaft, die sie übermitteln, ist in solchen Fällen wesentlich eindeutiger als im Normalfall an drei Hauptgruppen von Empfän-

* Ohne die Mitwirkung von Paloma Tuñón de Lara bei der Forschung wie bei der Ausarbeitung hätte dieser Beitrag nicht geschrieben werden können.

gern gerichtet: die eigenen Anhänger, die Gegner und die Neutralen; drei Gruppen, die mit den entsprechenden »geographischen« Regionen zwar nicht deckungsgleich sind, sich aber doch mit ihnen überlappen: das eigene Gebiet, das Gebiet des Gegners und das Ausland.

Unser Thema muß also die aus Platzgründen notwendigerweise summarische Analyse der zentralen Inhalte dieser Botschaft sein, ihrer Ausarbeitung, ihrer Verbreitung durch die unterschiedlichen Kommunikationsmittel. Damit erschöpft sich unser Thema jedoch noch nicht, denn es gilt auch zu untersuchen, wer diese Botschaft erhält und welche Auswirkungen sie möglicherweise auf diese Empfänger hat.

Viertens: Wir müssen demnach die materiellen Bedingungen und die geistigen Vorstellungen der Menschen kennen, an die sich die ideologische Botschaft wendet; wir müssen untersuchen, ob ihre Beziehungen untereinander und zwischen den jeweiligen Gruppen und Kulturen kommunikativ oder hermetisch sind.

Anders ausgedrückt: wie erlebten sie die bewaffnete Auseinandersetzung, und welches waren ihre Verhaltensmuster in den alltäglichen zwischenmenschlichen Beziehungen? Darin bestehen höchstwahrscheinlich *Kultur, Ideologie und geistige Einstellungen* während des Bürgerkriegs. Es ist keine leichte Aufgabe, eine solche Parzelle historischen Wissens genau zu ergründen. Wir wollen aber zumindest versuchen, das Gebiet abzustecken, die Fundamente zu legen – und möglichst viele Beispiele der Verdeutlichung anzuführen.

Man kann davon ausgehen, daß die »Botschaft« der Aufständischen im Sommer 1936 sowie die, die in der Erwiderung durch die Regierung und ihre Verbündeten (eingeschlossen die *Confederación Nacional del Trabajo* [CNT, Nationalbund der Arbeit]) erhalten war, sich zu Beginn der bewaffneten Konfrontation beträchtlich von der in den folgenden Wochen unterschied, in denen Positionen abgesteckt und Unterstützung und Rechtfertigung gesucht wurden. Die Botschaften veränderten sich erneut, sobald sich die beiden Zonen mit ihren Regierungsmannschaften (Largo Caballero auf der einen und der *Caudillo* mit seiner *Junta Técnica del Estado* [Technische Staatsjunta] auf der anderen Seite) im Krieg »eingerichtet« hatten. Wiederum läßt sich etwa vom Beginn des Frühjahrs 1937 an in beiden Lagern eine Festigung der staatlichen

Apparate beobachten (die Regierung Negrín einerseits; die Schaffung der Einheitspartei und wenig später die Einsetzung einer regulären Regierung andererseits). Schließlich führte der ungleiche Verlauf der Auseinandersetzung ab September 1938 in den noch bevorstehenden sechs Kriegsmonaten je nach Zone zu ganz unterschiedlichen Arten von Botschaften.

Es waren Militärs, die sich am Nachmittag des 17. Juli 1936 mit Waffengewalt erhoben. Sie gaben vor, im Namen des Heeres und Spaniens zu handeln. General Emilio Mola, der *director* der Verschwörung, verkündete am Morgen des 19. Juli 1936 in Pamplona: »Wieder einmal sieht sich das Heer zusammen mit den übrigen Kräften der Nation gezwungen, dem Sehnen und Wünschen der großen Mehrheit aller Spanier zu entsprechen.« Mit welchem Ziel? Der weitere Verlauf seiner Rede machte dies deutlich: um *Ordnung* und *Autorität* wiederherzustellen, wobei er auf die *Besonnenheit* der Arbeiter und auf das *Entgegenkommen* der Arbeitgeber – unter Androhung exemplarischer *Bestrafungen* – vertraute. Er wiederholte die bekannte Formel, daß »die Forderungen von Arbeitgebern und Arbeitern geprüft und die Probleme mit größtmöglicher Gerechtigkeit gelöst werden«. Einige Wochen später, bei einer Ansprache über *Radio Castilla* in Burgos, war der Tonfall um einiges aggressiver. Es fiel die Drohung von der »Stunde der Abrechnung«, und auch die Berufung auf die Vorsehung fehlte nicht: »Ein Sieg, den wir erringen müssen, weil die Vernunft uns beisteht, weil der gesunde Teil des Volkes uns unterstützt und weil Er, der alles vermag, uns hilft ...«

Der göttliche Beistand bezog sich offensichtlich auf den Transport von Waffen und Soldaten über die Straße von Gibraltar: »Mit Gottes Hilfe haben wir bereits jetzt so viele Männer mitsamt Ausrüstung auf der Halbinsel, wie wir benötigen.«

Bemerkenswert ist auch der Unterschied in Molas Verhalten gegenüber »Herrn Martínez Barrio«, den er mit höflicher Polemik bedachte, wobei er an das Telefongespräch erinnerte, das beide in der Nacht vom 18. auf den 19. Juli geführt hatten, und dem »Monster Azaña«, den er aufs gröbste beleidigte.

Noch bevor Franco die Kanarischen Inseln verließ, verfaßte er sein Manifest zur Rechtfertigung des Aufstands das – im Tonfall eher gemäßigt – über den Äther verbreitet wurde. Franco legitimiert sein Verhalten mit der in Spanien herrschenden *Anarchie*; er greift auf den Topos von den »revolutionären Banden« zurück, »die den

Einflüssen des Auslands gehorchen«, und biedert sich bei den Kräften der öffentlichen Ordnung an, die verzweifelt seien infolge des »blinden Gehorsams gegenüber Regierenden, die sie zu entehren versuchen«.
Die Schlußfolgerung lautete, man lebe in gesetzlosen Zuständen, einer gewählten Gesetzlosigkeit, was aber nicht weiter ausgeführt wurde. Statt dessen sprach er von »Anschlägen auf die Provinzverwaltungen und deren Tresore, um Akten zu fälschen«. Er fuhr fort: »gesetzwidrige Absetzung der gemäßigten Macht, Verherrlichung der Revolutionen in Asturien und Katalonien«; und auch der Gemeinplatz von den »durch sowjetische Agenten ausgebeuteten und getäuschten Massen« fehlte nicht. Im Gegensatz dazu »stürmen das Heer, die Marine und die Kräfte der öffentlichen Ordnung los, das Vaterland zu verteidigen«, und versprechen, »die Grundlagen für ein geregeltes Zusammenleben der Bürger zu garantieren«. Sie, die sich mit Waffengewalt erheben, sind es, die den Spaniern »wirkliche Brüderlichkeit, Freiheit und Gleichheit« bringen. Und während Mola vom *gesunden* Volk spricht, ist es hier das *ehrbare* spanische Volk, dem Franco huldigt.
Die gleichen Ansichten, wenn auch verschieden akzentuiert, fanden sich in der Rede, die General Queipo de Llano am 18. Juli über *Radio Sevilla* verbreitete. Auch er behauptete, daß das »Vaterland in Gefahr sei«. Er spricht jedoch nicht vom Heer, sondern davon, daß »einige Generäle die Verantwortung auf sich genommen haben, uns an die Spitze einer Bewegung zur Rettung des Vaterlands zu stellen«.
Die *unwürdige* Regierung habe selbstverständlich »die Absicht, Spanien zu zerstören, um es zu einer Kolonie Moskaus zu machen«. Kurz, es handle sich also darum, »Spanien zu retten und aus den Händen des Gesindels zu befreien, das es entehrt und in den Ruin führt«. Dieses Plädoyer, das stellenweise von selbstgefälliger Siegesgewißheit geprägt ist, endet seltsamerweise mit den Ausrufen: »Es lebe Spanien! Es lebe die Republik!«
Um unsere erste Annäherung an die Grundeinstellungen der Aufständischen abzurunden, wenden wir uns der Presseerklärung zu, die die Militärjunta am 25. Juli 1936, einen Tag nach ihrer Einsetzung, in Burgos veröffentlichte.
In Spanien herrsche, so heißt es in der Presseverlautbarung, eine sehr ernste soziale Lage, »die Cortes sind bereits in der Hand bolschewistischer Eiferer..., die Regierung ist ein Produkt, das

der geifernde Marxismus hervorgebracht hat; sie wird von den Verfechtern der Subversion, des Klassenkampfs und des Verbrechens« unterstützt. So gelangt man zu dem Schluß, die Gesetze des Staates stünden dem »natürlichen Recht« des alten Spanien entgegen. Deshalb sei die »Bewegung zur Wiederherstellung von Gesetz, Gerechtigkeit und öffentlichem Anstand« gerechtfertigt: »Genug! Gegen den Marxismus, Spanien!«

Wieder einmal wird den Arbeitern erklärt, daß sie nichts zu fürchten hätten; und schließlich verkündet man, welche Rolle das Heer bei der Erhebung spiele und welche Bedeutung der Unterstützung durch das Volk zukomme:

> »Damit sind die Gründe für die nationale Erhebung ausgesprochen und die Absichten angedeutet; die Erhabenheit, mit der das Heer, das zugleich Hirn, Herz und Arm der Erhebung ist, zur Tat schreitet, wird noch bereichert durch das Blut des Volks, das sich freiwillig in die Reihen der Retter Spaniens einfügt.«

Alles in allem: das Vaterland ist in Gefahr. Es herrschen Anarchie und soziales Chaos, vom Ausland angestiftet, genauer von Moskau, das offensichtlich auch das Parlament und die Regierung beherrscht. Dabei immer ein drohender Unterton und Schimpftiraden an die Adressen des Gegners; die Anrufung der Vorsehung nur bei Mola; die manichäistische Unterscheidung in Spanien und Anti-Spanien macht sich bereits in der Gegenüberstellung von Marxismus oder Spanien bemerkbar.

Mit diesen simplen Vorstellungen, die denen der extremen Rechten anderer europäischer Länder und des traditionellen Spanien sehr ähnelten, sollte ein ideologischer Konsens (trotz Queipos »Es lebe die Republik!«) zur Erreichung eines bestimmten Ziels hergestellt werden: die relativ unstabilen Institutionen der zweiten Republik zu zerstören, ihre Gesetzgebung außer Kraft zu setzen, die parlamentarische Regierungsform mitsamt dem allgemeinen Wahlrecht und den politischen Parteien zu beseitigen sowie die »Störung« der Ordnung durch die Gewerkschaften zu beenden.

Wie reagierten darauf die Vertreter des republikanischen Staates und der ihn unterstützenden Gruppierungen? Präsident Manuel Azaña selbst wandte sich am 23. Juli in einer Rundfunkansprache an alle Spanier; sein Grundgedanke war, es sei eine *Aggression* gegen die *legitime Staatsgewalt* der Republik entfesselt worden. »Wenn das spanische Volk auch schwach in seiner staatlichen Organisation ist, so ist es doch stark in seinen Herzen.« Es seien »dieselben Herzen« wie vor 150 Jahren, und wie damals würden sie siegen. Eine Rede voller Zweckoptimismus und Vertrauen in die »Einheiten des Heers, die der Regierung treu geblieben sind, die *Guardia Civil,* die Luftwaffe« etc.; und er wirft dem Gegner das »furchtbare Verbrechen« vor, »das Herz des Vaterlands zerrissen zu haben«.

Diego Martínez Barrio, der Präsident der Cortes und in dieser Funktion Vizepräsident der Republik, setzte sich in seiner Rundfunkbotschaft vom 1. August polemisch mit den Grundeinstellungen der Aufständischen auseinander: »Die Militärrebellion steht weder einer marxistischen Regierung noch einem marxistischen Staat gegenüber.« ... »Das Parlament ist in Übereinstimmung mit den Gesetzen und unter einer gegnerischen Regierung gewählt worden.« ... »Aber es ist wahr, daß der Staat und seine legitime Macht unterstützt werden von der Arbeiterklasse, vertreten durch ihre Gewerkschaften und Parteien.« Martínez Barrio fährt fort: »Die aufständischen Generäle suchen eine Rechtfertigung für ihr Verhalten« und »wollen an die Stelle des allgemeinen Willens des gesamten Volks den einer gesellschaftlichen Klasse setzen, die ihre Privilegien aufrechtzuerhalten versucht«. Hier wird das Bemühen sichtbar, eine rationale Erklärung im Rahmen der allgemeinen Vorstellungen von liberaler Demokratie zu geben.

Indalecio Prieto schlug in einer am 8. August gesendeten Rundfunkansprache noch rationalere Töne an. Er vertrat den pragmatischen Grundsatz: »Einen Krieg gewinnt diejenige der kämpfenden Parteien, die über die größere Widerstandskraft verfügt.« Dabei gestand er zwar ein, daß der Aufstand sich in einen Krieg verwandelt hatte; er versuchte jedoch zugleich, die ökonomische und finanzielle Überlegenheit – die Goldreserven eingeschlossen – der republikanischen Regierung, des Staates also, unter Beweis zu stellen. Auf diese Weise wollte er das Vertrauen der »Massen, die für die Republik kämpfen«, stärken. Gleichzeitig riet er ihnen, »der Grausamkeit des Gegners eure Milde« entgegenzusetzen.

Am 29. Juli gab Dolores Ibárruri (besser bekannt als »La Pasionaria«, die durch ihre Auftritte im Parlament bereits großes Ansehen erlangt hatte) über den Rundfunk eine Lageeinschätzung aus kommunistischer Sicht ab. Für sie handelte es sich um »reaktionäre und faschistische Kräfte ... die sich gegen die vom Volk frei gewählte Regierung erhoben hatten«. In einer Art »Langzeitana-

lyse« kennzeichnete sie die Situation als »bürgerlich-demokratische Revolution, die in anderen Ländern wie Frankreich bereits vor mehr als einem Jahrhundert stattgefunden hat und die jetzt in unserem Land verwirklicht wird«. Die ungenaue Vorstellung von dieser Revolution war Republikanern (z. B. Azañas Rede vom April 1936) und Kommunisten durchaus gemeinsam. Der Kernsatz der Rede lautete: »Die Regierung Spaniens ist eine rechtmäßige Regierung, die aus dem Sieg der Volksfront am 16. Februar hervorgegangen ist. Und wir unterstützen und verteidigen sie, weil sie die legitime Vertretung des Volkes ist, das für Demokratie und Freiheit kämpft.«
Die Leitartikel der Tageszeitungen in den – wie man bereits Ende Juli sagen mußte – »zwei Lagern oder Zonen« des zweigeteilten Spanien machen die Entstehung und Übermittlung der jeweiligen Grundüberzeugungen bei den eigenen Anhängern deutlich. Im folgenden wollen wir auf diese Grundüberzeugungen sowie auf die Denkansätze von Intellektuellen eingehen, die am Krieg teilgenommen haben und die als die geistigen Urheber solcher zentralen Vorstellungen gelten können.
Vielleicht ist *El Socialista* (Der Sozialist) die für das heterogene republikanische Lager repräsentativste Tageszeitung, und das nicht nur wegen ihres Einflusses im Parlament und in der Arbeiterbewegung, sondern weil sie – auf den Bürgerkrieg insgesamt bezogen – ein entscheidendes Gewicht innerhalb des Staatsapparats hatte.
Bereits am 2. September heißt es in einem Kommentar zur Parade vom Vortag: »Wir erleben zur Zeit einen Vorgang, den wir vorausgesehen hatten: eine wirkliche Verwandlung des Landes dank dem Einsatz des Helden der Straße.« Drei Tage später (nach der Regierungsbildung durch Largo Caballero) gab sich die Zeitung strikt regierungstreu: »Nach innen wie nach außen besitzt diese Regierung uneingeschränkte und unbestreitbare Autorität.« Und einige Tage später wurde sie noch deutlicher: »Noch ist der Krieg nicht gewonnen ... Es kann und darf gegenwärtig kein anderes Ziel Vorrang haben als das, den Krieg zu gewinnen.« Die Haltung des Blattes war in diesen Monaten ausgesprochen pragmatisch, d. h. ganz auf kriegsstrategische Wirksamkeit ausgerichtet.
Das Publikationsorgan der CNT, das unter diesem Namen in Madrid erschien, beleuchtete die Ereignisse auf ganz andere Weise. Im Leitartikel vom 10. September heißt es: »Spanien steht

vor einer neuen Etappe seiner Geschichte. Alle überkommenen Werte, die seine Entwicklung bestimmt haben, sind im Aufstand des Militärs auf schmerzliche Weise untergegangen.«

Im Gegensatz zur sozialistischen Zeitung richtete sie ihre Aufmerksamkeit auf die Formung einer neuen Gesellschaft und verkündete, wobei sie den Krieg als bereits gewonnen unterstellte, daß die »Gewerkschaften aufgerufen sind, die Produktion in ihre Hände zu nehmen... Das Einvernehmen von CNT und UGT (*Union General de Trabajadores*, Allgemeiner Arbeiterbund) in diesem Bemühen wird die Fundamente der neuen Ökonomie legen und so die einzige und wirkliche zivilisatorische Demokratie auf der Grundlage selbstbestimmter Arbeit schaffen.«

Trotzdem betonte das Nationale Komitee der CNT in einem am 29. August veröffentlichten Manifest: »Die dringendste Forderung dieser Tage ist es, im Kampf zu siegen. In jenen bedeutenden Augenblicken, in denen sich das Schicksal Spaniens entscheidet, müssen alle Einzelinteressen zurückstehen.«

Der militärische Aspekt der Auseinandersetzung wird in einem anderen Abschnitt desselben Textes deutlich:

> »Die Geschichte wird auf goldenen Seiten dieses Wunder militärischer Improvisation und schöpferischer Kraft, das die Volksmilizen vollbracht haben, verzeichnen. Diese haben sich innerhalb weniger Tage dem regulären, perfekt organisierten und disziplinierten Heer der Aufständischen entgegengestellt.«

Eine ideologisch geprägte Grundüberzeugung kommt zweifellos in einem anderen Manifest des Nationalen Komitees der CNT zum Ausdruck. Darin finden sich einige Leitvorstellungen, die im Lager der Republikaner weit verbreitet waren:

> »Wir müssen nun die Frage stellen: Wo sind denn die Horden? Wessen Taten sind unvereinbar mit allen Grundsätzen der Humanität? In diesem erbitterten Kampf steht... die Zukunft der Menschheit auf dem Spiel... Vergeßt nicht, daß die Augen der Welt auf uns gerichtet sind. Die Arbeiter der ganzen Welt hoffen auf uns...«

Das heißt: Humanismus oder Barbarei; und: das Bewußtsein, das Schicksal der gesamten Welt zu beeinflussen (der Beispielcharakter) und deshalb von ihr und in erster Linie von den Arbeitern beobachtet zu werden.

Am 23. Juli, als bereits wieder die ersten Zeitungen in Saragossa erschienen, schrieb der Leitartikler des *Heraldo de Aragón* (Herold von Aragonien):

»Wir sind Zeugen einer breiten und einzigartigen Rettungsbewegung: Volk und Heer in enger Umarmung... Dies ist eine nationale Befreiungsbewegung... Ein nationaler Wiederaufbau... Volksheer (sic). Und als Avantgarde: *Falange Española*.«

Alles ziemlich konfus, wenn man berücksichtigt, daß der Generaloberst der V. Region, Miguel Cabanellas, am 19. Juli den Kriegszustand ausgerufen hatte »mit dem unerläßlichen Ziel, die Ordnung wiederherzustellen, die für den normalen Verlauf des staatsbürgerlichen Lebens notwendig ist«. Seine Erklärung endete mit: »Es lebe die Republik!«

Der traditionalistische Abgeordnete Jesús Comín fuhr allerdings zur gleichen Zeit mit Gewehren der Aljafería nach Pamplona, um die Kolonne Beorlegui zu bewaffnen, und kehrte wenig später mit mehr als 2000 Karlisten zurück. Cabanellas verkündete am 21. Juli: »Derjenige steht außerhalb des Gesetzes und wird zum Feind des Vaterlands, der nicht seiner Arbeit nachgeht.« Und am folgenden Tag: »Wir müssen die Jagd auf diesen *pistolero* organisieren. Er muß auf der Stelle erschossen werden.« Am 24. begab er sich nach Burgos, um die Führung der Militärjunta zu übernehmen.

Eine andere in der aufständischen Zone weitverbreitete Tageszeitung, *El Norte de Castilla* (Der Norden von Kastilien), schrieb am 15. August in ihrem Leitartikel:

»Das 19. Jahrhundert war das Jahrhundert der Militärputsche... Dann kam die Katastrophe, der Verlust unseres kolonialen Reichs, Melilla, der Skeptizismus, die kritische Einstellung gegenüber jeder patriotischen Handlung, die Geringschätzung der spanischen Sache. Die Bessergestellten schickten ihre Kinder ins Ausland... das verheerendste Wort, das wir je hatten, wurde erfunden: die Europäisierung. Wir waren Europäer, und wir mußten uns europäisieren.«

Zu diesem Zeitpunkt suchte der bewaffnete Aufstand noch nach den besten Argumenten für seinen ideologischen Unterbau: das Begriffspaar *Heer – Volk*, die Gegenüberstellung von *Anarchie* und *Ordnung*, der Idee *Spaniens* und der des *Bolschewismus* (erstere konnte gegebenenfalls in *Europäismus* umdefiniert werden); dieser Gegensatz konnte, wie wir später sehen werden, mit den Begriffen *Zivilisation* und *Barbarei* zur Deckung gebracht

werden, ein Gegensatz, der kurioserweise von beiden Seiten benutzt wurde.
Es bleibt zu fragen, ob der Rückgriff auf die Legitimation durch die Kirche in diesen ersten Wochen über die bereits erwähnten Anrufungen der Vorsehung hinausging (offenkundig war natürlich die Gleichsetzung von Erhebung und Verteidigung der Religion, wie sie den Aufstand in Navarra kennzeichnete). Die stillschweigende Unterstützung der Amtskirche wird aus der Schilderung Iribarrens, des Sekretärs von Mola, ersichtlich:

> »In Burgos trat am 23. Juli der Erzbischof auf, flankiert von zwei Reihen Domherren mit rot-goldenen Umhängen. Der Trottel schaute von seinem Podest aus auf zwei Hundertschaften der *Falange* herab, die die Messe in einer Kapelle hörten. Welch ein seltsamer Anblick, Gewehre, rote Mützen und Blauhemden in der Kathedrale zu sehen!«

In Sevilla zeigte sich Kardinal Ilundáin gemeinsam mit General Queipo de Llano in der Öffentlichkeit. Kardinal Gomá, der sich – sei es zufällig oder absichtlich – in Pamplona aufhielt, trat erst nach der Befreiung des Alcázar von Toledo öffentlich auf. Er übte jedoch schon viel früher auf den Erzbischof Olaechea und den Bischof von Vitoria, Múgica (dieser wurde wohl in seiner Gutgläubigkeit überrumpelt) Druck aus, damit sie einen Hirtenbrief vom 6. August unterschrieben, in dem die katholischen Basken aufgerufen wurden, »nicht gemeinsame Sache mit erklärten und erbitterten Feinden der Kirche zu machen«. Als Kardinal Gomá über Radio Navarra den Bannfluch über jene verhängte, die »die Seele des Volkes mit widersinnigen Lehren vergiftet haben, mit tatarischen oder mongolischen Märchen, zurechtgemacht zu einem politischen und sozialen System in solch finsteren Gesellschaften, die vom jüdischen Internationalismus gesteuert werden und die den Lehren des Evangeliums vollkommen entgegengesetzt sind«, hatte Pius XI. bereits einen entscheidenden Schritt getan, als er am 14. September vor 500 Spaniern, die ihn besuchten, die Parole ausgab, in Spanien »werden die Christen wegen ihres Glaubens verfolgt«. Tatsächlich hatte Gomá den Vatikan vom ersten Augenblick an informiert; in seinem zweiten Bericht, mit Datum vom 4. September, schrieb er: »In den Orten, die der *Junta de Defensa Nacional* (Nationale Verteidigungsjunta) in Burgos unterstehen, und das sind drei Fünftel Spaniens, wird der religiöse Aspekt von Tag zu Tag wichtiger.« (22, S. 45) Jedoch erst in dem

Hirtenbrief Pla i Deniels vom 30. September wird der umfassende Versuch unternommen, dem militärischen Aufstand eine kirchliche Rechtfertigung zu geben. Zuvor schon hatte die Nationale Jugendkommission der *Acción Católica* (Katholische Aktion) entschieden, »sich der nationalen, vaterländischen Bewegung bei der ersten sich bietenden Gelegenheit mit aller Begeisterung offiziell anzuschließen« (*ABC*, Sevilla, 2. September 1936).
Unterdessen wurde der Antagonismus Zivilisation – Barbarei von Francisco de Cossío aufgenommen, wenn er schreibt: »Der Sprung von Madrid nach Valladolid ist der Sprung von der Barbarei in die Zivilisation.« (9, S. 236)
Zu dem gleichen Zeitpunkt, als die Kolonnen der Legionäre und regulären Truppen in Extremadura auf den Tajo zumarschierten, formulierte ein anderer Ideologe der Rechten, José Pemartín, in seinem Buch *Que es lo nuevo?* (Was ist das Neue?) die Mehrzahl der Grundvorstellungen in den ersten Monaten des Kampfes, vielleicht auch der Zukunft: »Einheit, Ordnung, Hierarchie, Kontinuität: diese Begriffe bilden zusammen den der militärischen Disziplin. Es sind auch die grundlegenden Begriffe des Neuen Staates.« (32, S. 27) Und weiter: »Das Heer hat gegenüber allen anderen eindeutig Vorrang«; die übrigen Kräfte hätten *ohne das Heer* den Sieg nicht errungen. An anderer Stelle heißt es noch deutlicher:

> »Es ist unbedingt erforderlich, daß das Heer – zum Nutzen der Nation – die Macht ergreift, um ein allgemeines Zusammenleben und eine vollkommene und unerläßliche Synthese zwischen allen übrigen Kräften zu schaffen, vor allem zwischen den zwei wichtigsten: dem monarchistischen Traditionalismus und dem Falangismus.« (32, S. 120)

Diese »nationale Synthese« mit dem Heer als verbindendem Faktor war ein weiterer Schritt bei der Herausbildung der Grundüberzeugungen, die dann während der nächsten drei Jahre – und auch später noch – zu einer beständigen Botschaft wurden und in der Praxis vielfältige Gestalt annahmen. Diese Grundüberzeugungen waren um so notwendiger, als man den inneren Zusammenhalt zunächst nur negativ bestimmt hatte, als *Erhebung gegen das Bestehende*, gegen die republikanische und demokratische Herrschaft; eine kohärente Alternative dazu war nicht leicht zu finden.
Der Gedanke, daß der Zusammenhalt der Aufständischen aus der

Ablehnung der auf der Verfassung von 1931 beruhenden Staatsmacht resultierte, wurde bereits 1947 von Serrano Suñer in seinem Buch *Entre Hendaya y Gibraltar* (Zwischen Hendaya und Gibraltar) formuliert. Aus größerer Distanz greift Pedro Laín Entralgo in seinem bewundernswürdigen Essay *Descargo de Conciencia* (Entlastung des Gewissens) diese Überlegung wieder auf. (Das Buch erschien 1976; die folgenden Zeilen wurden aber bereits 1974 geschrieben.) Der Autor fragt sich:

> »Was weißt du eigentlich wirklich über die Welt, die du jetzt betrittst? Welche Kräfte bewegen sie tatsächlich und geben ihr die Richtung? Über das hinaus, was reine Ablehnung ist – ›nein‹ zum historischen Materialismus, ›nein‹ zum Separatismus, ›nein‹ zu dauernder sozialer Unordnung –, und auch jenseits dessen, was darin vage programmatische Zustimmung ist – ›ja‹ zu einem historisch verwurzelten Vaterland, ›ja‹ zur wirklichen Freiheit der Kirche usw. – wohin führt der Weg, den du so guten Muts zu gehen gewillt bist?« (18, S. 175)

Die ideologische Botschaft während des Kriegs

Ein für beide Seiten langer und mühsamer, von ausländischen Interventionen begleiteter Bürgerkrieg stellte eine schwere Belastung für beide Teile der Gesellschaft dar, die endgültig den naiven Optimismus der Verabredungen »am St. Jakobs-Tag zu Madrid« oder den blinden Glauben des Milizionärs »an die Niederlage der Aufständischen« am Ende des Sommers aufgegeben hatte.
Die Tatsachen standen dem entgegen: Auf der einen Seite bildete sich langsam die Keimzelle eines im wesentlichen militärischen Staates, an dessen Spitze der militärische und zugleich politische *Caudillo* stand; auf der anderen Seite versuchte eine Regierung, die alle sich dem Aufstand widersetzenden politischen und gewerkschaftlichen Kräfte vertrat (und die zumindest in dieser Situation die republikanische Legitimität anerkannten), den Staatsapparat wieder funktionsfähig zu machen und vor allem ein Heer aufzubauen, um kampffähig zu sein.
Beide Seiten mußten daher die Grundüberzeugungen ihrer Botschaften überdenken.
Die Regierung Largo Caballeros betrachtete sich von Anfang an als »unmittelbarer Vertreter aller politischen Kräfte, die an den

verschiedenen Fronten für den Fortbestand der Republik kämpfen«. Der Grundgedanke der Regierungserklärung vom 4. September 1936 lautete, alle politischen Interessen und ideologischen Differenzen hätten zurückzutreten hinter der Notwendigkeit, den Sieg über die Aufständischen zu erringen.

Als sich die Regierung am 1. Oktober formell den Cortes präsentierte und damit den Verfassungsvorschriften genügte, wurde Largo Caballero deutlicher: »Siegen wird das Spanien, das für seine Freiheit, gleichzeitig aber auch für die Freiheit Europas kämpft.« (Eine Anspielung auf die Gefahr von seiten Hitlers.) Er fügte dem noch einen sozialen Aspekt hinzu:

> »Wir müssen den Feind in den Schützengräben besiegen, aber wir müssen auch die rechtlichen und wirtschaftlichen Privilegien abschaffen ... Am Ende des Kriegs wird Spanien verändert sein, und den Massen, die jetzt so heldenhaft kämpfen, müssen wir die Garantie geben, daß am Ende des Kampfs der Artikel I unserer Verfassung Wirklichkeit geworden sein wird: daß Spanien dann tatsächlich eine Republik ist, die von Arbeitern aller Klassen gebildet wird.«

Hierin kommt schon die Vorstellung von einer Revolution innerhalb der bestehenden verfassungsmäßigen Ordnung zum Ausdruck, die als eine Antwort auf die Angriffe gegen die Demokratie und zugleich als Konsequenz aus der führenden Rolle der Massen verstanden wird. Diese Revolution »im Rahmen der Legalität« wurde von der alten herrschenden Klasse wohl am meisten gefürchtet und war sicher einer der Auslöser für die Verschwörung im Frühjahr 1936.

Das Parlament der Republik trat erneut am 1. Dezember im Rathaus von Valencia zusammen, wo nun die Regierung ihren Sitz hatte. In der Rede Largo Caballeros, die vor allem die Verteidigung Madrids und die Regierungsbeteiligung der CNT zum Inhalt hatte, wird der Krieg bereits deutlich als deutsch-italienische Aggression bezeichnet: »Die beiden faschistischen Mächte sind die Verbündeten der Aufständischen und im Grunde die wirklichen Schuldigen an der Verlängerung des Kriegs«, und etwas später: »denn der europäische Krieg findet bei uns statt«.

Als Azaña sich vom valencianischen Rathaus aus am 17. Januar 1937 an die Spanier wandte, hob er vor allem zwei Leitgedanken hervor: »Wir führen den Krieg, weil man uns den Krieg erklärt hat.« Zum Vorwurf der Aggression kommt der der Intervention des Auslands hinzu: »Fremde Soldaten auf spanischem Boden. Kriegsheere gegen uns; wenn sie siegen, bedeutet dies die vollständige Unterdrückung der spanischen Unabhängigkeit. Das ist die Wirklichkeit: ein Invasionskrieg, ein Angriff auf die Unabhängigkeit Spaniens.«

Azaña war zweifellos ein Ideologe mit einem guten theoretischen Fundament. Er konnte die verschiedensten Register ziehen. So widerlegt er mit Leichtigkeit die Behauptung der extremen Rechten, die Republik sei kommunistisch. Und er gelangt zu der Schlußfolgerung: »Wir sind Opfer einer politischen Hetzkampagne außerhalb Spaniens wie auch im Innern des Landes.«

Als logischer Kontrapunkt folgt sein Angriff auf einen höchst fragwürdigen Grundgedanken der gegnerischen Seite (die wir bereits »franquistisch« nennen können, da Franco, der keine andere Rechtmäßigkeit als den Besitz der faktischen Macht aufweisen konnte, ihr unbestrittener Anführer war):

> »Man redet von einer nationalen Bewegung: so bezeichnen, glaube ich, die Urheber des Aufstands ihr rebellisches Handeln. Aber kann es denn eine nationale Bewegung geben, die beginnt, die Nation ihrer Freiheit zu berauben?«

Der Schluß ist voller Ethos und Versöhnungsbereitschaft:

> »Der Friede wird kommen, und ich hoffe, daß er euch allen Freude und Glück im Übermaß bringen wird. Mir sicher nicht... Denn es wird kein persönlicher Sieg sein; wenn man, wie ich, den Schmerz eines Spaniers in der Seele fühlt, kann man nicht als Person über Landsleute siegen. Und wenn dann der Inhaber des höchsten Staatsamtes die Trophäe des Sieges aufrichtet, wird sein Spanierherz zerbrechen, und niemals wird man wissen, wer mehr um die Freiheit Spaniens gelitten hat.«

Die Einstellung des PCE (*Partido Comunista Español*, Kommunistische Partei Spaniens), deren Bedeutung und Einfluß beträchtlich gewachsen war, können wir den Ausführungen von José Díaz in der bereits erwähnten Parlamentssitzung vom 1. Dezember entnehmen, die Hinweise etwa auf den europäischen Charakter des Kriegs und die aggressiven Absichten der Achse Rom–Berlin: »Italien und Deutschland wollen sich Spaniens mit dem Ziel bemächtigen, geeignete Stützpunkte zu erlangen, um den Krieg in Europa anzuzetteln und es so dem Faschismus zu unterwerfen.« Er erinnerte an die Erklärung seiner Partei, es gehe darum, »unser

Ein plastischer Ausdruck der Absicht, die Milizen in ein Volksheer umzuwandeln.

Land gegen eine ausländische Invasion zu verteidigen«. Aufgabe einer wahrhaft *nationalen* Regierung sei es, Krieg zu führen und zugleich die Interessen der Arbeiter und Bauern, des Kleinbürgertums und der Intellektuellen zu verteidigen, die zudem noch »Verständnis für die Probleme der unterdrückten Nationalitäten hat und die Rechte der Völker Kataloniens und des Baskenlands achtet«.

Wollte er damit die Idee von Spanien als einer Nation der Nationen ins Spiel bringen? Es ist unwahrscheinlich, daß dieser Rede weitergehende Überlegungen zu einem derart komplexen Problem zugrunde lagen.

Ein nationalistischer baskischer Minister äußerte sich Mitte Oktober über Radio *Altavoz del Frente* (Frontlautsprecher) in ähnlicher Weise:

> »Als der Militäraufstand stattfand, der soviel Unruhe unter den Völkern der Halbinsel erzeugt hat, blieb uns Basken keine Wahl: zwischen der Diktatur, dem Faschismus, der Tyrannei und dem Militärputsch auf der einen Seite und der sozialrepublikanischen Demokratie auf der anderen Seite waren die Würfel gefallen... Wir haben uns der Sache der sozialen Demokratie angeschlossen, weil sie auch die unsere war. Und wir haben das in vollem Bewußtsein der Lage getan.«

Der Eintritt der Anarchosyndikalisten in die Zentralregierung und die Regierung von Katalonien war ein Ereignis, dessen Tragweite über die sozialgeschichtliche Entwicklung Spaniens hinausreichte. *Solidaridad Obrera* (Arbeitersolidarität), das in diesem Zusammenhang repräsentativste Presseorgan, schrieb am 4. November:

> »Zum gegenwärtigen Zeitpunkt dient die Regierung, das regulative Instrument der Staatsorgane, nicht länger der Unterdrükkung der Arbeiterklasse; der Staat repräsentiert nicht mehr jenen Organismus, der die Gesellschaft in Klassen spaltet. Und beide werden das Volk um so weniger unterdrücken, nachdem die CNT daran teilhat.«

Zu den Grundvorstellungen auf republikanischer Seite gehört schon bald die Gleichsetzung von Volk und Kultur, zu der gelegentlich die von Volk und Vaterland hinzutritt. Die Zeitschriften *Hora de España* (Die Stunde Spaniens), die ab Januar 1937 erschien, und *Nueva Cultura* (Neue Kultur) dienen der Verbreitung dieser Entwürfe. Zu den wichtigsten Texten gehören Antonio Machados Anmerkungen unter dem Titel *Juan de Mairena sigue hablando a sus alumnos* (Juan de Mairena spricht weiter zu seinen Schülern):

> »Das Vaterland – sagte Juan de Mairena – ist in Spanien wesentlich ein Gefühl des Volks, mit dem sich die feinen Herren gemeinhin brüsten. In den kritischsten Augenblicken berufen sich diese Herren auf das Vaterland und verkaufen es, das Volk aber kauft es mit seinem Blut und erwähnt es nicht einmal. Wenn ihr eines Tages im Klassenkampf Partei ergreifen müßt, zögert nicht, euch auf die Seite des Volks zu stellen, denn das ist die Seite Spaniens, auch wenn das Volk die abstraktesten Parolen auf seine Fahnen geschrieben hat.«

So Machado im März 1937 in *Hora de España*; zwei Monate später schrieb José Bergamín: »Die klarsten Wahrheiten Spaniens sind die des Volks, wie sie Goya gemalt hat.« Für Bergamín gibt es in der spanischen Tradition zwei große Stränge des Denkens: den des *Traums der Vernunft* (Quevedo, Gracián, Calderón) und den der *Vernunft des Traums* (Lope de Vega, Teresa von Avila, Cervantes). »Es scheint, als flössen in der Malerei Goyas diese beiden großen Richtungen der Volkstradition zusammen; derjenigen, die ihre Vernunft träumten, und derer, die die Vernunft ihres Traums rational zu begreifen und zu begründen suchten.«

In einer Art Dialektik, auch wenn der Autor das nicht wörtlich so formuliert, finden diese beiden Strömungen auf einer höheren Ebene ihre Synthese in Goya. In ihm würde somit »der revolutionäre Wille des spanischen Volks sichtbar«. Für Bergamín ist diese revolutionäre Begeisterung des Volks unerläßlich für die vollständige »poetische Wahrnehmung ... und die kritische Sensibilität«. Seine Überlegungen münden in die Parallele Goya – Picasso, denn »unser jetziger Krieg für die Unabhängigkeit Spaniens wird Picasso, so, wie es der andere Krieg bei Goya tat, das volle Bewußtsein seines Wesens als Maler, Dichter und Schöpfer geben«.

Eine ähnliche Überlegung hatte Rosa Chacel bereits in der ersten Nummer der Zeitschrift angedeutet; in ihrem Aufsatz *Cultura y pueblo* (Kultur und Volk) schrieb sie: »Das Volk ist jener Boden, den die Kultur sucht, um ihre Wurzeln zu beleben.«

In den Texten, die wir als Beispiele zitiert haben, wird die zweifache Legitimation einer neuen Sinngebung der Kultur und einer neuen Wertbestimmung des Volkes sichtbar; beide bilden eine Art Grundstock dessen, was wir die gemeinsame Weltanschauung im republikanischen Lager nennen können, jenseits – oder diesseits – der Parteigrenzen.

Die Legitimation des Aufstands

Als die Militärs und ihre Verbündeten glaubten, der Einmarsch in Madrid stehe unmittelbar bevor, wurden die ersten Schritte zu einer »Institutionalisierung« der faktischen Macht nötig. Die Junta in Burgos konnte den Zustand einer – wie Carlos Rama treffend bemerkte – »militärischen Anarchie« nicht verbergen, denn die oberste Entscheidungsgewalt lag bei den jeweiligen Führern der einzelnen Kampfabschnitte. Die Beziehungen zum Ausland, die Organisierung der öffentlichen Dienstleistungen usw. machten einen zumindest rudimentären Staatsapparat, über das Militär als »Hirn und Rückgrat« hinaus, erforderlich. So kam es zu der Versammlung von militärischen Führern, die einen *Generalísimo* und *Caudillo* mit allen militärischen und politischen Vollmachten ernannten. Diese neue Phase erforderte eine »Legitimation« des Aufstands, um den Fortgang des Kriegs zu rechtfertigen: der *Aufstand* wurde also zu einem *Kreuzzug.* Das falangistische Moment war zu Beginn der Herrschaft Francos ziemlich unbedeutend und beschränkte sich auf einige Hinweise auf die »Einheit Spaniens«, den »Caesar« etc. »Gott gebührt«, so schreibt der falangistische Priester Fermín Yzurdiaga in *Jerarquía, la revista negra de la Falange* (Hierarchie. Schwarze Zeitschrift der *Falange*), »der inbrünstige Glaube und die vollkommene Demut zu Beginn der Morgen- und Abendgebete und auch das Bestreben, sich vor den Anfechtungen des Teufels zu hüten. Dem Caesar gebührt die Furcht, der Arm, der Gehorsam und das Blutopfer, denn ›er herrschte durch den Willen Gottes über den irdischen Staat für den Gottesstaat‹.«

Auch Franco selbst greift das Thema der Vorsehung auf: »... das Werk der Einigung, das – seit den Katholischen Königen – unser Volk und der Auftrag, der uns anvertraut ist, von uns fordern«.

Betrachten wir im Gegensatz dazu die grundlegenden Texte der Kirchenführung: zunächst den Hirtenbrief des Bischofs von Salamanca, Pla i Deniels, *Las dos Ciudades* (Die zwei Staaten) vom 30. September 1936, der als Basis und Ausgangspunkt aller kirchlichen »Legitimations-Versuche« dient:

»Die Kommunisten und die Anarchisten sind die Söhne Kains ...; da sie es mit Gott selbst und Christus, seinem Sohn, nicht aufnehmen können, befriedigen sie ihre Haßgelüste an seinen Bildern, seinen Tempeln und seinen Dienern und ergötzen sich durch Mord, Plünderung, Zerstörung und Feuersbrunst. Im Gegensatz zu solch großer menschlicher Erniedrigung des gottlosen irdischen Staats blüht der himmlische Staat der Kinder Gottes ... Das Martyrium ist die höchste Form der Liebe. Und wie sehr schon haben die roten Blumen des Martyriums in unserem Spanien während dieser zwei Monate des entfesselten kommunistischen Hasses geblüht.«

Für Pla i Deniel »legitimiert das Naturrecht den Aufstand gegen die Tyrannei«. Und die Tyrannei ist leicht zu bestimmen, denn sie ist »dem Allgemeinwohl entgegengesetzt«.

Daraus werden mehrere Schlußfolgerungen gezogen. Zunächst kann man den gewaltsamen Bruch der Rechtsordnung rechtfertigen: »Es war zwar ein Aufstand, aber nicht, um die Ordnung zu stören, sondern um *die Ordnung wiederherzustellen*.«

Daraus folgt, daß es sich auch nicht um einen Bürgerkrieg handelt, sondern um etwas, was eine höhere »Rechtfertigung« verdient: »Der Kampf hat nur die äußere Form eines Bürgerkriegs, in Wirklichkeit ist er ein *Kreuzzug*.«

Die Religion wird gegen die »Gottlosen« verteidigt, und das sind »die ohne Ordnung«, die fast natürlicherweise »antipatriotischen Kräfte«. Denn, so der Kirchenmann, »ein laizistisches Spanien ist nicht mehr Spanien«. Damit ist die Grundlage für den Nationalkatholizismus gelegt.

Der Aufstand ist also legitimiert; er führt nicht in einen Bürgerkrieg, sondern in einen Kreuzzug; der Feind repräsentiert die Kräfte des Bösen und ist obendrein antispanisch. Dieser Hirtenbrief fiel zeitlich genau mit der Ernennung Francos zum »Generalissimus«, Regierungschef und *Caudillo* zusammen, oder zum Caesar, wenn wir der plumpen barocken Prosa der Falangisten folgen. Nur eine simple historische Koinzidenz? Pla i Deniel stellte sein bischöfliches Palais dem »Generalissimus« zur Verfügung.

Monate später entfaltete Pater Ignacio G. Menéndez Reigada diese Themen in seinem Buch *La guerra nacional española ante la moral y el derecho* (Salamanca 1937; Der nationale spanische Krieg im Angesicht der Moral und des Rechts), das in der franquistischen

Zone berühmt wurde. Selbstverständlich greift er die Grundidee des Nationalkatholizismus auf: »Die spanische Seele ist von Natur aus christlich... Es läßt sich kaum unterscheiden, was an uns spanisch und was christlich ist.« Ebenso rudimentäre Grundvorstellungen (das heißt eine Art vorbegrifflicher Postulate) wie »Gott und Vaterland« formulierte Kardinal Gomá in seinem Hirtenbrief *Catolicismo y patria* (Katholizismus und Vaterland). In seinem »offenen Brief an Präsident José Antonio Aguirre« leugnete Gomá den sozialen Charakter des Kriegs: »Wir erkennen an, daß soziale Ungerechtigkeit eine der ferneren Ursachen dieser Katastrophe ist, aber wir bestreiten entschieden, daß dies ein Krieg zwischen Klassen sei.«

Aus der Distanz eines halben Jahrhunderts mögen viele dieser Argumente kindisch erscheinen, wie etwa jenes, der Beweis dafür, daß es sich nicht um Klassenkampf handle, sei, daß »die Eigentümer nicht selbst zu den Waffen gegriffen haben, um ihre Besitzungen zu verteidigen« (sic). Als hätten die *Señoritos* aus Córdoba oder Sevilla und viele andere nicht ihre unauslöschliche Spur in der Julitragödie hinterlassen; oder als impliziere »die Ordnung«, derentwegen sie sich erhoben, nicht die Verteidigung eben dieser Besitztümer.

José Ángel Tello schließt die Behandlung dieses Themas in seinem Buch *Ideología y política de la Iglesia catolica española 1936–59* (Ideologie und Politik der Katholischen Kirche in Spanien 1936–59) wie folgt:

> »Als die Erhebung sich ausweitete und in einen blutigen Bürgerkrieg überging, sah sich die Kirche genötigt – aus eigenem Antrieb und durch die objektive Notwendigkeit der Legitimierung, die der Krieg hervorbrachte –, einen jener Prozesse der ideologischen Untermauerung einzuleiten, wie es ihn vollkommener in unserer zeitgenössischen Geschichte nicht mehr gibt.« (41, S. 61)

Der gemeinsame Hirtenbrief vom 1. Juli 1937, mit dem wir uns später ausführlich beschäftigen, vervollständigt die Grundzüge des Nationalkatholizismus. Ihm geht ein Hirtenbrief Kardinal Gomás vom 1. Januar 1937 voraus – *El sentido cristiano español de la guerra* (Der christlich-spanische Sinn des Kriegs) –, in dem der Vorsehungs- und Sühnecharakter des Kriegs besonders betont wird. »Der Krieg ist ein bewaffneter Volksentscheid«, und: »Spanien hat in diesem alten Europa ein vorherbestimmtes Schick-

sal..., die christliche Zivilisation vor dem antisozialen und zerstörerischen Werk des Marxismus zu retten.«
In Oviedo war – wie Suárez Cortina ausführt, der dieses Thema regional begrenzt gründlich aufgearbeitet hat – der religiöse Faktor ein wichtiges Moment der Einigung: »Die Verteidigung der Stadt wurde dargestellt als die Verteidigung der Religion und des Glaubens gegen Barbarei und Atheismus. Es handelte sich, so die Obrigkeit, um einen *wahrhaften Kreuzzug*.« (40, S. 195) Der Autor zitiert Texte des Priesters González Díez aus der falangistischen Zeitung *La Nueva España* (Das Neue Spanien), die ab Januar 1937 erschien. Dort heißt es, daß die *Falange* »dem Wesen nach katholisch« sei und daß sie, »wäre sie nicht katholisch, nicht national wäre« (21. Februar 1937).
Abgesehen davon, daß die Bischöfe vollständig auf eine auch nur halbwegs ernsthafte Analyse der Ereignisse verzichten, beeindrukken ihre Argumente durch ihren Anachronismus. Dieser erklärt sich durch die Ausbildung, die die Bischöfe zu Anfang des Jahrhunderts erhalten haben, durch den Umstand, daß der integristische, d. h. der konservative Flügel der Kirche in den zwanziger Jahren bei der Ernennung von Bischöfen bevorzugt wurde, durch die jahrhundertelange Kontinuität der Kirche als ideologischem Apparat der herrschenden Klasse Spaniens und schließlich durch die Verfolgung vieler Priester auf republikanischer Seite. Für unsere Untersuchung ist wichtig, daß die so formulierten Leitvorstellungen als Grundlage für das ideologische Schema der später siegreichen Seite dienen konnte (deren Sieg gesegnet und deren Führer als charismatisch und von der Vorsehung gesandt verherrlicht wurde).
Der Ernst der Lage in diesem zum Kreuzzug umgetauften Krieg machte es jedoch zunächst erforderlich, den Ausbau der rudimentären Staatsorganisation und die Schaffung einer Einheitspartei von oben zu verwirklichen, eine für die herrschende Gesellschaftsschicht unerläßliche Maßnahme, um ihre Hegemonie zurückzuerlangen. Der Mythos des »Abwesenden« – womit die Erschießung José Antonio Primo de Riveras verdrängt werden sollte –, die Auflösung der *Falange*, deren Vorkriegsapparat zu 80% zerschlagen war und die im Streit mit dem Traditionalismus und den Gruppen der monarchistischen Rechten lag (die aus der *Renovación Española* [Spanische Erneuerung] und aus dem extremen Flügel der *Acción Popular* [Aktion des Volkes] hervorgegangen waren) – all dies führte zu einer unhaltbaren Situation. Neben

anderen erkannte Ramón Serrano Suñer die politische Lage ziemlich genau, als er in die Zone überwechselte, die sein Schwippschwager Franco befehligte. Er regte die »Operation Einigung« an, die die Grundlagen für die Einheitspartei schuf (17. April 1937). Aus diesem Anlaß hielt Franco am 19. April in Salamanca eine Rede, in der er der göttlichen Vorsehung huldigte: »In diesem Augenblick, in dem Gott das Leben unseres Vaterlands in unsere Hände gelegt hat, damit wir es regieren...« »Eine größere Gefahr ist entstanden: der Vormarsch der Revolution des russischen Kommunismus.« Dem wurden die Umrisse des neuen Staates entgegengestellt, der die alten liberalen Auffassungen überwindet. Die Grundvorstellungen waren also die gleichen; sie dienten jedoch dazu, der sich abzeichnenden neuen Struktur mehr schlecht als recht den nötigen Zusammenhalt zu geben.

Im April 1937 erschien in San Sebastian die erste Nummer von *Vértice* (Scheitel), der Zeitschrift der *Falange* (genauer: der *Falange Española Tradicionalista* [FET] *y de las JONS* [*Juntas de Ofensiva Nacional-Sindicalista*; Spanische Traditionalistische Phalanx und Nationalsyndikalistische Angriffsgruppen]), um dem Vereinigungsritual zu genügen. Die Zeitschrift wollte intellektuell, künstlerisch und politisch zugleich sein, ein Blatt für das große Publikum und mit »hoher Kultur«... Sie bot Illustrationen, Reportagen, Seiten für die Frau, Sport etc.

Ihre Orientierung und thematische Ausrichtung wird in dem Erläuterungstext zu dem Foto des zerstörten Guernica deutlich: »Ein tragisches Bild des roten Vandalismus: das rauchgeschwärzte Skelett dessen, was einst Guernica war, für die ganze Welt eine unanfechtbare Anklage des marxistischen Sadismus.« In derselben Nummer wurde ein Gemälde über die Ereignisse vom 2. Mai 1808 (Angriff der Mamelucken) reproduziert und mit der »teuflischen Raserei der Internationalen Brigaden« verglichen.

Die republikanische Seite

Und wie lautete in dieser Zeit die ideologische Botschaft der Republikaner? Als Beispiel können die Zeitungen *El Socialista* und *CNT* aus Madrid sowie *Milicia Popular* (Volksmiliz) herangezogen werden, das Organ des V. Regiments bis zu dessen Auflösung im Januar 1937.

El Socialista wurde von Julián Zugazagoitia geleitet und vertrat in ihren Leitartikeln die Linie des Parteivorstands. Es handelte sich meistens um Aufrufe zur Disziplin und Leistung und um die Ermahnung, daß dem Krieg der Vorrang gebühre, »denn zu verlieren würde bedeuten, Blut und Schmerzen zu verhundertfachen«.

Ab Mitte Oktober konzentrierten sich die Leitartikel auf die mögliche Belagerung Madrids. Lediglich in einem Beitrag vom 5. November wird eine gewisse Nervosität sichtbar: »Wir werden sehen, wie stark die revolutionäre Stimmung der Arbeiter in Madrid dann ist. Und wir werden erfahren, wohin die Aufmärsche der Massen, die Parolen der Gewerkschaften und die moralische Unterstützung der Partei führen werden.«

Am 10. November scheinen kritische Untertöne nur am Rande durch: Verteidigung der Regierung, Kritik an denjenigen, »die giftige Worte ausstreuen«; Unterstützung der *Junta de Defensa de Madrid* (Verteidigungsjunta von Madrid), deren Mitglieder »eine Gruppe fähiger Männer guten Willens« genannt werden. Keine Ideologie, nur ein Aufruf zum Kampf und zur Moral in der Etappe. Am 25. November allerdings trat ein Leitartikel mit scharfen Worten für ein einheitliches Kommando ein, was möglicherweise auf die Spannungen zwischen Miaja und Largo Caballero während der vorangegangenen Tage zurückzuführen war; wahrscheinlich sollte dieser Beitrag bezwecken, die Existenz eines doppelten Oberkommandos – General Pozas und sein Stab für die zentralspanische Zone und General Miaja für die Verteidigung Madrids – in Frage zu stellen. Der Leitartikel vom 1. Dezember äußert Kritik an jenen, die Lohnerhöhungen in der Kriegsindustrie fordern, und er geht noch einmal auf die Ziele des Kriegs ein: »Der Kampf, den wir führen ... gegen den Aufstand der Barbarei, den wir Tag für Tag gegen eine verrottete Zivilisation führen.«

Am 6. heißt es erneut: »Man ist entweder für die Barbarei oder gegen sie.«

> »Spanien ist plötzlich von Gespenstern einer Vergangenheit bevölkert, die uns beschämt. Was für ein Zusammenleben schlagen denn die *Requetés* vor, die jetzt wieder ihre Karlistenmützen zur Schau tragen? Welches Spaniertum vertreten diese Leute, die den Mauren die Aufgabe anvertrauen, den Katholizismus zu stützen? Welches sind die geistigen Werte, die die Aufständischen aufrechtzuerhalten vorgeben? Die nackte und

unbestechliche Wahrheit ist nichts weiter als die eines Spaniens, das seine tote Vergangenheit wiederbeleben will, deren Barbarei unwiderruflich von der Geschichte verurteilt worden ist. So und nicht anders muß man unseren Kampf beurteilen, in dem alle moralischen Werte auf unserer Seite sind.«

CNT schrieb am 9. September mit Verweis auf das Beispiel Kataloniens, die Kollektivierung sei eine »vollständige Revolution, durch die die Landbevölkerung den fortschrittlichen Kräften des Industrieproletariats eingegliedert wird«. Und am 15. September hieß es: »Die Revolution kann nicht aufgehalten werden. Ist sie einmal entfesselt, muß sie unerbittlich zu Ende geführt werden... Der Bürgerkrieg ist entfesselt und führt geradewegs zum Zusammenbruch des Kapitalismus.« Am 23. September änderte sich der Ton mit dem Vorschlag, einen Verteidigungsapparat zu gründen. Dies setzte sich bis zum Regierungsbeitritt der CNT fort, wodurch, so das Blatt, »das Problem der antifaschistischen Einheit gelöst ist«.

Milicia Popular, die Zeitung des V. Regiments, gab die wesentlichen Vorstellungen der Kommunistischen Partei zum Krieg während der ersten sieben Monate des Konflikts wieder. Nach Bildung der Regierung Largo Caballeros wurde diese wie folgt beurteilt: »Als Ausdruck der Volksfront unter Einbeziehung eines katholischen Vertreters – eines baskischen Nationalisten – und der ausdrücklichen Unterstützung der *Confederación General del Trabajo* (Generalbund der Arbeit) ist sie eine nationale Regierung.« Der Leitartikel vom 6. September fordert die Einheit der Volksmilizen und vor allem die Einheit des Kommandos. Immer mehr pochen auf Disziplin und betonen die Notwendigkeit, die Versorgung zu organisieren, die Militärverwaltung zu zentralisieren und Befestigungsanlagen zu bauen. Und alles im Sinne einer Steigerung der Effektivität ohne jede ideologische Verbrämung. Lediglich der Leitartikel vom 30. September fordert eine »Ideologie, die die Streitkräfte eisern zusammenschmiedet... Der soziale und antifaschistische Kampf muß das ausschließliche und einzige Ziel unserer kriegführenden Organe sein.« Deren Fehlen macht er dafür verantwortlich, daß »die Verbindung zwischen den Kommandostellen und den Einheiten ständigen Behinderungen ausgesetzt ist. Die Disziplin zerbricht, dem Kommando mangelt es an Einheit, und die Moral schwindet.« In der Tat war die Situation sehr ernst; die Afrikaarmee marschierte in Toledo ein, und Franco ent-

setzte den Alcázar. Die Kommunistische Partei maß der Ernennung von politischen Kommissaren außerordentliche Bedeutung bei. *Mundo Obrero* (Arbeitswelt) widmete diesem Thema einen Leitartikel.
Andererseits wurde nicht nur ein einheitliches Kommando gefordert, sondern auch die Militarisierung der Milizen. Mit der Schaffung des Kommissariats und der Generalkommandantur der Milizen schien die Regierung auf diese Vorschläge einzugehen.
Aber Madrid war in Gefahr, und die Zeitung konzentrierte sich auf die augenblickliche Propaganda, vor allem auf die Rekrutierung von »vier Stoßtrupp-Bataillonen«. Als der Angriff auf Madrid begann, nahmen die ideologisch geprägten Aufrufe zu: »Das Volk von Madrid macht Geschichte ... seine Soldaten kämpfen für Freiheit und Fortschritt.« Carlos J. Contreras (das Pseudonym des Italieners Vittorio Vidali) wiederholte fast täglich auf der ersten Seite die Forderungen nach einem einheitlichen Kommando, einem Gesamtplan ... Auffällig sind auch die Bemühungen, die Differenzen zwischen der Zentralregierung und der Madrider *Junta de Defensa* zu beseitigen; einige Angriffe zielten auf den Staatssekretär im Verteidigungsministerium, Asensio Torrado.
Ab Mitte Dezember wurden die ersten gemischten Brigaden aufgestellt, die dann später den *Ejército Popular* (Volksheer) bildeten. Das V. Regiment unterstützte die Maßnahme und verlor dadurch seine Daseinsberechtigung. Am 31. Dezember hieß es im Leitartikel von *Milicia Popular*: »Das V. Regiment stirbt nicht. Seine Bataillone und Brigaden werden dem neuen Volksheer eingegliedert.« Am 23. Januar erschien die letzte Nummer (168) von *Milicia Popular.*

Der Krieg zieht sich in die Länge

Im Sommer 1937 war der Krieg noch nicht entschieden. Nachdem Franco erkannt hatte, daß er Madrid nicht erobern und auf diese Weise den Krieg nicht beenden konnte (was nach dem strategischen Mißerfolg am Jarama und der Niederlage von Guadalajara ziemlich deutlich wurde), wandte er sich beharrlich der Eroberung des Nordens zu, wobei ihn Hitlers Legion Condor und die italienischen »Freiwilligen« entscheidend unterstützten. Es sollte ein langer Kampf werden; die harten Gegenangriffe der Republikaner (unter Oberst Rojo als Generalstabschef und Prieto als Verteidigungsminister) bei Brunete und Belchite waren weitere Schlachten, die zwar nicht ihr strategisches Ziel erreichten, jedoch den Vorstoß Francos aufhielten und starke Verluste an Menschen, Material und Energien nach sich zogen.

In diesem langen Krieg, der bereits viel zu lang für alle Beteiligten war, wurde mit der Regierungsübernahme durch Juan Negrín (17. Mai 1937) der republikanische Staat langsam wieder aufgebaut. Innerhalb eines Zeitraums von mehr als einem Jahr verlor die Republik Gebiete und gewann einen Staat zurück – so paradox dies auch klingen mag. Ein anderer Staat – den bislang nur Italien, Deutschland und Portugal anerkannten – bildete sich unter der Regie Francos, zusammen mit den ihm unterstellten Militärs und den Kadern der Einheitspartei (oder der »Bewegung«; während vieler Jahre konnte man sich nicht für die eine oder andere Bezeichnung entscheiden). Im Januar 1938, als der Ausgang der Schlacht bei Teruel noch ungewiß war, konstituierte sich die erste reguläre Regierung unter der Führung Francos; und im *Boletín Oficial* (Staatsanzeiger) wurde ein Verwaltungsgesetz verkündet, das seine unumschränkte Macht noch steigerte und die Kompetenzen der staatlichen Organe ordnete, zu denen auch der Apparat der *FET y de las JONS* gehörte, den sich der Chef des neuen Staats gefügig und dienstbar machte.

In dieser Situation, bis das Münchner Abkommen und das Ende der Ebro-Schlacht den republikanischen Zusammenbruch ankündigten, behielten die Grundideen der verfeindeten Kräfte einen bestimmten Tenor bei.

Francisco Franco verkündete keine neuen Ideen, als er den Jahrestag der Erhebung feierte und das »II. Jahr des Siegs« einleitete. Erneut beschwor er das drohende Chaos; er verwies auf brennende Klöster und verunglimpfte Militärs, auf die »langsame Unterdrückung all dessen, was im Heer Rang und Ehre bedeutete«, »auf den vollständigen Mangel an Anstand und Ehrgefühl...«. Gründe genug, um sagen zu können: »Spanien mußte gerettet werden!« In seiner Rede huldigte er dem Heer, das alle verbrüdert, die in seinen Reihen stehen, und damit den Klassenkampf beendet; so wird es »großzügige Unternehmer und patriotische Arbeiter« geben.

Als im Dezember 1937 der erste Nationalrat der *Falange* (in dem die alten *Falange*-Mitglieder nur noch eine kleine Gruppe darstell-

Ein Bild über die Folgen der Bombenangriffe, mit gegnerischer Symbolik versehen.

ten) zusammentrat, beschränkte Franco sich darauf, den »Geist Gottes« anzurufen, »damit er unser Handeln leite«. Bei der Rede zum Jahrestag der Vereinigung am 19. April 1938 in Saragossa wiederholte er die bekannten Phrasen:

> »Im Spanien der Roten wurde die Herrschaft nie in Übereinstimmung mit der Verfassung ausgeübt, die einige Träumer im Dienst von Schurken ausgearbeitet hatten. Ständig mit Füßen getreten starb sie endgültig an jenem traurigen Morgen, als die sogenannte Regierung zum ausführenden Organ des Freimaurertums wurde und den niederträchtigen Mord an dem Führer der parlamentarischen Opposition und herausragenden Patrizier José Calvo Sotelo plante und von ihren Mittelsmännern ausführen ließ.«

Die folgenden Topoi sind ähnlich, bis hin zu jenem Gemeinplatz von den »400 000 Hinrichtungen, weil die Opfer an Gott und Spanien glaubten«. Ideologisch bedeutender ist der Schlußteil, der die »nationale Revolution« bekräftigt: »Wir wollen Spanien nicht von einer einzelnen Gruppe beherrscht sehen ... weder von den Kapitalisten noch von den Proletariern. Spanien gehört allen Spaniern, die das Land lieben und ihm über die politische Disziplin im Staate dienen.«

In anderen Texten finden sich noch deutlichere ideologische Elemente: In der Präambel zum »Grundgesetz der Arbeit« (9. März 1938) etwa ist folgendes zu lesen:

> »Indem er die katholische Tradition sozialer Gerechtigkeit und höchster Humanität erneuert, die unsere Gesetzgebung seit Jahrhunderten geprägt hat, übernimmt der Staat, der als totalitäres Instrument im Dienst der Unversehrtheit des Vaterlands national und als Reaktion auf den liberalen Kapitalismus und den marxistischen Materialismus syndikalistisch ist, die Aufgabe, in militärischer, konstruktiver und zutiefst religiöser Gesinnung die Revolution zu verwirklichen, die in Spanien noch bevorsteht und die den Spaniern ein für allemal Vaterland, Brot und Gerechtigkeit zurückerstatten wird.«

In diesen und anderen Texten läßt sich beobachten, wie sehr gewisse Parolen, die aus dem Ausland kamen, und falangistischer Stil mit seiner barocken Schwülstigkeit Eingang gefunden haben.

Eine Reihe von Dokumenten ist dagegen anders geartet: mit ihnen war eine Rechtfertigung vor dem Ausland beabsichtigt, die eine komplexere Argumentation erforderte, auch wenn sie an totalitäre Länder gerichtet war.

Ein wichtiges Beispiel hierfür ist die Rede von J. G. (Joaquín Garrigues) vor der Versammlung der Akademie für Deutsches Recht, die vom 29. bis 31. Oktober 1937 in München stattfand. Zunächst werden darin zwei Grundprinzipien hervorgehoben: die Vorstellung des von der Vorsehung gewollten Kriegs und der Begriff der »nationalen Revolution«. Eine besondere Betonung liegt auf der Feststellung, daß der »neue spanische Staat keine Militärdiktatur ist, wie auch die Erhebung vom 18. Juli kein Militärputsch war. Es war eine nationale Erhebung gegen die Tyrannei einer Regierung und eines Parlaments, die ein Volk zum Wohl und Nutzen Rußlands tyrannisierten.«

Der Vortrag, der den Anschein juristischer Argumentation erweckt, stellt die These auf, daß »unter der Herrschaft der Volksfront... Spanien aufgehört hatte, ein Rechtsstaat zu sein. Es existierten zwar die für eine Demokratie charakteristischen Organe, aber ihre Funktion war eine Farce im Dienst marxistischer Parolen.«

»Spanien machte einen Sprung von der Ordnung zum Chaos, vom Recht ohne Macht zur Macht ohne Recht. Die Spanier lebten unter der Despotie parlamentarischer Mehrheiten, die geschickt mit Hilfe von Terror erlangt worden waren. Mit der einfachen Begründung, ›eine Stimme mehr als die Hälfte reiche aus‹, was schon Carl Schmitt sehr scharfsichtig kritisiert hat, wurden die grundlegendsten Garantien der staatsbürgerlichen Gemeinschaft vergewaltigt und der landwirtschaftliche Reichtum unter dem Vorwand einer Agrarreform geplündert... Die spanische Republik war nicht das Vorzimmer der Anarchie, sie war die Anarchie selbst.«

Er greift dann jene These wieder auf, die den Widerstand gegen den Machtmißbrauch des Staats rechtfertigt, und betont: »Deshalb sagte ich zuvor, daß wir kämpfen, um Spanien die verlorene Legalität zurückzugeben.« Es handelt sich allerdings um eine befremdliche Legalität, um die einer »neuen Ordnung, die unser *Caudillo* herbeiführen will, *die einzige Macht in Spanien, die imstande ist, Rechtsnormen zu erlassen und ihre Einhaltung zu gewährleisten*«. »Unsere Revolution« – so schließt die Rede – »war und bleibt der blutige Kampf gegen eine *falsche Legalität*, die Spanien erstickte und das Land ›auf legalem Weg‹ den russischen Kommunisten auslieferte.« (43, S. 39–54)

Die grundlegende Beziehung zwischen »Religion und Vaterland« blieb bestehen, was besonders in der gefühlsbetonten Anrufung derer, die »für Gott und für Spanien« gestorben sind, deutlich wurde; sie war der Kern der Ideologie der Rechten und tauchte selbst in den verschwommensten Begriffen des Populismus der CEDA (*Confederacíon Española de Derechas Autónomas*, Spanischer Bund der Autonomen Rechten) auf, wie einer ihrer Wahlsprüche bezeugt: »Allem voran Spanien und über Spanien Gott.« Die Identifizierung von Religion und Gesellschaftsordnung, im Umkreis des Papstes und des hohen Klerus damals eine Selbstverständlichkeit, vervollständigte die der Mobilisierung dienenden Grundeinstellungen. Dagegen hatten komplexere Begriffe wie Nationale oder Nationalsyndikalistische Revolution, Reich, »weder Kapitalismus noch Liberalismus noch Marxismus« etc. bei den Massen wesentlich weniger Überzeugungskraft und waren lediglich bei bestimmten Anlässen und für einige Minderheiten dienlich. Im Grunde wurde der Krieg immer nur als Kreuzzug gerechtfertigt, und zu keiner Zeit glaubte irgend jemand, er würde geführt, um eine untergrabene Legalität wiederherzustellen.

Das bringt uns noch einmal zum großen Thema der kirchlichen Legitimierung zurück, genauer zu dem gemeinsamen Hirtenbrief des spanischen Episkopats an die Bischöfe der ganzen Welt, mit Datum vom 1. Juli 1937 und der Unterschrift aller spanischen Bischöfe, außer der des Kardinals Vidal y Barraquer, des Erzbischofs von Tarragona, des Bischofs Múgica von Vitoria, des Kardinals Segura (obwohl er sich mit der Erhebung identifizierte) und der Bischöfe von Orihuela und Menorca. Die Ausarbeitung des Hirtenbriefs übernahm Kardinal Gomá etwa Mitte Mai, anscheinend auf Vorschlag Francos. Die stilistische Überarbeitung war Aufgabe des Bischofs von Madrid-Alcalá, Leopoldo Eijo Garay, der sich in der franquistischen Zone aufhielt und sich aktiv engagierte. (Gomá hatte damals im Spanischen Kolleg in Rom erklärt, er sei einige Tage nach dem Bombardement persönlich in Guernica gewesen und habe dort anhand einer Reihe von Manipulationen an elektrischen Leitungen feststellen können, daß die Basken selbst ihre Stadt in Brand gesetzt hätten; diese Erklärung wurde im *Osservatore Romano* veröffentlicht.)

Dieser gemeinsame Hirtenbrief stellt ein für die Kenntnis der Ideologiegeschichte während des Kriegs unverzichtbares Dokument dar.

Seine Autoren glaubten sich verpflichtet, neue Gründe anzuführen, um das zu rechtfertigen, was sie als einen religiösen Verteidigungskrieg gegen die »Gottlosen« betrachteten. Damit ließen sie sich auf die Behauptung über die »Unrechtmäßigkeit der Volksfrontregierung« und die Absichten Rußlands ein, von wo »die spanische Revolution ihre Order erhielt«. Vor allem bestätigte der Hirtenbrief endgültig die Definition des Bürgerkriegs: er sei weder ein politischer noch ein sozialer Krieg; sondern ein Krieg für die Religion und deshalb für das Vaterland und letztlich – wenn man in Rechnung stellt, daß die einzige Zivilisation die christliche sei – auch ein Krieg im Namen der Zivilisation. Hier stimmte man durchaus mit den gewagten Thesen Spenglers überein, die jene Intellektuellen, denen der wachsende Einfluß des Volks Angst und

Schrecken einflößte, geblendet hatten: »In letzter Instanz wird die Zivilisation von einem Trupp Soldaten verteidigt.« Genau das Gegenteil dessen, was Machado dachte und Unamuno verkündete. Die Kirchenfürsten kehrten in ihrem Hirtenbrief den Gang der Geschichte um und behaupteten, in Spanien habe eine *kommunistische Revolution* stattgefunden. Leider verwendeten sie für ihre Behauptungen höchst angreifbares, von anderer Seite zur Verfügung gestelltes Propagandamaterial; es fehlten weder die »79 Spezialagitatoren aus Rußland« noch die schon bald in Verruf geratenen »Beweise für die kommunistische Verschwörung«, von denen der ultrarechte Léon de Poncins ein Jahr später in seiner *Histoire secrète de la révolution espagnole* (Geheime Geschichte der spanischen Revolution) schrieb und die auch Brasillach und Bardèche benutzten. Solche Beweise waren etwa ein maschinenschriftliches Papier, das auf geheimnisvolle Weise in Lora del Rio, in La Línea und auch in einem Dorf der Provinz Badajoz aufgetaucht war und das Anweisungen zur Bildung eines »nationalen Sowjets« enthielt. Oder auch der Hinweis auf die seltsame Versammlung in der *Casa del Pueblo* (Volkshaus) von Valencia, mit so unterschiedlichen Teilnehmern wie den Vertretern der UGT und der Dritten Internationale, auf der angeblich die Diktatur des Proletariats unter Führung Largo Caballeros für den Fall der Regierungsübernahme durch Léon Blum vorbereitet wurde. Oder der Beschluß der Komintern, von der sonst niemand je erfahren hat, die am 27. Februar 1936 die spanische Revolution angeordnet haben soll.
Derart plumpes Propagandamaterial, das zweifellos außerhalb Spaniens angefertigt worden war, was man aus der Unkenntnis und Verwechslung von Namen und Fakten schließen kann, wurde von den Kirchenführern ohne vorherige Prüfung übernommen. Das hat sie zweifellos vor der Geschichte disqualifiziert. Man sollte jedoch berücksichtigen, daß dieses Dokument an Personen gerichtet war, die wenig oder gar nichts über die spanische Wirklichkeit wußten, und deshalb auf möglichst große Wirkung angelegt war.
Zusammenfassend: Die Kirche identifizierte sich nicht nur mit dem Aufstand und dem franquistischen Lager, sondern sie stellte ihm auch ihren weitreichenden ideologischen Apparat zur Verfügung, benutzte ihren Einfluß auf große Schichten der Bevölkerung, legitimierte den Aufstand und gab ihm ihren Segen. José Ángel Tello bemerkte dazu: »Der Kreuzzug wird als die effektive

Verkörperung einer Reihe von Werten dargestellt, die sich mit der konservativsten spanischen Tradition decken.« (41, S. 73)
Gleichzeitig wurde der Krieg, »der bewaffnete Volksentscheid«, als Verteidigung der »westlichen Zivilisation« ausgegeben, als Rettung Europas vor dem östlichen Kommunismus. Damit sind die wichtigsten Elemente der franquistischen Botschaft während des Kriegs benannt. Die bereits erwähnte *Jerarquía* ist eine wichtige Quelle, um die Entstehung der Grundüberzeugungen zu begreifen: die Zeitschrift wurde in Pamplona von Fermín Izurdiaga und Ángel María Pascual herausgegeben; weitere Mitarbeiter waren Manuel Iribarren, Pedro Laín, Fermín Sanz, Rosales, Vivanco, Eugenio d'Ors (letzter trat der *Falange* bei und setzte seine »Glossen« in der Tageszeitung *Arriba España* [Hoch, Spanien!], die am selben Ort erschien, fort).

Schon in der Nummer 1 (1936) tauchten die Vorstellungen vom »Neuen Kreuzzug« oder von »Gott und Caesar« auf, denn »wir können Europa aus seinen Ketten befreien und es retten, wenn wir ihm Fleisch und Geist, Gemüt und Gestalt der spanischen Seele geben«, mit einer »Hierarchie des Geistes im erhabenen Reich der Wahrheit«, mit einem »Spanien, das der Herrschaft des Kreuzes und des Lichts, der Ewigkeit und des Lebens die Arme öffnet«.

Die Nummer 2 enthält Francos Rede zur »Vereinigung«, die Beiträge *Angelología* (Lehre von den Engeln) von d'Ors und *El imperio de España* (Das spanische Reich) aus der historischen Sicht von Manuel Ballesteros Gaibrois.

In Nummer 3 von *Jerarquía* (März 1938) findet sich neben einem Teil des langen Gedichts von Pemán (auf das wir später eingehen) ein Essay von Fray Justo Pérez de Urbel, der unter dem Titel *El arte y el Imperio* (Die Kunst und das Reich) wieder eine der Grundvorstellungen des Franquismus aufgreift:

> »Es gibt viele kurzsichtige oder perverse Menschen, die unseren Kampf herabzusetzen versuchen, indem sie ihn auf eine ökonomische oder soziale Frage reduzieren. Als kämpfe und sterbe man für ein bißchen mehr Geld, oder um irdische Güter zu bewahren oder zu erlangen . . .«

Das war für den künftigen Leiter der Gedenkstätte des *Valle de los Caídos* (Tal der Gefallenen) reiner »Egoismus«:

> »Es geht vielmehr ganz einfach um Sein oder Nichtsein, darum, ob man eine Vorstellung vom Leben vertritt, die uns in den

totalen Ruin führt, oder ob man das entgegengesetzte Ideal wählt, das uns vor dem Abgrund oder dem Kommunismus, das heißt vor der vollkommenen Vernichtung, bewahrt.«

So stellte sich alles, wenn auch ein bißchen metaphysisch angehaucht, viel einfacher dar, denn wenn man von den realen Notwendigkeiten absah, konnte man die mühevolle Anwendung der Vernunft umgehen.

Größere Bedeutung hat vielleicht der Aufsatz von Luis Legaz Lacambra (in derselben Nummer) mit dem Titel *Sentido humanista del nacionalsindicalismo* (Humanismus und Nationalsyndikalismus). Er polemisiert gegen Maritain, der den Faschismus beschuldigte, den Menschen zu einem Werkzeug im Dienst des Staates zu machen. Für Legaz besteht

»die tiefgreifendste politische Wirklichkeit der heutigen Bewegung in der Konfrontation zweier unversöhnlicher totalitärer Auffassungen. Die Lösung liegt nicht im Dialog und abschließender Umarmung, sondern im Sieg einer der beiden Totalitarismen... Der Personalismus ist eine vereinfachende Auffassung, die nicht den ganzen Menschen berücksichtigt, sondern nur die Person; der Nationalsyndikalismus ist humanistisch, aber er fordert einen vollständigen Humanismus, einen totalitären Personalismus also, denn er beinhaltet eine umfassende, ganzheitliche Sicht des Menschen... Der Nationalsyndikalismus fordert einen totalitären Staat, der ein Instrument im Dienst des gesamten Vaterlands darstellt, eine Bestätigung von Personalismus und Humanismus.«

Es waren »aufgeklärte« Minderheiten der *Falange*, die so dachten. Sie betrachteten den »Demoliberalismus« als gescheitert und sahen sich mit zwei unvereinbaren Totalitarismen konfrontiert: dem Marxismus und dem Nationalsyndikalismus, wobei der zweite den Vorteil hatte, spanisch zu sein und daher auf der christlichen Lehre der Idee des Reichs aufzubauen.

Jerarquía blieb bei dieser Linie; in Nummer 4 schrieb Ángel María Pascual in einem Text mit dem Titel *Tratado segundo de la razón de Imperio* (Zweite Abhandlung über das Wesen des Reichs):

»Der Faschismus ist eine universelle Lehre für alle Stände der Intelligenz wie der Arbeit, und er ist mitten unter ihnen das Reich für eine bessere Architektur der Herrschaftsordnung.

Der letzte Abschnitt der barocken Konstante heißt Revolution. Die klassische Konstante dagegen heißt Faschismus. Der Faschismus erscheint in dem Augenblick, in dem die Revolution ihre letzte Konsequenz erreicht. Er ist ein monastisch-militärisches System, um im Menschen und in der Menschheit die Rangordnung der Werte nach seiner Vorstellung aufrechtzuerhalten.«

Hier wird ein Begriffssystem aufgebaut, das dem spanischen Faschismus angemessener ist. Am treffendsten ist es da, wo eingestanden wird, daß es um eine *Gegenrevolution* geht.

Die Mehrzahl der Artikel in der *Jerarquía, la revista negra de la Falange* (die als Keimzelle für Ideologiebildung wichtig war, nicht aber als Verbreitungsorgan) zeigt: Erstens: Die Grundeinstellungen oder allgemeinen Leitideen werden respektiert, aber sie stellen nur die Wurzeln von totalisierenden Kulturvorstellungen dar. Zweitens: Der Begriff des *Reichs* überwiegt gegenüber dem des *Vaterlands*.

Wichtig in diesem Zusammenhang ist die Umfrage von *Vértice* in der Aprilnummer von 1938 unter drei führenden Persönlichkeiten des Systems: Alfonso García Valdecasas, Pedro Sainz Rodríguez und Raimondo Fernández Cuesta (die beiden letzten sind Mitglieder der Regierung, die im Januar desselben Jahres ernannt worden war). Die Frage lautet: »Was verstehen wir unter dem Begriff Reich?«

Die Antworten waren nicht sehr umfassend. Für Sainz Rodríguez waren es »die katholische Ordnung, die klassische Kultur und die Macht des Militärs. Das werden die drei Säulen unseres zukünftigen Spanien sein.« Das Reich beschränkte sich darauf, »das geistige Ideal von neuem zu retten«. Für Fernández Cuesta bedeutete die Tatsache, daß »Spanien seinen Machtwillen zurückerlangt hat«, nicht, daß es »auch nur einen Fingerbreit mehr Land« wolle; und García Valdecasas schloß mit den Worten, daß »Franco, der *Caudillo* der Bewegung, den Staat *ex novo* als einen imperialen Akt schafft und Spanien mit dem tiefen Glauben an seine Bestimmung Recht und Gesetz zurückgibt«.

Die letzte Antwort weist eine Analogie zur »Rechtfertigungslehre« von Garrigues auf und ist vielleicht typisch für jene, die in ihrer Jugend die *Agrupación al Servicio de la Republica* (Vereinigung im Dienst der Republik) unterstützten.

Das Werk von José María Pemán. Obwohl der politische, soziale und kulturelle Werdegang Pemáns bekannt ist – es sei nur an seine

Tätigkeit in der *Unión Patriótica* (Vaterländische Union) erinnert, an seine späteren Schriften in der *Acción Española* (Spanische Aktion) und an seine ideologisch überladenen Theaterstücke *Cuando las Cortes de Cádiz* (Die Cortes von Cádiz), *El divino impaciente* (Der göttliche Ungeduldige) –, so ist sein Beitrag zur Schaffung franquistischer Grundüberzeugungen bedeutend genug, um gesondert betrachtet zu werden. Dies gilt vor allem für sein Werk *Poema de la Bestia y el Ángel* (Gedicht von der Bestie und vom Engel). Dieses 1938 erstmals erschienene epische Gedicht sollte ein ehrgeiziges Werk werden; es wurde, so der Autor, im November 1936 konzipiert, als Pemán die beiden Kolonnen Varelas und Yagües beim Marsch auf Madrid (die – nach einem Ausdruck Pemans – »verbotene Frucht«) begleitete.

In diesem Gedicht ist das gesamte ideologische Repertoire der Aufständischen von 1936 und der Sieger von 1939 auf vollkommene Weise skizziert: vom Militärputsch zum Bürgerkrieg und dann zum Kreuzzug; es ist keine ethische, sondern geradezu eine theologische Sicht der Auseinandersetzung zwischen Gut und Böse.

Einige Gedanken dieses Werks vorwegnehmend, schrieb Pemán am 11. Oktober in *Arriba España* seine »Botschaft an die Verteidiger des Alcázar«, die er als »Herren Kadetten« anredete (wußte er vielleicht nicht, daß unter den 1024 Verteidigern des Alcázar nur *acht* Kadetten waren?):

> »Dies ist ein Krieg um Ideale und Grundsätze, nicht um Marktanteile oder Einflußzonen. Wir kämpfen angesichts dieser großen Alternative – die materialistische oder spiritualistische Auffassung des Lebens –, die die ganze zeitgenössische Welt in Unruhe versetzt.« Auf die Schilderung des Gefühls von »Bürgerkrieg« folgt die Beschwörung eines Kampfes von »universeller Größe«: »Während der Kämpfe brüllten in den Reihen der Gegner (der Internationalen Brigaden) tausend verschiedene Akzente. Eines Morgens erwachte die Casa de Campo, übersät mit Leichen aus aller Herren Länder; da waren Russen, Franzosen, Belgier, Senegalesen, Algerier... Ich sah auf dem Boden den riesigen glatt rasierten Schädel eines Russen und das Ohr eines Negers mit einem goldenen Ring...«

Der Text spricht wohl für sich selbst, doch sollte man darauf hinweisen, daß der größte Teil der angreifenden Truppen, denen der Autor folgte, aus marokkanischen Regimentern und Legionären unterschiedlichster Herkunft bestand.

Aber das tat nichts zur Sache; Pemán erklärt in seiner Einleitung, dies sei das Bild des Spanischen Bürgerkriegs, »das ich meinen Zeitgenossen übermitteln wollte. Nicht nur das Aktuelle, das Anekdotische der Ereignisse, sondern ihre tiefe, apokalyptische Bedeutung, die den ewigen Kampf zwischen der Bestie und dem Engel offenbart.«

In der *Visión del octavo candelero* (Vision vom achten Leuchter) – damit ist die spanische Kirche gemeint – verkündet der Herr dem Dichter: »Die Bedrohung aus dem roten und semitischen Orient wollte die Flamme des achten Leuchters auslöschen.« Dann »verbündet sich die Bestie mit dem Lamm«, um mit gekrümmten Hörnern und trügerischen Worten, wie »Freiheit«, »Wissenschaft«, anzugreifen. Auch der Weise von Zion fehlt nicht, der das Kreuz verflucht. »Die zwei Mächte des Bösen geben sich in Spanien ein Stelldichein... Die Schlacht des Kreuzes läßt die Synagoge mit finsterem Blick nach Spanien schauen.« Calvo Sotelo, kein Geringerer als der Nachfolger Isabellas der Katholischen, »hat es gewagt, Front zu machen gegen die internationalen Mächte der jüdischen Finanzwelt«.

Aber es kommt der heilige Krieg, und wir lesen weiter:

Toledo für Spanien!... Soldaten von El Mizzian
an die Steine gekrallt
erstürmen die ehrwürdigen Mauern...

An anderen Stellen scheint sich Pemán von dieser manichäistischen Spaltung in Gute und Böse zu befreien, so in *Romance de los muertos en el campo* (Romanze von den Toten auf dem Feld):

Und wie macht doch der Tod
die Roten und die Blauen gleich!
Welch Sonnenliebe bringt sie näher!
Welch Erdenfriede vereint sie!

Aber der Manichäismus taucht am Schluß wieder auf:

Doch Gott kennt ihre Namen
und trennt sie in den Wolken.

Das Gedicht läßt schließlich von seinem Höhenflug ab; die Bestie nimmt in einem Panzerwagen Gestalt an, und der Heilige Georg ist ein Hirtenjunge aus Aragonien. Die historische Wirklichkeit war allerdings oft genau umgekehrt; Hirtenjungen aus Madrid oder vom Mittelmeer – Antonio Coll, Carrasco, Cornejo – vertauschten die Rollen und wurden von republikanischen Dichtern in *El Mono Azul* (Der Blaumann) besungen.

Dieser umfassende Rechtfertigungsversuch benötigte den Manichäismus, diesen *Feind*, den man erfinden müßte, wenn es ihn nicht gäbe, um uns zu überzeugen, daß wir gut handelten:

Und der Feind bleibt derselbe sündige Orient.
Es gibt nichts anderes: Fleisch oder Geist.
Es gibt nichts anderes: Luzifer oder Gott.

Ist hier noch Platz für Rationalität? Sicher war dies nicht vorgesehen und vielleicht auch gar nicht nötig. In der Ideologiegeschichte hat das Gedicht wohl seinen Platz.

Die ideologischen Einstellungen der Republikaner ab Juni 1937

Während auf der einen Seite ein Staat entstand, der sich bereits bestehender Einrichtungen bediente, wurde auf der anderen Seite ein Staat geschaffen, dessen Einrichtungen mit mehr oder weniger Erfolg völlig neu aufzubauen waren. Das zweigeteilte Land mußte sich mit einem Krieg abfinden, der nicht nur die Legitimierung seines Ausbruchs, sondern auch die Rechtfertigung dafür forderte, daß er mit solch zerstörerischer Wut weitergeführt wurde.

Wie ging das vor sich?

An der Spitze der Republik gab es unterschiedliche Standpunkte, zwar nicht zur Frage der Legitimität, sicher jedoch zur weiteren Strategie des Kriegs: Verhandlungen oder Kampf bis zum Äußersten? Die Alternative war falsch, denn im Krieg wie auch sonst in Politik und Gesellschaft verhandeln nur die Starken; den anderen bleibt nur die Kapitulation oder der heldenhafte Selbstmord. Das zweite Problem ist, daß jedes Paktieren auf beiden Seiten einen Verhandlungswillen voraussetzt.

Seit Ende 1936 glaubte Azaña, die einzig mögliche Lösung liege in einem Abkommen durch internationale Vermittlung. Trotz seiner öffentlichen Äußerung hielt auch Negrín nach der Teilung der republikanischen Zone Verhandlungen für notwendig. Er war jedoch der Meinung, daß es unerläßlich sei, weiter zu kämpfen, um überhaupt verhandeln zu können. (Negrín erklärte dies ausdrücklich in seinem Bericht vor der ständigen Kommission der Cortes am 31. März 1938: »Um zu einer friedlichen Verhandlungslösung zu gelangen – denn nur so unterbreitet man dem Feind, daß man

Besondere Parolen im Baskenland: »Für die christliche Zivilisation, die baskische Freiheit und die soziale Gerechtigkeit: Es lebe das Baskenland!«

den Frieden will, und nicht, indem man auf Knien darum bittet –, haben wir alle uns zur Verfügung stehenden Mittel eingesetzt.«)
Ähnlich Azaña in seinem *Cuaderno de Pedralbes* (Aufzeichnungen von Pedralbes): »Ich rate nicht schlicht und einfach zur Kapitulation; der militärische Widerstand muß uns bei der dringend notwendigen Verhandlungslösung von Nutzen sein.« So äußerte er sich bereits Ende April 1938 gegenüber Negrín.
In seinen Grundsatzreden entwirft Azaña folgendes Schema: Eine legitime, von allen Mächten anerkannte Regierung sieht sich einem Militäraufstand gegenüber. Und er fährt fort: »Ich glaube, in der ganzen Welt wird es niemanden, der mit den spanischen Verhältnissen vertraut ist, geben, der leugnen könnte, daß der Aufstand der spanischen Militärs ohne die Hilfe ausländischer Mächte gescheitert wäre.« Der interne Krieg sei zum Invasionskrieg dreier Mächte: Portugals, Italiens und Deutschlands geworden.
Trotzdem beharrte Azaña nachdrücklich darauf, daß »sich keine Politik auf die Entscheidung gründen läßt, den Gegner vollständig zu vernichten« (Rede vom 18. Juli 1937 in der Universität von Valencia). Und er schloß:

> »Jede der beiden Seiten muß sich an die – vielleicht schreckliche, aber unumgängliche – Vorstellung gewöhnen, daß unabhängig davon, wie viele der 24 Millionen Spanier sich gegenseitig umbringen, immer noch genügend übrigbleiben werden und daß diese vor der Pflicht und der Notwendigkeit stehen, weiterhin zusammenzuleben, damit die Nation nicht untergeht.«

Im Grunde genommen war Azaña weitaus pessimistischer; zu dieser Zeit hatte er bereits sein Werk *La velada en Benicarló* (Die Nachtwache in Benicarló) beendet, in dem er eine seiner Personen, Garcés, sagen läßt: »Die Nation existiert nicht, zumindest nicht im Augenblick«, denn die Spanier gingen mit Messern aufeinander los.
Einige Monate später, im November, sagte er im Rathaus von Madrid: »Es ist nicht legitim, den Namen des Vaterlands anzurufen, um einen Bürgerkrieg anzuzetteln.« Seine Grundüberzeugung galt nun jedoch der »Wiederherstellung des Staats«: »Der Staat brach am 17. Juli zusammen... Aber heute ist er wieder aufgebaut, und wir haben die Autorität der Regierung wiederhergestellt. Wir kämpfen zur Verteidigung der Freiheit Spaniens, die in der Republik Gestalt angenommen hat.«
Fast ein Jahr vergeht. Es ist der 18. Juli 1938. Der Ort: Barcelona.

Rojo stellt seine Truppen auf, um eine Woche später den Ebro zu überschreiten. Azaña hat kaum noch Hoffnung, aber er gibt seine Grundsätze nicht auf: Zu Beginn ein Putsch, der scheitert und in einen Bürgerkrieg mündet. Der »bewaffnete Angriff auf die Republik« gehe von der »irrigen Meinung aus, unser Land habe am Vorabend eines Putsches gestanden«. Das Ende jener Rede zeigt bereits eine etwas andere Einstellung zum Krieg: »Es ist die Botschaft des ewigen Vaterlands, das seinen Söhnen sagt: Friede, Erbarmen, Vergebung.«

Der Grundgedanke des Regierungschefs ist ein anderer, wenngleich auch für ihn die Wiederherstellung des Staates von großer Bedeutung ist, die zu einem großen Teil sein Werk gewesen sei. Als Juan Negrín am 2. Oktober 1937 seine Regierung in der Börse von Valencia dem Parlament vorstellte, wiederholte er das Grundschema aller Republikaner: der Putsch vom Juli 1936 habe sich nur dank ausländischer Hilfe an die Aufständischen in einen Bürgerkrieg verwandelt; später »mußten sie sogar auf die Entsendung militärischer Divisionen zurückgreifen«. Absicht der Regierung sei es,

> »den Krieg zu gewinnen, aber auch, sich vorzubereiten, um den Frieden zu gewinnen... den einzig möglichen Frieden, das heißt, Recht und Gerechtigkeit wiederherzustellen... Diesen Krieg zu gewinnen bedeutet nicht, daß eine Richtung oder eine Doktrin den Sieg erringt; das Problem ist vielmehr, ob Spanien überleben kann oder nicht.«

Zum Thema Freiheit und Staat erklärte er: »Es ist gelungen, die vollständige Ausübung der staatlichen Autorität zurückzuerlangen. Sie wird es niemandem erlauben, sich auf eigene Faust Gerechtigkeit zu verschaffen.« Negrín schloß: »Ein großes Spanien; ein Spanien nur für Spanier und für alle Spanier.«

Das sind elementare Grundeinstellungen, die sich auf Gefühle beziehen. Die soziale Problematik war in den Hintergrund getreten. Der Volksfrontgedanke wurde allmählich von der Vorstellung einer nationalen Einheit abgelöst.

Diese Entwicklung wurde nach der Bildung der zweiten Regierung Negrín im April 1938 noch deutlicher: »Spanier, die spanische Erde wird unser sein.«

Und am 19. Juni in *Unión Radio* in Madrid: »Es geht um die Existenz Spaniens als freies Land... Widerstand leisten heißt immer noch: den Weg für den Sieg frei machen.« Und noch deutlicher: »Jeder Tag des Widerstands ist eine für die Welt gewonnene Schlacht.«

Die »Dreizehn Punkte« seines Regierungsprogramms umfaßten unter anderem: die soziale und rechtliche Neugestaltung der Republik durch Volksentscheid mit Garantien aller Art; individuelle und soziale Menschenrechte; die Garantie für rechtmäßig erworbenes Eigentum; eine tiefgreifende Landreform, die den alten aristokratischen, halbfeudalen Besitz auflöst; das Heer im Dienst der Nation, friedliche Außenpolitik, Amnestie für alle.

Die Grundvorstellungen der Kommunisten scheinen in bezug auf die Losung vom »Invasionskrieg« (José Díaz während der Vollversammlung des Zentralkomitees vom 13. bis 17. November 1937) nicht sehr verschieden gewesen zu sein. Sie betonten jedoch stärker die Idee der Volksfront, die die liberalen und fortschrittlichen Traditionen des 19. Jahrhunderts aufgreifen würde und die man wie eine *Organisation* darstellte (was sie in Wirklichkeit gar nicht war). Dieses Projekt wurde noch immer – wahrscheinlich mit weniger Zuversicht als einige Jahre zuvor – von der Idee Dimitrovs geleitet, die er auf dem VII. Kongreß der Komintern vorgetragen hatte, nämlich eine Einheitspartei des Proletariats aufzubauen.

Interessanter ist der Artikel von José Díaz in *Nuestra Bandera* (Unsere Fahne) im Februar 1938. Er skizziert den »Charakter unseres Kriegs«, ein Problem, mit dem sich zugegebenermaßen die Geschichtsschreibung der letzten 50 Jahre beschäftigt hat:

> »Der Ausgangspunkt des jetzigen Kriegs in Spanien ist der Aufstand der reaktionären Schichten unter Führung der verräterischen Generäle gegen die übergroße Mehrheit des Volks, das mit Hilfe der Verfassung und der republikanischen Gesetze ein für allemal die Frage der demokratischen Revolution lösen wollte, die das spanische Bürgertum im vergangenen Jahrhundert nicht lösen konnte.«

Etwas abstrakter betrachtet, unterscheidet sich diese Vorstellung kaum von der Manuel Azañas im April 1936. Beide unterlagen dem verbreiteten Irrtum, die bürgerliche Revolution vor der Entfaltung des Kapitalismus zu verwechseln mit der demokratischen Revolution zu einer Zeit, da das Bürgertum im Bündnis mit den Kräften des Ancien Régime bereits die Macht hat.

Bei José Díaz erfährt der Begriff eine Erweiterung und Präzisierung, indem er von *demokratischer Volksrevolution* spricht. Inhaltlich gehe es darum, die feudalistischen Überreste in der

Ökonomie, der politischen Organisation und dem Alltagsleben zu beseitigen, das Land den Arbeitern zu übergeben und »die Bedingungen zu schaffen, die dem Volk den Zugang zum größtmöglichen sozialen Fortschritt erlauben«. Ein weitgestecktes Programm, ohne konkretere Festlegungen und eher im Stil einer Ideologie zur Mobilisierung des Volkes. In Wirklichkeit waren diese Ideen, ob richtig oder falsch, bereits von Palmiro Togliatti in seinem Artikel *Sobre las particularidades de la revolición española* (Die Eigentümlichkeiten der spanischen Revolution; Oktober 1936) in *Il Grido del Popolo* (Der Schrei des Volkes) und in *La Correspondance Internationale* (Internationale Korrespondenz) formuliert worden. Neu dagegen ist die von den Kommunisten entwickelte Vorstellung von der *nationalen Einheit gegenüber der Invasion.* José Díaz nahm damit (in einem Vortrag in Barcelona am 29. November 1936) einen Grundgedanken vorweg, der einige Jahre später in den vom Nationalsozialismus besetzten Ländern große Mobilisierungskräfte entfaltete.
Der Anarchosyndikalismus nahm selbstverständlich eine kritische und regierungsfeindliche Haltung an, als er bei der Regierungsübernahme durch Negrín (Mai 1937) ausgebootet wurde. Ideologisch gesehen war er – mit Ausnahme eines linksextremen Flügels – nicht grundsätzlich staatsfeindlich eingestellt; dem Nationalen Komitee der CNT unter der Leitung von Mariano R. Vázquez ging es noch im Juni 1937 um die Frage der Mitarbeit in den staatlichen Einrichtungen: Polizei, Kriegsindustrie, Wirtschaftsrat, diplomatisches Corps. In der Vollversammlung vom September 1937 erklärte das Komitee: »Jener Staat, den wir früher bekämpft haben, weil er ein Instrument des Kapitalismus war, ist heute kein kapitalistischer Staat mehr; er begünstigt vielmehr die Arbeiter beträchtlich im Vergleich zur kleinen und mittleren Bourgeoisie.«
Der CNT sollte erneut der Zugang zur Macht »im Verhältnis zu ihrer tatsächlichen Stärke« ermöglicht werden, damit das Proletariat die Hegemonie in diesem Staat behalte. Dies führte schließlich im März 1938 zum Bündnis CNT – UGT und einen Monat später zur erneuten Regierungsbeteiligung.

Auf republikanischer Seite beteiligten sich auch viele Intellektuelle, darunter einige bedeutende Persönlichkeiten, an der Ausgestaltung der ideologischen Grundlagen. Im Werk Antonio Machados etwa kann man auf den ersten Blick kaum zwischen den philosophischen, den dichterischen und den damit verbundenen ideologischen Elementen unterscheiden. Den zweiten Band von *Juan de Mairena* (der in verschiedenen Nummern von *Hora de España* veröffentlicht wurde), seinen Beitrag zum Internationalen Schriftstellerkongreß, seine *Poesía de guerra* (Dichtung über den Krieg), seine offenen politischen Artikel für *La Vanguardia* (Die Avantgarde) oder sein Vorwort zu Azañas *Discursos* (Reden) durchziehen Machados Bemühungen um eine intellektuelle Ausarbeitung grundlegender republikanischer Ideen. Wir beschränken uns darauf, in einem wichtigen Text Machados (*Madrid*, den *El Sol* [Die Sonne] am 9. Februar 1937 veröffentlichte) zwei durchgängige Grundideen aufzuzeigen: die der Wiederversöhnung und die, daß die Trennungslinie zwischen den Spaniern nicht identisch sei mit dem Verlauf der Schützengräben:

> »Madrid kämpft heute, um ganz Spanien zu verteidigen, wie schon so oft mit voller Berechtigung gesagt worden ist; ganz Spanien, ohne das Spanien seiner Gegner auszunehmen. Denn Madrid weiß sehr wohl, daß nicht alle seine Feinde Teutonen und Berber sind, daß viele Spanier unter ihnen sind, deren Kinder nur durch die Niederlage ihrer Eltern gerettet werden können.«

Ein anderer großer Dichter, León Felipe, schrieb in einer vorangegangenen Nummer von *El Sol* (vom 14. November 1937) über Machado:

> »Es gibt zwei Spanien; das der schändlichen und verräterischen Generäle und das der Dichter, die Kinder der Erde und der wahrhaften Geschichte sind; das Spanien Francos und das Spanien Machados. Das mannhafte Spanien und das der entarteten Gecken, das Spanien des heldenmütigen Cid und das der feigen und grausamen Infanten von Carrión, das Spanien des erlaubten Raubs und das der leuchtenden Gerechtigkeit.«

Der Gegensatz von Cid/Infanten von Carrión wurde von Machado vor dem »II. Internationalen Schriftstellerkongreß zur Verteidigung der Kultur« mit einem weiteren seiner Lieblingsthemen verknüpft: dem Gegensatz zwischen dem snobistischen Parasitentum und dem Volk; ersteres »gefällt sich darin, jesuitisch die unübertreffliche Würde des Menschen zu ignorieren. Das Volk dagegen kennt sie und bekräftigt sie, denn in ihr haben seine ethischen Prinzipien ihr sicherstes Fundament.«

Fernando de los Ríos stellte in seinem Beitrag auf demselben Kongreß den Gedanken in den Mittelpunkt, Spanien sei das Land, das die Pascalsche »Logik der Vernunft« verkörpere; und »wenn es etwas Entgegengesetztes auf der geistigen Karte der Welt gibt, so ist es der Faschismus; denn er leugnet die zwei Grundsätze, die uns am wichtigsten sind: einerseits die zentrale Rolle des Individuums, andererseits den Wert der Gemeinschaft als autonomer Mittelpunkt der geistigen Schöpfung.«
José Bergamín ging erneut auf die volkstümlichen Wurzeln der spanischen Kulturtradition ein:

> »Richtet euren Blick in die historische Ferne, die uns von den hohen Gipfeln des spanischen Volksdenkens trennt: Cervantes, Quevedo, die heilige Teresa, Calderón, Lope de Vega . . . und ihr werdet erkennen, wie diese Gestalten im Volk und nur in ihm allein vollkommen verwurzelt sind.«

Wichtiger für unsere Untersuchung ist vielleicht das Referat, das Arturo Serrano Plaja im Namen von zwölf jungen Künstlern und Schriftstellern verlas (außer ihm A. Sánchez Barbudo, Ángel Gaos, Antonio Aparicio, Arturo Souto, Emilio Prados, Eduardo Vicente, Juan Gil-Albert, José Herrera Petere, Lorenzo Varela, Miguel Hernández, Miguel Prieto, Ramón Gaya). Wir haben es hier mit einer Art Grundsatzerklärung einer Generation über den Gegensatz von Wille und Vernunft zu tun:

> »Endlich gibt es keinen Widerstreit mehr zwischen der objektiven Wirklichkeit und der inneren Welt... Nur von einem bedeutenden Ereignis aus, wie es heute der Unabhängigkeitskrieg ist, nur von einer Wirklichkeit aus, die vom Wissen her real und human ist, konnten sich Denken und Handeln der inneren Welt und der objektiven Wirklichkeit, der Wirklichkeit und der Vernunft vollkommen einander angleichen.«

Die Unterzeichner vertreten einen neuen Humanismus, als dessen aktive Streiter sie sich betrachten. Sie wollten »ihrer Jugend Sinn geben, indem sie sich der Sache des Volkes verschreiben und an seinem Kampf teilnehmen. Denn dieser Kampf schließt die weitesten Perspektiven und die leidenschaftlichsten Bewußtseinsinhalte ein.«
Die Grundvorstellung von der Verwurzelung der Kultur im Volk fand unterschiedlichste Ausdrucksformen. Die Zeitschrift *Hora de España* war gewissermaßen ein Nährboden für die Ausgestaltung einer Ideologie, deren Botschaft nicht aus Parolen bestand,

sondern etwas Grundlegenderes beinhaltete. Sánchez Barbudo, während der ersten sieben Monate Redakteur vom Dienst, schreibt später:

»Vor allem ging es uns um Qualität und um Unabhängigkeit; wir wollten keine Parolen ausgeben, wir wollten nicht nach Diktat schreiben ... Da dies nicht mit der Politik der Volksfront übereinstimmte, konnten wir uns leicht gegen die Angriffe jener verteidigen, die uns sagten, die Zeitschrift müsse militanter, proletarischer, revolutionärer sein ...«

In dem Untertitel »Ensayos, Poesiá, Crítica. Al servicio de la causa popular« (Essays, Dichtung, Kritik. Im Dienst der Sache des Volks) kam ihr Programm zum Ausdruck. Die Essays wurden in jeder Nummer durch einen Beitrag Machados eingeleitet, in der Dichtung standen formale Experimente im Vordergrund, und die Kritik setzte sich mit dem Verhältnis von Kunst und Volk auseinander ... Grundlage dafür ist die Begriffseinheit »Volk – Arbeiter – Vaterland«, der als Gegenpol die Assoziation »*Señorito* (der adlige Schmarotzer) – Müßiggänger – alte Welt« dient. Folglich werden Begriffe wie Vaterland, Tradition und Mensch vor dem Hintergrund demokratischer Wertvorstellungen (d. h. Arbeiter – Volk) definiert. Den Jüngeren reichten diese Kategorien nicht aus; sie forderten »einen neuen Humanismus«, und Miguel Hernández konnte in *La canción del esposo soldado* (Lied des Soldatenbräutigams) zum Beispiel einem individuellen und zugleich kollektiven Gefühl Ausdruck verleihen. *Hora de España* erschien in einer Auflage von 5000 Exemplaren, wovon ein Teil ins Ausland ging. Zweifelsohne wurden die ideologischen Ausgangspositionen der Zeitschrift (der »*gemeinsame* ideologische Nenner« der republikanischen Seite) von den unterschiedlichsten Institutionen zur Wiedergabe und Verbreitung von Anschauungen übernommen.

Als repräsentatives Zeugnis für den Geist dieser Zeitschrift führen wir ein Zitat von María Zambrano, einer Schülerin Ortega y Gassets an, die in vielen Beiträgen klar und eindeutig für die Verteidigung der Republik und gegen die Aufständischen Partei ergriff. Es zeichnet sich darin eine originelle Denkweise ab, in der die übliche Grundvorstellung von der im Volk verwurzelten Kultur mit libertären Elementen angereichert wird:

»Von Cervantes bis Galdós hat sich der spanische Wille in die Schichten des Volks zurückgezogen, in den jungfräulichen Urgrund unseres Volks selbst; dieser starke Wille, der nicht mehr von so hohen Dingen träumt wie Don Quijote, sondern der mit dem Naturtrieb verschmilzt und als mütterliche Berufung bei der göttlichen Fortunata, als ungestümer Widerstand und keltiberische Freiheitsliebe im Madrid des 2. Mai 1808 erscheint. Es ist das einzige, was uns bleibt..., das einzig Lebendige unter der Zerstörung der Gesellschaft und dem Zusammenbruch des Staats... Uns bleibt nur noch das Mädchen in Leinenschuhen und Perkalrock oder der kleine, geduldig-zähe Soldat, der zuerst in Kuba und dann in Afrika ruhmlos Hunger und Durst erträgt; der Soldat in seiner armseligen, gestreiften Uniform, den wir noch aus unserer Kindheit kennen – ein unvergeßlicher, bitterer Anblick –, wie er von den Niederlagen in Afrika zurückkehrte, während die Königin und die Infantin Isabella dem General, der die Ehre der Krone verteidigt hatte, Geschenke überreichten. Wir hatten nur noch das Volk, den unbestechlichen Willen des Volks, den die Anarchie des spanischen Staats durch Jahrhunderte hindurch nicht hat verderben können.« (*La reforma del entendimiento español* [Die Umgestaltung des spanischen Denkens], in: *Hora de España,* September 1937)

Das Zitat ist so ausführlich an dieser Stelle wiedergegeben, weil es die Vielfältigkeit der geistigen Grundeinstellungen innerhalb eines gemeinsamen Rahmens hervorhebt, nämlich der Demokratie, die, als sie sich angegriffen sieht, eine revolutionäre Antwort gibt. (Noch am 7. Mai 1938 bekräftigte die Volksfront unter Einschluß der CNT-FAI [*Federación Anarquista Ibérica*, Iberische Anarchistische Föderation] »ihr anfängliches Ziel, innerhalb der gesetzlichen Vorgaben der republikanischen Verfassung eine demokratische Revolution durchzuführen«.)

Trotzdem kann man feststellen, daß fast alle Schriftsteller und Intellektuellen, die sich freiwillig der Republik angeschlossen haben, den Grundgedanken vom »Bürgerkrieg, der sich in einen Invasionskrieg und folglich in einen Unabhängigkeitskrieg verwandelt hat«, übernommen haben. Ein solches Denkschema, ähnlich wie das vom »Kreuzzug« oder vom »Religionskrieg« auf der gegnerischen Seite, geht von der Wirklichkeit aus, übersteigert sie und verbirgt so in dieser Verkleidung die harte soziale und politische Auseinandersetzung.

Die Vermittlung der ideologisch-kulturellen Botschaft
Institutionen und Inhalte

Die Grundüberlegungen sind wie Ecksteine, auf denen ein Gebäude ruht; wir nennen sie auch Leitvorstellungen, da sie uns ermöglichen, bestimmte Begriffe herauszuarbeiten und gewisse Grundwerte wahrzunehmen. Zweifellos können sie auch der rationalen Analyse dienen; in einer Situation kriegerischer Auseinandersetzung jedoch ist das etwas schwieriger. Die Leidenschaft als Ideologie ist meist stärker als das vernunftbestimmte Verhältnis zu dieser Leidenschaft, das eine größere Distanz voraussetzt.

Die Presse – Tageszeitungen und Zeitschriften, sowohl in der Etappe wie an der Front – war eines der wichtigsten Instrumente zur Übermittlung von Meinungen und Anschauungen; und natürlich der Rundfunk. Über das Radio erreichte die Botschaft auch die gegnerischen Reihen, was bei Druckerzeugnissen wesentlich schwerer war. Auch das Bild, vor allem auf Plakaten, hatte eine wichtige Funktion; eine ähnliche, wenn auch komplexere Wirkung hatte der Film, dessen Botschaft aber aufgrund der technischen Gegebenheiten Grenzen gesetzt waren; auch das Theater, das klassischste der Massenkommunikationsmittel, erfüllte seine Funktion. Und selbstverständlich, wenn auch mit einem geringeren Wirkungsbereich, das Buch – Essays, Romane, Lyrik...

Der Krieg brachte Ministerien und Hauptabteilungen für Propaganda hervor, man nannte sie ganz einfach so, ohne jede Umschreibung. Von ihnen waren viele, aber nicht alle dieser Einrichtungen abhängig. Jede Seite hatte ihre Instrumente zur Machtsicherung, was nicht heißen mußte, daß diese Institutionen der hierarchischen Ordnung des Staats mit dem entsprechenden Beamtenapparat eingegliedert waren.

Vor diesen notgedrungen summarischen Ausführungen zu den Kommunikationseinrichtungen und ihren Inhalten ist es vielleicht sinnvoll, kurz auf das Schul- und Bildungswesen einzugehen. Dazu noch eine Vorbemerkung: Bei der Betrachtung von Quellen springt ein fast definitorischer Zug ins Auge: auf republikanischer Seite setzte man die kultur- und bildungspolitische Tradition der Republik von 1931 fort; die Veränderungen im Bereich der Produktionsverhältnisse oder in so wichtigen Einrichtungen wie den Streitkräften verstärkten noch dieses fast leidenschaftliche Bemühen um eine Verbreitung von Kultur und Bildung, das zurückging auf Giner de los Ríos und seine *Institución Libre de Enseñanza* (Freies Lehrinstitut); auf Pablo Iglesias, Joaquín Costa, Leopoldo Alas und die *Universidad Popular* (Volksuniversität), auf Anselmo Lorenzo und die libertären Künstler- und Gelehrtenvereinigungen, auf die *Escuela Nueva* (Neue Schule)...

Primar- und Sekundarschulen

Verständlicherweise waren in der von der Militärjunta beherrschten Zone – mitten in der Sommerpause bei einem Lehrkörper, zu dem die Aufständischen nur geringes oder überhaupt kein Vertrauen hatten – die Schwierigkeiten einer Neuorganisation des Schulwesens beträchtlich. Aber schon am 19. August 1936 veröffentlichte das in Burgos erscheinende *Boletín Oficial* ein Dekret, das besagte, daß »die Schulen am 1. September wieder zu öffnen haben« und daß der Unterricht den »nationalen Erfordernissen entsprechen soll«. Durch eine weitere Verordnung vom 4. September wurden Koedukation und laizistische Erziehung verboten; auch die Schulbücher dürften »der christlichen Moral« nicht entgegenstehen; einige Tage später wurden der Religionsunterricht und Biblische Geschichte wieder als Schulfächer eingeführt.
Während es auf der ideologischen Ebene keinen Zweifel darüber gab, daß Kindern und Jugendlichen der Zusammenhang von Vaterland und Religion und die Wertschätzung der Ordnung als Grundprinzipien vermittelt werden sollten, lagen die Hauptprobleme im technischen und organisatorischen Bereich. Sie wurden im Herbst 1936 so gut wie möglich gelöst: mit Pfarrern, mit Bürgermeistern, die gleichzeitig die Ortsvorsitzenden der »Bewegung« waren, und mit erzkatholischen Lehrern, während gleichzeitig eine Säuberungswelle die Reihen der alten Lehrerschaft dezimierte. Andererseits wurden sofort nach dem Aufstand zweiwöchige Lehrerfortbildungskurse über die Themen Vaterland und Religion veranstaltet. Die Grundschulen unterstanden vom 1. September an der *Comisión de Cultura y Enseñanza de la Junta Técnica y de los Rectorados* (Kommission für Kultur und Unterricht der Technischen Junta und des Rektorenrats), bis im Januar 1938 das Erziehungsministerium geschaffen wurde. Der bereits mehrfach erwähnte José Pemartín, Abteilungsleiter für das Sekundar- und Hochschulwesen, erklärte, die Priester könnten als Lehrer eingesetzt werden; dies sei ein Gewinn für die Gesellschaft und

erleichtere dem Staat seine Aufgaben. Eine Verordnung vom 30. Oktober 1936 schließlich gab Richtlinien für die Ernennung von Aushilfslehrern aus.

Während der Zeit der *Junta Técnica* (Oktober 1936 bis Januar 1938) gab es eine wahrhafte Flut von Anordnungen, um den katholischen Charakter des Schulunterrichts in jeder Hinsicht zu gewährleisten. Der repräsentativste Beitrag zur ideologischen Ausrichtung des Grundschulunterrichts in dieser Zeit ist vielleicht die Rede, die der Präsident der Kultur- und Unterrichtskommission, José María Pemán, im Mai 1937 in Salamanca hielt, als in Gegenwart Francos die Kurse für katholische Lehrer abgeschlossen wurden. Daraus stammen die folgenden Sätze:

> »Diese umfassende Ausbildung muß einem vertikalen und missionarischen Begriff von Kultur dienen. Geradezu paradox ist dieser Respekt vor dem Spontanen und Ursprünglichen, dem plötzlichen Einfall, sogar in bezug auf das kindliche Bewußtsein. Das Spontane ist immer das Wilde, das Prähistorische ... Der ›neue Staat‹ vertraut auf einige grundlegende Werte – Glaube, Vaterland, Autorität –, die das Fundament unserer Zivilisation sind. Und ihnen gegenüber wird er weder das Recht auf Unwissenheit noch auf Aggression dulden.«

In der Regierung von 1938 wurde Romualdo de Toledo Ministerialdirektor für das Grundschulwesen; in seinem Auftrag fanden in Pamplona im Mai 1938 die ersten Kurse über »Nationale Orientierungen für die Grundschulerziehung« statt. Das dabei verwendete Lehrmaterial ist ein weiterer Beleg für diesen schulischen Nationalkatholizismus; in der Tat ist die Identifizierung von Religion und Bildung (Romualdo de Toledo, Pemartín etc.) nur ein Teilaspekt der Identifizierung von Religion und Vaterland, und im weiteren Sinn von Religion und Gesellschaftsordnung. Das Charakteristische dieser Ideologie ist, daß sie nicht gerade »neu« ist, sondern ihre Wurzeln im Traditionalismus hat, und daß diese Kontinuität wahrscheinlich eine Folge der Tatsache ist, daß in Spanien der Übergang vom Ancien Régime zur bürgerlichen Gesellschaft nicht mit einem Wechsel im grundlegenden Legitimierungs- und Bildungsapparat einherging; das war weiterhin die Kirche und niemals die Schule.

Im Bereich der weiterführenden Schulen vollzog sich teilweise ein ähnlicher Prozeß. Die Regierung in Burgos wollte das Unterrichtsjahr unter dem Anschein der Normalität beginnen; man begnügte sich damit, den Religionsunterricht wieder einzuführen und die Koedukation zu verbieten, Italienisch zum Wahlfach zu machen und dem Sportunterricht eine vormilitärische Ausbildung anzufügen. Die Abteilung für das Sekundar- und Hochschulwesen wurde José Pemartín übertragen. 54 der 138 staatlichen Lehranstalten blieben geschlossen. Die Zahl der Schüler an kirchlichen Sekundarschulen verdoppelte sich gegenüber den staatlichen Schulen.

In Wirklichkeit aber wurden während der ersten zwei Schuljahre in der franquistischen Zone weiterhin die Richtlinien für das Abitur angewandt, die Villalobos 1934 erlassen hatte. Sie wurden allerdings mit den bereits erwähnten Einschränkungen und Zusätzen versehen, wobei die strenge Kontrolle durch die Kirche und die »Bewegung« und das starke Engagement von seiten der religiösen Orden als besondere Merkmale hinzukamen.

Erziehungsminister Pedro Sainz Rodríguez arbeitete schließlich einen etwas durchdachteren Reformplan aus. Später schrieb er selbst darüber:

> »Mein Plan sah also einen allgemeinbildenden, humanistischen, mehrstufigen Sekundarschulbereich vor, als obligatorische Vorstufe zum Hochschulunterricht. Damals, als die Nationale Erhebung einen Aufstand gegen die jakobinischen und sektiererischen Aggressionen der republikanischen Epoche darstellte, war es klar, daß von laizistischer Erziehung oder auch von der Neutralität im Bereich der religiösen Erziehung keine Rede sein konnte. Es wäre schockierend gewesen, wenn im Nationalen Spanien und mitten im Krieg ein Minister von laizistischer Erziehung gesprochen hätte, als die Menschen in den Schützengräben für das genaue Gegenteil starben.« (38, S. 255)

In *Testimonio y recuerdos* (Zeugnis und Erinnerung; das Buch wurde 40 Jahre nach seiner Tätigkeit als Minister Francos veröffentlicht) erläutert Sainz Rodríguez, mit wohltuender Ehrlichkeit, wie alles, was er als Minister zur »Reinigung« der laizistischen republikanischen Gesetzgebung getan habe, »die Zustimmung nicht nur der spanischen Kirche, sondern auch Roms erhielt, denn es gibt Dokumente von Pius XI. und Pius XII., die ausdrücklich auf die neue Situation der religiösen Erziehung in Spanien eingingen«.

Alicia Alted Vigil weist in ihrer grundlegenden Untersuchung *Política del nuevo Estado sobre el patrimonio cultural y la educación*

durante la guerra civil español (Die Kultur und Erziehungspolitik des neuen Staates während des Spanischen Bürgerkrieges) neben den Texten von Sainz Rodríguez auf weitere ideologische Grundsatzschriften hin: auf die Arbeiten des Staatssekretärs García Valdecasas und die Pemartíns sowie auf den Artikel des Jesuiten Enrique Herrera Oria *La reforma de la Educación media en la España Nacional* (Die Reform des Sekundarschulwesens im Nationalen Spanien), veröffentlicht in der Zeitschrift *Atenas* (Athen, Burgos, Oktober 1938). Es handelte sich dabei um ein elitäres Bildungskonzept mit durchgehender klassisch-humanistischer Ausrichtung. Die Ausbildung erstreckte sich über sieben Jahre und war in sieben Fächer-Gruppen eingeteilt: Religion und Philosophie, Klassische Sprachen und Literatur, Geographie und Geschichte, Mathematik, Moderne Sprachen und »Kosmologie«, darüber hinaus Zeichnen, Modellieren, Leibeserziehung und Staatsbürgerkunde.
Manuel de Puellas untersucht in seiner Studie *Educación e ideología en la España contemporánea* (Erziehung und Ideologie im heutigen Spanien), wie an die Stelle des Begriffs der Gegnerschaft die totalitäre Konzeption Carl Schmitts trat, für die die Dualität von Freund und Feind charakteristisch war... Die Erziehung wurde politisiert und von ideologischen Werten geprägt, deren Gültigkeit auf dem Schlachtfeld verteidigt wurde. Der Autor hebt zwei Grundzüge der Erziehungspolitik hervor, wie sie im Gesetz über das Sekundarschulwesen von 1938 zum Ausdruck kamen: zum einen die Rücknahme aller durch die Republik eingeleiteten Veränderungen, das republikanische Erziehungsmodell wurde als die Hauptursache für den Niedergang der traditionellen Werte betrachtet; zum anderen der Versuch, eine Elite auf der Grundlage einer soliden klassischen Kultur herauszubilden, in der – so die Präambel des Gesetzes – »der Katholizismus das Mark der Geschichte Spaniens bildet. Unerläßlich ist deshalb ein umfassender Religionsunterricht, der Katechismus, Evangelium, Morallehre, Liturgie, Kirchengeschichte und Apologetik beinhalten soll... Die Aufgabe des Unterrichts in der Weltgeschichte, vor allem in ihrem Verhältnis zu Spanien, ist es, das Spanische wieder aufzuwerten und den antispanischen und auslandshörigen Pessimismus endgültig auszurotten, diesen Sproß des Unglaubens und der so schändlichen ›schwarzen Legende‹.«
Die Grundvorstellung kann mit dem Begriff der »christlichen Zi-

vilisation« umschrieben werden (die am Fest des Heiligen Thomas von Aquin überschwenglich gefeiert wurde): d.h. die Verherrlichung des Glaubens, der Hierarchie und der Ordnung der dem Menschen vorgegebenen transzendenten Werte. Dagegen sei das Spontane, das eigentlich Menschliche durch die Erbsünde verdorben; und der Mensch in seinem Hochmut versteige sich dazu, das göttliche Geheimnis mit Hilfe der Vernunft verstehen und diskutieren zu wollen, kurz, das Unheil komme von Rousseau. Darin stimmten José Antonio Primo de Rivera, Sainz Rodríguez, Pemartín und die Kirchenführer überein. Rousseau, das heiße zuzugeben, daß der Mensch nicht von Natur aus durch die Erbsünde verdorben, sondern gut sei; daß sich ein *allgemeiner Wille* von unten nach oben bilden könne, der die Volkssouveränität verkörpere. Das sind in der Tat zwei völlig entgegengesetzte Konzeptionen zur Legitimierung von Macht.

Schließen wir diesen Abschnitt mit einem Blick auf die konkrete historische Wirklichkeit. Die Durchführung des Reformplans von 1939 bedeutete, daß fast das gesamte Sekundarschulwesen (das keineswegs zur Elitebildung führte, denn der Mangel an qualifizierten Lehrern wurde immer deutlicher) den religiösen Orden überlassen wurde. Diese waren zwar verpflichtet, 25% der Schüler (die »Armen«) kostenlos aufzunehmen, die restlichen 75% verschafften ihnen aber immer höhere Gewinne.

Die Frage der Erziehung wurde in der Zone der Aufständischen durch die Kriterien erschwert, die der sogenannten Säuberung zugrunde lagen. Sicherlich wurden während des Bürgerkriegs sehr bald auf beiden Seiten gewisse Säuberungsmechanismen eingeleitet. Im *Boletín Oficial* der Junta von Burgos wurden schon am 19. August 1936 die Lehrer generell angesichts ihrer »Sympathien für die Republik« als besonders gefährlich bezeichnet. Die Säuberungen begannen im September 1936. An einigen Orten Navarras wurde bereits am 12. August eine Oberkommission für Erziehungsfragen geschaffen, deren Aufgabe es war, entsprechende Professoren und Inspektoren zu beseitigen, den Lehrkörper und die Bibliotheken etc. zu säubern. Die »von der Säuberung Betroffenen« waren faktisch den Erschießungskommandos ausgeliefert. Die Säuberungen vollzogen sich auf der Grundlage von Informationen und Denunzierungen durch Bürgermeister und Priester, die oft von einer naiv-simplistischen Geisteshaltung geprägt waren. (So beurteilte der Bürgermeister von Cintruénigo einen Lehrer als »gefährlichen, widersetzlichen Linken«, und der Priester Isidoro Boneta klagte in Pamplona zwei Lehrer an: »Sie haben Haß auf Spanien und auf den Karlismus gesät, der zur Rettung des Vaterlands des Heiligen Ignatius und des Heiligen Franz Xaver angetreten ist, und sie sind deshalb eines Amtes unwürdig, das die katholische Jugend in solch große Gefahren stürzen kann.«)

Die am 8. Dezember 1936 im *Boletín Oficial* veröffentlichte Verordnung war in ihrer Präambel sehr deutlich:

> »Seit mehreren Jahrzehnten wird die Lehrerschaft auf allen Ebenen und mit immer weniger Ausnahmen von Ideologien und Institutionen beeinflußt und beherrscht, die in offener Gegnerschaft zu unserem nationalen Wesen und unserer Tradition stehen. Es ist daher erforderlich, daß in dem glorreichen Augenblick, an dem wir stehen, das Personal des öffentlichen Erziehungswesens einer allgemeinen und tiefgreifenden Überprüfung unterzogen wird, die einer radikalen und endgültigen Neuorganisation des gesamten Erziehungswesens vorangehen muß; nur so können wir jene falschen Lehren mit der Wurzel ausrotten, welche zusammen mit ihren Aposteln die Hauptursache für die tragische Situation sind, in der sich unser Vaterland befindet.«

Der begrenzte Umfang unserer Untersuchung läßt es nicht zu, dem Thema weiter nachzugehen; es genügt vielleicht noch der Hinweis, daß Antonio Machado nach seinem Tod (1939) aus der spanischen Lehrerschaft der höheren Schulen nachträglich ausgeschlossen wurde.

In der republikanischen Zone stellten sich die Dinge von Grund auf anders dar. Es gab zwar auch Mobilisierungs- und Säuberungsprobleme, letztere aber in wesentlich geringerem Ausmaß; und das aus zwei Gründen: zum einen waren die Meinungen, auf die sich die Dokumente des Gegners bezogen, tatsächlich im Lehrkörper vorherrschend, und zum anderen waren die Kräfte, die die republikanische Regierung unterstützten, politisch und ideologisch ziemlich heterogen.

Andererseits war die »Kultur- und Bildungsorientierung«, ein charakteristisches Element des Fortschritts, seit der zweiten Hälfte des 19. Jahrhunderts weiterhin sehr stark. Es kam noch hinzu, daß die Republik nicht über einen so spezifischen und wirkungsvollen ideologischen Apparat verfügte, wie es die Kirche für den in Salamanca und Burgos ansässigen »neuen Staat« war. Nach vorsichtigen Schätzungen wurden 1937 mehr als 2000 und 1938 noch rund 1000 Schulen geschaffen. J. M. Fernández Soria errechnet in seiner sehr präzisen Untersuchung die Zahl von 5413 Schulen, die von der Regierung in Madrid vom Beginn des Kriegs bis Dezember 1938 eingerichtet wurden (10, S. 28). Dazu kommen noch die immensen Anstrengungen der Regierung von Katalonien, die bis April 1938 129000 neue Schulplätze schuf. Trotz dieser Maßnahmen konnten nicht alle schulpflichtigen Kinder eingeschult werden, vor allem wenn man die große Zahl der Flüchtlingskinder aus den Kampfgebieten berücksichtigt.

Das Dilemma der republikanischen Regierungen, einen Krieg zu führen und gleichzeitig das Bildungswesen voranzutreiben, wird sehr treffend von Claudio Lozano beschrieben. Er zitiert zunächst aus einem Artikel des angesehenen Pädagogen Ángel Llorca in der Zeitschrift *Madrid* (herausgegeben von der *Casa de la Cultura* [Kulturhaus] in Valencia):

> »Ich weiß, daß wir uns im Krieg befinden, aber ich weiß auch, daß der Krieg viele Tausende von Kindern mobilisiert hat, was zu Störungen führen kann, die dem Krieg abträglich sind... Die Erziehungsprobleme bleiben vom Krieg nicht unberührt. Es sind altbekannte Probleme, die jetzt in Spanien durch den Krieg und die Revolution zugespitzt werden.«

Claudio Lozano schreibt dazu:

> »Das schulische Leben war unterbrochen, der Lehr- und Lernalltag aus den Fugen geraten; Tausende von Familien waren aus ihrem Lebenszusammenhang gerissen, ihre Kinder entwurzelt. Hier setzte die konkrete Politik ein: diese Kinder mußten schulisch betreut werden. Zu diesem Zweck wurden die Grundschulen umgewandelt, die weiterführenden Schulen erhielten eine am gesellschaftlichen Nutzen orientierte Ausrichtung; Organisationsstrukturen wurden verändert, und das gesamte kulturelle Spektrum erfuhr eine beträchtliche Belebung und Ausweitung. Grundlage dafür war eine Steigerung der Haushaltsmittel und die tatkräftige Unterstützung der Propagandaorgane. Sicher ist es schwierig, das Erreichte richtig zu bewerten und es von den erklärten Absichten zu unterscheiden. Die Anstrengungen der aufeinanderfolgenden Regierungen, den Krieg zu bewältigen und gleichzeitig ihr Einflußgebiet kulturell umzugestalten, sind unbestreitbar und sehr eindrucksvoll.« (19, S. 291)

Ein modern anmutendes, unkonventionelles Propagandaplakat der Republikaner.

Entsprechend mußte das Lehrpersonal ausgebildet werden. Auch hier fanden sechsmonatige Intensivkurse statt; 1937 wurden 16 Lehrerseminare geschaffen.
Die republikanischen Regierungen nahmen jedoch das Thema einer grundlegenden Erneuerung des weiterführenden Schulwesens nicht in Angriff. Sie beschränkten sich darauf, 75 staatliche Lehranstalten aufrechtzuerhalten, deren Schülerzahl Anfang 1937 etwa 25 000 betrug (man vergleiche dazu die Durchschnittszahl von 75 000 Sekundarschülern zwischen 1931 und 1935). Eine Maßnahme allerdings stieß auf große Resonanz: die Schaffung von Sekundarschulen für Arbeiter mit der Möglichkeit, nach zwei Jahren, eingeteilt in vier Semester, ein Kurzabitur zu erwerben. Die Schwerpunkte der Lehrpläne lagen auf den Fächern Mathematik, Sprache und Literatur, Französisch und Naturwissenschaften. Die erste Schule dieser Art wurde am 31. Januar 1937 in Valencia gegründet. Ihr folgten einige Wochen später die Schulen in Sabadell und im Mai Barcelona und Madrid.
Es handelte sich um den Versuch, das weiterführende Schulwesen zu »proletarisieren«, wie es Staatssekretär W. Roces bei seiner Amtsübernahme ausdrückte, und ihr eine deutlich »arbeiterfreundliche« Prägung zu geben. Zu Schulabschlüssen kam es jedoch einzig in Valencia. Insgesamt überschritt die Zahl der Schüler an derartigen Einrichtungen, so die Forschungen Fernández Solers, kaum die Zahl von etwa 1100. Alle Schüler erhielten Verpflegung, die auswärtigen zusätzlich Unterkunft; diejenigen, die eine bezahlte Arbeit zugunsten der Studien aufgegeben hatten, kamen in den Genuß von Stipendien. Daneben wurde auch an den höheren Schulen der größeren Städte ein fünfsemestriges Intensivabitur für Arbeiter angeboten.

Die Universitäten und der Instituto de España

Wie schon erwähnt, blieben die Universitäten unter dem franquistischen Regime zunächst geschlossen; es wurden auch keinerlei Versuche unternommen, sie umzugestalten. Der von Sainz Rodríguez im Oktober 1938 vorgelegte und im wesentlichen von Pío Zabala entworfene Plan wurde von einer Kommission überarbeitet, die aus Zabala selbst, Ciriaco Pérez Bustamente, Inocencio Jiménez und Juan J. López Ibor bestand. Er erschien endgültig erst einige Tage nach Kriegsende. Darin wird die Universität als

»das höchste Organ des nationalen Erziehungswesens« angesehen, das heißt, sie hat allen kulturellen Bemühungen und dem, was im Geiste ihrer Schöpfer die Grundzüge einer »Reichsuniversität« waren, die Richtung vorzugeben.
Während des Bürgerkriegs führte das Ministerium einen sogenannten »Kurs für universitäre Studien« durch, der aus insgesamt 250 Vorträgen in den verschiedensten Disziplinen bestand und von praktischem Unterricht begleitet wurde. Bei der Abschlußveranstaltung versuchte Sainz Rodríguez, die »allgemeine Angst gegenüber der Intelligenz«, »die in den Reihen dieser großen patriotischen Bewegung umgeht«, zu zerstreuen. Dabei blieb er allerdings etwas zweideutig: »... die Spanier sollen verstehen, daß die Kultur das Beste und das Schlimmste ist und daß, wenn sie nicht von Disziplin, Strenge und Moralität beherrscht wird, sie lediglich dazu dient, den Geist Luzifers zu erzeugen«.
Während des Kriegs spielte die Universität im franquistischen Spanien trotz der wachsenden militärischen Erfolge praktisch keine Rolle. Selbst die bekanntesten Intellektuellen, die das republikanische Gebiet verlassen hatten, blieben im Ausland und blickten mißtrauisch nach Burgos oder Salamanca: so etwa Baroja, Azorín, Pérez de Ayala oder Marañón. Die Intoleranz der Professoren, die sich mit dem neuen Regime bestens arrangiert hatten, wie z. B. Enrique Suñer, rief Ablehnung hervor. Zudem war der Vorfall zwischen Millán Astray und Unamuno im Oktober 1936 noch in lebhafter Erinnerung.
Die Regierung in Burgos gründete den *Instituto de España* (Spanien-Institut), dessen Existenz – wie Sainz Rodríguez geschrieben hat – »einer jener Kulturphantasien zu verdanken ist, in denen sich Eugenio d'Ors so sehr gefiel. Das Ganze wurde organisiert als eine Art Schauplatz, auf dem wir zeigen konnten, was in der nationalen Zone von jeder Akademie übriggeblieben war.« (38, S. 267) Die republikanische Regierung hatte die Akademien aufgelöst, doch die Akademiemitglieder auf franquistischem Gebiet reichten nicht aus, um auch nur eine solche Einrichtung funktionsfähig zu halten. Der *Instituto de España* übernahm im Mai 1938 die oberste Führung der wissenschaftlichen Forschung und trat somit an die Stelle der früheren *Junta para Ampliación de Estudios* (Kommission für weiterführende Studien).
Der im Oktober 1937 an den Universitäten der republikanischen Zone wieder aufgenommene Vorlesungsbetrieb war sehr stark von

der generellen Situation abhängig. In den Medizinischen Fakultäten, Ingenieurschulen oder Höheren Berufsschulen fanden Lehrgänge statt, mit denen provisorische, ganz auf Kriegszwecke ausgerichtete Diplome erworben werden konnten; ebenso gab es Lehrgänge für Krankenschwestern und Hebammen. Der Valencianer José María Ots Capdequí, eineinhalb Jahre lang Staatssekretär für das Hochschulwesen, arbeitete einen umfangreichen Plan zur Universitätsreform aus. Diese Reform sollte auch einen anderen Studententyp herbeiführen: statt der Söhne begüterter Familien sollten die »Arbeiterstudenten« das Bild bestimmen. An die Stelle des unnahbaren Professors in Dauerstellung sollten Professoren auf Zeit treten, wodurch sich die unterschiedlichen Fähigkeiten der einzelnen Dozenten besser herausbilden könnten. Die Universität war als ein Netz aus Fakultäten, Forschungsstätten und Berufsbildungszentren gedacht, die in wechselseitigem Austausch miteinander stehen sollten.

Diese Reform gelangte jedoch nicht über das Stadium der Planung hinaus. Die entsprechenden Entwürfe wurden im September 1937 in der *Gaceta de la República* (Zeitung der Republik) veröffentlicht.

Im Bereich der wissenschaftlichen Forschung bestand die *Junta para Ampliación de Estudios* fort. Unter ihrer Ägide ging an vielen Instituten die Arbeit weiter: am Institut für Naturwissenschaften, am Institut für Physik und Chemie, am Cajal-Institut, in den Forschungslabors für Histologie, Embryologie, Metallographie und Mathematik sowie im Institut für Historische Studien.

Das Kultur»modell«

Die Vermittlung von Grundwerten durch die Schule zeigt bereits die zwei kulturellen »Modelle«: das der Aufständischen (die man seit Oktober 1936 ohne weiteres Franquisten nennen kann) und das der Republikaner. Das Phänomen des »kulturellen Lebens« an den Fronten und in der Etappe jedoch enthüllt um einiges besser, welche Art Kultur gefordert und verteidigt wurde.

In den Texten, Reden und Dokumenten, die sich bei den Franquisten auf Kultur beziehen, überwiegt die katholisch-traditionelle, nationalistisch-imperiale, hierarchische, für die bestehende Ordnung eintretende Haltung. Durch die republikanischen Texte hingegen zieht sich der Gedanke, daß die Kultur ihre tiefsten Wurzeln im Volk habe und daß sie dem Volk zurückgegeben werden müsse und nicht länger ein Klassenprivileg sein dürfe. Repräsentativ für diese Auffassung erscheint uns die Rede, mit der der Erziehungsminister Jesús Hernández das Programm »Frontlautsprecher« von *Unión Radio Madrid* einleitete (14. September 1936). Das Recht auf Kultur wird hier mit dem »Recht auf Land und dem Recht auf ein besseres Leben« gleichgesetzt. »Das Problem ist schlicht und einfach das der Enteignung. Die vom Volk geschaffene und im Dienst des Volks stehende demokratische Republik fordert für die Volksmassen die Güter zurück, die sie geschaffen haben und die deshalb nur ihnen gehören.« Es gehe darum, »alle Bildungsmöglichkeiten, alle Kunstschätze, alle Erträge der Wissenschaft zugänglich zu machen und den Volksmassen zur Verfügung zu stellen«.

Von der durch den Parteijargon gefärbten Wortwahl abgesehen, äußerte Hernández hier die grundlegende Auffassung, daß die Kultur ein Menschenrecht, ihre Verbreitung deshalb unerläßlich sei, womit er den pädagogischen oder erzieherischen Aspekt eines halben Jahrhunderts spanischer Fortschrittstradition aufnahm. Schon bald entstanden wichtige Einrichtungen zur Vermittlung dieser Grundeinstellung (Lesungen, Kurse, Vortragsreihen, Rundfunkprogramme, kleine Theatergruppen, die »Soldatenheime«, Zeitungen einzelner militärischer Einheiten, Wandbilder), die bei den Empfängern dieser Botschaft zu kulturellen Aktivitäten führten. Bemerkenswert ist das Beispiel eines Bataillonschefs, der einem Journalisten gegenüber von der größten Ruhmestat seiner Einheit sprach: »Als die Einheit gebildet wurde, konnten 65% der Männer nicht lesen und nicht schreiben. Heute gibt es im ganzen Bataillon keinen einzigen Analphabeten mehr.« (*El Sol*, 10. November 1937)

Bevor wir auf dieses Thema näher eingehen, muß betont werden, daß die Polarisierung der kulturellen »Modelle« gleichermaßen bei den kulturideologischen Wortführern der beiden Seiten sichtbar wurde. Sie bedienten sich einer metaphorisch überladenen Sprache und eines schwülstigen Stils, die der jüngeren Generation bereits sehr fremd waren. Als Beispiele mögen Eugenio d'Ors und León Felipe dienen.

D'Ors, der zu einem führenden Intellektuellen der franquistischen Zone wurde, veröffentlichte in *Jerarquía* einen Essay, der auf der Gegenüberstellung der klassischen und der barocken Ordnung aufbaute. Das 19. Jahrhundert sei barock, während

»in unserer Zeit eine klassische Epoche beginnt, ein neues Mittelalter. Das Faschistische Zeitalter, das uns die *Falange* nach Spanien bringt... Der barocke Irrtum, der jetzt dem Ende zugeht, beruht auf drei Prinzipien: Erfahrung, Einsamkeit und Bitterkeit...

Man hat von der Kunst um der Kunst willen gesprochen. Eine erste Reaktion darauf war die Formel von der ›Arbeit um der Arbeit willen‹. Aber auch das wird nicht unser Leitsatz sein, denn Arbeit ist Strafe, und es ist Zynismus, wenn man sie, wie es geschieht, als Garanten des Glücks bezeichnet. Unsere Formel muß diese sein: die Pflicht um der Pflicht willen; wir werden die Parnassiens der Pflicht sein. Vor allem der Pflicht zur Unterordnung.

Kampf ist das Leben der Menschen, sagt die Schrift. Aber die Menschen des vergangenen Jahrhunderts waren nur Zuschauer oder Verleumder des Kampfes. Die Sonne schien ihnen feindlich, und ein Gespensterreigen brach wie ein Alptraum über sie herein: das Gespenst der natürlichen Güte, des unbegrenzten Fortschritts und der Göttin der Vernunft. Das Gespenst der Freiheit und des Pragmatismus, das der Soziologie und das der Menschenrechte. Das der verfemten Dichter, das der Kunst um der Kunst willen und das der bürgerlichen Rührung...

Das 19. Jahrhundert ist liberal und empirisch, aber es ist auch reine Vernunft, Traum der Vernunft, und man weiß ja, daß der Traum der Vernunft Ungeheuer erzeugt... Die Liberalen damals waren ausschweifend oder erbärmlich, launisch oder berauscht von ihren Zechgelagen und absonderlichen Ansichten... Sie waren langhaarig, krank, neidisch und faul. Das waren unsere Großväter, die Söhne von 1898. Heute sind sie Soldaten, die sich ihrer Weisheit rühmen können, sie schwimmen und spielen in der Sonne und der freien Luft, und es bleibt ihnen keine Zeit für Flausen.«

Das Zitat ist lang, aber es zeigt, mit welchen ideologischen Waffen hier zu einem Generalangriff gegen die Rationalität angesetzt wird: die Zerstörung der Werte einer bürgerlich-liberalen Gesellschaft, der eine scheinbar intellektuelle Ordnung gegenübergestellt wird, die aber nur zur Verherrlichung von Kampf, Soldatentum und Pflicht führt. Wahrscheinlich liegt der historische Wert dieser Texte von D'Ors darin, daß sie den höchsten intellektuellen Anspruch von damals verdeutlichen. D'Ors war immerhin Direk-

tor des *Instituto de España,* Leiter des *Servicio Nacional de Arte* (Nationaler Kunstdienst) und die herausragendste Figur der Gruppe um die Zeitschrift *Jerarquía.*
Eine entgegengesetzte, aber auch vorrangig ästhetische Linie repräsentiert León Felipe; wir zitieren aus seinem Text *Don Quijote toma las armas* (Don Quijote greift zu den Waffen; *El Sol,* 8. Februar 1937). Es ist eine Rückbesinnung auf die Bedeutung Don Quijotes, eine »Verbindung von Dichter und Volk, von Epos und Geschichte«:

> »Don Quijote muß bewaffnet werden. Und er muß gut bewaffnet werden. Er muß um jeden Preis bewaffnet werden, jetzt und für die Zeit nach dem Krieg. Denn niemand, niemand in der modernen Welt hat so sehr ein Recht darauf, bewaffnet zu sein, wie dieser große Freund der Liebe und der Gerechtigkeit... Das ist keinen Schwärmerei. Es ist nur ein leidenschaftlicher Ausdruck dessen, was die Politik in den Tageszeitungen, auf den Tribünen und an den Straßenecken stammelt; daß wir unsere revolutionären Grundsätze auf die uralten, legitimen und unzerstörbaren Kräfte und Werte des Volks unserer Geschichte und unseres Wesens stützen müssen. Warum sollen wir die Geschichte den Aufrührern überlassen, wenn die Geschichte Spaniens, die echte Geschichte Spaniens uns gehört? Die Revolution hat nicht erst gestern begonnen. Unsere Revolution des Volkes, der Proletarier, der Anarchisten ist bereits in den alten Romanzensammlungen enthalten und reicht noch weiter zurück, bis zu den ersten kastilischen Heldenliedern. Jawohl, die edle Geschichte Spaniens gehört uns, und auch deren Epen. Der Cid und Don Quijote gehören uns.«

Die Verbreitung der Kultur

Das kulturelle »Modell« jeder Seite, die Art der Botschaft, die man vermitteln wollte, und auch *wie* sie vermittelt wurde – dies war auf beiden Seiten Grundlage der jeweiligen Mechanismen zur Verbreitung von Kultur, die sich nicht nur an die Soldaten, sondern auch an die Zivilbevölkerung richteten. In der franquistischen Zone ging man nicht über soziale Leistungen und Propaganda im strengen Sinne hinaus. Die Betreuung der Kämpfenden begann schon bald, ebenso die »Lesungen« für Verwundete in den Krankenhäusern. Man gründete das *Auxilio de Invierno* (Winterhilfswerk), bis in die Namensgebung eine Kopie der entsprechenden deutschen Sozialeinrichtung. Es begann seine Tätigkeit in Valladolid im Winter 1937. Unter der Leitung von Mercedes Sanz Bachiller wurden Speisesäle für Waisenkinder eingerichtet, die gerade in solchen Provinzen zahlreicher waren, in denen die Repression als Vorbeugemaßnahme gegen die »Roten« die meisten Todesopfer gefordert hatte. Daraus wurde später der *Auxilio Social* (Sozialer Hilfsdienst), eine der wichtigsten Sozialeinrichtungen des franquistischen Regimes. Ebenfalls 1937 wurde die *Delegación Nacional de Asistencia a Frentes y Hospitales* (Nationale Hilfsstelle für Fronten und Krankenhäuser) geschaffen, der die »Verwundetenheime« und die »Erholungsheime für Soldaten« in der Etappe unterstellt waren. Dort wurde Grundschulunterricht angeboten und den Genesenden Lesen und Schreiben beigebracht. Gegen Ende des Kriegs etablierte man – unter strenger Kontrolle der *Falange* und der Kirche – einen »Lesedienst für den Soldaten«, der Bücher und Zeitschriften auswählte und an der Front verteilte.

Auch wenn es sich dabei in der Hauptsache um Sozialbetreuung handelte, so waren doch zweifelsohne die wichtigsten Träger für die Verbreitung der Kultur der *Auxilio Social* mit seinen verschiedenen Kursen und Lehrgängen sowie der *Sección Femenina* (Frauenabteilung) und den ersten von ihr eingerichteten Schulen für Führungskräfte.

In diesem Bereich standen sich die kulturellen »Modelle« beider Seiten deutlich gegenüber. Auf der republikanischen Seite wurde die kulturelle Betätigung als fester Bestandteil in das reguläre Heer eingegliedert, seit es an die Stelle der Milizen getreten war. Zweifellos war sie in vielen Fällen dem »Kriegskommissariat« unterstellt; es gab aber auch spezifische Einrichtungen, wie die Sozialabteilung des V. Regiments oder die sog. Kulturmilizen, die aus der Zusammenarbeit des Erziehungs- mit dem Heeresministerium hervorgingen, oder auch unabhängige kulturelle Einrichtungen, die bereits vor dem Krieg bestanden (*Cultura Popular* [Volkskultur], *La Barraca* [Die Baracke], *Alianza de Intelectuales* [Bündnis der Intellektuellen]) oder im Lauf des Kriegs gebildet wurden (der »Frontlautsprecher«, die »Theaterguerilla«). Gemeinsam war ihnen nicht nur die Auffassung, daß eines der Kriegsziele in einer Demokratisierung der Kultur bestünde, sondern auch die Ansicht, daß eine möglichst weite Verbreitung von Kultur im Interesse des Kriegs nützlich sei. Was die »Bewußtseinsbildung der

Kämpfenden« betraf, war das Wirken des im Oktober 1936 geschaffenen »Kriegskommissariats« außerhalb seiner rein militärischen Kommandofunktion mit der Aufgabe der Kulturverbreitung unschwer vereinbar.
Auch darf man nicht vergessen, daß es in diesem Bereich schon vor dem Krieg Organisationen und Einrichtungen gab, wie die der UGT angeschlossene Lehrergewerkschaft FETE, die FUE (eine Studentenorganisation, deren Zentralorganisation sich UFEH, *Unión Federal de Estudiantes Hispanos* nannte), die libertären Künstler- und Gelehrtenzirkel, rationalistische Schulen oder das Kulturreferat der autonomen Regierung Kataloniens.
Die wichtigste Einrichtung zur Verbreitung der Kultur war zweifelsohne *Cultura Popular,* eine Institution, die im April 1936 von Vertretern aller Parteien der Volksfront und von Organisationen wie der UFEH, der *Federación Cultural Deportiva Obrera* (Arbeiterbund für Kultur und Sport), der *Frente de la Juventud* (Jugendfront) ins Leben gerufen wurde.
Am Beginn aller Aktivitäten standen Alphabetisierungskampagnen und »mobile« Vortragsprogramme; auf dieser Grundlage konnten schließlich Bibliotheken eingerichtet, Kurzlehrgänge organisiert und Zeitungen herausgegeben werden. Strukturell können wir unterscheiden zwischen den Einrichtungen zur Förderung und Verbreitung von Kultur (zum Beispiel das Ministerium, eine Partei, *Cultura Popular,* die FUE etc.) und der Verwurzelung kultureller Aktivitäten: »Kulturecken«, »Soldatenheime«, Schulungsclubs innerhalb des Heers für einzelne Brigaden, Bataillone und selbst Kompanien. Ähnliche Verbreitungssysteme gab es auch in Krankenhäusern, Fabriken und Landwirtschaftskooperativen.
Mit dem Beginn des Bürgerkriegs und der neuen Situation fächerte *Cultura Popular* (deren Zentrale in der Madrider Calle del Sacramento lag), die über einen Wagenpark und mobile Mitarbeiterteams verfügte, ihre Aktivitäten auf Bibliotheken, Presse, Festivals, Schallplattenproduktionen und Buchveröffentlichungen auf. Dazu kam in schwierigen Zeiten, wie den Tagen des Angriffs auf Madrid im November 1936, die unmittelbare Propaganda an der Front.
Die mobilen Einsatzgruppen von *Cultura Popular* kamen bis an die entferntesten Frontabschnitte und auch in die Dörfer des Hinterlands; sie führten Bibliotheken, Projektoren, Kulturfilme und

Schallplatten mit sich. Mit einem Anfangsbestand von 300000 Büchern ging man daran, Bibliotheken in allen Krankenhäusern Madrids einzurichten; außerdem wurden täglich 26000 Zeitungen in den Krankenhäusern und an der Front verteilt. Schließlich wurde eine Art Zentralbibliothek eingerichtet, über die die Einzelbibliotheken koordiniert wurden. Auf diese Weise konnten ständig Zehntausende von Büchern zwischen den Bibliotheken zirkulieren, in Krankenhäusern, Kindergärten, Kasernen und bei den militärischen Einheiten. Der Schriftstellerverband arbeitete bei Vorträgen und Lesungen mit, ebenso die freien Theatergruppen, die noch fortbestanden, und die Gesangvereine der »Pädagogischen Missionen«. Als sich der Kampf, vor allem in Madrid und in Zentralspanien, in einen festen Stellungskrieg verwandelt hatte, waren das Bibliotheksnetz und die Verteilung der Zeitungen vollständig organisiert. In den entstehenden Einheiten des *Ejército Popular* waren die »Kulturecken« mit einer Bibliothek, den Wandzeitungen, Vorträgen, Lehrgängen, Schallplatten und Plakaten die Keimzelle der späteren »Soldatenheime« und bildeten die Grundlagen für die späteren Kulturmilizen (ab Mitte 1937). Innerhalb eines Jahres richtete *Cultura Popular* in Madrid und Valencia 1097 Bibliotheken ein, die Mehrzahl davon bei Fronteinheiten und in Kasernen.

Das »Kulturzentrum« in Barcelona leistete ebenfalls einen wichtigen Beitrag, und die *Generalitat* schuf 1937 die »Kulturdienste für die Front«. 200 Bibliotheken mit mehr als 50000 Büchern entstanden bei militärischen Einheiten, in Kasernen und Krankenhäusern.

Das Kulturministerium reformierte die 6000 Bibliotheken auf dem Land, die zuvor den »Pädagogischen Missionen« unterstellt waren und die nun über einen neuen Bestand von fast 300000 Bänden verfügten. Die FETE stellte ab Dezember 1936 zahlreiche Mitglieder zum Dienst in den Kulturmilizen ab. Die FUE erweiterte die Zahl ihrer Volksuniversitäten auf nunmehr acht; diese wurden vom Ministerium unterstützt und boten verschiedene Ausbildungsgänge an, von der Alphabetisierung bis zur Vorbereitung für die Aufnahme an Arbeiter- und Militärschulen etc.; und sie organisierte *La Barraca* neu, die nun von Miguel Hernández geleitet wurde. Die Autonome Universität von Barcelona entfaltete ähnliche Aktivitäten und begann 1937 unter der Leitung Professor Masrieras mit der Ausstrahlung ihrer Funkkollegkurse.

Die umfassendste Organisation zur Verbreitung von Kultur in der Armee waren die Kulturmilizen, die vom Kulturministerium durch das Dekret vom 6. Januar 1937 geschaffen wurden. In Wirklichkeit waren sie schon bei der Umwandlung von Volksmilizen in das reguläre Heer als eine Art Zusatzeinrichtung entstanden. Sie sollten die vielen Einzelaktivitäten zusammenfassen und das Kriegskommissariat von Aufgaben entlasten, für die es eigentlich nicht zuständig war. Die zu Kulturmilizionären ernannten Lehrer wurden der Oberaufsicht des Kriegskommissars der jeweiligen Einheit unterstellt. Ihre Aufgabe war es, den Kämpfenden elementare Kenntnisse, vor allem Lesen und Schreiben, beizubringen. Durch eine am 19. Mai 1937 in der *Gaceta de la República* veröffentlichte Verordnung wurden die Kulturmilizen endgültig institutionalisiert.

Für das Heer in Zentralspanien (in dem derartige Aktivitäten begünstigt wurden, da die Front einigermaßen stabil war) sieht die Bilanz für den Zeitraum vom Mai 1937 bis zum August 1938 folgendermaßen aus: es wurden 167 »Soldatenheime« eingerichtet, 362000 Stunden Einzelunterricht und 531000 Stunden Gruppenunterricht erteilt, wobei 75000 Soldaten lesen und schreiben lernten, es wurden 182 Offizierslehrgänge durchgeführt, mehr als 20000 Reden und Vorträge gehalten und 600 Filmvorführungen veranstaltet; zudem wurden 1400 Frontbibliotheken eingerichtet, nicht eingerechnet die etwa 1000 Büchereien in Kasernen und Krankenhäusern.

Ein wichtiges Arbeitsmittel bei dieser Alphabetisierungskampagne war die *Cartilla Escolar Antifascista* (Antifaschistische Schulfibel), die das Kulturministerium mit einer Startauflage von 150000 Exemplaren veröffentlichte. Wie die Mehrzahl solcher Aktivitäten waren gewiß auch die Alphabetisierung und die Kulturverbreitung ideologisch und propagandistisch sehr stark befrachtet. So begann beispielsweise die erwähnte Fibel mit dem Satz: »Wir kämpfen für unsere Kultur.« Es fehlten auch nicht Parolen wie »Das Land gehört dem, der es bearbeitet«, »demokratische Republik«, Hinweise auf Arbeiterführer usw. Als Ergänzung zu dieser Fibel wurde sogar ein »Antifaschistisches Rechenbuch« herausgegeben.

Darüber hinaus existierten auch parteigebundene Kulturorganisationen, deren ideologische Ausrichtung offensichtlich war. Dies traf etwa für die immensen Bemühungen der Anarchosyndikali-

sten zu, die sogar ein »Konföderiertenabitur« einführten, oder für die »Bildungsschubs für Soldaten«. Erwähnenswert ist auch der »Frontlautsprecher«, der im September 1936 von der Zeitung *Mundo Obrero* ins Leben gerufen und von dem Journalisten César Falcón geleitet wurde; seine Aufgabe bestand darin, »Information und Propaganda für das Volk in Waffen« zu verbreiten (*Estampa*, 3. Oktober 1936). Er verfügte über speziell ausgerüstete Panzerwagen, deren Lautsprecher eine Reichweite bis zu fünf Kilometern hatten und somit die gegnerischen Linien mit Propaganda eindecken konnten. Diese Methode wurde während des Kriegs häufig von beiden Seiten angewandt, auch wenn man bezweifeln darf, daß sie nach den ersten Monaten noch großartige Wirkungen zeigte (eine Ausnahme bildete vielleicht die italienische antifaschistische Propaganda in der zweiten Hälfte der Guadalajara-Schlacht, als die Truppen Mussolinis bereits demoralisiert waren).
In diesem breiten Spektrum kultureller Aktivitäten spielten auch die Werkstätten für Malerei, Bildhauerei und Graphik (unter der Führung von Ramón Puyol) eine Rolle, ebenso die Kunstausstellungen, der Filmdienst (der einige interessante Dokumentarfilme produzierte); die Musikabteilung unter Carlos Palacio und vor allem das »Kriegstheater«, das der Schauspieler Miguel Gonzáles leitete und das im Teatro Lara in Madrid auftrat. Ihm angeschlossen waren drei Gruppen von »Theaterpartisanen«, die an der Front, in Krankenhäusern und in Kinderheimen spielten.
Man könnte einwenden, daß diese immense Entfaltung der Mechanismen zur Verbreitung von Kultur nichts weiter als Propaganda war. Sicher ist ein Krieg nicht die beste Gelegenheit für die Verkündigung froher Botschaften. In einem Krieg geht es zunächst darum, die eigenen Leute von der Gerechtigkeit des Kampfs und der Möglichkeit des Siegs zu überzeugen. Das heißt, die Tatsache des Kriegs wird durch zwei Wertvorstellungen gerechtfertigt: die der Gerechtigkeit und die der Zweckmäßigkeit. Der »ethische« Bezug ist wesentlich schwieriger, da man dabei unweigerlich dem Popanz von Gut und Böse verfällt. Zum anderen geht es darum, die Truppen des Gegners zu überzeugen, ein wesentlich schwierigeres Unternehmen, worauf aber keine der kriegführenden Parteien verzichtet. Und schließlich richtet sich in einem Bürgerkrieg wie dem spanischen ein großer Teil der ideologischen Argumentation an Dritte, an den Rest der Welt, und vor allem an jene Mächte, deren Unterstützung (bzw. Zurückhaltung)

aus strategischen Gründen angestrebt wird. Es ist daher selbstverständlich, daß es in einem solchen Krieg um den optimalen Einsatz der Ideologie geht, den man Propaganda nennt. Aber gleichzeitig geht es auch um Erziehung, um intellektuelle Bildung, um informatives, ästhetisches, technologisches Neuland etc. Ein Plakat ist Propaganda, aber es kann auch ein Kunstwerk sein; um so mehr ein Gedicht. Selbstverständlich sind die Alphabetisierung von 100 000 Menschen, die Kurse, die Vorträge, die Gewohnheit des Lesens, des Zuhörens und des miteinander Diskutierens, das Verstehen eines Bildes, eines Films oder eines Theaterstücks, die Verbindung von intellektueller Betätigung und hartem Alltagsleben weit mehr als reine Propaganda, sie sind vielmehr Bestandteil des kulturellen Lebens des Menschen schlechthin. Ein wichtiger Gesichtspunkt, auf den wir hier aber nicht weiter eingehen können, ist dabei der aktive »Eintritt« in den Kreislauf der Kultur, den der Empfänger der Botschaft vollzieht, indem er seinen eigenen Beitrag in Form eines Artikels, einer Notiz, eines Gedichts oder einer Zeichnung für die Wandzeitung des nächsten Kulturzentrums erstellt.

Die Presse in der aufständischen Zone

Wir fassen unter dem Begriff »Presse« alle geschriebenen Massenkommunikationsmittel zusammen, soweit sie regelmäßig erschienen. Hier kommt wohl am besten der »Kampf der Ideologien« zum Ausdruck, wobei allen gemeinsam war, daß sie von der Bevölkerung der gegnerischen Seite nicht gelesen wurden. Aber sie waren wichtig, um Zusammenhalt und Kampfmoral zu gewährleisten, um Abweichler zu neutralisieren, um Unschlüssige zu überzeugen. In Kriegszeiten verschiebt sich die bekannte Formel Information/Ideologie = Presse zugunsten des Nenners.
In der aufständischen Zone mußten alle Zeitungen, die verdächtig waren, mit der Volksfront sympathisiert zu haben (und das war schon der Fall, wenn sie nicht in Opposition zu ihr gestanden hatten), das Erscheinen einstellen; ihr Besitz wurde beschlagnahmt. In der republikanischen Zone geschah ähnliches mit der rechten Presse (*El Debate*, *Ya* [Sofort], *Las Provincias*, *El Siglo Futuro* [Das kommende Jahrhundert]), aber in vielen anderen Fällen bestanden die Zeitungen auch weiter, nachdem sie beschlagnahmt und ihre Redaktionen umgebildet worden waren

Symbolischer Ausdruck der Einheit zwischen Falangisten und Traditionalisten: eine sehr häufige Bildidee im franquistischen Lager.

(*ABC* in Madrid, *La Vanguardia* in Barcelona und selbst *Ahora* [Jetzt] in Madrid, die zunächst vom Betriebskomitee und später von der sozialistischen Jugend *Juventudes Socialistas Unificados* [JSU, Vereinigte Sozialistische Jugendorganisation] beschlagnahmt wurde).

Die Aufständischen konnten neben der karlistischen und vor allem der falangistischen mit der gesamten konservativen Presse rechnen. Trotz interner Schwierigkeiten verfügte die *Falange* im September 1936 über 17 Tages- und 23 Wochenzeitungen, darunter so bedeutende Blätter wie *Arriba España* in Pamplona oder *Unidad* (Einheit) in San Sebastian, zu denen ein Jahr später *Hierro* (Eisen) in Bilbao, *La Nueva España* in Oviedo etc. kamen. Die wichtigeren ideologischen Multiplikatoren, die weiter verbreitet und viel wirksamer waren als die falangistische Presse, waren jedoch die alten konservativen Tageszeitungen mit hoher Auflagenzahl: *ABC* in Sevilla, *Ideal* in Granada, *Heraldo de Aragón, El Norte de Castilla, Diario de Burgos* (Tageblatt von Burgos), *Región* in Oviedo, *La Gaceta del Norte* (Die Zeitung des Nordens) in Bilbao. Am 14. Januar 1937 wurde durch einen Erlaß der Junta das Amt für Presse und Propaganda mit Sitz in Salamanca geschaffen. In der Präambel wird seine Aufgabe beschrieben: Es solle »die gesamte Presse, Zeitungen und Zeitschriften und die übrigen Nachrichtenmedien im In- und Ausland benutzen, um die Taten der Nationalen Bewegung genauestens bekanntzumachen und so der Verleumdungskampagne entgegenzutreten, die die Roten auf internationaler Ebene anzetteln«.

Während der ersten Kriegsmonate war der Presse- und Propagandadienst des im Entstehen begriffenen Staatswesens nicht sehr professionell organisiert; er lag zunächst in den Händen von General Millán Astray, dem Juan Pujol (bis zum Ausbruch des Bürgerkriegs Chef des Geheimdiensts) zur Seite stand. Später übernahm Vicente Gay die Leitung; er war Professor in Valladolid und durch seine mit dem nationalsozialistischen Deutschland sympathisierenden Schriften bekannt. Aber er war kein Falangist; seine Mitarbeiter gingen in erster Linie aus der *Acción Española* hervor. Der *Falange*-Flügel Hedillas, der das Verschwinden José Antonio Primo de Riveras nicht öffentlich bekanntgeben wollte und den Mythos des »Abwesenden« schuf, agierte auf eigene Faust: Vicente Cadenas leitete von San Sebastian aus die Presse- und Propagandaabteilung. Im Oktober 1936, als er glaubte, der Einmarsch in Madrid stehe kurz bevor, vereinbarte er mit den Traditionalisten eine Aufteilung der Druckereien und Werkstätten, der Zeitungstitel und auch der Radiosender. Dies war eine Zeit harter Auseinandersetzungen zwischen den beiden Flügeln, die später die tragenden Säulen der Einheitspartei werden sollten.

Die Falangisten ahnten die Bedeutung der Kommunikationsmedien, und schon im Februar 1937 veranstalteten sie in Salamanca einen »Kongreß für Presse und Propaganda«, auf dem die Satzung des neuen staatlichen Presse- und Propagandadiensts erarbeitet wurde. Man wollte nicht nur Kontrolle und Zensur für jegliche Informationen und Bekanntmachungen einführen, sondern auch Parolen ausgeben, Nachrichten verbreiten, Beiträge schreiben und sogar eine Nachrichtenagentur aufbauen.

Wenige Tage vor der von Franco erzwungenen und von Serrano Suñer eingefädelten Vereinigung der Parteien erschien in der Zeitschrift *FE, Doctrina nacionalsindicalista* (FE, Nationalsyndikalistische Lehre) ein Artikel von García Venero (unter dem Pseudonym Tresgallo de Souza), der in Deutschland vollständig abgedruckt wurde. In ihm heißt es:

> »Der Nationalsyndikalismus erfordert einen professionellen Journalismus, der politisch ganz im Dienst des Vaterlands steht. Es wird in Spanien keine andere als die vom nationalsyndikalistischen Staat geleitete Presse geben. Der Journalismus wird weder dem Gewinnstreben dienen, noch wird er politisch gegen den Staat agieren.«

Dabei hatte man allerdings die großen privaten Unternehmen und auch die Kirche außer acht gelassen, die den Aufstand nicht unterstützt hatten, damit die *Falange* sich sämtlicher Massenkommunikationsmittel bemächtigte.

Die *Falange* hatte bereits die erste Nummer der schon mehrfach erwähnten *Jerarquía, la revista negra de la Falange* veröffentlicht; die Zeitschrift wurde von Fermín Yzurdiaga, einem falangistischen Priester aus Navarra, geleitet. Dieser benutzte eine neue Terminologie, um die Grundvorstellungen des Falangismus zu artikulieren, mit denen aber auch die konservativen Kreise, die Kirche und die militärische Macht übereinstimmten. Man achtete auf Schlüsselbegriffe wie: Caesar, das Schwert, das Reich, der Kreuzzug, die Wehrmacht, der Glaube, das Schicksal, die ewigen Kampfgruppen, die Rangordnung und die Führerschaft etc. Diese Terminologie war nicht spezifisch für den Falangismus, sondern bildete das Fundament des gesellschaftspolitischen Blocks, der sich zur franquistischen Einheitspartei zusammenschließen sollte.

Dies sei erwähnt, um die Unterschiede zwischen den Falangisten (die zum Teil als »Erneuerer«, zum Teil als »Exoten« galten) und dem Rest der eigentlichen Rechten, die als »reaktionär«, »kleri-

kal« etc. eingestuft wird, nicht zu stark erscheinen zu lassen. Die Verzerrung zweifellos bestehender Differenzen und der Versuch, sie zu regelrechten Widersprüchen hochzustilisieren, können zu Fehleinschätzungen in der Ideologiegeschichte führen.
Im April 1937 erschien in San Sebastian die schon erwähnte falangistische Wochenzeitschrift *Vértice*; sie wurde von dem Dichter Samuel Ros geleitet und war aufgrund ihrer luxuriösen Aufmachung und des hohen Preises für die breiten Volksmassen und Arbeiter unerschwinglich. *Vértice* war ein großangelegter Versuch der Herrschaftssicherung in Richtung auf die Mittelschichten, die Freiberuflichen usw., mit der Absicht, die Propaganda anziehender und die Themen und Inhalte ausgewogener zu gestalten. Ihre Mitarbeiter, Agustín de Foxá, Víctor de la Serna, Giménez Caballero, Manuel Halcón (der Ros als Herausgeber ablöste), Eugenio Montes, »Tebib Arrumi«, Zunzunegui, Miquelarena etc., waren Persönlichkeiten, die zum »Erlesensten« gehörten, was die »Neue Ordnung« (und das war eben nicht mehr die »reine« *Falange*) in Journalismus und Literatur für den allwöchentlichen Konsum der durch den Kriegsverlauf eingeschüchterten Mittelschichten (Zusammenbruch der republikanischen Nordfront etc.) aufbieten konnte.
Von der ersten Nummer an betrachtete es *Vértice* als Aufgabe, »eine angenehme und unterhaltsame Publikation zu sein, die in alle Haushalte ein plastisches und aktuelles Bild der Welt ringsum sowie Erholung und Muße bringen soll, vielseitig und mit kurzen und leichten Beiträgen, die dem Leser Erquickung und Vergnügen bereiten und die jenseits unserer Fronten die Wirklichkeit des Lebens im Hinterland unseres Franco-Spaniens wiedergeben« (die Illustrationen machten drei Viertel des verfügbaren Platzes in der Zeitschrift aus). Natürlich wurde die Propaganda nicht vernachlässigt; in jener Nummer fand sich ein Foto des zerstörten Guernica, »ein tragisches Bild des roten Vandalismus« (sic), was beweist, daß die Zeitschrift wohl doch erst im Mai erschien.
In der zweiten Nummer fehlten nicht die Bilder von Hunger und Elend im »bolschewistischen Madrid«, neben den Fotos amerikanischer Filmstars und Lobreden auf die »Ästhetik der Volksmassen«, für die die Hitlerschen Massenaufmärsche als Beispiel dienten. Die Nummer 4 (Juli 1937) war den Streitkräften gewidmet, weil »im Monat Juli 1936 das Zeitalter unserer Triumphjahre begann«, weil »die Armee mit hohem Bewußtsein ihrer Verant-

wortung und mit vollkommenem Glauben an die Notwendigkeit des Opfers die Aufgabe übernahm, das Land aus dem Abgrund zu befreien, in den man es gestoßen hatte« ... »Spanien muß gerettet werden; es ist besser, ehrenvoll zu sterben, als die Zerstörung unseres Vaterlands mitanzusehen ... Die Armee hat sich mit Unterstützung des Volks und der Milizen gegen eine verfassungsfeindliche und betrügerische Regierung erhoben.«

Es finden sich also keine wirklich neuen Ideen; der Armee wurde weiterhin die führende Rolle (»Hirn, Arm und Rückgrat«) und das kollektive Bewußtsein zugesprochen, *das Vaterland retten zu müssen.* Das Volk beschränkte sich darauf zu unterstützen, genauso wie jene etwas abstrakten »Milizen«, gemeint waren damit die *Requetés,* das eine oder andere falangistische Fähnlein oder rechte Jugendgruppen in den Provinzen aus Angehörigen der Mittel- oder Oberschicht (die Freiwilligen von Ladreda, die Reiter von Canero etc.). In den meisten Texten läßt sich jedoch eine gewisse Distanzierung von der »Kreuzzugsidee« und von dem ideologischen Arsenal der Kirche feststellen.

Die Kluft zwischen dem Volk und den »intellektuellen« Arbeitern wurde bisweilen scharfsinnig kommentiert, so etwa in der Nummer 6 (November 1937) in einem Artikel von Antonio de Obregón (ein Überläufer von *El Sol* und den kulturbeflissenen linken Arbeiterzirkeln von 1930). Unter dem Titel *Nuestros verdugos* (Unsere Henker) schrieb dieser über die Madrider Arbeiter:

> »... ein hoffähiges und echtes Proletariat, Cognac und Zigarre, gut bezahlt, modische Hosen, Kino, eine Partie Domino und ein marxistisches Blättchen in der Tasche. Diese Leute, die in ausgeglicheneren ökonomischen Verhältnissen lebten als der Intellektuelle, der Dichter, der Gelehrte, diese Leute sind es, die uns hassen ... Klassenkampf. Die Barbarei gegen die gebildete Intelligenz; der hemdlose Prolet gegen den Señor mit gepflegtem Kragen; der Schmutz gegen die Sauberkeit; der, der sich nur samstags rasiert, gegen den, der dies täglich tut ...«

Dann wird die Besetzung des *Nuevo Club* (Neuer Club) in Madrid – in dem die Dichter und Gelehrten gewiß nicht in der Überzahl waren – als »Gesindel« kommentiert, neben Fotos von »halben Portionen«, die den Militärdienst absolvierten:

> »Elender, gemeiner, verabscheuungswürdiger Pöbel von Madrid! Du hast uns zu Grunde gerichtet. Du hast unsere Wohnung angegriffen und durchsucht, du mit deinem Ausweis der

Nationalen Eisenbahnergewerkschaft oder mit dem der ›Druckerkunst‹ hast die Unschuldigen gnadenlos erschossen!«

Gewiß, das Spiel auf einer ganzen Tastatur von Beleidigungen (deren verschiedene Töne »Horde«, »Gesindel«, »Verkommenheit«, »Pöbelhaftigkeit« etc. sind) war sehr gebräuchlich bei einigen Schriftstellern auf franquistischer Seite. Bisweilen auch mit mehr Niveau, wie etwa in Agustín de Foxás Buch *Madrid, de Corte a Checa* (Madrid, vom Hofstaat zur Tscheka): »Die Stadt verkam immer mehr und wurde immer lärmender.« Gängig ist dabei die Gegenüberstellung von »Erwählten« und »Pöbel«, an der sich die Mitglieder der herrschenden Klasse gern berauschten angesichts der Werteskala des Kleinbürgers und des Durchschnitts-*señorito* vom Land.

In diesem Zusammenhang müssen zwei Zeitungen erwähnt werden, die in der Franco-Zone stark verbreitet waren: zum einen die fast einzige nur für Soldaten bestimmte Zeitung mit dem Titel *La Ametralladora* (Das Maschinengewehr), für die eine italienische Zeitschrift Pate stand. Sie war im Januar 1937 in Salamanca zuerst unter dem Titel *La Trinchera* (Der Schützengraben) erschienen. Ihren wahren Titel sowie ihre wahre Gestalt erhielt sie einen Monat später, als sie in San Sebastian unter der Leitung von Miguel Mihuras herausgegeben wurde. Mit ihrem ursprünglichen Humor war sie eine Vorläuferin von *La Codorniz* (Die Wachtel); als ideologische Waffe im Krieg enthielt sie unverschämte Witze über den Gegner und eine wichtige Rubrik für Kriegspatenschaften. Sie hatte eine Auflage von 100 000 Exemplaren.

Das zweite Beispiel eines Blattes mit sehr hoher Auflage war die Zeitschrift *Flechas y Pelayos* (Pimpfe und Jungvolk), die ab 1938 erschien und sich an Kinder und Jugendliche richtete; sie ist auch interessant als Vorläufer der Comics. Im Januar 1937 wurde ebenfalls in San Sebastian die Zeitschrift *Fotos* herausgegeben, eine illustrierte Wochenzeitschrift für ein breites Publikum unter der Kontrolle der *Falange*. In Burgos wurde auf Anregung von Ignacio Agustí und Juan R. Masoliver die Zeitschrift *Destino* (Schicksal) veröffentlicht, die sich an in der franquistischen Zone lebende Katalanen richtete. Sie gewann zusehends an Format und wurde nach dem Krieg in Barcelona zu einer allgemein angesehenen Zeitschrift.

Im Zuge der Umstrukturierung der *Falange* nach der Parteienvereinigung leitete der Navarrese Izurdiaga die Presseabteilung.

Später übernahm Moreno Torres diese Aufgabe; es war eine Zeit, in der die Gruppe der *Acción Española* (Pemán, Goicoechea, Pemartín) ihren Einfluß ausübte.
Die Situation änderte sich jedoch grundlegend, als im Januar 1938 die erste Regierung Francos gebildet wurde. Die Propagandaabteilung wurde dem Innenministerium angegliedert, das damals in Händen von Serrano Suñer lag. Es wurde ein Staatssekretariat für das Pressewesen gebildet, dem José A. Giménez Arnau vorstand, während Dionisio Ridruejo für die Propaganda zuständig war. Dieser Abteilung war ein großer Teil der »Frontpropaganda« unter Oberst Morales unterstellt, der sich Juan Ramón Masoliver und Santiago Montero Díaz anschlossen. 1938 wurde die Presseagentur EFE geschaffen, die ein Monopol auf alle aus dem Ausland kommenden Informationen hatte. In dieser Zeit wurde das Pressegesetz vom 22. April 1938 (veröffentlicht im *Boletín Oficial*, am 1. Mai) verkündet, das dann 28 Jahre lang gültig war. Das Gesetz besiegelte die totale Unterdrückung der Gedankenfreiheit des geschriebenen Wortes, die faktisch im übrigen schon längst praktiziert wurde. In seiner Untersuchung *La prensa de España durante el regimen franquista* (Die spanische Presse unter Franco; 42, S. 54) schreibt Javier Terrón Montero (in Anlehnung an Poulantzas), es handle sich dabei um das typische Vorgehen eines »kapitalistischen Ausnahmestaats, für den dies ein notwendiges Mittel ist, um die ideologische Vorherrschaft neu zu organisieren«. Die Präambel des Gesetzes drückt dies sehr deutlich aus:

> »Da der Presse so wichtige Aufgaben zukommen wie die, dem Staat die Meinungen der Nation zu übermitteln und dieser die Anordnungen und Richtlinien des Staates und der Regierung mitzuteilen; und da die Presse ein entscheidendes Instrument bei der Bildung der Volkskultur und vor allem bei der Schaffung eines kollektiven Bewußtseins ist, war es nicht länger zulässig, daß der Journalismus am Rande des Staates lebte.«

Dieser Auffassung, deren Totalitarismus überdeutlich ist, entspricht eine treffende These, die Juan Beneyto einige Jahre später erläuterte:

> »Die alte These von der Presse als Informationsorgan kann als überfällig betrachtet werden, denn in der Realität gibt es keine rein informative Presse. Bei dem großen Einfluß, den eine Zeitung hat, informiert sie nicht, sondern erzieht durch Information. So ist auch der Journalist nicht jemand, der informiert,

indem er Daten mitteilt, sondern jemand, der durch die Auswahl der Daten eine Vorentscheidung über die Information fällt, die er liefert.« (42, S. 55)

Das Gesetz wurde in dem Augenblick verkündet, als nach dem Zusammenbruch der Ostfront die Franquisten glaubten, ihr Sieg stehe unmittelbar bevor, und als überall eifrig Maßnahmen getroffen wurden, um das Leben im »neuen Staat« *in* seinem Inneren und *unter* seiner Kontrolle zu normieren. Das wird anhand des Pressegesetzes deutlich: Es gab der Regierung die absolute Macht, Herausgeber von Zeitungen zu ernennen, und es schuf eine Menge von Vergehen und Verfehlungen, deren sich Veröffentlichungen mit »falschen oder tendenziösen Meldungen« schuldig machen konnten.

Der Artikel 18 des Gesetzes ist besonders bezeichnend dafür; dort heißt es im ersten Absatz:

»Unabhängig von den Vergehen und Verfehlungen, die von der Strafgesetzgebung verfolgt werden, hat das Ministerium, dem der Nationale Pressedienst untersteht, die Möglichkeit, jede geschriebene Äußerung behördlich zu verfolgen und zu bestrafen, die auf direktem oder indirektem Weg versucht, das Ansehen der Nation oder der Regierung zu schmälern, die die Regierungsgeschäfte des ›neuen Staats‹ behindert oder die schädliche Ideen unter den anfälligen Intellektuellen aussät.«

Luis Horno Liria beschrieb in seinem Vortrag *La vida en Zaragoza durante la guerra* (Das Leben in Saragossa während des Kriegs) (23. März 1981) mit bewundernswerter Sachlichkeit aus der Sicht dessen, der ein glühender Parteigänger der Aufständischen von 1936 war, was es eigentlich mit der Zensur auf sich hatte:

»Man ließ nur das sagen oder schreiben, von dem man wollte, daß die Leute es hörten oder läsen. Ich weiß, wovon ich rede, weil ich damals zu schreiben begann, und ich weiß, wie die Zensur arbeitete und wie die Richtlinien durchgesetzt wurden... Es gab die offizielle Zensur und die innerhalb jeder Zeitung. Wir wußten, daß wir für arme Leute zu schreiben hatten, die vollkommen ahnungslos waren, für solche, die nichts von dem wußten, was im Land vorging, die fast Analphabeten zu sein schienen, wenn man nach der Dreistigkeit urteilt, mit der wir zu ihnen sprachen. Von Anfang an erklärten wir, den Krieg gewonnen zu haben. Von Anfang an behaupteten wir, daß die Roten bereits auf der Flucht seien und sich in Auflösung befänden und daß deshalb der Sieg unmittelbar bevorstehe. Wir glaubten das schließlich selber. Wir glaubten es wahrhaftig im Juli 1936, als ich sah, wie Jesús Arellano mit dem Bild des Heiligen Fermín die Plaza del Castillo verließ, um es am St.-Jakobs-Tag zum Karlistenkreis nach Madrid zu bringen. Wir glaubten trotz allem weiter daran bis zum November 1936, als in Saragossa die Anweisungen für die Straßenfeste ausgegeben wurden, die am Tag der Einnahme Madrids gefeiert werden sollten ...«

Das Zitat macht den Zusammenhang zwischen Presse und allgemeiner Stimmung sehr gut deutlich und ist in gewisser Hinsicht beispielhaft für unser generelles Thema.

Die Presse in der republikanischen Zone

Der Pluralismus des republikanischen Regimes und vor allem die heterogene Zusammensetzung der Regierung während des Kriegs hatten zur Folge, daß alle Veröffentlichungen, von den Zeitungen bis zu den Büchern, wesentlich differenzierter und vielseitiger waren als in der Zone Francos. Zweifellos wurden in der einen wie in der anderen Zone die Tageszeitungen und Zeitschriften des Gegners radikal unterdrückt; in einigen Fällen wurden die Redaktionen einfach geschlossen, andere Zeitungen wurden unter gleichem Namen, aber mit neuem Inhalt weitergeführt; die Zensur war auf beiden Seiten streng. Es kam aber auch auf jeder Seite zu Konflikten; in der franquistischen Zone, wenn die Falangisten etwas druckten, was in Salamanca verboten worden war; und in der republikanischen Zone vor allem bei Publikationen anarchistischer Provenienz, aber auch bei solchen des POUM (*Partido Obrero de Unificación Marxista*, Arbeiterpartei Marxistischer Vereinigung); dann bei dem Konflikt zwischen den beiden Flügeln der UGT und in den letzten Monaten des Bürgerkriegs bei der Auseinandersetzung zwischen Oberst Casado und den Kommunisten.

Auf jeden Fall aber waren auf beiden Seiten die allgemeine Auffassung von Politik und Krieg sowie die generelle Weltanschauung sehr verschieden. Abella zitiert einen sehr bezeichnenden Text der sozialistischen Tageszeitung *Claridad* (Klarheit) vom 23. August 1936: »Die Kriegszeitungen haben eine Aufgabe zu erfüllen: sie müssen eine Verbindung herstellen zwischen dem Kampfesmut des Milizionärs und seiner politischen Erziehung. Man darf nicht vergessen, daß jeder Bürgerkrieg in erster Linie eine politische Auseinandersetzung ist.«

Die Republikaner übernahmen, wohl ohne es recht zu wissen, die Auffassung von Clausewitz, der Krieg sei die Fortsetzung der Politik mit anderen Mitteln; dies bezog sich auf deren Wirksamkeit. Darüber hinaus aber gründete die republikanische Kriegspolitik auf der – irrigen oder richtigen – Annahme, daß zur Erhaltung der Truppenmoral Überzeugung wichtiger sei als Zwang.

Als Folge dieser ideologischen Differenzierungen entstanden eine Vielfalt von Zeitungen und vor allem das Phänomen der Frontzeitungen, oder genauer, der Zeitungen einzelner militärischer Einheiten, der Armeekorps und Divisionen, die ihre Druckereien bis an die unruhigsten Fronten mitschleppten. Erstklassige Schriftsteller und Dichter (Rafael Alberti, Miguel Hernández, Antonio Machado, Moreno Villa u. a.) schrieben für diese Frontpresse und in der zweiten Kriegshälfte auch für das Zentralorgan des Kriegskommissariats ...

Die erste Nummer einer Frontzeitung (für die Milizionäre, wie man damals sagte) brachte keineswegs *Avance* (Vormarsch) heraus, das seit dem 8. August 1936 erscheinende Blatt der Mangada-Kolonne; es war vielmehr *Milicia Popular*, die Zeitung des V. Regiments der Volksmilizen, die in dessen Hauptquartier in der Calle Francos Rodríguez, 3, in Madrid herausgegeben wurde und deren erste Nummer bereits am 26. Juli 1936 erschien (wir verfügen heute über faksimilierte Nachdrucke). Sie bestand nur aus einem Blatt, aber die Nummer 2 vom 28. Juli umfaßte bereits vier Seiten. Insgesamt erschienen 168 Nummern bis zum 24. Januar 1937, als das V. Regiment mit allen Unterabteilungen dem republikanischen *Ejército Popular* eingegliedert wurde.

Am 27. August erschien die erste Nummer von *El Mono Azul*. Diese Publikation hatte einen etwas anderen Charakter: es handelte sich um die Botschaft der im Schriftstellerverband zusammengeschlossenen Schriftsteller und Dichter an die kämpfenden Milizionäre. Aus dieser Zeitung ging der *Romancero de la Guerra Civil* (Romanzensammlung des Bürgerkriegs) hervor, den das Kulturministerium einige Monate später herausgab. *El Mono Azul* erschien später als wöchentliche Kulturseite in der Tageszeitung *La Voz* (Die Stimme; von Mai bis Dezember 1937), und schließlich wurden 1938/39 noch drei Nummern herausgegeben.

Die Zeitungen der Milizen vermehrten sich schnell; für die Jugendlichen an der zentralspanischen Front erschienen *Octubre* (Oktober) und *Joven Guardia* (Junge Garde), zwei regelmäßige Publikationen der Bataillone gleichen Namens. Schließlich erhielten auch die Internationalen Brigaden ihr eigenes Presseorgan, *El Voluntario de la Libertad* (Der Freiwillige für die Freiheit), das in verschiedenen Sprachen geschrieben wurde.

Bereits 1936 erschienen regelmäßig mehr als 150 Zeitungen einzelner Kampfeinheiten; Georges Soria spricht sogar von mehr als 500. Als Veröffentlichung mit eher pädagogischem Charakter der zweiten Kriegshälfte sei *Armas y Letras* (Waffen und Worte) der Kulturmilizen angeführt. Ohne Vollständigkeit anzustreben, seien die Namen der Kulturzeitschriften genannt: *Hora de España* als bedeutendste; *Nueva Cultura* vom »Intellektuellenverband« Valencia, die schon vor Juli 1936 erschien; *Madrid. Cuadernos de la Casa de la Cultura* (Madrid. Hefte des Kulturhauses), herausgegeben vom Kulturhaus in Valencia, wo das Ministerium die aus Madrid evakuierten Intellektuellen unterbrachte; *Meridiá* und *Revista de Catalunya* (Zeitschrift für Katalonien) in Barcelona...

Die Nachfrage nach illustrierten Wochenzeitschriften wurde in Madrid von den alten Wochenzeitschriften abgedeckt, die während des Kriegs von den Anhängern der Volksfront beschlagnahmt worden waren: *Estampa* (Bild), *Crónica* (Chronik), *Mundo Gráfico* (Welt der Graphik) und *Blanco y Negro* (Weiß und Schwarz). Seit 1937 wurde die Qualität des Papiers und der Fotografien schlechter. Diese Zeitschriften konnten jedoch nicht aus der Hauptstadt und der zentralspanischen Front »exportiert« werden. In Valencia erschien weiterhin die Zeitschrift *Estudios* (Studien), die ihre libertäre Färbung behielt – sie existierte schon lange vor dem Krieg – und stets originelle Beiträge lieferte.

Erwähnenswert sind auch der regierungsabhängige *Servicio Español de Información* (Spanischer Informationsdienst), der namentlich gezeichnete Artikel, Reportagen und Informationen verschiedener Art an die Presse verteilte. Es handelte sich um eine Art Presseagentur, die dem Apparat der Informations- und Propagandaabteilung angegliedert war; des weiteren *Nuestro Ejército* (Unser Heer), das Organ des Kriegskommissariats, sowie *La Voz de España* (Die Stimme Spaniens), die in Paris unter der Obhut des diplomatischen Dienstes und der Auslandspropaganda erschien. In diesen Publikationen wurden Beiträge von hohem kulturellem Niveau veröffentlicht.

Als deutlichstes Beispiel für eine bestimmte kulturelle Einstellung kommen wir noch einmal auf *El Mono Azul* zurück. Dieses Organ beschränkte sich nicht darauf, die republikanische *Legalität* zu verteidigen, sondern sie bestand auf ihrer *Legitimität,* denn Schriftsteller und Künstler forderten eine Identifikation »mit der Sache des Volks«, was zweifelsohne über die entsprechende Verfassungsnorm hinausging. Sie erschien nicht als Zeitschrift, sondern als *Flugblatt* für das Volk, das sich an der Front und hinter den Fronten befand; um von ihm verstanden zu werden, wählte man die einfachste lyrische Form, die Romanze. Das andere grundlegende Beispiel wurde bereits erwähnt: es ist *Hora de España.*

Der Rundfunk

Die während der Zweiten Republik über den Rundfunk ausgestrahlte politische Botschaft erhielt sozusagen ihre endgültige »Weihe« mit Ausbruch des Bürgerkriegs. In der Tat war der Rundfunk das einzig wirksame Medium, um Propagandabotschaften im gegnerischen Lager zu verbreiten. Im Laufe der Auseinandersetzung erweckte der Rundfunk immer mehr die Aufmerksamkeit der Regierungen in beiden Zonen, nicht nur, um die Kriegsberichterstattung zu gewährleisten, die »die andere Seite« jeweils unterschlug, sondern auch, um publikumswirksame Programme zu gestalten. Als Serrano Suñer die gesamte Propaganda dem Innenministerium angliederte, übertrug er Antonio Tovar die Leitung des Rundfunks. Der schon damals so genannte Nationalrundfunk begann im Januar 1937 unter der Leitung Jacinto Miquelarenas von Salamanca aus zu senden; die dazu benötigte Ausrüstung war von Deutschland geliefert worden. Allerdings war der *Servicio Informativo Nacional,* an den alle Sender der Zone angeschlossen waren, seit Kriegsbeginn an *Radio Castilla* in Burgos übertragen, bis er am 14. Juni 1937 an *Radio Nacional* überging. Zu den regelmäßigen Mitarbeitern gehörten Juan Aparicio, »Tebib Arrumi« mit seiner Kriegsberichterstattung, Pérez Madrigal, Obregón u. a. Es war das erste Propagandateam unter der Führung Millán Astrays. Zu ihr gehörte auch Giménez Caballero, der später schilderte, wie am 31. Dezember 1936 eine technische Panne Franco daran hinderte, die für jene Nacht vorgesehene Botschaft zu verlesen (30, S. 113). Als Sprecher von *Radio Nacio-*

nal machte sich Fernando Fernández aus Córdoba weithin einen Namen; er verlas auch die »Siegesmeldung« am 1. April 1939.
Ähnlich wie bei der Presse war auch im Rundfunk die Vielfalt in der republikanischen Zone größer: politische Parteien, Gewerkschaften, Jugendorganisationen und selbst die Gewerkschaft der Telegraphisten (*Radio Telégrafos,* die von der Oberpostdirektion in Madrid aus sendete) hatten ihren eigenen Sender. Im Februar 1937 kontrollierte die *Junta de Defensa de Madrid* nur *Unión Radio, Radio España, Transradio* und *Radio-Telégrafos, FP1.* Die Mehrzahl der Radiosender in Madrid hatten ihre Existenz, ihren Standort und ihre Wellenlänge nicht bekanntgegeben.
Der Krieg der Wellen war eine Konstante in dem dreijährigen Konflikt. Er hatte auch noch einen anderen Aspekt: In vielen Fällen wurden persönliche Notrufe dazu benutzt, verschlüsselte Informationen ins gegnerische Lager zu übermitteln. Diese Angelegenheit wurde eingehend von der *Junta de Defensa de Madrid* auf ihrer Sitzung am 11. Februar 1937 behandelt (5, S. 390f.). Allerdings bewiesen die Äußerungen sowohl von Miaja als auch von Carreño und Cazorla, daß man die Tragweite des Rundfunks als ideologischer Waffe noch nicht ganz verstanden hatte. Trotzdem zeitigten die Sendungen aus Sevilla (die berühmten Reden Queipos), aus Salamanca und Burgos in den Kreisen, die der Republik feindlich gesinnt waren oder die allmählich den Mut verloren, ihre Wirkung; umgekehrt war dies auch bei den Sendungen aus Madrid und Barcelona unter den Demokraten in der franquistischen Zone der Fall.

Das Verlagswesen

Die Weitergabe von Denkmustern erfolgt nicht nur auf dem Weg über Presse oder Rundfunk. Bücher und Bilder sind mit Sicherheit genauso wichtig, wenn nicht sogar wichtiger; zumindest war dies so vor einem halben Jahrhundert. Wir wollen hier nicht auf die vielen privaten, staatlichen oder von Organisationen abhängigen Verlage eingehen. Es sollen lediglich einige bezeichnende Beispiele angeführt werden, die aufzeigen, daß eine Ideologisierung auch mit Hilfe von Büchern erfolgen konnte.
In der aufständischen Zone wurden sehr bald einige Biographien veröffentlicht, wie etwa *Franco* von Joaquín Arrarás, 1937 in San Sebastian erschienen. Im selben Jahr veröffentlichte Ruiz Albéniz

in Ávila *Héroes de España: Francisco Franco* (Die spanischen Helden: Francisco Franco). Ebenfalls 1937 erschien bei *Heraldo de Aragón* in Saragossa José María Iribarrens Buch *Con el general Mola* (Mit General Mola), eine lebendige Schilderung der Zeit, als der Autor Molas Sekretär war. Wenig später wurde in demselben Verlag ein weiteres Werk von Iribarren publiziert: *El general Mola*.
Nennenswert sind auch zwei äußerst polemische Werke, die die Ideologie der Nationalisten sehr gut veranschaulichen: zum einen *Los inelectuales y la tragedia española* (Die Intellektuellen und die spanische Tragödie) von Enrique Suñer, eine wüste Schmähschrift gegen die *Institución Libre de Enseñanza* (Unabhängige Lehranstalt), die als Feind der Tradition betrachtet wurde; zum anderen das Werk einer Gruppe von Intellektuellen der äußersten Rechten (unter Führung von Martín Sánchez-Juliá, der – aus der geistigen Schule der *Asociación Católica Nacional de Propagandistas* hervorgegangen – zunehmend von sich reden machte), das im Anspruch und Stil ähnlich ist: *Una poderosa fuerza secreta: la Institución Libre de Enseñanza* (Eine heimliche, starke Macht: die *Institución Libre de Enseñanza*, San Sebastian 1939). In diesem Jahr wurde auch mit der Veröffentlichung der *Historia de la Cruzada* (Geschichte des Kreuzzugs) unter der Leitung des Journalisten Joaquín Arrarás begonnen, dem als wissenschaftlicher Berater Ciriaco Pérez Bustamente zur Seite steht. In diesem ideologiegeschichtlichen Zusammenhang sei noch einmal auf José Pemartíns Werk *Que es lo nuevo?* hingewiesen.
Im Gegensatz zu den erwähnten Titeln reichten auf dem Gebiet der literarischen Prosa – insbesondere im Roman – die drei Jahre des Kriegs und der Erschütterung nicht aus, um die nötige Distanz und Ausgeglichenheit und damit die Bedingungen für ein anspruchsvolles literarisches Schaffen zu gewährleisten. Es wurde stets unmittelbar aus den Umständen heraus geschrieben, und mehr als sonst war auch der Erfolg des Werkes davon abhängig.
Dieser aktuelle Bezug verschaffte Concha Espina, die bereits einen Namen als Literatin hatte, einen schnellen Erfolg mit *Retaguardia* (Etappe; mit einem Vorwort ihres Sohnes Victor de la Serna; 1937) und mit *Esclavitud: diario de una prisionera* (Unterjochung: Tagebuch einer Gefangenen; 1938). Das 1938 erschienene Werk *Madrid, de Corte a Checa* von Agustín de Foxá wurde bereits erwähnt. Seine brillante Prosa verkörpert die bornierte und rück-

»Spanien ist gekommen«: eine Idee der Falange, um die Katalanen davon zu überzeugen, daß sie »befreit« worden sind.

ständige Geisteshaltung der herrschenden Klasse schlechthin, so etwa, wenn er über den Krieg schreibt: »Die ganze spanische Aristokratie, die altadlige wie die neureiche von Puerta de Hierro, hatte angesichts des Todes die ehrwürdigen Tugenden ihrer Ahnen

zurückerlangt«, während die Arbeiter im belagerten Teil Madrids »nach Blut, Schweiß und Hanfschuhen rochen«.
Ein ziemlicher Erfolg wurde auch der sehr konventionell geschriebene Kriegsroman von Benítez de Castro *Se ha ocupado el kilometro 6* (Kilometer 6 wird besetzt), der Anfang 1939 erschien. Jacinto Miquelarena veröffentlichte 1938 *El otro mundo* (Die andere Welt), die von der Kritik gefeierte Geschichte eines Flüchtlings aus der »roten Zone«. Andere Werke, wie José Salaverrías *Los conquistadores* (San Sebastian 1938), waren lediglich Neuauflagen von früher wenig erfolgreichen Titeln, die aber nun besondere ideologische Aktualität erlangten. Als Beispiel sei ein kurzer Abschnitt aus *Los conquistadores* angeführt:

> »Bei den Konquistadoren wurde die Sünde der Habgier dadurch gemildert, daß bei ihnen andere Antriebe mitwirkten, die sie moralisch von Schuld freisprachen: das Bestreben, die christliche Lehre zu verbreiten; ... das Verlangen nach Ruhm und Ehre; die Treue zu ihrem König, als der Name des Königs noch den des Vaterlands mit einschloß.«

Ein Gesinnungsschreiber, der später, unabhängig von seiner Ideologie, einige anspruchsvollere Werke veröffentlichte, wie etwa *La fiel infantería* (Die treue Infanterie; 1943), war Rafael García Serrano, ein Falangist aus Navarra. Seine Schriften muß man kennen, wenn man eine bestimmte, für die franquistische Zone charakteristische Geisteshaltung verstehen will. 1938 veröffentlichte er bereits *Eugenio o la proclamación de la primavera* (Eugen oder die Proklamation des Frühlings). Dort steht zu lesen: »Auch die Geschichte hat kein Recht, über uns zu urteilen... Beim ersten Schuß wird einem alles klar... Ich habe keine Gewissensbisse, einen Menschen getötet zu haben. Einen Kommunisten...«
Unter den Lyrikern ist neben dem bereits zitierten Pemán und den *Poemas de la Falange Eterna* (Gedichte von der Ewigen *Falange*) von Federico Urrutia unbedingt Manuel Machados Gedichtband *Horas de oro. Devocionario poético* (Goldene Stunden. Ein poetisches Gebetbuch) zu erwähnen, der 1938 in Valladolid erschien. Manuel Machado, mit anderen künstlerischen und politischen Ansichten als sein Bruder Antonio (trotz der brüderlichen Freundschaft, die sie stets verband), paßte sich ohne weiteres in das franquistische Milieu ein; weder seine Haltung noch sein Werk können mit denen seines Bruders verglichen werden, der zum verbindenden Symbol aller Republikaner wurde. Bei Manuel ist

nichts davon zu finden. Er widmete sein Buch Franco und gab sich dazu her, das ideologische Denkschema vom »neuen, heldenhaften Opfer für die abendländische Zivilisation, im Kampf für ein katholisches Ideal« aufzugreifen und in einem Sonett vom »*Caudillo* der neuen *Reconquista*« zu sprechen.
Eine noch intensivere Betrachtung dieser Schriften würde den Rahmen dieser Arbeit sprengen. Halten wir jedoch fest, daß fast allen diesen Publikationen die manichäistische Vorstellung vom Gegensatz zwischen Gut und Böse gemeinsam ist, was im übrigen für Kriegspropaganda durchaus geläufig ist: Auf der einen Seite stehen die Schönheit, die Eleganz, der christliche Glaube, die Sportlichkeit, die Sauberkeit etc.; auf der anderen die Horde, das Gesindel, der Abschaum, der Unglaube und die Unkultur. Die Klassengegensätze scheinen häufig durch und fallen durch ihre Deutlichkeit auf; so etwa, wenn es um das Tragen von Hüten geht oder wenn es abfällig von denen heißt, die vor dem Krieg in die »besseren« Viertel Madrids flüchten mußten:

> »Die Vorstädte sind über das Zentrum Madrids hereingebrochen. Und ihre Bewohner haben sich im Herzen der Hauptstadt niedergelassen. Nun kehren diese Leute in ihre Viertel zurück, die in der Feuerlinie lagen und wo kein Haus ganz geblieben ist.«
> »Im Herzen vieler dieser Leute aus den Vorstädten Madrids wird ihr Versagen vor dem Luxus in der Erinnerung nagen, ihre Niederlage angesichts der großen Häuser, an denen sie zweieinhalb Jahre ihr Vergnügen hatten und die sie doch nur als Viehstall und Müllhalde zu benutzen wußten...« (*Vértice*, April 1939)

Liest man derartige Texte, versteht man vielleicht, was das Wort *Befreiung* im Munde der Sieger bedeutete, jedesmal wenn sie eine Stadt besetzten. Wir brauchen daher nicht noch einmal eigens darauf hinzuweisen, daß der Bürgerkrieg eine soziale Auseinandersetzung war.
Auch auf republikanischer Seite erschienen in dieser Zeit keine »großen« Romane. *Contraataque* (Gegenangriff; 1937 in englischer, 1938 in spanischer Ausgabe) von Ramón J. Sender ist ein sehr schönes und sorgfältig geschriebenes Werk, aber vor allem eine Reportage. *Río Tajo* von César M. Arconada hat durchaus Qualitäten, auch wenn sein Klassenstandpunkt eine gewisse Beeinträchtigung mit sich bringt. Dieser Band wurde mit dem *Pre-*

mio Nacional de Literature (Staatspreis für Literatur) ausgezeichnet, zusammen mit *Acero de Madrid* (Stählernes Madrid) von José Herrera Petere, eine teilweise sehr poetische Erzählung über die Verteidigung der Hauptstadt. Dieser Stil herrscht auch in seinem Prosawerk *Cumbres de Extremadura* (Gipfel der Extremadura) vor, ein ebenfalls 1939 erschienener Roman über die Guerilleros. Antonio Sánchez Barbudo veröffentlichte eine Reihe von Erzählungen unter dem Titel *Entre dos fuegos* (Zwischen zwei Feuern; 1938). Zur gleichen Gattung gehört *Valor y miedo* (Mut und Angst) von Arturo Barea, der praktisch Autodidakt war. In der zweiten Kriegshälfte schrieb er *La llama* (Die Flamme), den ersten Teil seiner Trilogie *La forja de un hombre* (Rebellenschmiede; zuerst in englischer Ausgabe 1941), die unerläßlich für das Verständnis vieler Einzelheiten, Einstellungen und Geisteshaltungen jener Jahre ist. Max Aub veröffentlichte in *Hora de España* seine Erzählung *El cojo* (Der Lahme) sowie einige Reportagen, wie z. B. *Granollers* oder *Enero sin nombre* (Januar ohne Namen), die schon auf sein gigantisches Werk über den Krieg vorausdeuteten: das dreibändige *El laberinto mágico* (Magisches Labyrinth).

Erst in der Lyrik ist erstklassige Literatur auf der republikanischen Seite zu finden. Wir meinen hier nur folgende Anthologien: Rafael Albertis *De un momento a otro, 1932–1937* (Von einem Moment zum anderen, 1932–1937) und *Poesía, 1924–1937*, die beide 1938 erschienen; Miguel Hernández' *Viento del pueblo* (Wind des Volkes, 1937) und *El hombre acecha* (Mensch auf der Lauer; 1937–1939); dieser Band war bereits gedruckt, aber noch nicht gebunden, als er von den Siegern vernichtet wurde. Von Hernández stammt auch das Drama *Pastor de la muerte* (Hirte des Todes; 1937f.). Wenn wir uns auf die Gedichtbände beschränken, müssen wir noch Emilio Prados' *Llanto de sangre* (Blutgesang) und Arturo Serrano Plajas *El hombre y el trabajo* (Mensch und Arbeit) erwähnen. Nach der ersten Phase des Romancero ist das Gedicht nicht länger nur Schlagwort und Parole, sondern erreicht höchste künstlerische Ausdrucksformen: das Hauptwerk von Miguel Hernández ist im Krieg oder im Gefängnis geschrieben; und auch in Rafael Albertis Œuvre sind die zwischen 1936 und 1939 geschriebenen Gedichte von großer Bedeutung. In diesen Dichtungen spiegeln sich die Gefühle und Empfindungen wider, wie sie in den verschiedenen Phasen des Kriegs auf republikanischer Seite erlebt wurden: das gewaltige *Nocturno* (Nachts), in dem »die Wörter nicht taugen«; der Ablauf der Jahreszeiten – Frühling, Herbst – »unter der unerbittlichen Last des Kriegs«; das Morgenrot, das der Soldat für den Frieden erträumt: »Und es wird das Morgenrot, meine Liebe, in dieser Nacht mehr Raum an den Ufern der Laken haben.« Alberti war sich bewußt, daß er aus dem Augenblick heraus schrieb; aber er konnte auch sein *Para luego* (Für später) schreiben und veröffentlichen:

»Nach dieser erzwungenen Verwirrung, dieser Hatz,
dieser notwendig eiligen Grammatik, in der ich bin,
muß wiederkehren, jungfräulich, das genaue Wort,
der treffende Satz,
jungfräulich die klare Sprache und der richtige Sinn.«

Es war Herbst 1938.

Bild und Plakat

Das Bild wirkt vor allem gefühlsmäßig; mehr als Ideen lassen sich über Bilder Wertvorstellungen und Verhaltensweisen vermitteln. Trotzdem muß ein Bild – und das ist kein Widerspruch –, das als Botschaft die Massen erreichen soll, gut durchdacht sein, damit es seine Wirkung erzielt.

Was geschah im Bürgerkrieg? Film und Kino sollen gesondert behandelt und der Beitrag der Maler auf das Wesentliche beschränkt werden. Zu den fast alltäglichen Phänomenen gehörten jedoch propagandistische Plakate, Fotografien (auch als Plakate) und Zeichnungen in Zeitschriften und Zeitungen. Sicher waren bei Kriegsausbruch die technischen Möglichkeiten der graphischen Reproduktion auf republikanischer Seite besser; aber das ist nicht der einzige Grund für eine qualitative und quantitative Überlegenheit, die heute niemand anzweifelt. Gerade die Absicht, an der *Kulturfront* »pädagogisch« wirken und »überzeugen« zu wollen, war für die Republikaner ein verbindendes Element und erleichterte beträchtlich die gemeinsame Aufgabe. José Renau, der für seine Plakate und Fotomontagen berühmt ist, wurde Leiter der Kunstakademie. Seine Auseinandersetzung mit Gaya – der aus der Sicht des Malers das Plakat als etwas »Zweitrangiges« betrachtete – ist als eine Rechtfertigung dieser Gattung in *Hora de España* nachzulesen.

Die Zentralregierung, die autonomen Regierungen, Parteien und Gewerkschaften, der Verteidigungsrat in Madrid, die Kulturmilizen und viele andere Institutionen brachten Plakate heraus. Die bereits erwähnten Namen und andere, wie Pedrero (dessen Karikatur *El Generalísimo* Berühmtheit erlangte), J. A. Morales (sein satirisches Werk *Los Nacionales* war vielleicht das verbreitetste Plakat des Winters 1936/37), Bardasano mit seinem Mitarbeiterteam, Puyol, Fontseré, Helios Gómez, Fábregas und Ballester stehen stellvertretend für Hunderte von Künstlern und auch für alle, die anonym geblieben sind.

Carmen Grimau hat eine hervorragende Studie über das republikanische Plakat verfaßt. Darin heißt es: »Es fixiert Bilder und ritualisiert eine Reihe von ikonographischen Elementen: die Gesten, den Gesichtsausdruck, das Salutieren, das Aufstellen in Reih und Glied usw.; so wird eine Symbolsprache formalisiert, die im Laufe des Jahrhunderts und besonders während des Bürgerkriegs immer wiederkehrt.« (15, S. 71)

Das republikanische Plakat in Spanien geht auf die russische und deutsche Plakatkunst von 1919 bis 1922 zurück. Für seinen Realismus lassen sich drei andere Komponenten angeben: die ersten Jahre der Republik, das Werbeplakat und der gerade aufkommende russische Realismus.

Für Carmen Grimau »ist der ideologische Hintergrund der Plakate zwischen 1936 und 1939 eindeutig... Als Träger von Botschaften, in denen mythische und ideologische Elemente zusammenflossen, übersetzten sie die politisch-soziale Wirklichkeit mit Hilfe ausdrucksstarker Leitvorstellungen, die die Volksfrontpolitik veranschaulichten.«

Auffällig ist auch hier eine zweifache Ausrichtung: entweder liegt der Schwerpunkt auf dem Krieg, oder es kündigt sich – mit anderen Farben und Gestaltungsprinzipien – die nahende Revolution an. Carmen Grimau hat auch auf die zunehmende Typisierung des *Kriegers* hingewiesen, der ein Wesenselement dieser Plakate ist. Seine Darstellung setzte die Tradition der Kampfbilder des Ersten Weltkriegs fort und wies bereits auf den Soldaten des bevorstehenden Zweiten Weltkriegs hin. Als die Schaffung einer regulären Armee immer dringender wurde, nahmen auch die Darstellungen des gut bewaffneten und ausgerüsteten Soldaten überhand. Sehr häufig wurden auch die Bilder von Bombenopfern unter der Zivilbevölkerung verwendet. Nicht zuletzt war das Lob der Arbeit in den Fabriken und auf den Feldern ein weiteres sehr gebräuchliches Thema. Manche Plakate waren besonderen Ereignissen gewidmet.

Unter ihnen ragt wegen seiner Schönheit und Ausdruckskraft das von Ramón Gaya für den Zweiten Internationalen Schriftstellerkongreß geschaffene Lorca-Plakat heraus. Ebenfalls von Ramón Gaya stammt das Plakat, mit dem das Erscheinen von *Hora de España* angekündigt wurde.
Besonders auffällig ist in den ersten Kriegsmonaten das völlige Fehlen bildnerischer, plakativer Darstellungen auf der Seite der Aufständischen, die an den Häuserwänden der besetzten Ortschaften nur Kreuze oder das *Falange*-Emblem der Pfeile und des Jochs (und bisweilen nicht einmal das) hinterließen. Später kamen dann Abbildungen Francos hinzu... Erst als ab Januar 1938 die Propaganda in Händen Ridruejos lag, erschienen Plakate von Cabanes und Pruna, beide Überläufer aus den republikanischen Reihen. Die Zeichnungen von Carlos Sáenz de Tejada verraten ein großes Talent. Er war wohl der einzige, dessen Figuren eine gewisse Popularität erlangten; seine eher stilisierten und klischeehaften als realistischen Bilder von falangistischen und *Requeté*-Kämpfern, von Fahnen, die sich ineinander schlingen, von Müttern und Ehefrauen, die beten und ausharren, oder von jenem Paar mit seinen Kindern auf dem Plakat für den Sozialen Hilfsdienst, von Soldaten hinter Schanzen und in Schützengräben – sie alle sind zwischen Realismus und religiösem Kitsch angesiedelt. Das Werk Teodoro Delgados (vor allem in *Vértice*) folgt teilweise dieser Linie, hat aber einen doppelten Schwerpunkt: einmal die Kriegsthemen, die mit mehr Naturalismus und weniger Symbolik behandelt werden, und schließlich auch »frivole« Genres zur Zerstreuung. Baldrich und andere Modezeichner ließen sich von zeitgenössischen deutschen und italienischen Mannequins inspirieren. José Caballero, ein erstklassiger Maler, setzte dagegen sein surrealistisches und kaum von den Zeitumständen beeinflußtes Werk fort. Wie bei den Publikationen liegt auch hier der Unterschied zur republikanischen Zone nicht nur in den Leitbildern (man zeigte die Stärke, rief aber nicht zur Tat auf; das Plakat oder die Zeichnung hatte keinen »mobilisierenden« Charakter), sondern auch in der geringeren Verbreitung. Ausschlaggebend dafür waren wohl weniger technische Gründe als vielmehr das vorherrschende Kultur»modell«.
Abschließend wollen wir noch kurz – vor allem wegen der künstlerischen Auswirkungen – auf die Rolle der Pariser Weltausstellung von 1937 eingehen: im Pavillon der spanischen Republik, der

von den Architekten Luis Lacasa und Josep Lluís Sert erbaut worden war, wurde Picassos *Guernica* der Welt vorgestellt, ein Bild, über dessen kunstgeschichtlichen Stellenwert wir hier nichts weiter zu sagen brauchen; außerdem waren dort Skulpturen von Alberto Sánchez und Picasso sowie ein weiteres Wandgemälde zu sehen: *El Pagés Catalá i la Revoluciò* (Katalonien und die Revolution) von Joan Miró, der bereits das Plakat *Aidez l'Espagne* (Helft Spanien) gemalt hatte. Die Franquisten konnten im Pavillon des Vatikans einen Altar ausstellen, auf dem Josep Maria Sert das wundersame Eingreifen der Heiligen Teresa in den Krieg dargestellt hatte. Ein Jahr später waren sie bei der XXI. Biennale in Venedig mit Bildern von Pedro Pruna, Ignacio Zuloaga (dessen Franco-Portrait erst später entstand), Álvarez de Sotomayor und einigen anderen Malern vertreten.

Theater und Film

Es handelt sich hierbei um Massenkommunikationsmittel, die Gemütszustände und Geisteshaltung prägen können und die deshalb in einem Krieg von eminenter Bedeutung sind. Dabei sind zwei Aspekte zu berücksichtigen: zum einen das »normale« Theater- und Filmangebot in der Etappe, vor allem in den Großstädten; zum anderen der spezifische Bereich, in dem sich Ideologie und Kunst vermischten und der den Zeitumständen angemessene Werke hervorbrachte.

Bei Kriegsbeginn gab es auf dem Gebiet, das die Aufständischen beherrschten, weder Filmstudios noch -labors. In Córdoba drehte man gerade *El genio alegre* (Die Frohnatur) mit Rosita Díaz Gimeno, die wegen ihrer republikfreundlichen Haltung verhaftet und später ausgetauscht wurde. Die Produktionsfirma *Cifesa* ließ sich in Sevilla nieder, nachdem die Zentrale in Madrid geschlossen worden war; die mit der Familie Urgoiti und dem Sender *Unión Radio* verbundene Gesellschaft *Filmofono* verkörperte die liberale Tendenz des damaligen spanischen Films, aber die kriegerischen Auseinandersetzungen brachten auch hier die Filmproduktion zum Erliegen.

Das Theaterprogramm in den Provinzstädten, die von den aufständischen Militärs beherrscht wurden, war davon abhängig, welche Gruppen sich während der Sommertourneen gerade an den jeweiligen Orten aufhielten. Carmen Díaz und ihre Truppe mit

Simó-Raso und Matilde Muñoz gehörten zu den erfolgreichsten in der nationalistischen Zone. In Saragossa führte sie das Gelegenheitsstück *De ellos es el mundo* (Ihnen gehört die Welt) von Pemán auf. Ansonsten spielte sie vor allem Quintero und Torado. María Vallojera und Emilio Sagi-Vela hatten mit Zarzuelas großen Erfolg, Miguel Fleta sang bei Benefiz-Konzerten, und Federico García Sanchiz trat überall mit seinen Unterhaltungsstücken auf; in Burgos etwa inszenierte er *La Virgen del Pilar dice*... (Unsere liebe Frau auf dem Pfeiler sagt...) Die Theatergruppe von Tina Gascó, die sich in La Coruña befand, mußte nach verschiedenen Schwierigkeiten ihr Programm umstellen. Eine besondere Rolle spielte Nini Montiam, die in der republikanischen Zone im Gefängnis gesessen hatte und dann in die franquistische Zone gelangte. Unter den Musiktheaterensembles war höchstwahrscheinlich das von Moreno Torroba das beste. Celia Gámez, die sich in der nationalistischen Zone aufhielt und eine begeisterte Anhängerin des neuen Regimes war, konnte trotzdem ihr Repertoire nicht spielen.
Eine ernsthafte Anstrengung mit intellektuellem Niveau war die Gründung eines Nationaltheaters unter der Leitung von Luis Escobar. Man spielte *La verdad sospechosa* (Die verdächtige Wahrheit) von Ruiz de Alarcón und *La vida es sueño* (Das Leben ist ein Traum) von Calderón, mit Kostümen von Pruna und Musik von Joaquín Rodrigo.
In der republikanischen Zone beschlagnahmte die Schauspielergewerkschaft der CNT vom August 1936 an alle Theater und Kinos und gründete die Gewerkschaft der Vergnügungsindustrie. In Valencia verfuhr man ähnlich. Man wollte den Eindruck verschaffen, als habe sich nichts geändert. Im Juli traten in Madrid die Ensembles von Loreto–Chicote und von Aurora Redondo–Valeriano León auf. Nach 200 Aufführungen im Victoria spielte man im Pabón weiter *Nuestra Natacha* (Unsere Natascha). Tina de Jarque und Estrellita Castro glänzten im frivolen Genre der Zarzuelas, Laura Pinillos im Eslava mit *Cinco minutos de amor* (Fünf Minuten Liebe). Rafaelita Haro spielte im Pardinas weiterhin für ein großes Publikum Serranos Zarzuelas *Los claveles* (Die Nelken) und *La Dolorosa* (Die Schmerzensreiche). Es erweckte nicht den Anschein, als stehe ein gegnerisches Heer wenige Kilometer vor der Stadt. Das Teatro Español, das nun der Abteilung *Teatro de Arte y Propaganda* unterstand, gab *La malquerida* (Die Unge-

liebte) von Benavente, *La llave* (Der Schlüssel) von Sender, *El amanecer* (Tagesanbruch) von Ramón Dieste und *Los salvadores de España* (Die Retter Spaniens) von Alberti. Die angespannte Lage in der Hauptstadt wurde allmählich spürbar, und es überwog immer mehr das Polittheater. Und dennoch hatte Laura Pinillos mit ihrem Varieté im Coliseum ein volles Haus; der Krieg brauchte auch das. In Barcelona, fern von der Front, konnte man weiterhin Opern (Tosca) im Tivoli besuchen; Marcos Redondo, der 1939 ins andere Lager wechselte, sang Zarzuelas, und Rosita Rodrigo spielte den »Pichi« in den überaus beliebten *Leandras* (Peseten), der berühmtesten Revue der republikanischen Jahre.
Anfang 1937 wurden im belagerten Madrid noch 17 Theater und 41 Kinos bespielt. Alle unterstanden der CNT oder der UGT, einige davon auch anderen Stellen (dem Ministerium, dem »Frontlautsprecher« etc.).
Im März spielte Carmen Muñoz im Español in einer Neuinszenierung der *Electra* von Galdós. Im Mai wurde Lorcas *Bodas de sangre* (Bluthochzeit) im selben Theater aufgeführt.
In diesem Überblick ist kein Platz für weitere Details. Erwähnenswert ist jedoch noch ein Theaterereignis besonderer Art: die Aufführung von *El cerco de Numancia* (Belagerung von Numantia) von Cervantes in der aktualisierten Bearbeitung Rafael Albertis im Madrider Teatro de la Zarzuela am 27. Dezember 1937. Nicht zu vergessen die Aufführungen von *Fuenteovejuna* im Calderon 1938 sowie die Tatsache, daß in jenem Winter allein in Madrid 21 Theater spielten. Trotz der Evakuierungsmaßnahmen war die Einwohnerzahl nicht unter 900000 gesunken; dazu kamen noch die Soldaten der zentralspanischen Front mit Kurzurlaub (24 bis 48 Stunden). Die Unsicherheit der Lage und das Bedürfnis nach Zerstreuung waren zweifelsohne Faktoren, die den Zulauf zu Theatern und Kinos begünstigten.
In Barcelona wurde, wie bereits erwähnt, die Opernsaison im Tivoli fortgesetzt; Anfang 1938 wurde das Gran Teatro del Liceo im Beisein der republikanischen Regierung wiedereröffnet. Man spielte vor allem einheimische Opern wie *Marina, Las golondrinas* (Die Schwalben) etc.; außerdem wurde *El Giravolt de Maig* (Der Tanz um den Maibaum) mit Text von Josep Carner und Musik von Toldrá aufgeführt. Unter den Sängern stachen besonders H. Lázaro und E. Vendrell, Marcos Redondo und María Espinalt hervor. Im Olimpia wurde eine von Julian Gorkin bearbeitete

Fassung von Romain Rollands *Danton* mit Jaime Borrás in der Titelrolle gespielt. Valencia erlebte die Uraufführung von Miguel Hernández' *El labrador de más aire* (Der anständigste Bauer). Dieser hatte die Stelle Lorcas in der Leitung des *La Barraca*-Ensembles übernommen; er las Gedichte und trat überall auf, wo Gelegenheits- und Agitationstheater möglich war, nicht selten auf improvisierten Bühnen in gefährlicher Reichweite der Front. Unter ähnlichen Bedingungen spielte auch das Teatro El Búho der Universität Valencia. Außerdem müssen wir die *Guerrillas del Teatro* erwähnen, bei deren Gründung und Aktivitäten María Teresa León die treibende Kraft war. Sie spielten kleine politische Propagandastücke, Komödien, Volkstheater, rezitierten Gedichte etc. an allen Abschnitten der zentralspanischen Front. Später wurden sie vom Ministerium zu einer Dauereinrichtung gemacht. Robert Marrast, der sich eingehend mit diesem Thema beschäftigt hat, hebt hervor, daß sie allein im Jahr 1938 an der zentralspanischen Front und in der Etappe 119 Aufführungen gaben. Seit März desselben Jahres spielten sie auch in Barcelona, als sich dort die Lage zuspitzte; später wurden noch die »Theaterguerillas des Ebro-Heers« gegründet.

Es sollen in diesem Rahmen noch einige Anmerkungen zum Film folgen. In beiden Zonen war der Markt fast ausschließlich von nordamerikanischen Streifen beherrscht (mit einigen Einschränkungen allerdings: Chaplin etwa war in der franquistischen Zone verboten). Gary Cooper begeisterte weiterhin die Jugendlichen beider Zonen, ebenso Clark Gable oder Joan Crawford, und Ginger Rogers faszinierte alle; die *Schatzinsel* erlebte großen Zulauf. Der Film *Morena Clara*, der am Ostersamstag 1936 in Madrid uraufgeführt worden war, wurde weiter in beiden Zonen gespielt, bis er im März 1937 in der republikanischen verboten wurde, weil sein Regisseur Florín Rey und die Produktionsfirma *Cifesa* sich offen zu Franco bekannten. 1937 wurde *Carmen la de Triana*, ebenfalls von Florián Rey, in deutschen Studios zu Ende gedreht; die Dreharbeiten hatten im Juli 1936 begonnen und mußten in der franquistischen Zone aus technischen Gründen unterbrochen werden.

Zwischen Oktober 1936 und Februar 1937 kam es zu einer Art »Offensive des sowjetischen Films«. Am 18. Oktober 1936 wurde zum erstenmal im Capitol in Madrid, das der Abteilung für Kulturpropaganda des Erziehungsministeriums unterstellt war, der

Kronstadt-Film von Iefin Dzigan gezeigt. Dieser Film, der kriegerischen Mut und revolutionäre Gesinnung verherrlicht, entsprach der Stimmung in der Bevölkerung und bei den Verteidigern Madrids; diese war in der letzten Oktober- und der ersten Novemberwoche von Mutlosigkeit in Begeisterung umgeschlagen. In der franquistischen Zone überwogen ab 1938 die aus Italien und Deutschland importierten Filme.

In diesem Zusammenhang müssen auch die Produktionsbedingungen berücksichtigt werden. Wie schon erwähnt, hatten die Aufständischen zu Beginn keinerlei technische Möglichkeiten. In Barcelona dagegen kontrollierten die CNT-Syndikate den größten Teil der technischen Einrichtungen und stellten bereits in den ersten Kriegstagen eine *Reportaje del movimiento revolucionario* (Reportage über die revolutionäre Bewegung) her; ab Oktober produzierten sie *España Grafica* (Spanien im Bild), eine aktuelle Informationsreihe, mit deutlich libertärer Ausrichtung, die es auf insgesamt 31 Ausgaben brachte. In Barcelona existierte bereits das 1932 von Ventura Gassol gegründete Film-Komitee der *Generalitat*, aus dem 1936 *Laia Films* hervorging. Dieser Produktionsfirma weist Ramón Gubern die Schaffung der Wochenschau *España al día* (Spanien aktuell) zu, die bis 1939 produziert wurde. Basilio Martín Patino dagegen behauptet, *Film Popular* (die Verleihfirma der sowjetischen Filme) habe diese Wochenschau im März 1937 ins Leben gerufen.

Im republikanischen Spanien wurden zwei Filme gedreht, die in die Kinematheken der ganzen Welt Eingang gefunden haben: Der Dokumentarfilm *The Spanish Earth* (Spanische Erde) des Niederländers Joris Ivens wurde 1937 beendet. Der andere Film ist *Sierra de Teruel* von André Malraux (der gerade seinen erfolgreichen Roman *L'Espoir* [dt. 1954: Die Hoffnung] veröffentlicht hatte); mit ihm arbeiteten Denis Marion und ein spanisches Team zusammen: Max Aub schrieb das Drehbuch, weitere Mitarbeiter waren Antonio del Amo, Fernando Montilla u. a. Die Dreharbeiten in Katalonien wurden nach dem Fall Barcelonas unterbrochen; sie mußten in den Joinville-Studios in Paris beendet werden. Der Film kam einige Wochen vor Ausbruch des Zweiten Weltkriegs in Frankreich zur Aufführung; erst nach 1945 wurde er in den demokratischen Ländern gezeigt.

Die Familie: Eine weitere Institution zur Verbreitung von Ideologie

Der Überblickscharakter dieser Untersuchung erlaubt es nicht, auf dieses grundlegende Thema ausführlich einzugehen. Wir wollen zumindest darauf hinweisen, daß vielen Organisationen daran gelegen war, die Strukturen und Funktionen der Familie unverändert zu erhalten. Die Frau (als Ehefrau, Mutter etc.) ist bekanntlich der familiäre Mittelpunkt, um den sich die Verbreitung der Grundüberzeugungen, Wertmaßstäbe und Verhaltensregeln im Rahmen der bestehenden Ordnung dreht. Entgegen allem Anschein schränkt die Zuweisung dieser Funktion weitgehend andere Möglichkeiten für die Frau ein.

Die Frau ist »Kriegspatin«, Krankenschwester in Feldlazaretten, aktive Mitarbeiterin beim Winterhilfswerk und dem Sozialen Hilfsdienst (oder der Roten Hilfe der republikanischen Zone). Die *Sección Femenina* der *Falange* übernahm die Aufgabe, die Frauen, vor allem die jungen, für diese Zwecke auszubilden. Ihr Kursangebot für Gruppenführerinnen, Turnlehrerinnen, Krankenschwestern auf dem Land, Musik- und Gesangslehrerinnen etc. bestätigte diese Bemühungen. Als Pilar Primo de Rivera sich an die ersten Provinzialräte der *Sección Femenina* in ganz Spanien wandte, brachte sie diese Grundsätze klar und deutlich zum Ausdruck:

> »Vor allem müßt ihr das Streben der Mitglieder auf die Familie lenken; sie ist der einzige Platz, der den Frauen bei ihren häuslichen Aufgaben zum Nutzen des Vaterlands zugewiesen ist... Vor allem wollen wir, daß die Frauen durch ihre Moral und Religiosität ein Vorbild sind, denn nur auf dieser Grundlage können große Dinge verwirklicht werden.«

Speisesäle, Erholungsheime für Soldaten, Volkslieder- und Volkstanzveranstaltungen und ähnliche sozialbetreuerische Aufgaben mobilisierten Zehntausende junger Frauen. Durch die Kriegsumstände wurden sie sogar eine Zeitlang aus ihren festen Bindungen befreit, die ihnen die Gesellschaft auferlegte. Aber das angestrebte Ziel war ein anderes; Pilar Primo de Rivera ließ auf dem Dritten Kongreß der *Sección Femenina* (Zamora 1939) daran keinen Zweifel:

> »Unsere Aufgabe hierbei ist eine unterstützende, helfende und keine führende Aufgabe, denn die kommt nur den Männern zu.

Wir müssen also alle Kameradinnen darauf vorbereiten, daß sie, wenn sie ihren eigenen Hausstand und eigene Kinder haben, diesen die falangistische Art, zu leben und zu denken, einflößen und ihnen danach das Vaterunser beibringen können ... und das ohne öffentliche Zurschaustellung, denn die ist den Frauen fremd, und ohne unpassende Diskussionen, sondern eingebettet in den Schoß der Familie, den einzigen Ort für euch ... und ihr werdet so die Generation eurer Kinder endgültig von allen Lastern und allen üblen Gewohnheiten der vorangegangenen Generationen ferngehalten haben.«

Diese Bemühungen gingen nicht von der *Falange* aus. Die Frauenorganisationen der Traditionalisten *Las Margaritas* (Die Gänseblümchen) schreibt in ihren Hinweisen für Mitglieder aus dem Jahr 1936:

»DU, ›MARGARITA‹ bist:

- das leuchtende Abbild der ›standhaften Frau‹ aus der Heiligen Schrift,
- das Beispiel der spanischen Frau ...
- die unerschrockene Verteidigerin der christlichen spanischen Familie,
- die wachsame Hüterin von Sitte und Brauchtum.

Deine heilige Sendung ist es, die spanische Familie in Christus neu zu gründen ... Die Familie ist das erste Ziel deines Wirkens. Was bliebe dir sonst noch zu tun, wenn du nicht deine Pflicht als Königin des häuslichen Lebens auf wunderbare Weise erfüllst.«

Im republikanischen Spanien nahmen die Frauen am öffentlichen Leben teil. Die Familienbande waren lockerer, Scheidungen waren erlaubt, die Heiratsformalitäten wurden vereinfacht (durch eine großzügige Auslegung der Gesetze konnten selbst die Kommandanten militärischer Einheiten Ehen schließen). In Katalonien wurde die Abtreibung legalisiert und die Bevölkerung über Empfängnisverhütung aufgeklärt.

In den ersten Kriegswochen, als ein langer und unerbittlicher Krieg noch nicht absehbar war, wurde die Gestalt der Milizionärin verherrlicht, wie sie mit Blaumann und Gewehr an die Front marschierte. Diese Verherrlichung war in Barcelona (d.h. an der Aragonien-Front) häufiger als in Madrid, aber man konnte sie überall erleben. Und wieder gab es die vorbildliche Heldin; diesmal war es die Katalanin Lina Odena, die an der Front von

Granada fiel (im Oktober 1934 hatte Aída Lafuente diese Rolle gespielt). Aber die Realität des Kriegs zwang schon bald einen Pragmatismus auf, der es ratsam erscheinen ließ, anstelle der jungen Männer, die in den Krieg zogen, die Frauen in der Produktion und in den Dienstleistungsbereichen einzusetzen. Wie Carmen Grimau ausführt, wurde das Bild der Milizionärin von dem der Frau als helfende Kraft (in Krankenhäusern, Heimen, Kantinen, in der Textilindustrie) abgelöst. Die Mädchen traten massenhaft sportlichen oder paramilitärischen Organisationen bei und organisierten hinter den Linien Feste für die Truppen usw. Die Frauen, die jüngeren vor allem, waren berufstätig, die jungen Männer waren bei der Armee. Große Teile der Bevölkerung wurden evakuiert oder flohen (vor allem aus Madrid, der südlichen kastilischen Meseta und dem Gebiet Málaga–Almería in Richtung Murcia, Alicante und Barcelona), wodurch die familiären Bindungen unterbrochen wurden; ganz zu schweigen von den Familien, die auf die beiden Zonen aufgesplittert waren und deren Familienbande ganz zerrissen. Das alles war neu, änderte aber nichts daran, daß auch im republikanischen Spanien der traditionelle Familiensinn vorherrschte (zu einer Zeit, als Stalin ihn auch in der Sowjetunion wieder aufwertete). Die Erfordernisse des Kriegs bekräftigten auch hier die Vorstellung von der Notwendigkeit des familiären Zusammenhalts und das stereotype Bild der Frau als Mutter, Gattin, Braut etc. Dieses Bild ergab sich aus der Rolle des Mannes als »Krieger«, den sie in der Munitionsfabrik unterstützte, dem sie als Krankenschwester im Lazarett, Telefonistin oder Straßenbahnschaffnerin half. Die Frauen durchbrachen eine Zeitlang die alten Verhaltensnormen, verließen das Haus, verkehrten mit allen möglichen Leuten, entdeckten neue Welten ... aber ihre Fixierung auf die Familie, die man von ihnen forderte, unterschied sich kaum von der traditionellen.

Das Klima der Mädchenorganisationen hat Teresa Pamies sehr gut beschrieben; sie selbst war in ihrer Jugend Leiterin der JSU Kataloniens und der *Dona Jove* (Jungmädchen; 28, S. 50ff.): Besuche bei den militärischen Einheiten, Tanzveranstaltungen und Feste auf irgendeinem Dorfplatz hinter den Linien ..., alles unter dem Vorzeichen einer strengen »Kriegsmoral«, die oft im Gegensatz zur »Befreiungsmoral« stand.

Jenseits – oder diesseits – von Denkmustern und Leitvorstellungen und in engem Zusammenhang mit dem individuellen Fühlen und Erleben eines Wertesystems (das jedoch nicht vom einzelnen abhängig, sondern objektiv von einer Gesellschaft vorgegeben ist) stehen jene Symbole, die Geisteshaltungen und Gemütszustände zum Ausdruck brachten, die wenig oder gar nichts mit einem rationalen Zugang zu den Ereignissen zu tun hatten.
Als Beispiele für solche Symbole wollen wir auf die vielfältigen Flaggen, Hymnen, Embleme, Gesten und Uniformen hinweisen, die für den Spanischen Bürgerkrieg charakteristisch waren. Die Aufständischen wußten nicht, für welche Hymne sie sich entscheiden sollten; und so finden wir – was bei einem Militäraufstand verständlich ist – eine hierarchische und zugleich gefühlsmäßige Rangordnung unter den verschiedenen Hymnen: der martialische *Himno de la Legión* (Hymne der Legion), die *Legionarios y regulares* (Legionäre und *Regulares*) und der *Himno de la Infantería española* (Hymne der spanischen Infanterie), die paradoxerweise auch General Romerales anstimmte, kurz bevor er von den Aufständischen erschossen wurde. Während der ersten Wochen herrschte vollkommene Verwirrung; es gibt Texte von Queipo, Franco und Cabanellas, die jeweils mit »Es lebe die Republik!« enden. Man verwendete meist dreifarbige Flaggen, in Kastilien aber waren sie zweifarbig; dann gab es noch die schwarz-rote der Falangisten mit Joch und Pfeilen und die weiße der Karlisten mit den Andreaskreuzen. Schließlich setzten Franco, Queipo und Mola am 15. August in Sevilla die rot-gelbe Flagge durch, die der spanischen Marine schon seit der Zeit Karls III. eigen war und die von 1843 bis 1931, einschließlich der Zeit der ersten Republik, spanische Staatsflagge gewesen war. Während diese Flagge einem Teil der Rechten genügte, wollte die härtere, traditionalistischere Linie nicht auf ihre eigene verzichten; dies gilt auch für die Falangisten und ihre rot-schwarze Fahne.
Ähnliches geschah mit den Hymnen. Bei offiziellen, kirchlichen und ähnlichen Veranstaltungen erklang wieder die *Marcha granadera* (Grenadiermarsch), auch *Marcha real* (Königsmarsch) genannt; die Falangisten aber und die Traditionalisten bevorzugten weiterhin ihre jeweiligen Hymnen, *Cara al Sol* (Der Sonne entgegen) und *Oriamendi.* Die Angelegenheit wurde schließlich durch

ein Dekret geregelt, das Franco am 27. Februar 1937 in Salamanca unterzeichnete. In der Präambel heißt es:

»Das spanische Volk hat vom ersten Augenblick an die ruhmreiche Fahne gehißt, die heute die Flagge des Vaterlands ist. Als der ›neue Staat‹ gebildet wurde, sammelte er all das Symbolische und Repräsentative, wonach die Nation sich sehnte, und gab auf diese Weise dem Gefühl der *guten* Spanier Ausdruck ...«

Ich hebe das Adjektiv hervor, denn es bestätigt, daß auch die Symbole benutzt wurden, um den Gegensatz zwischen »Guten« und »Bösen«, seit Juli 1936 ein Leitgedanke des Regimes, zu unterstreichen. Artikel 1 dieses Dekrets erklärte die *Marcha granadera* zur »Nationalhymne«; Artikel 2 jedoch definierte *Cara al Sol, Oriamendi* und *Himno de la Legión* zu »nationalen Liedern, die, wenn sie bei offiziellen Anlässen gespielt werden, stehend gehört werden müssen, als Ehrung für das Vaterland und in Erinnerung an die ruhmreichen Spanier, die während des Kreuzzugs für das Vaterland gestorben sind«. Flaggen und Hymnen also, oft drei oder vier hintereinander, die unbedingt stehend und mit erhobenem Arm gehört werden mußten.

Lange Zeit waren auch die Uniformen sowenig »uniform« wie eben möglich, sie waren die Merkmale der verschiedenen Milizen (*Requetés,* Falangisten und anderer, die nicht so zahlreich waren), bei den Legionären und Offizieren waren sie bisweilen geradezu pittoresk. Auch maurische Dschellabas und weite Umhänge gehörten zu diesem Bild. Der gemeine Soldat hingegen sah in seinem verschlissenen Khakianzug sehr ärmlich aus, hatte keine ordentlichen Schuhe und als Kopfbedeckung nur seine Kasernenmütze.

Die regulären italienischen Einheiten führten die »Sahariana« ein, die sie bereits im Äthiopienkrieg getragen hatten.

Das Schuhwerk bestand generell aus dem sogenannten Navarrastiefel – »einer Abart des keltiberischen Bundschuhs«, wie Giménez Caballero sagte – und aus einfachen Hanfschuhen für den Sommer. Hohe Stiefel, Reithosen, Kanadier, »Saharianas« etc. waren den Offizieren vorbehalten.

Die Vielfalt der bedeutungsträchtigen Symbole mußte dem Bestreben weichen, einen Staat zu bilden, der als solcher gerade den Zusammenhalt schaffen sollte – und das hatte bei den Symbolen zu beginnen, die auf die elementarsten Gefühlsregungen zielten. Die zweifarbige Flagge wurde nicht ohne Mühe zur Staatsflagge; sie

»Niemals«: Das Plakat zeigt den tapferen Legionär, wie er die Familien vor der »roten Bestie« verteidigt.

erhielt ein Wappen mit Joch und Pfeilen und dem zweiköpfigen Reichsadler, die die vieldiskutierte nationale Einheit des ausgehenden 15. Jahrhunderts und das sogenannte Imperium beschworen, in erster Linie aber eine Forderung der Falangisten gewesen waren. Man darf nicht vergessen, daß einer der ersten Baumeister dieses Staats Ramón Serrano Suñer war, der den falangistischen Symbolen einen gewissen Vorrang einräumen mußte, da er die *Falange* möglichst wirksam zu instrumentalisieren gedachte. Der »neue Staat« schuf sich seine Symbole, seine Zeichensprache, seine rhetorische und literarisch überladene Ästhetik; seine Städteplanung war an dem Modell des Escorial orientiert: Sieg des Steins über die grüne Vegetation. Eine Vereinigung, die sich als sehr viel schwerer herausstellen sollte als die im April 1937 durch Dekret erlassene.

In bezug auf den Gruß geschah etwas Ähnliches: Wenn auch der von Mussolini übernommene hochgereckte Arm sich endgültig durchsetzte, so bewahrten im Heer die eingefleischten Militärs ihre Art, mit gestreckter Hand und den Fingern in Stirnhöhe zu grüßen.

Auch auf republikanischer Seite gab es eine Vielfalt von Symbolen: Flaggen, Embleme, Hymnen, Gesten und Uniformen, allerdings nicht aus denselben Gründen. Neben der (dreifarbigen) Flagge der spanischen Republik wehten die rote Fahne, die immer das Symbol der Arbeiterbewegung gewesen war, aber auch die schwarzrote der CNT und des Anarchismus sowie die Flaggen, die die autonomen Regionen repräsentierten: die *Senyera* Kataloniens und die *Ikurrina* des Baskenlands. Ähnliches geschah mit den Hymnen: wenn auch die seit 1931 offizielle Nationalhymne des republikanischen Staats der *Himno de Riego* war, so wurde doch bei vielen offiziellen Veranstaltungen anschließend noch die *Internationale* oder auch das eine oder andere revolutionäre Lied gesungen, das den Libertären besonders am Herzen lag: zum Beispiel die *Warschawjanka*, die in Spanien unter dem Titel *A las Barricadas* (Auf die Barrikaden!) bekannt war; oder jenes andere Lied, das mit den Worten begann: »Söhne des Volks, in Ketten gefangen«. Natürlich hatten *Els Segadors* (Die Schnitter) in Katalonien und *Gernikako Arbola* (Die Eiche von Guernica) im Baskenland den Charakter offizieller Hymnen. Man sah auf den Straßen der republikanischen Zone sehr oft Hammer und Sichel, ein Symbol, das in der Republik zwischen 1931 und 1936 relativ

ungebräuchlich gewesen war. Aber die Vielfalt der Embleme, Abzeichen, Flugblätter und Plakate mit symbolischem Gehalt wurde schon bald zu bunt und schlug in Routine um. Es läßt sich jedoch nicht leugnen, daß Symbole, wie Flaggen und Lieder, bei den Kämpfenden beider Seiten – und auch in der Etappe – in einigen Fällen (z. B. beim Kampf um den Alcázar von Toledo, die Verteidigung Madrids im November 1936) starke emotionale – und nicht nur durch die Umstände bedingte – Reaktionen auslösten.
Der Gruß mit erhobener Faust, den vor dem Krieg nur Kommunisten und Sozialisten benutzten, wurde in der republikanischen Zone allgemein gebräuchlich und auch vom Heer übernommen. Dort wurden die Sterne als militärische Rangabzeichen durch Balken ersetzt. An die Stelle des kunterbunten Durcheinanders der Blaumänner, Lederjacken etc. bei den Volksmilizen trat allmählich die grünlich-khakifarbene Uniform.
Es gab Daten, die Symbolcharakter erhielten (1. oder 2. Mai, 18. Juli, 7. November), Helden, die geradezu mythologische Größe erlangten: Calvo Sotelo oder der »Erzmärtyrer«; José Antonio, der zunächst »der Abwesende« war; Moscardó, aber nicht Sanjurjo und kaum Mola; in der gegnerischen Zone Durruti, Lina Odena, Hans Beimler, der Panzerabwehrkanonier Antonio Coll u. a. Vor allem aber wurden »lebende Götter« mythisiert, und das konnten ebensogut Miaja wie Líster oder Mera sein, denn jeder Frontabschnitt hatte seinen »Göttertempel«; ganz im Gegensatz dazu die nationalistische Zone, wo die Übermythisierung des von der Vorsehung gesandten *Generalísimo* oder *Caudillo* jede mögliche Konkurrenz ausschaltete, selbst die von Queipo, der tagtäglich den Rundfunk als Waffe einsetzte.
Die Verwendung von Symbolen im Hinblick auf den heldenhaften Einsatz stand im Gegensatz zu der weitgehenden Flexibilität bei den Kämpfenden beider Seiten und der Bevölkerung im Hinterland, wenn ihre »Forderung« nach Muße und Ruhepausen in den Vordergrund trat.
Auf ähnliche Weise und parallel zu dem epischen Überschwang, mit dem die erwähnten Symbole verwendet wurden, gab es auch das Zusammenleben »feindlicher Brüder« in diesem langen Stellungskrieg, bei dem man gleichermaßen Beschimpfungen wie Zigarettenpapier gegen Tabak und Zeitungen usw. tauschte. Berlangas Film *La vaquilla* (Die junge Kuh) hat eine durchaus realistische Grundlage, was diesen Aspekt des »Zusammenlebens«

angeht, das selbstverständlich üblicher wurde, als alle sich im Krieg »eingerichtet« hatten und die Rekruten beider Seiten mobilisiert waren. Es spielte sich natürlich an weniger wichtigen Frontabschnitten ab.

Wie wurde die ideologische Botschaft aufgenommen? Verhaltensmuster und Formen des Erlebens

Das komplexe Bild der Ideologien, die mittelbar oder unmittelbar aus der sozialen – und zu einer kriegerisch gewordenen – Auseinandersetzung hervorgehen oder ihre Wurzeln in weiter zurückreichenden sozialen Strukturen haben, die aufgrund von Ungleichzeitigkeiten verspätet wirksam werden und nachfolgende politische Situationen *überdeterminieren,* verwandelte sich, wie wir gesehen haben, in eine Vielfalt von Botschaften, Ideen und Grundüberzeugungen, die durch die ideologischen Apparate geschaffen, verbreitet und übermittelt wurden. Der Zugang zu diesem Thema ist stets schwierig, um so mehr, als es nicht gerade leicht ist, diese Überlegungen von der Kulturgeschichte im weitesten Sinn zu trennen.

Um unseren summarischen Überblick zu vervollständigen, soll die Frage untersucht werden, wie und von wem jene Botschaften aufgenommen wurden (es war nicht dasselbe, im republikanischen oder im franquistischen Spanien ein Linker bzw. ein Rechter zu sein. Ebenso war es ein Unterschied, ob man sich an der Front befand oder in der Etappe, in der Stadt oder auf dem Land und natürlich zu welcher sozialen Schicht man gehörte).

Tatsache ist auch, daß Gruppen und Einzelpersonen den Konflikt sehr unterschiedlich *erlebten* und die ideologische Botschaft mehr oder weniger bereitwillig aufnahmen; ihre Erfahrungen, ihre Stimmungen, ihre »Überzeugungen« im Sinne Ortegas (ohne damit die Diskussion über »Ideen« und »Überzeugungen« aufnehmen zu wollen, denn beide gehören unserer Meinung nach in den Bereich der Ideologie) differierten je nach Umgebung und den materiellen und kulturellen Bedingungen. Was letztlich zählt, sind die Verhaltensmuster dieser Menschen zwischen 1936 und 1939.

Die folgenden Ausführungen wollen nicht mehr als ein erster Entwurf sein, ein intellektueller Überschlag eines Erkenntnisgegenstands, der noch viel Arbeit und viel mehr Quellenstudium erfordert, und folglich auch mehr Zeit und Platz, um entsprechend analysiert zu werden.

Der Alltag

In der Realität erlebten die Spanier den Krieg auf sehr unterschiedliche Weise, je nach ihrer Zugehörigkeit zu einer der beiden Seiten, der wirklichen, d. h. der *politischen,* nicht der *geographischen,* die jedem einzelnen nun einmal beschieden war. Sicher hing bei vielen (Militärs, Künstlern, Kulturschaffenden im weitesten Sinn) die Entscheidung sehr stark von den geographischen Umständen »ihres« 18. Juli ab; vielleicht hatten sie bisher nicht eindeutig Partei ergriffen, die einmal getroffene Entscheidung wurde dann aber nicht mehr umgestoßen. Diese Haltungen waren jedoch in der Minderheit. Im allgemeinen waren es die grundsätzliche politische Einstellung, die soziale Schicht, die Lebensumstände, ja selbst das Alter, die bestimmten, *wie der Krieg gelebt wurde* – und dies interessiert uns hier. In der franquistischen Zone etwa stand der Luxus der Restaurants und Nachtlokale, der Theater und das »Ambiente« von San Sebastian in starkem Gegensatz zur finsteren Zurückgezogenheit der Basken in den alten Vierteln derselben Stadt, mehr aber noch zur traditionellen Strenge des Karlismus in Pamplona und vor allem zur Eintönigkeit Salamancas, wo ein düsterer, nur beim Erscheinen der maurischen Truppen des »Generalissimus« etwas belebter Daueraufmarsch stattfand. Selbst in Sevilla, der von der Front weit entfernten Großstadt – mit Queipo als »Vizekönig«, Segura (in der zweiten Kriegshälfte) als seltsamem Kardinal aus dem Mittelalter, der beim harmlosen »Tanz« bisweilen den Pferdefuß sehen ließ, und Gamero del Castillo, der versuchte, die Kräfte auszugleichen und Probleme zu lösen –, lebten Tausende von Familien »in Trauer gekleidet«. (Einige Familien gehörten der Mittelschicht an, wie die des Doktors Jesús Martínez oder des Notars Blas Infante, die große Mehrheit jedoch waren Arbeiter vom Land oder aus den Vierteln Triana oder Macarena.) Ihnen half es nichts, daß die Preise stabil waren und die Lebensmittel nicht rationiert wurden, denn wovon sollten sie das zum Leben Notwendige kaufen? Oder Valladolid, mit dem Hauptquartier der Falangisten am Paseo de Zorrilla, der von privaten oder von den »Blauhemden« beschlagnahmten Wagen belebt

wurde. Dort war auch die Zentrale des *Auxilio Social*, in den Händen von Mercedes Sanz, der Witwe Onésimo Redondos, die mit den Kaffeekränzchen – einer Art falangistischer »Salon« – in ihrem Haus nur mit Mühe den Kampf um die Macht mit Pilar Primo de Rivera (deren Versammlungen eben »gewichtiger« waren) verbergen konnte. Das war Valladolid, aber es war auch die Stadt der traurigen Häuser und erloschenen Lichter im Viertel von Entrevías, wo vielleicht irgendein Eisenbahnarbeiter, der dem Gemetzel entgangen war, heimlich Radio Madrid hörte und wo ein paar Mädchen, die sich nicht in die Listen der *Sección Femenina* eingetragen hatten – und das waren trotz allem die meisten –, die Italiener, die ihnen den Hof machten, abblitzen ließen. (Das Verhalten der Frauen den Italienern gegenüber war je nach Stadt und Region sehr verschieden; es kam zu vielen Liebschaften, auch zu unehelichen Kindern und sogar zu der einen oder anderen Hochzeit. Unter der großen Zahl der »nicht sympathisierenden« Mädchen gab es einige sehr mutige – sowohl in Valladolid als auch im Baskenland und in Galicien –, die sich der Propaganda der »Kriegspatinnen« widersetzten, indem sie sich als »Patinnen« für »rote« Soldaten in den Gefangenen- und Arbeitslagern anboten.)
In der anderen Zone, im belagerten Madrid, das Artilleriebeschuß aller Kaliber und häufigen Luftangriffen ausgesetzt war, *lebte man* auch; man ging zur Arbeit und zur Schule, man aß (schlecht, aber die Linsen fehlten nicht), man liebte, man ging ins Theater und ins Kino; Madrider und Soldaten von der Front füllten bis zum letzten Platz die Schauspielhäuser an der Gran Vía, die scherzhafterweise »Granatenallee« genannt wurde, weil so viele dort einschlugen. Natürlich gab es verschiedene Madrid; und wenn Machado meinte, Madrid sei schöner geworden durch das »plötzliche Verschwinden des *señorito*«, so empfand Serrano Suñer die Stadt in der kurzen Zeit zwischen seiner Gefängnishaft und seinem Wechsel in die franquistische Zone als bedrückend. Und das waren nicht nur persönliche Ansichten; das Madrid Machados, der »Wellenbrecher aller Spanien«, konnte nicht das Madrid Serrano Suñers sein. Das Madrid derer, die von den ausländischen Botschaften aufgenommen worden waren, wo sie trotz ihrer privilegierten Situation in ständiger Angst und einer Stimmung des *huis clos* lebten, konnte nicht das des JSU-Mitglieds sein, das Leutnant in Usera oder der Casa de Campo war; und auch nicht das der Arbei-

terfamilien, die politisch wenig engagiert, aber regierungstreu waren und die sich zwischen Nahrungsmittelrationierung, Stromausfall und Bombardierungen hindurchlavierten. Das Leben in den Städten fern der Front war jedoch offensichtlich ruhiger: La Coruña, Sevilla, Alicante, Barcelona (das etwas unter den revolutionären Erschütterungen vom Juli/August 1936 gelitten hatte); Salamanca und Valencia waren voller Geschäftigkeit (Funktionäre, Militärführer auf der Durchreise, Journalisten, überfüllte Cafés und Kneipen), als sie die provisorischen Hauptstädte waren. Die Einrichtungen und Institutionen des im Entstehen begriffenen franquistischen Staats waren jedoch lange Zeit verstreuter (in Burgos, Salamanca, Valladolid, San Sebastian) als die der Republik.

Haltung gegenüber der Macht und denen, die sie ausübten

Von zentraler Bedeutung für das Akzeptieren von ideologischen Botschaften ist von Anfang an die Einstellung des einzelnen gegenüber der Macht: sei es Vertrauen oder Mißtrauen, ein gewisser Argwohn..., Zustimmung oder Feindseligkeit..., Gegnerschaft... oder auch Angst. Das Problem ist um einiges vielschichtiger, als es zunächst erscheinen mag, denn während zum Beispiel in Madrid, Valencia oder Málaga eine aus den Wahlen hervorgegangene starke linke Mehrheit an der Macht war, so wurden andere Städte mit einem ähnlichen soziopolitischen Profil, wie etwa Sevilla oder Saragossa, bald schon vom Terror beherrscht. Andererseits übten diejenigen, die in einer Stadt (und mehr noch in kleinen Orten) die Macht innehatten, mehr oder weniger Terror über die aus, die schon im voraus als »Feinde« abgestempelt wurden; daß auf seiten der Aufständischen dieser Terror einer politischen Methode entsprach und »von oben« ausging und daß er auf republikanischer Seite vor allem ein unkontrollierter Ausbruch angesichts des möglichen Machtvakuums war, änderte nichts daran, daß es ihn auf beiden Seiten gab und daß er eine ganze Bandbreite von Stimmungen und Haltungen, von schlichter Besorgnis bis zur Panik hervorbrachte. Das Thema der Unterdrükkung gehört nicht in den uns an dieser Stelle beschäftigenden historischen Bereich, wohl aber das der psychologischen Konditionierung, die sie hervorrief. Wer die Repression gegenüber Familienmitgliedern oder engen Freunden erfahren hatte, wer Verwandte hatte, die »in der anderen Zone« kämpften, oder einfach,

wer diese Methoden verurteilte, war gegenüber den Botschaften der Macht und ihrer Organisationen in der eigenen Zone ablehnender und eher geneigt, denen aus der anderen Zone Glauben zu schenken und sie dabei sehr oft zu idealisieren.
Dagegen ereigneten sich unter den Anhängern der Macht oder einfach unter den Unempfindlichsten (die nicht notwendigerweise die »einfachsten Leute« waren) der jeweiligen Zone Dinge wie die Massenteilnahme an Erschießungen: so z. B. in Valladolid, im Sommer 1936, als ganze Familien (Männer, Frauen und kleine Kinder) dabei waren – bekundet durch die Provinzverwaltung, die ein derartiges Verhalten rügte (*El Norte de Castilla,* 25. November 1936); ähnliches geschah laut Rafael Abella (1, S. 65) in Huelva und in Pamplona (18, S. 182). Das waren aber trotz allem Extremfälle. Gewöhnlich sind jene, die mit der Macht sympathisieren, für ihre Botschaften am empfänglichsten, was sich in aktiver Mitarbeit niederschlägt.
Bisweilen schreckten sogar die Anhänger des Systems selbst vor der Repression zurück. Horno Liria schrieb: »Es schmerzt, es eingestehen zu müssen, aber die Leute sahen in der *Falange* eine strenge, unerbittliche Maschine, die züchtigte und strafte.« Und Ronald Fraser überliefert das Zeugnis eines nationalkatholischen Katalanen, der ein Gegner des Aufstands war; während sein Friseur ihn rasierte, habe er ihm genußvoll von den Gefangenen erzählt, die »er und andere nachts zu einem Spaziergang in Barcelona aus dem Gefängnis holten, um sie zu erschießen« (12, I, S. 200). Und er berichtet auch von dem jungen Anwalt aus Córdoba, der sich dem Aufstand anschloß und schon bald zu dem Schluß kam, daß es »in der Stadt, wie sicherlich auch in der anderen Zone, zwei Arten von Leuten gab; diejenigen, die an die Front gingen, um zu kämpfen, und die Kriminellen, die in der Etappe blieben« (12, I, S. 219). Dies mochte durchaus zutreffen. Sicher aber ist, daß in dem von den Aufständischen kontrollierten Gebiet die physische Vernichtung des Gegners »rationalisiert« wurde, notgedrungen, wie man sagte, da die Militärs anfänglich nur über geringe Kräfte verfügten und Disziplin durchsetzen mußten. »Die Unterdrückung war eine militärische Taktik«, so erklärte der Marqués de Marchelina, ein Artillerieoffizier außer Dienst, gegenüber Ronald Fraser. Im Grunde war es die gleiche Antwort, die Yagüe schon Whitaker gegeben hatte: »Was dachten Sie? Daß ich 4000 rote Gefangene in meiner Truppe mitführen würde, wo jede Mi-

nute beim Vormarsch kostbar war? Oder daß ich sie in der Stadt zurücklassen würde, damit Badajoz sofort wieder rot würde?«
Ein solches Verhalten macht zweifellos eine zwischenmenschliche Verständigung unmöglich. In der einen wie der anderen Zone wurden während des ganzen Kriegs die Verhaftungen fortgesetzt. Die Standgerichte in der einen, die Volksgerichte in der anderen Zone, die verschiedenen Polizeiorganisationen, die nach offenem Widerstand (»fünfte Kolonne« nannte dies Mola mit Bezug auf Madrid; der Ausdruck setzte sich international durch, ähnlich wie ein Jahrhundert zuvor *pronunciamiento*) oder verborgener Opposition suchten; sie alle schufen ein Klima der Angst in weiten Teilen der Bevölkerung.
Dazu zählen primitive und sehr bedrückende Formen sozialer Zwangsmaßnahmen, wie etwa der Umstand, daß den »roten« Frauen der Kopf kahl geschoren wurde; dies geschah in vielen Gegenden Kastiliens und auch in anderen Regionen der franquistischen Zone, zum Beispiel nach dem sonntäglichen Kirchgang, in Befolgung des Befehls, den der Bürgermeister oder *Falange*-Führer (oft in Personalunion) ausgegeben hatte. In der republikanischen Zone waren die Frauen der ehemaligen, größtenteils ermordeten Gutsbesitzer nicht weniger von Angst beherrscht, wenn sie weiter auf dem Land leben mußten. Die Schilderung von Jesús Izquarays über die schöne, trauernde Witwe von Montoro, wo er Quartier bezog, hat durchaus einen realen Hintergrund:

> »Seit jenem Morgen ... furchtbar! ... Ich will nicht mehr daran denken ... Niemand hatte mich je so genannt.« (»Ich verstehe Sie, meine Dame«, hatte Izquaray zu ihr gesagt.) »Und jetzt kann irgendeiner, den du noch nie in deinem Leben gesehen hast, der letzte Lump, kommen und dich Genossin nennen ... Genossen ... wovon denn?« (17, S. 262)

Gewisse Gemütszustände setzen bisweilen die schrecklichsten Leidenschaften frei, so zum Beispiel den Haß. Wir haben bereits den Haß gegenüber Arbeitern erwähnt, nur weil sie Arbeiter waren; so bei Obregón oder Foxá. Es gab auch den Haß gegenüber Priestern, der aus dem alten Antiklerikalismus hervorging und nur mit dem Haß der Ultrakonservativen auf den Dörfern gegen die Lehrer vergleichbar war; beide Auswüchse verursachten beträchtliches Blutvergießen und stärkten die Überzeugung bei den einen, daß die Republik kirchenfeindlich, und bei den anderen, daß der »neue Staat« kulturfeindlich sei. Tatsächlich – auch wenn die Formulierung hart klingt – waren sie in ihrer Mehrzahl Wortführer der ideologischen Botschaft zweier Weltbilder: das des Ancien Régime und das der bürgerlichen Demokratie; es gab auch Lehrer, die verschiedene Formen von Sozialismus predigten, und nationalpopulistische Priester, die deshalb ebenfalls geopfert wurden (man erinnere sich an die baskischen Priester, die in der franquistischen Zone umgebracht wurden).

Fatalerweise nahm der unbarmherzige Freund-Feind-Gegensatz, wie ihn Carl Schmitt beschrieb, in zügellosem Haß Gestalt an. Der bereits mehrfach erwähnte Horno Liria berichtet:

> »Die Befreiung Aragoniens 1938 hatte eine erschütternde Menge kollektiver Todesanzeigen zur Folge, die erschreckend zum Ausdruck brachten, wie groß die Zahl der Opfer des Hasses war... Und es war unwichtig, ob wir wußten – tatsächlich wußten wir es –, daß täglich auch viele andere unserer Feinde hingerichtet und erschossen wurden. Schrecken und Haß machten sich in unseren Herzen breit. Der Glanz unserer Illusion trübte sich... Als das Erste Jahr des Triumphs zu Ende ging, wurde alles zur Wiederholung. Zu den rituellen, protokollarischen Festen, die jedesmal steifer, jedesmal hierarchischer wurden, kamen jetzt noch die Jahrestage.« (16, S. 34)

Ein ganz anderer Gemütszustand ist der der kollektiven Begeisterung in dramatischen Augenblicken. So ist über den plötzlichen Wechsel der Kampfmoral Anfang November 1936 in Madrid viel geschrieben worden. Greifen wir auf das Zeugnis eines Mannes zurück, der damals eine führende Stellung in der Verteidigung innehatte, für dessen Sachlichkeit und Rechtschaffenheit die Geschichte bürgt; General Vicent Rojo Lluch, damals Oberstleutnant, schreibt:

> »Im Fall der Schlacht um Madrid kann es nicht überraschen, daß die Männer der Truppe, die auf dem Rückzug bis zu den Toren der Hauptstadt unaufhörlich und aufreibend gekämpft hatten, sich unversehens in tatkräftige Verteidiger der Stadtgrenzen verwandelten... Es ist wahrscheinlich, ziemlich sicher sogar, daß der einfache Mann seine eigenen psychischen Reaktionen gar nicht wahrnahm; auch ist wahrscheinlich, daß er sie nicht zu steuern vermochte; aber es ist offensichtlich, daß er sie mit Leben erfüllte.«

Für General Rojo handelte es sich darum, daß »in Madrid das Bewußtsein der Nation im einzelnen und in der Masse war«. Es

ging über die Pflicht und den Gehorsam den Vorgesetzten gegenüber hinaus, denn »seiner Opferbereitschaft Leben zu verleihen ist nur das Werk des eigenen Bewußtseins« (36, S. 235 f.)
Es war nicht zu leugnen, daß in Madrid zwischen den Kämpfenden und dem Volk in der Etappe eine Art Osmose stattfand und sie während jener Novemberwochen kaum zu unterscheiden waren. Dies schuf – ungeachtet der offensichtlichen Gefahren, der Luftangriffe, der vollkommen zerstörten Häuser ... – eine Stimmung allgemeiner Begeisterung. Man fühlte sich wie die heldenhaften Verteidiger Numantias, wozu sicherlich die führende Rolle der *Junta de Defensa* beitrug, aber auch die – von Militärs schon oft bestätigte – Tatsache, daß die Soldaten besser in der Defensive hinter »ihren« Häusern verschanzt kämpfen als auf offenem Feld oder bei unzureichend organisierten Angriffen. Dazu kamen noch andere Gründe. Der ideologische Faktor etwa ist in diesem Fall nicht zu unterschätzen: der »Frontlautsprecher«, die Kampagne »Die vier Bataillone«, die »Theaterguerillas« etc. trugen dazu bei, eine Stimmung zu erzeugen, die weit über die einfache Kasernenlogik hinausging.
Solche Einstellungen ändern sich auch sehr schnell und passen sich den Umständen an. Teresa Pamies hat beschrieben, wie die Mädchengruppen in Barcelona Zehntausende von Menschen für die Demonstration am 18. März 1938 vor dem Pedralbes-Palast mobilisierten. Die katalanische Schriftstellerin denkt dabei über diese unerklärlichen, scheinbar unzusammenhängenden und widersprüchlichen Reaktionen nach, weil sie die allgemeine Erfahrung mit menschlichen Gemeinschaften zu widerlegen scheint. Und sie vergleicht sie mit der entgegengesetzten Stimmungslage, der totalen Angst vor dem Zusammenbruch am Morgen des 26. Januar 1939 auf der Plaza de la Bonanova in Barcelona (28, S. 163, S. 188).

Das Bewußtsein vom langen Krieg

Ein allgemein beobachtetes Phänomen war der Sinneswandel zu Beginn des Kriegs: an die Stelle des Glaubens, es handle sich um einen vorübergehenden Zustand, trat allmählich die Überzeugung, daß man einen langen Krieg vor sich habe, in dem man sich, gern oder ungern, »einrichten« müsse.
Während der ersten Wochen glaubten alle, daß »ihre Leute« noch

vor Ende des Sommers den Krieg gewinnen würden; für die einen sollte die Revolution die Vergesellschaftung der ganzen Wirtschaft herbeiführen; für die anderen sollte nach dem sicheren Einmarsch in Madrid nicht ein einziger »Roter« übrigbleiben. Andere meinten, so erzählt García Serrano, »der Krieg wird höchstens ein paar Wochen dauern«. Eine Frau, die ihrem Sohn (ein *Requeté* mit roter Mütze und Skapulier) an der Bushaltestelle in Pamplona noch ein paar Socken mitgab, erzählte mir über die Reaktion des Sohnes: »Die brauche ich nicht, Mutter, wir sind doch morgen schon wieder zurück«, antwortete ihr der Junge, »aber vielleicht machen wir einen Abstecher nach Madrid, damit alle sehen...« Das war am 19. Juli; am folgenden Tag erfuhr man, daß Barcelona für »die Sache« verloren war. Der Einmarsch in San Sebastian zwei Monate später und die Befreiung des Alcázar verstärkten jedoch die allgemeine Überzeugung (auch an der Machtspitze), daß Madrid unwiderruflich in der ersten Novemberhälfte fallen würde. Zitieren wir noch einmal Horno Liria:

> »Von jenem Augenblick an, als die Internationalen Brigaden uns zurückgeschlagen hatten, wußten wir, daß der Krieg dauern und daß er gräßlich sein würde. Niemand erschrak darüber, niemand brach in Tränen aus – außer den Müttern gefallener Söhne, und die taten es still für sich –, wir waren alle bereit, uns im Krieg einzurichten, den Krieg zu leben, Tag für Tag, ohne Hoffnung auf ein baldiges Ende, aber doch mit der Sicherheit zu siegen.«

Für manche war die Situation weniger angenehm, obwohl sie begütert und Parteigänger der Aufständischen waren; in den ersten Tagen wurden »Flüchtlinge aus der roten Zone« sogar in der Stierkampfarena von Pamplona einquartiert. Später jedoch setzte man sich in San Sebastian, Valladolid, Burgos oder Bilbao in den beschlagnahmten Häusern der Republikaner, Liberalen oder Nationalisten fest.

Viele empfanden den Ausbruch der Feindseligkeiten zwischen dem 18. und 23. Juli nicht als Beginn eines überaus harten Kriegs, sondern als ein Ereignis, das die Monotonie des Alltagslebens plötzlich durchbrach, eine Art persönliche »Befreiung«. Dieses Gefühl herrschte auf beiden Seiten. Es war ein seltsamer »Urlaub« vom eintönigen Tun, von der alltäglichen und gesellschaftlichen Routine. Dionisio Ridruejo schildert dies treffend:

> »Die subjektiv erlebten Situationen waren zahllos: da kamen an

einem Ort und zu einem Zeitpunkt die wütenden Rächer ihrer eigenen Unterdrückung mit den begeisterten Schwärmern zusammen, die ihre Gewalt mit der Farbe der Hoffnung übertünchten, und diejenigen, die sich plötzlich von ihren täglichen Gewohnheiten freimachten ... Vor allem machte man ›Urlaub vom Alltag‹ und lebte gefährlich zwischen ständig wechselnden Schlupfwinkeln oder ganz nach Laune, ohne die üblichen Pflichten, Verantwortungen und moralischen Bindungen.« (35, S. 66)

Ich habe selbst erlebt, wie ein Gewerkschaftsführer einer Bank zehn Jahre später von dem Glückszustand erzählte, der ihn ergriff, als plötzlich alle gesellschaftlichen und beruflichen Bindungen und Normen, die ihn unterdrückten, zusammenbrachen. Und ich dachte daran, wie Corpus Barga sich an jenen Tag im August 1914 in der Pariser Rue Soufflot errinnerte, als die Nachricht von der Kriegserklärung eintraf: Da kletterten die Maurer fröhlich von ihren Gerüsten, um Schluß zu machen mit dem schalen Einerlei und den alltäglichen Mühen, und sie schlossen dabei die Augen vor den Blutströmen, die auf sie zukamen.

Es gab Politiker wie Indalecio Prieto – wir haben darauf hingewiesen –, die sofort begriffen, daß es sich um einen Krieg handelte, der überdies lange dauern würde. In der republikanischen Zone wurde dies offensichtlich, als man nach der Bildung der Regierung Largo Caballero begann, die Verwaltungseinrichtungen und den Staatsapparat neu aufzubauen. Allmählich mußten beide Parteien ihre Hoffnungen und Illusionen und auch ihr Alltagsleben dem Krieg anpassen, der – das wurde nach dem gescheiterten Angriff auf Madrid offenkundig – lang sein würde. Dieses »Sich-Einrichten« erforderte natürlich neue Verhaltensregeln und Lebensformen, die der normale Bürger nicht gewohnt war. Diese waren sowohl von der politischen Entscheidung eines jeden einzelnen, seiner Haltung gegenüber der etablierten Macht hier und dort, von der Unterdrückung und den Auswirkungen der ideologischen Beeinflussung als auch von den Überlebensbedingungen abhängig.

Die Überlebensbedingungen

Dabei ging es in erster Linie um das simple Überleben, die Versorgung mit Nahrungsmitteln. In der franquistischen Zone war das

für diejenigen nie ein Problem, die weiterhin genügend Kaufkraft hatten. Bis Kriegsende kam es zu keinen Rationierungen. Erst in der zweiten Kriegshälfte wurden einige Textilien knapp.
Im Gegensatz dazu war die Versorgung und folglich die Ernährungslage in der republikanischen Zone problematischer, vor allem im belagerten Madrid mit rund einer Million Einwohner. In der republikanischen Zone fehlten von Anfang an Weizen, Fleisch, Milchprodukte und Zucker. Die Schwierigkeiten beim Fischfang und beim Import von Waren wurden bald spürbar.
In Madrid wurden bereits im November 1936 per Dekret Lebensmittelkarten eingeführt, aber erst ab Januar 1937 verteilt. Inzwischen verschlimmerte sich die Notlage; bei der Sitzung der *Junta de Defensa* am 22. Januar 1937 stellte Cazorla fest: »Das ganze Material wird uns nichts nützen, wenn Madrid an Hunger zugrunde geht.«
Der Streit zwischen der *Comisión Provincial de Abastos* (Versorgungskommission der Provinz) und der *Consejería de Abastecimientos* (Städtische Versorgungsstelle) über die Zuständigkeit bei der Nahrungsmittelversorgung verschlimmerte obendrein noch die Lage, zumal viele Organisationen sich selbständig versorgten. Die Kapazität der Behörden, die getroffenen Entscheidungen ausführen zu lassen (und oft sogar, sie überhaupt auf sinnvolle Weise zu treffen), war höchst beschränkt. Selbst beim Heer gab es Pannen: die Militärverwaltung sah im Dezember 1936 etwa 136000 Rationen für die Front bei Madrid vor, wo aber – nach Angaben von Diéguez – nur 35000 Mann kämpften (Salas Larrazábal gibt für den 27. November eine Zahl von 39199 Mann an [37, III, S. 2524]). Bei der Sitzung der *Junta de Defensa* vom 22. Januar wurde als das »lebensnotwendigste und dringlichste« Problem die Versorgung Madrids bezeichnet; das Hauptproblem lag dabei anscheinend in der schlechten Organisation des Transportwesens. Die Evakuierung der Zivilbevölkerung, die man vorantreiben wollte, verlief wenig erfolgreich. Miaja äußerte am 22. Januar: »Es wäre durchaus möglich, täglich bis zu 10000 Personen zu evakuieren; es verlassen aber kaum 5000 die Stadt.« Die Antwort von Diéguez war bezeichnend: »Die Evakuierung geht deshalb nur so zögernd voran, weil die Leute wissen, daß sie genau wie hier auch an anderen Orten Hunger leiden müssen.« Diese Behauptung traf damals nicht für die Gegend um Valencia und für Katalonien zu, aber sie war eine Vorwarnung. Ab Sommer 1937 nahmen die

Schwierigkeiten bei der Nahrungsmittelversorgung in der gesamten republikanischen Zone zu, was einen lebhaften Schwarzmarkt und einen regen Naturalientauschhandel zur Folge hatte. Lebensmittelkarten wurden im gesamten republikanischen Gebiet eingeführt; in Madrid betrug im Oktober 1937 die Brotzuteilung 150 Gramm täglich.

Die Zivilbevölkerung litt auch immer mehr unter der Wohnungsnot. Zunächst traten auch verschiedentlich in der franquistischen Zone Probleme auf; besonders schlimm jedoch war die Lage in der republikanischen Zone, vor allem dort, wo es zu größeren Bevölkerungsbewegungen kam. Anfänglich verließen Zehntausende Menschen Extremadura, Toledo und die Provinz Madrid; später flohen auch aus den von Luftangriffen und Artillerie zerstörten Vierteln Madrids, aus den Arbeitervorstädten Usera und Carabanchel oder aus dem Mittelschichtviertel Argüelles die Menschen mit ein wenig Hausrat in den Osten der Stadt. Schließlich setzte die von der Regierung so nachdrücklich geforderte Evakuierung aus Madrid in den Osten der Halbinsel ein. Aber auch Zehntausende andalusische Familien flüchteten aus Málaga oder Motril und brachten nichts weiter als ihre Leiden und Erinnerungen nach Valencia, Alicante, Tarragona oder Barcelona mit. Dazu Zehntausende von Kindern, die bereits in den ersten Kriegsmonaten von Madrid in entsprechende Kinderkolonien am Mittelmeer gebracht wurden. Der Bürgerkrieg war also eine unaufhörliche Bevölkerungsbewegung (bis zum großen Exodus von 1939), ein ständiger Verlust der familiären und gesellschaftlichen Lebenszusammenhänge und der Umwelt, ein fast täglicher Bruch mit der Vergangenheit. Arturo Barea schildert dies sehr treffend: »Der Feind stand dort draußen, vor den Toren, zwei Kilometer von der Gran Vía entfernt. Ja und? Wenn sie am 7. November nicht einmarschiert waren, wie sollten sie es dann später schaffen?« (Eine nicht ganz logische, aber trotzdem im republikanischen Madrid sehr verbreitete Überlegung.) »Die leichtgebauten Häuser der Arbeiterbezirke brachen wie Kartenhäuser unter den Druckwellen der Explosionen zusammen ... Täglich verließen Tausende von Frauen und Kindern in Lastwagenkonvois die Stadt in Richtung Ostküste.« Dieser Bruch der Alltagsbindungen war in der Etappe schon schlimm genug; in noch stärkerem Maße war er es für die Soldaten beider Heere. Denn »es ist nicht leicht«, wie Rafael Abella geschrieben hat, »Haus, Familie und Freunde zu verlassen und mit einem Gewehr bewaffnet auf offenem Feld zu kämpfen und dabei zu wissen, daß es den Männern auf der anderen Seite ebenso ergeht« (1, S. 273).

Auf einem anderen Blatt stehen die Razzien der maurischen Söldner, die freies Spiel hatten beim Angriff auf die Städte; im Gegensatz dazu die Hoffnungen der Jugendlichen aus ländlichen Gebieten, die großen Städte zu erobern und das Meer zu sehen, das für sie so weit entfernt war; das waren die Träume des falangistischen Freiwilligen oder des »kleinen kastilischen Soldaten für Franco«, aber auch unter anderen Vorzeichen, die des republikanischen Kämpfers auf der anderen Hochebene:

»Wenn wir gewinnen,
soll sie die Apfelsinenbäume sehen,
und ich werde ihr das Meer zeigen,
das sie nie gesehen hat,
und ihr Herz soll voller Schiffe sein.«
(Rafael Alberti)

Die Erfordernisse des Kriegs bestimmten also nicht nur die Art und Weise jedes einzelnen, den Krieg zu erleben, sondern auch die Art, ihm gefühlsmäßig zu begegnen. Die Empfänglichkeit für die ideologische – und im weitesten Sinne kulturelle – Botschaft war unterschiedlich, je nachdem, ob man als falangistischer Freiwilliger oder als *Requeté* an einer Front kämpfte oder als einberufener und daher nicht so vertrauenswürdiger Soldat, umgeben von Gefreiten oder Unteroffizieren, die in Wirklichkeit zur *Guardia Civil* gehörten. Auch war es nicht dasselbe, in der »Kulturecke« einer republikanischen Einheit, die sich in der Casa de Campo verschanzt hatte, zu lesen, oder die Bücher bei Leganés oder Carabanchel Alto in der Brustwehr halb versteckt zu halten. Für die Aufnahmebereitschaft war es auch nicht gleichgültig, ob die Familien- und Freundschaftsbande zerstört waren oder ob sie noch fortbestanden, ob man Angst vor Bombenangriffen oder vor Repressionen hatte oder ob man im Gegenteil derartige Schrecken hinter sich hatte. So gibt es eine Reihe von Trennungs- und Verbindungslinien, die die Gruppenbildungen der Spanier während des Bürgerkriegs bestimmten. Wir wollen eine Systematisierung versuchen.

In erster Linie schließen sich die Menschen aus politischen Gründen zusammen (weil sie für die Machthaber der Zone sind oder gegen sie). In vielen Fällen bedeutet das gemeinsame Aktivitäten,

zumindest aber Kontakt miteinander; man hört heimlich die Radiosender der »anderen Seite«, man steht mit denen in Verbindung, die mit derselben Sache sympathisieren; man unterstützt Häftlinge, Witwen oder andere Opfer der Unterdrückung. Die Kontakte können enger werden, wenn man Mitglied einer Untergrundorganisation ist, was in der republikanischen Zone häufiger vorkommt. All das sind Anlässe für enge Verbindungen bis zur Bildung mehr oder weniger organisch gewachsener Gruppen und gleichzeitig Gründe für eine Trennung von der Gesellschaft mit ihren normalen Lebensformen. In einer Umfrage unter Überlebenden fiel der Satz: »Es gibt keine zwei Parteien in den Orten – Navarra, Rioja –, nur eine. Die andere schweigt, verbirgt sich, oder man läßt sie verschwinden.«
Darüber hinaus wird der Klassenunterschied in den gesellschaftlichen Umgangsformen noch betont; so wird etwa im »befreiten« Bilbao die Calle Correo zum eleganten Boulevard und die Calle del Arenal zur sogenannten »Hanfschuh-Promenade«; die feinen Leute tanzen auf den »Champs Elysées«, während die Näherinnen und Dienstmädchen zum Tanzen nach La Casilla verbannt werden.
Umgekehrt werden die Bindungen an die Gesellschaft enger, wenn man unbeschwert an ihren Festen und Vergnügungen teilnehmen kann. Trotzdem ist die Tendenz, nicht miteinander zu verkehren, abgeschottet voneinander zu leben, auch im selben Lager noch sehr deutlich: dies trifft z. B. auf die Konkurrenz zwischen der *Sección Femenina* einerseits und den *Margaritas* andererseits zu; ganz zu schweigen von der Gruppe Hedillas in San Sebastian, den Leuten von Sancho Dávila in Sevilla, dem Karlistenführer Fal Conde und seiner gescheiterten Militärakademie, der Gruppe um Pilar Primo de Rivera in Salamanca und vielen mehr. Im politischen Umfeld sind also ständig und in unsicherem Gleichgewicht Kräfte der Vereinigung und der Trennung am Werk. Ein gewisser Mangel an Kommunikation läßt sich also vom ersten Augenblick an in jeder Zone feststellen; da gibt es überall Tragödien und Helden, Elend und Hoffnungen; überall lebt man von Legenden und ist für Mythen empfänglich, ob man *für die Macht* oder *gegen die Macht* der jeweiligen Seite ist. Zudem gab es natürlich auch wechselnde Situationen und Strömungen.
Ein wichtiger Punkt für diese Trennungen und Verbindungen sind Kirche und Religiosität; die Verfolgung von Priestern verband

Das Konterfei des *Caudillo* war ein ständig wiederkehrendes Propagandaelement seiner Gefolgsleute.

schon zu Kriegsbeginn viele unpolitische Katholiken mit den Aufständischen, die ihrerseits diesen Umstand auszunutzen wußten.

Außerdem waren, mit Ausnahme des Baskenlands, in der gesamten republikanischen Zone während des ersten Kriegsjahrses die öffentlichen Kulthandlungen der katholischen Kirche verboten.

Die heimlichen Gottesdienste, Rosenkranzgebete usw. waren so etwas wie eine »Rückkehr in die Katakomben« und wirkten als verbindendes Element für große Bevölkerungsteile. Dies war ein zusätzlicher »ideologischer« Dienst, den die Kirche der franquistischen Seite leistete, der aber erst aufgrund der Unversöhnlichkeit oder des mangelnden Durchsetzungsvermögens in den Machtzentren der Republik möglich wurde. So diente der Kampf »Für Gott und Spanien« nicht nur einer soziopolitischen Sache, sondern auch der Herausbildung einer konkreten Identität.
Tatsache ist, daß die Kirche auf Betreiben des Vatikans vom Sommer 1937 an alle Normalisierungsversuche von seiten der Regierung Negrín, insbesondere des Justizministers Manuel de Irujo, vereitelte (Gottesdienste in privaten Kapellen wurden wieder zugelassen; im September 1937 wurde die baskische Kapelle in Barcelona für die Öffentlichkeit freigegeben; Priester wurden aus der Haft entlassen; der Kriegsdienst ohne Waffen wurde eingeführt usw.). Der Generalvikar der Diözese Barcelona, P. Torrents, der in Briefkontakt mit Pacelli stand, wies alle Regierungsgesuche, die Kirchen Barcelonas wieder zu öffnen, zurück und drohte jenen Priestern mit Suspendierung vom Dienst, die es wagten, in diesen Kirchen und Kapellen Messen zu lesen. Bis auf wenige Ausnahmen (dies betrifft in erster Linie Kardinal Vidal y Barraquer) hatte die Kirchenführung sich entschieden, in den Krieg einzugreifen. Kardinal Gomá erklärte auf dem Eucharistischen Kongreß im Mai 1938 in Budapest: »Der Krieg kann nicht mit einem Kompromiß, einer Übereinkunft und auch nicht mit einer Versöhnung enden... Die Roten müssen sich ergeben, denn sie sind bereits besiegt. Der Friede kann nur durch den Sieg der Waffen erreicht werden.«
Andererseits entstanden in Madrid und in anderen Diözesen der republikanischen Zone sehr häufig Kontakte zwischen den kirchlichen Gruppen, die sich halb im verborgenen trafen (was in der zweiten Kriegshälfte zumindest geduldet wurde), und den Geheimdiensten Francos. Neben der ideologischen Wirkung in der Bevölkerung waren diese Gruppen auch noch als wichtige Informationsquelle für den Generalstab von Nutzen.
Auch die Unterstützung für die franquistischen Gefangenen und ihre Familien wurde von Untergrundorganisationen des *Socorro Blance* (Weiße Hilfe) geleistet. Es kam dabei allmählich zu einer bisweilen recht bedrohlichen Vernetzung dieser Aktivitäten. Be-

zeichnend dafür ist der Leitartikel vom 10. Januar 1938 in *El Sol*; in ihm wird deutlich, daß man sich ernstlich Sorgen machte wegen der Demoralisierung durch die Propagandaaktivitäten der »fünften Kolonne« in der Bevölkerung Madrids.
Über diesen Teil der Bevölkerung – der sich moralisch von der übrigen Gesellschaft isoliert hatte und in ideologischer Gegnerschaft zu ihr lebte – hat Pastor Petit treffend geschrieben: »Sehr viel Bereitschaft für das Engagement in der ›fünften Kolonne‹ entstand 1936 durch den Terror der ›unkontrollierten‹ Elemente, 1937/38 durch die immer deutlichere Gewißheit eines Siegs der Aufständischen, durch den Hunger, die Bombardierungen, die Erschöpfung und die Schrecken des Kriegs.« (29, S. 485)
Auch in der franquistischen Zone gab es republikanische Informationsdienste, die unter weitaus schwierigeren Bedingungen arbeiteten: waghalsige Guerilleros (die auf der Gegenseite nicht ihresgleichen hatten), Solidaritätsgruppen und eine große Masse, die von der moralisch-ideologischen Unterstützung durch die Republik buchstäblich abgeschnitten waren. Es genügt, an folgenden Satz von Laín Entralgo zu erinnern: »Um uns herum, ohne uns zu kennen und uns hassend, waren das einfache Volk und die intellektuellen Minderheiten, die die Gewalt der Unterdrückung erlitten hatten; sie lebten zwischen Furcht und Hoffnung und verharrten in Schweigen.« (18, S. 232)
Wir haben uns vornehmlich mit möglichen Bedingungen beschäftigt, die diese Absonderung und Spaltung hervorgerufen und zu den Subkulturen, d. h. den zentripetalen, auf sich selbst bezogenen Kulturen geführt haben. Die Verweigerung der Kommunikation mit anderen Gruppen, die Ablehnung ihrer Informationen und die Furcht vor Unterdrückung durch sie ermöglicht aufgrund der Negierung der Verständigungsmöglichkeit zwischen zwei sozialen Gruppen eine Bestätigung entgegengesetzter Art: Verdichtung der Kommunikation innerhalb einer Gruppe, in der Werte wie Solidarität und gegenseitige Hilfe entstehen und erfahren werden. Auch der Kampf und das Leben an den Fronten (das über das Ideologische hinausgeht: »Wenn du das Maschinengewehr gepackt hast und in einen Granattrichter gesprungen bist, mußt du schießen«, sagte mir ein Demokrat, der in den franquistischen Reihen als Zwangsrekrutierter gekämpft hatte) oder die kollektive Bedrohung durch eine Aggression, einen Luftangriff zum Beispiel, all dies fördert das Solidaritätsgefühl auch in breiteren Bevölkerungsschichten.

Die Summe dieser Erfahrungen, auf die wir hier in sehr knapper Form eingegangen sind, macht bestimmte Verhaltensmuster deutlich, die für den Bürgerkrieg spezifisch sind.
Die familiären und zwischenmenschlichen Beziehungen leiden darunter, daß die familiären Bindungen und die Lebensabläufe durch den Krieg unterbrochen werden: Mobilisierungen, Arbeitseinsätze, Flucht oder Evakuierung. Das Leben wird zeitlich anders organisiert (oder überhaupt nicht), und es gibt neue Arten von Beziehungen. Die Reproduktion der Familienstruktur wird unmöglich, selbst auf der Seite, die »Zucht und Ordnung« betont (die jungen Mädchen, die nie allein das Haus verlassen haben, gehören jetzt der *Sección Femenina* an oder arbeiten im Feldlazarett). Schwerwiegender noch ist der Bruch, der durch die fast dreijährige Trennung von Familien und Paaren entsteht; viele junge Frauen werden früh zu Witwen und gehen neue Verbindungen ein; das Verhältnis der Geschlechter zueinander bekommt angesichts der drohenden Todesgefahr einen anderen Aspekt (ein Thema, auf das wir noch zurückkommen werden). Und dann die Massenevakuierungen aus Málaga, Asturien, Aragonien...
Noch einmal greifen wir auf das Zeugnis Rafael Abellas zurück, der beschrieben hat, wie die »weibliche Mobilisierung« selbst die traditionellen Verhaltensnormen der Mädchen und jungen Frauen aus der Provinz veränderte. Dieser Wandel in der Lebensweise der Frau entsprach nicht dem traditionellen und starren Weltbild, das dem »neuen Staat« zugrunde lag. Und so erhoben sich bald empörte Stimmen, wie die des Bischofs von Córdoba, der einen »Frauenkreuzzug für Bescheidenheit, Sittsamkeit und Zucht« predigte, »um einen Damm gegen die Flut weiblicher Zügellosigkeit zu errichten«. Bisweilen kam es auch zu schärferen Formulierungen, wie etwa im Manifest des katholischen Frauenverbands der Diözese Sevilla:

> »Während unsere Soldaten und Freiwilligen ihr Leben für Gott und Vaterland auf den Schlachtfeldern hingeben, bist du, spanische Frau, die du nur an Vergnügen und Koketterie denkst und die Sitten verdirbst, eine Verräterin des Vaterlands, eine Verräterin deines Glaubens, verächtlich in aller Augen, und ein verabscheuungswürdiges Geschöpf...«

Einige solcher Anstößigkeiten sind ziemlich lächerlich; so heißt es in einem Artikel in *El Pensamiento Navarro* (Das navarresische Denken), radfahrende Frauen seien als unmoralisch zu geißeln; es gab auch einen Hirtenbrief mit gleichem Inhalt. Mitten im Krieg schien die Kirchenführung – wie immer – sich größere Sorgen um das sechste als um das fünfte Gebot zu machen. Es handelt sich dabei nicht um Scheinheiligkeit oder Borniertheit, sondern darum, die ideologischen Fundamente unversehrt zu erhalten.

Zu erwähnen bleibt noch: Die Mehrheit der Jugendlichen feierte gern Feste (Willkommensfeiern für Frontkämpfer, Tanzveranstaltungen), ging ins Kino oder Theater (meistens zur Unterhaltung und Zerstreuung; man schaute sich alles an, von Amalia de Isaura bis zu Laurel und Hardy), trieb Sport (die Möglichkeit dazu stellte auf republikanischer Seite die Organisation *Alerta* [Achtung!] für Jugendliche beider Geschlechter zur Verfügung, auf der franquistischen sorgten die *Sección Femenina* und andere Organisationen dafür). Unterhaltung und Zerstreuung angesichts des tragischen Geschehens sind ein wohl verständliches und unvermeidliches Phänomen; die Forderung einiger Presseorgane, wie *Mundo Obrero*, in Madrid nur noch Veranstaltungen im Sinne der Kriegspropaganda durchzuführen, blieb ohne Widerhall. *Política*, die Tageszeitung der *Izquierda Republicana* (IR, Republikanische Linke), griff nicht ohne Grund im Januar 1937 in die Debatte ein und erinnerte daran, »daß es von Mitgefühl zeugt und richtig ist, den Milizionär, der 24 Stunden Urlaub von der Front hat, mit Dingen abzulenken, die ihn für Augenblicke das Leben im Schützengraben vergessen lassen«. Unterhaltung und Zerstreuung, ob verfeinert oder grob, gab es auf beiden Seiten; es wäre sicher falsch, dies mit »Flucht vor der Wirklichkeit« zu verwechseln. Die Übermittlung ideologischer Botschaften und daraus resultierende Verhaltensnormen wurden dadurch keineswegs behindert.

Nachdem bisher versucht wurde zu erklären, auf welche Weise die ideologische Botschaft aufgenommen und die Ereignisse erfahren wurden, die die Grundlage für die gespaltene, in sich zerrissene Kultur eines Landes im Bürgerkrieg bildeten, sollen nun zusammenfassend zwei Grundlinien herausgearbeitet werden: zum einen ist es das Erlebnis eines *totalen Kriegs*, der sicher mit noch größerer Intensität als der Erste Weltkrieg erlebt wurde; er war ein weiterer Schritt auf dem Weg zur Verwirklichung der apokalyptischen Vorstellung Ludendorffs, der in seinen Schriften das Bild vom umfassenden Krieg, dem sich niemand entziehen könne, entworfen hat. Der zweite Grundzug ist die erkennbare zeitliche Abfolge gewisser Stimmungen der Hoffnung auf den Sieg und der

Furcht vor der Niederlage, die schließlich nach einer Phase allgemeiner Erschöpfung mit dem endgültigen Zusammenbruch der Republik endeten.

Der totale Krieg bringt zwei grundlegende psychologische Probleme mit sich: die Erfahrung der Todesnähe und die der Militarisierung der Umwelt.

Der Tod ist als alltägliche Wirklichkeit gegenwärtig: nicht nur an der Front, sondern auch in den Städten, die bombardiert und beschossen werden, in den verwüsteten Dörfern auf der einen wie auf der anderen Seite, in der Nachricht, die vom Freund oder vom Kameraden kommt..., in den Verwundetentransporten in die Krankenhäuser und in den Leichenzügen, die sie verlassen. Die Nähe des Todes (und auch die Unterwerfung unter den Krieg und das Militärische) unterbindet jeden Gedanken an den nächsten Tag. Nichts kann geplant werden, existentielle Entscheidungen für die Zukunft sind unmöglich. Nur *träumen* kann man von dem Tag, »an dem der Krieg zu Ende ist«.

Einigen der besten Schriftsteller ist es gelungen, dieser drohenden Nähe des Todes und dem Verhalten ihm gegenüber Ausdruck zu geben. Arturo Barea hat von jenem Aprilnachmittag erzählt, als der Wachtposten vor der Telefonzentrale den vorbeigehenden Mädchen Scherzworte zurief. Drei Personen überquerten die Gran Vía, ein Soldat und zwei Mädchen... Das Geschoß pfiff... die Granate explodierte. Der Wachtposten auf der Straße »voller Frühling« verschwand, »als hätte ihn die Wand verschluckt, und die zwei Mädchen fielen in sich zusammen, wie zwei leere Säcke« (8, S. 708).

Die Bombardierungen und der Tod gehörten zum Madrider Alltag. Carlos Sampelayo erzählte, wie im November 1937 »eine Hausmeisterin den Schutt und die Geschoßsplitter des letzten Beschusses aus dem Hauseingang und vom Gehweg fegte, mit den Worten: ›Das Schlimmste ist, daß sie alles dreckig machen.‹« Max Aub schildert in *Campo de sangre* (Blutiges Feld), wie man im März 1938 in Barcelona unter den Bombardierungen lebte und starb.

> »Seit drei Tagen wird die Stadt von Bomben überschwemmt wie eine Flutwelle... Vom Parallelo aus erobert der Tod Straße um Straße... Sie trafen am Paseo de Gracia ein, als er das Pfeifen einer Bombe hörte. Paulino blieb unverletzt... Rosario verblutete auf dem Gehweg... Er kam gerade in dem Augenblick an,

als sie Rosario in einen mit Leichen überfüllten, klapprigen Ambulanzwagen luden... An einem Baum hingen blutende Körperteile.« (6, S. 497, S. 506)

Der Tod lauert hinter jedem Hügel, hinter jeder Ecke; diese ständige Bedrohung durch die Nähe des Todes erstickt alle Zukunftspläne.

Der totale Krieg hat auch eine Art »Militarisierung der Umwelt« zur Folge: die Uniformen, so verschieden sie auch waren, ein gewisses militärisches Dekor (deutlicher in der nationalistischen Zone, mit dem Gebrauch und Mißbrauch von Koppelzeug, hohen Stiefeln etc.), die Städte, die nachts im Dunkeln liegen, aus Angst vor Bombenangriffen... In der franquistischen Zone war der Kriegszustand Normalität; das heißt, die militärischen Machthaber hatten alle Befehlsgewalt übernommen. In der republikanischen Zone war dies nur während der letzten zwei Kriegsmonate der Fall, eine Tatsache, die kaum noch nachvollziehbar war.

Die Militarisierung brachte eine Reihe von Gepflogenheiten mit sich: das Anhören der Frontberichte, den von »hier« oder den von »drüben«, sich »versorgen«, Kontakt mit den Nachbarn im Bunker aufnehmen, wenn der Fliegeralarm ertönte... All das gehörte zum Leben in der Stadt. Der Krieg gelangte aber auch in die ländlichen Gebiete, bisweilen in Form einer tragischen Nachricht, immer aber durch die Einberufung der jungen Burschen, die nach und nach alle ihre Dörfer verließen... Einige ländliche Gegenden überzog der Krieg schonungslos mit seinem ganzen Inferno, Andalusien zum Beispiel, Aragonien, Katalonien, Asturien, das Baskenland... In einigen ländlichen Gebieten des franquistischen Spanien dagegen (Galicien, Teile Kastiliens) lernte man den Krieg nur durch die Verbrechen des Sommers 1936 kennen, später nur noch durch den beständigen Abmarsch der Jugendlichen, durch die Nachricht, der eine oder andere sei »Für Gott und das Vaterland« gefallen, durch die aufputschende Sonntagspredigt und wenn man »offiziell« Radio und Frontberichte hörte, in der Kneipe oder in den Häusern begüterter Familien, die einen Rundfunkempfänger hatten. Im ländlichen Spanien der Republik fand auch eine Agrarrevolution statt, die alles veränderte, aber das ist hier nicht unser Thema, und es hat keinen Sinn, diese Fragen oberflächlich zu behandeln. Die Feststellung, daß sich dort, ob im Guten oder im Schlechten, *alles änderte*, möge genügen: vom Besitz an Land, Vieh und Gerät bis zum häufigen Besuch »mobiler

Kulturbrigaden«, den Diskussionen zwischen den verschiedenen Gewerkschaftsrichtungen etc.
Selbst der Sport erhielt eine paramilitärische Ausrichtung. Die Organisation *Alerta* (in ihr waren Jugendliche zwischen zwölf und 16 Jahren organisiert; man trieb vor allem Gymnastik und Leichtathletik) in den großen Städten der republikanischen Zone ist dafür charakteristisch; in der franquistischen Zone marschierten schon die Kinder in Uniform (»Pimpfe« und »Jungvolk«); aber auch in der republikanischen Zone waren die Jugendlichen halbuniformiert, die Mädchen mit weißen Blusen und blauen Rökken.
Das kollektive Empfinden durchlebte Höhen und Tiefen, die eine Geschichte der Überzeugungen und Gefühle nicht ignorieren kann. Wir haben bereits auf den allgemeinen Freudentaumel hingewiesen, der die Parteigänger der Aufständischen von Ende Oktober bis Dezember 1936 befiel. Danach begann eine lange Phase, in der man sich im Krieg »einrichtete«, eine Zeit, die, je nach Lager, von Freude und Enttäuschung gekennzeichnet war, ob es um Guadalajara ging oder den Einmarsch in Bilbao. Auch der Jubel über die Einnahme Nordspaniens, die die Franquisten zweifelsohne anfeuerte, kühlte Ende 1937 durch Rojos siegreiche Teruel-Offensive ab.
Die zweite Welle der Begeisterung durchzog die franquistische Zone, als die republikanische Front in Aragonien zusammenbrach und die Truppen Alonso Vegas bei Vinaroz zum Mittelmeer vordrangen. Man glaubte schon, die republikanische Regierung würde sich ergeben oder das Land verlassen (bekanntlich wurde diese Möglichkeit auch vom französischen Botschafter ins Auge gefaßt, der bereit war, ein Kriegsschiff zur Verfügung zu stellen, um die Regierung aus Barcelona zu evakuieren). Und Serrano Suñer verkündete am 3. April 1938, daß der Krieg sich dem Ende zuneige.
Dem war aber nicht so; die republikanischen Linien konsolidierten sich vielmehr an der Levante-Front sowie in Katalonien, und die Anordnung Francos, zunächst bis Valencia vorzudringen, gestattete dem republikanischen Heer, das Oberst Menéndez unterstand, einen zähen Widerstand, bis sich die Linien im Juli schließlich in den Kämpfen bei Viver wieder stabilisiert hatten.
Die allgemeine Ernüchterung wurde diesmal von der Sorge der Militärs und Politiker an der Spitze des »neuen Staates« begleitet:

die Gefahr wurde in der Spannung zwischen den Großmächten gesehen; diese konnte sich in Vermittlungsangeboten äußern, wenn die Dinge sich nicht so entwickelten, wie Deutschland es wollte. Die Stimmung verschlechterte sich noch durch die Ebro-Offensive der Republikaner Ende Juli 1938. (Die gesamte franquistische Presse verkündete, daß die »Trupps der Roten, die den Ebro überquert haben, vernichtet worden sind«, aber die Wahrheit verbreitete sich schließlich über Radio.)

Im September, als man noch nicht wußte, was in München beschlossen würde, als Negrín heimlich einen Vermittlungsversuch unternahm und in Salamanca die Meinung vorherrschte, einige französische Divisionen in den Pyrenäen und die Aufkündigung des Nichteinmischungspaktes würden bestenfalls den Krieg auf unbestimmte Zeit verlängern, starteten alle Massenmedien eine Kampagne gegen die »Vermittlung«.

Das Münchner Abkommen wurde geschlossen, mit den Folgen, die an anderer Stelle behandelt werden. Die Ermüdungserscheinungen im republikanischen Lager hatten bereits seit April um sich gegriffen, als die Franco-Truppen mit ihrem Vorstoß zum Mittelmeer die republikanische Zone »zerschnitten« hatten. Die Unstimmigkeiten wuchsen: zwischen Präsident und Regierungschef, zwischen der Zentralregierung und den Regierungen der autonomen Regionen, zwischen dem Generalstab für das Zentrum und dem für die Zone Mitte-Süd. Die Republikaner ihrerseits waren der Vorherrschaft der Arbeiterparteien überdrüssig und wollten eine »republikanische« Republik.

Wir beziehen uns hier nicht auf die nachweisbaren Kontakte, die Oberst Casado seit Anfang Februar mit Vertretern Francos in Madrid unterhielt, sondern wir meinen die Moral der Bevölkerung. »Es ist eine unleugbare Tatsache«, schrieb später Azaña, »daß der Wille zum Widerstand vorhanden war, solange die Massen an die Wirksamkeit des Widerstands zur Rettung der Republik glaubten.« (7, III, S. 517)

Das Münchner Abkommen, der Rückzug am Ebro und der Verlust Kataloniens, die wachsende Nahrungsmittelknappheit, die ständig wiederkehrenden, aber immer weniger verständlichen Aufrufe zum Widerstand, all dies trug dazu bei, daß die Moral in der Etappe (nicht jedoch die in der Armee) nach und nach zerbrach. Die allgemeine Ablehnung der kommunistischen Politik, die damals in Europa vorherrschte, konnte sich in der erschöpften

Bevölkerung ausbreiten, so etwa bei der Zivilbevölkerung Madrids, die sich allmählich von der Widerstandspolitik der Regierung abwandte; die Kommunisten hatten kein Gespür für die veränderte Bewußtseinslage und isolierten sich immer mehr vom Volk.

Andererseits waren die Aufrufe zum Widerstand ohne konkrete Begründungen (die weder die Regierung noch die Parteien zu geben in der Lage waren) immer unbefriedigender für diejenigen, die sowieso keinen Sinn mehr darin sahen. Negrín erklärte im nachhinein:

> »Widerstand leisten: wozu? Um siegreich in Burgos einzumarschieren? Davon haben wir nie gesprochen und auch nie daran gedacht. Meine Herren, eine Politik des Widerstands zu verkünden bedeutet, daß man nicht mehr über die Mittel verfügt, den Feind zu vernichten, daß aber höhere Gründe verpflichten, bis zum Letzten zu kämpfen.« (44, S. 541)

Die Geschichte und die Politik lehren uns, daß nur aus einer Politik des Widerstands verhandelt werden kann. Weder dies noch die Absicht der Regierung, zu retten, was noch zu retten war, war über die Massenmedien zu vermitteln.

Ein Militäraufstand unter Führung des Armeechefs von Zentralspanien, unterstützt von wichtigen Fraktionen der politischen Parteien, mit Ausnahme der KP, verlieh der Forderung Ausdruck, sofort um Frieden zu ersuchen, einen »ehrenhaften Frieden«, wie es hieß.

Der Universitätsprofessor Julián Besteiro, ein Vertreter des gemäßigten Flügels des PSOE (er hatte sich aus allen Kriegsaktivitäten herausgehalten), diente dem Verteidigungsrat, der am 5. März 1939 in Madrid gebildet wurde, als Legitimationsfigur. Besteiro verkündete:

> »Die Regierung von Herrn Negrín, bar jeder Unterstützung durch den Präsidenten und durch das Parlament, das ohnehin nicht mehr lebensfähig ist, hat ihre Legitimität und ihr Anrecht auf Achtung und Anerkennung durch die Anhänger der Republik verspielt ... Ich bitte euch, und ich lege in diese Bitte den ganzen Nachdruck meiner eigenen Verantwortung, daß ihr in diesem schweren Augenblick der legitimen Macht der Republik beisteht, so, wie wir ihr beistehen, einer Macht, die vorübergehend vom Militär ausgeübt wird.«

Um sich bedingungslos ergeben zu können, behauptete die

Gruppe von Männern, die den in Auflösung begriffenen Staatsapparat zu übernehmen versuchte, ihre Tat sei legitim. Ihre Rechtfertigung erinnerte an diejenige, derer sich die Aufständischen im Juli 1936 bedienten: die Armee (in diesem Fall die republikanische) bürge für die Ordnung und sei die einzig legitime Macht, wenn auch nur vorübergehend. Man könne sich auf Unterstützung aus der Zivilbevölkerung berufen, die durch die Vertreter von drei Parteien und zwei Gewerkschaftszentralen, deren nationale Komitees außerhalb Spaniens weilten, gewährleistet sei.
Den Sieger legitimierte sein Sieg. Und der Segen des neuen Papstes, Pius XII., des ehemaligen Kardinals Pacelli. »Der Krieg ist beendet«, erklärte Franco am 1. April 1939. Aber das Ende des Kriegs war nicht der Beginn des Friedens. Es war »das Jahr des Siegs«.

(Aus dem Spanischen von Gerhard Poppenberg)

Literatur

1. Abella, R.: *La vida cotidiana durante la guerra civil. España Nacional,* Barcelona 1978.
2. Abella, R.: *La vida cotidiana durante la guerra civil. España republicana,* Barcelona 1976.
3. *Acción Española,* Anthologie, Bd. XVIII, März 1937.
4. Alted Vigil, A.: *Política del Nuevo Estado sobre el patrimonio cultural y la Educación durante la guerra civil española,* Madrid 1984.
5. Aróstegui, J., J. Martínez: *La Junta de Defensa de Madrid, noviembre de 1936/abril de 1937,* Madrid 1984.

5 bis. Archivo Fundación Pablo Iglesias: *Actas del grupo parlamentario socialista,* 1936–1939.

6. Aub, M.: *Campo de Sangre,* Mexiko 1945.
7. Azaña, M.: *Obras completas,* Bd. III, Mexiko 1967.
8. Barea, A.: *La forja de un rebelde* (Bd. III: La Llama), Buenos Aires 1966.
9. Cossío, F. de: *Hacia una nueva España,* Valladolid 1937.
10. Fernández S., J. Manuel: *Educación y Cultura en la guerra civil (España, 1936–1939),* Valencia 1984.
11. Franco Bahamonde, F.: *Palabras de Caudillo,* Madrid 1943.
12. Fraser, R.: *Recuérdalo tú y recuérdalo a otros,* 2 Bde., Barcelona 1979.
13. García Serrano, R.: *La fiel infantería,* Madrid 1943.

14. García Serrano, R.: *La gran esperanza*, Barcelona 1983.
15. Grimau, C.: *El cartel republicano en la guerra civil*, Madrid 1979.
16. Horno Liria, L.: *La vida en Zaragoza durante la guerra civil*, unveröffentl. Ms., Saragossa 1981.
17. Izcaray, J.: *Cuando estallaron los volcanes*, Madrid 1979.
18. Laín Entralgo, P.: *Descargo de conciencia*, Barcelona 1976.
19. Lozano, C.: *La educación republicana*, Barcelona 1980.
20. Lleixa, J.: *Contrarrevolución monárquica y militarismo en la España de los años treinta*, unveröffentl. Diss., Barcelona 1985.
21. Mainer, J. C.: *Falange y literatura*, Barcelona 1971.
22. Marquina, A.: *La diplomacia vaticana y la España de Franco*, Madrid 1982.
23. Manent, A., J. Raventós: *L'Església clandestina a Catalunya durant la guerra civil (1936–1939)*, Barcelona 1984.
24. Massot, J.: *La guerra civil a Montserrat*, Barcelona 1984.
25. Montero, A.: *Historia de la persecución religiosa en España, 1936–1939*, Madrid 1961.
26. *Ordenanza de las »Margaritas«.*
27. *Devocionario del requeté.*
28. Pàmies, T.: *Cuando éramos capitanes. Memorias de aquella guerra*, Barcelona 1974.
29. Pastor Petit, D.: *Los dossiers secretos de la guerra civil*, Barcelona 1978.
30. Ministerio de Cultura: *Exposición sobre la guerra civil española* (Beiträge von J. Tusell, M. García y García, B. Martín Patiño, C. Fontseré, V. Palacio Atard, R. Salas Larrazábal, J. M. Bueno u. a.), Madrid 1980.
31. Pemán, J. M.: *Poema de la bestia y el ángel*, Madrid 1939.
32. Pemartín, J.: *Qué es lo nuevo. Consideraciones sobre el momento español presente*, Sevilla 1937.
33. Puelles, M. de: *Educación e ideología en la España contemporánea*, Barcelona 1980.
34. *Reinaré en España*, Nr. 32, Valladolid, Juni 1937.
35. Ridruejo, D.: *Casi unas memorias*, Barcelona 1976.
36. Rojo, V.: *Así fue la defensa de Madrid*, Mexiko 1967.
37. Salas Larrazábal, R.: *Historia del Ejército Popular de la República*, Madrid 1983.
38. Sainz Rodríguez, P.: Testimonio y recuerdos, Barcelona 1978.
39. Stauffer, C.: *Sección Femenina*, 1939 (überarbeitet im Auftrag von Pilar Primo de Rivera).
40. Suárez Cortina, M.: *El fascismo en Asturias*, Oviedo 1983.
41. Tello, J. Á.: *Ideología y política. La Iglesia católica española, 1936–1959*, Saragossa 1984.
42. Terrón Montero, J.: *La prensa de España durante el régimen de Franco*, Madrid 1981.

43. *Fe*, Doctrina Nacional-Sindicalista, 4/5, März/April 1938. (Santander)
44. Tuñón de Lara, M. (Hg.): *Historia de España*, Bd. XII, Barcelona 1985.

Periodika:

Tageszeitungen
ABC (Sevilla)
¡Arriba España! (Pamplona)
Castilla Libre (Madrid)
Claridad (Madrid)
CNT (Madrid)
La Gaceta del Norte (Bilbao)
Heraldo de Aragón (Zaragoza)
Milicia Popular (Madrid)
Mundo Obrero (Madrid)
El Norte de Castilla (Valladolid)
Política (Madrid)
El Socialista (Madrid)
El Sol (Madrid)

Zeitschriften
Blanco y Negro (Madrid)
Estampa (Madrid)
Hora de España (Valencia und Barcelona)
Jerarquía (Pamplona)
Vértice (San Sebastian)

Josep M. Bricall
Die spanische Wirtschaft

Einleitung

Der Bürgerkrieg fand in einem – ökonomisch betrachtet – besonderen Land und zu einer für den weltweiten kapitalistischen Akkumulationsprozeß, der sich in einer zweiten großen Krise befand, außerordentlich bedeutsamen Zeit statt. In den Jahren vor Ausbruch des Zweiten Weltkriegs stand Spanien unter dem Einfluß einer weltweiten wirtschaftlichen Depression, die in den zwanziger Jahren begonnen hatte. Da die kapitalistischen Wirtschaftskrisen vor allem die Industrie treffen, verwundert es nicht, daß die schwach industrialisierte Halbinsel nur indirekt und am Rande von den Auswirkungen tangiert wurde.

Der *Banco de España* (Spanische Nationalbank) stellte damals fest, daß die »spanische Depression, verglichen mit der weltweiten Krise, nur oberflächlich war«. Die internationalen Bedingungen wirkten sich nur auf einige wenige Sektoren gravierend aus, vor allem eben auf die vom Export abhängigen Branchen. Von den am stärksten beeinträchtigten Produkten (deren Produktions- und Preisentwicklung rückläufig war) sind die für die Ausfuhr bestimmten Agrarprodukte (Wein, Zitrusfrüchte, Olivenöl, Früchte) und Erze mitsamt ihren Nebenprodukten (Schwefelkies, Stahl) zu nennen; auch einige Industriezweige (Schiffbau, Eisenverhüttung) waren betroffen.

Diese relativ schwachen Auswirkungen der Depression sind verschiedenen Faktoren zuzuschreiben, die entweder historisch bedingt waren oder in der spanischen Wirtschaft jener Jahre besonders schwer wogen: An erster Stelle ist die Entwertung der Peseta schon vor der Krise und der Ausrufung der Republik (konkret ab 1928) zu nennen – eine Entwicklung, die durch den Regimewechsel von 1931 und Bewegungen auf dem Währungsmarkt noch verstärkt wurde. Diese relative Geldentwertung sollte als ein Gegengewicht gegen den Exportrückgang und, gegebenenfalls, zur inneren Deflation wirken. Nichtsdestoweniger war es gerade ein Anliegen der republikanischen Regierung, den Auslandskurs der Peseta zu stützen.

Ein zweiter Grund, der die relativ geringen Auswirkungen der Depression erklärt, liegt in dem abgeschotteten Charakter der spanischen Wirtschaft, die seit Ende des 19. Jahrhunderts durch Zölle stark geschützt wurde, und in ihrem Finanzierungssystem, das sie weitgehend am Rande der europäischen Außenhandelsströme des internationalen Finanzverkehrs hielt. Man muß bedenken, daß sich gerade in den dreißiger Jahren die für industrielle Wirtschaftskrisen charakteristische Finanzkrise einstellte. Schließlich fehlte in Spanien, sieht man von Katalonien und dem Baskenland ab, ein im engeren Sinne »industrielles Netz« (der Agrarsektor erwirtschaftete ungefähr ein Drittel des spanischen Einkommens). Außerdem konnte die Schrumpfung anderer Märkte durch die positiven Auswirkungen der guten Ernten der Jahre 1932, 1934 und 1935 sowie durch Lohnsteigerungen ausgeglichen werden, die – z. T. dadurch, daß der Rückgang der Agrarpreise aufgehalten wurde – eine Ausdehnung des Konsumgütermarktes begünstigten. Dies wiederum hatte stimulierende Auswirkungen auf die Konsumgüterindustrie, etwa die Textilbranche. Nicht nur die Entwicklung im Produktionsbereich wies einige eigene Charakteristika im Rahmen der Weltwirtschaftskrise auf, auch die spanische Wirtschaft zeigt Besonderheiten bezüglich der Indikatoren, die, den Aussagen des *Banco de España* 1933 nach zu schließen, »die Gegenwart am besten auf die Zukunft projizieren und am besten einen psychischen Zustand von Optimismus oder Pessimismus und von Bereitschaft ausdrücken, effizient ökonomische Faktoren zu entwickeln, die zu einer Erhöhung des Wohlstandes führen...«. Es sind zwei Aspekte zu unterscheiden, die charakteristisch für einen Zustand der Unsicherheit sind: erstens das Investitionsverhalten, insbesondere in der Industrie. Wie in allen Krisenzeiten bremste die ungewisse Zukunft die Investitionsneigung. Das läßt sich am drastischen Rückgang des Imports von Maschinen ablesen, ist doch die Einfuhr von Maschinen unumgänglich für eine nur teilweise industrialisierte Wirtschaft.

Der zweite Aspekt bezieht sich auf die besondere Wirkung des Regimewechsels auf die Finanz- und Währungssituation. Wenn auch die Ausrufung der Republik im Kontext einer schweren internationalen Finanzkrise stattfand, so entfesselte doch der Wechsel des politischen Systems im Sommer 1931 eine finanzielle Verwirrung, die sich in einer allgemeinen Hortungswelle und einer zunehmenden Kapitalflucht äußerte. Dem ist noch die Verringerung der nationalen Kapitaleinlagen um 50% (die aus Überweisungen von im Ausland lebenden Spaniern stammten) und die Forderung der ausländischen Banken nach Tilgung von sieben der zwölf Millionen Pfund hinzuzufügen, die aus kurzfristiger ausländischer Finanzierung stammten (durch Vorauszahlung von Importen und befristeten Devisengeschäften; letztere sind auf die besondere Politik zum Schutz der Peseta in der letzten Phase der Diktatur von Primo de Rivera zurückzuführen).

Auch wenn sich diese Situation mit der Zeit entspannte, so zeigen doch einige Indikatoren (Einlagen in Sparkassen; Indices der spanischen Börse; Bewegung der Ausgleichskammern; Wechselproteste), die vom *Institut d' Investigacions Econòmiques* (Institut für Wirtschaftsstudien) der autonomen Regionalregierung Kataloniens, der *Generalitat*, sorgfältig analysiert wurden, für die ganze Zeitspanne von 1931 bis 1936 ständiges Mißtrauen und Unsicherheit an.

In diesem Zusammenhang ist nicht nur die Entwicklung der spanischen Wirtschaft in den Jahren der Republik – die 1933 deutlicher die Auswirkungen der wirtschaftlichen Depression widerspiegelte –, sondern auch die Wirtschaftspolitik der republikanischen Regierungen zu analysieren. Diesen gelang zunächst eine Verbesserung der Lebensbedingungen der Arbeiterklasse, die in Lohnsteigerungen zum Ausdruck kam. Der Anstieg der Nominallöhne in der Industrie zwischen 1930 und 1933 um 16% war im gleichen Zeitraum von einem leichten Inflationsrückgang begleitet. Andererseits betrieben die republikanischen Regierungen eine relativ harte Kreditpolitik, die großenteils auf den Schutz der Peseta ausgerichtet war. Wegen der besonderen Situation der spanischen Wirtschaft und ihres hohen Grades an Protektionismus gegenüber der internationalen Wirtschaft erwiesen sich diese beiden Strategien als teilweise kompatibel. Gewisse Probleme, die auch auf der Wirtschaft beider Zonen im Bürgerkrieg lasten sollten, ließen jedoch nicht auf sich warten.

Um die Wirtschaftsprobleme des Bürgerkriegs untersuchen zu können, ist es notwendig, kurz auf einige die spanische Wirtschaft im Juli 1936 betreffende Fragen einzugehen. An erster Stelle sei das Problem der Devisenpolitik hervorgehoben. Verzögerungen bei der Zahlung von Devisen, die von dem *Centro de Contratación de la Moneda* (Devisenbörse) in Madrid zu leisten war, war die Folge des Zusammentreffens zweier Faktoren: Zum einen ging sie auf die Regierungspolitik zurück, die den Wechselkurs der Peseta stützen wollte, zum anderen auf den Druck der Außenhandelsbilanz. Diese wiederum verstärkte die fallende Tendenz der Peseta in zweierlei Hinsicht. Die bereits erwähnten Bewegungen auf dem Währungs- und Finanzmarkt bedrohten die Stabilität der Währung. Zudem wurde das chronische Defizit der Handelsbilanz durch die Probleme der dreißiger Jahre erhöht; tatsächlich verringerten sich die Exporte in größerem Maß als die Importe. Bei jeder Nachfragesteigerung nahm der Import von Energie und Rohstoffen zu; die Expansion des Textilsektors etwa machte den Import von Baumwolle erforderlich.

Zum zweiten muß auf die Landwirtschaft eingegangen werden. Die guten Ernten in den Jahren der Republik waren nicht nur klimatischen Faktoren, sondern auch der besseren Bodennutzung infolge der Agrarreform zuzuschreiben.

Allerdings müssen zwei Probleme hervorgehoben werden: erstens die Regulierung des Weizenpreises angesichts des voraussehbaren Überschusses; zweitens die rechtliche Unsicherheit, in der die potentiellen Nutznießer der Agrarreform angesichts der Auseinandersetzungen bei der Ausarbeitung des Reformgesetzes und den Schwierigkeiten bei seiner Durchführung und Fortentwicklung bis zu seiner Außerkraftsetzung im Jahre 1934 lebten. Diese Zweifel, die zu Frustrationen und Mißtrauen gegenüber dem Gesetz führten, ergaben sich ebenfalls – wenn auch im Hinblick auf eine andere Agrarstruktur – im Zusammenhang mit der Verabschiedung der katalanischen *Llei de Contractes de Conreu* (Pachtgesetz).

Ein drittes Problem bestand in bezug auf die Arbeitslosigkeit. Ohne daß diese insgesamt alarmierende Zahlen erreicht hätte, ist doch zu bemerken, daß 60% der Erwerbslosen auf den Agrarsektor entfielen. Das Anwachsen der Arbeitslosigkeit traf mit einer Wende in der Migration zusammen: Die Weltwirtschaftskrise zwang die Emigranten, nach Spanien zurückzukehren, und machte gleichzeitig eine Abwanderung unmöglich. Wenn zwischen 1922 und 1926 die Rückwanderung im Jahresdurchschnitt 42 843 Personen und die Abwanderung 65 349 Personen betraf, so belief sich die Rückwanderung 1932 auf 47 514 und 1933 auf 24 369, während die Abwanderung im gleichen Zeitraum auf 10 251 bzw. 6265 Personen gesunken war.

Jeder Versuch, in überzeugender und systematischer Form die allgemeine Entwicklung und die besonderen Probleme der Wirtschaftstätigkeit während des Bürgerkrieges darzustellen, ist derzeit gewagt. Von der ungeheuren Anzahl an Studien und Veröffentlichungen, die der Spanische Bürgerkrieg hervorgebracht hat, widmen sich nur wenige der Wirtschaft. In ihrer Mehrzahl greifen sie in unsystematischer Form diverse, aus Sekundärquellen stammende Materialien auf, insbesondere Berichte und Erzählungen von Personen, die den Krieg als Aktivisten auf der einen oder anderen Seite erlebt haben. Dennoch werden wir versuchen, die wirtschaftliche Entwicklung während des Krieges zu skizzieren. Dazu muß eine doppelte Schwierigkeit überwunden werden: Zunächst befreit uns das Anführen konkreter Beispiele und vereinzelter Fälle nicht davon, eine Einschätzung der Positionen der in jeder Zone vertretenen Kräfte zu bieten. Andererseits ist es genausowenig möglich, Ergebnisse aus der Summe der wirtschaftlichen Entscheidungen abzuleiten, die auf unterschiedlichen Ebenen und an verschiedenen Stellen getroffen wurden.

Es ist daher notwendig, sich mit der Darstellung dessen, was als das Entscheidende erscheint, auseinanderzusetzen: mit der Wirkung der in einem Krieg unvermeidlichen ökonomischen Konsequenzen auf die Handlungen der Menschen. Diese Wirkung und die wirtschaftlichen Spannungen, die sich in der Folge bemerkbar machten, ließen einen nur engen Spielraum für die wirtschaftspolitischen Entscheidungen, deren Ziele und Realisierung in ständigem Widerspruch zu der von einer unerbittlichen Realität aufgezwungenen Logik standen.

Die folgenden Seiten möchten dem Rechnung tragen, indem den Tatsachen und der Politik der Platz zugeordnet werden soll, der ihnen in einer Wirtschaft gebührt, die auf der einen Seite von Krieg und Revolution, auf der anderen von Krieg und Reaktion geprägt war. Dazu ist es angebracht, beide Zonen, gemäß den Erfordernissen eines vorher entworfenen Analyseplans, zusammen zu untersuchen. Diese Vorgehensweise wurde gewählt, um soweit wie möglich den Verlauf der Entwicklungslinien jener unvermeidlichen Ereignisse aufzuzeigen, die sich im Gebiet der Republik überstürzten, nachdem der Staatsstreich gescheitert war. Natürlich weist dieser Plan dunkle Stellen auf, die allerdings Spuren von Ereignissen erkennen lassen, die noch unzureichend bekannt und untersucht worden sind.

Diese Darstellung besteht aus fünf Kapiteln. Zuerst werden die

Konsequenzen analysiert, die die Teilung des Landes in zwei sich feindlich gegenüberstehende Zonen auf die Produktion und den Markt hatte. Im zweiten Kapitel werden die Auswirkungen dieser Teilung auf die Finanzlage und die Währung dargestellt. In beiden Abschnitten wird die von den Verantwortlichen beider Zonen – der republiktreuen und der aufständischen – verfolgte Politik zur Sprache kommen, die darauf gerichtet war, die entstandenen Spannungen zu vermindern und die jeweilige Wirtschaft den Erfordernissen des Krieges anzupassen. In diesem Zusammenhang entstehen neue Fragen.

Das dritte Kapitel behandelt die Organisation der Produktion nach Wirtschaftsbranchen gemäß der anfänglichen Entwicklung der Ereignisse und den damaligen wirtschaftlichen Ideologien, die sich natürlich allmählich der fatalen Logik unvermeidlicher Tatsachen anpaßten. Dieser dritte Teil bedarf einer Ergänzung im vierten: Dort werden die Struktur und die Mechanismen aufgezeigt, die die – für die Kriegssituation typischen – Investitionen und den unproduktiven Konsum bestimmten. Diese Mechanismen entsprachen dem Finanzierungssystem, das seitens der öffentlichen Gewalt aufgewandt wurde.

Im fünften Kapitel werden schließlich das wirtschaftliche Ungleichgewicht in den beiden Zonen während des Krieges sowie die wirtschaftspolitischen Instrumente betrachtet, die eingesetzt wurden, um eine Verbesserung der ökonomischen Lage zu erreichen.

Der Einfluß des Krieges auf die Produktion

Charakteristika beider Kriegszonen

Der Bürgerkrieg hatte grundlegende Änderungen im Bereich der sozialen Beziehungen zur Folge. In der republiktreuen Zone fand – wie wir noch sehen werden – eine soziale Revolution statt, durch die die Inhaber der wirtschaftlichen Macht ausgewechselt wurden; demgegenüber blieb in der aufständischen Zone das zu Beginn des Bürgerkrieges herrschende soziale und ökonomische System während der Kriegsjahre bestehen. Aber in dieser Zone ging man gegen die von der Republik in Angriff genommenen sozialen Reformen vor; dies gilt sowohl bezüglich der Agrar-

reform als auch im Hinblick auf die Ausübung der Rechte, die Arbeiter in einem freiheitlichen und demokratischen – wenn auch kapitalistischen System – genießen.
Die wichtigsten Probleme, die während der zweieinhalb Kriegsjahre ständig die spanische Wirtschaft belasteten und sowohl die soziale Revolution (in der loyalen Zone) als auch die Aufrechterhaltung des Wirtschaftssystems (in der aufständischen Zone) beeinträchtigten und bedingten, ergaben sich allerdings im Produktionsbereich und bei der Zuweisung der Produktionsmittel. Die Teilung der Halbinsel in zwei gegnerische Zonen sowie die krisenhafte Entwicklung des Außenhandels stellten die Wirtschaft beider Zonen vor zwei schwierig zu lösende Probleme: Gemeint sind der Nachschub für die Produktion – vor allem von Kriegsgütern – einerseits und der Rückgang der Nachfrage andererseits.
Bei Ausbruch des Bürgerkriegs lebte in der republiktreuen Zone der größte Teil der Bevölkerung, und dort lagen auch die großen Städte (Barcelona, Madrid, Valencia, Bilbao); d.h., daß sich die Industrie, die im wesentlichen in Katalonien und Vizcaya angesiedelt war, im republikanischen Teil des Landes befand. Die großen Agrarregionen lagen in der von den Aufständischen kontrollierten Zone. Sie umfaßten über zwei Drittel der Weizenproduktion, die Hälfte des Mais- (Galicien), 90% des Zucker-, einen beträchtlichen Teil des Kartoffelanbaus (Galicien, León, Burgos, Ávila), 85% der Rohbaumwolle (wenngleich die spanische Produktion nur einen kleinen Teil des Gesamtbedarfs deckte), Flachs, Linsen, Bohnen, Kichererbsen etc. Im Agrarbereich kontrollierte die republikanische Zone die Produktion von Zitrusfrüchten (zu über 90%), Oliven, Gartenbauprodukten, Reis und Johannisbrot. Der Fischfang im Kantabrischen Meer wurde zwar von der republikanischen Regierung bis Herbst 1937, als die Nordfront fiel, kontrolliert; es bestand jedoch keine Verbindung zwischen diesem Landesteil und dem restlichen republikanischen Territorium.
Die Mineralvorkommen befanden sich ebenfalls in der aufständischen Zone. Diese Tatsache macht sich noch krasser nach der Besetzung der nördlichen Landesteile Mitte 1937 bemerkbar. Steinkohle, Eisen, Mangan, Pyrite, Blei, Zink, Zinn, Schwefel, Wolfram und die Phosphate waren somit, von wenigen Ausnahmen abgesehen, der Kontrolle der Republik entzogen. Diese verfügte im Bergbaubereich praktisch nur über Pottasche (Katalonien) und Quecksilber (Ciudad Real).

Aufgrund dieser Lage entstanden die größten Probleme im Hinblick auf die Fortsetzung der Produktion und der Versorgung der Bevölkerung in der republiktreuen Zone. Die Aufständischen hatten der Republik sowohl den Absatzmarkt für ihre Industrieprodukte als auch die Grundstoffe für diese Industrie und den Konsum der Bevölkerung entrissen. Im Oktober 1936 tauchten tatsächlich schon Schwierigkeiten bei der Weizenversorgung auf, die sich im Dezember verstärkt bemerkbar machten, ohne daß sie während des Krieges eine definitive Lösung erfahren hätten. Anfang 1937 war ein Mangel an tierischen Produkten zu verzeichnen, woraufhin vor allem Schweinefleisch konsumiert werden mußte: außerdem war schon im September 1936 die Schlachtung von Vieh außergewöhnlich hoch, besonders bei Geflügel. Im Laufe des Jahres 1937 tauchten nach und nach weitere Probleme im Bereich landwirtschaftlicher Produktion und bei der Versorgung der Bevölkerung auf. Engpässe ergaben sich bei Kartoffeln sowie bei Öl und Viehtrockenfutter (März–April); Kleie, Mais, Gerste, Hafer sowie Fleisch- und Fischmehl verschwanden praktisch ganz vom Markt und wurden durch Reis, Eicheln und Luzerne substituiert. Die Ersetzung von Produkten, die in der gegnerischen Zone angebaut wurden oder aus dem Ausland stammten, durch solche der Binnenproduktion verschärfte die Knappheit und trieb die Preise in die Höhe.

In der Industrie geschah etwas Ähnliches: Ab September 1936 wurden Baumwolle, Jute wie generell Textilgrundstoffe und Papier knapp; im Oktober fehlten die Rohstoffe für die chemische Industrie; Phosphate für Düngemittel waren ab November nur noch unzureichend vorhanden. Bezüglich der Energiequellen ist festzustellen, daß ab Oktober 1936 die Steinkohleförderung nicht mehr ausreichte und durch Braunkohle ersetzt werden mußte. Schweröle waren seit November 1936 Mangelware. Für Benzin existierten Versorgungsschwierigkeiten ab Oktober 1936; im Mai 1937 wurden sie gravierend, Mitte 1938 war Benzin absolute Mangelware. Die Elektrizität wurde bis zur Einnahme der Wasserkraftwerke durch die Aufständischen im Westen Kataloniens im April 1938 als Hauptenergiequelle für die industrielle Produktion benutzt. Seither unterlag der Einsatz dieser Energiequelle starken Beschränkungen.

Dies waren jedoch nicht die einzigen Probleme in der von der republikanischen Regierung kontrollierten Zone. Das vom Rest des Landes abgeschnittene Gebiet im Norden und der Außenhandel verliehen der Tatsache, daß die Aufständischen die Versorgung über das Meer kontrollierten, noch mehr Bedeutung. Der Import englischer Kohle war zunehmend in Gefahr, seit ab September 1936 das Mittelmeer für die spanische Republik immer unsicherer wurde. Auf diese Weise konnte die aus Brasilien und den Vereinigten Staaten stammende Baumwolle für die katalanische Textilindustrie die Straße von Gibraltar nicht mehr passieren; die Wolle befand sich in aufständischer Hand, und einzig englische Schiffe konnten Baumwolle aus Ägypten liefern.

Tabelle 1 läßt das dramatische Problem der Ersetzung traditioneller Energiequellen durch solche geringerer Qualität und die Bemühungen im Hinblick auf den Import ausländischer Energiequellen deutlich werden. Die spanische Kohle stammte aus Asturien, die Braunkohle aus Berga (Katalonien) und Utiel (Teruel).

In der aufständischen Zone traten die ökonomischen Probleme bedingt durch die natürlichen Gegebenheiten des Gebietes in anderer Form auf. Die relativ große Bedeutung der landwirtschaftlichen Produktion ermöglichte die selbständige Verpflegung der Bevölkerung in diesen (anfangs nur mäßig dicht besiedelten) Gebieten. Die Mineralerze fanden wegen der europäischen Aufrüstung (Deutschland) und durch den für ein normales Funktionieren der Industrieproduktion notwendigen Bedarf (Großbritannien) leichten Absatz. Die Nichteinmischungspolitik begünstigte auf lange Sicht die Aufständischen, die sich nicht wie die Republik durch Küstenblokkaden bedrängt sahen. Die fortschreitende Eroberung neuer Gebiete erlaubte auch eine entsprechende Anpassung der Produktionsstruktur, ohne daß hastig improvisiert werden mußte, wie dies nach dem mißlungenen Staatsstreich in der republiktreuen Zone geschehen war.

Die Probleme in der aufständischen Zone waren anderer Natur; sie resultierten an erster Stelle aus dem Fehlen von industrieller Produktion. Der Krieg erforderte einen industriellen Einsatz, der direkt und indirekt aus der von ihm selbst verursachten Nachfrage resultierte. Diese unersättliche Nachfrage erklärt die rasche Ankurbelung der Industrieproduktion im Norden nach der Eroberung Bilbaos. Von Anfang an mangelte es auch an Produkten der Leder- und Textilindustrie, bis schließlich der Export solcher Produkte (mit einigen Ausnahmen) verboten wurde und die Produktion dem Binnenmarkt vorbehalten blieb.

Tabelle 1: Gasemission (in m³), Verbrauch an Grundstoffen und Koksüberschuß (in Tonnen) zwischen 1936 und 1939 in der Firma *Catalana de Gas y Electricidad*

1936

	Gasemission	Braunkohle	Kohle aus: Spanien	UdSSR	Deutschland	Großbritannien	Polen	Trester	Koksüberschuß
Januar	6 579 200	–	13 600	–	–	–	–	–	3 262
Februar	6 155 740	–	12 729	–	–	–	–	–	3 593
März	6 398 520	–	13 311	–	70	–	–	–	3 551
April	5 944 140	–	11 537	–	–	–	–	–	2 576
Mai	6 192 280	–	10 949	–	2 071	–	–	–	3 365
Juni	5 769 210	–	10 191	–	1 437	2	–	–	3 065
Juli	5 431 340	–	10 032	–	510	–	–	–	2 786
August	5 410 780	–	8 795	–	2 594	–	–	–	3 334
September	5 830 760	–	4 994	–	5 859	454	–	–	3 233
Oktober	6 689 680	61	2 417	–	8 934	2 025	–	–	3 630
November	6 670 590	656	12	79	11 532	1 926	–	–	3 905
Dezember	7 042 700	–	2 146	1 259	9 218	3 290	–	–	4 536
Insgesamt 1936	74 114 940	717	100 713	1 338	42 225	7 697	–	–	40 836

1937

	Gasemission	Braunkohle	Kohle aus: Spanien	UdSSR	Deutschland	Großbritannien	Polen	Trester	Koksüberschuß
Januar	7062120	40	2681	780	2135	8713	–	–	3890
Februar	4803930	834	5227	181	171	2005	–	5	1477
März	5060580	1037	3610	884	81	2823	–	118	1489
April	4925780	1250	4353	1953	–	243	–	423	1096
Mai	4792550	1145	2908	4127	–	–	–	139	1178
Juni	4252080	1263	2287	451	–	3080	188	177	835
Juli	4424320	1138	2691	–	–	619	2900	60	1425
August	4541710	1089	2168	49	–	1847	2495	4	682
September	3935870	637	1339	–	–	1739	3009	–	275
Oktober	3717290	962	688	–	–	2564	2253	–	202
November	4147710	1206	–	–	–	6253	84	–	1066
Dezember	4366060	102	134	–	–	7759	–	–	873
Insgesamt 1937	56030000	10073	28086	8425	2387	37645	10929	926	14488

1938

	Gasemission	Braunkohle	Kohle aus:					Trester	Koksüberschuß
			Spanien	UdSSR	Deutschland	Großbritannien	Polen		
Januar	3 821 060	–	16	–	–	7 045	–	–	793
Februar	3 590 140	–	–	–	–	6 416	–	–	854
März	3 762 720	–	–	–	–	7 453	–	–	1 789
April	4 447 770	–	–	–	–	8 703	–	–	2 413
Mai	4 527 400	–	–	–	–	9 107	–	–	2 387
Juni	3 930 040	–	–	–	–	8 089	–	–	2 099
Juli	4 249 290	–	–	–	–	8 814	–	–	2 224
August	4 191 080	–	–	–	–	8 697	–	–	1 491
September	4 032 570	–	–	–	–	8 570	–	–	2 075
Oktober	3 993 520	–	–	–	–	8 597	–	–	2 189
November	3 826 760	–	–	–	–	8 035	–	–	1 442
Dezember	3 830 050	–	–	–	–	7 202	–	–	1 188
Insgesamt 1938	48 202 400	–	16	–	–	96 728	–	–	20 944

1939

	Gasemission	Braunkohle	Kohle aus: Spanien	UdSSR	Deutschland	Großbritannien	Polen	Trester	Koksüberschuß
Januar	3 113 180	–	–	–	–	6 117	–	–	920
Februar	2 785 270	–	1 225	–	–	3 875	–	–	247
März	4 080 170	–	8 811	–	–	176	–	–	2 447
April	4 741 490	–	9 875	–	–	61	–	–	2 974
Mai	5 637 850	–	10 866	–	–	–	–	–	3 393
Juni	5 669 530	–	10 866	–	–	–	–	–	3 116
Juli	6 002 870	–	11 434	–	–	–	–	–	3 107
August	5 926 550	–	10 480	–	–	–	–	863	2 236
September	5 966 720	–	10 567	–	–	–	–	877	2 335
Oktober	6 501 300	–	12 578	–	–	–	–	–	3 030
November	6 214 490	180	12 031	–	–	–	–	2	2 512
Dezember	6 682 860	128	12 371	–	–	–	–	18	2 469
Insgesamt 1939	63 322 280	308	111 371	–	–	10 229	–	1 760	28 736

Quelle: 4 (Bd. I), S. 73

Zum anderen trieb die – zumindest bis Mitte 1937 – relativ unbedeutende Industrie in der aufständischen Zone die Importrate, vor allem an Kriegsprodukten, in die Höhe. Dies wiederum bestimmte die Handelspolitik hinsichtlich der zum Export geeigneten Produkte. Es konnte tatsächlich noch ein Überschuß an Agrar- und Bergbauprodukten für den Export erzeugt werden, obwohl die Argrarproduktion in den Kriegsjahren gedrosselt worden war. Auf diese Weise wurde allmählich die Haltung der Machthaber in der aufständischen Zone geformt, die deutliche Bezüge zu vorindustriellen Agrargesellschaften aufwies: Von ausreichender Produktion ließ sich dann sprechen, wenn die Bevölkerung versorgt war; Überschuß wurde nach seiner möglichen politischen Verwendung, konkret: im Hinblick auf den Kauf von Kriegsmaterial, bemessen. Es fehlte jeglicher begriffliche Bezug auf die gegenseitige Abhängigkeit von Produktion und Markt, die ein Charakteristikum der Wirtschaftsstruktur im Industriezeitalter ist. Die Wirtschaft wurde zu einer Angelegenheit von Bauern, Händlern und Politikern. Im weiteren Verlauf des Krieges ließ sich mit dem Überschuß jedoch nicht das einhandeln, was man als Gegenwert erhofft hatte. Daher verstärkte man die Anstrengungen, landwirtschaftliche Produkte (Fischkonserven, Oliven- und Weinbauprodukte) zu exportieren.
Die steigenden Ansprüche an die (durch Industrie-Erfordernisse nicht sehr differenzierte) Binnenproduktion sahen sich keinen besonderen Schwierigkeiten, etwa wegen ungenügender Nachfrage, ausgesetzt. Tabelle 2, die die Eisenmineralausfuhr für 1937 aufzeigt und die Auswirkungen des Zusammenbruchs der Nord-Front zusammenfaßt, belegt diese Aussage.
In der republikanischen Zone lag der Fall anders; das Territorium der Republik war industrialisiert, seine Agrarproduktion exportorientiert; es mußte daher zwangsläufig empfindlicher von den Ereignissen getroffen werden. Der Exportrückgang, der in einigen Fällen schon vor dem Bürgerkrieg eingesetzt hatte, betraf bestimmte Sektoren (Kork, Agrarexporte nach Frankreich); in anderen Bereichen (wie z. B. bei Öl und Seide) entstanden die Probleme entweder als Folge der Devisensperrung, die einige Länder vornahmen, um sich für die Verschuldung Spaniens zu entschädigen, oder infolge der Küstenblockade. Die Einbußen auf dem Binnenmarkt trafen den Textilsektor empfindlich, da bisher 75% der Baumwoll- und 79% der Wolltextilien für den einheimi-

Tabelle 2: Eisenmineralexporte 1937 (in Tonnen)

Herkunft	Monat	Exporte nach Deutschland	Großbritannien	Italien	in andere Länder
Bilbao	Januar	14215	60832		
	Februar	9566	97508		
	März	10010	92936		
	April	–	23191		
	Mai	8212	21934		
	Juni/Juli	(42003)	(296401)		
	August	16800	14121		
	September	63200	64520		
	Oktober	73300	63446		4000
	November	36700	75280		6000
	Dezember	73290	56720		5980
Santander		69395	105889		2333
La Coruña		5000	–		–
Vigo		170	15		–
Huelva		185822	508336	26412	1082704
Sevilla		156591	–	–	–
Melilla		801744	182736	146703	295270
Insgesamt:		1524015	1367484	173115	1396287

Bis Mai gingen die Exporte aus Bilbao auf das Konto der Republik, der Rest stammte aus der aufständischen Zone.

Quelle: 43, S. 174

schen Markt produziert worden waren. Andere Sektoren (z. B. die Glasindustrie) sahen sich durch den Stillstand in der Bauwirtschaft oder wegen mangelnder Außennachfrage benachteiligt, die wiederum aus den Beziehungen einiger Unternehmen mit dem internationalen Kapitalismus (Pottaschesalze) resultierte.

Man kann also sagen, daß die Wirren der politischen Teilung Spaniens in zwei Staaten mit sich verschiebenden Grenzen und die Bedürfnisse der Kriegswirtschaft sowohl den Außenhandel und die Handelspolitik als auch die Industrie und die Industriepolitik beider Zonen bedingten.

Die besondere Bedeutung der Auslandsbeziehungen

Der Außenhandel beider Zonen wurde durch die Importe bedingt, die wiederum das Problem von Gegenleistungen aufwarfen. Diese konnten drei Formen annehmen: Erhöhung der Exportrate um jeden Preis, Benutzung internationaler Zahlungsmittel und/oder Auslandsverschuldung. Zusammenfassend kann man sagen, daß die Knappheit an internationalen Zahlungsmitteln die aufständische Zone dazu zwang, die benötigten Waren mit Exportprodukten zu bezahlen. Dies verursachte eine Polarisierung des Außenhandels, der auf die Lieferländer (Deutschland, Italien) ausgerichtet war, die ihrerseits eine gewisse Verschuldung der aufständischen Regierung zuließen. Die republikanische Regierung entbehrte zu Kriegsbeginn dieser Lieferanten und war daher gezwungen, die ihr zur Verfügung stehenden internationalen Zahlungsmittel einzusetzen, ohne daß sie Kredite in beachtlichem Umfang erhalten hätte. Die Handelsaktivitäten einzelner Länder richteten sich entweder auf die republikanische (Frankreich, Mexiko, Sowjetunion) oder auf die aufständische Zone (Deutschland, Italien, Portugal). Andere Länder trieben mit beiden Zonen Handel. Der Zugang beider Zonen zu den Mechanismen des internationalen Handels war jedoch nicht der gleiche. Aufgrund von Handelserleichterungen konnten sich die Aufständischen fast 3,5 Millionen Tonnen Erdöl besorgen, die von der *Texas Oil Company* (und in geringerem Maß von der *Standard Oil Company of New Jersey*) stammten. Die republikanische Zone importierte demgegenüber nur 1,5 Millionen Tonnen, größtenteils aus der Sowjetunion.

Die Wirtschaftspolitik beider Zonen suchte die Handelsströme durch die ihr zur Verfügung stehenden Mittel an die Kriegserfordernisse und an die minimalen Möglichkeiten der unter ihrer Kontrolle stehenden Wirtschaft anzupassen.

In der republikanischen Zone wurden durch die ersten Anordnungen der Regierung die Ausfuhr von Nahrungsmitteln, Rohstoffen und Metallen verboten und die gültigen Importlizenzen verlängert. Die Erlasse vom 2. Dezember 1936, die durch ein Dekret vom 13. August 1937 modifiziert wurden, regelten die Genehmigungsfrage für Ex- und Importe von Gütern. Andere Regelungen, insbesondere die vom 23. Januar 1938, versuchten, die Devisenbewegungen im *Centro de Contratación de la Moneda* zu zentralisieren. Die Regierung der *Generalitat* ergriff ihrerseits eine Reihe von Maßnahmen aufgrund der Ausnahmesituation Kataloniens, das von den Devisenrückständen vor Kriegsbeginn besonders betroffen war. Die *Generalitat* gründete ein Außenhandelsbüro (Oktober 1936) mit Vertretungen in Paris, London, Prag, Brüssel und Buenos Aires. Nach den Abkommen von Valencia im Februar 1937 zwischen Zentralregierung und *Generalitat* fiel jedoch die Zuständigkeit für den Außenhandel wieder in den Bereich der republikanischen Regierung.

Es wurde schon darauf hingewiesen, daß die strategische Variable für den republikanischen Außenhandel die Bewegung der internationalen Zahlungsmittel sein würde, über die der *Banco de España* verfügte. J. Sardà hat darauf hingewiesen, daß bei Kriegsbeginn sofort erkannt wurde, daß die Goldreserven des *Banco de España* eine entscheidende Rolle spielen würden; angesichts eines länger andauernden Krieges waren sie für ein Land, dessen eigene Produktion nicht in der Lage war, die gesamte Nachfrage zu decken, das geeignete Mittel, um die Importe von Kriegsmaterial und anderen notwendigen Gütern zu finanzieren.

Da Madrid nahe an der Grenze zur gegnerischen Zone lag, stellte sich die Frage nach der Aufbewahrung des Goldes. Ein vertraulicher Erlaß vom 13. September 1936 ermächtigte den Finanzminister, das Gold des *Banco de España* an einen sichereren Ort zu überführen. In Übereinstimmung mit diesem Erlaß wurde das Metall im Wert von annähernd 1,6 Milliarden Goldpeseten im November 1936 im »Staatlichen Edelmetalldepot« des Finanzkommissariats der Sowjetunion deponiert.

Ab Februar 1937 unterzeichnete der Finanzminister 21 Anweisungen zur Einschmelzung und späteren Konvertierung des Goldes in Dollars; der Betrag wurde der *Banque Commerciale pour l'Europe du Nord* in Paris, von wo aus die Zahlungen der spanischen Regierung vorgenommen wurden, oder dem Sowjetischen Außenhandelskommissariat gutgeschrieben. Von geringen Differenzen abgesehen, wurde das »Moskaugold« für die Käufe der republikanischen Regierung verwendet.

Die Reduzierung des Goldes vollzog sich teilweise zu Lasten des Kontos »Golddarlehen an das Schatzamt«, das ein Aktivposten des *Banco de España* war und über das dem Schatzamt der Republik die bestellte Menge Gold ausbezahlt wurde. So wurden 201 Millionen Goldpeseten für die Intervention auf dem Wechselmarkt über die Bank von Frankreich verwendet. Vor dem 19. Juli entfielen auf Operationen zu Lasten der Bank und auf Schatzanleihen insgesamt 152 Millionen (siehe Tabelle 3). Die republikanische Regierung scheint noch über zusätzliche Mittel, die allerdings nicht höher als mit 100 Millionen Goldpeseten zu veranschlagen sind, verfügt zu haben. Diese Reserven stammten aus der Veräußerung des Silbers des *Banco de España,* aus beschlagnahmten Edelmetallen, dem Exportertrag und den 1938 vor allem mit der Sowjetunion ausgehandelten Krediten.

In der aufständischen Zone hingegen zwang das Fehlen internationaler Zahlungsmittel – die Putschisten hatten ja keinen Zugang zur Zentralbank – dazu, eine Lösung der finanziellen Probleme in der Ausnutzung der Möglichkeiten des Außenhandels und über die internationale Verschuldung zu suchen. Letztere stand den Aufständischen in großzügigerer Weise offen als der republikanischen Regierung.

Zu den ersten Handlungsmaximen der politisch Verantwortlichen in der aufständischen Zone gehörte die Kontrolle der Wechselkurse. Die Außenhandelsbeziehungen mußten in Übereinstimmung mit den für den Erwerb von Gütern erforderlichen Devisen gestaltet werden. Diese Zentralisierung der internationalen Zahlungsmittel wurde allmählich dadurch erreicht, daß Verwaltungsvorschriften zur Import- und Exportregelung erlassen wurden. Als erstes wurde gefordert, daß Exporte nicht in Peseten bezahlt würden; danach wurde eine direkte Kontrolle über devisenträchtige Produkte hergestellt (Beschlagnahme von Mineralerzen und Nebenprodukten sowie von Produkten, die aus industrieller Weiterverarbeitung stammten; vgl. die Anordnung der *Junta de Defensa* [Verteidigungsjunta] vom 27. August 1936); diese Regelung wurde sofort auf die Rio-Tinto-Kupferminen angewendet. Im November 1936 wurde der Außenhandel einem vollständigen Verwaltungssystem unterworfen, indem er dem »Exekutivkomitee für den Außenhandel« und den »Import- und Exportregulierungsausschüssen« unterstellt wurde; außerdem führten die Putschisten ein System zur Beschlagnahme von Devisen ein. Aus diesem Anlaß wurde ein »Komitee für Ausländische Währung« gegründet. Durch eine Verfügung vom 14. März 1937 wurden Privatpersonen dazu verpflichtet, die in ihrem Besitz befindlichen Devisen und Edelmetalle der aufständischen Regierung zu überlassen.

Tabelle 3:
Goldbestände des *Banco de España* (in Millionen Goldpeseten)

Goldbestand am 30. Juli 1936	2202
Als Kreditgarantie 1931 mit Golddepot in Mont de Marsan gestellt	257
In der UdSSR deponiert und verwendet	1592
Schatzanleihen während des Krieges	201
Darlehen vor dem 19. Juli und Operationen über das Konto des *Banco de España* vor diesem Datum	152
Summe	2202

Quelle: 32

Das System erfuhr 1938 eine endgültige Regelung. Ein Erlaß vom 21. April stellte den Abschluß der Bewilligungsreglementierung für Importe und Exporte dar, die wiederum von der »Kommission zur Regulierung des Außenhandels« abhing; es erfolgte eine Zuweisung von Devisen, die für Importe zur Verfügung standen, wobei besonders die aus den Exporten zu erwartenden Einnahmen zu berücksichtigen waren. Diese Zuweisung oblag dem »Komitee für Ausländische Währung«, dessen Struktur und Funktion durch die Anordnungen von Mai und Juni 1938 modifiziert und ergänzt wurden. Die durch die Burgos-Regierung aufrechterhaltene Überbewertung »ihrer« Peseta sowie die internationalen Zahlungsschwierigkeiten ließen es geraten erscheinen, ein System von »Prämien, Kompensationen und Rückgaben« einzurichten, um Exporte überhaupt durchführen zu können (Gesetz vom 9. Februar 1939). Mit dem »Gesetz über Devisenvergehen« vom 24. November 1938 erreichte die Wechselkurskontrolle ihren Höhepunkt. Angel Viñas hat darauf verwiesen, daß dieses System bis 1959 bestand. Die Maßnahmen der »Kommission zur Regulierung des Außenhandels« legten die Quoten für erforderliche Devisen zum Erwerb von Rohstoffen und Industrieprodukten fest, die für die Kriegführung und die Aufrechterhaltung der Wirtschaftsaktivitäten in der aufständischen Zone unentbehrlich waren.
Zum zweiten versuchte man, Handelsbeziehungen mit dem Ausland zu etablieren. Diese beschränkten sich anfangs auf Deutschland und Italien.
Die Beziehungen zu Deutschland erfolgten von Anfang an auf der Ebene des Handels, der von einer binationalen Gesellschaft be-

werkstelligt wurde. Die *Sociedad Hispano-Marroquí de Transportes* (HISMA, Hispano-marokkanische Transportgesellschaft), die am 31. Juli 1936 in Tetuan gegründet wurde, und die »Rohstoff- und Wareneinkaufsgesellschaft« (ROWAK), die am 7. Oktober 1936 in Berlin gebildet wurde, organisierten die deutschen Lieferungen nach Spanien und – als Gegenleistung – die spanischen Exporte nach Deutschland, die der deutschen Wiederaufrüstung zugute kamen. Es gab ständig Spannungen zwischen den deutschen und spanischen Behörden, aber die Spanier hatten wenig Alternativen. Das System HISMA–ROWAK stellte ein direktes Kompensationsgeschäft dar; dieses Vorgehen vermied die Verwendung von Devisen, über die die aufständische Zone kaum verfügte, aber es dirigierte die spanischen Exporte, vor allem zum Schaden Großbritanniens, nach Deutschland um. Die über diese Mechanismen erfolgte zunehmende Verschuldung der aufständischen Zone bei den Deutschen versetzte diese in die Lage, ein wichtiges Ziel zu verwirklichen, nämlich in die Produktion und den Absatz spanischer Rohstoffe einzugreifen; ab Anfang 1937 mußten 60% der Produktion der Rio-Tinto-Minen nach Deutschland gesandt werden. Das Geschäft wurde über Gesellschaften abgewickelt, die in verschiedenen Produktionszweigen eingerichtet wurden. Auf diese Art und Weise kontrollierte die Gesellschaft *Montana* (die über 40% deutsches Kapital verfügte) 1938 fünf spanische Bergwerksgesellschaften. Der eigentliche Grund für die deutsch-spanischen Spannungen lag zum einen in dem deutschen Kontrollbestreben und zum anderen in dem Wunsch der Regierung von Burgos, dem bilateralen System zu entrinnen, das sie daran hinderte, freie Zahlungsmittel zu erhalten, die zu anderen Zwecken eingesetzt werden konnten. Im Zentrum der Auseinandersetzungen stand Großbritannien, dessen Exporte nach Spanien tatsächlich der aufständischen Zone zugute kamen (Kohle, Zinnblech, Textilien, Jute und Benzin); London seinerseits war daran interessiert, Eisen, Pyrite, Kupferfällung und Agrarprodukte von den Kanarischen Inseln einzuführen. So kam man mit Großbritannien im Dezember 1938 zu einer Modus-vivendi-Regelung. Aber die unvermeidliche Verschuldung gegenüber dem Dritten Reich und die Schwierigkeiten, die Schulden während des Krieges durch Handelsmaßnahmen zu tilgen, hatten zur Folge, daß ein entscheidender Teil der Eisenerzexporte nach Deutschland ging. Insgesamt jedoch konnten die spanischen Exporte – obwohl die

Produktion für den Inlandsbedarf immer mehr abnahm – die notwendigen Importe nicht ausgleichen. Die daraus resultierende Finanzierungslücke konnten nur Kredite decken. Diese Kredite sind großenteils auf die negativen Handelsbilanzen der aufständischen Zone im Hinblick auf Deutschland und Italien zurückzuführen. Italiens Unterstützung war intensiver und dauerhafter als die deutsche; auch dort konnten die spanischen Exporte (Eisenerze, Pyrite, Wolle, Leder, Anthrazit, Öl etc.) sowie die Zahlungen in Devisen und Peseten den Wert der Importe nicht ausgleichen.
Angel Viñas schätzt die Unterstützung der faschistischen Mächte auf 660 bis 680 Millionen Dollar, von denen ungefähr zwei Drittel auf die Schulden bei Italien und der Rest auf die Schulden beim Dritten Reich entfielen. Rechnet man dieser Summe noch aufgrund der im Gesetz vom 1. April 1939 vorgesehenen Bestimmungen 35 Millionen hinzu, die aus anderen Quellen stammten (*Sociedade Geral do Comércio, Indústria e Transportes de Lisboa, Kleinwort und Sons, Société de Banque Suisse, Caixa Geral de Depósitos, Crédito e Providência de Lisboa* etc.), so beläuft sich die Verschuldung der aufständischen Zone auf ungefähr 700 Millionen Dollar. Dies entspricht in etwa dem von der republikanischen Regierung ausgegebenen Gold im Wert von 715 Millionen Dollar.
Die Kriegsnotwendigkeiten erlegten der spanischen Wirtschaft in der Tat harte Bedingungen auf. Jede Zone benutzte die ihr zur Verfügung stehenden Mittel; die Auswirkungen auf die Zukunft der spanischen Wirtschaft waren in beiden Fällen ähnlich: Entweder nahmen die internationalen Passiva zu oder die Aktiva ab. Die Zunahme an Passiva sollte sich bei der Tilgung dieser Schulden – trotz der günstigen Bedingungen, die Italien gewährte – in den Jahren nach Beendigung des Spanischen Bürgerkriegs bemerkbar machen.

Industrie und Kriegsbedarf

Zeigt der Außenhandel die Beschränkungen deutlich auf, unter denen jede der beiden Zonen zu leiden hatte, um ein normales Funktionieren der Kriegswirtschaft zu gewährleisten, so erklärt die Orientierung der Nachfrage an den Kriegsbedürfnissen die Zuweisung der ökonomischen Ressourcen.
In der republikanischen Zone wurde diese Konzentration der Nachfrage durch die Anpassung der Industrie an die Kriegswirt-

schaft in die Wege geleitet. Da der größte Teil der industriellen Produktion auf katalanischem Gebiet stattfand, ergriff die *Generalitat* diesbezügliche Maßnahmen. Am 7. August 1936 wurde die *Comissió d' Indústries de Guerra* (Kriegsindustriekommission) mit dem Ziel geschaffen, die Bemühungen der verschiedenen Industrieunternehmen aus der Metall-, Chemie- und Werkzeugmaschinenbranche zu koordinieren, um ihre Produktion an den Erfordernissen der Front auszurichten. Die ersten von der Kommission kontrollierten Unternehmen waren *Cros, Fabricació Nacional de Colorants i Explosius, La Maquinista Terrestre y Marítima, La Hispano-Suissa, Material de Ferrocarrils i Construccions, Pirelli, Rivière, Elizalde, Metalls i Plateria Ribera, Francisco Lacambra y G. de Andreis Metalgraf.* Diese Kommission wurde aus Arbeitervertretern (vor allem Aktivisten der CNT [*Confederación Nacional del Trabajo,* Nationalbund der Arbeit]), die in diesen Firmen beschäftigt waren, aus Technikern (vor allem Militärtechnikern) und aus politischen Vertretern der Regierung von Katalonien gebildet. Die Kommission agierte als Leitungsgremium eines durch die *Generalitat* de facto verstaatlichten Sektors; sie war in drei Abteilungen untergliedert: »Delegation der Eisenhüttenindustrie« (Waffen, Munition, Zünder und Schlepper), »Delegation der Chemieindustrie« (Sprengstoff, Zündhütchen und Sprengkapseln) und »Delegation der Luftfahrt« (Flugwesen). Ebenso sicherte sie der *Generalitat* Interventionsmöglichkeiten in anderen mit den Branchen indirekt verbundenen Unternehmen (z. B. in der Textilindustrie).

Zum erstenmal in der neueren Geschichte Kataloniens wurde eine Kriegsindustrie geschaffen, die gleichzeitig Prozesse der Expansion und der Konzentration in Gang setzte. Grundlage dieser Kriegsindustrie war die Errichtung neuer oder die Anpassung schon bestehender Fabriken, die alle der »Kriegsindustriekommission« unterstanden. Im September 1936 kontrollierte diese Kommission 24 Fabriken, von denen einige Neugründungen waren, und einen Monat später waren 500 Fabriken mit 50000 Arbeitern sowie die 30000 Arbeiter in Zulieferindustrien von ihr abhängig.

Die polarisierenden Auswirkungen dieser Tätigkeit machten sich in der katalanischen Industrie stark bemerkbar. Eines der Hauptprobleme Kataloniens – der Devisenmangel – führte zwangsläufig dazu, mögliche Importe von den Erfordernissen der Kommission abhängig zu machen. Diesen für die restlichen Branchen negativen Auswirkungen sind jedoch die positiven gegenüberzustellen: Die Kommission trat als Investor und Abnehmer von Artikeln anderer Sektoren, sozusagen als Impulsgeber für die katalanische Wirtschaft auf. Tarradellas, der während des ganzen Krieges Vorsitzender der Kommission war, konnte vor dem katalanischen Parlament am 1. März 1938 versichern:

»Die Beträge, die der Haushalt der *Generalitat* der Kommission zur Verfügung stellt, sind eigentlich als Kapitalinvestition zu betrachten ... Deshalb könnte man bis zu einem gewissen Grad die von der *Generalitat* an die Kommission geleisteten Zahlungen eher als gewinnbringende Kapitalinvestition betrachten, da sie dem industriellen System Kataloniens künftige Erträge sichern werden.«

Die von der *Generalitat* gewählte Methode, den Notwendigkeiten des Krieges gerecht zu werden, wurde von der Zentralregierung mit Mißtrauen aufgenommen; sie entfaltete, indem sie sich auf ihre zentralen Kompetenzen berief, ihre eigene Politik. Die ersten Industriekredite, die allerdings noch nicht auf eine Industrialisierung für Kriegsbedürfnisse abzielten, wurden schon zu Kriegsbeginn erlassen; die Enteignung des an der Kriegsproduktion orientierten Industriesektors in der nicht-katalanischen Zone erfolgte sodann erst am 3. Februar 1937. Anfang 1937 wurde auch das Unternehmen *Elizalde* der Zentralregierung unterstellt. Eine umfassende Politik zur Organisierung einer Kriegsindustrie wurde von der republikanischen Regierung jedoch bis zum 28. Juni 1937 nicht eingeleitet; damals schuf sie drei Ämter – für das Zentrum, den Norden und Katalonien – im Staatssekretariat für Rüstungsfragen des Verteidigungsministeriums. Am 23. September ersetzte das Verteidigungsministerium das Rüstungsamt in Katalonien durch eine »Kriegsindustriekommission«, die aus fünf Vertretern der Republik und drei der *Generalitat* gebildet wurde. Diese Kommission wurde am 23. Januar 1938 aufgelöst; als Grund wurde die Verlegung der republikanischen Regierung nach Barcelona angegeben. Das Verteidigungsministerium hatte von August bis November 1937 seine Interventionen in die von der katalanischen »Kriegsindustriekommission« abhängigen Fabriken Kataloniens fortgesetzt. Dieser Prozeß fand dadurch ein Ende – und dies war gleichzeitig der Höhepunkt der Spannungen zwischen der Zentralregierung und der *Generalitat* –, daß die Republik am 11. August

1938 die Kriegsindustrien Kataloniens – nicht ohne Schwierigkeiten und Spannung zwischen Kommunisten und Anarchisten sowie zwischen Zentralregierung und *Generalitat* – zum eigenen Vorteil enteignete.

In der aufständischen Zone markiert die Besetzung Bilbaos einen Wendepunkt. Bis zu diesem Zeitpunkt war die Industrie in der aufständischen Zone so unbedeutend gewesen, daß die Maßnahmen, die im Hinblick auf die Erfordernisse des Krieges ergriffen wurden, den Aufbau einer von der bestehenden Industrie ausgehenden Kriegswirtschaft gar nicht in Betracht zogen. Eine (am 29. August in Burgos erlassene) Verordnung der *Junta de Defensa* schuf die »Industrie- und Handelskommission«, die überprüfen sollte, daß der Nachschub für die Kriegsgüterproduktion garantiert blieb. Zuvor waren auf Provinzebene »Klassifikationskommissionen« eingesetzt worden, um eine Bestandsaufnahme der Industrieanlagen durchzuführen und die Probleme der Industrie in der besetzten Zone zu untersuchen.

Nach der Besetzung Bilbaos konnte auch die Zone der Aufständischen auf eine Industrieproduktion zurückgreifen. Am 23. Juni 1937 konstituierte sich eine »Militärkommission zur Eingliederung und Mobilisierung der Industrie« mit dem Ziel, den Produktionsprozeß im Industriesektor sicherzustellen; dazu sollten Arbeitskräfte im Hinblick auf eine Erhöhung der Produktivität mobilisiert werden, die durch die bereits angesprochenen Probleme beschränkt war. Bezeichnenderweise war diese Kommission in eine Unterkommission für Kriegsindustrie und in eine für die restliche Industrie gegliedert.

Als sich die Produktion normalisiert hatte, wurden die Funktionen der Unterkommission für die Kriegsindustrie von der Heeresfabrikationsleitung übernommen, die in Vizcaya, Asturien und Santander Kommissionen einrichtete.

Am 3. Mai 1938 lösten sich die Kommissionen auf. Die militärischen und militarisierten Industrien wurden dem Verteidigungsministerium unterstellt; die »vollständig mobilisierten«, die »teilweise mobilisierten« und die »disziplinarisch mobilisierten« Industrien wurden dem Industrie- und Handelsministerium angeschlossen.

Die Militärkommissionen versuchten die durch die Ankurbelung der Industrie im Norden aufgeworfenen Probleme mit Hilfe besonderer Einrichtungen, der »Kommission zur Eingliederung von

Abbildung 1: Index der katalanischen Industrieproduktion

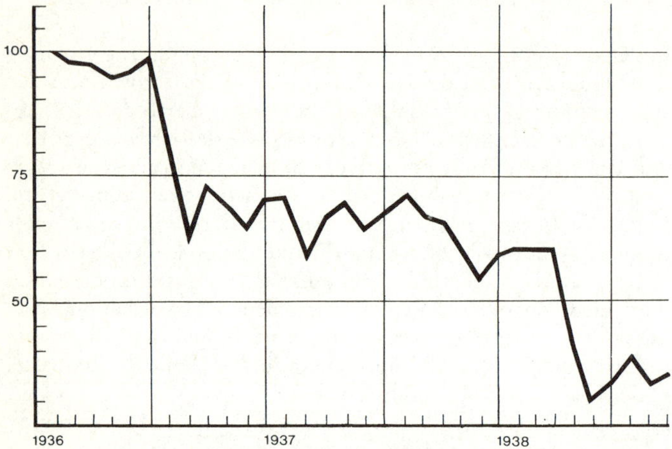

Handel und Industrie«, zu lösen. Eine Gründung derartiger Kommissionen war für Katalonien, die Levante und das Zentrum vorgesehen.

Es ist von Nutzen, die Tragweite der zweifachen Wirkung der (oben erwähnten) Schwierigkeiten und der Polarisierung auf die industrielle Tätigkeit aufzuzeigen. Die verfügbaren Zahlen sind allerdings bruchstückhaft und erfassen weder das ganze Gebiet noch sämtliche Industrien.

Für die republiktreue Zone verfügen wir über einige Indikatoren der industriellen Entwicklung in Katalonien, dessen Bedeutung als Industriezentrum eine zwar nur annähernde, aber doch ausreichende Vorstellung des Prozesses vermitteln kann. Benutzt man unterschiedliche Indikatoren der industriellen Entwicklung (die nicht unmittelbar an die »Kriegsindustriekommission« gebunden war), so läßt sich feststellen, daß von September 1936 bis Oktober 1937 das Produktionsvolumen der katalanischen Industrie zwischen 60% und 75% des Volumens vom Januar 1936 erreichte. Sowohl dieser Rückgang als auch die Konjunkturschwankungen – die im November 1936 waren durch die Erschöpfung der Lager-

Abbildung 2: Index der katalanischen Produktion in der Metall-, Chemie- und Textilindustrie

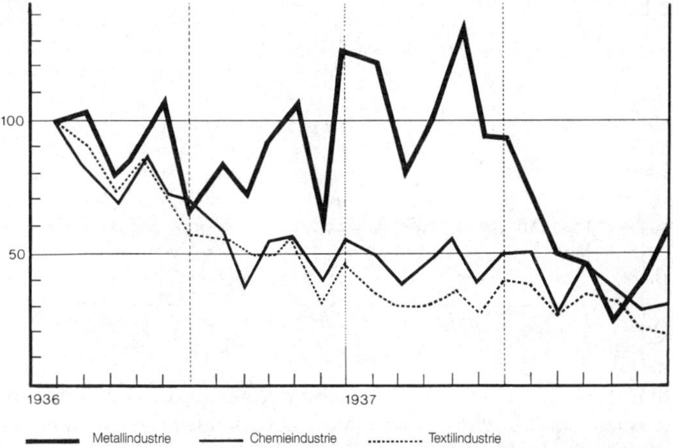

vorräte, die im Februar 1937 durch die beträchtlichen Versorgungsschwierigkeiten bedingt – sind den Auswirkungen der in den vorhergehenden Abschnitten untersuchten Verhältnisse zuzurechnen (Abbildung 1).

Von Oktober 1936 bis März 1938 schwankte der Index der Industrieproduktion (im Vergleich zu Januar 1936) zwischen 55% und 60%; von April bis Dezember 1938 schließlich sank die Produktion derart dramatisch, daß sie als solche fast nicht mehr zu registrieren war. Für diesen abrupten Niedergang ist nicht nur die Verschärfung der allgemeinen Kriegsauswirkungen verantwortlich, sondern darüber hinaus ein ganz spezifischer Grund: das Fehlen elektrischer Energie, nachdem die Elektrizitätswerke im westlichen Katalonien vom Feind besetzt worden waren. Allerdings verbirgt dieses Abfallen der Industrieproduktion ein qualitatives Phänomen, nämlich das Wachstum des metallverarbeitenden Sektors bis April 1937; zu diesem Zeitpunkt erreichte er im Vergleich zum Januar 1936 einen Index von über 130. Sicherlich konnte sich dieser Sektor danach dem allgemeinen Produktionsrückgang nicht mehr länger entziehen. Aber es bleibt festzuhal-

Tabelle 4: Bergbau und Industrie in der aufständischen Zone (Schätzungen in Tonnen)

		Eisen- und Stahlindustrie von Vizcaya Eisen	Stahl	Eisenerzförderung in Vizcaya	Kohleförderung in Asturien
1934		255 673	324 367	1 349 402	
1935		241 041	354 856	1 472 653	4 548 974
1936		157 615	220 266	1 326 518	1 780 394
1937		107 997	96 821	749 272	245 368
1938	Jan.–Aug.	201 586	224 871		2 231 007
1938	Jan.–Sept.			1 388 870	
1938		277 106	318 983	1 820 021	

Quelle: 43, S. 200

ten, daß diese besondere Entwicklung, die auf die Zunahme im Bereich der Maschinenherstellung zurückzuführen ist, mit der Nachfrage der Kriegsindustrie in Verbindung stand und sich so lange fortsetzte, bis die Branche die Ungleichgewichtigkeit der Situation nicht mehr verkraften konnte (Abbildung 2).

Von September 1936 bis März 1937 versuchte die Regierung der *Generalitat* eine – offensichtlich unvermeidliche – Politik der Autarkie und der indirekten Wirtschaftskoordination zu betreiben, die durch ihren Zugriff auf die Finanzquellen noch verstärkt wurde. Im Laufe des Jahres 1937 sollten sich hingegen die direkten Interventionsmaßnahmen verstärken. Aber die durch die steigenden Lebenshaltungskosten angespannte Lage sollte Widerstände gegen die neuen Maßnahmen hervorrufen; die Krise, die der wirtschaftliche Ausdruck einer sozialen und ökonomischen Spannung größerer Reichweite war, brach im Mai 1937 aus. Sie erzeugte eine erneute Baisse in der Industrieproduktion, die sich nicht wieder normalisieren sollte, ohne ihre Tendenz zu ändern. Die dirigistische Wirtschaftspolitik kam jedoch im Oktober 1937 noch ver-

Über die aufständische Zone ist weniger bekannt. Ausgehend von Schätzungen der deutschen Handelskammer läßt sich das Ausmaß der Eisen- und Stahlproduktion von Vizcaya sowie der Eisenerz- (Vizcaya) und Kohleförderung (Asturien) erkennen (Tabelle 4).

Auch in diesem Bereich läßt sich eine schnelle Normalisierung feststellen; 1938 übertraf die Produktion sogar die von 1935. Zu beachten ist, daß sich die untersuchten Bereiche als industrielle Subsysteme bezeichnen lassen, die über eine gewisse Autonomie verfügten und keine externen Versorgungsprobleme hatten.

Die Agrarproduktion

Zur Vervollständigung dieser Übersicht über die Produktion während des Spanischen Bürgerkriegs sind noch einige Hinweise zur Landwirtschaft nötig. Der Krieg verursachte eine beträchtliche Reduzierung der Saatfläche, die zwischen 1935 und 1939 von 4,5 auf 3,5 Millionen Hektar bei Weizen und von 1,8 auf 1,4 Millionen bei Gerste sank. Der Bestand an Rindern ging zwischen 1933 und 1940 um 34,3%, der an Schafen um 32,7% und der an Schweinen um 50,6% zurück. Dieses Phänomen betraf ganz Spanien. Allerdings macht der höhere Anteil der Agrarproduktion in der aufständischen Zone deutlich, wie die Entwicklung dort verlief.

Der traditionelle, land- und arbeitsintensive Charakter der Anbaumethoden in der gesamten Landwirtschaft – vor und während des Krieges – muß besonders betont werden. Dadurch war die Agrarproduktion vor allem von klimatischen Faktoren und von der Anbaufläche abhängig, so daß letztere als ein guter Indikator für die landwirtschaftliche Produktion betrachtet worden ist.

In der republikanischen Zone können wir, dank der Publikationen des Landwirtschaftsministeriums während des Krieges, die Entwicklung in einigen Fällen detailliert betrachten, insbesondere die Agrarproduktion in den Jahren 1936 und 1937. Aus diesen Berichten (4, I; 17) läßt sich schließen, daß sich – im Vergleich zu den früher produzierten Mengen – die Produktion von Öl 1936/37 in den der Republik treu gebliebenen Provinzen leicht verringerte (mit Ausnahme der Provinz Tarragona, in der mehr produziert wurde); für 1937/38 deutet die Produktionssteigerung auf eine bessere Ernte hin.

Insgesamt nahm der Umfang der Agrarproduktion ab. Der Weinanbau etwa wurde durch Handelsprobleme, durch ungünstige klimatische Verhältnisse und in einigen Fällen, z. B. in der Provinz Barcelona, durch das Ausreißen der Rebstöcke beeinträchtigt. Eine geringere Produktion war auch bei Hülsenfrüchten und

Tabelle 5: Anbaufläche und Produktion von Weizen in der republikanischen Zone

Jahr	Anbaufläche (Hektar)	Produktion (Zentner)
1932	1232197	12487744
1933	1258407	10432330
1934	1253745	12208176
1935	1202874	10438417
1936	1127442	7533520
1937	1128400	6169405

Quelle: 16

Obst, bei der Ernte von Wurzeln, Knollenfrüchten und Rohprodukten (außer Tabak und Zuckerrohr 1936; die 1937 und 1938 geernteten Mengen sind nicht bekannt) zu beobachten. Der Produktionsrückgang ist auf unüberwindliche Schwierigkeiten bei der Beschaffung von Dünger und Saatgut sowie auf den fehlenden Regen zurückzuführen. Der Index der Orangenernte verzeichnet für 1936/37 einen Anstieg im Vergleich zu früheren Jahren, fiel 1937/38 jedoch wieder ab.

Auch der Anbau von Weizen ging – wie der aller Getreidesorten – in der republikanischen Zone zurück.

Die Daten in Tabelle 5 beziehen sich auf ein und dasselbe geographische Gebiet (ungeachtet der sich verschiebenden Grenzen zwischen den beiden Zonen) und lassen die zunehmende Verringerung der Produktion deutlich werden.

Obwohl der *Instituto de Reforma Agraria* (IRA, Institut für Agrarreform), das in Katalonien keine Kompetenzen hatte, eine Reihe von Dienststellen einrichtete (Ackerbaumaschinen; Wirtschaftsdienst zur Organisierung der Exporte; Dienststellen zur Belebung der Agrarindustrie sowie zur Unterweisung und Verbreitung), änderten sich die traditionellen Anbaumethoden nicht grundlegend. Hinzuzufügen sind noch die unzureichende Ausrüstung mit Maschinen, der immer drückender werdende Mangel an Düngemitteln, Saatgut und Insektiziden usw. Die Mobilmachung bewirkte eine Verminderung der zur Verfügung stehenden Arbeitskräfte, was schließlich zu einem fatalen und zunehmenden Produktionsrückgang führte.

Die territorialen Produktionsschwankungen wurden von der jeweiligen politischen Kraft – Kommunisten, Sozialisten, Anarchisten – ihrem eigenen Wirken und dem postulierten Organisationssystem zugeschrieben.

Der Krieg und die Finanzpolitik

Das Mißlingen des Staatsstreiches wirkte sich auf die Finanz- und Währungsentwicklung aus; es veränderte die Vertrags- und Rechtsbeziehungen zwischen den am Wirtschaftsgeschehen beteiligten Kräften. Auch die Entscheidungen der Wirtschaftssubjekte über ihr Vermögen wandelten sich.
Im folgenden sollen die verschiedenen Problemkomplexe einzeln behandelt werden. Die erste zu untersuchende Wirkung ist die Veränderung in den normalen Anforderungen des Handels- und Finanzlebens. Der Staatsstreich und der Bürgerkrieg machten die Fortführung der gewohnten Form vertraglicher Beziehungen unmöglich; dies bezieht sich sowohl auf früher eingegangene als auf solche Verpflichtungen, die durch neue Vertragsabschlüsse entstehen würden. Außerdem lastete ein ungeheurer Druck auf dem Kreditwesen, da kaum noch reguläre Kreditgeschäfte zu tätigen waren und auf der anderen Seite die Kundschaft spontan ihre Einlagen abrief.
Ein zweiter Effekt entstand aus der Ungewißheit über die Zukunft. Diese Ungewißheit bewirkte, daß Bargeld nicht mehr als sicherer Vermögenswert angesehen wurde. Ausdruck dieser Wirkungen waren der Rückgang der Funktion des Geldes als Zahlungsmittel, die Zweckentfremdung gehorteter Aktiva und schließlich die Unklarheit über die Bedeutung der Währungseinheit. Diese Unsicherheit ist sowohl auf die Existenz zweier Zonen mit verschiedenen Währungsbehörden als auch auf die Finanzierungsmodalitäten des öffentlichen Sektors zurückzuführen.

Die Handelskrise

Die Veränderungen im Handel machten es erforderlich, daß für die Handelsaktivitäten und die generellen Verpflichtungen ein Moratorium eingeführt wurde. Im Hinblick auf ausstehende Verpflichtungen wurden folgende außerordentliche Maßnahmen ergriffen:
– Einstellung der Börsenaktivitäten; der Erlaß der Republik vom

18. Juli 1936 wurde bis zur endgültigen Einstellung immer wieder verlängert;
– Zahlungsaufschub für die Grundsteuer in den ersten Tagen (Verordnung der *Generalitat* vom 3. August 1936);
– Zinsen- und Tilgungsaufschub für die öffentliche Schuld. In der republiktreuen Zone wurde diese Maßnahme für die entsprechenden Geltungsbereiche durch die Zentralregierung (14. August 1936) und die *Generalitat* (29. September 1936) ergriffen. In der aufständischen Zone wurde die öffentliche Schuldenzahlung am 11. August 1936 suspendiert; am 12. Mai 1938 wurde diese Verfügung durch ein Gesetz außer Kraft gesetzt;
– Fälligkeitsaufschub von Handelseffekten. Die Republik richtete durch das Dekret vom 19. Juli 1936 eine Frist von 48 Stunden für die Zahlungsfälligkeit von Handelseffekten ein, die durch weitere Erlasse bis zum 19. August verlängert wurde. Die Regierung der aufständischen Zone verkündete (durch die Dekrete vom 24. Juli, 13. August, 13. und 22. September 1936) eine Fristenregelung und hob vorübergehend Fälligkeitstermine von Wechseln sowie allgemein von Handelseffekten auf, zugleich legte sie die neuen Bedingungen fest;
– Suspendierung von Zinszahlungen und Tilgung von Kapital, das aus hypothekarisch abgesicherten Anleihen stammte (Dekrete der *Generalitat* vom 12. August und 23. September 1936, mit Regelung der Höchstzinsen, die laufende Obligationen abwarfen).
In bezug auf neue Verpflichtungen erließen die verschiedenen Regierungen eine Reihe von Anordnungen, die die Schuldenaufnahme begrenzten. Zu diesen Maßnahmen gehörten die Unterbrechung der Börsenaktivitäten sowie die von der republikanischen Regierung am 14. August 1936 verfügte Einstellung von Transaktionen mit Immobilien und beweglichen Werten; diese Maßnahme sollte ungerechtfertigte Wertminderungen bei den Operationen verhindern. Daher unterwarf der Erlaß der *Generalitat* vom 14. August die Transaktionen mit beweglichen Werten auch bestimmten Restriktionen. Das Dekret der aufständischen Zone vom 29. September 1937 betrachtete als einzig legalen Sitz von Handelsgesellschaften den, den sie schon vor dem 18. Juli hatten – wenn er sich in der aufständischen Zone befand –, und erklärte die Entscheidungen, die durch Verwaltungsorgane und die Geschäftsführung von Unternehmen getroffen und nicht in der von den Rebellen kontrollierten Zone realisiert wurden, für nichtig.

Ein zweiter Problemkomplex entstand durch die Fragilität des Kreditsystems. Wegen der verbreiteten Unsicherheit bestand die Gefahr, daß die Bankeinlagen zurückgefordert wurden. Dieses Phänomen reichte schon aus, um bei Banken und Kassen Liquiditätsprobleme auszulösen. Außerdem bestand in der schwierigen Realisierung eines Teils der nicht-liquiden Aktivposten eine zusätzliche Gefahr.

Erste Maßnahmen zielten darauf ab, die Verfügung der Kunden über Bankguthaben zu begrenzen. Die Währungs- und Finanzbehörden befürchteten, daß die Kriegssituation Institutionen Schaden zufügen würde, für deren Funktionieren das Vertrauen der Öffentlichkeit notwendig war. Deshalb versuchten sie zuerst, ein Sperrsystem für Giro- und Sparkonten zu errichten; dadurch, daß das Abheben von Guthaben begrenzt wurde, sollten die Hortung von Bargeld, Kapitalflucht und Liquiditätsprobleme im Bankensystem verhindert werden. In einer zweiten Phase bemühten sich die Finanzbehörden, flüssige Guthaben in die Banken zu leiten, um allmählich wieder ein Geldumlaufsystem herzustellen, dessen Mittelpunkt die Banken darstellten.

Die Sperrung der Girokonten war zu Beginn als vorübergehende Maßnahme geplant. Die republikanische Regierung verfügte am 19. Juli, daß innerhalb einer Frist von 48 Stunden nicht mehr als 2000 Peseten abgehoben werden konnten; diese Regelung wurde immer weiter verlängert. Ausnahmen (Regelung vom 21. Juli sowie vom 2. und 3. August 1936) bezogen sich auf Überweisungen an den öffentlichen Sektor oder auf für Lohnzahlungen bestimmte Gelder.

Von diesen allgemeinen gesetzlichen Bestimmungen wurden bald Ausnahmen zugelassen, die nicht nur als Abweichungen vom Prinzip oder als bloße Anpassungen zu werten sind, sondern eine neue Art und Weise darstellen, den Wirtschaftskreislauf über die Banken und deren charakteristische Mechanismen zu regulieren. Am 9. Januar 1937 gestattete die republikanische Regierung die freie Verfügbarkeit über Unternehmensgewinne. Die *Generalitat* gab ab dem 18. und 20. August den Anstoß zu einer allgemeineren Benutzung des Schecks und der besonderen Form des Verrechnungsschecks, wenn diese mit bestimmten gesetzlichen Voraussetzungen ausgestattet waren. Auf diese Weise wurde den Unternehmen gestattet, mittels Schecks und Verrechnungsschecks, die jedoch nur einem anderen Konto gutgeschrieben werden durften, unbegrenzt über ihre Girokonten zu verfügen. Diese Regelung wurde für bestimmte Zahlungen verbindlich (Dekret der *Generalitat* vom 10. Januar 1937), wobei man auf die Wiederherstellung des Bankengeschäfts vertraute und damit verhinderte, daß sich das Wirtschaftsleben der Kontrolle entzog, indem die Geldmittel in nicht-produktive Tätigkeiten abflossen. Eine Analyse der vom Statistischen Amt der *Generalitat* veröffentlichten Daten zeigt, daß das Ziel dieser Maßnahmen trotz verstärkter Aktivität der »Bankenausgleichskammer« von Barcelona nicht vollständig erreicht wurde.

In Katalonien unterschied die gesetzliche Regelung in bezug auf Einlagen bei Finanzinstituten zwischen erstens gesperrten Konten von Personen oder Institutionen, die als Teilnehmer des Aufstandes eingestuft wurden; zweitens vor dem 19. Juli blockierten Konten, die der allgemeinen Beschränkungsregelung unterworfen waren; und drittens freien Konten, die nach dem 19. Juli eröffnet worden waren und, einem Erlaß der *Generalitat* vom 27. Juli 1936 gemäß, nicht der allgemeinen Regelung unterlagen.

Der Transfer von einem Konto auf ein anderes ließ sich anhand von Schecks oder Verrechnungsschecks leichter durchführen. Die Überwachung des neuen Kreditsystems wurde dem *Servei Tècnic del Crèdit i de l'Estalvi* (Technischer Kredit- und Spardienst) anvertraut. Durch den Erlaß vom 2. August 1936 regulierte und verallgemeinerte die republikanische Regierung die Benutzung freier Konten.

In der aufständischen Zone untersagte ein Erlaß der Regierung in Burgos vom 24. Juli 1936, mehr als 2000 Peseten monatlich von den Sichtdeposita und Sparkonten abzuheben, auch wenn die Genehmigung der Militärgouverneure vorlag. Drei Tage später sah eine Anordnung Ausnahmeregelungen für Lohnzahlungen und den Kauf von Geräten und Betriebsmaterial vor. Diese Regelung galt für die vor dem 19. Juli bestehenden Konten; die nach dem Aufstand in Banken und Kassen eröffneten Konten waren den Verordnungen vom 31. Juli und 6. August 1936 zufolge frei verfügbar. Die Junta begrenzte durch den Erlaß vom 12. September 1936 die Beträge, die ohne besondere Genehmigung von bewirtschafteten Konten abgehoben werden durften. Am 12. November, als die Abstempelung von Banknoten eingeführt wurde, eröffnete man zugleich die Möglichkeit, diese Beträge auf ein Girokonto zu überweisen. In diesem Fall würden die so angelegten Beträge zu freier Verfügung stehen und keiner der am 12. September verordneten Einschränkungen unterworfen sein. Diese Alternative wurde von vielen Banknotenbesitzern wahrgenommen, so daß ein großer Teil des in der aufständischen Zone vorhandenen Bargeldes auf die Bankkonten gelenkt und damit die in Umlauf befindlichen Gelder reduziert wurden.

Die Regierung dieser Zone sah sich allerdings einem neuen Problem gegenüber, das sich mit der Eroberung Bilbaos noch verschärfte: Sie erkannte die von den republikanischen Behörden nach dem 19. Juli 1936 ausgegebenen Banknoten nicht als gültig an; aber es gab keine Möglichkeit herauszufinden, ob die Kontenbewegungen in Kreditinstituten, die in nach und nach eroberten Gebieten lagen, auf Gelder entfielen, die vor oder nach dem 19. Juli ausgegeben worden waren. Daher wurde angeordnet, vorläufig die neuen Konten in den besetzten Gebieten ganz und die nach dem 18. Juli auf alte Konten eingezahlten Beträge zu sperren.

Das Gesetz vom 12. Oktober 1938 sanktionierte diese provisorische Regelung. Es sah vor, daß die Verfügung über die in besetzten Territorien eröffneten Konten aufgehoben blieb; auch die Verfügung über Einzahlungen nach dem Aufstand und über Einlagerückerstattungen, die nach dem 1. November 1938 durchgeführt wurden, blieb – selbst wenn das Konto den Stand vom 18. Juli 1936 nicht überstieg – gesperrt. Ein Gesetz vom 1. April 1939 weitete die im Gesetz von Oktober 1938 vorgesehenen Sperrungen auf die Zahlung sämtlicher Verpflichtungen, die aus Verträgen stammten, die in der republiktreuen Zone geschlossen worden waren, sowie auf den Schuldenausgleich von Konten aus, die Unternehmen unter sich eingerichtet hatten; diese Ausweitung der Sperrungen betraf auch alle Vertragsabschlüsse mit der republikanischen Zone, die Geldbewegungen nach sich ziehen würden.

Dieses System von »Suspensionen« und »Blockierungen« war bis zum Erlaß des Gesetzes vom 17. Dezember 1939 gültig, das die Blockierungen beendete *(ley de desbloqueo).*

Auf ein zweites Problem des Bankensystems ist bereits hingewiesen worden: auf die schwierige Realisierung diskontierter Wechsel dadurch, daß sie auf Firmen lauteten, die in der feindlichen Zone lagen. Das Problem stellte sich vor allem in den Gebieten, in denen diese Bankpraxis aufgrund der dortigen Wirtschaftstätigkeit ge-

bräuchlicher war. Die *Generalitat* versuchte zwei Lösungen: Einerseits wurde in der Zweigstelle des *Banco de España* in Barcelona ein spezieller und automatischer Rediskont für jene Kredite gewährt, falls sie unbezahlt waren (Verordnungen vom 25. September und 10. Oktober 1936); insgesamt betrug der von der Zweigstelle des *Banco de España* in Barcelona übernommene Betrag 43,5 Millionen Peseten.
Andererseits versuchte ein Dekret der *Generalitat* vom 24. Oktober 1936 ein multilaterales Bankenausgleichssystem in bezug auf die aufständische Zone zu schaffen; als Ausgleichszentrale fungierte die *Caixa Oficial de Descomptes i Pignoracions* (Amtliche Kasse für das Diskont- und Pfandwesen).

Die Währung

Die Ungewißheit über die Zukunft beeinflußte natürlich die Entwicklung der Währung. Es ist bereits angedeutet worden, daß die Unsicherheit so schwer wog, daß das Bargeld nicht mehr als sicherer und verläßlicher Vermögenswert galt, sondern selber zum Gegenstand der Ungewißheit wurde. An erster Stelle ist der Wertverlust der Währung während der Hyperinflation zu erwähnen. In einer ersten Phase nahm das Interesse an Bankguthaben als Liquiditätsreserve ab, nachdem das Geld an Wert verloren hatte und man es für unmittelbare Zahlungen benötigte. Das wiederum hatte zur Folge, daß die Zeitspanne zwischen Geldeingang und Auszahlung kleiner wurde. In einer zweiten Phase war das Interesse an Geld als Vermögensanlage gering, vielmehr wurden ausländische Währungen oder Sachwerte bevorzugt. In einer dritten Phase schließlich wurde überhaupt kein Geld mehr angelegt, sondern in Sachwerte investiert. In dieser Phase wurde das Geld nicht mehr als Ressource für zukünftige Zahlungen betrachtet. Der Krieg sollte an diesem Prozeß nichts ändern.
Es ist zu beachten, daß die Unsicherheit gegenüber der eigenen Währung dann geringer ist, wenn ihr unter gleichen Bedingungen ihre Verwertbarkeit von einer Regierung mit konservativer politischer Ideologie aufgrund ihrer üblichen orthodoxen Einstellung zu den Währungsinstrumenten zuerkannt wird, besonders dann, wenn ein Sieg dieser Regierung immer wahrscheinlicher wird. Das kommt deutlich zum Ausdruck, wenn man die Kurse der »republikanischen Peseta« und der »aufständischen Peseta« an der Pari-

ser Börse vergleicht: die »republikanische Peseta« wurde dort im Januar 1937 zu 66% des Kurses der »aufständischen Peseta« notiert, zu 64% im März, zu 42% im Juni, zu 20% im Januar 1938, zu 17% im Juni, zu 15% im Oktober und zu 9% im Dezember 1938. Ein weiterer Umstand veranschaulicht diese Tatsache. Wir haben schon darauf hingewiesen, daß die Reaktion auf die Veröffentlichung der Bestimmung bezüglich der freien Konten, auf die die abgestempelten Banknoten (gemäß dem Erlaß der aufständischen Zone vom 12. November 1936) eingezahlt werden konnten, positiv war.

Wahrscheinlich sind die Motive dieses Verhaltens nicht allein der Gleichgültigkeit gegenüber einer möglichen Beendigung des Hortungsverhaltens zuzuschreiben, die dieses Abstempeln der Banknoten tatsächlich mit sich brachte. J. Sardà (32, S. 440) weist darauf hin, daß der *Banco de España* am 18. Juli 1936 für ganz Spanien eine Kontokorrentensumme in Höhe von 1128 Millionen Peseten hatte; demgegenüber wies die Bilanz vom 31. Dezember 1936 nur für die freien Konten in der aufständischen Zone 1715 Millionen Peseten auf. Dagegen hatten die in Umlauf befindlichen Banknoten nur einen Gegenwert von 3405 Millionen Peseten, während die umgetauschten, der Zirkulation somit entzogenen Banknoten sich auf 3223 Millionen Peseten beliefen.

Im folgenden soll die Verwendung flüssiger Geldmittel beim Geldumlauf und zu Hortungszwecken dargestellt werden. Die republikanische Regierung versuchte, Silber und Scheidemünzen aus dem Verkehr zu ziehen. Durch den Erlaß vom 13. Oktober 1936 brachte der *Banco de España* Silberzertifikate in Höhe von 5 und 10 Peseten als Ersatz für Silbermünzen in Umlauf. Eine Reihe weiterer Bestimmungen verfolgte den Zweck, das Silber nach und nach aus dem Verkehr zu ziehen, und durch den Erlaß vom 19. März 1937 wurde die republikanische Regierung zur Prägung neuer Scheidemünzen bevollmächtigt. Der Vollzug der Anordnung, das Silber abzuziehen, scheint langsam vor sich gegangen zu sein, wie sich den wiederholten Aufrufen entnehmen läßt (der letzte datiert vom Januar 1938). Neben diesen Verfügungen muß auch das wichtige Dekret vom 9. Januar 1938 erwähnt werden. Durch diesen Erlaß wurde das Wirtschafts- und Finanzministerium der Republik ermächtigt, direkt Schatzanweisungen in Höhe von 25 und 50 Peseten (womit diese Befugnis dem *Banco de España* entzogen wurde) sowie Schatzanweisungen in Höhe von 5

und 10 Peseten auszugeben, die die provisorischen Scheidegeldzertifikate ersetzen sollten.
Die Regierung der aufständischen Zone erkannte seit dem 12. November 1936 die Gültigkeit der von der republikanischen Regierung nach dem 18. Juli in Umlauf gebrachten Banknoten nicht mehr an. Die vor jenem Datum ausgegebenen Banknoten mußten dem *Banco de España* in Burgos zum Abstempeln vorgelegt werden. Diese provisorische Maßnahme wurde am 9. März 1937 ausgesetzt, als der *Banco de España* in Burgos durch eine neue Ausgabe von 25, 50, 100, 500 und 1000 Pesetenscheinen die abgestempelten Banknoten ersetzte. Die republikanische Regierung erkannte ihrerseits die Gültigkeit der abgestempelten und neu ausgegebenen Banknoten der Regierung in Burgos nicht an.
Das Verschwinden der Scheidemünzen war ein weiteres Problem, mit dem sich das Wirtschaftssystem konfrontiert sah. Wahrscheinlich resultierte er aus der Geldhortung. Möglicherweise ist es jedoch auch durch das von der Republik verfügte System von Anpassung und Ersetzung der Scheidemünzen verursacht. Für Katalonien wurden genaue Untersuchungen über dieses Thema durchgeführt; dabei zeigte sich deutlich, daß dieser Prozeß weniger auf eine verbreitete Absicht zur Abschaffung der legalen Währung zurückzuführen als vielmehr von praktischen Erfordernissen des Geldumlaufs bestimmt war.
Die Regierung der *Generalitat* autorisierte durch Dekret vom 21. September 1936 das Schatzamt, eine Geldemission mit dem ausdrücklichen Ziel vorzunehmen, den Mangel an zirkulierendem Geld aufgrund der Hortung zu beseitigen. Die Banknoten in Höhe von 2,50, 5 und 10 Peseten waren in Katalonien genauso umlauffähig wie die von dem *Banco de España* ausgegebenen Banknoten, d. h., sie waren ebenso gesetzliche Zahlungsmittel. Die übrigen Scheidemünzen wurden von Stadtbehörden, Genossenschaften, Kollektiven und Gewerkschaften in Umlauf gebracht; im allgemeinen handelte es sich um Geld im Wert von 5, 10, 20, 25 und 50 Céntimos und 1 Peseta. Höhere Beträge waren die Ausnahme. Von den 1075 Gemeinden Kataloniens nahmen 687 (sowie 33 eingemeindete Ortschaften) an diesen Geldemissionen teil. Der Gesamtwert des auf diese Weise in Umlauf gebrachten Geldes betrug 22,7 Millionen Peseten (39, S. 716). Diese Methoden zur Schaffung von Scheidemünzen setzten sich in der ganzen republikanischen Zone durch. Man weiß, daß diese Methode auch

in der aufständischen Zone und sogar im Fürstentum Andorra, das die Peseta als Währung benutzt, angewandt wurde.
Als die republikanische Regierung glaubte, das Kleingeldangebot geregelt zu haben, ordnete sie die Rücknahme aller nicht von dem *Banco de España* ausgegebenen Münzen (dies betraf auch das Schatzamt der *Generalitat*) an.

Der Kampf gegen die Thesaurierung

Die Regierung der Republik und die der *Generalitat* untersagten (mit einigen Ausnahmen) den Besitz von Silber, Gold und Banknoten und verfügten, daß diese Werte auf freie Konten einzuzahlen seien. Durch den Erlaß vom 27. August ordneten die *Generalitat* und durch das Dekret vom 3. Oktober die republikanische Regierung die Ablieferung des Goldes an die entsprechenden Zweigstellen des *Banco de España* oder die Zentrale selbst an. Der Maximalbetrag an privat aufbewahrten Banknoten wurde ebenfalls begrenzt (Verordnung des Finanzministeriums der *Generalitat* vom 22. Oktober). Diese Verfügungen wurden immer wieder erneuert und ausgeweitet, wie etwa die Erlasse der Republik vom 10. Oktober 1936, vom 4. Januar, 13. Februar, 15. März und 6. August 1937 deutlich machen, die die Ablieferungspflicht auf Schmuck, Juwelen etc. ausdehnten. Wahrscheinlich wurden auf den dafür eingerichteten Konten nur unwesentliche Mengen an Edelmetallen eingezahlt. Entscheidender war daher das Dekret der *Generalitat* vom 10. November 1936, das die Eröffnung von Safes in Kreditinstituten ermöglichte – eine Praxis, die sich auf das gesamte republikanische Territorium erstreckte. Die Verfügungen bezüglich der Edelmetalle wurden auf Devisen und ausländische Werte ausgedehnt.
Die *Generalitat* konnte auf diese Weise über ungefähr drei Millionen Goldpeseten verfügen; die republikanische Regierung erhielt, Schätzungen für das übrige Gebiet zufolge (42, S. 168–174), ungefähr 10,5 Millionen Goldpeseten.
Die Verantwortlichen in der aufständischen Zone erließen von Anfang an Richtlinien zur Beschlagnahme von Edelmetallen. Die Vorschriften vom 18. November 1936 verpflichteten alle Privatpersonen, die in ihrem Besitz befindlichen Devisen der Regierung abzuliefern. Als am 11. Dezember 1936 ein doppeltes System offizieller Wechselkurse eingerichtet wurde, erhielten die Personen,

die ihre Devisen freiwillig ablieferten, den günstigeren Kurs. Der definitive Text ist der des Gesetzesdekrets vom 14. März 1937; aufgrund des Dekrets mußten alle in Privatbesitz befindlichen Devisen, sei es in der aufständischen Zone oder im Ausland, der Regierung zum offiziellen Wechselkurs in Peseten abgetreten und das Gold in dem *Banco de España* deponiert werden. Dem Staat wurden außerdem die ausländischen oder spanischen Wertpapiere, die international notiert wurden, zur Verfügung gestellt. Darüber hinaus muß noch eine Reihe von Subskriptionen für Juwelen und Schmuck erwähnt werden, die vier Monate nach Kriegsbeginn von der Burgos-Regierung unter der Bezeichnung »Nationale Subskription« in die Wege geleitet wurde. Man schätzt die auf diese Weise der aufständischen Staatskasse zugeflossene Summe auf ungefähr zehn Millionen Goldpeseten (42, S. 425).
Zu diesen gegen die Geldhortung gerichteten Verfügungen gehören natürlich auch jene Vorschriften, die auf das Dekret vom 12. November 1936 zurückgehen und sich auf die Abstempelung von Banknoten beziehen.

Organisation der Produktion

Das Mißlingen des Staatsstreichs hinterließ ein wirtschaftliches Machtvakuum, das der Arbeiterklasse (im Rahmen einer tiefgehenden politischen Strukturkrise) plötzlich eine Hauptrolle zuwies. Die Gewerkschaften sahen sich der Tatsache eines Militärputsches ausgesetzt, der vor allem in städtischen und industrialisierten Gebieten gescheitert war. Sie mußten also ihre passive und auf die Verbesserung der materiellen Situation ihrer Mitglieder abzielende Haltung, die ihnen im alten Wirtschaftssystem zukam, aufgeben und zum Vorkämpfer einer neuen Realität werden, die auch eine Neuordnung der Wirtschaft forderte.
Auch in den von den Aufständischen besetzten Gebieten veränderten sich die Verhältnisse. Aber dort sollte die Entwicklung unter reaktionären Vorzeichen stehen. Die Agrarreformen der Republik wurden ausgesetzt, die Industrie hatte sich den Geboten des Krieges zu unterwerfen. Da die Produktionsverhältnisse intakt blieben, schufen die Verantwortlichen der Zone mittels eines unsystematischen Interventionismus neue, eng an die Struktur der politischen Macht und ihre Entscheidungen gebundene Formen der Kapitalbe-

wertung. Kurzum, man verfügte über die politische Macht, um der unumgänglichen Veränderung Einhalt zu gebieten, die die Republik in gemäßigter Form hatte durchsetzen können. Hierzu griff man auf ein ideologisches Instrument zurück – den Falangismus –, der die Doktrin bereitstellte, um die beabsichtigte soziale Entwicklung aufzuhalten.

Es sei vorausgeschickt, daß es nicht möglich ist, die Produktionsorganisation aus rein theoretischen oder abstrakten Positionen abzuleiten. Weder die Reaktion in der aufständischen noch die Revolution in der republikanischen Zone stellten die bloße Anwendung doktrinärer Positionen dar, die im Gesamtspektrum der beiden Zonen mitunter ohnehin konfus und oft divergierend waren. Spanien war zwar ein überwiegend nichtindustrialisiertes Land, aber es gab doch einige industrialisierte Gebiete. In diesem Sinne setzte sich der utopische Anarchismus selbst außerstande, die Neuordnung der Wirtschaft in diesen Industriezonen, in denen das Kreditwesen und die Einflußnahme auf den Markt fundamentale Elemente sind, vorzunehmen, da er einige Institutionen der zeitgenössischen Gesellschaft – wie z. B. Geld oder Markt – ablehnte. Andererseits ließen sich seine Theorien besser auf eine Landwirtschaft anwenden, die vorrangig auf autarken Einheiten basierte.

Auch die Ideologien in der aufständischen Zone entsprachen in erster Linie landwirtschaftlichen Interessen: Man hatte zwar vor, die Nation in ein »vertikales Syndikat« unter der Führung der Partei zu verwandeln; mögliche Umformungen in der Landwirtschaft jedoch – darauf hat Pierre Vilar hingewiesen – wurden mit Stillschweigen übergangen. Im Gegensatz zum italienischen Faschismus, der die Großindustrie förderte, aber gegenüber der Agrarwirtschaft zurückhaltend war, war der spanische Faschismus bereit, die Industrie zu kontrollieren – beargwöhnte er doch die katalanischen und baskischen Arbeitgeber –, während er gleichzeitig davor zurückschreckte, Agrarinteressen zu verunsichern.

Die neuen Produktionsverhältnisse in der republikanischen Zone resultierten aus dem Zusammenwirken von drei Faktoren, die sowohl ihre Entstehung als auch die späteren Umformungen erklären.

An erster Stelle ist eine gewisse anfängliche Improvisation zu berücksichtigen. Als sich die Arbeiter, Angestellten und Bauern wieder an ihren Arbeitsplätzen einfanden, bemerkten sie, daß Eigentümer oder Arbeitgeber verschwunden oder geflohen waren oder daß die

Verantwortlichen zu allen Zugeständnissen bereit waren. An zweiter Stelle kamen die Ideologien und Wirtschaftsprogramme der verschiedenen Parteien und gewerkschaftlichen Organisationen zum Tragen. Schließlich erklärt die allmähliche, von den politischen Kräften – die die einzigen waren, die den Prozeß ordnen und den Kriegserfordernissen anpassen konnten – durchgeführte Neustrukturierung die Entwicklung der neuen Produktionsorganismen.

Im folgenden soll vor allem der zweite Aspekt untersucht werden, da die anderen beiden in expliziter Form bei der Darstellung der neuen Produktionsformen behandelt werden. Zu unterscheiden sind die Positionen der Anarchosyndikalisten, der marxistischen Sozialisten und der Liberalen, die sich für die Republik einsetzten. Die Zusammenarbeit zwischen der CNT und der FAI (*Federación Anarquista Ibérica* (Iberische Anarchistische Föderation), die in enger Beziehung zueinander standen, nahm im Verlauf des Krieges ab. Innerhalb der anarchistischen Bewegung gilt es, zwei wichtige Strömungen zu unterscheiden: eine Tendenz des reinen oder utopischen Anarchismus, die jeden reformistischen »Anflug« und jegliche politische Versuchung unterbinden wollte; eine andere, syndikalistische Strömung, die sich eher an der konkreten Erfahrung orientierte und weniger dogmatisch war.

Die fragile Verbindung der beiden Strömungen kam in der Definition des »freiheitlichen Kommunismus« zum Ausdruck, wie sie auf dem Nationalkongreß der CNT, der im Mai 1936 in Saragossa abgehalten wurde, verabschiedet wurde. Man ging von einer Organisation der Gesellschaft ohne Staat und Privateigentum aus und forderte ein System, in dem die Autorität auf das Volk übergehen und sich in Versammlungen und Räten konzentrieren würde. In dem Maße, in dem die Autorität auf übergeordnete Koordinationsorgane übertragen würde, müßte sie an Intensität abnehmen. Im Programm von Saragossa wurde eine Organisaton der Gesellschaft angestrebt, die von den Gemeinden und von einzelnen Industrie- und Agrarberufen ausging. Die Gemeinden sollten Bezirks- und Regionalverbände bilden, die schließlich in einer »iberischen Konföderation« zusammengefaßt würden. Betriebs- und Fabrikräte wiederum sollten sich zu Berufsgewerkschaften zusammenschließen, die Territorialverbände bilden und sich mittels untereinander koordinierter »Produktions- und Statistikräte« verwalten würden.

Während des Krieges führte die Anstrengung, die der Anarchosyn-

dikalismus unternahm, um den Regierungsaufgaben gerecht zu werden – die CNT trat der Regierung der *Generalitat* am 26. September und der der Republik am 4. November 1936 bei –, zu einer vollständigen Umkehrung der bis dahin verfochtenen Positionen. In der Wirtschaft wiesen die Stellungnahmen, die eine Korrektur früherer doktrinärer Positionen darstellten, eine gewisse Affinität zu dem auf, was andere Parteien und Organisationen vorgeschlagen hatten. So unterstützten die Anarchosyndikalisten etwa die Kollektivierungen, gegen die sie sich früher ausgesprochen hatten; vor dem Krieg hatten sie für eine generelle Vergesellschaftung von Grund und Boden und für eine von Syndikaten sozialisierte Industrie plädiert. Noch kurz bevor sie aus der Regierung ausgeschlossen wurden, formulierten sie ein Minimalprogramm mit Volksfrontcharakter (Nationalversammlung der Regionalorganisationen am 23. Mai 1937), in dem die Kommunalisierung des Wohnungsbaus und des Bodens akzeptiert wurde; von der zaghaften Zustimmung zur Industrieplanung (Nationalversammlung der Regionalorganisationen am 15. September 1936), die über Regional- und Nationalräte koordiniert werden müßte, rangen sich die Anarchisten auf ihrer Erweiterten Wirtschaftsnationalversammlung vom 15. Januar 1938 bis zur Bejahung einer zentralisierten Verwaltungsplanung durch. Auf dieser Tagung wurde auch die Gründung einer Gewerkschaftsbank beschlossen.
Der *Partido Socialista Obrero Español* (PSOE, Sozialistische Arbeiterpartei Spaniens), der *Partido Comunista de España* (PCE, Kommunistische Partei Spaniens) und der *Partit Socialista Unificat de Catalunya* (PSUC, Vereinigte Sozialistische Partei Kataloniens) sowie außerdem die sozialistische Gewerkschaft *Unión General de Trabajadores* (UGT, Allgemeiner Arbeiterbund) strebten vor allem die Zentralisierung der Wirtschaft an, um auf diese Weise den Sieg zu erringen. Soziale Reformen machten sie vom späteren militärischen Sieg abhängig.
Konnte aber ein Sieg im Krieg die Preisgabe der Revolution bedeuten? Diese Frage, die die Führer der CNT so sehr beschäftigte, beantwortete die Kommunistische Partei mit der Versicherung, daß gerade die mächtige und verstaatlichte Kriegsindustrie und die Beschlagnahme der großen Industrien einen ersten notwendigen Schritt im Hinblick auf die Nachkriegswirtschaft darstellten. Diese Stellungnahme brachte auch das Mißtrauen der Kommunistischen Partei gegenüber den Kollektivierungen zum Ausdruck.

Diese Haltung wurde vom PSUC und der katalanischen UGT nicht vollständig geteilt. Nachdem sie sich der anarchosyndikalistischen Tradition des katalanischen Proletariats und der in Katalonien vereinbarten Richtlinien zur Kollektivierung bewußt waren – die, nach ihrer Sanktionierung durch die *Generalitat*, die industrielle Selbstverwaltung regelten –, schlugen die katalanischen Sozialisten und Kommunisten nicht einfach eine Verstaatlichung vor, sondern eine von selbstverwalteten Unternehmen gebildete Wirtschaft. Dabei sollte die Zentralisierung von Unternehmen und staatlichen Interventionen abhängig sein von dem Wechselspiel zwischen wirtschaftlicher und sozialer Basis und Führung. Hierauf wird noch eingegangen werden (s. dazu: VI Congreso de la *Federació Catalana de Treballadors de Bancs, Borsa i Estalvi*, UGT, 1937; Acords del III Congrés de la UGT Catalana, 1937; VI. Kongreß der Katalanischen Föderation der Banken-, Börsen- und Sparkassenarbeiter; Beschlüsse des III. Kongresses der katalanischen UGT, 1937).
Die marxistischen Kommunisten, die nicht der Dritten Internationalen angeschlossen waren, gehörten dem kleinen *Partido Obrero de Unificación Marxista* (POUM, Vereinigte Marxistische Arbeiterpartei) an. Die Partei, die der radikalen Linken zuzurechnen war, bestand (wie die CNT) auf der Notwendigkeit, die Revolution in der Etappe zu stärken. Sie akzeptierte die Kollektivierung, bis man zu einer vollständigen Verstaatlichung unter der Anleitung und der Regierung von Arbeitern und Bauern gelangen würde. Verstaatlicht werden müßte auch das Bankwesen, das Kredite – besonders für neue Ausrüstungsgüter und öffentliche Arbeiten – und die Finanzbeziehungen zwischen den Unternehmen sichern würde.
Die gesamtstaatlichen Parteien des Linksliberalismus verfügten über keinen wirklichen sozialen Rückhalt. Die ihnen angehörenden Persönlichkeiten jedoch spielten eine große Rolle. Sie bildeten bis zum Kriegsausbruch die Achse der republikanischen Regierungen, und noch während des Krieges verfügten sie über beträchtlichen Einfluß. Der sozialen Revolution standen sie mißtrauisch gegenüber; sie traten für die notwendige Organisation einer Kriegswirtschaft ein.
Die *Esquerra Republicana de Catalunya* (ERC, Republikanische Linke Kataloniens) nahm eine außergewöhnliche Position ein. War sie schon während der Republik die dominierende Partei in Katalonien, so hatten ihre Führer auch während des Krieges höchste Positionen inne. Die ERC sprach sich eine historische Funktion

zu: die Rolle nämlich, unter Einbezug der neuen politischen Institutionen eine Veränderung der wirtschaftlichen Lage in Katalonien zu ermöglichen und zu leiten. Sie hielt eine stärkere Intervention in der Wirtschaft und die Einführung einer rigiden Finanzkontrolle für notwendig, um die Anpassung der Wirtschaftstätigkeit an die Kriegserfordernisse sicherzustellen. Um dieses Ziel zu erreichen, sollte die soziale Revolution nicht behindert, sondern – jenseits jeden Dogmatismus – kanalisiert werden.

Die klügsten Vertreter der ERC erkannten realistisch, daß der Staatsstreich keinen allzu großen Handlungsspielraum ließ, wenn die industrielle Produktion in Katalonien fortgeführt werden sollte. Einstweilen mußte die Regierung ein neues Wirtschaftssystem organisieren und dabei unnötige Verwirrung vermeiden, um das Weiterfunktionieren der ökonomischen Aktivitäten über die Kriegsindustrie und das Kreditwesen sicherzustellen. Konfrontationen mit der mittleren und der Kleinbourgeoisie sowie mit den unabhängigen Landwirten müßten vermieden werden (s. *L'obra normativa de la Generalitat de Catalunya, El Pla Tarradellas*, 1937).

Organisation und Arbeitsweise der landwirtschaftlichen Kollektive

Die Herausbildung revolutionärer oder reaktionärer Organisationsformen in der Landwirtschaft – je nachdem, ob die Gebiete der republikanischen Rechtsprechung unterlagen oder nicht – entsprach großenteils der Eigentumsstruktur auf dem Lande und folgte den Vorgaben, die auf die Reformgesetze der Republik (Agrarreformgesetz) und die der *Generalitat* (Pachtgesetz) zurückzuführen waren.

Großgrundbesitz befand sich in Neukastilien, Salamanca, Extremadura und Andalusien; in Altkastilien, León und Galicien dagegen überwogen die Minifundien; in der Gegend um Valencia sowie allgemein in der Levante, in Katalonien und im Baskenland wiederum herrschte Mittelbesitz vor. Vor der Ausrufung der Republik waren nicht einmal 10% der Landbevölkerung zugleich Eigentümer des Landes, das sie bearbeiteten. Im Süden Spaniens waren mehr als drei Viertel der Bevölkerung als Tagelöhner beschäftigt. Es existierten somit verschiedene soziale Gruppen, die je nach ihrer Beziehung zum Produktionsprozeß in der Landwirtschaft klassifiziert werden können: Tagelöhner und ungelernte Arbeiter, die die weit überwiegende Mehrheit der Arbeiter im Süden des Landes darstellten; Eigentümer von Minifundien, die sich ihren Lebensunterhalt damit verdienen mußten, daß sie oder Mitglieder ihrer Familie sich teilweise bei anderen Eigentümern verdingten; Pächter großer Besitztümer; Pächter mittlerer Besitztümer, von denen einige erblich waren oder Vertragsformen aufwiesen, die in der Landwirtschaft gebräuchlich waren; mittlere Bauern, die ihr Land kapitalistisch bearbeiteten; nicht auf ihren Ländereien lebende Großgrundbesitzer etc.

Das Hin und Her bei der Agrarreform beschleunigte die sozialen Unruhen und erklärt auch die Besetzung von Landgütern nach den Wahlen vom Februar 1936. Am 20. März wurde der *Instituto de Reforma Agraria,* dem die Durchführung der Reformbestimmungen oblag, ermächtigt, jedes Landgut zu beschlagnahmen, sofern Gründe sozialer Nützlichkeit diese Maßnahme angeraten erscheinen ließen.

Nach dem 19. Juli sollten die neuen Verhältnisse die für die republikanische Zone charakteristischen revolutionären Erscheinungen beschleunigen. Dabei ist ein doppelter Prozeß zu unterscheiden: Einerseits übernahmen die Bauern selbst – wenn auch in unterschiedlichen Formen – die Bewirtschaftung der landwirtschaftlichen Betriebe; andererseits versuchten die Regierungen, den (größtenteils spontanen) revolutionären Prozeß zu kanalisieren oder ihn an die gültigen Gesetzesbestimmungen anzupassen, nachdem die unumgänglichen Änderungen durchgeführt waren. Diese Entwicklung konnte Zweideutigkeiten und Zusammenstöße nicht verhindern. Es soll versucht werden, die Ereignisse darzustellen, wenn auch das Risiko der Simplifizierung nicht von der Hand zu weisen ist. Die Erscheinungsformen waren äußerst vielfältig, und die Entwicklung verlief häufig ungleich. Außerdem sind unsere Kenntnisse dieser Phänomene ungenügend.

Im allgemeinen entsprachen die Besetzung und die darauffolgende Bewirtschaftung der Ländereien nach dem Scheitern des Staatsstreichs der Struktur des Eigentums in den jeweiligen Gebieten. Zugleich bedingte die jeweilige Stärke der CNT in den einzelnen Gebieten das Ausmaß an kollektiver Bewirtschaftung der Ländereien. Der größte Teil der Kollektivierungen fand im Juli und August 1936 statt. Nach dem Ausscheiden oder der (manchmal gewaltsam herbeigeführten) Abwesenheit der Eigentümer trat auf lokaler

Ebene eine Arbeiterversammlung zusammen, auf der entweder für Kollektivierung oder für Parzellierung und Zuteilung des Landes an einzelne Bauern gestimmt wurde. Die ersten Kollektivierungen fanden im republiktreuen Teil von Aragonien statt (Juli-August); in Katalonien wurden sie vor allem ab Ende September bis November 1936 durchgeführt; in Kastilien dagegen griff die kollektivistische Bewegung erst später um sich (Sommer/Herbst 1937). In der Gegend um Valencia nahm sie im Sommer 1936 langsam ihren Anfang, wurde 1937 intensiver und setzte sich bis Anfang 1938 fort. In Andalusien muß der Beginn der Bewegung wahrscheinlich je nach Region unterschiedlich angesetzt werden. In der Regel waren die in den ersten Monaten durchgeführten Kollektivierungen radikaler, während sie im weiteren Verlauf an Intensität verloren.
Die verfügbaren Daten erlauben jedoch keine genauen Angaben über die Anzahl der kollektivierten Betriebe. Für Aragonien gibt man gewöhnlich 450 Kollektive mit durchschnittlich 960 Teilnehmern pro Einheit an. Es ist wohl realistisch, daß es in Katalonien weniger als 100 Kollektive gab; in der Levante waren es ungefähr 350, in Neukastilien zwischen 200 und 300 (vor allem in Toledo, Guadalajara, Ciudad Real, Madrid und Cuenca) und ungefähr gleich viele in Andalusien. Im August 1938 registrierte das Institut für Agrarreform 2213 Kollektive (ohne Katalonien mitzuzählen, auf dessen autonomes Gebiet sich seine Zuständigkeit nicht erstreckte). Schätzungsweise drei Millionen Personen sollen an der Bewegung zur Kollektivierung beteiligt gewesen sein. Umfang und relatives Gewicht der katalanischen Agrarkollektivierung war weit geringer als in anderen Gegenden. Am stärksten war sie in den südlichen Regionen (Provinz Tarragona). Außerdem scheint die Anzahl der Verfechter einer Kollektivierung in den Dörfern Kataloniens in umgekehrtem Verhältnis zur Zahl der Einwohner des Ortes gestanden zu haben; in diesen Dörfern hatte die CNT großen Einfluß. Die aragonesischen Kollektivierungen waren die umfangreichsten: Sie umfaßten 70% des bebauten Bodens und wurden in ihrer überwältigenden Mehrzahl von der CNT kontrolliert. Trotz der Vorherrschaft der CNT bei den Kollektivierungen übte die UGT in Neukastilien und vor allem in Jaén einen großen Einfluß aus. Dieses Übergewicht zeigt sich in einem größeren Anteil an gemischten Komitees beider Gewerkschaften. In Jaén wurden 65% der Anbaufläche enteignet, von denen 80% kollekti-

viert wurden; in Ciudad Real wurde mehr als die Hälfte der Anbaufläche enteignet und praktisch ganz kollektiviert. In der Gegend um Valencia allerdings war die Mehrzahl der Kollektivwirtschaften der CNT zuzuschreiben; die Enteignungen erreichten dort jedoch nur 13% der Nutzfläche, von denen wiederum weniger als ein Drittel kollektiviert wurde.
Das letztendliche Ziel der libertären Bewegung war die Sozialisierung, d.h. die Kommunalisierung des Landes durch seine Übertragung an die neuen Lokalorganisationen. Die Bedeutung der Einzelbauern ließ fast immer die Praxis der Kollektivierung des Landes dort ratsam erscheinen, wo man sich für diese Bewirtschaftungsform entschied. Aber bald entstanden Schwierigkeiten, den kleinen Eigentümer, der seine Position behalten wollte, oder die – aufgrund von Parzellierung oder Streichung der Belastungen – neuen Landbesitzer in die Kollektive zu integrieren. Tatsächlich akzeptierte der im September 1936 in Barcelona abgehaltene Landarbeiterkongreß der CNT mit einigen Einschränkungen die Koexistenz von kleinem Privateigentum und Kollektiveigentum; letzteres sollte im Falle großer Ländereien bestehen, bei denen jeder Versuch der Parzellierung unterbunden werden müsse.
Wie nicht anders zu erwarten, wurde das Problem politisiert. In diesem Zusammenhang ist auf den möglichen Zwangscharakter hingewiesen worden, den die Anwesenheit der (aus Katalonien kommenden) anarchistischen Milizen für das östliche Aragonien bedeutete. Die Latifundien von Pian, Fraga oder Heusca boten eine gute Gelegenheit, um ambitiöse kollektivistische oder kommunalistische Erfahrungen zu sammeln. Andererseits erhielten die kleinen und mittleren ländlichen Eigentümer 1937 die Unterstützung der Kommunistischen Partei. Der kommunistische Landwirtschaftsminister Uribe widersetzte sich der Kollektivierung und akzeptierte statt dessen die gemäßigtere Form der Produktionsgenossenschaften. Die neu gegründete Genossenschaftsabteilung des Instituts für Agrarreform ließ daher dem Genossenschafts- und Privatsektor Kredithilfe zukommen. Diese Unterstützung lehnten die Verantwortlichen für die Kollektivierung aus prinzipiellen Überlegungen ab. Die durch den Agrarkreditdienst bis Ende 1937 vergebenen Darlehen, die großenteils an Reisbauern und landwirtschaftliche Gewerkschaften, aber auch an Weinbau- sowie allgemein an Agrargenossenschaften und an Einzelbauern gingen, beliefen sich auf 43 Millionen Peseten.

In der Praxis läßt sich der unterschiedliche Charakter der durchgeführten Kollektivierungen folgendermaßen erklären: so scheinen etwa nicht-latifundistische Eigentumsstrukturen oder eine große Entfernung zur Front bewirkt zu haben, daß die Agrarbewirtschaftung vielfältige Formen aufwies, daß dem Individualismus größere Bedeutung beigemessen wurde und weniger Kommunalisierungen stattfanden. Das Vermögen der Kollektivbetriebe stammte aus den Beiträgen der Bauern, die ihre Integrierung akzeptierten, und aus den vorgenommenen Enteignungen. Die an der Kollektivierung Beteiligten konnten in ein Kollektiv ein- oder aus diesem wieder austreten, ohne im Normalfall irgendwelchen Beschränkungen unterworfen zu sein. Schieden sie aus dem Kollektiv aus, so konnten sie die von ihnen eingebrachten Beiträge ganz oder teilweise wieder zurückerhalten.

Die Versammlung, die eine Kollektivierung beschloß, pflegte ein Koordinations- oder Leitungskomitee, das je nach Fall verschiedene Bezeichnungen erhielt, und eine Reihe von Verwaltungskommissionen mit besonderen Aufträgen einzusetzen. Die Vollversammlung blieb jedoch die oberste Instanz für die Verabschiedung von Statuten, die Verteilung des Gewinns und der Agrarüberschüsse etc. Normalerweise wurde bei der Bewirtschaftung ein kleiner Teil des Landes für den individuellen Gebrauch reserviert. Der Rest konnte in Parzellen für Gruppen von fünf bis zehn Arbeitern unter der Weisung eines Beauftragten aufgeteilt werden. Die Leitungskomitees konnten eine einzige Gewerkschaft repräsentieren oder gemischt sein.

Insgesamt entstanden die neuen Strukturen spontan; sie stellten gewissermaßen einen Bruch sowohl mit den vor dem 18. Juli aufgestellten Forderungen als auch mit den politischen und gewerkschaftlichen Programmen dar.

In der Praxis überlagerten sich in ein und demselben Gebiet die aus der Kollektivierung hervorgegangenen Institutionen, die lokalen Behörden und die Milizkomitees (letztere in Aragonien). Wurde eine Kommunalisierung durchgeführt, dann entsprach das politische Organ des Gebietes dem Koordinationskomitee der Kollektivierung, die in einem derartigen Fall integraler Art war. Gab es in einem Dorf mehr als ein Kollektiv oder traten ihnen nicht alle Bewohner bei, dann wurden oft eigene städtische Organe eingerichtet. Der revolutionäre Charakter des Prozesses, der soziale und politische Implikationen hatte, hatte auch ein Chaos hinsicht-

lich der Machtorgane zur Folge, vor allem als Ende 1936 das traditionelle Gemeindeverwaltungssystem wiederhergestellt wurde.
Die Kollektivierung litt nicht nur unter der Improvisation, sondern auch darunter, daß Produktions- und Vertriebsfragen äußerst naiv angegangen wurden. Die Kollektivierungen in Valencia zeichneten sich allerdings durch die Einführung von Verbesserungen im Organisationsbereich und durch die Anwendung geeigneter Verwaltungsmethoden aus. Für die Mitglieder der kollektivierten Einheit bestand Arbeitspflicht. Von dieser Regel gab es einige Ausnahmen: So wurden etwa den Frauen gelegentlich besondere Aufgaben zugewiesen. Einige Kollektive vernachlässigten die Entrichtung von Steuern. Dagegen organisierten viele Kollektive soziale, kulturelle und bildungspolitische Dienste für ihre Mitglieder.
Im Zusammenhang mit der Arbeitsregelung zeigte sich die Verschiedenartigkeit der Vorstellungen von UGT und CNT am deutlichsten. Von Anfang an setzte sich die CNT für den Familienlohn ein, der einzig zum Kauf von Konsumgütern verwendet werden sollte; dies läßt sich den Beschlüssen einiger CNT-Regionalversammlungen entnehmen, die zu Beginn des Winters 1936 abgehalten wurden. In Wirklichkeit bedeutete die Einführung des Familienlohns einen Kompromiß zwischen dem Prinzip: Jedem nach seinen Bedürfnissen – das die volkstümliche Bezeichnung *toma del montón*, d. h. »Wegnahme vom Haufen« erhalten hat – und der Entlohnung »nach der Leistung« und in Übereinstimmung mit den wirtschaftlichen Möglichkeiten des jeweiligen Kollektivs. Letzteres Prinzip wurde von Sozialisten, Kommunisten und Republikanern verfochten und setzte sich schließlich auch bei den Anarchisten durch. In der Praxis gab es große Unterschiede bei den Löhnen.
In den Kollektiven Kataloniens, Valencias und Neukastiliens wurden üblicherweise die gesetzlichen Zahlungsmittel verwendet. Sie wurden – wenn überhaupt – nur innerhalb der Kollektivwirtschaften abgeschafft, während für alle »äußeren« Transaktionen die gesetzlichen Zahlungsmittel beibehalten wurden.
In Aragonien dagegen probierte man neue Mittel für den Warenverkehr aus (Gutscheine, Bezugsscheine). Die Abschaffung des Geldes folgte keinem bestimmten ökonomischen Konzept, sondern wurde als Akt der Gerechtigkeit und Solidarität betrachtet. Diese Erfahrungen wurden durch die Tatsache erleichtert, daß dort in der Landwirtschaft keine Kreditinstrumente eingesetzt wurden.

Der externe Warenverkehr erfolgte durch Ad-hoc-Regelungen, ohne daß auf mehr oder weniger theoretische Vorstellungen (wie etwa die der »Produktions- und Statistikräte«) zurückgegriffen worden wäre; der Wirtschaftsrat eines jeden Dorfes oder das Lokalkomitee trafen die erforderlichen Entscheidungen. Die Solidarität zwischen den Kollektivwirtschaften sollte durch Ausgleichskassen, in die ein Teil der Überschüsse der Kollektive eingezahlt wurden, sichergestellt werden.

Die Agrarpolitik der Republikaner

Die ersten Verfügungen der Zentralregierung hoben die Zahlung von Pachtzinsen auf, ermächtigten das Institut für Agrarreform zur Übernahme von aufgegebenen Ländereien und ermöglichten denjenigen, die Land selbst bearbeiteten, die Inbesitznahme (Erlasse vom 8., 17. und 19. August). Im September veranlaßte man die Gründung von Agrarkomitees in jedem Ort. Danach trat eine kurze Phase des Abwartens ein, die mit der Übernahme des Landwirtschaftsministeriums durch die Kommunistische Partei zu Ende ging. Am 7. Oktober enteignete die Regierung entschädigungslos die Ländereien von Aufständischen, die den Landarbeitern zur Nutzung überlassen wurden. Die Aktion wurde vom Institut für Agrarreform durchgeführt. Die Bewirtschaftung konnte in kollektiver oder individueller Form erfolgen. Ab Juli 1936 stellte das Institut für Agrarreform den Landarbeitern mehr als 5,4 Millionen Hektar Land zur Verfügung, das entweder aus politischen oder sozialen Gründen oder aufgrund einer provisorischen Besetzung durch Landarbeiter enteignet worden war.
Obwohl der Erlaß in gewisser Hinsicht den Kollektivierungsprozeß absicherte, engte er doch seine weitere Entwicklung ein. In der Realität reduzierten die gesetzlichen Bestimmungen den Wirkungskreis der Institutionen, die aus der anfänglichen Spontaneität entstanden waren. Die CNT reagierte darauf defensiv und suchte Übereinkünfte mit der UGT zu erreichen – etwa das gemeinsame Programm von CNT-UGT vom 18. März 1938 –, was in der Praxis auf einen deutlichen Positionsverlust der CNT hinauslief. Um die Auswirkungen der Regierungsmaßnahmen abzuschwächen, ging die CNT zur Bildung föderativer Organisationen über, wie etwa die im Februar 1937 eingerichtete »Föderation der Aragonesischen Agrarkollektive« oder die im April 1937 gegrün-

dete »Regionale Bauernföderation des Zentrums«, die »Regionale Bauernförderation der Levante« oder die »Föderation der Agrarkollektive Kataloniens« von Juni 1937. Die verschiedenen Territorialföderationen bildeten schließlich die *Federación Nacional Campesina* (Nationale Bauernföderation), die am 12. Juni 1937 in Valencia gegründet wurde. Zur Zentralisierung der Exporte (60% der landwirtschaftlichen Produktion in der Gegend um Valencia waren exportorientiert) wurde im Oktober 1936 durch ein Abkommen zwischen CNT und UGT der *Consejo Levantino Unificado de Exportaciones de Agrios* (CLUEA, Vereinigter Levantinischer Rat für den Export von Zitrusfrüchten) gegründet, der auf der Grundlage lokaler Komitees (CLUEF) arbeitete, in denen beide Gewerkschaften vertreten waren. Die unterschiedlichen Ziele von CLUEA einerseits und der offiziellen Politik andererseits führten zur Auflösung der CLUEA (Oktober 1937) und zur Bildung der »Exportzentrale für Zitrusfrüchte« durch die Regierung.

Obwohl das Dekret vom 8. Juni 1937 die provisorische Legalisierung der Kollektivwirtschaften ermöglichte, regulierte und förderte der Erlaß vom 27. August das Genossenschaftssystem. In Katalonien wurde das Landwirtschaftsministerium während des Krieges von Mitgliedern der *Unió de Rabassaires* (Verband der Weinpächter) geleitet, in der Pächter und Bauern Kataloniens zusammengeschlossen waren, die das Land selbst bearbeiteten. Diese machten aus ihrem Argwohn gegenüber der kollektivistischen Bewegung keinen Hehl. Durch den Erlaß vom 30. Juli 1936 wurde die »Vereinigung der Genossenschaften Kataloniens« geschaffen. Am 10. August wurden die Landgüter beschlagnahmt, und 17 Tage später wurde die Pflichtmitgliedschaft in einer Landwirtschaftsorganisation angeordnet.

Die *Generalitat* betrachtete die Kollektivierung der Landwirtschaft, im Gegensatz zu der in der Industrie, nicht als generelle Richtlinie. Das Dekret vom 1. Januar 1937 befreite Pächter, Teilpächter und Weinbauern von ihren Reallasten. Ein weiterer Erlaß vom 27. August 1936, der am 19. Dezember in Kraft trat, schuf die *Federación de Sindicatos Agrícolas en Cataluña* (FESAC, Föderation der Agrargewerkschaften Kataloniens). Diesen Verfügungen zufolge wurden in der Landwirtschaft die unabhängigen Produzenten – einschließlich der Betriebe, die *de facto* kollektiviert worden waren – zwangsweise zu Einheitsgenossenschaften zusammengeschlossen – und zwar hinsichtlich der Anschaffung verschiedener Waren und in bezug auf Vertriebs-, Versicherungs- und Kreditangelegenheiten. Die FESAC, der auch der landwirtschaftliche Kreditdienst unterstand, war geographisch strukturiert; sie hielt sich an die territoriale Gliederung Kataloniens, wie sie im Dekret vom 27. August 1936 festgelegt wurde.

Die Agrarpolitik der Aufständischen

Die politischen Organe der aufständischen Zone paßten ihre Agrarpolitik allmählich den tatsächlichen Verhältnissen an. Die behelfsmäßigen Lösungen resultierten oft aus der Tatsache, daß aus dem Staatsstreich ein langer Bürgerkrieg geworden war. Zudem muß man die Verschiedenartigkeit in den politischen Auffassungen der Putschisten berücksichtigen. Mit der Zeit kamen die wirklichen Interessen jener zum Vorschein, die den Aufstand unterstützten. Allmählich setzte sich auch die Anwendung der passendsten Ideologien durch, um der Anerkennung dieser Interessen einen Eindruck von Modernität und eine aktualisierte Fassade zu verschaffen. Die Intervention der Behörden in die Agrarpolitik bildete eine ausgezeichnete Beobachtungsplattform, um die Aufeinanderfolge von Zweifel, Reaktion und Anschein zu analysieren.

Am 28. August 1936 stellte die aufständische Junta alle Verfahren ein, die von seiten des Instituts für Agrarreform eingeleitet worden waren. Am 24./25. September wurden den früheren Besitzern die Landgüter wieder übereignet, »in die Landarbeiter und Tagelöhner nach dem 16. Februar 1936 eingedrungen waren und deren Situation durch die Behörden nicht legalisiert worden ist«. Zu diesem Zweck schuf man am 30. Januar 1938 den »Sozialökonomischen Landreformdienst«, der die Auswirkungen der Agrarreform untersuchen sollte; am 3. Mai 1938 wurde der »Landwirtschaftliche Wiederbeschaffungsdienst« eingerichtet. Die Rückgabe der Ländereien und die Annullierung der Agrarreform wurde nach dem Krieg schrittweise fortgesetzt, bis am 23. Februar 1940 die generelle Rückführung besetzter oder vom Institut für Agrarreform beschlagnahmter Landgüter (abgesehen von einigen Ausnahmen) beschlossen wurde.

Das Gesetzesdekret zur Ordnung der Weizenproduktion vom 23. August 1937 verfolgte das Ziel, die Produktion und Verteilung des

Weizens und seiner Nebenprodukte zu reglementieren. Es erfaßte die Produzenten, die Fabrikanten von Mehl und die Müller. In diesem Zusammenhang wurde der »Nationale Weizendienst« gegründet, der alleine das Recht besaß, sämtlichen überschüssigen Weizen – d. h. all den, der über den Bedarf als Saatgut und Eigenkonsum hinausging – zu einem offiziellen Preis aufzukaufen. Er hatte auch das Verkaufsmonopol an Müller inne; außerdem bestimmte er über die anzubauende Fläche.

Auf diese Weise wurde der Preis von eigentlich nicht rentablem Weizen bezuschußt; die Organisation führte somit eine Erhöhung der Einkommen aus der Bewirtschaftung von Grund und Boden herbei und schützte damit – wohldosiert – agrarische Interessen.

Die Organisation der Industrie in Katalonien

Die Revolutionierung der industriellen Produktionsverhältnisse betraf vor allem Katalonien. Die Bedeutung dieser Entwicklung als globales Phänomen macht es erforderlich, sie getrennt von den Vorkommnissen im restlichen Spanien (vor allem in Madrid, Valencia – hier hauptsächlich in Alcoy – und Asturien) zu untersuchen.

Um die grundlegenden Charakteristika der durch diese Revolutionierung entstandenen Wirtschaftsordnung darlegen zu können, erscheint es angebracht, zuvor die Bedeutung jener Begriffe, die bestimmte revolutionäre Phänomene bezeichneten, und die Formeln, die sich auf Produktionsverwaltung und -organisation bezogen, zu erläutern.

Unter »Enteignung« *(incautación)* verstand man das Verfahren der Aneignung eines Unternehmens oder Produktionszentrums durch eine Gruppe oder ein Kollektivorgan der Arbeiter der Produktionseinheit, der Gewerkschaften, Gemeindeverwaltung, *Generalitat* oder Republik. Die Tatsache der Aneignung an sich sagte noch nichts über den künftigen juristischen Status des Unternehmens aus.

Der Begriff »Kollektivierung« *(colectivización)* bezeichnete den Übergang der wirtschaftlichen Macht eines Unternehmens, einer Fabrik oder eines Betriebes an das dort ansässige Arbeiterkollektiv. Kollektivierung entsprach somit dem, was man heutzutage unter industrieller Arbeiterselbstverwaltung versteht. Natürlich

implizierte Kollektivierung die Zuweisung des Mehrwerts – nach Abzug von Steuern und Entrichtung der Zinsen und Mieten – an die Arbeiter in Form von Gehältern und Überschüssen.
Wenn eine Gruppe oder ein Organ, das in dem betreffenden Unternehmen oder der Fabrik nicht die wirtschaftliche Macht innehatte, intervenierte oder bestimmte Entscheidungen zu genehmigen hatte, sprach man von einer »Kontrolle« des Unternehmens *(control)*. In jenen Unternehmen, die weiterhin in der Hand der früheren Eigentümer oder Leiter verblieben, kam dem Arbeiterkollektiv die Kontrolle über einige Entscheidungen zu.
Der Begriff »Sozialisierung« *(socialización)* wurde, je nach Partei oder politischer Bewegung, unterschiedlich verwendet. In der Terminologie der Anarchosyndikalisten bedeutete Sozialisierung die tatsächliche Aneignung aller Unternehmen eines Produktionsbereiches durch die Einheitsgewerkschaft der jeweiligen Branche. Die Sozialisten hingegen verstanden unter Sozialisierung die Übertragung der politischen Macht des Unternehmens an eine Volksregierung.
Die Begriffe »Verstaatlichung« *(nacionalización)* und »Kommunalisierung« *(municipalización)* bieten keine Schwierigkeiten – sie hatten damals dieselbe Bedeutung wie heute.
Um den 5. August 1936 normalisierte sich die Arbeitssituation in den wichtigsten Industriezentren, konkret in Barcelona. Als die Arbeiter in die Fabriken zurückkehrten, trafen sie dort häufig auf ein Machtvakuum, nachdem die Direktoren und früheren Eigentümer verschwunden oder geflohen waren. In anderen Fällen setzten die Eigentümer den Forderungen der Arbeiter keinen Widerstand entgegen. Kollektivierungen und Sozialisierungen in der Industrie lassen sich somit auch als Ergebnis der spontanen Reaktion auf die Umstände des Aufstandes erklären, ohne daß es von der Regierung oder den Gewerkschaften herbeigeführt worden wäre. Die CNT, die zu Kriegsbeginn die weitaus meisten aller gewerkschaftlich organisierten Arbeiter in Katalonien erfaßte, handelte von der Basis aus, ohne auf Richtlinien ihrer Leitungsorgane, insbesondere des Regionalkomitees von Katalonien, zu warten.
Blieben die früheren Unternehmer in den Betrieben, so bildete sich normalerweise ein Arbeiterkontrollkomitee, das die Tätigkeit des Unternehmens überwachte. Dies betraf vor allem kleine Industrielle und Händler. War der Eigentümer verschwunden oder

hatte er seinen Besitz aufgegeben, so wurde die Verwaltung automatisch von den Betriebskomitees übernommen. In einigen Fällen entschied man sich, obwaltende ausländische Interessen zu respektieren, auch wenn diese in der Praxis dann zumindest in bezug auf einige wesentliche Dispositionsmöglichkeiten angegriffen wurden.

Häufig wurde der Übergang zur neuen Produktionsweise auf einer Arbeiterversammlung des Unternehmens oder des Industriesektors förmlich vollzogen; auf dieser Versammlung wurde das bereits erwähnte Arbeiterkontrollkomitee gewählt. In der Regel blieben die ehemaligen Unternehmen als neue Produktionseinheiten bestehen, wenn auch gelegentlich Werkstätten, Betriebsanlagen oder Zweigstellen abgetrennt wurden. Die neuen Organe sahen sich Schwierigkeiten gegenüber, die sowohl aus den früheren Verhältnissen – welche wiederum Konsequenz der Krise waren, die die spanische Wirtschaft in den dreißiger Jahren durchlebte – als auch aus den wirtschaftlichen Umständen resultierten, die durch den Bürgerkrieg entstanden waren.

Angesichts dieses (hier summarisch beschriebenen) Prozesses nahm die Regierung der *Generalitat* eine abwartende Haltung ein, die sich Anfang August änderte, als verschiedene Verfügungen erlassen wurden: Durch das Dekret vom 11. August 1936 wurde der Wirtschaftsrat Kataloniens geschaffen. Dieser Rat hatte zu Beginn die Befugnis, die gesamte katalanische Industrie und den Handel zu organisieren; ab Juni 1937 führte er dann jedoch nur noch vermittelnde und beratende Tätigkeiten aus. Der Rat setzte sich von Anfang an aus Vertretern aller politischen und gewerkschaftlichen Kräfte zusammen, schloß im August 1937 jedoch die Vertreter des POUM aus. Von Anfang an mußte man feststellen, daß es nicht leicht war, die unterschiedlichen politischen Positionen im Hinblick auf die Neustrukturierung der Wirtschaft miteinander in Einklang zu bringen. Der Wirtschaftsrat arbeitete einen einstimmig angenommenen Plan aus: den elf Punkte umfassenden *Pla de Transformació Socialista del País* (Plan zur sozialistischen Umgestaltung des Landes). Er sollte die Grundlage für eine Regelung des Kollektivierungsprozesses darstellen und sah folgende Schritte vor:

1) Produktionsreglementierung in Übereinstimmung mit dem Konsumbedarf;

2) Außenhandelsmonopol;

3) Kollektivierung des Großgrundbesitzes und Pflichtmitgliedschaft in einer Gewerkschaft;
4) Teilentwertung städtischen Grundbesitzes durch Steuerbelastung und Mietherabsetzungen;
5) Kollektivierung der Großindustrie, der öffentlichen Dienstleistungsunternehmen und Verkehrsmittel;
6) Enteignung und Kollektivierung der aufgegebenen Unternehmen;
7) Ausweitung des Genossenschaftswesens auf den Warenvertrieb;
8) Arbeiterkontrolle der Bankaktivitäten bis zur Verstaatlichung des Bankwesens;
9) Gewerkschaftliche Arbeiterkontrolle über Privatunternehmen;
10) schnelle Beseitigung der Arbeitslosigkeit;
11) Aufhebung der indirekten Steuern und Erhebung einer Einheitssteuer.

Die Rechtsausführungen der *Generalitat* vom 6., 8., 21. und 24. August, die Verordnungen vom 28. August, vom 2. September und vom 3. Oktober zielten auf eine Institutionalisierung der Revolution, um die Aufrechterhaltung der Produktion zu gewährleisten, auch wenn sie dabei Enteignungen anzuerkennen hatte. Die *Generalitat* behielt über einen Delegierten ein (wenn auch nur schwaches) Interventionsrecht in den Unternehmen.

Nach Bildung der Regierung der »Volkseinheit« vom 26. September 1936 herrschte die Meinung vor, daß die *Generalitat* systematisch und endgültig den Prozeß der sozialen Revolution regeln müsse. Auf der Grundlage des »Plans zur Sozialistischen Umformung des Landes« wurde am 24. Oktober 1936 das »Dekret über Kollektivierung und Arbeiterkontrolle in der Industrie und im Handel« verabschiedet. ERC und PSUC nahmen, im Gegensatz zu CNT und POUM, eine ähnliche Haltung zu der Frage ein, was als »kleines Unternehmen« zu definieren sei – für diese wurde weiterhin das Privateigentum an Produktionsmitteln anerkannt. Außerdem waren sie sich weitgehend einig in bezug auf die Entschädigung der ehemaligen Eigentümer und die Gründung einer *Caixa de Crèdit Industrial y Comercial* (Industrie- und Handelskreditkasse).

Der Kollektivierungsverordnung der *Generalitat* und ergänzenden Verfügungen zufolge setzten sich Industrie und Handel in Katalonien aus Privatunternehmen, Kollektivbetrieben und *agrupamientos* (Gruppierungen) oder Unternehmenszusammenschlüssen zusammen.

In den Privatunternehmen, die in den Händen der früheren Eigentümer verblieben und denen man das Recht auf Eigentum und Geschäftsführung zuerkannte, wurde ein von den Arbeitern gewähltes Arbeiterkontrollkomitee gebildet. Es handelte sich hierbei um Unternehmen kleiner und mittlerer Größenordnung und um Handwerksbetriebe. Die von der *Generalitat* erlassenen Richtlinien, die die Eingriffsmöglichkeiten des Kontrollkomitees begrenzten, wurden je nach Fall von den verschiedenen Komitees sehr unterschiedlich interpretiert.

Als kollektivierte oder selbstverwaltete Unternehmen galten diejenigen Betriebe, die entweder mehr als 100 Beschäftigte hatten oder Eigentum von Unternehmern waren, die per Gerichtsbeschluß als Kollaborateure der Aufständischen erkannt worden waren. Betroffen waren auch solche Unternehmen, in denen weniger als 100 Beschäftigte arbeiteten, in denen aber eine qualifizierte Mehrheit des Arbeiterkollektivs für die Kollektivierung stimmte oder eine Übereinstimmung zwischen Arbeitern und ehemaligen Besitzern zustande kam. Bei der Selbstverwaltung hingen die Leitungsorgane der Produktionseinheit von der Gesamtheit der auf einer Vollversammlung anwesenden Arbeiter ab; die Vollversammlung bestimmte einen Rat, der als höchstes Leitungs- und Verwaltungsorgan fungierte und einen Direktor ernannte, dem er ebenso verantwortlich war wie dem entsprechenden *Consell General d' Indústria* (Industriegeneralrat). Die *Generalitat* sicherte sich eine Interventionsmöglichkeit durch einen vom katalanischen Wirtschaftsministerium bestimmten Vertreter. Ausländische Interessen mußten entschädigt werden.

Die kollektivierten *agrupamientos* oder Zusammenschlüsse waren Unternehmen, die die Gesamtheit der Betriebe eines Produktionssektors in einem bestimmten territorialen Geltungsbereich umfaßten: auf lokaler, regionaler oder gesamtkatalanischer Ebene. Die *agrupamientos* strebten die Bildung großer Produktionseinheiten an, die einer einzigen Direktion unterstanden; sie verfügten über die gleichen Organe und institutionellen Strukturen wie ein kollektiviertes Unternehmen. Sie sollten also ein Instrument zur wirtschaftlichen Umformung Kataloniens sein, wobei ein System von »Wirtschaftseinheiten verschiedener Ebenen« zur Anwendung gelangte. Dieses Kriterium, das von der *Generalitat* und dem *Consell* offiziell beibehalten wurde, war jedoch bei der Konstituierung von *agrupamientos* nicht das einzige, denn diese waren zugleich der juristische Ausdruck des gewerkschaftlichen Bestrebens, die Produktionsbereiche durch die jeweiligen Industriegewerkschaften zu kontrollieren und somit auch kleine Industriebetriebe und Werkstätten des betreffenden Sektors miteinzubeziehen. Dieser Standpunkt wurde von einem Teil der CNT vertreten. Er sah sich natürlich der Opposition der Kleinbourgeoisie, der kleinen Händler und Handwerker ausgesetzt, da über die Einrichtung der *agrupamientos* eine Zwangskollektivierung kleiner Unternehmen herbeigeführt werden konnte: durch die Zusammenfassung von Betrieben konnte jene Mindesthöhe an Beschäftigten erreicht werden, aufgrund derer eine Einheit kollektivierbar war. Die *agrupamientos* gehörten somit zu den umstrittensten Erscheinungen des Spanischen Bürgerkriegs.

Die Kommunalisierung war eine Praxis, die seit den ersten Tagen der Revolution de facto von den Stadtbehörden und Lokalkomitees eingeführt worden war: Die Dekrete vom 8. Januar 1937, die zu den sogenannten S' Agaró-Dekreten gehören, und die Verordnung vom 3. März 1937 bestimmten und begrenzten die Kommunalisierung von Dienstleistungsunternehmen. Die Verstaatlichung von Unternehmen ist vom Standpunkt der bereits oben angesprochenen *Comissió d' Indústries de Guerra* aus zu betrachten.

Die allgemeine Organisation der Produktion wurde den *Consells Generals d' Indústria* übertragen, die für jeden Industriezweig gebildet wurden. Die Generalräte setzten sich aus Technikern, die von der Regierung Kataloniens ernannt wurden, Abgeordneten der kollektivierten Unternehmen und Gewerkschaftsvertretern zusammen. Der Vorsitz der *Consells Generals*, die seit März 1937 existierten, kam einem Mitglied des Wirtschaftsrates zu, der auf diese Weise an der Spitze der Organisation der katalanischen Wirtschaft stand. Ein Dekret der *Generalitat* vom 9. Juli 1937 schuf die *Federacions Econòmiques de la Industria* (Wirtschaftsföderationen der Industrie), um innerhalb eines jeden Generalrats Industriegruppen zu organisieren: Diese Wirtschaftsföderationen erlangten jedoch, außer in der chemischen Industrie, keine praktische Bedeutung.

Trotz der damit verbundenen Schwierigkeiten versuchte die *Gene-*

ralitat eine Wirtschaftspolitik durchzuführen, die zwar – wie dargelegt – die Revolution institutionalisierte, indem sie in die Regierungspolitik integriert wurde, aber gleichzeitig die beunruhigenden Ergebnisse, die die Wirtschaftsentwicklung zeigte, abschwächen wollte. Als die Konjunktur Ende 1936 einer gewaltigen Erschütterung ausgesetzt war, verabschiedete die katalanische Regierung am 20. November 1936 das »Dekret über Außergewöhnliche Befugnisse«, das den katalanischen Regierungschef und Finanzminister ermächtigte, der Regierung der *Generalitat* eine Reihe von Maßnahmen zur Vereinheitlichung des finanziellen und politischen Systems Kataloniens vorzuschlagen. In Übereinstimmung mit diesem Erlaß wurden der »Plan Taradellas«, d.h. die S' Agaró-Dekrete ausgearbeitet, die aus 58 Verfügungen bestanden; sie sind auf den 8., 9. und 12. Januar 1937 datiert.

Diese Verfügungen stellen ein Bündel von Richtlinien dar, die sich auf folgende Aspekte beziehen: auf die Wiederherstellung der verfassungsmäßigen Befugnisse der Regierung der *Generalitat* gegenüber Stadtverwaltungen und Kommunen; auf die Regelung von Beschlagnahmungen und die politische Verantwortlichkeit; auf die Organisation des Kreditsystems, worunter Banken, Sparkassen und Versicherungsgesellschaften zu verstehen waren; auf die Regelung öffentlicher Ausgaben und die Erhebung neuer öffentlicher Steuern (in diesem Zusammenhang ist zu erwähnen, daß zum erstenmal in Spanien eine allgemeine Verbrauchssteuer unter der Bezeichnung Umsatzsteuer erhoben wurde); auf die Struktur des Finanzministeriums der *Generalitat* und auf die Ausarbeitung juristischer Regelungen in bezug auf Wohnungsbau, den Rundfunk, die Beamten und den Außenhandel. Damit sollten die Autorität der Regierung wiederhergestellt und die Staatsgewalt an die Realität des Krieges angepaßt werden; das Mittel zur Erreichung dieser Ziele war die Ingangsetzung einer Finanz- und Steuermaschinerie. Auf diese indirekte Weise sollten eine gewisse Stabilität in der katalanischen Wirtschaft und im Finanzwesen erreicht und außerdem der Kriegsindustrie Impulse vermittelt werden.

Der Rückgang der Industrieproduktion im August 1937 ließ es jedoch angeraten erscheinen, die wirtschaftspolitischen Maßnahmen durch eine verstärkte Kontrolle zu intensivieren. Vervollständigt wurde die institutionelle Struktur der Wirtschaft durch die Gründung der *Consells Generals d' Indústria* und des *Consell d'Economia* (Wirtschaftsrat), die als Verbindungsorgane zwischen

öffentlicher Verwaltung auf der einen und kollektivierten sowie privaten Unternehmen auf der anderen Seite fungierten.
Am deutlichsten brachte jedoch der Erlaß vom 20. November 1937 den Wunsch nach Interventionen in die Wirtschaft zum Ausdruck. Dieser Erlaß, der sich auf »besondere Interventionen« bezog, führte nicht nur zu einer echten Kontrolle durch die Staatsgewalt, sondern hatte auch eine effektive Leitung der wirtschaftlichen Aktivitäten zur Folge. Ein erster Versuch mit dieser Art Intervention hatte einen Monat vorher bei den Vereinigten Katalanischen Elektrizitätswerken stattgefunden.

Die Organisation der Industrie in der republikanischen Zone außerhalb Kataloniens

Im Gegensatz zu Katalonien wurde im restlichen republikanischen Spanien keine definitive Gesetzesvorschrift zur Verstaatlichung und Kollektivierung erlassen. In der republikanischen Zone fand eine spontane Besetzung von Unternehmen und Fabrikanlagen durch die Arbeiter statt, vor allem dann, wenn der Eigentümer oder Geschäftsführer geflohen war oder mit dem Militärputsch in Verbindung stand. Tatsächlich schien die Regierung in Erwartung eines revolutionären Prozesses mit unvorhersehbaren Resultaten zu verharren. Daher verblieb in der republikanischen Zone, abgesehen von Katalonien, ein Teil der Industrie weiterhin in privater Hand; in diesen Betrieben gab es aber – zuerst in Übereinstimmung mit einem Interventionskomitee, das im Dekret vom 24. Juli 1936 vorgesehen war und sich im November 1936 auflöste – Arbeiterkontrollkomitees und Bevollmächtigte der Zentralregierung der Republik. Verlassene Unternehmen konnten beschlagnahmt werden (Erlaß vom 2. August 1936).
Die später erlassenen Richtlinien entsprachen dem Dekret vom 23. Februar 1937 und der Verordnung des Industrieministeriums vom 2. März 1937, die am 16. September modifiziert wurde und das Industrieministerium in besonderen Fällen zur Intervention in Industrieunternehmen ermächtigte. Die Verordnung des Industrieministeriums vom 10. August 1937 dehnte den Geltungsbereich dieser Befugnis auf die Handelsunternehmen aus. In Übereinstimmung mit diesen Vorschriften führten die früheren Besitzer, der Bevollmächtigte der Zentralregierung und das Arbeiterkontrollkomitee im Privatsektor eine Koexistenz.

Die direkt für den Kriegsbedarf produzierenden Industrien oder jene Unternehmen, deren Besitzer als Kollaborateure der Aufständischen deklariert worden waren, wurden enteignet; die Enteignung wurde vom Ministerrat auf Vorschlag des Industrieministeriums verfügt (Erlaß vom 23. Februar 1937). Waren in den Unternehmen ausländische Interessen vertreten, so war die Zustimmung des Ministerrates, selbst bei Interventionen, zwingende Vorschrift.
Jenseits der gesetzlichen Vorschriften gab es ein kollektiviertes Wirtschaftssystem, das von der republikanischen Regierung nie durch entsprechende Verordnungen gesetzlich geregelt, aber öffentlich toleriert wurde. Im weiteren Verlauf des Krieges versuchte die öffentliche Verwaltung jedoch, das Ausmaß des kollektivierten Sektors zu begrenzen, vor allem nach der Kriegsziel-Erklärung des Ministerpräsidenten vom Mai 1938, den sogenannten »Dreizehn Punkten«. Der damalige Industrieminister Joan Peiró erklärte, daß er bei der Übernahme des Ministeriums beabsichtigt hatte, die Kollektivierungsbestimmungen Kataloniens auf ganz Spanien anzuwenden, vor allem, da im Januar 1937 bei seinem Ministerium mehr als 11 000 Anträge zur Beschlagnahme von Unternehmen eingereicht wurden, die um Regierungshilfe nachsuchten. Der damalige Ministerpräsident Francisco Largo Caballero neigte zu einer weniger weit gehenden Lösung als die der Kollektivierung; sicherlich spielte dabei die Furcht vor ausländischen Reaktionen auf mögliche Interessenverletzungen eine Rolle. Diese Situation führte zu dem Dekret vom 23. Februar 1937.
In den Industriezentren in der Gegend von Valencia (Sagunto, Alcoy, Elda, Crevillente, Villena, Bocairente, Jijona etc.) war die Situation durch Kollektivierungen und gewerkschaftliche Kontrolle bestimmt. Die Regulierungsabsichten der politischen Organe hatten jedoch nur begrenzt Wirkung. Am 1. Dezember 1936 wurden für die Provinz Valencia »Regulierungsgrundlagen« verabschiedet, die vom Wirtschaftsrat von Valencia erlassen worden waren. Dieser Wirtschaftsrat hatte sich aufgrund einer Initiative des Volksexekutivkomitees jener Provinz konstituiert.
Das Baskenland stellte in diesem Szenario eine Ausnahme dar. Die Situation in der baskischen Industrie glich im wesentlichen der, wie sie vor dem 19. Juli bestanden hatte, wenn sie auch unter den allgemeinen Kriegsproblemen zu leiden hatte. Wurden Eigentümer von Unternehmen, die Kriegsprodukte herstellten, enteignet, so erhielten sie dafür Entschädigung.

Die Organisation der Industrie in der aufständischen Zone

Auch in der aufständischen Zone sind – im Hinblick auf die Organisation von Industrie und Arbeit – Phasen der Ungewißheit und anfänglichen Zurückhaltung, des Hervortretens der vorrangig zu wahrenden Interessen und der Suche nach einem modernen und zeitgemäßen Erscheinungsbild zu beobachten. Allerdings muß betont werden, daß die Bedeutung der modernen Industrie und die unmittelbar zu schützenden Interessen – die der Unternehmer – von den Behörden nicht mit der gleichen Selbstverständlichkeit wie in der Landwirtschaft erfaßt wurden.

Die Junta von Burgos verordnete bereits am 13. September 1936 die Abschaffung der Parteien sowie der politischen und sozialen Gruppierungen, die bei den Wahlen vom 16. Februar 1936 die Volksfront gebildet hatten. Einige Tage später (am 25. September) verbot die Junta politische Betätigungen sowie Arbeiter- und Arbeitgeberorganisationen, »solange die momentanen Verhältnisse dauern«.

Im Juni 1937 ordnete die *Junta Técnica* (Technische Junta) den obligatorischen Zusammenschluß der Unternehmen in einer Reihe von Industriezweigen an. Gerechtfertigt wurde diese Maßnahme mit Erfordernissen des Außenhandels. Im selben Monat wurde der *Sindicato de Constructores de Obras Públicas* (Syndikat der Konstrukteure bei Öffentlichen Bauten) gegründet. Am 6. März des folgenden Jahres wurde das sogenannte »Grundgesetz der Arbeit« *(Fuero del Trabajo)* verkündet, das – selbst unter Berücksichtigung des Programms der *Falange* – einen Schritt rückwärts darstellte. Um die Bedeutung dieses Gesetzes voll ermessen zu können, muß auf zwei Entwicklungen hingewiesen werden, die der Gesetzgebung vorausgingen: zum einen auf die (vor allem politische) Kontrolle der falangistischen Syndikate über die Unternehmen, zum anderen auf – die nicht in die Praxis umgesetzten – gesetzgeberischen Maßnahmen wie Sozialversicherung oder Enteignung unbebauten Landes (40, S. 123).

In bezug auf das »Grundgesetz der Arbeit« sollten die darin enthaltenen unzweideutigen Aussagen festgehalten werden. Einerseits wurden individuelle oder kollektive Handlungen bestraft, die den normalen Produktionsablauf störten oder zu einer vorsätzlichen Verringerung des Arbeitsertrages führten. Andererseits wurde das Prinzip der Privatinitiative und des Privateigentums festgeschrieben, wenn auch die »nationale Produktion« als eine wirtschaftliche Einheit im Dienst am Vaterland betrachtet wurde, dessen Interessen vom Staat verkörpert werden. Schließlich ging das Gesetz vom Zusammenschluß der Wirtschaftsunternehmen in einer Organisation aus – dem vertikalen Syndikat, das als Körperschaft des öffentlichen Rechts definiert wurde und alle sozialen Klassen nach Produktionszweigen unter der Leitung des Staates erfaßte. Die Syndikatsorganisationen des *Movimiento* schlossen sich, einem Dekret vom 20. April 1938 zufolge, zu »Nationalsyndikalistischen Provinzzentralen« zusammen, die einem »Ministerium für Syndikatorganisation« unterstanden. Aus dieser Struktur resultierte ein systematischer Interventionismus auf dem Arbeitsmarkt und in der Industrieorganisation.

Arbeitsvertragsabschlüsse wurden seit Mitte 1938 auf dem Verordnungsweg geregelt. Am 13. Mai 1938 wurden die aus den ersten Jahren der Republik stammenden paritätischen Ausschüsse zur Regelung von Arbeitskonflikten aufgelöst und Arbeitsgerichte geschaffen. Am 18. Juli 1938 wurde die Familienbeihilfe eingeführt, die das Familienoberhaupt entsprechend der Kinderzahl bezog. Diese Gelder wurden aus staatlichen Mitteln und den Mitgliedsbeiträgen von Arbeitgebern und Arbeitnehmern bezahlt.

Am 16. Juli 1938 wurden »Produktionsregulierungskommissionen« eingerichtet, die die Unternehmer einer jeden Branche erfaßten. Auf diese Weise sollte die Wirtschaft nach Produktionszweigen organisiert werden. Diese Kommissionen besaßen Vorschlags-, Orientierungs-, Koordinations- und gegebenenfalls Interventionsfunktionen. Sie hatten ein breitgefächertes Betätigungsfeld, insbesondere im Hinblick auf Preisvorschläge, auf Produktionsmengen, die Aufteilung von Produkten für Binnenmarkt und Export, die Erneuerung des Maschinenparks etc. Die Vorsitzenden der Kommissionen wurden von der Regierung ernannt; jede Kommission war in Unterkommissionen und Branchen unterteilt.

Die Finanzierung der Wirtschaft

Die Finanzierung im republikanischen Spanien

Wirtschaftliche Aktivitäten bedürfen der Finanzierung, die als Vorleistungen für die Resultate aus dem Produktionsprozeß gelten müssen. Die Gewährung von Krediten bildet den Schlüssel für die Durchführung der Produktion. Wenn der Produktionsprozeß abgeschlossen ist, machen die teilweise durch Privatkonsum verminderten Kredite das Investitionsvolumen jenes Zeitraumes aus, jedoch nur dann, wenn die Einkünfte aus der Produktion nicht zur Verminderung der Kreditaufnahme führen. Die über Kredit finanzierte Produktion bewirkt ein Anwachsen der Bankpassiva und trägt damit zur Erhöhung der Liquidität bei.

Dieses einfache System wies während des Krieges einige Besonderheiten auf, da die Nachfrage nach Geld als einem sicheren Aktivposten angesichts einer ungewissen Zukunft außergewöhnliche Veränderungen erfahren kann und außerdem dem öffentlichen Sektor entscheidende Bedeutung als Finanzierungsinstrument zukam.

Zuerst sieht sich die Nachfrage nach liquiden Mitteln besonderen Umständen ausgesetzt. Nur teilweise, vielleicht auch nur aufgrund institutionell gegebener Möglichkeiten – etwa durch öffentliche, zu diesem Zweck gegründete Kreditinstitute –, werden die Wirtschaftsunternehmen ihre Verschuldung bei den Banken ersetzen und sich nach neuen Gläubigern umsehen. Es wird im Rahmen dieses Systems der Benutzung von Bankkonten nur bei einigen Unternehmen Ausnahmen geben. Außerdem wird die Ungewißheit der Zukunft das Bedürfnis nach Sicherheit auf Sachwerte oder auf ausländische flüssige Mittel lenken (hieraus erklärt sich auch der von den Behörden geführte Kampf gegen die Thesaurierung).

Zweitens erlangte der öffentliche Sektor entscheidende Bedeutung als Finanzierungsinstrument. Die Investitionen konzentrierten sich auf die Kriegsindustrie. Die Vergrößerung des gesellschaftlichen Bedarfs (Flüchtlinge, Arbeitslose etc.) bewirkte eine Verwendung der Kredite für öffentliche Zwecke. Diese Kredite, die vom Finanzsystem zum Schatzamt flossen, wurden zur Deckung dieses Bedarfs zur Verfügung gestellt.

Der fast ausschließlich kriegsbedingte Charakter der Investitionen in der aufständischen Zone bedeutete explizit die Paralysierung aller Investitionen außer eben jenen, die für den Krieg erforderlich waren; somit wurden der Wohnungsbau, öffentliche Arbeiten oder für den Privatkonsum bestimmte Investitionen gelähmt. In Katalonien stellten – der Erklärung des Finanzministers vor dem katalanischen Parlament vom 1. März 1938 zufolge – die 300 Millionen Peseten, die der *Comissió d' Indústries de Guerra* durch den Haushalt der *Generalitat* zur Verfügung gestellt wurden, den wichtigsten Teil der Investitionen dar. Eine letzte Bemerkung soll diese einführenden Worte abschließen. Das traditionelle Bankwesen entsprach wegen der Kriterien, nach denen die Bankverwaltung erfolgte, und aufgrund der Natur seiner normalen Operationen nicht der Wirtschaft dieses Krieges. Gegen das Abziehen von Einlagen jedoch durch restriktive Vorschriften geschützt, verfügten die Banken die ganze Zeit über eine beträchtliche Liquidität. Über die Banken, die während des Krieges in Barcelona operierten, liegen (vor allem bis Dezember 1937) einige Daten vor. Diesen Angaben ist zu entnehmen, daß nach Überwindung der Liquiditätsengpässe der ersten Kriegstage die gesetzlichen Vorschriften die Erhöhung des Einlagevolumens erleichterten; dies war jedoch von einem Rückgang der Kredittätigkeit begleitet, so daß die Beteiligung der traditionellen Banken an der Finanzierung der katalanischen Wirtschaft immer geringer wurde, auch wenn man dabei den Rückgang des Realeinkommens in Rechnung stellt. Auf diese Weise wurde die Liquidität der Banken in Barcelona immer größer. Die Liquidität der katalanischen Banken stieg von ungefähr 30% auf über 50% der Einlagen; bei den übrigen spanischen Banken, die in Barcelona eine Niederlassung hatten, stiegen die entsprechenden Anteile von 15% auf 35%. Bei den ausländischen Banken in Barcelona übertrafen die liquiden Forderungen das Einlagevolumen.

Für die Teile der republikanischen Zone, in denen keine autonome Regierung existierte, wurden durch das Dekret vom 3. Oktober 1936 die »Bankdirektionsausschüsse« geschaffen, die an die Stelle der ehemaligen Aufsichtsräte traten. Diese Direktionsausschüsse setzten sich aus Gewerkschaftsvertretern und Delegierten der Aktionäre zusammen, die in der republikanischen Zone verblieben waren. Den Vorsitz hatten Vertreter des Finanzministeriums.

Gegenüber den offiziellen Kreditinstituten verstärkte die Regierung ihre interventionistischen Maßnahmen, vor allem im Falle des *Banco Exterior* (Außenhandelsbank) und des *Banco de Crédito Local* (Lokalkreditbank).

Die Vollversammlung der *Federación Española de Trabajadores del Crédito y de las Finanzas* (Spanische Arbeiterkonföderation des Kredit- und Finanzwesens), die der sozialistischen UGT angeschlossen war, schlug im April 1937 eine Änderung des staatlichen Kreditwesens und des privaten Bankensystems vor; diese Vorstellungen wurden jedoch nicht in gesetzliche Maßnahmen umgesetzt.

Die Projekte sahen vor, daß der *Banco Hipotecario* (Hypothekenbank) verstaatlicht und, soweit es um städtische Finanzoperationen ging, dem *Banco de Crédito Local* eingegliedert würde; Kauf und Verkauf von Grundbesitz sollten über einen *Banco de Crédito Agrícola* (Agrarkreditbank) abgewickelt werden. Der *Banco de Crédito Industrial* (Industriekreditbank) sollte in eine auf langfristige Kredite spezialisierte Bank umgewandelt werden, die im besonderen den verstaatlichten Grundindustrien zur Verfügung stehen würde. Dem *Banco de Crédito Industrial* wiederum sollten – nach ihrer Verstaatlichung – die privaten Bankhäuser, »in denen die größte Kapitalanhäufung und industrielle Zentralisierung anzutreffen ist«, eingegliedert werden. Einmal verstaatlicht, müßte der Außenhandelsbank die Devisenbörse angegliedert werden. Vorgeschlagen wurde außerdem die Gründung eines echten *Banco de Crédito Agrícola.*

Mit der Gründung der *Caja Central de Reparaciones* (Zentrale Entschädigungskasse) am 23. September 1936, deren Führungsgremium vom Finanzminister ernannt wurde, vergrößerte die republikanische Regierung während des Kriegs die Anzahl der staatlichen Kreditinstitute. Auf diese Kasse wurden die Geldstrafen eingezahlt, die per Gerichtsbeschluß über die Republikgegner verhängt worden waren, sowie die vom »Gericht für zivilrechtliche Haftung« eingezogenen Summen. Diese Gelder waren für Wiedergutmachungsmaßnahmen der durch den Bürgerkrieg entstandenen Schäden bestimmt. Die *Caja Central de Reparaciones* eröffnete in den Gebieten von Albacete, Almería, Aragonien, Castellón, Ciudad Real, Badajoz, Cuenca, Guadalajara, Jaén, Córdoba, Granada, Madrid, Murcia, Toledo und Valencia Zweigstellen. Die Hauptverwaltung des *Banco de España* lag in der republikanischen Zone, so daß die Verwaltungstätigkeiten kontinuierlich fortgesetzt werden konnten. Der Aufstand und der

Krieg bewirkten jedoch eine Reihe von Überläufen und Rücktritten von Mitgliedern der Direktionsorgane und von hohen Funktionären. Ein Erlaß vom 21. November 1936 ermächtigte daher die Regierung, im Namen der Aktionäre neue Vorstandsmitglieder zu ernennen. Im November 1936 wurde der Sitz der Bank nach Valencia und später, am 21. September 1937, von dort nach Barcelona verlegt. Als das republikanische Territorium im April 1938 zerschnitten wurde, setzte der Vorstand des *Banco de España* eine Junta ein, die in der nicht-katalanischen Zone Verwaltungs- und Leitungsfunktionen übernahm. In der letzten Aktionärsversammlung am 8. Januar 1939 in Barcelona wurde die Bilanz vom 30. April 1938 gebilligt. Es wurde bereits auf die marginale Bedeutung der durch das traditionelle Bankensystem erfolgten Finanzierung im Vergleich zu jener hingewiesen, die durch den öffentlichen Sektor abgesichert war; diese Verschiebung hing mit der Natur der Tätigkeit zusammen, die der Staat im Bürgerkrieg übernahm. Die ununterbrochene Ausweitung der außergewöhnlichen Ausgaben einerseits und die stets schrumpfenden Steuereinnahmen andererseits hatten zur Folge, daß die Staatskasse sich an die Zentralbank wenden mußte, was wiederum zu einer Expansion des Geldumlaufs führte.

So hatten denn die am 30. Juni 1936 in Umlauf befindlichen Banknoten einen Gesamtwert von 5399,37 Millionen Peseten, am 30. April 1938 dagegen waren es 9212,13 Millionen Peseten. Einen Tag vor der Erstellung der Bilanz vom 30. April 1938 wurde ein Erlaß zum Bankordnungsgesetz veröffentlicht, der es erlaubte, die in jenem Gesetz vorgeschriebene Höchstumlaufquote zu überschreiten. Dem Bericht des *Banco de España* vom 31. Dezember 1941 zufolge beliefen sich die von der republikanischen Regierung in Umlauf gebrachten Banknoten auf einen Wert von 12754,93 Millionen Peseten. Die Eigenart dieser Expansion zeigt sich an der Entwicklung einiger bezeichnender Aktivposten: erstens an der Erhöhung der Außenstände des Fiskus, zweitens an der Verringerung der Goldvorräte.

Was die Verschuldung des Fiskus betrifft, so erhöhte sich die laufende Silberberechnung des Schatzamtes von 351,94 Millionen (Saldo vom 30. Juni 1936) auf 9181,54 Millionen (Saldo vom 30. April 1938). Die Differenz ist (nach J. Sardà) der Finanzierung des Krieges zuzuschreiben, die mittels der Deckung der Banknoten zu 25 und 50 Peseten und der in Umlauf gebrachten Silberzertifikaten

in Höhe von 5 und 10 Peseten vorgenommen wurde. Die Ausgaben für den Kriegsbedarf sollten sich auch in der Kreditaufnahme des Staates (Erlaß vom 28. April 1938) widerspiegeln. Im Abrechnungssaldo von 1941 wurde dieser Betrag auf 22740,1 Millionen festgesetzt (laut Geschäftsbericht des *Banco de España*).
Die Verringerung der Hartgeldaktiva entspricht im wesentlichen dem vom Finanzministerium verwalteten und in der Sowjetunion deponierten Gold und dem Kontensaldo »Schatzamt, für Golddarlehen«, der sich im April 1938 auf 321,4 Millionen Peseten belief. Der Hintergrund dieser Goldgeschäfte ist bereits dargelegt worden.

Die Finanzierung in Katalonien

Die Bedeutung der in Katalonien für die Finanzierung gewählten Mechanismen und Institutionen steht außer Zweifel. Es mag genügen, auf die Anerkennung zu verweisen, die diesen Mechanismen von den ihnen keineswegs positiv gegenüberstehenden Verfassern des Erlasses vom 17. Mai 1940 (also nach Kriegsende) gezollt wurde. In der Begründung des Dekrets wurde mit der damals üblichen Terminologie auf »die Blütezeit der Banken und der sozialistischen Bestrebungen, die von der ausgelöschten *Generalitat* von Katalonien fast während des gesamten Kreuzzugs hervorgebracht wurden«, Bezug genommen. Den Umfang der Aktivitäten läßt die Abrechnungsstelle der von der *Generalitat* im Bürgerkrieg gegründeten Kreditinstitute deutlich werden. Sie sprach in ihrem Bericht von 1964 von dem »enormen Umfang der Operationen, die von den Kassen, die im Liquidationsverfahren begriffen waren, durchgeführt wurden und praktisch alle Unternehmen der Region betrafen«. Die Tätigkeit dieser Kassen erfolgte, indem die üblichen Bankmechanismen soweit wie möglich befolgt wurden. In diesem Sinn wird selbst in der Präambel des sogenannten *desbloqueo*-Gesetzes, das die vorher in Kraft befindlichen Sperren aufhob, nach dem Hinweis auf »die systematisch überprüfte Tatsache des Verschwindens der Bankbuchführung« anschließend auf »die Überraschung, die diesbezüglich die Befreiung Barcelonas bedeutete«, aufmerksam gemacht.
Die in Katalonien gelegenen Zweigstellen von Banken, deren Sitz sich außerhalb des Territoriums der *Generalitat* befand, wurden in der üblichen Form geführt; die Aufsicht übernahm ein Kontroll-

komitee, dessen Vorsitzender ein Delegierter der *Generalitat* und zwei Personalvertreter waren. Verfügte die Zweigstelle über keine effektive Leitung, dann agierte das Kontrollkomitee als Leitungsorgan und übte geschäftsführende Funktionen aus.
Die Gesamtheit der katalanischen Banken bildete den *Consell General de la Banca Catalana* (Katalanischer Generalbankrat), der aus Vertretern der *Generalitat*, der Angestellten und der Kontoinhaber bestand. In jeder Bank wurde jedoch ein Geschäftsführungskomitee gebildet.
Als beratendes Organ des katalanischen Finanzministeriums in Bankfragen wurde der *Consell Superior del Crèdit de la Banca* (Oberster Kreditbankrat) eingerichtet, der den Kreditsektor und die öffentliche Verwaltung repräsentierte.
Die Sparkassen Kataloniens unterstanden dem *Consell General de l'Estalvi* (Generalsparkassenrat), der aus Vertretern der Regierung, der Gewerkschaften und der Einleger bestand.
Die Versicherungsgesellschaften waren vom Finanzministerium abhängig, das einen technischen *Servei Tècnic d'Assegurances* (Technischer Versicherungsdienst) und ein beratendes Organ *Consell d'Assegurances* (Versicherungsrat) einsetzte, deren Mitglieder Techniker, Gewerkschaftsvertreter und Beamte waren. In jeder Gesellschaft wurde entweder ein Geschäftsführungskomitee, wenn das Unternehmen katalanisch war, oder ein Kontrollkomitee, wenn der Sitz des Unternehmens außerhalb von Katalonien lag, gebildet. Die Politik in bezug auf die Versicherungsgesellschaften geriet mit Entscheidungen der Zentralregierung in Konflikt und stieß auf Schwierigkeiten, als es um die Gleichbehandlung der Sozialversicherungsgremien mit allen Versicherungsgesellschaften ging.
Die Spannungen mit der Zentralregierung resultierten auch aus Verfügungen der *Generalitat*, die die Banken betrafen und sich mit entsprechenden Anordnungen der Regierung der Republik überschnitten. Als kompliziertester Punkt in der Diskussion zwischen den beiden Regierungen kristallisierte sich der *Consell Superior del Crèdit de la Banca* heraus. Im November 1937 änderte die katalanische Regierung die damals in Kraft befindlichen Verfügungen in dreifacher Hinsicht: Die Vertretung der *Generalitat* und des Personals im *Consell Superior* wurde reduziert, die der Finanzanstalten erweitert, die Vizepräsidentenschaft einem Vertreter des Finanzministeriums angeboten. Außerdem wurden die Befugnisse

des *Consell Superior* auf die bloße Anwendung der Beschlüsse des *Consejo Superior Bancario de la República* (Oberster Bankenrat der Republik) beschränkt. Aber trotz dieser Maßnahmen lösten sich die Spannungen nicht völlig auf.

Die katalanischen Zweigstellen des *Banco de España* unterlagen seit 1936 einer besonderen Regelung. Die seit Kriegsbeginn erhöhten Ausgaben lasteten schwer auf einer Regierung wie der Kataloniens, die zu jenem Zeitpunkt eine prekäre Haushaltsstruktur aufwies und nur schwer Kredite aufnehmen konnte. Die Ereignisse des 19. Juli zwangen die *Generalitat* nicht nur, eine Lösung für diese finanziellen Probleme, sondern auch für die dringende Zahlung von Importen zu finden, die der »knausrigen« Devisenbörse unterlag. Dadurch entstanden schwerwiegende Differenzen zwischen Madrid und Barcelona, da man in der katalanischen Metropole im Verhalten Madrids eine nicht zu rechtfertigende Verzögerung bei der Überweisung von Barmitteln und Devisen sah. Die politische Krise zwang der Regierung der *Generalitat* eine Notlösung auf: Die Erlasse des katalanischen Finanzministeriums vom 27. August 1936 unterstellten die katalanischen Zweigstellen des *Banco de España* unter die Aufsicht der *Generalitat* und die Finanzämter unter die ihres Finanzministeriums; zum Kommissar der *Generalitat* in den Finanzämtern wurde der Finanzdelegierte der Zentralregierung in Barcelona ernannt.

Nach dieser Intervention beim *Banco de España* betrachtete die *Generalitat* die Zweigstelle der Zentralbank in Barcelona als ihre eigene Bank; sie griff auch auf das Konto der Staatskasse zurück. Über diese Institution sollte ein Finanzierungssystem der katalanischen Wirtschaft durch Banken und Kassen neu aufgebaut werden, um so die durch den Aufstand verursachten Wirren zu bewältigen. Zu diesem Zweck übernahm der *Banco de España* in Barcelona die Rediskontierung von Wechseln, Eröffnungen von Kreditkonten zugunsten von Finanzinstituten, Rediskontierung von Steuergutscheinen, die von den Bankhäusern dem Finanzamt vorgelegt wurden, und Kredite an Banken wegen geplatzter Wechsel.

Die Intervention der *Generalitat* beim *Banco de España* in Barcelona endete am 11. Mai 1938. Die bedeutendsten Operationen im Verlauf dieser Intervention waren allerdings bis Mai 1937 abgeschlossen.

Die von der Regierung der *Generalitat* beabsichtigte Anpassung an den Krieg, während gleichzeitig der Übergang zum Sozialismus in Angriff genommen wurde, machte eine beträchtliche finanzielle Anstrengung erforderlich. Die alten Kreditinstitute beteiligten sich an dieser Anstrengung nur partiell und eher am Rande. Im Gegenteil: Die erlassenen Verfügungen, die die Liquidationsprobleme lindern und die Thesaurierung bekämpfen sollten, erhöhten zwar die Liquidität der Banken und Sparkassen, bewirkten im Gegenzug jedoch keine Kreditausweitung. Das Phänomen ist verständlich, da sowohl die Nachfrage nach als auch das Angebot von Finanzierungsmitteln über andere Kanäle lief und Ergebnis anderer Beweggründe und Handlungen war. Dagegen sollten die neuen öffentlichen Kreditinstitute, die im Verlauf des Krieges von der *Generalitat* gegründet wurden, eine entscheidende Rolle spielen (Abbildung 3).

So streckte etwa die *Oficina Reguladora del Pagament de Salaris* (Regulierungsbüro für Lohnzahlungen), die im Juli 1936 eingerichtet worden war, Gelder für Lohnzahlungen in den Firmen vor, die sich wegen des wirtschaftlichen Zusammenbruchs und der Arbeitslosigkeit in Schwierigkeiten befanden. Die Vorschußleistung erreichte im letzten Quartal des Jahres 1936 den Höchststand und nahm dann allmählich wieder ab, bis die *Oficina Reguladora* Ende 1937 ihre Tätigkeit praktisch einstellte; im Juli 1938 wurde sie der *Caixa de Crèdit Industrial i Comercial* eingegliedert.

Die *Caixa Oficial de Descomptes i Pignoracions* wurde am 28. Juli 1936 gegründet. Einerseits half sie der *Oficina Reguladora* in den ersten Kriegsmonaten bei der Zahlung der Löhne, andererseits widmete sie sich der Bekämpfung der besonderen Probleme kurzfristiger Kredite. Ihre Aktivgeschäfte führte sie mit Industrie- und Handelsunternehmen aus, »die keine direkten Geschäftsverbindungen mit Bankhäusern unterhielten, die in Katalonien operierten«. Ihre Aktivgeschäfte erreichten von August 1936 bis März 1937 die höchsten Quoten, seit 1938 überschritt der Betrag der Rückzahlungen den der vergebenen Kredite. Ihre Tätigkeit dauerte bis zum Ende des Krieges an.

Die *Caixa de Reparacions i Auxilis* (Reparations- und Unterstützungskasse), die am 9. Januar 1937 eingerichtet wurde, verwendete die aus Enteignungen stammenden Mittel für die Erfordernisse des Wiederaufbaus und zur Behebung der Zerstörungen in der Etappe. Die *Caixa Central de Crèdit Agrícola* (Zentralkasse

Abbildung 3: Haushalt der *Generalitat* während des Bürgerkriegs (in Millionen Peseten)

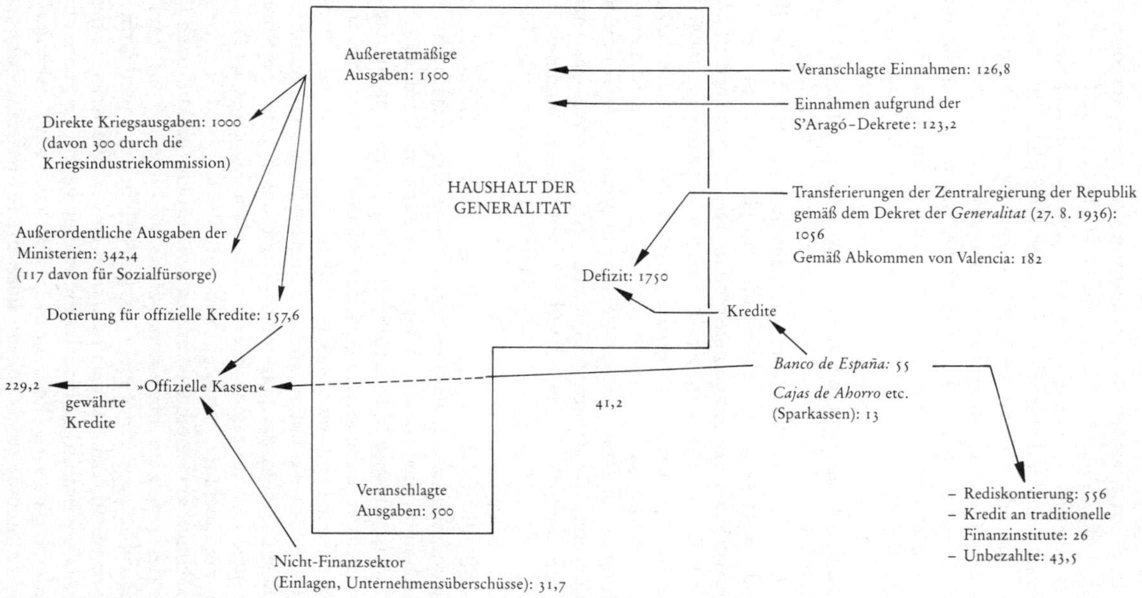

Quelle: 4, Bd. II

für landwirtschaftliche Kredite), die aus der am 5. Oktober 1937 verfügten Umbildung der ehemaligen *Caixa de Crèdit Agrícola i Cooperativa* (Landwirtschaftliche und Genossenschaftliche Kreditkasse) entstanden und der Struktur der FESAC angepaßt war, sollte den landwirtschaftlichen Betrieben Kredite sichern und die Finanzierung der Landwirtschaft übernehmen.

Das bedeutendste dieser offiziellen Kreditinstitute war die durch das Dekret vom 10. November 1937 geschaffene *Caixa de Crèdit Industrial i Comercial*. Sie galt als die Bank der kollektivierten Unternehmen und hatte zwei Abteilungen: die Bank- und die Kapitalisierungsabteilung. Erstere hatte die Aufgabe, den Unternehmen kurzfristige Kredite zu bewilligen, deren Mittel sich aus den Einzahlungen der *Generalitat*, aus flüssigen Mitteln der Kapitalisierungsabteilung, die diese nicht direkt anzulegen hatte, und aus Sichteinlagen zusammensetzten. Die Kapitalisierungsabteilung hatte vor allem die Funktion, den »bestehenden oder sich bildenden« Unternehmen in Form von mittel- und langfristigen Krediten und Einlagen mit beschränkter Haftung Mittel zur Verfügung zu stellen, die aus den Gewinnen der kollektivierten Unternehmen, befristeten Depositen, Ausgaben von Kassenzertifikaten und staatlichen Schuldverschreibungen stammten. Die *Caixa de Crèdit* eröffnete Zweigstellen in Manresa, Vic, Torelló und Gerona.

Die öffentlichen Kreditinstitute füllten somit die Lücke, die Banken und Sparkassen gelassen hatten. Aber diese staatlichen Körperschaften, die während des ganzen Zeitraums Kredite in Höhe von insgesamt 230 Millionen Peseten bewilligten, machten in Anbetracht der unbedeutenden Einlagen und weiterer von diesen Instituten aufgenommener Passiva, die aus dem privaten oder kollektivierten Sektor stammten, öffentliche Finanzierungsmittel erforderlich; diese würden zu den etat- und außeretatmäßigen Krediten hinzukommen, die der autonome Haushalt der *Generalitat* aufzunehmen hatte.

Tatsächlich mußte die *Generalitat*, außer den 500 Millionen Peseten des regulären Haushalts, vom 19. Juli 1936 bis zum 30. November 1938 etwas mehr als 1500 Millionen Peseten für den außerordentlichen Haushalt aufwenden (der bei Kriegsausbruch bereits verabschiedete Haushalt wurde in diesem Zeitraum immer wieder verlängert). Diese für die Finanzkasse der *Generalitat* ungeheure Summe ergab sich aus den direkten Kriegsausgaben, den

außerordentlichen Ausgaben der einzelnen katalanischen Ministerien und den öffentlichen Kreditzuweisungen, wie sie nach der Einstufung durch das Finanzministerium vorgenommen wurden. Die unmittelbaren Kriegsausgaben lagen knapp über 1000 Millionen Peseten, denen 350 Millionen als außeretatmäßige Ausgaben der Ministerien (vor allem der Sozialhilfe) und ungefähr 150 Millionen für Zuweisungen an die offiziellen Kreditinstitute hinzugerechnet werden müssen. Von den erstgenannten 1000 Millionen wurden 300 Millionen der Kriegsindustrie zugeteilt. Aber die *Generalitat* konnte in diesem Zeitraum nur über 250 Millionen Peseten eigene Einnahmen verfügen. Von diesen 250 Millionen wiederum entfiel fast die Hälfte auf den Haushalt nach Maßgabe des Autonomiestatuts und seiner Anwendung nach Übertragung der Kompetenzen. Der Rest konnte dank neuer Steuereinnahmen nach den Dekreten von S' Agaró aufgebracht werden.
Von den Neuerungen, die durch die S' Agaró-Dekrete eingeführt wurden – etwa die außerordentliche Passiva- und Aktivaeinlagensteuer für die Beamtenschaft, die neue Stempelsteuer, die Rundfunk- und Vergnügungssteuer –, ist die Umsatzsteuer besonders hervorzuheben. Nachdem man die in Frankreich gemachten Erfahrungen ausgewertet hatte, wurde zum erstenmal in Spanien eine Umsatzsteuer erhoben. Die grundsätzliche Regelung ist in den Verfügungen Nr. 38 und 39 der S' Agaró-Dekrete, d. h. im »Plan Tarradellas« zu finden. Die neue Steuer war als Pauschalabgabe auf den Bruttoumsatz der Unternehmen mit einem mäßigen Steuersatz konzipiert. Sie schien speziell den inflationären Verhältnissen angepaßt zu sein und erwies sich unter den gegebenen Umständen als eine hervorragende Steuereinnahmequelle. Allein diese Steuer hat 110 Millionen Peseten eingebracht.
Es gab keine andere Lösung, als beim Finanzministerium der Republik um Hilfe nachzusuchen. Die Geschichte der harten Verhandlungen zwischen dem Finanzministerium der *Generalitat* und dem der Republik läßt in höchst interessanter Weise die Bedeutung erkennen, die beide Regierungen dem Krieg und dem Beitrag Kataloniens zu diesem Krieg beimaßen. Hinter den umständlich debattierten technischen Problemen ließ sich nämlich ein grundsätzliches Problem erkennen. Die Vorschläge der Zentralregierung hatten eine eindeutig zentralistische Tendenz, die vor allem bei zwei Argumenten zum Ausdruck kam: Wenn der Staat zahlt, so hieß es an erster Stelle, muß er auch direkt, ohne auf

die *Generalitat* zurückzugreifen, organisieren; und wenn die Ausgaben zwischen der Zentralregierung und der Regierung der *Generalitat* aufgeteilt werden – so lautete das zweite Argument –, dann darf Katalonien (im Vergleich zum restlichen Spanien) keine bevorzugte Behandlung zukommen. Diese beiden Argumente wichen deutlich von den Vorschlägen der *Generalitat* ab, die wünschte, daß die Forderung nach Solidarität das Ausmaß und die Bedeutung des Einsatzes hervorhob, den Katalonien in der Ausnahmesituation, in der sich Spanien befand, leistete. In diesem Sinne drang die Regierung der *Generalitat* auch auf die Ratifizierung der Verfügungen bezüglich der »Intervention« der katalanischen Zweigstellen des *Banco de España* und des gesamtstaatlichen Finanzamtes. So wurden die 1056 Millionen Peseten bestätigt, die die *Generalitat* durch die Interventionsmaßnahmen erhielt; hinzu kamen weitere 182 Millionen Peseten, die das Schatzamt der Republik dem der *Generalitat* in monatlichen Zahlungen anwies. Diese Zahlungen erfolgten aufgrund des Übereinkommens von Valencia vom 15. Februar 1937 zwischen einer Delegation von Regierungsvertretern der Republik und Ministern der *Generalitat*. Die Interpretation dieser Übereinkommen führte zu komplizierten Verhandlungen zwischen der Republik und der *Generalitat*, die sich von Juni 1937 bis November 1938 hinzogen.

Die Finanzierung in der aufständischen Zone

Am 20. August 1936 wurde in der aufständischen Zone das *Comité Nacional de la Banca Privada* (Nationalkomitee des Privatbankwesens) gegründet. Seine Funktionen bestanden in der Koordination »der unterschiedlichen Kriterien im Hinblick auf die praktische Interpretation der gesetzlichen Verfügungen und fachlichen Richtlinien in Übereinstimmung mit den Direktiven der Junta von Burgos«. Dieses Komitee sollte aus drei von den Privatbanken ernannten Mitgliedern gebildet werden; der Vorsitzende wurde von der Verteidigungsjunta bestimmt. Am 2. März 1938 wurde das Komitee aufgelöst, seine Befugnisse gingen an das Finanzministerium über. Zur selben Zeit wurde der *Consejo Nacional del Crédito* (Nationaler Kreditrat) geschaffen, der beratende Funktion hatte.

Gleichzeitig wurden den Banken die Schulden erlassen, die sie in der republikanischen Zone hatten. Am 13. Februar 1937 enthob

eine Verordnung die Banken außerdem vorübergehend der Verpflichtung, die Jahresbilanz vorlegen und die Generalversammlung einberufen zu müssen, wenn dazu keine Gelegenheit gegeben sein sollte.
Zwar wurden in der aufständischen Zone die Aktivitäten der Banken nicht – wie in der republikanischen Zone – durch revolutionäre Ereignisse unterbrochen, statt dessen mußte sich die aufständische Zone damit zurechtfinden, daß die Zentralbank unter republikanischer Kontrolle geblieben war. Am 24. September 1936 versammelte sich in Burgos ein Teil der Vorstandsmitglieder des *Banco de España* und bildete den *Consejo del Banco de España* (Rat der »Bank von Spanien«). Die ersten von diesem Rat in die Wege geleiteten Schritte zielten darauf, die Tätigkeiten der verschiedenen, in der besetzten Zone liegenden Zweigstellen aufeinander abzustimmen, ihre Aktivposten zu integrieren und eine Politik der Vertretung nach außen zu entwerfen.
Die Vorläufigkeit dieser Regelungen wurde mit der Ernennung des Gouverneurs des *Banco de España* am 12. März 1938 beendet, dem die Befugnisse eines »Kommissars für das Staatliche Bankwesen« übertragen wurden. Mit diesem Posten war zugleich der des Direktors des *Banco Hipotecario* und des *Banco Exterior* sowie der Vorsitz der staatlichen Vertretung im *Banco de Crédito Industrial* verbunden. Der *Banco de España* sollte in jenen Jahren bei der Finanzierung des öffentlichen Sektors (auch in der aufständischen Zone) eine entscheidende Rolle spielen.
Am 18. Dezember 1938 wurde die Abhaltung einer Generalversammlung der Aktionäre in Santander genehmigt. Insgesamt bestätigte die Versammlung einstimmig die von dem Bankrat unternommenen gerichtlichen Schritte und Verhandlungen, die die Goldbestände und andere Aktivposten wiederbeschaffen sollten, die die republikanische Regierung ins Ausland geschafft hatte. Die Versammlung stimmte auch weiteren Maßnahmen dieser Art zu.
Das in der aufständischen Zone gegründete »Komitee für ausländische Währung« ließ unmißverständlich deutlich werden, daß die Finanzpolitik der politisch Verantwortlichen darauf abzielte, die Zuständigkeit für Devisen abzutrennen und sie dem normalen Kompetenzbereich des *Banco de España* zu entziehen. Diese Abdrängung wurde vom *Banco de España* nicht gerade positiv aufgenommen, wie sich der am 25. Mai 1937 in gemäßigter Form

vorgebrachten indirekten Mißbilligung entnehmen läßt. Da außerdem die Erlasse vom 14. März und 16. April 1937 Goldkäufe auf Rechnung des Staates und nicht der Bank vorsahen, wurde beschlossen, »zweckmäßige Schritte zu unternehmen, um die Bewilligung einzuholen, daß die Bank Gold erwerben könne«.

Es mußte nicht nur ein neuer *Banco de España* für den aufständischen Teil, sondern auch ein neues Schatzamt geschaffen werden. Am 27. Juli 1936 ernannte die Verteidigungsjunta von Burgos das Direktionskomitee des Schatzamtes, das die Funktionen einer Generaldirektion der Staatskasse ausübte.

Der Haushalt war ebenfalls einigen Veränderungen unterworfen. Zu Beginn wurde der Haushalt der Republik übernommen; man unterschied dabei jedoch zwischen ordentlichem Haushalt und Kriegshaushalt. In letzterem sollten die Ausgaben für Gehälter von Milizangehörigen, für Käufe allgemeiner Verbrauchsgüter des Beschaffungsamtes und für andere Aufwendungen an Gütern und Dienstleistungen, die direkt oder indirekt mit dem Bedarf an der Front zusammenhingen, aufgenommen werden. Dieses System wurde jedoch nach kurzer Zeit aufgegeben und durch monatliche Kredite ersetzt, die die *Junta Técnica* den verschiedenen Verwaltungsorganen gewährte, wobei die frühere Haushaltsstruktur beibehalten wurde. Zur Ausarbeitung und Bewilligung dieser monatlichen Budgets wurden entsprechende Richtlinien erarbeitet.

Selbstverständlich tauchten bald Finanzierungsprobleme auf. Man versuchte, sie durch einige Verfügungen im Rahmen des Möglichen zu beschränken (z. B. durch Zahlungsaufschub bei Kriegslieferungen, außer in den Fällen, in denen es um Personalkosten ging) und zusätzliche Einkünfte zu erzielen (etwa »Unterstützung der Kämpfenden« durch Besteuerung einiger Konsumartikel; »Eintopfgerichte«; durch Abzüge bei den Beamtengehältern; Zeichnung von Nationalanleihen etc.). Eine im Januar 1939 festgelegte Steuer auf außerordentliche Kriegsgewinne brachte nur 80 Millionen Peseten ein. Das Haushaltsdefizit der Regierung von Burgos mußte daher zu Lasten des *Banco de España* gehen.

Der *Banco de España* hatte tatsächlich – unter Zugrundelegung des Artikels 1 des Bankenordnungsgesetzes – dem staatlichen Schatzamt beträchtliche Vorschüsse zu leisten. In der Bilanz des *Banco de España* vom 31. Dezember 1937 tauchten die bewilligten Vorschüsse unter der Bezeichnung »Schatzamt, laufende Silberrechnung« in Höhe von 2,5 Milliarden Peseten auf. Die 1938 vergebenen Darlehen betrugen 4,1 Milliarden, die von 1939 beliefen sich auf 3,5 Milliarden, so daß 10,1 Milliarden Peseten unter dem Namen »Policen des Schatzamtes« in der Bilanz des *Banco de España* von Burgos vom 31. Dezember 1941 erschienen.

Interne Ungleichgewichte

Die Anpassung der spanischen Wirtschaft an den Krieg wies zweierlei Charakteristika auf: zum einen den begrenzten Zugang zu importierten Waren; zum anderen die neue Form der Nachfrage, die durch den Bürgerkrieg und den Verlust einiger Märkte bestimmt war. Anhand des bisher Dargelegten zeigt sich, daß beide Prozesse jede Zone von Anfang an auf unterschiedliche Weise betrafen.

Die angesprochenen Auswirkungen äußerten sich in einer Verzerrung der allgemeinen internen Produktionsbedingungen, die sich in Schwankungen des allgemeinen Preisniveaus und der Beschäftigungsquote widerspiegeln sollten. Das Thema ist deshalb von besonderem Interesse, weil man davon ausgehen kann, daß der größte Teil dieser Probleme nicht dem neuen wirtschaftlichen und sozialen System angelastet werden darf, das sich in der republikanischen Zone herausbildete, sondern daß die Probleme in beiden Zonen eine Antwort auf die unumgänglichen Erfordernisse der Produktion und der Zuweisung von wirtschaftlichen Ressourcen waren. Auf diese Weise ist die Arbeitslosigkeit in der republikanischen Zone – nach einer ersten Phase, die sich auf die revolutionären Unruhen der letzten Julitage 1936 zurückführen läßt – zu erklären. Dazu muß man nur einen Blick auf die Engpässe bei den Produktionsmitteln und auf die anormale Nachfrage-Entwicklung bestimmter Unternehmen werfen, die kaum Absatz für ihre Produkte finden konnten.

Da kein Mangel an Arbeitskräften herrschte, folgten die Gehälter – abgesehen von den abrupten anfänglichen Erhöhungen – der gewaltigen Steigerung der Lebenshaltungskosten nicht. Obwohl einige Lohnerhöhungen auf übereilten oder demagogischen (wenn auch verständlichen) Überlegungen basierten, erfuhren die Nominallöhne in den Kriegsmonaten im Vergleich zu Juli 1936 nur eine Verdoppelung. Auf diese Weise wurde durch das Verhalten der

Arbeiter eine reale Einsparung errreicht, nachdem die Lebenshaltungskosten weitaus spektakulärer gestiegen waren.
Eine Reihe von Faktoren – die fortschreitende Mobilmachung für militärische Zwecke, die Wiederherstellung der Ordnung in der öffentlichen Verwaltung, die Wirtschaftsumstrukturierung – führte dazu, daß die Arbeitslosigkeit im allgemeinen abnahm. Die partielle Arbeitslosigkeit wies allerdings eine steigende Tendenz auf, da sie stärker an die wirtschaftliche Entwicklung gebunden war und außerdem in umgekehrtem Verhältnis zur industriellen Konjunktur stand.
Zum Problem des Unterhalts der Arbeitslosen kam noch das der Flüchtlinge, das in dem Maße drückender wurde, in dem sich die Grenze zwischen den Zonen verschob. Es genügt, daran zu erinnern, daß im März 1938 in Katalonien 700 000 Flüchtlinge lebten.
Auch in der aufständischen Zone konnte Arbeitslosigkeit nicht vermieden werden. Die den Zivilgouverneuren im Januar 1937 gegebenen Instruktionen weisen auf Maßnahmen hin, die zur Bekämpfung der Arbeitslosigkeit angewandt werden sollten.

Die Entwicklung des allgemeinen Preisniveaus

Die Großhandelspreise waren in der aufständischen Zone, verglichen mit denen in der republikanischen Zone, relativ stabil. Die zu Kriegsende durchgeführten Schätzungen sprechen von einem Anstieg von etwas mehr als 7% bis Ende 1936, von 12,7% im Jahre 1937 und von 14% im Jahre 1938, so daß sich die Preise im Verlauf des Krieges um insgesamt 37,5% erhöhten.
Für die gesamte republikanische Zone liegen Daten zum Preisindex nur bis April 1937 vor. Sie zeigen für 1936 einen Anstieg von 49,8% und für die ersten vier Monate des Jahres 1937 eine Erhöhung von 57%. Versuche zur Ergänzung dieser Daten bleiben unbefriedigend, so daß es sinnvoller erscheint, die Entwicklung der Großhandelspreise in Barcelona heranzuziehen; dies, obwohl sich für die Monate, in denen Daten sowohl für die gesamte republikanische Zone als auch für Barcelona vorliegen, Unterschiede zur allgemeinen Entwicklung der Zone erkennen lassen.
Diese Differenzen lassen sich sicherlich mit der unterschiedlichen Wirtschaftsstruktur anderer Gebiete oder mit der schwierigen Versorgungslage Madrids (an der Front) erklären. Für den Vergleich mit den Preisen in der aufständischen Zone ist anzumerken, daß

die Preise, die als Berechnungsgrundlage für den Index von Barcelona benutzt wurden, weder den amtlich festgesetzten noch den Schwarzmarktpreis einschlossen. Der Preisanstieg betrug in Barcelona in den Kriegsmonaten 1936 20%, 1937 85,6% und 1938 45%. Für ein besseres Verständnis der Auswirkungen der wirtschaftlichen Anpassung sollte der inflationäre Prozeß in Barcelona allerdings in drei Phasen unterteilt werden (Abbildung 4).
In der ersten Phase – von Juli 1936 bis April 1937 – betrug der monatliche Anstieg 5,68%. Von Mai 1937 bis März 1938 belief sich die monatliche Inflationsrate auf 5,19%, wobei hinzuzufügen ist, daß der Preisanstieg zu Beginn dieser zweiten Phase langsamer und Anfang 1938 schneller verlief. Von April 1938 bis zum Ende des Krieges war die Entwicklung mit einer monatlichen Erhöhung von 3,5% relativ stabil. Man kann diesen letzten Angaben jedoch keinerlei Bedeutung beimessen, da die Front bereits in Richtung Katalonien vorgerückt und der normale Warenverkehr gestört war (Intensivierung des Schwarzmarktes und Tauschhandels). Daten der katalanischen »Lohnregulierungskommission«, die sich auf die Provinz Gerona beziehen, lassen erkennen, daß der Warenverkehr im April 1938 praktisch zum Erliegen gekommen war. Hinweise auf Schwarzmarktpreise lassen darauf schließen, daß sie sich auf ungefähr das Doppelte der normalen Preise von Ende 1937 beliefen.
Bei der Entwicklung der Großhandelspreise von Barcelona überstieg die Zuwachsrate für Nahrungsmittel die der übrigen Produkte. Dazu ist anzumerken, daß unter den Lebensmitteln vor allem ausländische Waren zu finden sind. Parallel dazu war der Preisanstieg bei industriellen Gütern geringer als der bei den restlichen Produkten. Dies ist eine Bestätigung dafür, daß der Preisanstieg bei importierten Waren ansetzte und sodann auf einheimische Produkte übergriff. Dessenungeachtet wurden in einigen Gebieten, die landwirtschaftliche Güter für den Export produzierten, die Preise als Folge der schwachen Nachfrage – im Vergleich zu den Industrieprodukten – gedrückt. Aber diese Fälle sind als Besonderheiten bestimmter Sektoren oder Zonen zu werten und können keine Allgemeingültigkeit beanspruchen.
Die Erhöhung des allgemeinen Preisniveaus hat verschiedene Gründe: die Erhöhung der Nominallöhne, der Produktivitätsrückgang, der Preisanstieg für importierte Produktionsmittel (infolge ihres Mangels) und Schwankungen bei den Gewinnspannen der Produktionseinheiten.

Abbildung 4: Index der Großhandelspreise 1936–1938

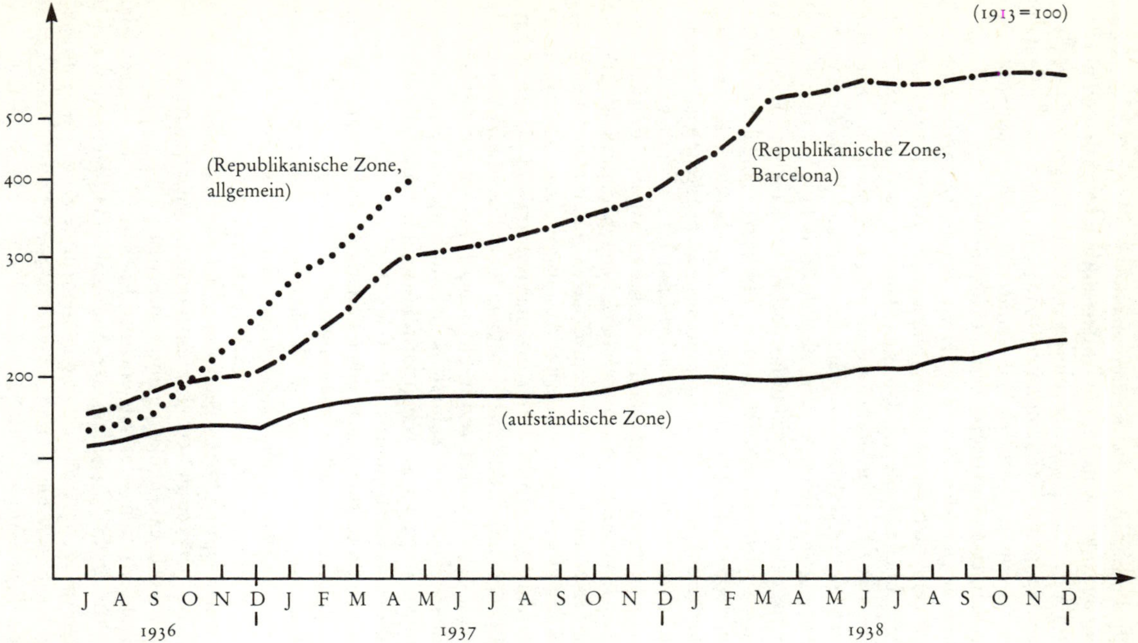

Quelle: 29

Das Grundgehalt in der eisen- und metallverarbeitenden Industrie Barcelonas stieg, nachdem Lohnerhöhungen genehmigt worden waren, von einem Index von 100 im Juni 1936 auf 114,7 Ende Juli 1936 und auf 220 im Februar 1938. Wie sich verschiedenen Quellen entnehmen läßt, scheint eine Verdoppelung der Nominalgehälter in der republikanischen Zone allgemein verbreitet gewesen zu sein.
Der Index der Lebenshaltungskosten stieg von 100 im Juni 1936 auf 105 Ende Juli 1936 und auf 372 am 24. Februar 1938. Von Juli 1936 bis Oktober 1938 stiegen die Lebenshaltungskosten in der Stadt Barcelona um das 4,53fache. Ein Vergleich dieser Indikatoren mit denen der Nominallöhne läßt den Rückgang der Reallöhne in Barcelona im Verlauf des Bürgerkrieges deutlich werden, wobei die Arbeiter auf eine Anpassung ihrer Löhne an die steigenden Lebenshaltungskosten verzichteten. Allerdings sind allzu weitgehende Verallgemeinerungen zu vermeiden. Außerdem ist zu bedenken, daß zum Lohn als Grundvergütung des Arbeiters eine andere Art von Einkünften hinzukam, die aus Beteiligungen an möglichen Ertragsüberschüssen als Ergebnis der Kollektivierungen stammten. Natürlich wurde das Realeinkommensniveau der Bevölkerung von einer Reihe von Institutionen oder Mechanismen beeinflußt, etwa den Produktions- und Konsumgenossenschaften, der Größe der Städte, besonders von solchen mit weniger als 10000 Einwohnern, oder der Nähe von Agrarzentren, in denen Geld- und Warenaustausch stattfinden konnte. Die Erhöhung der Lebenshaltungskosten erklärt sich vor allem durch die steigenden Kosten für Kleidung und Nahrungsmittel. Die Mieten blieben weitgehend konstant, da sie durch eine Reihe von Verfügungen eingefroren wurden; die republikanische Regierung senkte die Mietpreise für die niedrigsten Mieten um 50%.
Der Produktivitätsrückgang ist ein weiterer Grund für die Preissteigerungen. Er ergab sich zwingend sowohl aus dem Prozeß der Anpassung und Umstrukturierung des Industrieapparates, nachdem die Produktionseinheiten den Erfordernissen des Kriegs entsprechend umgeformt werden mußten, als auch aus den Schwierigkeiten mit der Energieversorgung. Der dritte Faktor für den allgemeinen Preisanstieg lag in der Knappheit an Rohstoffen und importierten Industriegütern, die deren Preisanstieg und ihre Ersetzung durch Produkte niederer Qualität zur Folge hatten.
Die Gewinnspanne schließlich variierte je nach Sektor, was gewis-

sermaßen typisch für einen solchen Umstellungsprozeß ist. Untersuchungsergebnisse zu diesem Thema machen deutlich, daß die großen Städte und die Sektoren, die nicht für den Export produzieren oder die ihre Waren nicht an die Kriegsindustrie verkaufen konnten, ihren Anteil am Gesamteinkommen reduziert sahen. Außerdem ist auf die Bedeutung der Zwischenhändler und auf die Vermittlertätigkeit städtischer Behörden hinzuweisen, die gelegentlich billig bei den Landwirten einkauften, um die Produkte dann teuer zu verkaufen und auf diese Weise die finanzielle Lage zu verbessern suchten.

Die Preisentwicklung verlief in den beiden Zonen durchaus unterschiedlich. Mehrere Umstände erklären den verhältnismäßig schwachen Anstieg der Inflation in der aufständischen Zone. Erstens ist darauf hinzuweisen, daß die Aufständischen sofort den größten Teil des Landes besetzten, der einen Überschuß an Lebensmitteln produzierte und der zudem dünner besiedelt war. Der Prozeß, der die Inflation in der republikanischen Zone in Gang setzte, machte sich in der aufständischen nur schwach bemerkbar. Erst später, im Verlauf des Jahres 1937, wurde angesichts der wachsenden Verschuldung bei den Achsenmächten die interne Versorgungslage schwieriger, so daß die Preise in die Höhe getrieben wurden. Die anderen Faktoren, die den schnelleren Preisanstieg im republikanischen Gebiet erklärten, traten in der franquistischen Zone in sehr viel gemäßigterer Form auf. Selbst der besondere Charakter der Industrie, deren sich die Aufständischen zunächst bemächtigten, erleichterte die Umstellung.

Insbesondere muß jedoch die Art des Aufstands selbst betont werden, der seine ganze Härte gnadenlos gegen die Arbeiterschaft richtete und deren Forderungen der Strafgesetzgebung unterwarf. Das Lohnniveau war niedriger als vor dem 16. Februar, dem Tag der letzten Wahlen, oder es wurde auf dem Stand vom 18. Juli 1936 eingefroren. Die Militarisierung der Wirtschaft bewirkte ebenfalls eine effizientere Preiskontrolle.

Die Preis- und Versorgungspolitik

Die Politik der republikanischen Regierung zielte auf ein Eindämmen der Inflation. Sie fror die Preise für Kleidung und Lebensmittel am 3. August 1936 ein, die *Generalitat* folgte mit dieser Maßnahme am 21. September und dehnte sie auf alle Bereiche aus.

Der Erlaß der republikanischen Regierung vom 27. August 1937 regelte die Preispolitik im Grundsatz; er bestimmte Höchstpreise, die für Erzeugerprodukte und für den Verkauf von Verbrauchsgütern des täglichen Bedarfs erhoben werden durften. Die Preise anderer Produkte konnten durch den Vorsitzenden des Ministerrats auf Vorschlag des zuständigen Ministeriums hin ebenfalls festgelegt werden.
Die Zentralregierung der Republik kontrollierte die Versorgung durch die *Dirección General de Abastecimientos* (Generaldirektion für das Versorgungswesen), die über ein Repräsentations- und Beratungsorgan, die *Comisión Nacional de Abastecimientos* (Nationale Versorgungskommission), verfügte. Im Oktober 1937 wurde das »Preisregulierungskomitee« geschaffen. In den letzten Kriegsmonaten wurde beschlossen, daß die Obersten Verwaltungsbehörden der Militärbezirke die einzigen Körperschaften seien, die den Erwerb und die Verteilung von Produkten an die Zivilbevölkerung und an das Militär zu bewerkstelligen hätten. Ende 1938 monopolisierte ein »Regulierungsrat für die Versorgung der Republik« die Verpflegung sämtlicher Streitkräfte und der Zivilbevölkerung. Den Vorsitz hatte der Verteidigungsminister inne; unter seiner Aufsicht übte ein Generalverwalter seine Funktionen aus.
In Katalonien war die Verpflegung zu Beginn von einem »Versorgungskomitee« abhängig; im Oktober 1936 wurden dessen Kompetenzen dem Versorgungsministerium der *Generalitat* übertragen, das in Form von Provinz-, Bezirks- und Ortsräten aktiv wurde. Als im Dezember der PSUC das Versorgungsressort übernahm, wurden die Räte durch Bezirksdelegierte ersetzt. Im Oktober wurden in Barcelona, im Dezember in Madrid die Lebensmittelkarten eingeführt. Im Rahmen der kriegsbedingten Zentralisierung ging die Versorgungspolitik Anfang 1938 auf die Zentralregierung über.
Die grundlegende Direktive, die in Sachen Preispolitik von der *Generalitat* erlassen wurde, war das Dekret vom 17. Oktober 1936, das zwischen offiziell festgelegten Preisen – nach Richtlinien, die die einzelnen Ministerien verfügt hatten – und genehmigten Preisen unterschied. Entsprechend dieser Verfügung mußten alle Preiserhöhungen gebilligt werden, nachdem der Wirtschaftsrat die entsprechende Begründung geliefert hatte. Dieses Organ verschärfte ab März 1937 die der Zulassung vorausgehenden For-

malitäten, indem es eine detaillierte Produktionskostenanalyse durchführte. Die bereits mit der Preisregulierung beauftragten Körperschaften wurden ergänzt durch die Gründung der »Preisregulierungskommission« am 14. September 1937. Sie setzte sich aus Vertretern der einzelnen Ministerien und des *Consell d'Economia* zusammen, als dessen technisches und beratendes Organ sie fungierte. Am darauffolgenden 5. Oktober wurde die »Lohnregulierungskommission« errichtet, deren Mitglieder Vertreter der Verwaltung, des *Consell d'Economia* und der Gewerkschaften waren; auch diese Kommission hatte technischen und beratenden Charakter. Ihr wurde die Ausarbeitung einer Einkommenspolitik übertragen.

Die Vorschriften zur Zentralisierung der Versorgungspolitik führten zu gewissen Spannungen zwischen den Kräften, die die Kollektivierungsbewegung in der *Generalitat* repräsentierten, und den neuen Körperschaften der Zentralregierung. Zur Veranschaulichung dieser Ambivalenzen kann folgendes Beispiel herangezogen werden: Die *Generalitat* erließ am 14. Mai 1938 eine Verordnung, die besagte, daß der Einzelhändler auf den Einkaufspreis nicht mehr als 40% aufschlagen durfte; die Spanne des Großhandels wurde gleichzeitig auf 10% beschränkt. Demgegenüber sah eine spätere Verfügung der republikanischen Regierung vom 10. Juni 1938 vor, daß die Selbstkosten dem zuletzt von der zuständigen Instanz festgelegten Preis entsprechen mußten. Diesen Preis konnte der Großhändler bis zu 10% erhöhen, der Einzelhändler durfte in der Glas-, Eisen- und Konfektionsbranche 40%, in der Stoff- und Elektrowarenbranche 35% und bei Kaufhausartikeln, Kurz- und Strickwaren 25% nicht überschreiten.

Offensichtlich fanden die Maßnahmen der republikanischen Regierung und der *Generalitat* im Hinblick auf die Kontrolle und die Genehmigung von Preisen in einer wirtschaftlichen Situation Anwendung, die durch das Kriegsdenken zutiefst erschüttert war. Die Preispolitik erfuhr häufig Kritik, die die hoffnungslose Realität des Alltags zum Ausdruck brachte.

Die Kritik resultierte zumeist aus den Schwierigkeiten, die bei der Festlegung der offiziellen Preise und genehmigten Höchstpreise im Hinblick auf ständig steigende Produktionskosten entstanden. Die Angelegenheit war in einigen Fällen äußerst problematisch, etwa beim Brot, dessen Höchstpreise nicht einmal die Kosten für das Mehl deckten. Ein weiterer Stein des Anstoßes – in diesem Fall

beschränkt auf Katalonien – waren die unterschiedlichen Vorstellungen von *Generalitat* bzw. republikanischer Regierung in der Frage der Handelsgewinne.
Schließlich wurde als Kritik angeführt, die Maßnahmen zur Unterdrückung der Spekulation seien übertrieben streng gewesen. Die Unterdrückung dieser Spekulation wurde von der republikanischen Regierung im Oktober 1936 den Notgerichten, später (im September 1937) den »Gerichten für Lebensmittel und ungerechtfertigte Preise« sowie (im November 1937) den Sonderüberwachungsgerichten anvertraut.
In der aufständischen Zone wurden die Preise auf dem Niveau vom 18. Juli 1936 eingefroren, sofern eine Preisänderung vorher nicht genehmigt worden war (Dekret vom 13. Oktober 1936). Die Versorgungs- und Preiskontrolle wurde den Zivilgouverneuren übertragen, die die *Junta Técnica* über Engpässe und Überschüsse zu informieren hatten. Die Versorgungslage wurde von den »Provinzversorgungsräten« kontrolliert. Eine Verordnung vom 13. Oktober 1937 richtete »Provinzpreisräte« ein, denen die Aufrechterhaltung der Preise aus der Vorkriegszeit oblag. Ihnen standen die jeweiligen Zivilgouverneure vor; sie setzten sich aus nicht-zentralen Gebietskörperschaften und der *Falange* zusammen.
Am 16. Februar 1938 wurde der »Nationale Versorgungs- und Transportdienst« geschaffen. Er hatte die Aufgabe, alles, was Lebensmittel und ihren Transport betraf, zu beobachten, der Regierung Vorschläge zu unterbreiten und gegebenenfalls Maßnahmen zu ergreifen. Sein Zuständigkeitsbereich umfaßte die folgenden Produkte: Getreide, Gemüse und Mehl, Knollenfrüchte, Obst, Brot, Fleisch, Fisch, Salzfleisch, Eier, Milch, Milchprodukte, Öl, Schmalz, Zucker, Wein, Salz und Lebensmittelkonserven.

(Aus dem Spanischen von Thomas Maier)

1. Balcells, A.: *Crisis económica y agitación social en Cataluña (1930–1936)*, Barcelona 1971.
2. Bernecker, W. L.: *Colectividades y revolución social. El anarquismo en la guerra civil española, 1936–1939*, Barcelona 1982.
3. Bosch, A.: *Ugetistas y libertarios: Guerra civil y revolución en el País Valenciano, 1936–1939*, Valencia 1983.
4. Bricall, J. M.: *Política econòmica de la Generalitat (1936–1939)*. Bd. I: *Evolució i formes de la Producció Industrial*, Barcelona 1970, Bd. II: *El sistema financer*, Barcelona 1979.
5. Bricall, J. M.: »La Revolución catalana durante la guerra civil española«, in: *Cuadernos de Montevideo*, 1971.
6. Bricall, J. M.: »L'experience catalana d'autogestion ouvrière durant la guerre civile, 1936–1939«, in: *Économies et Sociétés*, Serie H. S., Nr. 15, Paris 1972.
7. Bricall, J. M.: »La reforma fiscal introducida por la Generalidad de Cataluña durante la guerra civil«, in: *Papers de Seminari*, Nr. 15, Barcelona 1978.
8. Bricall, J. M.: »Catalonia«, in: *Historical Dictionary of the Spanish Civil War*, London 1982.
9. Bricall, J. M.: »Economy, Republican«, in: *Historical Dictionary of the Spanish Civil War*, London 1982.
10. Broue, R., R. Fraser, P. Vilar: *Metodología histórica de la guerra y revolución españolas*, Barcelona 1980.
11. Clavera, J., J. Esteban, A. Monés, A. Montserrat, J. Ros: *Capitalismo español: de la autarquía a la estabilización (1936–1939)*, Bd. I, Madrid 1973.
12. Casanova, J.: *Anarquismo y Revolución en la sociedad rural aragonesa, 1936–1939*, Madrid 1985.
13. Chomsky, N.: »Objetividad y cultura liberal«, in: *El movimiento libertario español*, Suppl. 1974.
14. Fontana, J., J. Nadal: »Spain 1914–1970«, in: *The Fontana Economic History of Europe*, Bd. 6.
15. García Nieto, M. C., J. M. Donezar: *La guerra de España, 1936–1939*, Madrid 1974.
16. Garrido, L.: *Las colectividades agrarias en Andalucía: Jaén (1931–1939)*, Madrid 1976.

16. bis. Garrido, L.: »Producción agrícola de la España republicana durante la guerra civil«, in: *Estudios de Historia Social*, Nr. 16/17, Madrid 1981.

17. Gutiérrez Molina, J. L.: *Colectividades libertarias en Castilla*, Madrid 1977.

18. Harper, G. T.: *German Economic Policy in Spain during the Spanish Civil War*, Den Haag/Paris 1967.
19. Harvey, Ch. E.: »Politics and Pyrites during the Spanish Civil War«, in: *Economic History Review*, Februar 1978.
20. Jackson, G.: *Entre la reforma y la revolución, 1931–1939*, Barcelona 1980.
21. Lorenzo, C. M.: *Les anarchistes espagnols et le pouvoir, 1968–1969*, Paris 1969.
22. Malerbe, P., M. Tuñón de Lara, M. C. García Nieto, J. C. Mainer: *La crisis del Estado: Dictadura. República. Guerra (1923–1939)*, Barcelona 1983.
23. Martínez Alier, J.: *La estabilidad del latifundio*, Paris 1968.
24. Mintz, F.: *La autogestión en la España Revolucionaria*, Madrid 1977.
25. *L'Obra normativa de la Generalitat de Catalunya. El Pla Tarradellas*, Barcelona 1937.
26. Paniagua, X.: *La sociedad libertaria. Agrarismo e industrialización en el anarquismo español, 1930–1939*, Barcelona 1982.
27. París Eguilaz, H.: »La política económica durante la guerra española de 1936–1939«, in: *Economía*, Juli–Dezember 1964.
28. Pérez Baró, A.: *Trenta mesos de collectivisme a Catalunya*, Barcelona 1970.
29. Puig Reig, J.: *La peseta pendant la guerre civile. Dissociation et reconstruction de l'unité monetaire*, Löwen 1973/1974.
30. Puig Reig, J.: »La peseta pendant la guerre civil espagnole«, in: *Papers de Seminari*, Nr. 15, Barcelona 1978.
31. Rama, C. M.: *La crisis española del siglo XX*, Madrid 1976.
32. Sardà Dexeus, J.: »El Banco de España (1931–1962)«, in: *El Banco de España: una historia económica*, Madrid 1970.
33. Semprún Maura, C.: *Revolution et contre-revolution en Catalogne*, Paris 1974.
34. Southworth, H. R.: *Antifalange*, Paris 1967.
35. Tauber, W.: »Les tramways de Barcelona collectivisés pendant la révolution espagnole«, *Bulletin d'information de la FIEHS*, Nr. 2, März 1977, Nr. 3, April 1980.
36. Temine, E., A. Broder, G. Chastagneret: *Histoire de l'Espagne contemporaine*, Paris 1979.
37. Thomas, H.: *The Spanish Civil War*, Harmondsworth 1982.
38. Tuñón de Lara, M., u. a.: *Historiografía española contemporánea*, Madrid 1980.
39. Turro, A.: *El paper moneda català, 1936– 1939*, Barcelona 1982.
40. Vilar, P.: *Histoire de l'Espagne*, Paris 1958.
41. Viñas, Á.: *Guerra. Dinero. Dictadura*, Barcelona 1984.

42. Viñas, Á.: *El oro español en la Guerra Civil*, Madrid 1976.
43. Viñas, Á., J. Viñuela, F. Eguidazu, C. Fernández Pulgar, S. Florensa: *Política comercial exterior de España (1931–1975)*, Bd. I, Kap. 11, Madrid 1979.

Manuel Tuñón de Lara
Versuch einer Gesamteinschätzung – Ein halbes Jahrhundert danach

Die kollektive Erinnerung an den Krieg

»Heute haben die nationalen Truppen, nachdem die rote Armee gefangen und entwaffnet worden ist, ihre letzten militärischen Ziele erreicht. Der Krieg ist zu Ende.«
So lautete der Heeresbericht, den »Generalissimus« Franco am Samstag, dem 1. April 1939, unterzeichnete. Das »III. Jahr des Triumphs« wurde durch das »Jahr des Siegs« ersetzt. An der Tatsache dieses Sieges war – ohne jede Wertung gesagt – nicht zu zweifeln. Es stellt sich jedoch die Frage: Waren mit jenem Sieg die Ziele erreicht, derentwegen sich die Mehrheit der Militärs, unterstützt von einer Minderheit der Bevölkerung, im Juli 1936 mit Waffengewalt erhoben hatte? Heißt dies, daß die Hegemoniekrise der spanischen Gesellschaft damit gelöst war? Die zweite Frage lautet: Bedeutete der Sieg, daß die Spanier auch den Frieden zurückerlangt hatten? Auch wenn die Antworten kaum getrennt voneinander gegeben werden können, würde ich die erste Frage bejahen. Gleichzeitig mit der »Siegesmeldung« erhielt die gesamte Welt die Botschaft Pius' XII., des früheren Kardinals Pacelli (er war wenige Wochen zuvor zum Papst gewählt geworden):

> »Wir erheben unser Herz zum Herrn und danken Eurer Exzellenz für den ersehnten Sieg des katholischen Spanien. Wir beten innigst darum, daß dieses heißgeliebte Land, nachdem es Frieden erlangt hat, mit neuer Kraft seine christliche Tradition wiederaufnimmt, die ihm zu solchem Ruhm verholfen hat. Getragen von diesem Gefühl, entsenden wir Eurer Exzellenz und dem ganzen spanischen Volk von Herzen unseren apostolischen Segen. Pius XII.«

Der Sieg erhielt – wie zuvor die Erhebung – seine Legitimation von der Kirche, aber auch von den siegreichen Waffen und der stillschweigenden Zustimmung von Millionen Spaniern, die trotz der Bürde eines dreijährigen Bürgerkriegs Sieg nicht mit Rache gleichsetzten. Franco konnte um den Preis eines Kriegs die Hegemoniekrise beenden. Seine persönliche Macht basierte auf einer ihm ergebenen Partei, in der sich die Eliten der extremen Rechten (»Wir sind schon immer rechts gewesen«, hieß es in den Familien der Sieger) sowie jene sammelten, die versuchten, die politischen Parolen, die Symbolsprache und die ideologischen Triebkräfte der aufsteigenden Faschismen in Italien und Deutschland nach Spanien zu übertragen. Zudem verfügte er über ein ganzes Arsenal von Instrumenten zur Machtsicherung (von der Kirche bis zu den durch die Einheitspartei kontrollierten Massenmedien). So konnten Franco und sein Regime – der Franquismus, der bis dahin nur eine faktische Macht war – durchsetzen, daß Ideologie und politisches Wertsystem der unteren Gesellschaftsschichten sich mit der Ideologie und den Wertvorstellungen des herrschenden Blocks deckten.

Welches war nun der Preis, der für diese Rückgewinnung der Vorherrschaft durch den immer schon einflußreichen Machtblock zu zahlen war? Da gab es nicht nur die Euphorie der Sieger, die sie bei der »Siegesparade« am 19. Mai in Madrid demonstrativ zur Schau stellten: der Zug – er wurde bezeichnenderweise von einem Bataillon italienischer »Schwarzhemden« angeführt, während Hitlers Legion Condor das Ende bildete – wurde vom frenetischen Beifall der Mittelschichten begleitet, die auf der Seite der Sieger standen.

Zweifellos bringt der militärische Sieg einer der beiden Bürgerkriegsparteien nicht allein die Lösung der durch ihn entstandenen Probleme. Die Verluste erleidet immer ein Land, das zugleich das der Sieger und das der Besiegten ist; um einen derartigen Krieg zu gewinnen, muß das eigene Territorium angegriffen, müssen Menschen und Güter des eigenen Volkes geopfert werden. Dieses Land muß mit Hilfe aller Männer und Frauen neu organisiert, die Spaltung in Sieger und Besiegte (und mehr noch deren Ideologisierung als »Gute« und »Böse«) muß überwunden werden, denn auf niemanden kann man verzichten. Im Spanien des Frühjahrs 1939, nach 33 Monaten Krieg, der auf beiden Seiten Leidenschaften entfesselt hatte, war es anders. Da ließen sich die herrschenden Schichten, die alte Machtelite, die Mehrheit der militärischen Befehlshaber und der Kirchenführer und vor allem Franco selbst zu Rache und Vergeltung hinreißen. Dem Rattern der Maschinengewehre an der Front folgten die Schüsse der Hinrichtungskommandos im Morgengrauen.

Wenn wir auf diesen Mangel an Selbstbeherrschung bei den Siegern hinweisen, dann nicht aus moralischen Erwägungen, sondern um aufzuzeigen, daß es ein Irrtum war, die Kluft zwischen den beiden Parteien aufrechtzuerhalten und noch zu vertiefen. Vielleicht trug auch die internationale Lage, die den Freunden der Sieger gewogen schien, welche den Sturz der spanischen Demokratie unterstützt hatten (das Münchner Abkommen, die Zerschlagung der Tschechoslowakei, die Invasion in Albanien, das Verbot der Kommunisten in Frankreich), zu diesem Irrtum Francos und seiner nächsten Ratgeber und Mitarbeiter bei. Von Bedeutung ist auch die eindeutige Haltung der römisch-katholischen Kirche, die ihres Papstes Pius XII. und die der spanischen Kirche, deren Primas, Kardinal Isidro Gomá, seit Beginn des Bürgerkriegs sein kirchliches Amt mit seiner Eigenschaft als offiziöser Vertreter Francos beim Vatikan verband. Der Historiker muß sich die Tragweite der Botschaft Pius' XII. an die spanische Nation (16. April 1939) vor Augen führen; dort heißt es:

> »Die Absichten der göttlichen Vorsehung, geliebte Söhne, haben sich wieder einmal im heroischen Spanien offenbart. Die Nation, die von Gott als treibende Kraft bei der Evangelisierung der Neuen Welt auserwählt und zum uneinnehmbaren Bollwerk des katholischen Glaubens bestimmt wurde, hat soeben den Anhängern des materialistischen Atheismus unseres Jahrhunderts den erhabensten Beweis dafür geliefert, daß über allem die Werte der Religion und des Geistes stehen.«

Nur am Rande soll erwähnt werden, daß Franco selbst in der Madrider St. Barbara-Kirche Gottes Hilfe erflehte, »um dieses Volk zur vollen Freiheit des Reiches zu führen, zu Deinem und Deiner Kirche Ruhm«.

Um die Rolle des Bürgerkriegs bei der Überwindung der gesellschaftlichen Krise Spaniens in der ersten Hälfte des 20. Jahrhunderts einschätzen zu können, müssen wir zunächst eine Bilanz der Verluste und Gewinne am Ende des Kriegs 1939 erstellen und dann untersuchen, welche strukturellen, institutionellen und kulturellen Veränderungen die »neue Herrschaft« mit sich brachte.

Da es hier nicht darum geht, eine Geschichte Spaniens unter Franco zu schreiben, beschränken wir uns darauf, ein halbes Jahrhundert zu überspringen und rückblickend zu fragen, was von all dem in dieser Zeit geblieben ist: von dem, was die Sieger unterdrückten, in dem Glauben, es damit für immer aus der Geschichte auszumerzen, und von dem, was sie schufen. Welche Fakten, Zusammenhänge und Strukturen sind – jenseits aller Polemik – bereits gesicherter Bestandteil der Geschichtsschreibung? Über welche Fragen bestehen noch heute Differenzen? Als Gradmesser für diesen Prozeß mögen im folgenden zu analysierende Verhaltensweisen, Institutionen und Symbole dienen. Wir wollen nicht aus heutiger Sicht die Geschehnisse von 1936 beurteilen – dies wäre eine weitere ideologische Perspektive –, sondern eine rationale Aufarbeitung versuchen, die weder endgültig noch vollständig sein wird, die uns aber vielleicht hilft, unser kollektives Erinnerungsvermögen wachzuhalten.

1939: Gewinne und Verluste

Natürlich hat ein Bürgerkrieg immer Verluste in der Bevölkerung zur Folge. Beginnen wir damit. Zunächst einmal sind da die Verluste im Zuge der Kampfhandlungen, zu denen die Opfer der Bombardierungen hinzukommen. Wenn auch nie genauere Zahlen ermittelt wurden, so liegen die Schätzungen bei etwa 300 000. Ende 1939 befanden sich gemäß den offiziellen Angaben der Sieger 270 000 Spanier und Spanierinnen in Gefangenschaft; darin sind diejenigen noch nicht enthalten, die ein ähnliches Schicksal in Lagern und »Arbeitsbataillonen« erlitten, wo sie ebenfalls ihrer Freiheit beraubt waren: ihre Zahl betrug bei Kriegsende weit über 100 000. Beeindruckender noch ist die Zahl der Menschen, die den Terror- und Racheakten oder dem politischen Prinzip zum Opfer fielen, der Feind müsse ausgerottet werden. Dies wurde entweder im Rahmen der Scheinlegalität von Standgerichtsverfahren ohne die geringsten Rechtsgarantien praktiziert, oder man verzichtete sogar auf solche Formalien. Lassen wir die Frage des Terrors in beiden Zonen während des Krieges selbst beiseite, vor allem jenen im Sommer und Herbst 1936 (sowie den von den Truppen Francos verübten, wenn sie eine Stadt besetzten; dies ist hinreichend dokumentiert, wenn auch niemals mit genauen Zahlenangaben), und beschränken wir uns auf die Hinrichtungen zwischen 1939 und 1950. Diese schwankten laut Ramón Salas Larrazábal (einem im allgemeinen zuverlässigen Militärhistoriker, der jedoch dazu neigt, die franquistische Repression zu verharmlosen) zwischen 28 000 und 30 000. Da seine Untersuchungen für konkrete Einzelbereiche anfechtbar sind, kann man annehmen, daß diese Gesamt-

angaben unter dem wirklichen Umfang liegen. Aber das tut wenig zur Sache, denn es ändert nichts an der historischen Bewertung dieser Nachkriegsverbrechen.
Einen anderen Aspekt hinsichtlich der Bevölkerungsverluste stellt das Exil dar. Nach offiziellen französischen Statistiken überquerten bis April 1939 etwa 441 000 Spanier die Pyrenäengrenze. Wenn man in Rechnung stellt, daß viele von ihnen noch im selben Jahr nach Spanien zurückkehrten, wenn man die Angaben über diese Rückkehrer mit den Zählungen der französischen Ministerien und der Mexikanischen Botschaft in Frankreich abgleicht, kann man die Zahl der spanischen Staatsbürger, die unmittelbar nach dem Krieg ins Exil gingen, mit einiger Sicherheit auf 300 000 beziffern.
Zu den reinen Zahlenangaben über den Umfang der demographischen Kriegsfolgen – betroffen waren insgesamt rund eine Million Menschen – sind noch einige qualitative Ergänzungen erforderlich: Die meisten Menschenverluste waren in der arbeitenden Bevölkerung zu beklagen, die Mehrzahl der Universitätsprofessoren lebte im Exil oder war ihres Amtes enthoben, etwa 7000 Lehrer waren im Gefängnis; das sind Schätzwerte, die man aber berücksichtigen sollte. Selbst ein großer Teil des Verwaltungspersonals verlor während dieses Sturms von Verhaftungen, Säuberungen und Exilierungen seinen Posten und wurde durch neue Funktionäre aus dem Lager der Sieger ersetzt. Diese Veränderungen in den zentralen bürokratischen Strukturen und die Schaffung eines weiteren großen Bürokratieapparates durch die »Bewegung« zogen Bevölkerungsgruppen aus der franquistischen Zone nach Madrid. In der Folge entstand ein spezifischer, dem Regime eng verbundener Sektor von Mittelschichten, aber auch von Arbeitern aus dem Dienstleistungsbereich (Hausmeister, Portiers, Amtsboten etc.), der die demographische Umwandlung der Hauptstadt einleitete. Die Madrider Bevölkerung mußte ihren fast dreijährigen Widerstand gegen die franquistische Belagerung teuer bezahlen.
Zu den negativen Kriegsfolgen gehört auch die Rückentwicklung der Beschäftigungsstruktur. Die demographischen Erschütterungen des Kriegsendes, die noch frühindustrielle Gesellschaftsstruktur Spaniens und die niedrige Produktivität des industriellen Sektors (Rückgang der Kaufkraft, Verlust eines Teils der Facharbeiterschaft, durch den Krieg verursachte Zerstörung der Be-

triebsanlagen) führten zu einer Rückwanderung der Erwerbsbevölkerung in den Agrarsektor, dessen prozentualer Anteil 1940 mehr als 50% betrug und so den Stand von vor zehn Jahren erreichte. Die Industriearbeiterschaft verringerte sich nicht nur prozentual, sondern auch absolut: sie fiel von 2229000 Personen auf 198200 im Jahr 1940.

Unter wirtschaftlichen Gesichtspunkten hatte der Krieg vor allem die Infrastruktur in Mitleidenschaft gezogen; so waren etwa 50% der Lokomotiven und Güterwaggons und 71% der Reisewaggons sowie ein großer Teil des Schienen- und Straßennetzes unbrauchbar. Rund 250000 (von insgesamt etwa sechs Millionen) Wohnungen wurden vollkommen zerstört und ebenso viele schwer beschädigt. Der Viehbestand war auf ein Drittel reduziert; die landwirtschaftliche Produktion verringerte sich um 21%, die industrielle um 31%; das Volkseinkommen war um 25% gesunken; die Kriegskosten hatten den Staatshaushalt ruiniert.

Zu Verlusten im kulturellen Bereich zählten die Entlassungen vieler Wissenschaftler und das Defizit an ausgebildeten Lehrkräften, das durch den Klerus und durch Personen ausgeglichen wurde, die außer ihrer Zugehörigkeit zur »Bewegung« keine Verdienste aufzuweisen hatten. Ein grundlegender Aspekt dieser Veränderungen von 1939 war jedoch der herrschende Manichäismus, die Ansicht, der zufolge das Gute über das Böse, Spanien über das Anti-Spanien, die christliche Zivilisation über die Barbarei der Gottlosen gesiegt hatten. Wenn bisweilen von *Zurückgewinnung* (niemals von *Wiederversöhnung*) gesprochen wurde, dann nur als ein Akt des »Verzeihens« gegenüber denen, die bereit waren, nicht nur die politische und religiöse Wertordnung der Sieger, sondern auch die Mechanismen ihres Herrschaftssystems zu akzeptieren. Pedro Laín Entralgo hat darauf hingewiesen, daß nach 1939 die Universitäten durch vier Forderungen ideologisch gleichgeschaltet wurden: Säuberung, nachweisliche Mitgliedschaft in der »Bewegung«, politische Ausrichtung der Prüfungskommission und »politische Bildung« als Unterrichtsfach.

Zweifellos hätten die aufgezeigten Verluste mehr oder weniger ausgeglichen werden können; in den Unternehmen zum Beispiel durch die Wiederherstellung der Autorität und das Vertrauen der Investoren; aber auch hier warfen die bürokratischen Eingriffe des Staates in den Nachkriegsjahren ihre Schatten. Im Rahmen der Ideologisierung der Universitäten und der neugeschaffenen Forschungszentren (*Consejo Superior de Investigaciones Científicas* [Oberster Forschungsrat], *Instituto de Estudios Políticos* [Institut für politische Studien]) oder kultureller Institutionen (*Editora Nacional* [Nationaler Verlag], *Instituto Nacional del Libro* [Nationales Institut des Buches] etc.) waren Auseinandersetzungen nur über Nuancierungen zwischen den Vertretern der *Falange*, der Traditionalisten oder der *Acción Católica* (Katholische Aktion) möglich. Letztlich hing alles davon ab, was man unter »Sieg« in einem Bürgerkrieg verstand und wie man danach wieder den Frieden herstellen konnte.

Die Kriterien, die sich damals von der Machtspitze aus durchsetzten, fanden ihren Ausdruck in einer Reihe politischer und institutioneller Veränderungen sowie ideologisch geprägter und in die Gesellschaft eingreifender Normen. Auf diese Weise wurden nach dem Krieg wesentliche Verhaltensmuster vorgegeben, um das soziale Leben unter dem Einfluß des durch den Sieg erlangten Zusammenhalts zu ordnen. So konnte sich das Regime Francos zu Beginn der vierziger Jahre, von einzelnen Ausnahmen abgesehen, auf die in Wirtschaft und Gesellschaft einflußreiche sozioökonomische Oligarchie, die Mehrheit des Großbürgertums (mit Ausnahme Kataloniens und des Baskenlands), die Mehrheit des städtischen und ländlichen Kleinbürgertums (mit Ausnahme eines wichtigen Bereichs: den Angehörigen intellektueller Berufe in den großen Städten) stützen. Es konnte – zumindest vorübergehend – mit der Zustimmung derer rechnen, die durch den langen Krieg erschöpft waren und auf eine Zeit der Ruhe hofften, darunter viele Katholiken, die ihren religiösen Glauben mit dem »neuen Staat« identifizierten. Während der ersten beiden Jahre des Zweiten Weltkriegs stützte das Regime sich auch auf jene Strömungen, die sich stets auf die Seite der offensichtlichen Sieger schlagen. Gewiß standen die meisten Arbeiter in den Städten und den ländlichen, durch Großgrundbesitz geprägten Gebieten nicht hinter dem Regime; auch war ihm die Bevölkerungsmehrheit der einfachen Leute in Katalonien und dem Baskenland feindlich gesinnt (Franco hatte sofort nach der Besetzung der jeweiligen Gebiete deren Autonomiestatus außer Kraft gesetzt); und natürlich lehnten auch die Angehörigen der Opfer der Repression die neue Regierung ab. Ihre Organisationen waren aufgelöst oder führerlos; sie konnten sich nicht artikulieren und waren dem doppelten Druck der staatlichen Unterdrückungsapparate (Polizeiterror) und den ideologi-

schen Instanzen (*Falange*, Kirche, Presse, *Sección Femenina* [Frauenabteilung], *Sindicato Español Universitario* [SEU, Spanisches Universitätssyndikat] etc.) ausgesetzt.
Diese spanische Nachkriegsgesellschaft besaß zweifelsohne einen beträchtlichen ideologischen Zusammenhalt, wenn auch gewisse Abweichungstendenzen im Keim vorhanden waren. Zum erstenmal seit mehreren Jahrzehnten hatte der Machtblock wieder die ideologische Vorherrschaft inne, und die ökonomische identifizierte sich mit der politischen Macht, auch wenn sie Zugeständnisse an die persönliche, durch ein gewisses Charisma geprägte Herrschaft Francos und an so unerläßliche Kräfte wie das Heer machen mußte. Heer und Kirche verkörperten beispielhaft den Unterdrückungs- bzw. den Ideologisierungsapparat; sie erlangten allerdings mit der Zeit eine ziemlich autonome Stellung. Dies wirft für den Historiker ein Problem auf: Bis zu welchem Punkt und wie lange können sich gewisse Institutionen des Staates und der gesellschaftlichen Machtsicherung in Entscheidungsfaktoren verwandeln, die vollkommen selbständig und eigengesetzlich handeln?

Strukturelle, institutionelle und politische Veränderungen

Die wesentlichste Veränderung vollzog sich hinsichtlich der Grundlagen der Macht und der Machtausübung. An die Stelle eines Staates, in dem alle Macht vom Volke ausgeht und durch dessen gewählte Vertreter ausgeübt wird, trat eine persönliche Macht, die sich im Verlauf des Krieges konsolidiert hatte und bei Kriegsende durch den Sieg der Waffen und die »Göttliche Vorsehung« – so der Sprachgebrauch der höchsten kirchlichen Würdenträger – legitimiert wurde. Das vorgebliche Charisma, das die persönliche Macht des Staatschefs, des »Generalissimus« der Streitkräfte und des Führers der Bewegung, d. h. der Einheitspartei, legitimierte, konnte nur von der Kirche und ihrer Autorität untermauert werden; die *Falange*, ob mit oder ohne karlistische Unterstützung, hätte dazu nicht gereicht.
Bei Kriegsende hatten die rudimentären Machtstrukturen von Salamanca und Burgos bereits die Fundamente eines Staats gelegt, der das entgegengesetzte Modell des für die liberale Demokratie charakteristischen Rechtsstaats sein sollte. Seit dem 1. Oktober 1936 gab es nur einen einzigen Führer mit absoluten Machtbefug-

nissen, was im »Gesetz zur Verwaltung des Staates« vom 30. Januar 1938 institutionalisiert wurde. Die Grenzen zwischen dem Staatsoberhaupt und dem Regierungschef verschwammen, als im Januar 1938 in Burgos eine Regierung gebildet wurde. Typisch für totalitäre Herrschaftsformen und allgemein für jede Art von Despotie ist auch, daß sich die Grenze zwischen Legislative und Exekutive verwischte. Ab April 1937 existierte eine Einheitspartei totalitärer Prägung, die nicht den Staat lenkte, sondern sich in ihn einfügte und ein kompliziertes System von Dienstleistungen und ideologischer Durchdringung aufbaute. Spanien war eine »universelle Schicksalseinheit«, und die Autonomiestatute wurden mit Vaterlandsverrat gleichgesetzt.

Das im August 1939 erlassene »Gesetz über die Staatsverwaltung« institutionalisierte in Artikel 7 die persönliche Diktatur:

> »Da dem Staatschef in Übereinstimmung mit Artikel 17 des Gesetzes vom 20. Januar 1938 die höchste Gewalt zukommt, juristische Vorschriften allgemeiner Art zu erlassen, und das Regierungsamt dauerhaft mit seiner Person verbunden ist, können seine Anordnungen und Beschlüsse in Form von Gesetzen oder Erlassen ohne vorausgehende Beschlußfassung des Ministerrats verfügt werden, wenn dringende Umstände dies erforderlich machen.«

Die charismatische und missionarische Herrschaft des Diktators wurde in den Statuten der *FET y de las JONS* definiert und durch Erlaß vom 31. Juli 1939 verabschiedet. Dort heißt es: »Dem nationalen Führer der *Falange Española Tradicionalista y de las JONS*, dem obersten *Caudillo* der Bewegung, kommt die absolute Autorität in ihrer ganzen Fülle zu. Der Führer verantwortet sich allein vor Gott und der Geschichte.«

Für die neue Regierung, die Franco im August 1939 bildete, waren die Vorherrschaft der Militärs und das Gleichgewicht zwischen Falangisten und Politikern der traditionalistischen katholischen Rechten charakteristisch. Die führenden Positionen hatten Persönlichkeiten inne, die bereits während der Diktatur Primo de Riveras auf solchen Posten saßen (auch Aunós, Ibáñez Martín und Gómez-Jordana sind keineswegs Ausnahmen). Nach den Berechnungen von Carles Viver stellte das Militär in der Zeit von 1938 bis 1945 42,8% der Minister und 37,3% der Staatssekretäre. Viver sieht darin eine Art »Statthalterschaft par exellence der herrschenden Klasse, die sich in dauernder Hegemoniekrise befindet«.

Insgesamt entsprach das Regime, das mit dem Sieg der Aufständischen 1936 etabliert wurde, einem rechts-totalitären Modell auf ländlicher Basis, in dem es keine Produktivitätsprobleme gab, so daß die Repression stärker sein konnte und das soziale Bündnis unnötig war.

Politisch verkörperte das Regime die grundlegenden Ideen der Aufständischen vom Juli 1936: Ablehnung der Republik, der Volkssouveränität, des allgemeinen Wahlrechts, des Parlaments, der politischen Parteien, der Menschenrechte, der Autonomiestatute und natürlich des Laizismus und der religiösen Neutralität.

Die Grundlagen der republikanischen Staatsform wurden »für immer« zerstört, und sie wurde durch eine andere ersetzt: persönliche, charismatische und von Gott gegebene Macht, Einheitspartei, vertikaler Syndikalismus, Konfessionalität des Staates, mit der Kirche geteiltes Monopol über die Massenkommunikationsmittel und das Schulwesen, Unterdrückung jeglicher individueller Rechte gegenüber dem Staat. Das war der nationalsyndikalistische Staat von 1939, der sich nach außen stark an der Achse Berlin – Rom – Tokio orientierte. Dem Anti-Komintern-Pakt trat das »neue« Spanien am Ende des Bürgerkriegs bei.

Erst später nannte sich der »neue Staat« nicht mehr »nationalsyndikalistisch«, sondern »katholisch, sozial und parlamentarisch« (Nachfolgegesetz, 1947). Er wollte nicht mehr »totalitär«, sondern eine »organische Demokratie« sein; er ahmte die Formen der liberalen und parlamentarischen Demokratie nach, indem er sich ihrer Inhalte entledigte und sie als Fortsetzung der spanischen Tradition ausgab. Die Cortes traten 1943 wieder zusammen, auch wenn sie für das nächste Vierteljahrhundert keine gesetzgebende Macht haben sollten. Das »Grundgesetz der Spanier«, das 1945 verkündet wurde, als die Siegermächte des Zweiten Weltkriegs in Jalta versammelt waren, übernahm zwar die Erklärung der Grundrechte, gewährleistete aber nicht ihre Einhaltung. Die Teilhabe des Volkes an den allgemeinen Aufgaben des Staates, die jedoch keine souveränen Befugnisse einschloß, erfolgte auf dem traditionellen Weg »über die Familie, die Gemeinde und das Syndikat«. Die grundlegenden Ziele des Staates waren erstens die Suche nach einer Legitimationsgrundlage, zweitens die völlige Beseitigung aller gegnerischen Organisationen und die Ausschaltung jeder Opposition, drittens die Einkommensumverteilung zugun-

sten der herrschenden Klasse. Diese Ziele ließen sich kaum hinter dem »sozialen« Gerede verbergen, das vor allem die *Falange* praktizierte.
Während die neue Form des Staates den *politischen* Charakter des Bürgerkriegs offenbarte, bestätigten seine Maßnahmen und die Folgen seiner Wirtschaftspolitik in der Nachkriegszeit den *sozialen* Charakter des Kriegs. Die Verordnung vom 7. November 1939, »die die Hauptabteilung für Soziale und Wirtschaftliche Bodenreform ermächtigt, die beschlagnahmten Ländereien ihren ehemaligen Eigentümern zurückzuerstatten«, wurde 1940 durch einen Erlaß ergänzt, der die Rückgabe jeglichen Landes regelte, das durch die Agrarreform enteignet worden war.
Laut Statistischem Jahrbuch von 1942 war das reale Lohneinkommen unter das Niveau von 1936 gesunken. Dies läßt sich leicht anhand der offiziellen Statistiken erhärten: die Lebenshaltungskosten waren – bei einer Vergleichsbasis von 100 für 1936 – 1942 auf 247, die Nominallöhne auf 150 gestiegen. Es ist deshalb nicht verwunderlich, daß ein dem Regime gewogener Wirtschaftswissenschaftler und langjähriger Sekretär des *Consejo de Economía Nacional* (Nationaler Wirtschaftsrat), Higinio Paris Eguilaz, »die spürbare Verringerung des Lebensstandards« vermerkte, auch wenn er einen Teil der Schuld daran dem Zweiten Weltkrieg zuschrieb. »Im Jahr 1940 war das spanische Volkseinkommen bei konstanten Preisen auf das Niveau von 1914 gesunken, aber da die Bevölkerungszahl gestiegen war, lag das Pro-Kopf-Einkommen in Wirklichkeit bei Werten aus dem 19. Jahrhundert.«
Aufgrund der offiziellen Angaben wird auch ersichtlich, daß in den zehn Jahren von 1936 bis 1946 die Rentabilität der Unternehmen um 13,79% zunahm (bei Nettoberechnung, das heißt bei konstantem Geldwert); im selben Zeitraum wuchsen die Gewinne der Banken um 20,9%, und die Reallöhne sanken um 25%. Das Pro-Kopf-Einkommen war um 8,5% gefallen. Die offiziellen Statistiken berücksichtigen natürlich nicht die Existenz des Schwarzmarktes, auf dem die Preise sehr viel höher waren.
Um den Lebensstandard in diesen Jahren richtig einschätzen zu können, ist also zu berücksichtigen, daß gerade für lebenswichtige Produkte überhöhte Preise gezahlt werden mußten. Vor allem in den Städten herrschte Mangel an solchen Produkten, da die offizielle Nahrungsmittelrationierung nicht das notwendige Mindestangebot gewährleistete. Natürlich ruinierten die Schwarzmarkt-

preise in erster Linie die bescheidenen Familienkassen. So brachte der Schwarzhandel mit den notwendigen Bedarfsgütern eine Umverteilung der Realeinkommen von Arbeitern und Angehörigen der Mittelschicht zugunsten derjenigen mit sich, die überschüssige Güter illegal verkauften.

Für den Agrarbereich hat Angel Viñas aufgezeigt, daß der Anteil der Erträge, der unterschlagen und später außerhalb der gesetzlichen Bahnen zu höheren Preisen verkauft wurde, während der vierziger Jahre nie weniger als 30% betrug. Ein derartiger Umfang illegaler Betätigung sei nur möglich gewesen, »wenn die verantwortlichen Steuer- und Aufsichtsbehörden aktiv oder passiv dabei mitwirkten«.

Aus all den angeführten Gründen – und anderen, die wir der Kürze halber übergehen – wird man niemals eine genaue Schilderung der Nachkriegszeit geben können, wenn man nicht in Rechnung stellt, daß durch landwirtschaftliche Produktion, Schleichhandel und Spekulation gewaltige Vermögen angehäuft wurden, die größtenteils das Investitionskapital der kommenden Jahrzehnte darstellten.

Noch am 1. April 1939 wurde nicht nur die sogenannte »Sozialgesetzgebung der Roten« (seit dem 18. Juli 1936), sondern auch die arbeitsrechtlichen Bestimmungen, Verträge, Vereinbarungen, Schiedssprüche usw. aufgehoben, »die nach dem 18. Februar 1936 durch Drohungen, Zwangsmaßnahmen, Gewalt und offenen Verstoß gegen gesetzliche Bestimmungen durchgesetzt worden sind«. Dies betraf auch jede Regelung, die »in irgendeiner Weise den normalen Acht-Stunden-Tag beschnitt«.

In den Richtlinien für die Wiederaufnahme der Arbeit in Madrid, die am selben Tag vom Minister für das Syndikatswesen erlassen wurden, forderte man den Arbeiter auf: »Du sollst dem Chef deines Betriebes Respekt und Gehorsam entgegenbringen.« Gleichzeitig wurde er darüber belehrt, daß »individuelle und kollektive Aktionen, die in irgendeiner Weise die Normalität der Produktion stören oder beeinträchtigen, als Verrat und Verbrechen am Vaterland betrachtet werden«.

Die wesentlichen Inhalte der Gewerkschafts- und Arbeitspolitik fanden ihren Ausdruck in dem »Gesetz über die Grundlagen der Gewerkschaftsorganisation« (Dezember 1940), das der *Falange* über ihre *Delegación Nacional de Sindicatos* (Nationale Syndikatsvertretung) die Führung aller »Produktionssyndikate« übertrug, in denen Arbeiter und Unternehmer zusammengeschlossen waren.

Angesichts der Sozialgesetzgebung des neuen Regimes und des Mangels an Sicherheiten für die Lohnarbeiter scheint es nicht übertrieben, in diesem Bereich von *sozialem Despotismus* zu sprechen.

Ebenso brachte das neue Regime die totale ideologische Kontrolle der Einrichtungen zur Verbreitung von Meinungen und Ansichten mit sich, entweder als direkte Kontrolle durch den Staat oder über die *Falange* oder die Kirche. Zwar konnte es hin und wieder zu Reibereien und Kompetenzstreitigkeiten zwischen der Kirche und anderen Institutionen kommen (zum Beispiel wurde die Verbreitung von Gomás Hirtenbrief im August 1939 verboten, weil er das Wort *Versöhnung* enthielt), doch gab es während der ersten 20 Jahre des Franquismus keine ernsthaften Differenzen zwischen Kirche und Staat. Noch 1959, als die Basilika im *Valle de los Caidos* (Tal der Gefangenen) eingeweiht wurde, bekräftigte der Primas Pla i Deniel die Legitimation des Bürgerkriegs als die eines Kreuzzugs.

Vielleicht der beste Ausdruck für das neue Bewußtsein im kulturellen Bereich findet sich in der Präambel des Gründungsdekrets des *Consejo Superior de Investigaciones Científicas* (Höherer Rat für wissenschaftliche Forschungen) von 1939. Es handle sich darum, »mit Hilfe der Kultur die wesentlichen Ideen durchzusetzen, die unsere glorreiche Bewegung beeinflußt haben und in denen sich die reinsten Lehren der universellen und katholischen Tradition mit den Erfordernissen unserer Zeit vereint finden«.

Es ist also offensichtlich, daß das Regime, das als Folge des Bürgerkriegs entstanden war, keineswegs versuchte, beim Aufbau des Staates die Kluft zwischen Siegern und Besiegten zu überwinden. Es vergrößerte diese vielmehr noch und bevorzugte dabei die gesellschaftlich herrschenden Klassen, legte religiöse wie ideologische Intoleranz an den Tag und verwarf durch seine Praxis den Grundsatz, daß alle Spanier vor dem Gesetz gleich seien.

Die angedeuteten Merkmale traten auch bei der Weiterführung so wichtiger staatlicher Einrichtungen wie die der Verteidigung, der Sicherheit und der Diplomatie zutage.

Auch jenes Regime machte – entgegen allen Willensbekundungen – den Satz wahr: *die Geschichte ist Wandel*. Im Laufe der 37jährigen Herrschaftsausübung zeigten sich beträchtliche Verschleißerscheinungen, wenn auch der Inhaber der Macht bis zu seinem Tod am 20. November 1975 der gleiche blieb.
Eine Untersuchung der »Lebenskonstanten« des Landes würde wesentliche Veränderungen aufzeigen: eine interventionistische und autarke Ökonomie mit einer Dominanz der Landwirtschaft und rückständiger Technologie verwandelte sich in eine »liberale« (in dem Sinn, den dieser Begriff in der Zeit des Finanzkapitals hat) und industrielle Ökonomie mit moderner, wenn auch von ausländischen Patenten abhängiger Technologie. Nach einer Zeit selbstgenügsamer Abgeschlossenheit wurden die Grenzen geöffnet. Dies ermöglichte zum einen die Emigration von Arbeitskräften und verwandelte zum anderen Spanien in ein Touristenland, was in beiden Fällen beträchtliche Deviseneinnahmen zur Folge hatte.
Die verschiedenen *tempi* des Wandels haben sich selbstverständlich verschoben; das demographische *tempo* machte zunächst einen Sprung und verlangsamte sich später; das ökonomische erreichte nach den ersten 20 Jahren einen schnellen Rhythmus, das ideologische belebte sich nach unvermeidlichen Rückschlägen des Regimes in einigen Bereichen durch internationale Kontakte und ebenso durch die nachwachsenden Generationen, die den Bürgerkrieg selbst nicht mehr erlebt hatten. Nur das politisch-institutionelle *tempo* war gleichbleibend langsam. Allerdings verwandelte sich der nationalsyndikalistische Staat in ein katholisches, soziales und parlamentarisches Königreich mit einem Grundgesetz (1967) und spärlichen formalen Zugeständnissen, die jedoch nicht tiefgreifend waren.
Was blieb am Morgen des 20. November 1975, als den Spaniern der Tod Francos bekanntgegeben wurde, von all den Grundsätzen und Beweggründen, die als Rechtfertigung für den härtesten aller Bürgerkriege gedient hatten?
Die Wahrheit ist, daß – nach den ersten fünf Jahren, als man noch mit einem Sieg der Deutschen im Weltkrieg rechnen konnte – das Regime Francos von seinen Prinzipien immer mehr abrückte, neue Verbündete unter den Großmächten suchte, nicht als »totalitär«, sondern als »autoritär« erscheinen wollte, seine Verweigerung der

Bürgerrechte mit dem Anschein von Pluralismus und seine Intoleranz gegenüber der freien Meinungsäußerung mit zweifelhaften Gesetzen über die Massenmedien zu verbergen suchte. Das Regime gab ganz allmählich seine ursprünglichen Grundsätze und sichtbarsten Herrschaftsformen auf; in der zweiten Hälfte versuchte es zudem, seine Kontinuität institutionell abzusichern und »Reformen durchzuführen, damit sich nichts ändert«.

Trotzdem muß der Historiker aufzeigen, welche wesentlichen Aspekte des 1939 durch den Sieg eingesetzten Regimes die Zeit überdauerten, bis 1975 ein irreversibler historischer Prozeß begann, der Spanien quer durch politische Auseinandersetzungen und Bündnisse in eine Übergangsphase führte und schließlich in der Demokratie mündete.

Erstens bestand die unantastbare persönliche Macht des *Caudillo* fort, seine Berechtigung, Regelungen genereller Art ohne vorherige Beratung zu verkünden und die hohen Staatsämter direkt oder indirekt zu besetzen. Diese Entscheidungsbefugnis behielt er bis zum letzten Augenblick (als er den Vollzug mehrerer Todesurteile an angeblichen Terroristen im September 1975 anordnete), auch wenn sie im Laufe der Jahre durch den Einfluß seiner nächsten Mitarbeiter unterminiert wurde (so scheint es bei der Regelung der Nachfolge für Admiral Carrero Blanco als Premierminister Ende 1973 gewesen zu sein).

Das zweite dauerhafte Moment war das Fehlen allgemeiner freier Wahlen als Prinzip und als Praxis.

Als drittes ist die Einheitspartei des *Movimiento Nacional* trotz ihrer internen Heterogenität zu nennen; sie hatte keine wirkliche Macht, sondern war ein Instrument des Staats, dessen personelle Infrastruktur sie verbesserte.

Als Folge blieben die politischen Parteien in der Illegalität, ebenso jede Arbeiterorganisation, die sich nicht der staatlichen Syndikatsorganisation einfügte. Die wichtigste oppositionelle Gewerkschaftsbewegung unter dem Franquismus, die *Comisiones Obreras* (Arbeiterkommissionen), erlangten ihre Bedeutung dadurch, daß sie so weit wie möglich den engen Aktionsspielraum ausnutzten, den die Syndikatsorganisation oder die dem Regime abgetrotzte Arbeitsgesetzgebung boten (Vertrauensleute, Betriebsräte).

Auch die Bedeutung der militärischen Zwangsapparate blieb bestehen (die nicht nur Zwang ausübten, sondern auch Ideologie absonderten, indem sie Begriffe wie Vaterland, Ehre, nationale

Einheit usw. personifizierten und andere, wie Disziplin, Gehorsam, Dienst usw. instrumentalisierten), in denen darüber hinaus Anzeichen einer Kastenbildung sehr deutlich waren. Dies zeigt die bekannte Studie von J. Busquets *El militar de carrera en España* (Das Berufsmilitär in Spanien). Die Untersuchungen von Viver, Jerez Mir und Lleixa haben dargelegt, daß während der ganzen franquistischen Zeit etwa ein Drittel der hohen politischen Ämter von Militärs besetzt waren. Die Militärgesetzgebung blieb bis zum Schluß in Kraft, auch wenn sie in vielen Fällen durch die Sondergerichte für Öffentliche Ordnung ersetzt wurde.

Die Kontinuität war nicht weniger sichtbar in den Einrichtungen der Staatssicherheit und der Öffentlichen Ordnung, von denen die wichtigsten unter militärischer Hoheit standen. Die Diplomatie war ebenfalls ein Kontinuitätselement im franquistischen Staat, auch wenn in der zweiten Hälfte der Regierungszeit abweichende Tendenzen einer oppositionellen Minderheit größere Bedeutung gewannen.

Das Regime Francos bewahrte nicht nur bis zum Schluß eine Reihe von Institutionen und Einrichtungen, sondern auch viele Symbole und Embleme, Andenken und selbst eine Terminologie, die ideologisch wirkten: die Flaggen, die Nationalhymne und die Hymne der Bewegung, die Listen der »Gefallenen für Gott und Spanien« in den öffentlichen Gebäuden, der Name José Antonio Primo de Riveras an den Fassaden der Gotteshäuser, die terminologische Polarisierung in »Rote« und »Nationalisten«, die Feiertage, die das Andenken an den Bürgerkrieg und die Spaltung der Spanier wachhielten; der Tag der »Erhebung am 18. Juli«, der Tag des »Siegs« am 1. April mit der Militärparade (später in den »Tag der Streitkräfte« umbenannt), der »Tag der Gefallenen«, das »Fest der Einigung« usw.

Der sichtbarste Ausdruck dieser polarisierenden Erinnerungsbemühungen wurde die gigantische Basilika im »Tal der Gefallenen« in Cuelgamuros, wo Franco und José Antonio Primo de Rivera begraben sind.

Die Zensur der Massenmedien wurde direkt oder indirekt bis zuletzt praktiziert (zum Beispiel durch »freiwillige« vorherige Anfrage bei der Publikation von Büchern oder durch das Risiko hoher Strafen oder sogar des vorübergehenden Verbots bei Zeitungen und Zeitschriften). Während bei Zeitschriften in den letzten Jahren des Franco-Regimes eine relative Toleranz zutage trat, war es dagegen unmöglich, eine demokratisch orientierte Tageszeitung zu publizieren.

Ein halbes Jahrhundert ist vergangen. Keine der 1939 eingetretenen grundlegenden Veränderungen besteht im heutigen Spanien fort. Durch allgemeine Wahlen und freie Entfaltung der politischen Parteien und der Gewerkschaften geht die politische Macht vom Volk aus. Die Menschenrechte sind anerkannt und werden garantiert. Es herrscht vollkommene Freiheit der Meinungsäußerung. Gewiß, die Herrschaftsform beruht auf einer Monarchie, aber sie ist konstitutionell, parlamentarisch und demokratisch. Die Regierung wird vom Parlament kontrolliert, das aus allgemeinen, gleichen, direkten und geheimen Wahlen hervorgeht. Mit einem Wort, die Grundsätze der liberalen Demokratie, die das Leben des Landes von 1931 bis 1936 bestimmten, haben wieder Gültigkeit. Es besteht zwar eine Monarchie und keine Republik, aber die Grundsätze des politischen Zusammenlebens sind dieselben. Bei genauerer Betrachtung lassen sich weitere Unterschiede beobachten: So sind zwar zum Beispiel die antiklerikalen Rechtsnormen verschwunden, doch der Staat ist nicht konfessionell, und es sind auch die Richtlinien wieder in Kraft, die die Zivilehe und die Ehescheidung regeln. Mehr noch, die Autonomiestatute (die sich nicht mehr auf »regionale«, sondern auf »autonome Gemeinschaften« beziehen, die sich als »Nationalitäten« oder als »Regionen« verstehen können) sehen weitergehende Kompetenzen als vor dem Krieg vor.
Es wäre jedoch irrig anzunehmen, daß 40 Jahre Geschichte verschwinden, ohne eine Spur zu hinterlassen. Im Gegenteil, im sozioökonomischen und soziopolitischen Bereich des heutigen Spanien läßt sich nichts erklären, wenn man das Erbe und die Spuren des Franquismus nicht berücksichtigt. Mit allem Respekt vor Personen und Institutionen, aber auch mit der notwendigen intellektuellen Strenge muß gesagt werden, daß die Kontinuität bis heute ein Wesensmerkmal staatlicher Einrichtungen, wie die der Verteidigung, der Öffentlichen Ordnung oder der Sicherheit, bleibt (wo es z. B. unmöglich ist, daß erwachsene Menschen in ihren politischen Wertvorstellungen eine Kehrtwendung um 180 Grad vollziehen, nur weil das Land wieder zur Demokratie zurückgekehrt ist). Dies betrifft aber auch andere Bereiche, wo die Spuren ebenfalls beträchtlich, aber weniger offenkundig sind; so

etwa in der Justiz oder in gewissen Einrichtungen der staatlichen Verwaltung etc. Ideologien verändern sich langsamer als die Leitlinien der politischen Organisation, und Einstellungen entwickeln sich noch langsamer. Ein Hinweis auf die verschiedenen *tempi* scheint hier angebracht.

Eine weitere Frage darf nicht ausgeklammert werden, da wir den Bürgerkrieg als einen politischen, aber auch sozialen Kampf charakterisiert haben, in dem die Interessen des gesellschaftlich herrschenden Blocks siegreich verhandelt wurden. Wie sieht das Ergebnis dieser Auseinandersetzung ein halbes Jahrhundert danach aus? Offensichtlich haben die strukturellen Veränderungen in der Bevölkerung und in der Produktion den Arbeitskämpfen im Agrarbereich einen Teil ihrer Heftigkeit und Verzweiflung genommen. Zwischen den Akteuren der sozialen Auseinandersetzungen herrscht heute weit weniger Vergeltungs- und Rachsucht. Aber es stimmt auch, daß die Produktionsverhältnisse (die bestimmt sind durch das Privateigentum an Produktionsmitteln und die Beteiligung einer Mehrheit von Menschen, die ihre Arbeitskraft als Ware verkaufen) sich nicht verändert haben, genausowenig, wie sie dies bis zum Juli 1936 getan hatten. Kann man heute von einem Machtblock sprechen, der gleichzeitig der Block einer herrschenden sozialen Schicht ist? Es ist nicht Aufgabe des Historikers, diese Fragen zu beantworten. Dagegen kann man behaupten, daß im Jahr 1939 die politische Macht mit den grundlegenden Interessen der herrschenden Oligarchie sehr wohl übereinstimmte, daß der allmähliche Rückzug sehr viel stärker das politische Regime als jene Oligarchie betraf und daß die Wiedererlangung der Demokratie, die heute die Nutzlosigkeit der Tragödie des Bürgerkrieges zu zeigen scheint, das Ergebnis einer »Veränderungsmatrix« gewesen ist, die von »Vektoren« verschiedener Reichweite gebildet wird: der politsche und ideologische Verschleiß, die aktive Gegnerschaft der Eliten und die passive des Volkes, das Nachwachsen dreier Generationen und das Abtreten dreier anderer, die technologische Entwicklung und die Notwendigkeit, ihr die Akkumulationsformen anzupassen, der internationale Einfluß und schließlich, wenn auch schleppend, die ebenso langsame wie sichere Veränderung der Einstellungen und Meinungen. All dies hat, auch aufgrund wechselseitiger Beeinflussungen, eine Gesellschaft hervorgebracht, die sich sehr von der unterscheidet, die vor einem halben Jahrhundert in den Krieg zog.

Es wird nicht an hartnäckigen Meinungen fehlen, nach denen der Aufstand von 1936 unter Einbeziehung der Hilfe der faschistischen Regierungen für die Aufständischen eine historische Notwendigkeit gewesen sei, um die Eroberung der Macht durch das Volk und deren ökonomische, moralische und religiöse Folgen zu verhindern. Dies wäre eine Debatte außerhalb des rationalen Rahmens dieser Untersuchung, an der wir uns nicht beteiligen wollen. Wir begnügen uns mit der Feststellung, daß die allgemeine Entwicklung Europas und Spaniens in den letzten 50 Jahren ähnliche Ergebnisse gebracht hat: Der Grad der Industrialisierung hat einen Höhepunkt erreicht, die städtischen Ballungszentren sind gewachsen, die Produktivität ist gewachsen, das Zusammenleben wird durch demokratische Herrschaftsformen geregelt, in denen die Entscheidungen von der Mehrheit getroffen werden, während zugleich die Rechte der Minderheiten respektiert werden; die Menschenrechte, erweitert um die sozialen Rechte, besitzen allgemeine Gültigkeit; die Kolonialreiche sind aufgelöst, und auch die Achtung der religiösen Neutralität ist allgemeine Regel. Kurz: das konterrevolutionäre Gesellschaftsmodell, wie es den Aufständischen von 1936 vorschwebte, hat sich in Europa nicht durchgesetzt. Im Gegenteil, wenn auch um den Preis eines Weltkrieges, und die Entkolonisierung wurde auch nicht immer auf friedlichem Weg erreicht. Spanien nahm offiziell nicht am Zweiten Weltkrieg teil, es beteiligte sich aber an Hitlers Seite mit den 20 000 Soldaten der »Blauen Division« (von denen 1400 im ersten Winter starben) und mit einer ähnlichen Zahl in den Reihen der Verbündeten in Frankreich, Afrika, der Sowjetunion usw. Zu dem Preis, den das Spanien der Sieger von 1939 kostete, müssen die 30 000 Hinrichtungen der Nachkriegszeit gerechnet werden, die 1370 im Kampf gefallenen Guerillakämpfer (und vergessen wir auch nicht die 199 Verluste der Antiguerilla-Einsatzkommandos) und die fast 10 000 Spanier, die in den Vernichtungslagern der Nazis gestorben sind. Eine andere Folge von Francos zweideutiger Haltung in der Frage der Kriegsbeteiligung war es, daß Spanien von der Marshall-Plan-Hilfe und bis in die fünfziger Jahre von jeglicher auswärtigen Wirtschaftshilfe ausgeschlossen blieb.
Unabhängig davon, ob man sich für ein konservatives oder ein fortschrittliches Gesellschaftsmodell ausspricht, kann man wohl kaum behaupten, daß die gewaltsame Lösung der spanischen Krise im ersten Drittel des 20. Jahrhunderts mehr war als ein

Beitrag dazu, die bestehende soziale Ordnung um jeden Preis zu erhalten und eine nur kurzzeitige Hegemonie neu zu etablieren. Der Rückstand im Verhältnis zu Europa, der während des ganzen 19. Jahrhunderts zunahm, vergrößerte sich in den 40 Jahren der Diktatur Francos nur noch mehr. Das Wirtschaftswachstum der letzten 13 Jahre konnte diesen Abstand nicht verringern, denn dies war eine Zeit des wirtschaftlichen Aufschwungs in ganz Europa, mit dem Nachteil für Spanien, daß es Technologie einführen und Arbeitskräfte (mehr als eine Million Arbeiter) ausführen mußte, womit zumindest das Problem der Arbeitslosigkeit umgangen wurde.

Jenseits der Auseinandersetzungen über die Sinnlosigkeit, den Nutzen oder die katastrophalen Folgen des Bürgerkriegs kommt es vielmehr darauf an, die Tatsachen so anzuerkennen, wie sie sich ereignet haben. Sie sind heute bereits vollständig dokumentiert und können dem historischen Allgemeingut einverleibt werden, das zum kulturellen Erbe der Völker gehört.

Es ist längst an der Zeit, daß Tatsachen, die bislang in polemischer und verletzender Weise benutzt worden sind, zu *historischen Fakten* werden und so in das Gesamtbild der Geschichte eingefügt werden. Was nicht heißen soll, daß jeder einzelne sie gefühls- und empfindungsmäßig auf die gleiche Weise aufnimmt und die gedankliche Verarbeitung für alle dieselbe sein muß. Wenn etwa die Französische Revolution ein Gefüge von Einzeldaten ist, oder auch der Vietnam-Krieg, so kann jeder einzelne seine Wertmaßstäbe dabei anlegen, aber seine *historische Kenntnis* muß ein Minumum an Objektivität und ein Maximum an Freiheit von ideologischer Verblendung anstreben. Und dieser Grundsatz muß für alle gelten. Denn nicht aus dem Vergessen und auch nicht aus der leidenschaftlichen Erinnerung heraus, sondern auf der Basis einer möglichst exakten historischen Kenntnis gewinnen die Gesellschaften jene Erfahrung, die eine Wiederholung der Tragödien verhindert.

Wir wollen abschließend versuchen, diese Fakten, die bereits historisches Allgemeingut geworden sind, noch einmal zu formulieren (wir erheben damit nicht den Anspruch auf Vollständigkeit, sondern wollen nur einen Beitrag zur Geschichtsschreibung leisten):

Zunächst einmal kann man von einer Krise oder von ernsten Störungen in der spanischen Gesellschaft ausgehen, deren zeitlich am nächstliegenden Ursachen – Irrtümer sind bei solchen Datierungen nicht ausgeschlossen – im Jahr 1898 zu suchen sind. Der Übergang ins 20. Jahrhundert vollzog sich also vor dem Hintergrund ökonomischer und sozialer Rückständigkeit im Vergleich zur Mehrheit der europäischen Länder, was die inneren Widersprüche in der spanischen Gesellschaft nur verschärfte. Die 1931 auf friedlichem Weg etablierte demokratische Republik stellte jedoch keine ernsthafte Alternative dar, auf die sich eine Hegemonie mit anderen ideologischen Vorzeichen hätte gründen lassen. Im Gegenteil, die Auseinandersetzungen wurden immer gewalttätiger, und der Zusammenhalt des politischen Systems zerbrach. Die Reformisten wurden zu Revolutionären, wenn auch im Rahmen der Verfassung, und die Konservativen zu Konterrevolutionären und teilweise zu Anhängern des Totalitarismus.

Schließlich verwandelte sich ein Aufstand der Mehrheit der Armee und der extremen Rechten in einen Bürgerkrieg, nachdem die Aufständischen in Madrid, Barcelona, Valencia und der Mehrzahl der großen Städte gescheitert waren. Erfolgreich waren sie zunächst nur im spanischen Protektorat im Norden Marokkos, wo ein leistungsfähiges Heer aus Legionären und arabischen Söldnern stand, das zudem Kolonialkriegserfahrung hatte.

Dieser Schwebezustand gestattete den Aufständischen auszuhalten, bis sie Hilfe von den Regierungen in Rom und Berlin erhielten. Von da an gewann der Bürgerkrieg durch die Intervention ausländischer Mächte auch einen internationalen Aspekt. Diese mischten sich ins »spanische Spiel« ein und erprobten in gewisser Weise bereits Waffen und Taktiken, die im Zweiten Weltkrieg Verwendung finden sollten.

Da der Aufstand maßgeblich von Organen des spanischen Staats ausging, mußte dieser für eine gewisse Zeit ohne sie auskommen: Die staatliche *auctoritas* wurde nicht mehr durch die von den Entscheidungszentren abhängigen Zwangsinstrumente gestärkt. Der republikanische Staat mußte – so paradox das erscheinen mag – diese Apparate neu aufbauen (angefangen beim Heer, der Diplomatie und den öffentlichen Finanzen), als der Krieg bereits neun oder zehn Monate dauerte. Das von den Aufständischen kontrollierte Gebiet wurde durch das Heer zusammengehalten (Ridruejo schrieb einmal, der neue Staat sei in den vom Heer vorgeschriebenen Rahmen eingepaßt worden) – das Heer ist ein Apparat, der von seinem Wesen her ein operatives Machtzentrum bildet (das heißt, daß es Entscheidungen der institutionellen Machtzentren ausführt, daß es aber einen eigenen Einflußbereich aufgrund spezifischer Machtausübung besitzt). Da der Aufbau des Heeres aber bei Null anfing, durchlief er wegen der Aufsplitterung der militärischen Befehlsbereiche zunächst eine mehrmonatige Phase, die Carlos Rama treffend als »militärische Anarchie« bezeichnet hat; es dauerte ebenfalls etwa zehn Monate, bis er den verschiedenen Gruppen, die einen Staat im Staate bilden wollten, seine Autorität aufzwingen konnte. Noch eineinhalb Jahre lang litt der rudimentäre Staat, der im Oktober 1936 zu existieren begann, an Verwaltungsmängeln jeglicher Art.

Der Aufstand vom Juli 1936 setzte ein *konterrevolutionäres* Projekt in Gang, zu dessen Verwirklichung der Angriff auf den demokratischen Staat eingeleitet wurde. Seiner Organe beraubt, mußte sich dieser verteidigen, indem er sich ohne Unterschied auf alle stützte, die seine Legitimität anerkannten. Notgedrungen mußte die Reaktion auf diese ungeheure soziale Kraft (die ein viel breiteres Spektrum als die Wählerschaft der Volksfront umfaßte), anstatt in *Unbeweglichkeit* zu verharren, zu einer *Revolution* führen. Kurzfristig sah es so aus, als würde diese Revolution den republikanischen Staat zerstören. Dies geschah jedoch nicht; sie stattete ihn vielmehr mit neuen Institutionen aus. In den kritischen Augenblicken des Krieges standen sich bereits zwei Staaten mit zwei entgegengesetzten politischen und sozialen Vorstellungen gegenüber. Der einzige Ausweg bestand darin, daß einer der beiden das Machtmonopol erhielt. Denn nur eine gegenseitige und gleich starke Zermürbung hätte zu jenen Verhandlungen geführt, von denen Azaña träumte und auf die man bei einem Rest von Achtung vor demokratischen Grundprinzipien immer noch hoffte. Dieses Vorhaben, das niemals präzise Gestalt annahm, darf von Historikern nicht mit der bedingungslosen Kapitulation Casados und Besteiros verwechselt werden.

Das Gleichgewicht auf beiden Seiten, sowohl was den militärischen Verschleiß als auch die Überlebenschancen und die Hoffnungen auf eine Verhandlungslösung betrifft (womit auch Negrín 1938 vor dem Münchner Abkommen spielte, denn später wollte er nur noch Garantien gegen Repressalien erhalten), schien sich Ende 1938 vollständig zugunsten Francos zu verlagern, angesichts der internationalen Lage und der Strategie der Großmächte, die sich allen hypothetischen Vorschlägen der Republik versperrten.

Die Dialektik »konterrevolutionärer Schlag – revolutionäre Erwiderung« (vgl. den hervorragenden Beitrag von Julio Aróstegui) führte dazu, daß während der ersten Phase der bewaffneten Auseinandersetzung die Machtzentren nicht als solche agierten und nicht in der Lage waren, ihre Entscheidungen umzusetzen. Dies brachte ein Überschäumen der Vernichtungswut auf beiden Seiten mit sich. Im republikanischen Lager äußerte sich dies während der ersten Monate höchst spontan (aufgrund des schon erwähnten paradoxen Umstandes, daß nämlich dem angegriffenen Staat weniger Apparate zur Verfügung standen, um seine Entscheidungen durchzusetzen, als der im Juli 1936 entstandenen faktischen Macht; diese hatte die Funktion der Verteidigungseinrichtungen unterlaufen, da sie aus ihnen hervorging). Dagegen entsprach im aufständischen Lager die physische Vernichtung der Gegner eher einem strategischen Konzept als der überquellenden Leidenschaft jahrhundertelang unterdrückter Schichten. Dieser Unterschied ist leicht dokumentierbar. Sicher ist aber auch richtig, daß dabei auch kriminelle Elemente in Erscheinung traten, die in jeder Gesellschaft vorhanden sind und nur auf derartige Umstände warten, ebenso wie die Rachsucht, als man von Gemetzeln auf der einen oder anderen Seite hörte, von Opfern der Bombardierungen, von »Säuberungs-Exzessen« beim Einmarsch in die Städte usw. Die Auswüchse nahmen auf beiden Seiten derartige Formen an, daß sie sich gegen den Ruf und die Glaubwürdigkeit ihrer Urheber und Mitwisser richteten, sowohl vor der zeitgenössischen Weltöffentlichkeit als auch vor den nachfolgenden Generationen von Spaniern, die die Szene betraten, als die Emotionen des Kriegs bereits abgeklungen waren.
Die kurze Dauer des Kriegs (32,5 Monate) und die unterschiedliche Quellenlage lassen nicht zu, daß wir noch eine für alle akzeptable kritische Schlußfolgerung über die auf republikanischem Gebiet und vor allem im Landwirtschaftsbereich gemachten sozioökonomischen Experimente ziehen, die von vielen als eine Vorstufe des Selbstverwaltungsmodells angesehen wurden.
Zum ideologischen Bereich bleibt festzustellen: Während in der franquistischen Zone die religiösen Werte – oder zumindest ihr formaler Ausdruck – einen vorrangigen Stellenwert hatten, schienen im republikanischen Spanien dagegen die »kulturalistischen« Werte einen entsprechenden Platz einzunehmen.

Was ist schließlich ein halbes Jahrhundert nach jener Tragödie an »materieller« Substanz im kollektiven Gedächtnis der Völker Spaniens haftengeblieben? Welche Symbole, welche Orte, welche Ereignisse?
Zwar erinnern in manchen öffentlichen Gebäuden und einigen anderen Orten die Todeslisten der für »Gott und Spanien Gefallenen« noch an die furchtbare Ausrottung von Menschenleben; aber heute sieht man daneben auch die Gedenktafeln und Mahnmale, die an die für »die Freiheit Gefallenen« erinnern. Franco und José Antonio Primo de Rivera ruhen für immer in der Krypta der Basilika im »Tal der Gefallenen«, dem Pilgerort der extremen Rechten. Aber die einfachen Leute von Barcelona stellen jeden Tag frische Blumen auf das Grab von Lluís Companys.
Der halb zerstörte Alcázar von Toledo hält für immer die Erinnerung an den Widerstand seiner Verteidiger wach, aber auch die Ruinen des früheren Belchite wirken wie ein Schreckensschrei gegen jeden Krieg. Und die 8000 republikanischen Spanier auf der Gedenktafel des Vernichtungslagers von Mauthausen bezeugen für immer das Opfer derer, die dort einen gräßlichen Tod fanden, nachdem sie zuvor die Leiden des Kriegs und die Verbannung der Besiegten erfahren hatten.
Mitten im Baskenland erhebt sich das wiederaufgebaute Guernica, der Ort, der das traurige Privileg genießt, als erste Stadt der Welt die systematische Vernichtung der Zivilbevölkerung erfahren zu haben, die von Hitlers Legion Condor (mit Einwilligung der aufständischen Militärs) durchgeführt wurde. Aber auch von Pablo Picasso wurde sie unsterblich gemacht; sein Gemälde vermittelt der ganzen Welt den unvergleichlichen Schrecken jenes 26. April.
Auch die Kinder von heute, die Bilder des Alcázar oder von Guernica sehen, lesen bisweilen noch das Gedicht Pablo Nerudas *Generales, mirad mi casa rota* (Generäle, schaut auf mein zerstörtes Haus) und wissen, daß Miguel Hernández, der Autor von *Canción del esposo soldado* (Das Lied vom Soldatenbräutigam), drei Jahre nach Kriegsende in einem Gefängnis starb. Dieselben jungen Leute und noch Jüngere lesen auch die Comics über unseren Krieg.
Andererseits verschwinden Daten aus dem kollektiven Gedächtnis, die Erinnerungen an den Sieg hervorriefen und keineswegs zu einem Zusammenleben auf der Grundlage des Pluralismus beitrugen. So verhielt es sich während mehrerer Generationen mit dem

18. Juli, der, statt ein schmerzlicher Gedenktag zu sein, der *Día del Glorioso Alzamiento* (Tag der Glorreichen Erhebung) genannt wurde (oder des *Movimiento,* der »Bewegung«, denn die Terminologie war unter dem Franquismus immer etwas ungenau); der 1. April, der *Día de la Victoria* (Tag des Siegs); der 17. April, der *Día de la Unificación* (Tag der Vereinigung) (als die *Falange* die *Comunión Tradicionalista* [Tradidtionalistenpartei] und die Reste der anderen Rechtsparteien absorbierte); der 29. Oktober war der *Día de los Caídos* (Tag der Gefallenen); der 1. Oktober der *Día del Caudillo* (Tag des *Caudillo*) ... und so fort. Vielleicht haben seit der Französischen Revolution niemals wieder derart viele politische Daten in den Gregorianischen Kalender Eingang gefunden.

Alle diese Daten verloren allmählich an Lebendigkeit und Inhalt und sind aus dem Spanien unserer Tage bereits verschwunden, ohne bei der jüngeren Generation irgendwelche Spuren zu hinterlassen.

Trotzdem stehen die Anstrengungen, das Bewußtsein über unsere Vergangenheit lebendig zu erhalten und die Geschichte aufzuarbeiten, in anderer Form auf der Tagesordnung: es gibt Gedenkfeiern zum 700. Todesjahr Alfonso X., zur 500. Wiederkehr der Ankunft von Kolumbus in Amerika, dem Erscheinen des Romans *La Regenta* (dt.: Die Präsidentin, Frankfurt 1985) von Leopoldo Alas oder der Einsetzung einer »Kommission für Sozialreformen« vor 100 Jahren usw. Die jungen Generationen haben heute eine distanziertere Sicht der historischen Ereignisse; denn die Instrumentalisierung der Geschichte hat nicht selten zu Ablehnung geführt. Andererseits haben die technologische Entwicklung der Massenmedien, der Vorrang des Bildes bei der Übermittlung von Denkvorstellungen zwar viele Symbole entmythisiert, aber auch ein Gefühl geschaffen, in dem das Unmittelbare vorherrschend ist. Dies ist ein Phänomen der informatisierten Welt, das noch nicht genügend durchdacht ist und das z. B. die in diesem Buch behandelten Themen für viele Jugendliche in eine unbestimmte Vergangenheit zurückverweist. Aber diese Vergangenheit liegt noch gar nicht so lange zurück, auch wenn wir ihr bereits ihren Ort in der Geschichte zugeordnet haben: sie hat Haß erzeugt, Tränen fließen lassen und viele Familien mit Trauer erfüllt. Das pluralistische Spanien unserer Tage, das bereits seinen Platz beim Aufbau Europas hat, muß in dieses Europa auch seine eigene historische Erfahrung einbringen – jenseits aller Leidenschaften und Ideologien und auf der Grundlage von Erforschung, Kenntnis und kritischer Beurteilung einer Vergangenheit, die nicht vergessen werden darf, damit sie sich nicht wiederholt.

(Aus dem Spanischen von Gerhard Poppenberg)

Zeittafel

1936	Republikanische Zone	Aufständische Zone
18. 7.		Der Kriegszustand wird in Marokko und in den folgenden Tagen im gesamten aufständischen Gebiet verhängt.
19. 7.	Kurze Regierung unter Martínez Barrio, der vergeblich mit den Aufständischen zu verhandeln sucht. Neue Regierung unter José Giral. Das Volk wird bewaffnet und bildet Milizen für den Widerstand gegen die Putschisten.	
20.–24. 7.	Die Kommunistische Partei (PCE) gründet in Madrid das »Fünfte Regiment«. Die »Sozialistische Jugend« bildet die Bataillone »Octubre« und »Largo Caballero«.	General Sanjurjo, Führer des Aufstands, verunglückt tödlich bei einem Flugzeugabsturz.
21. 7.	In Barcelona entsteht das »Zentralkomitee der Antifaschistischen Milizen«.	
24. 7.		Einsetzung des »Nationalen Verteidigungsrates« in Burgos.
25. 7.		Berlin und Rom schicken Männer und Waffen an die aufständischen Generale als erste Unterstützungsmaßnahme.

1936	Kriegsschauplatz	Kultur
18./19. 7.	Der Militäraufstand breitet sich auf der Halbinsel aus.	
19. 7.	Ende des Widerstands der Aufständischen in Barcelona.	
20. 7.	Mit der Erstürmung der Montaña-Kaserne wird in Madrid der letzte Widerstand der Aufständischen gebrochen. Der Aufstand ist erfolgreich in Galicien, León, Sevilla etc. Spanien wird in zwei Zonen gespalten.	
26. 7.		Erscheinen der Tageszeitung des »Fünften Regiments«: *Milicia Popular* (Volksmiliz).

1936	Republikanische Zone	Aufständische Zone
6. 8.		Die Bischöfe von Pamplona und Vitoria wenden sich in einem Hirtenbrief gemeinsam an das baskische Volk.
8. 8.	Die Regierung hebt die Sitzungen der Cortes auf.	
17. 8.	Gründung des »Verteidigungsausschusses von Vizcaya« in Bilbao.	
18.–19. 8.		Federico García Lorca wird in Viznar ermordet.

1936	Kriegsschauplatz	Kultur
27. 7.		In Barcelona wird der »Rat für die neue Einheitsschule« gegründet.
1. 8.	Frankreich und England schlagen den europäischen Staaten ein Nicht-Einmischungs-Abkommen in bezug auf Spanien vor.	
5. 8.	Über eine Luftbrücke werden die marokkanischen Truppen, die bedeutende Stütze des aufständischen Heers, von Afrika auf die Halbinsel gebracht.	
9. 8.	Beorlegui startet den Angriff auf Irún.	
11. 8.	Die Aufständischen besetzen Mérida.	
14. 8.	Badajoz wird von den Truppen General Yagües besetzt und erleidet grausame Repressalien.	

1936	Republikanische Zone	Aufständische Zone
23.–25. 8.		Dekrete zur Aufhebung sämtlicher Pläne der Agrarreform.
26. 8.	Gründung der Volkstribunale.	Franco verlegt sein Hauptquartier nach Cáceres.
2. 9.		Der II. Parteitag der *Falange* ernennt einen provisorischen Führungsausschuß unter dem Vorsitz von Manuel Hedilla.
4. 9.	Largo Caballero bildet eine neue Regierung aus Mitgliedern der Parteien der Volksfront.	
13.–15. 9.		Dekrete zum Verbot der Parteien der Volksfront sowie jeglicher politischer und gewerkschaftlicher Aktivitäten.

1936	Kriegsschauplatz	Kultur
20. 8.		Die republikanische Regierung widerruft die Ernennung Unamunos zum Rektor auf Lebenszeit für die Universität von Salamanca.
27. 8.		Neuerscheinung *El Mono Azul* (Der Blaumann) in Madrid.
3. 9.	Talavera wird von den Aufständischen eingenommen.	
4. 9.	General Mola besetzt mit seinen Kolonnen Irún.	Abschaffung des weltlichen Unterrichts und der Koedukation in der aufständischen Zone.
14. 9.		Installation von Radiosendern *Altavoces del Frente* (Frontlautsprecher) für die Front.

1936	Republikanische Zone	Aufständische Zone
21. 9.		Treffen der Generäle zwecks Wahl einer Führung.
26. 9.	Neue Regierung der *Generalitat*, unter Beteiligung der Anarchosyndikalisten.	
28. 9.		Franco wird zum alleinigen Führer gewählt.
30. 9.	Verordnung zur Militarisierung der Milizverbände.	Hirtenbrief von Pla i Deniel.
1. 10.	Die Cortes verabschieden das Autonomiestatut für die Basken.	Proklamation und Ernennung General Francos als Regierungschef des spanischen Staates und Oberbefehlshaber aller Streitkräfte.
3. 10.		Gründung der Technischen Staatsjunta.
7. 10.	Erste Regierungsbildung im Baskenland. Dekret über Landenteignungen und Verstaatlichung von Landgütern.	
15. 10.	Errichtung eines Kriegskommissariates.	
19. 10.	Azaña zieht sich nach Barcelona zurück.	

1936	Kriegsschauplatz	Kultur
27. 9.	Varela marschiert in Toledo ein und durchbricht den Belagerungsring des Alcázars.	
12. 10.		Zwischenfall zwischen Unamuno und Millán Astray.
19. 10.	Die Schlacht um Madrid beginnt.	

1936	Republikanische Zone	Aufständische Zone
23. 10.	Die *Generalitat* erläßt Verordnungen über Kollektivierungen und Arbeiterkontrollen.	
24. 10.		Bildung eines Hohen Militärischen Gerichtstribunals.
4. 11.	Mobilmachung des Volkes in Madrid vor dem Anrükken aufständischer Kolonnen. Largo Caballero bildet eine neue Regierung, an der sich die Anarchosyndikalisten beteiligen.	
6. 11.	Die Regierung verlegt ihren Sitz nach Valencia. In Madrid bildet sich die Verteidigungsjunta.	
7. 11.		Gil Robles ruft seine Anhänger auf, die Aufständischen zu unterstützen.
18. 11.		Deutschland und Italien erkennen offiziell die Technische Staatsjunta und Franco als Staatschef an.
20. 11.	Gründung von Kriegsausbildungsschulen. José Antonio Primo de Rivera wird in Alicante erschossen.	
21. 11.		Zweites Parteitreffen der *Falange*. Hedilla wird als Chef der Führungsjunta bestätigt.

7. 11. Heftige Kämpfe in der Casa de Campo, einem Park im Westen Madrids. Der erste Versuch der Truppen Varelas, die Stadt einzunehmen, scheitert.

1936/37	Republikanische Zone	Aufständische Zone
15. 12.	Gründung eines Höheren Sicherheitsrates.	
18. 12.		Fal Conde wird nach Lissabon verbannt.
23. 12.	Offizielle Konstituierung der Räte von Aragonien, Asturien und Santander-León.	
Januar	Nationale Konferenz der Vereinigten Sozialistischen Jugend. Umstrukturierung des Finanzwesens durch Negrín.	Einweihung von *Radio Nacional*. Rede Francos.

1936/37	Kriegsschauplatz	Kultur
31. 12.		Unamuno stirbt. Gründung der Zeitschrift *Jerarquía* (Hierarchie) in Pamplona.
		Hora de España (Stunde Spaniens) wird in Valencia veröffentlicht. Bildung von Kulturmilizen. *La Trinchera* (Der Schützengraben), eine satirische Zeitschrift, wird in Salamanca veröffentlicht und nimmt im Februar den Namen *La Ametralladora* (Das Maschinengewehr) an.
14. 1.	Die Aufständischen greifen Málaga an.	
31. 1.		Eröffnung des ersten Instituts für den Arbeiter in Valencia.
5.–24. 2.	Schlacht um Jarama.	
8. 2.	Franquistische Truppen besetzen Málaga. Harte Repressionen.	

1937	Republikanische Zone	Aufständische Zone
16. 2.		Unterredungen zwischen Falangisten und Karlisten in Lissabon.
20. 2.		Serrano Suñer trifft in Salamanca ein.
21. 2.		In den »befreiten« Zonen übernehmen die Militärgouverneure die Regierung.
5.–8. 3.	Erste Kriegsplenarsitzung des Zentralkomitees der Kommunistischen Partei Spaniens.	
8. 3.		Auflösung der *Renovación Española* (Spanische Erneuerung).
16.–19. 4.		Streit um die Führung in der *Falange*. Krise in Salamanca.
19. 4.		Dekret zur Vereinigung von *Falange* und *Requeté* (militär. Organ. der Karlisten) unter Führung Francos.
23. 4.	Auflösung der Verteidigungsjunta von Madrid und Bildung einer Stadtverwaltung mit sozialistischer Mehrheit.	Ernennung der Politischen Junta.

8. 3.	Beginn der Schlacht von Guadalajara. Italienische Offensive.	
21. 3.	Ende der Schlacht von Guadalajara. Scheitern der Aufständischen.	
31. 3.	Mola beginnt die Offensive im Norden.	
April	Starke Bombenangriffe im Norden durch franquistische Luftwaffe.	Die falangistische Zeitschrift *Vértice* (Scheitel) erscheint in San Sebastián.

1937	Republikanische Zone	Aufständische Zone
25. 4.		Hedilla wird verhaftet.
2.–7. 5.	Politische Krise in Barcelona. Straßenkämpfe zwischen Anarchisten und Trotzkisten einerseits und den Ordnungskräften und Sozialisten andererseits. Neue Regierung der *Generalitat*, Sturz der Regierung Largo Caballero.	
17. 5.	Negrín bildet neue Regierung mit Prieto als Verteidigungsminister.	
1. 6.		In Berlin und Rom werden die ersten Botschafter ernannt.
3. 6.		Mola kommt bei einem Flugzeugabsturz ums Leben.
5.–7. 6.		Hedilla wird von einem Kriegsgericht zum Tode verurteilt und später begnadigt.
16. 6.	Verstaatlichung der Kriegsindustrie.	

1937	Kriegsschauplatz	Kultur
26. 4.	Die Legion Condor zerstört Guernica.	
31. 5.	Almería wird bombardiert. Krise bei den Vertretern der Nicht-Einmischungs-Politik.	Spanischer Pavillon bei der Weltausstellung in Paris.
19. 6.	Bilbao wird von den Truppen Francos besetzt. Fall des Baskenlandes.	

1937	Republikanische Zone	Aufständische Zone
23. 6.		Aufhebung der wirtschaftlichen Sonderbedingungen für das Baskenland.
Juli	Auf dem Parteikongreß der Sozialisten (PSOE) wird die Maikrise diskutiert, die Haltung des Exekutivkomitees wird gebilligt. Aber Freunde Largo Caballeros gehen in Opposition. Spaltung innerhalb der sozialistischen Gewerkschaft. Das »Amt für militärische Forschungen« (SIM) wird gebildet.	
1. 7.		Gemeinsamer Hirtenbrief des spanischen Episkopats.
7. 8.	Dekret autorisiert die private Religionsausübung.	
10. 8.	Auflösung des Rates von Aragonien.	
26. 8.		Verordnung zur Getreideproduktion. Gründung des »Nationalen Weizendienstes«.

4. 7.		Internationaler Schriftstellerkongreß in Valencia (der in Madrid und Paris weitergeführt wird).
6.–24. 7.	Schlacht von Brunete.	
24. 8.	Schlachtbeginn von Belchite.	

1937	Republikanische Zone	Aufständische Zone
27. 8.	Dekret über landwirtschaftliche Genossenschaften.	
22. 9.		Monseñor Antoniutti wird zum Geschäftsträger ernannt (er trifft im November in Burgos ein).
31. 10.	Die Regierung verlegt ihren Sitz nach Barcelona.	
November		Gründung des Geheim- und Nachrichtendienstes (SIPM) unter Führung von Oberst José Ungria.
6. 11.		Dekret zum Schutz und zur Förderung der nationalen Industrie.
15. 11.		Sir H. Hodgson vertritt Großbritannien in Burgos.
29. 11.		Japan erkennt Franco an.
2. 12.		Vereidigung des Nationalrats der *Falange* im Kloster Las Huelgas.

1937	Kriegsschauplatz	Kultur
10. 9.	Einberufung einer Konferenz für Fragen der Sicherheit im Mittelmeerraum in Nyon.	
21. 10.	Die franquistischen Truppen nehmen Gijón und Avilés ein: Damit löst sich die Front im Norden auf.	
8. 12.		Gründung des Spanischen Instituts in der franquistischen Zone.

1937/38	Republikanische Zone	Aufständische Zone
Jan.–Febr.	Preissteigerungen in der Etappe.	
30. 1.		Franco bildet seine erste Regierung. Gesetz zur Verwaltung des Staates.
5. 2.		Serrano Suñer, Staatssekretär der Regierung von Burgos.
März		Gesetze über Zivile Eheschließung und Scheidung von 1932 werden annulliert.
9. 3.		Das »Grundgesetz der Arbeit« wird erlassen.

1937/38	Kriegsschauplatz	Kultur
15. 12.	Beginn der republikanischen Offensive bei Teruel.	*Romancero general de la guerra de España* ([Allgemeine Romanzensammlung des Spanischen Bürgerkriegs] Valencia) R. Alberti, *De un momento a otro* ([Von einem Moment zum anderen] Valencia) M. Hernández, *Viento de pueblo* ([Wind des Volkes] Valencia) P. Picasso, *Guernica*
7. 1.	Die Republikaner nehmen Teruel ein.	
5. 2.	Beginn der Schlacht am Alfambra.	
22. 2.	Zurückeroberung Teruels durch die franquistischen Truppen.	
9. 3.		Ridruejo wird Chef des Nationalen Propaganda-Amts.
10. 3.	Offensive an der aragonesischen Front. Wiedereroberung von Belchite.	

1938	Republikanische Zone	Aufständische Zone
16. 3.	Öffentliche Kundgebungen in Barcelona gegen Schlichtungsversuche.	
29. 3.	Dramatischer Bericht Prietos in einer Regierungssitzung.	
1. 4.	Parteitreffen der Volksfront, der die Anarchosyndikalisten beitreten.	
5. 4.		Das Autonomiestatut Kataloniens wird aufgehoben.
5.–6. 4.	Politische Krise: Prieto verläßt das Verteidigungsministerium; Negrín bildet neue Regierung und übernimmt selber das Verteidigungsministerium neben dem Amt des Ministerpräsidenten. Die Anarchosyndikalisten bleiben in der Regierung.	
9. 4.		Carrasco i Formiguera, katalonischer katholischer Politiker der Demokratischen Union Kataloniens (UDC) wird in Burgos erschossen.

1938	Kriegsschauplatz	Kultur
18. 3.	Schwere Bombenangriffe auf Barcelona.	
3. 4.	Lérida wird von franquistischen Truppen besetzt.	
14. 4.	Die Franco-Truppen erreichen das Mittelmeer.	
21. 4.	Beginn der Schlacht bei Valencia.	

1938	Republikanische Zone	Aufständische Zone
30. 4.	Die »Dreizehn Punkte«: Programm der neuen Regierung, das alle Parteien der Volksfront unterstützen.	
3. 5.		Wiederzulassung des Jesuitenordens.
12. 5.		Oliveira Salazar erkennt die Regierung Francos an.
12. 6.	Frankreich schließt seine Grenzen.	
18. 6.	Negrín hält eine Rundfunkrede und überwindet die politische Krise.	
24.–30. 6.		Eintreffen des ersten Nuntius, Monseñor Cicognani; Yanguas Messa, erster Botschafter Francos, überreicht seine Beglaubigungsschreiben Pius XI.
5. 7.		Gesetz zur Wiedereinführung der Todesstrafe.
18. 7.	Rede Azañas in Barcelona im zweiten Kriegsjahr: »Friede, Nachsicht, Mitleid, Verzeihung«.	

1938	Kriegsschauplatz	Kultur
22. 4.		Pressegesetz.
Mai		Zuloaga gewinnt die Goldmedaille auf der Biennale von Venedig. Weiterbildungskurse für Lehrer.
23.–26. 5.	Bombardierung von Barcelona, Granollers, Valencia und Alicante.	
5. 7.	Das Nicht-Einmischungs-Komitee stimmt dem Plan für den Abzug aller Freiwilligen zu.	

2.–10. 8.	Nationale Plenarsitzung der regionalen Verbände der Anarchosyndikalisten.	
7. 8.	Parteitreffen der Sozialisten, konträre Auffassungen zwischen Negrín und Prieto.	
13. 8.	Parteiversammlung der Linken Republikaner (IR). Man verlangt, daß die Republik nur von Republikanern regiert werde.	
16. 8.	Verordnung zur Militarisierung der Industrie.	
17. 8.	Regierungskrise, herbeigeführt von den regionalistischen Parteien. Rücktritt Aiguadé und Irujos, Neubesetzung durch Moix (PSUC) und Bilbao (Nationalistisch-Baskische Aktion, ANV).	

1938	Kriegsschauplatz	Kultur
25. 7.	Beginn der Schlacht am Ebro. Das Heer, unter Befehl von Modesto, mit Líster und Tagüeña, überquert den Fluß an zwölf Stellen. Marsch auf Gandesa.	
12. 8.	Republikanischer Gegenangriff in Extremadura, der das Vordringen von Queipo de Llano in Richtung Almadén verhindert.	
20. 8.	General Yagüe startet die Gegenoffensive am Ebro.	

1938	Republikanische Zone	Aufständische Zone
September		Der Duque de Alba führt in London Unterredungen, um der britischen Regierung Sicherheiten anzubieten für den Fall, daß die Spannungen mit Hitler zunehmen.
21. 9.	Negrín verkündet im Völkerbund den Abzug der Internationalen Brigaden.	
30. 9.		Münchner Abkommen.
1. 10.	Sitzung der Cortes in San Cugat del Vallés (Barcelona).	
28. 10.	Die Internationalen Brigaden verabschieden sich in Barcelona.	
November		Hitler beschließt die Verstärkung der Legion Condor und neue Waffenlieferungen für Spanien.

1938	Kriegsschauplatz	Kultur
23. 9.		Gesetz zur Schulreform in der franquistischen Zone.
16. 11.	Ende der Schlacht am Ebro.	
8. 12.	Auf Drängen Miajas wird der Plan General Rojos über eine Offensive in Andalusien aufgegeben.	
23. 12.	Beginn der Offensive auf Katalonien.	

1938	Republikanische Zone	Aufständische Zone
30. 12.		Serrano Suñer, Innenminister.

1938/39	Kriegsschauplatz	Kultur
		A. de Foxá, *Madrid, de corte a cheka* ([Madrid, vom Hofstaat zur Tscheka] Burgos).
		J.M. Pemán, *Poema de la Bestia y el Ángel* ([Gedicht über die Bestie und den Engel] Burgos).
		A. Serrano Plaja, *El hombre y el trabajo* ([Mensch und Arbeit] Valencia).
		J. Gil-Albert, *Son nombres ignorados* ([Seine unbekannten Namen] Valencia).
		Castelao, Series: *Galicia mártir y Milicianos* (Galicien: Märtyrer und Milizen).
		J. Herrera Petere, *Acero de Madrid* ([Stählernes Madrid] Madrid).
		M. Aub, *Teatro de circunstancia* ([Gelegenheitstheater] Madrid-Valencia).
		Beginn der Veröffentlichung von *Flechas y Pelayos* ([Pimpfe und Jungvolk] San Sebastián).
Januar	Republikanisches Vordringen in Extremadura, die Stellungen werden durch die Truppen Queipos in der ersten Februarwoche zurückerobert.	
15. 1.	Die Truppen Francos betreten Tarragona.	
26. 1.	Barcelona wird durch die Truppen Francos besetzt.	

1939	Republikanische Zone	Aufständische Zone
1. 2.	Letzte Sitzung der Cortes im Schloß von Figueras. Oberst Casado nimmt geheime Kontakte zu Franco auf, ohne Wissen der Regierung.	
9. 2.	Negrín überschreitet die Grenze wenige Stunden vor den letzten Soldaten.	Gesetz über Politische Verantwortung.
10. 2.	Die Regierung kehrt nach Spanien zurück.	
27. 2.		Großbritannien und Frankreich erkennen offiziell die Regierung Francos an.
28. 2.	Azaña verzichtet von Frankreich aus auf das Amt des Präsidenten der Republik.	
2. 3.		Gesetz befreit die Kirche von der Zahlung von Grundsteuern.
4.–6. 3.	Aufstand in Kartagena, der unterdrückt wird.	
5. 3.	Oberst Casado gründet unter Mitwirkung von Julián Besteiro und Cipriano Mera den Nationalrat für Verteidigung.	

1939	Kriegsschauplatz	Kultur
11. 2.	Abschluß der Besetzung Kataloniens.	
23. 2.		Antonio Machado stirbt in Colliour (Frankreich).

1939	Republikanische Zone	Aufständische Zone
6. 3.	Die Regierung Negrín verläßt Spanien nach Isolierung in Elda. Bürgerkrieg innerhalb des Bürgerkriegs in Madrid.	
15.–20. 3.	Der Nationalrat für Verteidigung sucht um Verhandlungen mit Franco nach.	
16. 3.		Gründung des Kredit-Instituts zum nationalen Wiederaufbau.
26. 3.	Definitiver Abbruch der Beziehungen zwischen Franco und den Vertretern Casados.	
27. 3.		Anschluß an den Antikomintern-Pakt.
28. 3.	Der Nationalrat für die Verteidigung verläßt Madrid mit Ausnahme von Besteiro.	
31. 3.	Agonie der Republik. Exil	
1. 4.		Die Vereinigten Staaten erkennen die Regierung Francos an.

28. 3.	Das Franco-Heer zieht in Madrid ein.	
31. 3.	Alicante wird durch Truppen Francos und Mussolinis besetzt.	
Kriegsende.		

(Aus dem Spanischen von Jutta Müther)

Die Kabinette der Zentralregierung und der *Generalitat* 1936–1939

Regierungen der Republik Spanien

19. Juli 1936 – Regierung Giral

Ministerpräsident und Marine	José Giral Pereira, IR
Kriegsmarine (ab 23. August)	Francisco Matz Sánchez, IR
Auswärtiges	Augusto Barcia Trelles, IR
Justiz	Manuel Blasco Garzón, IR
Kriegsminister	General Luis Castelló Pantoja
ab 6. August	General Juan Hernández Sarabia
Finanzen	Enrique Ramos Ramos, IR
Inneres	General Sebastián Pozas Perea
Unterricht und Kultur	Francisco Barnés Salinas, IR
Arbeit und Gesundheit	Juan Lluhi Vallescá, ERC
Landwirtschaft	Mariano Ruiz Fundes, IR
Industrie und Handel	Plácido Alvarez-Buylla y Lozana, IR
Handelsflotte und Verkehr	Bernardo Giner de los Ríos, UR
Öffentl. Arbeiten (ab 21. Juli)	Antonio Velao Oñate, IR

5. September 1936 – Erste Regierung Largo Caballero

Ministerpräsident und Kriegsminister	Francisco Largo Caballero, PSOE
Auswärtiges	Julio Alvarez del Vayo, PSOE
Justiz	Mariano Ruiz Funes, IR
Luftwaffe und Kriegsmarine	Indalecio Prieto y Tuero, PSOE
Finanzen	Juan Negrín López, PSOE
Inneres	Angel Galarza Gago, PSOE
Unterricht und Kultur	Jesús Hernández Tomás, PCE
Arbeit und Gesundheit	José Tomás Piera, ERC
Industrie und Handel	A. de Gracia Villarrubia, PSOE
Landwirtschaft	Vicente Uribe Galdeano, PCE
Handelsflotte und Verkehr	Bernardo Giner de los Ríos, PSOE

Öffentl. Arbeiten (ab 16. Sept.)	Julio Just Gimeno, IR
ohne Portefeuille	José Giral Pereira, IR

5. November 1936 – Zweite Regierung Largo Caballero

MP und Kriegsminister	Francisco Largo Caballero, PSOE
Auswärtiges	Julio Alvarez del Vayo, PSOE
Luftwaffe und Kriegsmarine	Indalecio Prieto y Tuero, PSOE
Finanzen	Juan Negrín López, PSOE
Inneres	Angel Galarza Gago, PSOE
Unterricht	Jesús Hernández Tomás, PCE
Landwirtschaft	Vicente Uribe Galdeano, PCE
Handelsflotte und Verkehr	Bernardo Giner de los Ríos, UR
Justiz	Juan García Oliver, CNT
Industrie	Juan Peiró Belis, CNT
Gesundheit	Federica Montseny Mañé, CNT
Arbeit	A. de Gracia Villarrubia, UGT
Öffentliche Arbeiten	Julio Just Gimeno, IR
Handel	Juan López Sánchez, CNT
Propaganda	Carlos Esplá Rizo, IR
ohne Portefeuille	José Giral Pereira, IR
	Manuel de Irujo, PNV
	Jaume Ayguadé Miró, ERC

18. Mai 1937 – Erste Regierung Negrín

MP, Finanzen und Wirtschaft	Juan Negrín López, PSOE
Verteidigung	Indalecio Prieto y Tuero, PSOE
Auswärtiges	José Giral Pereira, IR
Justiz	Manuel de Irujo y Ollo, PNV
ab November 1937	Mariano Ansó Zunzarren, IR
Inneres	Julián Zugazagiotia, PSOE
Unterricht und Gesundheit	Jesús Hernández Tomás, PCE
Landwirtschaft	Vicente Uribe Galdeano, PCE
Öffentliche Arbeiten	Bernardo Giner de los Ríos, UR
Arbeit und Soziale Fürsorge	Jaume Ayguadé Miró, ERC

5. April 1938 – Zweite Regierung Negrín

MP und Verteidigung	Juan Negrín López, PSOE
Generalsekretär für die Verteidigung	Julián Zugazagoitia, PSOE

Auswärtiges	Julio Alvarez del Vayo, PSOE
Inneres	Paulino Gómez Sáenz, PSOE
Justiz	Ramón Gonzáles Peña, PSOE
Landwirtschaft	Vicente Uribe Galdeano, PCE
Unterricht und Gesundheit	Segundo Blanco González, CNT
Finanzen und Wirtschaft	Francisco Méndez Aspe, IR
Öffentliche Arbeiten	Antonio Velao Oñate, IR
Post und Verkehr	Bernardo Giner de los Ríos, UR
Arbeit	Jaume Ayguadé Miró, ERC
ab 17. August 1938	José Moix Regas, ERC
ohne Portefeuille	José Giral Pereira, IR
	Manuel de Irujo y Ollo, PNV
ab 17. August 1938	Tomás Bilbao Hospitalet, ANV

Regionalregierungen von Katalonien *(Generalitat)*

31. Juli 1936

Präsident Kataloniens	Lluis Companys, ERC
Premierminister	Joan Casanovas, ERC
Justiz	Josep Quero, ERC
Inneres	Josep María España, ERC
Finanzen	Martí Esteve, ACR
Kultur	Ventura Gassol, ERC
Öffentliche Arbeiten	Pere Mestres, ERC
Arbeit	Lluis Prunés, ERC
Landwirtschaft	Josep Calvet, UDR
Wirtschaft (bis 6. 8.)	Joan Comorera, PSUC
Öffentl. Dienste (bis 6. 8.)	Joan Cerdena, ERC
Wirtschaft und Öffentl. Dienste	Josep Tarradellas, ERC
Gesundheit	Martí Rauret, ERC
Verteidigung	Oberstleutnant Felip Díaz Sandino
Verpflegung	Estanislau Ruiz i Ponsetti, PSUC
Post, Telefon, Telegrafie	Rafael Vidiella, PSUC
Sozialfürsorge	Joan Puig y Ferrater, ERC

26. September 1936

Premierminister und Finanzen	Josep Tarradellas, ERC
Kultur	Ventura Gassol, ERC

Sicherheit	Artemi Ayguadé, ERC
Wirtschaft	Joan Fàbregas, CNT
Verpflegung	Josep Joan Domènech, CNT
Fürsorge und Gesundheit	Antoni García Birlan, CNT
Öffentliche Dienste	Joan Comorera, PSUC
Arbeit	Miquel Valdés, PSUC
Landwirtschaft	Josep Calvet, UDR
Justiz	Andreu Nin, POUM
Verteidigung	Oberstleutnant Felip Díaz Sandino
ohne Portefeuille	Rafael Closas, ACR

17. Dezember 1936

Premierminister und Finanzen	Josep Tarradellas, ERC
Gesundheit und Sozialfürsorge	Pere Herrera, CNT
Verteidigung	Francesc Isgleas, CNT
Wirtschaft	Didac Abad de Santillán, CNT
Öffentliche Dienste	Josep Joan Domènech, CNT
Verpflegung	Joan Comorera, UGT
Arbeit	Miquel Valdés, UGT
Justiz	Rafael Vidiella, UGT
Sicherheit	Artemi Ayguadé, ERC
Kultur	Antoni María Sbert, ERC
Landwirtschaft	Josep Calvet, UDR

17. April 1937

Premierminister und Finanzen	Josep Tarradellas, ERC
Verteidigung	Francesc Isgleas, CNT
Wirtschaft	Andreu Capdevila, CNT
Öffentliche Dienste	Josep Joan Domènech, CNT
Justiz	Joan Comorera, UGT
Kultur	Antoni María Sbert, ERC
Landwirtschaft	Josep Calvet, UDR
Sozialfürsorge und Gesundheit	Aureli Fernández, CNT
Verpflegung	Josep Miret, UGT
Arbeit	Rafael Vidiella, UGT
Sicherheit	Artemi Ayguadé, ERC

30. Juni 1937

Präsident und Premierminister	Lluis Companys, ERC
Inneres und Sozialfürsorge	Antoni María Sbert, ERC
Finanzen	Josep Tarradellas, ERC
Kultur	Carlo Pi i Sunyer, ERC
Öffentl. Arbeiten und Arbeit	Rafael Vidiella, PSUC
Wirtschaft	Joan Comorera, PSUC
Landwirtschaft	Josep Calvet, UDR
Versorgung	Miquel Serra i Pàmies, PSUC
Justiz	Pere Bosch Gimpera, ACR

Quelle: Kollektivismus und Freiheit. Quellen zur Geschichte der Sozialen Revolution in Spanien 1936–1939, hg. v. Walther L. Bernecker, München 1980

Abkürzungsverzeichnis

A	Aufständischer
ACNP	Associacíon Católica Nacional de Propagandistas
AE	Acción Española
ANV	Acción Nacionalista Vasca
CEDA	Confederación Española de Derechas Autonómas
CLUEA	Consejo Levantino Unificado de Exportaciones de Agrios
CNCA	Confederación Nacional Católico-Agraria
CNT	Confederación Nacional del Trabajo
CT	Comunión Tradicionalista
CTV	Corpo Truppe Volontarie
DRV	Derecha Regional Valenciana
ERC	Esquerra Republicana de Catalunya
FAI	Federación Anarquista Ibérica
FE	Falange Española
FESAC	Federación de Sindicatos Agrícolas en Cataluña
FET y de las JONS	Falange Española Tradicionalista y de las Juntas Ofensiva Nacional Sindicalista
FUE	Federación Universitaria Española
HISMA	Sociedad Hispano-Marroquí de Transportes
IR	Izquierda Republicana
IRA	Instituto de Reforma Agraria
JONS	Juntas de Ofensiva Nacional-Sindicalista
JSU	Juventudes Socialistas Unificadas
LC	Lliga Catalana
LR	Lliga Regionalista
PCE	Partido Comunista Español
PNV	Partido Nacionalista Vasco
POUM	Partido Obrero de Unificación Marxista
PR	Partido Radical
PSOE	Partido Socialista Obrero Español
PSUC	Partit Socialista Unificat de Catalunya
R	Republikaner
RE	Renovación Española
ROWAK	Rohstoff- und Wareneinkaufsgesellschaft
SEU	Sindicato Español Universitario
SIM	Servicio de Investigación Militar

SIPM	Servicio de Información y Policía Militar
UDC	Unión Demócrata Catalana
UFEH	Unión Federal de Estudiantes Hispanos
UGT	Unión General de Trabajadores
UR	Unión Republicana

Personenregister